U0104353

國立成功大學中文系編

魏晉南北朝學術研討會論文集 文學與思想

文史哲出版社印行

國立中央圖書館出版品預行編目資料

魏晉南北朝文學與思想學術研討會論文集／國立成功大學中文系編.--初版.--臺北市:文史哲，民 80
面; 公分
ISBN 957-547-063-X(精裝).--ISBN 957-547-064-8(平裝)

1.中國文學-六朝(222-588)-論文，講詞等
2.中國-哲學-六朝(222-588)-論文，講詞等

820.7 80003201

魏晉南北朝文學與思想學術研討會論文集

編輯者：國立成功大學中文系
出版者：文史哲出版社
登記證字號：行政院新聞局局版臺業字〇七五五號
發行所：文史哲出版社
台北市羅斯福路一段七十二巷四號
郵撥〇五一二八八一二彭正雄帳戶
電話：三五一一〇二八
印刷者：文史哲出版社

精裝定價新台幣九〇〇元
平裝定價新台幣八〇〇元

中華民國八十年八月初版

ISBN 957-547-063-X(精裝)
ISBN 957-547-064-8(平裝)

魏晉南北朝文學與思想學術研討會論文集

目次

思想類

馬校長哲儒　致開幕詞

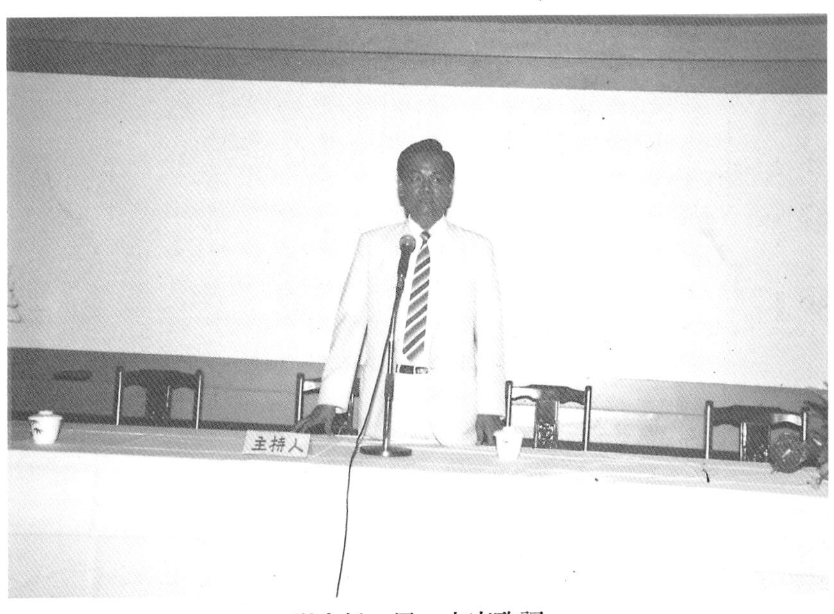

謝主任一民　主席致詞

周考試委員何　專題演講

與會學者發言　龔鵬程教授

與會學者發言　周行之教授

與會學者報到

第三場研討會主講與講評人

休息時間　飲用茶點

主持人　簡宗梧教授

主持人　黃永武教授

主持人　應裕康教授

主持人　羅宗濤教授

第一場研討會主講人

主講人　呂　凱教授

主持人　鮑國順教授

主講人　洪順隆教授

主講人　曾春海教授

主講人　宋鼎宗教授

主講人　劉漢初教授

主講人　李豐楙教授

主講人　陳怡良教授

主講人　林麗眞教授

主講人　王文進教授

主講人　邱燮友教授

主講人　張仁青教授

主講人　李　栖教授

主講人　江建俊教授

主講人　陳昌明教授

主講人　黎活仁教授

主講人　王國良教授

主講人　廖美玉教授

特約討論　陳慶浩教授

主講人　王金淩教授

特約討論　林慶彰教授

主講人　黃競新教授

特約討論　丁　煌教授

特約討論　劉顯叔教授

特約討論　齊益壽教授

特約討論　方祖燊教授

特約討論　邱德修教授

特約討論　呂興昌教授

特約討論　唐亦男教授

特約討論　馬　森教授

特約討論　龔鵬程教授

特約討論　吳達芸教授

特約討論　戴景賢教授

特約討論　王更生教授

卷頭語

國立成功大學中國文學系，爲了慶祝五十九週年校慶，也爲了能夠與全國各大專院校的學者們，切磋學術，交換心得，同時，展示設系三十餘年來，師生默默耕耘、辛勤播種的成果，特別在校慶的前夕，舉辦「魏晉南北朝文學與思想學術研討會」。

魏晉南北朝，可以說是繼春秋戰國之後，另一個百家爭鳴、思想蓬勃的世代。從思想方面來看，學者們藉着清談的形式，自由地討論着許多屬於純粹理智思辯的問題，如有無本末、形神生滅、迹冥圓融、自然名敎、言意之辨、聲有無哀樂、……等超然物我的命題。同時，又爲老莊、易、及論語作注，別陳新解。在在都展現出一代新人生觀的風貌。從文學方面來看，學者們以浪漫的情懷，唯美的心態，發爲篇什。如：詠物則極物寫貌，巧構形似；詠懷則深旨密意，難以情推；詠史有借古諷今之感，遊仙具高蹈出塵之風，而山水田園之作，尤見淸新自然之情韻。其他如：寫名士風流逸事，兼具可喜可怪之趣；撰神仙鬼怪小說，竝見亦美亦靈之情。在這個文學與思想極其旺盛的時代裏，它有着廣袤的空間，供學者們漫步其中，去採擷心愛的美麗花朵。

這次研討會所提出的論文，計有：呂凱教授的「從周易略例與老子指略看王弼的思想」（林麗眞教授講評），曾春海教授的「探嵇康的養生論及其人生價値觀」（李豐楙教授講評），劉漢初教授的「向秀思舊賦曲說」（劉顯叔教授講評），陳怡良教授的「陶淵明文學成就所以獨超衆類之探討——試從陶淵明哲學理念之轉化探索」（方祖燊教授講評），王文進教授的「邊塞詩形成於南朝的原因」（陳慶浩教授講評），洪順隆教授的「六朝建國史詩試論」（王文進教授講評），宋鼎宗教授的「魏晉經學質變說」（林慶彰教授講評），李豐楙教授的「魏晉神女傳說與道教神女降眞傳說」（丁煌教授講評），林麗眞教授的「從魏晉志怪小說看形神生滅離合問題」（呂凱教授講評），張仁青教授的「六朝隱士導論」（劉漢初教授講評），江建俊的「由劉伶酒德頌談到魏晉名士之酒德」（齊益壽教授講評），黎活仁教授的「干將莫邪故事與魯迅的鑄劍」（王國良教授講評），廖美玉教授的「文心曹植說」（王金凌教授講評），邱燮友教授的「六朝吳歌西曲分佈區域的探述」（呂興昌教授講評），李栖教授的「魏晉名士的浪漫生活」（馬森教授講評），陳昌明教授的「從身——心——世界之關係論文心雕龍神思篇」（邱燮友教授講評），王國良教授的「六朝志怪小說中的幽冥姻緣」（吳達芸教授講評），王金凌教授的「論曹丕至皎然文體觀的演變」（王更生教授講評），黃競新教授的「石經辨疑」（邱德修教授講評），另外大陸學者也提出了四篇論文：北京大學教授、中國哲學教研室主任、兼深圳大學國學研究所所長、中國文化書院院長，湯一介先生的「論魏晉玄學中的內在性與超越性問題」。北京大學教授、校務委員，袁行霈先生的「陶淵明與魏晉風流」。中國社會科學院哲學研究所教授，蒙培元先生的「玄學主體思維散論」。中國社會科學院研究員，王葆玹先生的「試論易學史上王弼大演論與朱熹象數學的關係問題」。（龔鵬程教授、戴景賢教授、唐亦男教授講評）這二十三篇學者們的精心著作，無論就深度與廣度而言，都可以說是論理精微，見解透闢的好文章，大會的豐碩收穫，是可以預期的。

最後，對教育部、行政院文化建設委員會、奇美文化基金會經費的支援，引言人、主持人、主講人、講評人及各大專院校學者的熱烈參與，校長院長的精神鼓勵，系裏同仁的精心籌畫，同學們的工作辛勞，謹掬至誠，一併致謝。

國立成功大學
中國文學系 教授兼主任 謝一民 謹識

六朝建國史詩試論

洪順隆

一、序言

我在研究六朝詩歌時，以主題和題材爲標準，把那時期的詩作分成九種類型處理，稱它們是題材詩。意思是說，它們是因詩中的題材而得名的。①在那九種題材詩中，有一種我替他命名爲敍事詩，理由是這類詩歌，以敍述事實爲主，與抒情詩相對，詩中以不雜議論爲正體。明、陶宗儀「輟耕錄」文章宗旨、說：

「敍事，如書史法，『尚書、顧命』是也。敍事之後略作議論以結之，然不可多。」

陶氏說的是文章，我想拿來稱說詩歌也是妥當的。敍事既然如書史，因此，敍事詩也可以指稱史詩，因爲史詩指稱的是敍述歷史人物或事件的作品。日人澤由總淸在「中國韻文史」中說。

敍事詩又叫第三人稱的詩，這是可以吟誦的歌(Poetry to be recited)的意思。民族敍事詩的作者不明，是口耳相傳誦的詩，就是傳說民謠之類。個人敍事詩不但歌詠歷史和傳說，而且詩人自己也歌詠在內。又敍事詩就是客觀詩。所以從牠的內容說，又可分為敍景詩和敍事詩兩種。②」

澤田的定義是參考西洋的 Epic 說的，他所說的個人敍事詩頗像我所取名的六朝敍事詩。在我所分類的六朝敍事詩中，有一部分頗像「詩經」的雅頌之詩，詩的作者是個人，內容大多寫事(與用事不同)，創作的目的大多在歌功頌德，體裁以敍事爲主。是六朝樂府詩中，用以祭祀宗廟，飲宴歌舞的一種，由於詩的內容多數涉及六朝各朝代的建國事蹟，我稱它是「六朝建國史詩」。這篇論文，目的就在分析歸納那些六朝建國史詩的內容和形式，並加以印證討論，以綜合出六朝建國史詩的特色，並於將來，與其他六朝敍事詩合併，以求得整個六朝敍事詩的特性，以便呈現中國敍事詩或史詩的性格。

二、六朝樂府詩中的建國史實題材：

六朝的樂府詩中，如晉、傳玄的「鼓吹曲辭二十二首」、宋、何承天「鼓吹鐃歌十五首」、齊、謝朓「世祖武皇帝三章」、王儉「高德宣烈樂」、無名氏「齊鞞舞曲三首」、梁、蕭子雲「梁三朝雅樂歌六首」、沈約「梁宗廟登歌七首」、其一、其三、「梁郊廟歌辭、梁雅樂歌六首、皇雅三曲」、「梁鼓吹曲十二首」、周弘讓「陳郊廟歌辭、陳、太廟舞辭七首」、陸卬等「北齊享廟樂辭十八首」其七、其八、其十、其十一、其十二、其十三、其十四、其十五。庾信「周、郊廟歌辭、宗廟歌十二首」「燕射歌辭、周五聲調曲二十四首」、宮調五首、變宮調二首、牛弘等「隋、鼓吹曲辭、凱樂歌辭三首」等，無論是鼓吹、舞曲、樂歌、郊廟、燕射，詩中多敍事的題材，歌頌的主題，與所敍建國史實有關，我把它們列在上面所謂的建國史詩範圍內，現在逐一說明於下：

㈠晉樂府詩中的建國史實題材

在晉朝的樂府詩中，傅玄的「晉、郊廟歌辭、宗廟歌十一首，登歌七廟七篇」其七、其八、其九。「燕射歌辭、食舉東西廂歌、十三章」等，均敍及晉國建國史實③。然不如「鼓吹曲辭二十二首」，言史實鮮明具體，其敍及晉建國史事亦不如「鼓吹曲辭」完整，論「鼓吹曲辭」，就可得晉建國史詩的大概。

傅玄的「鼓吹曲辭」二十二首④，是依漢朝短簫鐃歌修改的。這二十二篇鼓吹曲都是敍述晉以功德取代魏的歷史事實。我們如果把這二十二篇作品連接起來，恰好像後世劇曲的套數似的，成了一套大晉王朝的建國史詩，也就是建國敍事詩，詩中所敍述的，就是從司馬懿到他孫子司馬炎之間的重要歷史事件。

㈡宋樂府詩中的建國史實題材

劉宋一代的樂府詩中，何承天的「鼓吹鐃歌十五首」敍及宋國建國史實的有五篇⑤。「朱路」，頌劉裕治天下，德澤遠被。「思悲公」，敍述劉裕輔晉安帝，天下歸心，衆瑞表見。「雍離」，歌頌劉裕平定司馬休之及其侄司馬文思之亂，消弭魯宗之佔據荆州和雍州之叛。「戰城南」，歌頌劉裕收復關中，「巫山高」，敍述劉裕派將朱齡石平定西蜀，歌頌劉裕戰功。這些詩篇把劉裕建功立業的歷史事件敍述出來，蘊含有眞實的有宋建國史資料。

㈢齊樂府詩中的建國史實題材

有齊一代的樂府詩篇，齊郊廟歌辭、南郊樂章中，謝超宗的「文德宣烈樂」、「武德宣烈樂」、王儉的「高德宣烈樂」、謝朓的「雩祭歌，世祖武皇帝三章」。無名氏的「舞曲歌辭，鞞舞曲三首」等⑥，均敍述有齊一代建國，興朝的歷史事件，謝超宗歌頌齊天子文德、武功，王儉敍述齊高祖的事迹，歌頌他建國的功勞；謝朓敍述齊武帝繼志之功，歌頌他的英明；無名氏在舞曲歌辭中，歌頌立國之君，敍述其承天命，得人和，終於擁有天下。這些詩篇的內容都觸及了有齊一代的歷史事件，是蕭齊一代可貴的建國史題材。

㈣梁朝樂府詩中的建國史實題材

梁朝的樂府詩中，述及建國史實的，有「梁郊廟曲辭」、沈約「梁雅樂歌六首，皇雅三曲」、「梁宗廟登歌七首」其二、其三。「梁燕射歌辭」、蕭子雲「梁三朝雅樂歌六首」、俊雅三曲、其一、其二、介雅三曲、其一、雍雅三曲，其一。「梁鼓吹曲辭」、沈約「梁鼓吹曲十二首」。「清商曲辭」、張率「雅樂歌」五首，其一、應王受圖曲，「梁舞曲辭」、沈約「鞞舞歌、明之君六首」⑦。

沈約「皇雅」三曲，歌頌梁天子統治天下，萬國來賓。又「宗廟登歌」二首歌頌大梁受天命，靖難登基。蕭子雲「俊雅」其一，頌述大梁治天下，多士輔弼。「介雅」其一，頌述大梁創業，政明祚長。「雍雅」其一，頌述大梁天子聖智，羣臣明德，神靈來享。沈約「鼓吹曲」十二首，所敍⑴言齊謝梁升。⑵言武帝破魏軍於司部，肇王迹。⑶言武帝牧司，王業彌章。⑷言東昏喪道，義師起樊、鄧。⑸言破加湖，元勳建。⑹言義師破魯山城。⑺言平郢城，兵威無敵。⑻言東昏政亂，武帝起義。平九江，姑熟，大破朱雀，伐罪弔民。⑼言義師平京城，仍廢昏定大事。⑽言武帝膺籙受禪，德盛化遠。⑾言，大梁闡運，君臣和樂，休祚方遠。⑿言梁德廣運，仁化洽。張率「應王受圖曲」，頌述梁天子德政。沈約「明之君」六首，⑴頌述天監之治。⑵頌美梁天子神武，天下來宅。⑶頌述梁武緝民移風。⑷頌述梁天子治兵理政，祥瑞呈現。⑸頌述梁天子忘懷冲寂之治。⑹頌述梁天子政治清明，祥瑞出現。題材蘊含有梁一代的豐富建國事迹。

㈤陳樂府中的建國史實題材

陳代樂府詩敍及建國史實的，有周弘讓「陳郊廟歌辭、太廟舞辭七首」⑧周弘讓這七首樂府詩，頌述陳天子的祖先，直到武帝陳霸先的功業和立國事迹。題材蘊含陳一代的建國事迹。

㈥北齊樂府詩中的建國史實題材

北齊樂府詩中敍及建國史實的，有陸卬等奉詔作的「郊廟歌辭，享廟樂辭十八首」其七、「登歌樂」、其八「始基樂，恢祚舞」、其九「始基樂、恢祚舞」、其十、「始基樂、恢祚舞」、其十一「始基樂、恢祚舞」、其十二、「始基樂、恢祚舞」、其十三、「武德樂、昭烈舞」、其十四、「文德樂、宣政舞」、其十五「文正樂、光大舞」⑨等

其七、「登歌樂」，頌述北齊天子先祖。其八「始基樂、恢祚舞」，頌述齊武成帝六世祖司空公德業，其九「始基樂、恢祚舞」，頌述齊武成帝五世祖吏部尙書，其十「始基樂、恢祚舞」，頌述齊武成帝高祖秦州刺史，其十一「始基樂、恢祚舞」，頌述齊武成帝、曾祖太尉武貞公，其十二「始基樂、恢祚舞」，頌述齊武成帝祖父穆皇帝，其十三「武德樂、昭烈舞」，頌齊武成帝、高祖神武皇帝，其十四「文德樂、宣政舞」，頌述文襄皇帝。其十五「文正樂、光大舞」，頌述顯祖文宣皇帝等。這些詩，題材均攸關北齊祖先奠基建業事迹。

㈦北周樂府詩中的建國史實題材

北周樂府詩中述及建國史實的，有庾信「北周郊廟歌辭、周宗廟歌十二首」、其四「皇夏」、而其

五「皇夏」、其六「皇夏」、其七「皇夏」、其八「皇夏」、其九「皇夏」。庾信「北周燕射歌辭、五聲調曲二十四首」、宮調五首」、「變宮調二首」⑩。

庾信「周宗廟歌」其四「皇夏」，頌述北周宣帝皇高祖事迹，以其盛德令後世子孫昌盛。其五「皇夏」頌述宣帝皇曾祖德皇帝肇創宇文氏王業前基之事。其六「皇夏」，頌述皇祖太祖文皇帝功業。其八「皇夏」，述閔皇帝受禪又被逐事。其九「皇夏」，頌述明皇帝繼位守成。其十「皇夏」，頌述高祖武皇帝西征東討的戰功。庾信「燕射歌辭」、「周五聲調曲、宮調五首」，其一敍太祖變魏作周，王業之所由興。次三章敍閔帝受命，及明帝、武帝，德化之所被。庾信「燕射歌辭，變宮調二首」，敍述周宣帝傳位於太子衍，自號天元皇帝事。蓋取變宮以歌其事。

㈧隋樂府詩中的建國史實題材

隋代樂府詩中述及建國史實的，有牛弘等「鼓吹曲辭、凱樂歌辭三首」、牛弘等「舞曲歌辭，文武舞歌二首」。⑪

牛弘「鼓吹曲辭，凱樂歌辭」，其一、頌述隋天子開元創曆，邁德垂聲，萬寓朝宗，衆神福祐。其二、頌述隋天子平陳之功。其三、頌述隋文帝戢干戈，成政敎。牛弘「舞曲歌辭」其一「文舞歌」，頌述隋文帝平江漢，一天下，戎蠻來貢。其二「武舞歌」，頌述政敎淳謐，天下安平，兆庶攸賴。

三、六朝建國史詩的性格

六朝除北魏文化比較落後，作家少，見不到留有頌述建國功業的建國史實題材樂府詩外，其餘各朝代均有這類作品。我在上面已依朝代順序加以列舉，並簡略地作了說明。下面我想依上述資料詳加分析，藉以論述這些詩歌的類型和性格（特色）。

案上舉的樂府詩，依舊有的分類，有的屬郊廟歌辭，有的屬鼓吹曲辭，有的屬舞曲歌辭。有的用於祭祀祖先，有的用於游宴，有的是在郊廟朝饗飲宴時，爲配合舞蹈而使用的。不管這些詩歌當時的用途如何，它們都有一個共同主題，那就是歌功頌德。下面就依其歌頌的內容和表現的形式加以論析，以呈現這些史詩的性格，借以說明它們的特色。

㈠六朝建國史詩的內容

上面列舉的那些六朝的樂府詩歌，就其題材內容看，可分歌功和頌德兩種類型。歌功一類大都頌述所頌美對象的受天命，繼祖業，立戰功，逐治績等事迹；頌德一類大都贊美所頌述對象的受天命，制禮樂，成文德，致人和，天瑞顯，夷狄服，天下同。玆舉例分述於下：

1. 歌功型建國史詩：如晉傅玄「鼓吹曲辭」二十二首，敍述晉以功德取代魏。二十二篇就好像後世劇曲的套數，由頭到尾，恰好敍述司馬懿到他孫子司馬炎之間的重要歷史事件。下面將二十二首的內容與相關歷史文獻相對照，以證明其題材內容的性格：

(1)靈之祥：據「晉書、樂志」云：「言宣帝之佐魏，猶虞舜之事堯，既有石瑞之徵，又能用武以誅孟達之逆命。」⑫案此詩由天降石瑞敍起，追述晉宣帝司馬懿膺天命，佐曹魏，安邦定國，平亂拒敵，爲晉王朝奠立基業。「資治通鑑」卷七十三魏紀五、明帝青龍三年十二月丁酉下云：「張掖柳谷口水溢涌，寶石負圖，狀象靈龜，立於川西，有石馬七及鳳凰、麒麟、白虎、犧牛、璜玦、八卦列宿、孛彗之象。又有文曰：『大討魏。』詔書班天下，以爲嘉瑞。任令于綽連齎以問鉅鹿張臶。臶密謂綽曰：『夫神以知來，不追既往，祥兆先見而後廢興從之。今漢已久亡，魏已得之，何所追興祥兆乎！此石，當今之變異而將來之符瑞也。』」宋、胡三省注云：「後人以此爲晉繼魏之徵；則所載石瑞乃司馬氏繼曹氏之預兆。」又「晉書」帝紀第三云：「（武帝）泰始三年夏四月戊午，張掖太守焦勝上言：『氏池縣大柳谷口，有玄石一所，白畫成文，實大晉之休祥。』圖之以獻。」證諸上引史書，詩開頭所敍與其所載合。石與金近，石瑞卽晉之祥瑞。又「晉書」帝紀第一云：「魏武爲丞相，辟（司馬懿）爲文學掾……魏文帝卽位，封河津亭侯。及魏受漢禪，以帝爲尚書。頃之，轉督軍、御史中丞，封安國鄉侯。黃初二年，遷侍中、尚書右僕射。五年，天子南巡，觀兵吳疆。帝留鎭許昌，改封向鄉侯。轉撫軍，假節，領兵五千，加給事中、錄尚書事。六年，天子復大興舟師征吳，復命帝居守，內鎭百姓，外供軍資。及天子疾篤，帝與曹眞、陳群等見於榮華殿之南堂，並受顧命輔政。」詩自「應期運」以下至「建帝綱」，所詠涵蓋上引「晉書」所載歷史事實。又「晉書」帝紀第一續云：

「太和元年六月，天子詔帝屯於宛，加督荆、豫二州諸軍事。初，蜀將孟達之降也，魏朝遇之甚厚，以達領新城太守，封侯，假節。達於是連吳固蜀，潛圖中國。謀漏泄，將舉兵。帝乃潛軍進討，倍道兼行，八日到其城下。吳、蜀各遣其將向西城安橋、木蘭塞以救達，帝分諸將以拒之。上庸城三面阻水，達於城外爲木柵以自固。帝渡水破其柵，直造城下。八道攻之，旬有六日，達甥鄧賢、將李輔等開門出降。斬達，傳首京師。俘獲萬餘人，振旅還于宛。乃勸農桑，禁浮費，南土悅附焉。」證諸上引記錄，詩自「孟氏叛」以下至終，記敍的卽其事。綜上觀之，此詩濃縮簡化概括上引史書所載歷史事跡，史詩特性甚明。詩的用字準確鮮明傳神，選材富有典型性，又能擷取具有高度概括力的細節來表現豐富的內容，最是精粹而具體。

⑵宣受命：據「晉書、樂志」云：「言宣帝禦諸葛亮，養威重，運神兵，亮震怖而死也。」是詩所敍乃司馬懿禦諸葛亮事，證諸「晉書」帝紀第一：

四年（明帝太和），遷大將軍（宣帝），加都督、假黃鉞，與曹真伐蜀。……明年，諸葛亮寇天水，圍將軍賈嗣、魏平於祁山。天子曰：「西方有事，非君莫可付者。」乃使帝西屯長安，都督雍、梁二州軍事，統車騎將軍張郃、後將軍費曜、徵蜀護軍戴淩、雍州刺史郭淮等討亮。……進次漢陽，與亮相遇，帝列陣以待之。使將牛金輕騎餌之，兵才接而亮退，追至祁山。亮屯鹵城，據南北二山，斷水為重圍。帝攻拔其圍，亮宵遁，追擊破之，俘斬萬計。天子使使者勞軍，增封邑……青龍二年，亮又率衆十餘萬出斜谷，壘於郿之渭水南原。天子憂之，遣徵蜀護軍秦朗督步騎二萬，受帝節度。……遂引軍而濟，背水為壘。……遣將軍胡遵、雍州刺史郭淮共備陽遂，與亮會於積石，臨原而戰，亮不得進，還於五丈原。……時朝廷以亮僑軍遠寇，利在急戰，每命帝持重，以候其變。亮數挑戰，帝不出，因遺帝巾幗婦人之飾。帝怒，表請決戰，天子不許，乃遣骨鯁臣衞尉辛毗杖節為軍師以制之。後亮復來挑戰，帝將出兵以應之，毗杖節立軍門，帝乃止。……帝弟孚書問軍事，帝復書曰：「亮志大而不見機，多謀而少決，好兵而無權，雖提卒十萬，已墮吾畫中，破之必矣。」與之對壘百餘日，會亮病卒，諸將燒營遁走，百姓奔告，帝出兵追之。亮長史楊儀反旗鳴鼓，若將拒帝者。帝以窮寇不之逼，於是楊儀結陣而去。經日乃行其營壘，觀其遺事，獲其圖書糧穀甚衆。帝審其必死，曰：「天下奇才也。」辛毗以為尚未可知。……追到赤岸，乃知亮死審問。時百姓為之諺曰：「死諸葛走生仲達。」帝聞而笑曰：「吾便料生，不便料死故也。」先是，亮使至，帝問曰：「諸葛公起居如何？食可幾米？」對曰：「三升。」次問政事，曰：「二十罰以上皆自省覽。」帝旣而告人曰：「諸葛孔明其能久乎！」竟如其言。亮部將楊儀、魏延爭權，儀斬延，並其衆。帝欲乘隙而進，有詔不許。

我們只要把「宣受命」所述，與上引「晉書」所載事實加以比較，就不難發現，除了開頭兩句之外，其餘差不多是敍述明帝太和四年至青龍二年，即西元二三〇年至二三五年，這五年間，司馬懿與諸葛亮對峙的歷史事實。

⑶征遼東：第三首「征遼東」，據「晉書樂志下」云：「言宣帝陵大海之表，討滅公孫氏而梟其首也。」公孫氏卽公孫文懿。案「晉書」帝紀第一：

> 四年（明帝青龍四年，西元二三六年），獲白鹿，獻之。……及遼東太守公孫文懿反，徵帝詣京師。……景初二年（西元二三八年），帥牛金、胡遵等步騎四萬，發自京師。車駕送出西明門，詔弟孚、子師送過溫，賜以穀帛牛酒，敕郡守典農以下皆往會焉。……遂進師，經孤竹，越碣石，次於遼水。文懿遣步騎數萬，阻遼隧，堅壁而守，南北六七十里，以距帝。帝盛兵多張旗幟出其南，賊盡銳赴之。乃泛舟潛濟以出其北，與賊營相逼，沈舟焚梁，傍遼水作長圍，棄賊而向襄平。……整陣而過。賊見兵出其後，果邀之。……乃縱兵逆擊，大破之，三戰皆捷。賊保襄平，進軍圍之。初，文懿聞魏師之出也，請救於孫權。權亦出兵遙為之聲援。……會霖潦，大水平地數尺，三軍恐，欲移營。帝令軍中敢有言徙者斬。都督令史張靜犯令，斬之，軍中乃定。賊恃水，樵牧自若。諸將欲取之，皆不聽。……朝廷聞師遇雨，咸請召還。……旣而雨止，遂合圍。起土山地道，楯櫓鉤橦，發矢石雨下，晝夜攻之。時有長星，色白，有芒鬣，自襄平城西南流於東北，墜於梁水，城中震慴。文懿大懼，乃使其所署相國王建，御史大夫柳甫乞降，請解圍面縛。不許，執建等，皆斬之。檄告文懿……文懿復遣侍中衞演乞剋日送任。……文懿攻南圍突出，帝縱兵擊敗之，斬於梁水之上，星墜之所。旣入城，立兩標以別新舊焉。男子年十五已上七千餘人皆殺之，以為京觀。僞公卿以下皆伏誅。戮其將軍畢盛等二

千餘人。收戶四萬，號曰三十餘萬。……天子遣使者勞軍於薊，增封食昆陽，並前二縣。

可見「征遼東」一詩所敍，卽明帝青龍四年至景初二年、三年間平遼東公孫文懿亂事。據「資治通鑑」卷七十四、魏紀六，明帝景初二年記載，「築爲京觀」下，有「遼東、帶方、樂浪、玄菟四郡皆平。」之語，則是「朔北響應，海表景附。」的歷史根據，「晉書」宣帝紀未言及，而「征遼東」一詩詳敍之，詩雖爲史事縮影，然有時亦有所補益，這是個好例子。

(4)宣輔政：「晉書樂志下」云：「言宣帝聖道深遠，撥亂反正，網羅文武之才，以定二儀之序也。」據「晉書」帝紀第一云：

（景初三年）（西元二三九年）天子詔書五至，帝大遽，……引入嘉福殿臥內，升御牀。帝流涕問疾……與大將軍曹爽並受遺詔輔少主。及齊王卽帝位，遷侍中、持節、都督中外軍事、錄尚書事，與爽各統兵三千人，共執朝政，更直殿中，乘輿入殿。爽欲使尚書奏事先由己，乃言於天子，徙帝為大司馬。朝議以為前後大司馬累薨於位，乃以帝為太傅，入殿不趨，贊拜不名，劍履上殿，如漢蕭何故事。嫁娶喪葬取給於官，以世子師為散騎常侍，子弟三人為列侯，四人為騎都尉。帝固讓子弟官不受。正始元年春正月，東倭重譯納貢，焉耆、危須諸國，弱水以南，鮮卑名王皆遣使來獻。天子歸美宰輔，又增帝封邑。

是「宣輔政」所歌頌者，「晉書」宣帝紀所載「景初三年」司馬懿受魏明帝託孤之命，輔佐齊王芳事。時雖與曹爽同負遺命，然爽以懿年位素高，常父事之，每事諮訪。後雖反目，惟司馬懿基業已定，爽終不敵。詩但頌懿之功高位重，連海外之邦，東倭、焉耆、危須，弱水以南，鮮卑名王都入貢，天子亦歸美司馬氏，故云：「功濟萬世定二儀，雲行雨施，海外風馳。」也是以詩傳史事。

(5)時運多難：「晉書樂志下」云：「言宣帝致討吳方，有征無戰也。」據「晉書」帝紀第一云：

（齊王芳）正始二年夏五月，吳將全琮寇芍陂，朱然、孫倫圍樊城，諸葛謹步騭掠柤中，帝請自討之……六月，乃督諸軍南征，車駕送出津陽門。帝使輕騎挑之，然不敢動。於是休戰士，簡精鋭，募先登，申號令，示必攻之勢。吳軍夜遁走，追至三州口，斬獲萬餘人，收其舟船軍資而還。天子遣侍中常侍勞軍於宛。……三年……三月，奏穿廣漕渠，引河入汴，溉東南諸陂，始大佃於淮北。先是，吳遣諸葛恪屯皖，邊鄙苦之，帝欲自擊恪。議者多以賊據堅城，積穀，欲引致官兵。今懸兵遠攻，其救必至，進退不易，未見其便。……四年秋九月，帝督諸軍擊諸葛恪，車駕送出津陽門。軍次於舒，恪焚燒積聚，棄城而遁。帝以滅賊之要，在於積穀，乃大興屯守，廣開淮陽、百尺二渠，又修諸陂於潁之南北萬餘頃。自是淮北倉庾相望，壽陽至於京師，農官屯兵連屬焉。五年春正月，帝至自淮南，天子使持節勞軍。……六年秋八月，曹爽毀中壘中堅營，以兵屬其弟中領軍羲。帝以先帝舊制禁之，不可。冬十二月，天子詔帝朝會，乘輿升殿。七年春正月，吳寇柤中，夷夏萬餘家避寇北渡沔。……

是「時運多難」所敍，乃自正始二年（西元二四一年）至七年（西元二四六年），這六年間，吳寇多事，侵擾魏東方邊境，宣皇帝司馬懿屢次領兵退敵，開河屯糧以防敵入侵等事功。詩與史，所記兩相吻合。

(6)景龍飛：「晉書樂志下」云：「言景帝克明威教，賞順夷逆，祚隆無疆，崇此洪基也。」據「晉書」帝紀第二云：

（齊王芳）正始八年夏四月……曹爽用何晏、鄧颺、丁謐之謀，遷太后於永寧宮，專擅朝政，兄弟並典禁兵，多樹親黨，屢改制度。帝不能禁，於是與爽有隙。五月，帝稱疾不與政事。時人為之謠曰：「何鄧丁，亂京城。」九年春三月……爽晏謂帝疾篤，遂有無君之心，與（張）當密謀，圖危社稷，期有日矣。帝亦潛為之備，爽之徒屬亦頗疑帝。……嘉平元年春正月甲午，天子謁高平陵，爽兄弟皆從。……帝於是奏永寧太后廢爽兄弟。時景帝為中護軍，將兵屯司馬門。帝列陣闕下，經爽門。……於是假司徒高柔節，行大將軍事，領爽營，……命太僕王觀行中領軍，攝羲營。帝親率蔣濟等勒兵出迎天子，屯於洛水浮橋。……並發爽與何晏等反事，乃收爽兄弟及其黨與何晏、丁謐、鄧颺、畢軌、李勝、桓範等誅之。二月，天子以帝為丞相，增封潁川之繁昌、鄢陵、新汲、欠城，並前八縣，邑二萬戶，奏事不名。固讓丞相。冬十二月，加九錫之禮，朝會不拜。固讓九錫。二年春正月，天子命帝立廟於洛陽，置左右長史，增掾屬、舍人滿十人，歲舉掾屬任御史、秀才各一人，增官騎百人，鼓吹十四人，封子肜平樂亭侯，倫安樂亭侯。帝以久疾不任朝請，每有大事，天子親幸以諮訪焉。兗州刺史令狐愚、太尉王淩貳於帝，謀立楚王彪。三年春正月，王淩詐言吳人塞涂水，請發兵以討之。帝潛知其計，不聽。夏四月，帝自帥中軍，汎舟沿流，九日而到甘城。淩計無所出，乃迎於武丘，面縛水次。……收淩餘黨，皆夷三族，並殺彪。悉錄魏諸王公置於鄴，命有司監察，不得交關。天子遣侍中韋誕持節勞軍於五池。帝至自甘城，天子又使兼大鴻臚、太僕庾嶷持節，策命帝為相國，封安平郡公，孫及兄子各一人為列侯，前後食邑五萬戶，侯者十九人。固讓相國、郡公不受。六月，帝寢疾，夢賈逵、王淩為祟，甚惡之。秋八月戊寅，崩於京師，時年七十三。

又「晉書」卷二帝紀第二景帝（下簡稱帝紀第二）云：

景皇帝諱師，宣帝長子也。……宣帝之將誅曹爽，深謀秘策，獨與帝潛畫，文帝弗之知也；將發夕乃告之。既而使人覘之，帝寢如常，而文帝不能安席。晨會兵司馬門，鎮靜內外，置軍甚整。宣帝曰：「此子竟可也。」初，帝陰養死士三千，散在人間，至是一朝而集，衆莫知所出也。事平，以功封長平鄉侯，食邑千戶，尋加衞將軍。及宣帝薨，……天子命帝以撫軍大將軍輔政。魏嘉平四年春正月，遷大將軍，加侍中，持節、都督中外諸軍事、錄尚書事。命百官舉賢才，明少長，卹窮獨，理廢滯。諸葛誕、毌丘儉、王昶、陳泰、胡遵都督四方，王基、州泰、鄧艾、石苞典州郡，盧毓、李豐掌選舉，傅嘏、虞松參計謀，鍾會、夏侯玄、王肅、陳平、孟康、趙酆、張緝預朝議，四海傾注，朝野肅然。五年夏五月，吳太傅諸葛恪圍新城……帝使鎮東將軍毌丘儉、揚州刺史文欽拒之。……欽督銳卒趨合榆，要其歸路，儉帥諸將以為後

> 繼。恪懼而遁，欽逆擊，大破之，斬首萬餘級。正元元年春正月，天子與中書令李豐，后父光祿大夫張緝、黃門監蘇鑠、永寧署令樂敦，宂從僕射劉寶賢等謀以太常夏侯玄代帝輔政。帝密知之，使舍人王羨以車迎豐。豐見迫，隨羨而至，帝數之。豐知禍及，因肆惡言。帝怒，遣勇士以刀鐶擊殺之。逮捕玄、緝等，皆夷三族。三月，乃諷天子廢皇后。……奏太后令齊王歸藩，誅郭懷、袁信（小優）等。……遣使迎高貴鄉公於元城而立之，改元曰正元。……登位相國，增邑九千，並前四萬戶；進號大都督假黃鉞，入朝不趨，奏事不名，劍履上殿……帝固辭相國。二年春正月，鎮東大將軍毌丘儉、揚州刺史文欽舉兵作亂，矯太后令移檄郡國，為壇盟於西門之外，各遣子四人質於吳以請救。二月戊午，帝統中軍步騎十餘萬以徵之，……大破其軍，衆皆投戈而降，欽父子與麾下走保項。儉聞欽敗，棄衆宵遁淮南。安風津都尉追儉，斬之，送首京師。欽遂奔吳，淮南平。……辛亥，崩於許昌，時年四十八。

觀上，則「景龍飛」一詩所敍，自魏正始八年（西元二四七年），迄高貴鄉公正元二年正月（西元二五五年），九年間史事。蓋師雖未掌大權，然已參與其父司馬懿深謀秘策，他的「龍飛」，蓄勢較他繼父位早，故「從之者顯」，實指嘉平元年（西元二四九年）從宣皇帝討叛逆曹爽，以及嘉平四年，鄧艾、鍾會隨羨等附從司馬氏之人；「逆之者滅夷」，則意含曹爽、何晏、丁謐、鄧颺、畢軌、李勝、桓範，以及稍後之令狐愚、王淩。尤其是正元元年（西元二五四年）李豐、蘇鑠、樂敦、劉寶賢等，以及正元二年謀叛的毌丘儉，文欽諸人。詩的內容以頌美爲主，故敍史事僅此二句，也可以反映出，司馬師繼司馬懿之後，總攬朝政情況，與「晉書」比照，則作者所頌美具體事實，歷歷可見，與這首內容相差不多，同樣是頌贊景皇帝，記敍他一生行事的，還有「平玉衡」。

(7)「平玉衡」：「晉書樂志下」云：「言景帝一萬國之殊風，齊四海之乖心，禮賢養士，而纂洪業也。」

此詩所寫內容與「景龍飛」相近，「晉書」景帝紀謂「陰養死士三千，散在人間。」固非詩云「養士」所指，然由此可見司馬師有養士之習，且有其事，至於「糺姦回」，所言當是李豐、文欽、毋丘儉諸人，「四海乖」，當謂如吳太傅諸葛恪圍新城諸事件，蓋所詠亦司馬師掌政九年間歷史大事，然出以歌頌，而不以寫史實爲目的。

(8)文皇統百揆。(9)因時運：據「晉書樂志下」云：「『文皇統百揆』言文帝始統百揆，用人有序，以敷太平之化也。」又云：「『因時運』言因時運變，聖謀潛施，解長蛇之交，離羣桀之黨，以武濟文，以邁其德。」

「晉書」帝紀第二文帝（下稱帝紀第二）：

文皇帝諱昭，字子上，景帝之母弟也。……高貴鄉公之立也，以參定策，進封高都侯，增封二千戶。……景帝崩，天子命帝鎮許昌，尚書傅嘏率六軍還京師。帝用嘏及鍾會策，自帥軍而還。至洛陽，進位大將軍、加侍中、都督中外諸軍、錄尚書事，輔政，劍履上殿。帝固辭不受。甘露元年春正月，加大都督，奏事不名。夏六月，進封高都公，地方七百里，加之九錫，假斧鉞，進號大都督，劍履上殿，又固辭不受。秋八月庚申，加假黃鉞，增封三縣。」

又云：

(甘露)二年夏五月辛未，鎮東大將軍諸葛誕殺揚州刺史樂綝，以淮南作亂，遣子靚為質於吳以請救。……秋七月，奉天子及皇太后東征，徵兵青、徐、荊、豫，分取關中遊軍，皆會淮北。師次於項，假廷尉何楨節，使淮南，宣慰將士，申明逆順，示以誅賞。甲戌，帝進軍丘頭。吳使文欽、唐咨、全端、全懌等三萬餘人來救誕，諸將逆擊，不能禦。將軍李廣臨敵不進，泰山太守常時稱疾不出，並斬之以徇。八月，吳將軍朱異帥兵萬餘人，留輜重於都陸，輕兵至黎漿。監軍石苞、兗州刺史州泰禦之，異退。泰山太守胡烈以奇兵襲都陸，焚其糧運。苞、泰復進擊異，大破之。……吳人殺異。……(帝)因令合圍，分遣羸疾就穀淮北，廩軍士大豆，人三升。欽聞之，果喜。帝愈羸形以示之，多縱反間，揚言吳救方至。誕等益寬恣食，俄而城中乏糧。……全懌母，孫權女也，得罪於吳，全端兄子禕及儀奉其母來奔。儀兄靜時在壽春，用鍾會計，作禕儀書以譎靜。靜兄弟五人帥其衆來降，城中大駭。三年春正月壬寅，誕、欽等出攻長圍，諸軍逆擊，走之。初誕、欽內不相協，及至窮蹙，轉相疑貳。會欽計與誕忤，誕手刃殺欽。欽子鴦攻誕，不克，踰城降。以為將軍，封侯，使鴦巡城而呼。帝見城上持弓者不發，謂諸將曰：「可攻矣！」一月乙酉，攻而拔之，斬誕，夷三族。吳將唐咨、孫曼、孫彌、徐韶者帥其屬皆降。表加爵位，廩其餒疾。……夏四月，歸於京師，魏帝命改丘頭曰武丘，以旌武功。五月……封帝為晉公，加九錫，進位相國，晉國置官司焉。九讓，乃止。……秋七月，奏錄先世元功大勳之子孫，隨才錄用。四年夏六月，分荊州置二都督王基，鎮新野，州泰鎮襄陽。使石苞都督揚州，陳騫都督豫州，鍾毓都督徐州，宋鈞監青州諸軍事。景元元年夏四月，天子復命帝爵秩如前，又讓不受。天子既以帝三世宰輔，政非己出，情不能安，又慮廢，將臨軒召百僚而行放黜。五月戊子夜，使冗從僕射李昭等發甲於陵雲臺，召侍中王沈、散騎常侍王業、尚書王經，出懷中黃素詔示之，戒嚴俟旦。沈、業馳告於帝，帝召護軍等為之備。天子知事泄，帥左右攻相府，稱有所討，敢有動者族誅。……太子舍人成濟抽戈犯蹕，刺之，刃出於背，天子崩於車中。……歸罪成濟而斬之。……殺尚書王經，貳於我也。……戊中，……立燕王宇之子常道鄉公璜為帝。六月改元……二年秋八月甲寅，天子使太尉高柔掌帝相國印綬，司空遜沖致晉公茅土九錫，固辭。三年夏四月，肅慎來獻楛矢、石砮、弓甲、貂皮等，天子命歸於大將軍府。四年春二月丁丑，天子復命帝如前，又固讓。三月，詔大將軍府增置司馬一人，從事中郎二人，舍人十人。

以上引「晉書」所載與上面兩首鼓吹曲相較，可知「文皇統百揆」一詩所歌頌的是司馬昭爲錄尙書事輔政以後之事。著重其燮理陰陽，統理朝政，協和天下的功烈。而末尾「鎭征及諸州，爲藩衞。」所言乃甘露二年出征諸葛誕叛亂等史事。而「因時運」，則是續前詩，自「甘露二年」以下，至文欽、諸葛誕之敗亡，以至景元元年更立常道鄉公等諸史實，均籠統敍述，含攝其中。

⑽惟庸蜀：「晉書」樂志下云：「言文帝既平萬乘之蜀，封建萬國，復五等之爵也。」

據「晉書」帝紀第二云：

景元四年夏，帝將伐蜀。……於是徵四方之兵十八萬，使鄧艾自狄道攻姜維於沓中，雍州刺史諸葛緒自祁山軍於武街，絕維歸路，鎮西將軍鍾會帥前將軍李輔、徵蜀，護軍胡烈等自駱谷襲漢中。秋八月，軍發洛陽……九月，又使天水太守王頎攻維營，隴西太守牽弘邀其前，金城太守楊欣趣甘松。鍾會分為二隊，入自漢城。會直指陽安。護軍胡烈攻陷關城。姜維聞之，引還，王頎追，敗維於彊州。維與張翼、廖化合軍守劍閣，鍾會攻之。冬十月，天子以諸侯獻捷交至，乃申前命曰：「……封公為晉公。命使持節兼司徒司隸校尉陔卽授印綬策書，金獸符第一至第五，竹使符第一至第十……今進公位為相國，加綠綟綬。又加公九錫……。」……司空鄭沖率羣官勸進……帝乃受命。十一月，鄧艾帥萬餘人自陰平踰絕險至江由，破蜀將諸葛瞻於緜竹，斬瞻傳首。進軍雒縣，劉禪降。天子命晉公以相國總百揆，於是上節傳，去侍中大都督錄尚書之號焉。表鄧艾為太尉，鍾會為司徒。會潛謀叛逆，因密使譖艾。咸熙元年春正月，檻車徵艾。乙丑。帝奉天子西徵，次於長安。是時魏諸王侯悉在鄴城，命從事中郎山濤行軍司事，鎮於鄴。遣護軍賈充持節督諸軍，據漢中。鍾會遂反於蜀，監軍衛權、右將軍胡烈攻會，斬之。……三月乙卯，進帝爵為王，增封並前二十郡。……秋七月，帝奏司空荀顗定禮儀，中護軍賈充正法律，尚書僕射裴秀議官制，太保鄭沖總而裁焉。始建五等爵。冬十月……丙午，天子命中撫軍新昌鄉侯炎為晉世子……五月，天子命帝冕十有二旒，建天子旌旗，出警入蹕，乘金根車，駕六馬，備五時副車，置旄頭雲罕，樂舞八佾，設鍾簴宮縣，位在燕王上。進王妃為王后，世子為太子，王女王孫爵命之號皆如帝者之儀。諸禁網煩苛及法式不便於時者，帝皆奏除之。晉國置御史大夫、侍中、常侍、尚書、中領軍、衞將軍官。秋八月辛卯，帝諱於露寢，時年五十五。

如將「惟庸蜀」與上引「晉書」文帝紀對照，則知詩先追述蜀歷來對魏之寇害，然後接入「姜維屢寇邊」，自此而下，詩所敍卽「晉書」所載景元四年（西元二六三年）以後，文皇帝統帥諸軍，大舉伐蜀，以至十一月劉禪降之間史事。然後卽概略敍述咸熙元年（西元二六四年）建五等爵，晉國進爵爲王諸事。全詩可謂上引史事縮影。到此，晉的建國大業已接近完成，只待東南風一到，就可以取代魏國。這東南風就是司馬昭之子司馬炎。所以下面的鼓吹曲，卽承上接述晉受魏禪。首先敍「天序」。

⑾天序：「晉書、樂志」下云：「言聖皇應曆受禪，弘濟大化，用人各盡其才也。」

「晉書」帝紀第三武帝（下稱帝紀第三）云：

武皇帝諱炎，字安世，文帝長子也。……咸熙二年五月，立為晉王太子。八月辛卯，文帝崩，太子嗣相國、晉王位。……九月戊午，以魏司徒何曾為丞相，鎮南將軍王沈為御史大夫，中護軍賈充為衞將軍，議郎裴秀為尚書令、光祿大夫，皆開府。十一月，初置四護軍，以統城外諸軍。……是時晉德既洽，四海宅心。於是天子知曆數有在，乃使太保鄭沖奉策曰：「……肆予一人，祗承天序，以敬授爾位，曆數實在爾躬。允執厥中，天祿永終。於戲！王其欽順天命。……」帝初以禮讓，魏朝公卿何曾、王沈等固請，乃從之。泰始元年冬十二月丙寅，設壇於南郊，百僚在位及匈奴南單于四夷會者數萬人，柴燎告類於上帝。……大赦、改元。賜天下爵，人五級；鰥寡孤獨不能自存者，穀，人五斛。復天下租賦及關市之稅一年，逋債宿負皆勿收。除舊嫌，解禁錮，亡官失爵者悉復之。丁卯，遣太僕劉原告於太廟。封魏帝為陳留王，……進尊宣王為宣皇帝，景王為景皇帝，文王為文皇帝，宣王妃張氏為宣穆皇后，尊太妃王氏曰皇太后，宮曰崇化。封皇叔祖父孚為安平王，皇叔父幹為平原王，亮為扶風王，伷為東莞王，駿為汝陰王，肜為梁王，倫為琅琊王，皇弟攸為齊王，鑒為樂安王，機為燕王，皇從伯父望為義陽王，皇從叔父輔為渤海王，晃為下邳王，瓌為太原王，珪為高陽王，衡為常山王，子文為沛王，泰為隴西王，權為彭城王，綏為范陽王，遂為濟南王，遜為譙王，睦為中山王，陵為北海王，斌為陳王，皇從父兄洪為河間王，皇從父弟楙為東平王。以驃騎將軍石苞為大司馬，封樂陵公，車騎將軍陳騫為高平公，衛將軍賈充為車騎將軍、魯公，尚書令裴秀為鉅鹿公，侍中荀勖為濟北公，太保鄭沖為太傅、壽光公，太尉王祥為太保、睢陵公，丞相何曾為太尉、朗陵公，御史大夫王沈為驃騎將軍、博陵公，司空荀顗為臨淮公，鎮北大將軍衛瓘為菑陽公。其餘增封進爵各有差，文武並增位二等。改景初曆為太始曆，臘以酉，社以丑。……己巳，詔陳留王載天子旌旗，備五時副車，郊祀天地，禮樂皆如魏舊，上書不稱臣。賜山陽公劉康、安樂公劉禪子弟一人為駙馬都尉。乙亥，以安平王孚為太宰、假黃鉞、大都督中外諸軍事。……是月，鳳皇六，青龍三、白龍二、麒麟各一見於郡國。……二年春正月丙午，立皇后楊氏。……二月丁丑，郊祀宣皇帝以配天，宗祀文皇帝於明堂以配上帝。……九月乙未，散騎常侍皇甫陶、傅玄領諫官。……十一月己卯，倭人來獻方物。……是歲，鳳皇六，青龍十、黃龍九、麒麟各一見於郡國。三年春正月癸丑，白龍二見於弘農、澠池。丁卯，立皇子衷為皇太子。……夏四月戊午，張掖太守焦勝上言，氐池縣大柳谷口有玄石一所，白畫成文，實大晉之休祥，圖之以獻。……四年冬十月，吳將施績入江夏，萬郁寇襄陽。遣太尉義陽王望屯龍陂。荆州刺史胡烈擊敗郁。吳將顧容寇鬱林，太守毛靈大破之，斬其交州刺史劉俊、將軍修則。十一月，吳將丁奉等出芍陂，安東將軍汝陰王駿與義陽王望擊走之。……十二月，……扶南、林邑各遣使來獻。五年春正月丙申，青龍二見於滎陽。……二月辛巳，白龍二見於趙國。……五月辛卯朔，鳳凰見於趙國。……六年夏四月，白龍見於東莞。……九月，大宛縣汗血馬，焉耆來貢方物。冬十一月，幸辟雍，行鄉飲酒之禮，賜太常博士、學生帛、牛酒各有差。立皇子東為汝南王。……十年九月癸亥，以大將軍陳騫為太尉。……冬十一月，立城東七星澗石橋。庚午，帝臨宣武觀，大閱諸軍。……咸寧元年二月丁亥，追尊宣帝廟曰高祖，景帝曰世宗，文帝曰太祖。……二年六月甲戌，白龍二見於新興井中。……秋七月……東夷十七國內附。……冬十一月，白龍二見於梁國。……三年，西北雜虜及鮮卑、匈奴、五溪蠻夷、東夷前後十餘輩，各帥種人部落內附。……四年十一月辛卯，以尚書杜預都督荊州諸軍事。（傅玄卒於此年）。

將上引「晉書」所載與「天序」相較，可知「天序」一詩所敍卽泰始元年（西元二六五年）晉武帝司馬炎受魏元帝常道鄉公禪，大封宗室、功臣，御統天下之事。其他尚有下列三篇與「天序」所敍相近。

⑿大晉承運期：⒀金靈運：⒁於穆我皇：「晉書樂志下」云：「大晉承運期，言聖皇應籙受圖，化象神明也；金靈運，言聖皇踐阼，致敬宗廟，而孝道行於天下也；於穆我皇，言聖皇受禪，德合神明也。」

此三曲，內容都是歌頌武帝所代表的晉，以德應天命受魏禪，但「大晉承運期」所記敍史事，涉及應籙受圖，當與泰始三年大柳谷玄石有關。而「金靈運」有「天符發、聖徵見，……神祇應、器瑞章。恭事禮、薦先皇。」語，當與泰始元年鳳皇等祥瑞見於郡國，二年，郊祀宣皇帝以配天，宗祀文皇帝於明堂以配上帝等史實有關。「於穆我皇」有「普天率土，莫不來庭……天垂景星，龍鳳臻，甘露宵零。」諸語，當與咸寧三年西北雜虜等帥種人部落內附等史實有關。如合此四篇觀之，則所詠不外是泰始元年（西元二六五年）至咸寧三年（西元二七七年），這十二年間的歷史大事，包括受禪、封建、天祥、人和、夷附等可歌可頌的立國事件。

⒂仲春振旅，⒃夏苗田，⒄仲秋獮田，⒅順天道，⒆唐堯，⒇玄雲，(21)伯益，

⑿釣竿：「晉書樂志」下云：「仲春振旅，言大晉申文武之教，畋獵以時也；夏苗田，言大晉畋狩順時，爲苗除害也；仲秋獮田，言大晉雖有文德，不廢武事，順時以殺伐也；順天道，言仲冬大閱，用武修文，大晉之德配天也；唐堯，言聖皇卽帝位，德化光四表也；玄雲，言聖皇用人各盡其才也。伯益，言赤雀銜書，有周以興，今聖皇受命，神雀來也；釣竿，言聖皇德配堯舜，又有名望之佐，濟大功，致太平也。」這八首詩所敍不見「晉書」，然亦是歌功頌德，所記不外是泰始元年至咸寧三年間，天子的畋狩及天降祥瑞，羣臣佐政等事跡。恰好補史書記錄之不足。由這八首詩的頌詠，而晉武文帝卽天子位後，整文經武，田狩練兵，用人理政等事跡，歷歷如繪，它們代替歷史履行了記錄歷史事跡及人類生活的任務。

如上，我試將傅玄鼓吹曲辭二十二首，與「晉書」卷一、卷二、卷三、宣、景、文、武三篇本紀，依時間先後，循序兩兩比較對照，發現這二十二篇鼓吹曲恰好是依時代先後，敍述大晉開國史實。若合二十二篇爲一篇，恰如後世戲曲的散套，記敍自建安十三年（西元二〇八年）至咸寧三年（西元二七七年），七十年間，自司馬懿至司馬炎歷三代四人的建功立業史跡。這一類型的詩，以記事爲主要表現手法，記事內容以史實爲主，史實偏重於建國治國事跡。事件的表現是精粹而跳躍式的，但詩中或詩外有人物，有情節。建國史實的鋪敍，以人物爲軸，由頌述的對象，把前後動作不相連續的事件連接起來，成爲人物中心的故事情節。六朝的樂府詩中，屬於這一種類型的，尚有沈約「鼓吹曲十二首」，這十二首鼓吹曲辭，也像套數，連接起來，拾成一部梁王朝的建國史詩。第一首「木紀謝」，乃是依五行思想，頌述梁以火德替代齊的木德，是梁建國的哲學理論和神話界的鋪述。第二首「賢首山」，頌述梁武帝登基前，率軍破北魏於司部賢首山。「梁書」卷一武帝紀上云：「建武二年，魏遣將劉昶、王肅，帥衆寇司州，以高祖爲冠軍將軍軍主，隸江州刺史，王廣爲援，距義陽百餘里，衆以魏軍盛，趑趄莫敢前，高祖請爲先啓。廣卽分麾下精兵配高祖。爾夜便進。去魏軍數里，逕上賢首山。魏軍不測多少，未敢逾。黎明，城內見援至，因出軍攻魏柵。高祖率所領自外進戰。魏軍表裏受敵，乃棄重圍退走。軍罷，以高祖爲右軍晉安王司馬淮陵太守。」⑭詩中「賢首山，險而峻。乘峴憑陵胡陣。騁奇謀，奮卒徒。」「幕有烏，掃殘孽。震戎逋，揚凱奏，展歡酺。」卽敍其時破敵殲敵；凱旋慶功的實況。第三首「桐柏山」，頌述武帝蕭衍牧司，始有領土，鎭邊關，威外族，勸農富民，五穀豐收，化功無極。「梁書」卷一、武帝紀上：「軍罷，以高祖爲右軍晉安王司馬淮陵太守……頃之出鎭石頭，（齊明帝建武）四年，魏帝自率大衆寇雍州，明帝令高祖赴援。十月至襄陽。明年三月高祖進行鄧城，魏主率十萬餘騎奄至，高祖獨率衆距戰，殺數十百人。」又「資治通鑑」卷一百四十、齊紀六明帝「建武四年……冬十月、丁巳，魏軍攻之不克，築長圍守之，甲戌，遣太子中庶子蕭衍、右軍司馬張稷救雍州。十一月丁酉，魏敗齊兵於沔北。庚午，魏主南臨沔水……魏豫州刺史王肅使長史清河傅永將甲士三千擊之。康祚等軍於淮南，永軍於淮北，相去十餘里。」案淮陵，在安徽省盱眙縣西北。「桐柏山」一詩所詠乃是梁武帝爲淮陵太守以後戰跡。第四首「道亡」，敍齊東昏侯喪失天道，蕭衍於樊、鄧起兵。第五首「忱威」：敍蕭衍破加湖，建元勳。第六首「漢東流」：敍魯山城戰績。第七首「鶴樓峻」，敍蕭衍平郢城。第八首「昏主恣淫慝」，敍東昏亂政，蕭衍平九江、姑熟，大破朱雀，伐罪弔民。第九首「石首局」，敍蕭衍率義師定京城，廢昏定大事。這六首詩相連，自齊東昏侯卽位至被廢，其間歷史大事均涵攝在內。「梁書」卷一，武帝紀云：「俄以高祖行雍州府事。七月，仍授持節都督雍、梁、南北秦四州、郢州之竟陵、司州之隨郡諸軍事、輔國將軍雍州刺史。其月，明帝崩，東昏卽位。揚州刺史始安王遙光、尚書令徐孝嗣、尚書右僕射江祏、右將軍蕭坦之、侍中江祀、衞尉劉暄更直內省，分日帖敕。高祖聞之，謂從舅張弘策曰：『政出多門，亂其階矣。詩云：「一國三公，吾誰適從。」況今有六而可得乎？嫌隙若成，方相誅滅。當今避禍，惟有此地。勤行仁義，可坐作西伯。但諸弟在都，恐罹世患，須與益州圖之耳。』……於是潛造器械，多伐竹木，沉於檀溪，密爲舟裝之備。時所住齋，常有五色回轉，狀若蟠龍其上，紫氣騰起，形如繖蓋，望者莫不異焉。永元二年冬，（蕭）懿被害，高祖密召長史王茂、中兵呂僧珍、別駕柳慶遠、功曹史吉、士瞻等，以十一月乙巳建牙（計斬蕭穎胄）……三年二月，南康王爲相國，以高祖爲征東將軍。戊申，高祖發襄陽，留弟偉守襄陽城總府事，弟憺守壘城，府司馬莊丘黑守樊城，移檄京邑。高祖至竟陵，命長史王茂與太守曹景宗爲前軍，中兵參軍張法安守竟陵城。茂等至漢口，輕兵濟江，逼郢城。三月乙巳，南康王卽帝位於江陵，改永元三年爲中興元年，遙廢東昏爲涪陵王，以高祖爲尚書左僕射加征東大將軍都督征討諸軍事假黃鉞西臺。四月，高祖出沔，命王茂、蕭穎達等進軍逼郢。六月，高祖乃命軍主梁天惠、蔡道祐據漁湖城，唐脩期、劉道曼屯白陽壘，夾兩岸而待之。（吳）子陽

（東昏侯將）又進據加湖，去郢三十里。傍山帶水，築壘柵以自固，魯山城主房僧寄死，衆復推助防張樂祖代之。七月，高祖命王茂帥軍主曹仲宗、康絢武、會超等潛師襲加湖，子陽等竄走，衆盡溺於江，王茂虜其餘而旋。於是郢、魯二城相視奪氣。魯山城主張樂祖、郢城主程茂、薛元嗣相繼請降。高祖又遣軍主唐脩期攻隨郡，並剋之。司州刺史王僧景遣子貞孫入質，司部悉平。八月，天子遣黃門郎蘇自勞軍，高祖登舟，命諸將以次進路。留上庸太守韋叡守郢城行州事。九月，天子詔高祖平定東夏，並以便宜行事。是月，留少府長史鄭紹叔守江州城，前軍次蕪湖。南豪州刺史申胄棄姑孰走。至是時，大軍進據之。仍遣曹景宗、蕭穎達領馬步進頓江寧。東昏遣征虜將軍李居士率步軍迎戰，景宗擊走之。於是王茂、鄧元起、呂僧珍進據赤鼻邏，曹景宗、陳伯之爲遊兵。是日，新亭城主江道林率兵出戰，衆軍擒之於陣。大軍次新林。道林餘衆退屯航南。義軍迫之，因復散走，退保朱爵，憑淮以自固。十月，東昏石頭軍主朱僧勇率水軍二千人歸降，東昏又遣征虜將軍王珍國……王茂、曹景宗等犄角奔之。僧國之衆一時土崩，朱爵諸軍望之皆潰，義軍追至宣陽門。李居士以新亭壘、徐元瑜以東府城降。石頭白下諸軍並宵潰。壬午，高祖鎮石頭。命衆軍圍六門，東昏悉焚燒門內，驅逼營署官府並入城，有衆二十萬。史桓和瀰給東昏出戰，因以其衆來降。吳郡太守蔡寅棄郡赴義師。十二月丙寅旦，兼衞尉張稷、北徐州刺史王珍國斬東昏，送首義師。高祖命呂僧珍勒兵封府庫及圖籍，收嬖妾潘妃及凶黨王咺之以下四十一人，屬吏誅之。宣德皇后令廢涪陵王爲東昏侯。授高祖中書監、都督揚、南徐二州諸軍事大司馬錄尚書、驃騎大將軍揚州刺史，封建安郡公，食邑萬戶，給班劍四十人、黃鉞、侍中、征討諸軍事。已卯，高祖入屯閱武堂。」拿詩與史相對照，第四首「道亡數極歸永元，悠悠兆庶盡含冤。」所敍卽東昏侯永元年間，天子無道，「誅翦忠良，屠滅卿宰。」「人神乏主，宗稷阽危，海內沸騰，氓庶板蕩。百姓懔懔，如崩厥角。蒼生喁喁，投足無地。」之事。「誓師劉旅赫靈斷，率玆八百驅十亂。」卽永元六年二月，蕭衍率義師發襄陽，移檄京邑，討君側梅蟲兒、茹法珍等事。第五首「忱威」：「忱威授律命蒼兕，言薄加湖灌秋水。廻瀾瀄汨汎增雉，爭河投岸掬盈指。……犯刄嬰戈洞流矢……」卽史載永元三年（中興元年）十月：「高祖命王茂帥軍主曹仲宗、康絢武、會超等潛師襲加湖，將逼子陽，水涸不通艦。其夜暴長，衆軍乘流齊進，鼓譟攻之。賊俄而大潰，子陽等竄走，衆溺於江，王茂虜其餘而還。」之戰事。第六首「漢東流」：「漢東流，江之汭。逆徒蜂聚，旌旗紛蔽。震威靈，乘高騁銳。至仁解網，窮鳥入懷。」第七首「鶴樓峻」：「因嚴設險池永歸，脣亡齒懼。」「凶衆稽顙。」「天不能違，金湯無所用。」卽史載冠軍將軍陳伯之鎭江州爲子陽等聲援，蕭衍「因命搜所獲俘囚，得伯之幢之蘇隆之，厚加賞賜，使致命焉。魯山城主張樂祖，郢城主程茂、薛元嗣相繼請降」。等事。作者以「窮鳥入懷」，「脣亡齒懼，凶衆稽顙。」敍敵軍之降。第八首「昏主恣淫慝」：「誓師爲請命」、「龕難伐有罪，伐罪弔斯民。」卽史載「永元三年三月乙巳，南康王卽帝位於江陵，改永元三年爲中興元年，遙廢東昏爲涪陵王。」後「九月，天子（和帝）詔高祖平定東夏，並以便宜從事。」時事。以及「中興元年九月，留少府長史鄭紹叔守江州城，前軍次蕪湖，南豪州刺史申胄棄姑孰走。至是時，大軍進據之。仍遣曹景宗、蕭穎達領馬步進頓江寧。東昏遣征虜將軍李居士率步軍迎戰，景宗擊走之。於是王茂、鄧元起、呂僧珍進據赤鼻邏，曹景宗、陳伯之爲遊兵。是日，新亭城主江道林率兵出戰，衆軍擒之於陣。大軍次新林。命王茂進據越城，曹景宗據皂莢橋，鄧元起據道士墩，陳伯之據籬門，道林餘衆退屯航南。義軍迫之，因復散走，退保朱爵，憑淮以自固。十月，東昏石頭軍主朱僧勇率水軍二千人歸降。東昏又遣征虜將軍王珍國、率軍胡獸牙等列征於航南大路，悉配精手利器，尚十餘萬人。閹人王伥子持白虎幡督率諸軍，又開航背水，以絕歸路。王茂、曹景宗等掎角奔之。將士皆殊死戰，無不一當百，鼓噪震天地。珍國之衆一時土崩，投淮死者積屍，與航等後至者乘之以濟。於是朱爵諸軍望之皆潰。義軍追至宣陽門。李居士以新亭壘、徐元瑜以東府城降。石頭白下諸軍並宵潰。」一段事跡的縮影。第九首「石首局」，卽石頭城戰局，據「梁書」卷一武帝紀：「（中興元年）十月壬午，高祖鎮石頭，命衆軍圍六門，東昏侯悉焚燒門內，驅逼營署官府並入城，有衆二十萬。青州刺史桓和紿東昏出戰，因以其衆來降。高祖命諸軍築長圍。初，義師之逼東昏遣軍主左僧慶鎮京口、常僧景鎮廣陵、李叔獻屯瓜步。及申胄自姑孰奔歸，又使屯破墩以爲東北聲援。至是高祖遣使曉喩，並率衆降。乃遣弟輔國將軍秀鎮京口，輔國將軍恢屯破墩，從弟寧朔將軍景鎮廣陵。吳郡太守蔡夤棄郡赴義師。十二月丙寅旦，兼衞尉張稷、北徐州刺史王珍國斬東昏，送首義師。高祖命呂僧珍勒兵封府庫及圖籍，收嬖妾潘妃及凶黨王咺之以下四十一人，屬吏誅之。宣德皇后令廢涪陵王爲東昏侯，依漢海昏侯故事。授高祖中書監、都督揚、南徐二州，諸軍事並如故，依晉武陵王遵承制故事，己卯，高祖入屯閱武堂。」詩史相較，「石首局」開頭所敍卽石頭城爭奪戰。「矢未飛，鼓方振。競銜璧，並輿櫬。」敍左僧慶、常僧景、李叔獻、申冑、蔡寅等人之降，以及張稷、王珍國斬東昏送首義師。史事歷歷可陳。第十首「期運集」，卽史載中興二年事，「梁書」卷一武帝紀：「（齊和帝（中興）二年正月，天子遣兼侍中席闡文、兼黃門侍郎樂法才慰勞京邑，追贈高祖散騎常侍左光祿大夫，考侍中丞相。戊戌，宣德皇后臨朝，入居內殿。拜帝大司馬，解承制百僚，致敬如前。詔進高祖都督中外諸軍事，劒履上殿，入朝不趨，贊拜不名，加前後部羽葆鼓吹，置左右長史、司馬從事、中郎掾屬各四人，並依舊辟事，餘並如故。」又詔云「其進位相國總百揆揚州刺史，封十郡爲梁公，備九錫之禮，加璽紱遠遊冠，位在諸王上，加相國綠綟綬，其驃騎將軍如故，依舊置梁百司。」又續云：「乙丑，南兗州隊主陳文興於桓城內鑿井，得玉鏤騏驎，金鏤玉璧、水米環各二枚。又建康令羊瞻解稱鳳皇見縣之桐下里。宣德皇后稱美符瑞，歸于相國府。丙寅，詔梁國初建，宜須綜理，可依舊選，諸要職，悉依天朝舊制。丙戌詔曰「可進梁公爵爲王，以豫州之南譙、廬江、江州之尋陽、郢州之武昌、西陽、南徐州之南琅邪、南東海、晉陵、揚州之臨海，永嘉十郡益梁國，並前爲二十郡，其相國揚州牧驃騎大將軍如故。十二月乙酉，甘露降茅山，彌漫數里。正月己酉，邏將藩道蓋於山石穴中，得毛龜一。二月辛酉，邏將徐靜符又於山東見白麞一。丙寅平旦，山上雲霧四合，須與有玄黃之色，狀如龍形，長十餘丈，乍隱乍顯，久乃從西北升天。丁卯，兗州刺史馬元和籤所領東郡壽張縣，見騶虞一。癸巳，受梁王之命。丙午，命王冕十有二旒，建天子旌旗，出警入蹕，乘金根車，駕六馬，備五時副車，置旄旗雲罕，樂舞八佾，設鐘　宮縣，王妃王子王女爵命之號，一依舊儀。丙辰，皇帝禪位於梁王。」此即詩所云「期運集，惟皇膺寶符。」「龍躍」、「鳳起」、「謳歌」、「獄訟」諸事。至於第十一首「於穆」、第十二首「惟大梁」，均歌頌梁武羣臣和樂，仁德廣化，更不待引證。沈約這十二首鼓吹曲敍有梁一代建國史實，由齊明帝建武二年，賢首山破北魏之役起，歷建武三年之爲淮陵太守，安定邊疆，建武四年抗魏南侵之戰，東昏侯永元元年至二年之天子無道，梁武樊鄧起兵，（永元三年）和帝中興元年七月，加湖之役，破東昏兵將吳子陽，同七月丁卯，圍魯山城，降城主孫樂祖，七月巳未，降郢城主薛元嗣，九月出兵東夏，軍次蕪湖，兵入姑孰。十二月丙寅，平建康城。以至中興二年，進位相國，封梁公，鳳凰見，黃龍現，進爵爲王，四月辛酉即天子位，加上開頭的頌天命，後面二首美德化，恰好成一套建國史詩的組曲。作者在這套組曲中，以詩歌詠史事，簡鍊平實，具體扼要，有人物，有情節，有故事，前後次序頗爲完整，和傅玄鼓吹曲二十二首同一類型。另庾信「周祀宗廟歌」十二首，除前三首及後兩首寫祭祀禮儀樂奏外，自第四首至第十首，歷敍宣帝皇高祖宇文韜、皇曾祖宇文肱、皇祖宇文泰、世父閔帝宇文覺、世父明皇帝宇文毓、父武皇帝宇文邕的淵源，把北周宇文氏自炎帝以下的先祖和歷世祖先的事跡，立國規模呈現出來。也可列在這一類型之中。

此外，雖不是完整的組曲，卻是以數篇或單篇，敍述建國具體史實的，如劉宋、何承天「鼓吹鐃歌」、朱路、思悲公、雍離、戰城南、巫山高等五篇，敍劉裕戰功。沈約「明之君」六首，敍天監治跡，陸卯等「登歌樂」其七至十五，由北齊天子先祖起，歷敍其事跡，直至顯祖文宣皇帝止。庾信「

燕射歌辭、周五聲調曲，宮調五首」，首章敍太祖變魏作周，王業之所由興，次三章言閔帝受命，及明帝、武帝德化之所被。周弘讓「武德舞」之「大定揚越，震威衡楚。」均是。這些詩篇，就個別內容或數篇成組看，其頌述歷史事件均簡潔秩序，精粹具體，有建國史詩的性格。

2.頌德型建國史詩：這類詩歌，其內容頌述各朝代建國之君的文德。諸如天命所屬，天象呈瑞，萬民歸依，夷狄入貢，禮樂興作，如傅玄「晉宗廟歌十一首。登歌七廟七篇」。謝超宗「文德宣烈樂」、「武德宣烈樂」。王儉「高德宣烈樂」。謝朓「雩祭歌。世祖武皇帝三章」。無名氏「鼙舞曲三首」、沈約「皇雅」三曲，「宗廟登歌」其二，蕭子雲「俊雅」其一、「介雅」其一、「雍雅」其一。周弘讓「陳太廟舞辭」七首，陸卬等「登歌樂」、其八「始基樂恢祚舞」、其九「始基樂恢祚舞」。牛弘「舞曲歌辭」其一「文舞歌」、其二「武舞歌」等。下面以陸卬和牛弘作品爲例作說明：

(1)陸卬「始基恢祚舞」：

克明克俊，祖武惟昌。業弘營土，聲被海方。有流厥德，終耀其光。明神幽贊，景祚攸長。

「始基樂恢祚舞」：

顯允威德，隆我前構。瑤源彌濬，瓊根愈秀。誕惟有族，丕緒克茂。大業崇新，洪基增舊。

前一首，皇帝初獻六世祖司空公神室時，演奏。後一首，皇帝初獻五世祖吏部尚書室時演奏。詩是陸卬奉武成帝之命而作的。「北齊書」卷七「武成紀」：「世祖武成皇帝諱湛，神武皇帝第九子」⑮則其六世祖是高隱，五世祖是高慶。「北齊書」卷一神武紀」上：「齊高祖神武皇帝，姓高名歡，字賀，六渾、渤海、蓚人也。六世祖隱，晉玄菟太守。隱生慶。慶生泰，泰生湖，三世仕慕容氏。」玄菟，郡名，朝鮮咸鏡道及吉林南境，古營州之地（今河北省遼寧省以及朝鮮之地），高隱爲玄菟太守，故詩云：「業弘營土，聲被海方。」全詩，除了這兩句外，均是抽象頌述。後一首頌高慶，則無一句具體之言。這一類型建國史詩，以頌德，述天命，說民夷之歸依，國家基構的建置爲主，沒有具體事件出現詩中，然合全詩，卻傳述一段史事。再如牛弘的作品：

(2)牛弘「舞曲歌辭」：

文舞歌：

天眷有屬，后德惟明。君臨萬宇，昭事有靈。濯以江漢，樹之風聲。罄地畢歸，窮天皆至。六戎仰朔，八蠻請吏。煙雲獻彩，龜龍表異。緝和禮樂，燮理陰陽。功由舞見，德以歌彰。兩儀同大，日月齊光。

武舞歌：

惟皇御宇，惟帝乘乾。五材並用，七德兼宣。平暴夷險，拯溺救燔。九域載安，兆庶斯賴。續地之厚，補天之大。聲隆有截，化覃無外。鼓鍾既奮，干戚攸陳。功高德重，政謐化淳。鴻休永播，久而彌新。

據「隋書・樂志」曰：「文帝開皇中，詔牛弘、姚察、許善心、何妥、虞世基、劉臻等詳定雅樂。」⑯「隋書」卷四十九牛弘傳：「開皇九年，奉詔改定雅樂。又作樂府歌辭。撰定圜丘、五帝凱樂。⑰」知上上引兩詩爲牛弘等所作。詩中所頌述皇帝卽隋文帝楊堅。所敍「天眷」、「后德」、「君臨」、「昭事」、「畢歸」、「皆至」、「獻彩」、「表異」、「禮樂」、「陰陽」、「御宇」、「乘乾」、「夷險」、「救燔」、「化覃」，不外籠統敍述其統一天下，政美人和，天瑞呈現，禮樂攸作，這些詩和上述陸卬詩一樣，內容除「濯以江漢，樹之風聲。」頌其平陳外，概無具體史實題材出現，是以頌德爲主的作品，所以屬頌德型建國史詩一類。

(二)六朝建國史詩的形式

六朝建國史詩，內容已如上面所述，至其形式，大都是四言樂府古體，句數長短不確定。然而，這種詩歌的題材都以史事爲主。也就是說，建國史詩是以建國史事的題材爲其構造要素，以史實爲其靈魂。作者處理史實以創造此類作品又有兩種形式：

1.具體的敍述：具體的敍事，卽詳細敍述歷史事件，每敍一次戰功，必以具體史事爲對象，每頌美一人治績，必以具體治事爲題材，然後加以述說頌美。卽使詩中述及天瑞人和，也可求證於正史記載，野史傳述。如傅玄「鼓吹曲辭」二十二首中，「靈之祥，石瑞章。」「孟氏叛，據南疆。追有扈，亂五常。吳寇勁，蜀虜彊。交誓盟，連遐荒。宣赫怒，奮鷹揚。震乾威，曜電光。陵九天，陷石城。梟逆命，拯有命。」所述史實皆具體，天瑞、戰功均實有其事。題材的處理依事實先後排列，是一種實筆的敍事法。又「宣受命」，敍司馬懿與諸葛亮對壘。「征遼東」，敍司馬懿平遼東公孫文懿之亂。「宣輔政」，敍司馬懿之治績文德。「時運多難」，敍吳寇入侵。「景龍飛」、「平玉衡」：敍司馬師一生治跡。「文皇統百揆」，敍司馬昭繼父兄輔魏，「惟庸蜀」，敍司馬昭派兵滅蜀。以至於以下各詩之敍司馬炎之受禪，承命，獵狩，理政等都是以實筆敍事爲主。可以說，這類建國史詩，其內容是以建國史實爲題材的；其敍事形式及題材的處理，是具體的記述爲手法的。語言精粹濃縮、敍事簡約跳躍。

2. 概括的敍事：概括的敍事，即不以具體史事爲處理對象，而綜所欲頌美的對象的生世、事蹟、德美，以及天瑞、人和、功業，以抽象的頌美的語言加以敍述。如陸卬敍述北齊武成帝六世祖事跡，以「克明克俊，祖武惟昌。」「有流厥德，終耀其光。」去表現，讀者只知他是明俊有德之人，卻不知具體行事，只知它是在頌美，卻不知他頌美的史實如何。又敍述其五世祖高慶，只說他「隆我前構」、「丕緒克茂」、「大業崇新」，卻未表現高慶具體事跡，蓋高湛、高慶之事限於文獻，作者無可稽查，又二人乃北齊天子先祖，其時尚不彰顯，無赫赫之功，只有據後世子孫事跡，籠統概括敍述其事，爲北齊王業之奠定尋找根源，卻成了北齊建國史跡的一部分。六朝建國史詩的作者在處理這種題材以及類似事件時，往往採用這種概括的敍事法。牛弘的「文舞歌」和「武舞歌」，其創作手法，採用的也是這種敍事法。

但無論是具體敍事或概括敍事，其修辭方法，表現技巧，和其他題材詩，甚至其他文體，都有共通的地方。把六朝所有建國史詩歸納起來，所運用的技巧約略有下列諸種：

⑴直敍：六朝建國史詩既是敍事詩，它的表現技巧自然以直接敍述爲主。也就是建國史詩大多數運用直陳其事的賦的手法。有的甚至全詩直敍。卽使不是全部直敍，但也可以說每首都有直敍的手法出現。直敍的表現正是六朝建國史詩的招牌，拿手技巧。

⑵用典：直敍之外，六朝建國史詩的作者也很喜歡運用典故。詩的語言大多有出處。至於敍事或敍人時，用以前的故事去表現的，也很多，僅居「直敍」手法之後，在其他手法之上。如果把一些比較明顯而且是重要例子擧出來，就有下列。如何承天「思悲公」：自「東國何悲公西歸」至「握髮吐餐下羣士。」幾乎有三分之二篇幅用周公的典，敍述劉裕的文德武功。沈約也喜歡用典，「宗廟登歌」其二云：「殷兆玉筐，周始邠王。」「有夏多罪，殷人塗炭。」「昏主恣淫慝」云：「卽齊丹浦戰，又符甲子辰。」「期運集」云：「謳歌共適夏，獄訟兩違朱。」「於穆」云：「樂均靈囿，宴同在鎬。」「明之君」其三云：「舜琴終已絕，堯衣今復垂。」等，有的用古事以敍梁事，有的用古人以頌梁君，再如周弘讓「景德凱容舞」云：「永昭貽厥，還符翦商。」庾信「周祀宗廟歌」其五、「皇夏云：「崇仁高涉渭，積德被居原。」其八「皇夏」云：「出鄭終無反，居桐竟不歸。」其九「皇夏」云：「若水逢降君，窮桑屬惟政。」牛弘「鼓吹曲辭」三首其三「述天下太平」云：「阪泉軒德，丹浦堯勳。」都是。其中庾信用典最多，幾乎每首用典。用典手法所以在建國史詩中出現的這麼多，主要的可能是因爲它表意含蓄，適合於頌美，也可用於貶抑敵方增進頌述的氣勢。

⑶比喻：建國史詩雖然以直敍爲其表現的靈魂，但有時也用比喻手法，而且以明喻爲多。如何承

天「雍離篇」云：「西川無潛鱗，北諸有奔鯨。」以潛鱗比戰敗匿藏之叛敵，以「奔鯨」喻逃逸的戰將，不但事切，意象亦鮮明。其「巫山高篇」云：「蠢爾逆猘。」以逆猘喻叛臣也切當。再如牛弘「鼓吹曲辭」三首，其三云：「日月比耀，天地同休。」用的也是比喻手法。

(4)對照：與比喻相近，在比較之時，將所欲頌美的對象推上一層，都是對照手法的作用。六朝建國史詩詩的作者也喜歡運用這種手法達到頌美的效果。如沈約「明之君」其二云：「神武超楚漢，安用道邠岐。」利用楚漢邠岐四個意象與梁武之治政相比照，並在比照之餘，以「超」、「安用」，將梁武推上一層。其四云：「望就踰軒項，鏗鏘掩咸護。」用軒項比人，咸護比樂，並以「踰」、「掩」分別將梁武的「望就」、「鏗鏘」，往上推進一層。周弘讓「武德舞」云：「方軒邁扈，比舜陵嬀。」牛弘「鼓吹曲辭」三首其三：「牢籠虞夏，度越姬劉。」用的也是同樣手法。這種手法最適於歌功頌德式的敍事之用。

(5)誇張：在歌功頌德式的敍事詩中，最能收到歌頌效果的應是誇張手法。六朝建國史詩中也可以看到這種技巧。如何承天「朱路篇」云：「仁聲被八表，威靈震九遐。」牛弘「文舞歌」云：「罄地畢歸，窮天皆至。」不過使用的不多，有的話都是在歌頌天子威望，民夷歸心時，才使用的。

㈢六朝建國史詩的性格：

上面我所挑出的作品，以其原來是配樂的，屬於樂府，各具樂府詩歌的詩題，都是六朝樂府詩。

又因其在樂府中用途不同，故有的屬郊廟歌辭，有的屬燕射歌辭，有的屬鼓吹曲辭，更有屬舞曲歌辭的。但無論它是用於祭祀，或用於燕飲射比，或用於出游賜宴、或用於合舞，只要它的題材內容是建國史事，是帝王聖德，以及其相關材料，而用敍事的手法表現出來的，都在我這次研討範圍，成爲我討論的對象。我把那些作品加以分析、歸納，然後取出代表作品論述其內容和形式。下面我就根據上面討論過來的那些作品的內容和形式，歸納出六朝建國史詩的特性：

1.自己的特性：

綜合上面的分析研討的結果，我們發現六朝的建國史詩具有下列的特性：

(1)它寄身於樂府詩中，在那些祭祀宗廟、燕射樂舞詩中設籍生長。

(2)它的內容以史實爲主，以六朝各代君主的起源、建國、治國、天命、戰功、政績爲題材。作者創作這類詩歌時是取材於歷史，尤其是其所處朝代的建國史。而以與建國、治國有關的人、事、物作爲表現對象，將人物、事件組合成情節，呈現整個建國歷史風貌。

(3)它的表現藝術技巧，以敍事爲主。作者在敍事時，又以直敍爲多，有時也用典，用比喻對照的手法，甚至有誇張的場面。但不管作者採用的是什麼藝術手法，都遵守一個原則。那就是要求運用客觀描寫的手法，眞實地再現客觀的史實，記敍本身就要求對描寫對象忠實記載。

它的語言以四言爲主，是極端精粹、典型的文學語言，詩的語言不長，篇幅也比較短。因此，詩中表現的事跡（故事）線索單純，情節凝縮而跳躍，有時連合多首成一組曲，以達到其完整性。有時只是點綴性的史實呈現，僅止於單一事件的敍述。也就是說它是以精粹、凝縮跳躍作爲其敍述情節的典型的。

2.與西方敍事詩的比較：在西洋的文學史上，有兩種詩，一種是lyric，另一種是epic。東方人把前者譯作抒情詩，後者譯作敍事詩或史詩。爲了使上面所討論的六朝建國史詩的特性更加明朗，並避免讀者的誤解，在說明它的特性之後，有必要拿它和西洋的epic作一次比較，以便了解兩者的共同點和界限。西洋學者研究epic的相當多，但我所看到的極少，只限於黑格爾和龐德兩人的說法。根據黑格爾的說法，史詩有一般性質和特別重要的重點。一般性質屬於廣義的史詩，一些雛形的史詩品種已具備那些性質，至於特別重要的特點則是正式史詩才有。而黑格爾提出的正式史詩的條件是㈠要有一般的世界背景。㈡在這一般背景的基礎上所發生的個別的事跡以及在神和命運的指引之下行動的個別人物。㈢兩個因素必須結合成爲一個史詩的整體（情節和它的實體性的聯繫，展現方式、鎔鑄派生的枝節成一整體）⑱。拿上述六朝建國史詩和黑格爾的正式史詩比較，它不是長篇巨幅的英雄史詩，它的結構沒有正式史詩那樣完整，體制沒有那樣宏大。它的英雄人物和神的意志和正式史詩不同，詩中更沒有正式史詩中細膩的人物性格刻劃，繁複的派生情節及變化。這些歧異不只是六朝建國史詩，所有中國文學史上的敍事詩都是一樣。黑格爾所以說「中國人卻沒有民族史詩。」就是以正式史詩的標準說的。但黑格爾也對一般史詩提出他的看法，他在論史詩的一般性質時，提到箴銘、格言和教科詩說：「最簡單的史詩表現方式由於抽象的凝縮，是片面的，不完備的。它從具體的世界和豐富多彩而變化無常的現象中挑出某種本身有根由和必要性的東西，用史詩的文字把它集中表現出來。」在提及「格言或道德箴規」時，稱它是「用凝鍊的語言寫下」的。又說：「這類表達方式可以把原來零星的各自獨立的片段聯繫成爲較大的完滿的整體，這就簡直是史詩的體裁了。」他同時把西洋哲學的教科詩、宇宙譜和神譜列入具備一般性質的史詩，如果拿這些條件去衡量上面討論過來的建國史詩，它們差不多全具備了。所以，我說六朝建國史詩具備黑格爾所說史詩的一般性質，和西洋雛型的一般史詩的特性相近。美國詩人龐德說：「An epic is a poem including history.」⑲黑格爾也說：「史詩的任務一般在於敍事。」六朝建國史詩的內容符合龐德對Epic所下的定義；在表現藝術上已完成了黑格爾所要求的任務。它具有西洋 Epic 的一般性質。

3. 與六朝其他敍事詩比較：

我在研究六朝詩歌時，根據詩歌內在的題材，分由九個類型去討論。敍事詩便是其中的一種類型。在六朝敍事詩中，又分爲史詩以及一般敍事詩等品種。現在這篇論文討論的是建國史詩，它和一般敍事詩最大的不同是，它不像一般敍事詩取材於現實社會的事跡，而是取材於歷史事跡。而在六朝史詩中，它和一般史詩不同的地方，是它的題材不是一般的歷史事跡，而是建國史實。它雖是與個別人物事跡有密切的關係，然而建國史詩所敍個人必與所敍朝代的起源和建立有關。這些個人事跡連綴起來可成爲一幅建國史譜，或可補充建國史實。再者一般敍事詩，往往敍事與抒情結合，建國史詩則純是客觀敍事，較少作者抒情。這些與六朝其他敍事詩的歧異和界限，恰可劃出六朝建國史詩的領域，呈現出它的特性。

四、結論

以上，我由六朝樂府詩的郊廟歌辭、鼓吹曲辭、舞曲歌辭中，篩檢出以六朝各代的建國史事爲題材的作品，以其題材都是與建國事跡有關，所以取名爲建國史詩。在分析六朝建國史詩時，我發現除了北魏(包括東、西魏)外，其餘各朝代都有他們自己的衆多建國史詩。於是，在這篇論文中，首先，我依朝代先後，介紹具代表性的，以建國史跡爲題材的作品。然後，我對所有建國史詩加以分析、歸納，以分別其不同的內容和形式，依分析、歸納的結果再加以歸類，以說明所有作品的共同特色，以及在此共同特色下，小類型與小類型之間的歧異和個別性。由是歸結出六朝建國史詩的特性。並以研討所得的特性與西洋的 epic 作比較，以見本論文所用「史詩」一語與西洋 epic 的譯名「史詩」不盡相同，自然詩體的內容和形式也與譯名「史詩」的 epic 不完全一樣，並拿本文所討論的史詩與六朝其他敍事詩作比較，以彰顯六朝建國史詩的特色。

綜合上面我的論述。所謂六朝建國史詩，就是以六朝各代的建國史事爲題材的詩。它的內容包括各朝代的起源(祖先)，建國史事，戰功、治績。天命，瑞祥，人和，夷狄歸順等，而這些內容是在歌功和頌德的作用下呈現出來的。這些作品的任務在於敍事，敍述的內容就是功業和德業。爲敍述各朝代的功業和德業，在形式上，有的是具體詳細的指陳，有的是概括的頌美。但不管是具體的指陳或概括的頌美，它的表現技巧都以直陳爲主，以用典、比喩、對照、誇張爲副，去進行史事的陳述，德美的頌揚。

拿這些特性和西洋的 epic 作比較，它與西洋正式的 epic（有人譯作史詩，有人譯作敍事詩），除了敍事的本質外，內容和形式都不大一樣，然而和 epic 的一般性質，卻頗相近。也具備抽象的凝縮，片面，不完備的特性。而建國史詩中的組曲，也是把原來零星的各自獨立的片段聯繫成爲較大的完滿的整體，和 epic 的一般性質相同。如果 epic 的雛形可以稱爲史詩，這些作品之爲史詩應是無疑問的。再者拿這些建國史詩和六朝其他敍事詩比較，最大的不同是，它所敍的事只限於建國史事，一般史事和現實社會事跡不在它的範圍。

在這裏我想補充說明的一點是：詩歌的敍述與歷史的記載事實在本質上是相同的，請讓我們先從歷史的記載說起，「說文解字」云：「史，記事者也。從又持中。中，正也。」段玉裁注說：「君舉必書，良史書法不隱。」後世學者對「中，正也。」一語雖持不同的解釋，然由「史」字的構造，理解「歷史記載的本質就是事件」，卻是沒有任何異論的。所以，「禮記」玉藻云：「動，則左史書之；言，則右史書之」。「周禮」天官小史云：「掌邦國之志。」是歷史所記載，包括人類的行動和言語。而且其記載範圍泛及全國一切事件。就是說，歷史是記錄由人君個人到天下，全人類社會的言語和行動，以及由他們言語和行動所構成的事件。這些言語和行動，以及其所形成的事件，就是人類的生活，包括物質的和精神的兩方面，而且兩者是融合無間的。難怪後世有人要說：「尋史字之義，本爲記事」。而且語言學家也把「史」和「事」歸入同源字。再者就「君舉必書」而言，所記的固是當時事件，但那些事件，由於史籍的記載，才流傳下來，因此，歷史又恰似人類記憶力的保持、延續以至永遠。也就是說，歷史將過去各時代的光輝投射到現在；又將現在接續向未來。所以「文心雕龍」史傳第十六說：「開闢草昧，歲紀綿邈，居今識古，其載籍乎！」

歷史記載的本質既是「事」，而詩歌表現的又是什麼呢？據「詩經」大序說：「詩者，志之所之也。在心爲志，發言爲詩。」是說詩歌是以語言表達人類的思想感情的。所以「韻會」才說：「詩，志也。」「廣雅」更說：「詩，志意也。」可見，詩所記錄的，也不外是人類的語言，只是那語言是思想感情的結晶，是經過再三提煉的精純語言，而所謂思想感情也者，要經由行動才能表現出來，則詩所記敍的又是人類的語言和行動的結晶了。再者趙岐於「孟子」「說詩者不以文害辭，不以辭害志，以意逆志，是爲得之。」下注云：「志，詩人志所欲之事。」可知詩所表現的思想感情，即「詩人志所欲之事。」「春秋說題辭」云：「在事爲詩，未發爲謀，恬淡爲心，思慮爲志，故詩之爲言，志也。」蓋詩固在言志，也就是表現思想感情，然思想感情是抽象的，由事物觸發的，可知無論什麼樣的詩體，它所記載的也無非是事與物。即使是抒情篇什亦非借用事物不可。可見詩歌與歷史的關係是多麼密切。因此，當我們研究某個時段的詩歌，爲那時段的詩歌分別類型時，設定史詩（敍事詩）一類不但有其必要，也是非常合理的。而且將那個時段中與建國史事有直接關係的作品提出來討論更是有意義的。我國學術界對史詩含義的理解相當分歧。數年前我寫了一篇「由詩歌與歷史的關係論傳玄『鼓吹曲辭二十二首』的敍事詩性格」一文，即以個人的觀點提出和這篇論文同樣的看法。最近讀了幾本臺灣及大陸學人的著作，他們都強調中國自己敍事詩或史詩的特性，而不以西洋正式史詩的標準否定文學史家所指稱的中國史詩⑳，他們的見解和我的一致，可以證明我爲六朝詩歌闢出敍事詩這一類型是正確的。他們的意見也將給這篇論文以有力的支持。

【附　註】

① 我依題材將六朝詩歌分爲隱逸、詠物、山水、遊仙、田園、玄言、宮體、敍事、抒情等九種類型，稱它們爲題材詩。前七種題材詩的研究已分別撰成論文發表，並結集成書。後二種的初稿已完成，將陸續發表。請參考「六朝詩論」，洪順隆著，文津出版社。「由隱逸到宮體」，文史哲出版社。「由詩歌與歷史的關係論傅玄『鼓吹曲辭二十二首』的敍事詩性格」，木鐸第十期。一九八四。

② 參見「中國韻文史」頁十、澤田總清著、王鶴儀編譯、臺灣商務印書館。

③ 「晉書、樂志」曰：「武帝受命，泰始二年，詔郊祀明堂禮樂權用魏儀。遵周室肇稱殷禮之義，但改樂章，使傅玄爲之辭，凡十九篇。」其中有「晉宗廟歌十一首，登歌七廟七篇」，見「晉書」，亦見「失秦漢魏晉南北朝詩」上頁八一三、逯欽立輯校，臺灣木鐸出版。（亦見「全漢三國晉南北朝詩」、丁福保、世界書局、下不重擧）。

④ 見「先秦漢魏晉南北朝詩」頁八二六～八三五。

⑤ 同上頁一二〇四～一二〇六，

⑹ 同上頁一四九一及一四九九、一五〇九。

⑺ 同上、頁二一六三及二一六八。頁二一七三～二一七五。頁二一七八～二一八三、頁二一八三、頁二一八六。

⑻ 同上、頁二六一九～二六二〇。

⑼ 同上、頁二三一二～二三一四。

⑽ 同上、頁二四二六、頁二四二四～二四二五。頁二四二六～二四二八。

⑾ 同上頁二七七〇。

⑿ 見「晉書、樂志」頁七〇二。房玄齡等撰，臺灣鼎文書局。「先秦漢魏晉南北朝詩」頁八二六引「古今樂錄」同。此兩書讀者所熟知，同體例再引不另作注。

⒀ 見「資治通鑑」頁二三一四。司馬光著，臺灣大明王氏出版公司（粹文堂）。

⒁ 見「梁書」卷一頁十、姚思廉撰、臺灣藝文印書館。以下引「梁書」同，不另作注。

⒂ 見「北齊書」卷七頁四八，李百藥撰，臺灣藝文印書館。以下引「北齊書」，不另作注。

⒃ 見「隋書」頁一五七～二一〇。

⒄ 見「隋書」頁六四〇～六四七。

⒅ 見「美學」㈣頁一〇五～一六五。此節錄其說，以下不另作注。黑格爾著，朱孟實譯，臺灣里仁書局。

⒆ 見「The Epic」Paul Merchant 臺灣書林出版有限公司。

⒇ 中國學界談到敍事詩的，從前就有，只是我沒有看到那些論文，他們的意見不得而知。已故日本漢學家竹田

復教授有一篇「漢魏晉南北朝の物語詩について」，也強調中國自己有獨特的敍事詩。最近我看到的文獻，談到中國敍事詩的有黃景進「中國敍事詩的發展」(見羅宗濤等著「中國詩歌研究一書。臺灣中央文物供應社、一九八五・六)，「歷代論史絕句選」(羊春秋、何嚴選注，湖南人民出版社、一九八五・五)、「中國歷代著名敍事詩選」(彭功智編、黃河文藝出版社、一九八五・六)、「史詩探幽」(潛明玆著，中國民間文藝出版社、一九八六・十二)、「中國歷代敍事詩歌——先秦兩漢魏晉南北朝編」、路南孚著、山東文藝出版社、一九八七・十)、「詠史詩」(陳建根選注、人民文學出版社、一九八九・四)。可見這一類型的詩歌已得到學界的承認。

邊塞詩形成於南朝的原因

王文進

一、

邊塞詩形成於南朝這項說法的提出，必然對南朝詩歌研究的既有結構產生極大的腐蝕力，也會使文學史家重新調整所謂唐代詩風融自南北兩地的觀點。

按照傳統的思考模式：舉凡性屬綺麗、柔美的山水、宮體、詠物之作既然歸屬於南朝，則性屬貞剛勁直的邊塞一體當然就分派給北朝。所以文學史家就會順理成地章推算出唐代邊塞係南北詩風交融而來的結論①。

但是邊塞詩形成於南朝的說法一旦確立，則南朝詩歌的「位格」就勢必要重新界定：南朝詩並不限於「綺麗不足珍」的山水、宮體、詠物一格，即連雄健蒼勁的邊塞一體也形成於此，可見唐詩各體規模幾乎全建構於斯。此一發現對南朝詩歌研究結構而言，就不僅單純地只是量的增加，而是質的改變。換句話說，邊塞詩的題目若被放到南朝詩的研究結構中來加以討論，其所產生的影響並不是物理變化，而是化學變化：南朝詩人位置必須重新評價，南朝作品相互間的關係必須重新排列。

關於邊塞詩形成於南朝的具體事實，筆者在第九屆古典文學會議大會論文中已述之甚詳②，茲不再贅述。本文所要探討的是：這樣一個與常理相違逆的現象，究竟要如何解釋？邊塞詩係以長城瀚海爲背景，何以卻奇蹟似地形成在遠離朔北的煙雨江南？南朝詩人向來就被視爲只知流連山水，遊宴宮廷，究竟憑藉什麼寫出大漠風沙？綺麗、柔美的風格既爲南朝詩歌的主旋律，邊塞詩的加入會不會成爲一種過度孤立突兀的音節。其實以上這些問題，不外乎是要徹底質詢：南朝究竟有什麼條件能夠形成邊塞詩？

二、

首先要解釋的是：南朝在地理空間上明明是以立都建康的江南爲主，何以較諸北朝更習慣以長城諸要塞爲描寫背景？換句話說，這許多南朝詩人究竟是在怎樣的氣氛之下而將自己置身於塞外風沙？其實這個問題主要是涉及南朝人士的空間意識。因爲南朝人士往往把江南視作中原，非但是身在江南而心馳塞北，更確切地說：南朝詩人根本上就是把建康比附成長安、洛陽。「世說新語・言語篇」云：

> 過江諸人，每至羣日，輒相邀新亭，藉卉飲宴。周侯中坐而歎曰：「風景不殊，正自有山河之異！」皆相視流淚。

「資治通鑑」亦載此事，胡三省注曰：「言洛都遊宴，多在河濱，而新亭臨江渚也」③。指的就是身臨金陵而心懷洛都的情懷。梁元帝蕭繹在擔任丹陽尹時，環顧建康四周地理形勢時亦云：

東以赤山為成皋，南以長淮為伊洛，北以鍾山為芒阜，西以大江為黃河，既變淮海為神州，亦即丹陽為京尹。④

根據〔梁書〕所載，蕭繹爲丹陽尹應在普通七年（公元五二六年）左右⑤，可見自東晉渡江至此雖然已歷兩百年之久，南朝人士仍然習慣於這種空間思維的模式。徐悱有一首「古意酬到長史溉登琅邪城詩」更清楚地反應了南期這種空間思維模式：

甘泉警烽候，上谷抵樓蘭。此江稱豁險，茲山復鬱盤。表裏窮形勝，襟帶盡巖巒。修篁壯下屬，危樓峻上干。登陴起遐望，回首見長安。金溝朝灞滻，甬道入鴛鸞。鮮車鶩華轂，汗馬躍銀鞍。少年負壯氣，耿介立衝冠。懷紀燕山石，思開函谷丸。豈如霸上戲，羞取路傍觀。寄言封侯者，數奇良可歎。⑥

此處所謂「琅邪城」應指徐州琅邪，因爲劉宋明帝以後，淮北沒寇⑦，山東琅邪當然已不入南朝版圖。可見徐悱此詩亦是長安的地理兵勢來形容此一南朝重鎮。

造成這種空間思維模式的最大原因，應該和南朝僑州、僑郡的設置有密切關係。「隋書・食貨志」云：「元帝寓江左，百姓自拔南奔者，並謂之僑人。皆取舊壤之名，僑置郡縣」⑧，「宋書・諸志總序」亦云：「自戎狄內附，有晉東遷，中土遺氓，播徙江外……莫不各樹邦邑，思復舊井」⑨。

僑州郡自東晉元帝設置以來，就盤根錯節地和南朝地方制度糾纏在一起。中間歷經數次「土斷」的措施，但從未眞正貫徹到底⑩，一直到入陳之後尚有陳文帝天嘉元年（西元五六〇年）的最後一次土斷。可見終南朝之世，南朝人士始終是被這些「舊壤之名」所包圍。使得陷落在北朝的山河故土永遠保留在心中。尤其隸屬北方政治中心的秦雍諸州郡，直到梁天監之際，仍然在地方編制中⑪。這些州郡正是漢代京畿七郡（三輔：京兆、馮翊、扶風。三河：河南郡、河東郡、河內郡。弘農郡）之所在⑫，也正是北伐匈奴發兵的據點。大部份邊塞詩的空間座標事實上就是定位在這些核心地帶中。孔稚珪「白馬篇」：「勒石燕然，凱歸長安亭」⑬，徐悱「白馬篇」：「聞有邊烽急，飛候至長安」⑭，江淹「古意報袁功曹詩」：「從軍出隴北，長望陰山雲。涇渭各異流，恩情於此分」⑮，簡文帝蕭繹「隴西行三首之一」：「長安路遠書不至，寧知征人獨佇立」⑯。以上例子，都可以說明長安對南朝人士而言既是近在咫尺，當然長城邊塞也就不是遠不可及了。在這種條件之下出現邊塞詩，其實是有軌跡可循的。

南朝人士除了在空間思維上，監據着長安中原，在時間思維上，也動輒以漢朝和匈奴之役自況。「南齊書・王融傳」有一段記載最具代表性。云：

永明末，世祖欲北伐。使毛惠秀畫「漢武北伐圖」。⑰

顯然齊武帝蕭賾出兵係以漢武北伐相比。劉宋何承天「安邊論」在北虜犯邊之際，亦以漢朝政策為依據，云：

漢世言備匈奴之策，不過二科。武夫盡征伐之謀，儒生講和親之約。⑱

南齊孔稚珪在荆州平西長史期間，面臨北魏數度犯邊，亦以漢朝處理匈奴的政策作喻：

匈奴為患，自古而然，雖三代智勇，兩漢權奇，籌略之要，二塗而已。一則鐵馬風馳，奮威沙漠；二則輕車出使，通驛虜廷。⑲

王融在永明末蕭賾北伐之際上疏亦曰：

臣乞以執殳先邁，式道中原，澄瀚渚之恒流，掃狼山之積霧，係單于之頸，屈左賢之膝……。⑳

考諸孔稚珪任平西長史應在建武元年（西元四七九年）㉑，北魏早已統一北方，並且進化成一文明度極高的王朝，尤其永明末（西元四九三年）時，北魏甚至已遷都洛陽，儼然是中原文化的繼承者，但是南朝人士仍然蓄意以匈奴視之而自居大漢，其實和當時南朝人士急欲取得正統地位的意識形態有關。

因此邊塞詩形成於南朝的第一項原因，主要是基於南朝人士在空間思維上，仍然有著保有故土的錯覺；在時間思維上則盼望置身於大漠雄風之際，以抗逐北虜。揉合着這種複雜的心態，邊塞詩於是遠渡江淮開花於風和日麗的南朝。

閻采平「梁陳邊塞樂府論」是近年來少數能注意到南朝與邊塞詩問題的佳著之一㉒，但是閻氏也認為「梁陳諸文人並沒有從軍邊塞的生活經歷與體驗。所以，若從有無現實基礎的角度來解釋邊塞樂府在梁陳時期的復興與發展，無異於井底撈月」㉓。閻氏的說法若從歷史的表層來看並沒有錯。但是若能深一層揣摩南朝人士的曲折心思，則這項問題的死結或可眞正迎刃而解。

解釋邊塞詩得以形成於南朝的第二項癥結在於：南朝詩人究竟有無眞正經歷過戰火的洗禮？由於南朝詩歌研究的重點一向側重在宮體、山水、詠物諸體，所以南朝文人往往被認爲若非耽迷於山水就是縱情聲色。其實南朝詩人的活動範圍絕對不是只限於君主臣僚的宮廷遊宴。相反地，南朝詩人有相當多的機會可以走遍半壁江山，甚至和北朝臨江交戰的要塞戰地。這個問題需要透過南朝的地方官制來加以解釋。

三、

南朝的地方官制有一項重要的特色，即州刺史僚佐的雙軌制。南朝的州刺史除了以地方行政官的身份設有州官系統的僚佐外，更由於帶有將軍號，得再以軍事統領身份另設府官系統。南朝時期州佐史的主要成員，根據「宋書・百官志」、「南齊書・百官志」及「隋書・百官志」的記載，大致有：別駕從事史，治中從事史，主簿，西曹書佐，祭酒從事史，議曹從事，部郡從事史㉔。而府佐吏的主要成員大致有：長史、司馬，諮議參軍及錄事以下十八曹㉕。

三國西晉時代，州刺史只設州官系統的僚佐。雖然此一時期已有加將軍號者，但史傳中絕少見有州將軍的僚佐㉖。至東晉以後逮於梁陳，州刺史不但多加將軍之號，其僚佐且正式在州刺史系統外加上將軍府的系統。這種情形於是造成各地方州刺史的僚佐在質量兩方面的變化。在量上，由於多了府僚佐，其員額之倍增自不待言；在質上，則由於府僚佐係由中央除授，並且不限於本籍人士，使得中央的文士得以藉此隨府主遊仕各州鎮㉗。當然也就順理成章地使得南朝文人有親歷南北交戰要塞的經驗。最明顯的例子是鮑照。鮑照曾先後隨劉義慶至江州、南兗州，又隨劉義慶至徐州，再隨始興王出鎮京口，最後又隨劉子頊至荆州，幾乎走遍南方半壁江山。其中徐州、荆州都是南北爭戰要塞，無怪乎其邊塞之作，鏗鏘有力，一新南朝耳目。宋代朱子就甚爲激賞其「代出自薊北門行」一詩，云：「如『疾風沖塞起，砂礫自飄揚。馬毛縮如蝟，角弓不可張』分明說出邊塞之狀，語又俊健」㉘，王闓運亦云此詩「用十二分力量作邊塞詩，是唐人所祖」㉙，均是領略到鮑照作品中的風雲之氣。其他如：

孔稚珪隨蕭遙欣任平西長史，出鎮荊州（據南齊書本傳）

劉峻隨蕭秀任平西戶曹參軍，出鎮荊州（據梁書本傳）

王僧孺隨蕭秀任安西參軍，出鎮荊州（據梁書本傳）

沈約隨蔡興宗任安西外兵參軍，出鎮郢州（據梁書本傳）

劉孝儀隨蕭綱任安北功曹史，出鎮雍州（據梁書本傳）

劉孝威隨蕭綱任安北法曹，出鎮雍州（據梁書本傳）

以上爲有明確官職可考者，至於像謝朓隨蕭子隆出鎮荆州；江淹隨劉景素出鎮荆州、京口；庾信、王褒則是在侯景亂梁後，隨元帝立都於江陵。荆州、雍州、郢州、京口均爲當時兵戎重地。

孔稚珪據「梁書．本傳」所載：「建武初，遷冠軍將軍，平西長史，南郡太守。永元元年，爲都官尙書，遷太子詹事……」可見孔稚珪在荆州的時間正是建武至永元元年（西元四九四—四九九）之間，此時正是魏孝文帝遷都洛陽，海陵崩殂「宏聞高宗踐阼非正，旣新移都，兼欲大示威力」之際㉚。孔稚珪在這段時期最起碼親臨兩次大規模的戰役：一次在建武元年至二年之間（西元四九四—四九五），一次在建武四年至永泰元年之間（西元四九七—四九八）。其中第二次之役，南齊沔北五郡還一度陷魏㉛。孔稚珪就是以「虜連歲南侵，征役不息，百姓死傷」的原故㉜，而寫下其「誘胡」之表。充份顯示其對邊患體認之深刻。而其「白馬篇」則妙寫邊塞之役：

驥子跼且鳴，鐵陣與雲平。漢家嫖姚將，馳突匈奴庭。少年鬪猛氣，怒髮為君征。雄戟摩白日，長劍斷流星。早出飛狐塞，晚泊樓煩城。虜騎四山合，胡塵千里驚。嘶笳振地響，吹角沸天聲。左碎呼韓陣，右破休屠兵。橫行絕漠表，飲馬瀚海清。隴樹枯無色，沙草不常青。勒石燕然道，凱歸長安亭。縣官知我健，四海誰不傾。但使强胡滅，何須甲第成。當今丈夫志，獨為上古英。㉝

「白馬篇」係用漢魏樂府古題。郭茂倩樂府詩集云：「白馬者，見乘白馬而爲此曲。言人當立功立事，盡力爲國不可念私也」㉞。今存最早詩篇爲曹植所作，增田清秀認爲應該歸諸「遊俠主題」系列㉟。由「遊俠」演變到「邊塞」之作，本來就是邊塞詩的源頭之一，所以孔稚珪的白馬篇中仍有「少年鬪猛氣，怒髮爲君征」「縣官知我健，四海誰不傾」的市井俠客的姿態，此乃出自曹植白馬篇：「

借問誰家子，幽並遊俠兒。少小去鄉邑，揚聲沙漠鑾」的流風餘韻。但是像「雄戟摩白日，長劍斷流星。早出飛狐塞，晚泊樓煩城。虜騎四山合，胡塵千里驚。嘶笳振地響，吹角沸天聲」的邊塞戰爭卽景，就非曹植原作所能比擬。孔稚珪鎮守荊州南郡，面對北魏五年連續戰火的激盪，應該是主要原因。

劉峻隨蕭秀在荊州的時間，據「梁書・安成王傳」所載，應在天監七年至十一年之間㊱，而天監七、八年之間南北正有義陽之爭，安成王劉秀還有遣兵赴援之舉㊲，可見劉峻亦曾經戰火洗禮。王僧孺跟隨劉秀在荊州的時間境況和劉峻雷同，故其應亦有沙場經驗。劉孝儀、劉孝威隨蕭綱在雍州，也必然和蕭綱一起。簡文帝「答張纘謝示集書」卽云：

伊昔三邊，久留四戰，胡霧連天，征旗拂日，時聞塢笛，遙聽塞笳，或鄉思悽然，或雄心憤薄㊳。

指的就是蕭綱在雍州八年之間的處境。根據「梁書・簡文帝本紀」，蕭綱「在襄陽拜表北伐，遣長史柳渾、司馬董當門，壯武將軍杜懷，振遠將軍曹義宗等衆軍進討……」。簡文帝在文學史上一向就被視作「春坊宮體」的主持者，此處卻出人意表地扮演着揮戈北伐的雄姿。劉孝儀、劉孝威既隨府主出鎮，也必然慣聽塞笳邊鼓。江淹於泰始七年隨建平王景素出鎮荊州，泰豫元年又隨之遷鎮南徐州，均爲重兵所在之地，讀其「別賦」：「或乃邊郡未和，負羽從軍。遼水無極，雁山參雲」，看來並非僅是案頭風雲，用典舉譬之詞而已。其他如庾信、王褒諸人更是遍嘗兵戎之痛，無怪乎篇中多慷慨之歌。

可見南朝詩人並非僅一味遊於山水、溺於酒色而已，其隨府出鎮的制度早已開唐人赴邊從軍風氣之先。南朝詩人會出現邊塞之作，並非純是臆想之詞，而是生活經驗的眞實反映。

四、

以上兩項大體上還是由外緣來證明南朝具有形成邊塞詩的條件。現在則準備由南朝詩歌自身發展的結構來考察：邊塞詩相對於原本綺麗柔美的宮體詠物諸體而言，究竟是不是一種突如其來的變體？能不能在南朝詩中找出其恰當的位置與秩序？

其實南朝所出現的邊塞詩有一項極重要的特色，即大部份的作品都是採用漢魏樂府古題來寫㊴。今據郭茂清的分類先整理如下：

辭類	辭名	作者
一、郊廟歌辭	(無)	
二、燕射歌辭	(無)	

三、鼓吹曲辭	上之回	梁簡文帝
	戰城南	梁吳均；陳張正見
	君馬黃	陳張正見
四、橫吹曲辭	隴頭	陳後主
	隴頭水	梁元帝、劉孝威；陳張正見、謝燮、江總
	入關	梁吳均
	出塞	梁劉峻、王褒
	入塞	梁王褒
	關山月	梁元帝；陳後主、建正見、徐陵、陸瓊、阮卓、江總、賀力牧
	紫騮馬	陳後主、張正見、陳暄、祖孫登
	驄馬驅	梁元帝、劉季威；陳徐陵、江總
	雨雪曲	陳張正見、陳暄、江總、謝燮
五、相和歌辭	度關山	梁簡文帝、戴暠；陳張正見
	燕歌行	梁元帝、蕭子顯、王褒、庾信

類別	篇名	作者
	從軍行	宋顏延之；梁簡文帝、蕭子顯、沈約、吳均、劉孝儀、王褒、庾信；陳張正見
	隴西行	梁簡文帝
	飲馬長城窟行	梁沈約、王褒；陳後主、張正見
	雁門太守行	梁簡文帝
六、清商曲辭	(無)	
七、舞曲歌辭	(無)	
八、琴曲歌辭	思歸引	梁劉孝威
	渡易水	梁吳均
	胡笳曲	宋吳邁遠；梁江洪
九、雜曲歌辭	出自薊北門行	宋鮑照；梁庾信；陳徐陵
	妾薄命	梁劉孝威
	白馬篇	宋鮑照；齊孔稚珪；梁沈約、徐悱
結客少年場行	梁劉孝威	

十一、近代曲辭	(無)	
十一、雜歌曲辭	(無)	
十二、新樂府辭	(無)	

經由以上分類再加以探討，可以看出三項重點：㈠南朝邊塞之作的確以樂府古題爲主。㈡邊塞樂府只集中在「橫吹曲辭」「相和歌辭」「琴曲歌辭」「雜曲歌辭」四類之中。㈢部份篇題相同的作品若詳考詩人之間的關係與詩作內容，應可找到其相互唱和的線索。

經由另一南朝詩作總表的比對⑩可知邊塞之作大都選擇樂府古題，並不是一件偶然的巧合，尤其邊塞作品只列入「橫吹曲辭」「相和歌辭」「琴曲歌辭」「雜曲歌辭」四類之中，偏偏未入清商曲辭，更可證明邊塞詩在南朝的發展，是循着一個穩定且合乎文學秩序的軌道累積而成。

清商曲辭發展到南朝係以「吳聲歌曲」「神弦曲」「西曲」「江南弄」「上雲樂」「雅歌」的「清商新聲」爲主㊶，是文人爭相摹仿的對象。但是天朝文人模擬樂府本來就有二途，其一是吳歌西曲，其次則爲漢魏古樂府㊷。於是在「鼓吹」「橫吹」「相和」三類的模擬中，形成了邊塞詩，因此閻采平將邊塞樂府和南朝詩歌發展中復古擬古的思潮聯想在一起，認爲是南朝詩人對傳統，甚或是建安風骨的模擬和保留㊸，的確是極精闢的見解。

正因爲邊塞樂府是一種刻意的仿作，所以和南朝君臣的遊宴之風並不相違逆。「周書・王褒傳」有一段記載：

褒，曾作燕歌行，妙盡關塞寒苦之狀，元帝及諸文士並和之，而競為淒切之詞㊹。

此乃王褒、庾信追隨元帝至江陵後之事。今考諸梁元帝及庾信之作，確有唱和之意。又如「驄馬驅」計有梁元帝、劉孝威、陳徐陵、江總之作，而徐陵、江總均爲由梁入陳的詩人，因此這四首有可能俱爲四人在梁時的唱和之作。其他如「隴頭水」、「從軍行」、「關山月」諸作，亦多旨意相應的痕跡，縱非即席寫就，亦是因題賦意而成。可見邊塞詩的寫作和南朝當時宮廷遊宴唱和之風非但不相妨礙，甚至是相輔相成。

南朝邊塞詩不但在寫作行爲上吻合了南朝貴遊文學集團的活動方式，最令人訝異的是在內容方面居然也可以和綺麗之風的閨情之作相互滲透。這種現象以「燕歌行」爲例最爲明顯。「樂府解題」對「燕歌行」的解釋曰：「言時序遷換，行役不歸，婦人怨曠無所訴也」㊺；曹丕燕歌行則通篇只寫「賤妾煢煢守空房，憂來思君不敢忘」之意，到了梁元帝則扣緊「行役不歸，婦人怨曠」之意，進而具體規定行人蹤跡所在，云：「還聞入漢去燕營，怨妾愁心百恨生」。王褒則云：「遙聞陌頭採桑曲，猶勝邊地胡笳聲。胡笳向暮使人泣，還使閨中空佇立」，庾信則云：「妾驚甘泉足烽火，君訝漁陽少陣雲。自從將軍出細柳，蕩子空牀難獨守」。㊻正因爲南朝這種一邊塞外征人，一邊閨中少婦的結構，使得南朝的邊塞之作迥異於漢魏時期的征戍詩，終而下開唐人邊塞基本格式。

唐代的邊塞佳作大都並非一味只知鋪陳戰場殺戮景象，其最動人心弦之處反而是思婦和征人對照後的蒼茫悽楚，是剛柔兩種意象激撞出來的張力。「可憐閨裏月，常在漢家營」㊼；「可憐無定河邊骨，猶是深閨夢裏人」㊽；「卽今河畔冰開日，正是長安花落時」㊾。而這種基本結構若欲窮究根本，不得不索源於南朝。

由於邊塞詩的空間意象是建立在兩地對照的結構上：一個是荒涼的塞外，一個是溫暖的家園㊿。其性質本來就易於與閨情詩相互滲透，所以邊塞詩出現在南朝，並非硬生生地闖入當時的潮流中，而是一種能開創潮流、融入潮流、改變潮流的新體，並且是開拓唐詩大國的關鍵角色。

五、

早在梁天監之際，詩學大家鍾嶸就已發現到邊塞詩的存在：

> 至于楚臣去境，漢妾辭宮。或骨橫朔野，或魂戰逐蓬。或負戈外戍，殺氣雄邊。塞客衣單，孀閨淚盡……凡斯種種，感蕩心靈。非陳詩何以展其義，非長歌何以聘其情51。

可見邊塞詩在當時應該相當受人注意。可惜入唐以後，南朝詩歌一經唐初史家以「江左宮商發越，河朔詞義貞剛」的界定之後52，大家就萬萬想不到「貞剛」的邊塞詩居然形成於南朝。

當然，會造成這種長久以來的盲點，正顯示邊塞詩在表面結構上似乎和南朝搭不上線。本文重點的長安、洛陽為焦距；就時間思維而言，南朝人士又經常以盛漢自居，南朝邊塞詩於是據此發展出來。

即在於指出：㈠就空間距離而言，南朝雖然遠離長城塞外，但是南朝人士的空間思維模式根本就是以中原正統

㈡就詩人的生命經驗而言，經由南朝府官制度的探討，證明了南朝詩人的確不乏赴邊從軍的機會，這對於南朝邊塞詩的形成，當然有正面的影響。

㈢就南朝邊塞詩的選題與內容結構而言，邊塞詩的發展和當時的詩歌風尙非但沒有相互衝突，反而是相互滲透相互融。

一九九〇年，九月二十九日寫於淡江大學中研所

【附註】

① 羅根澤《樂府文學史》在論及庾信，王褒二人時云：「二人皆津既於南朝之柔美，入北周覩北方山川之雄壯，原野之遼闊……故其所作於纖麗優良之中，寓蒼源激壯之美，已先隋唐文人，使南北文學發生化合作用矣」。就是這一類看法的代表。見是書頁一六八～一六九。臺北。文史哲出版社、一九七二年。

② 詳王文進「邊塞詩形成於南朝論」。一九八八年，十月，中國古典文學第九屆大會論文。收入〔古典文學〕第十集。臺北。學生書局，一九八八年，十二月。

③ 〔資治通鑑〕卷八十七，懷帝永嘉五年。頁二七七一，臺北。世界書局。

④ 蕭繹「丹陽尹傳序」。用〔全上古三代秦漢三國六朝文〕本。大陸，中華書局，總頁三〇五〇。

⑤ 梁書・元帝本紀」云：「初爲寧遠將軍，會稽太守，入爲侍中，宣威將軍，丹陽尹。普通七年，出爲使特節，都督荆、湘……」。臺北。鼎文書局版，頁一〇三。

⑥ 用逯欽立輯校〔先秦漢魏晉南北朝詩〕本，頁一七七一。臺北。木鐸出版社，一九八三年。

⑦ 「宋書・州郡志」，頁一〇四七。臺北。鼎文版。

⑧ 「隋書・食貨志」，頁六七三。臺北。鼎文版。

⑨ 「宋書・諸志總序」，頁二〇五。臺北。鼎文版。

⑩ 關於南朝土斷情形詳參增村宏「東晉南朝の茁百籍と土斷」。〔鹿兒島大學法文學部紀要。文學科論集第六號〕，頁八九～一一五〕。一九七五年。

⑪ 參嚴耕望「中國地方行政制度史。上編。卷中之上・魏晉南北朝地方行政制度」，第一章「行政區劃」，頁八〇。臺北。中央研究院史語所專刊之四十五。一九六三年。

⑫ 據「南濟書・州郡志」所載：府州僑郡仍有「扶風」「馮翊」「河南」「弘農」諸郡，秦州亦有「西扶風」「京兆」「馮翊」諸郡，皆爲漢朝京畿郡名。見頁二八二～二八三及二九八～二九七。臺北，鼎文版

⑬ 引詩據同註六，頁一四〇八。

⑭ 同前註，頁一七七一。

⑮ 同前註，頁一五六二。

⑯ 同前註，頁一九〇五。

⑰「南齊書・王融傳」，頁八二〇。臺北。鼎文版。

⑱「宋書・何承天傳」，頁一七〇五。臺北。鼎文版。

⑲「南齊書・孔稚珪傳」，頁八三八。臺北。鼎文版。

⑳同前書，王融傳，頁八二〇。

㉑據「梁書・孔稚珪傳」云：「建武初，遷冠軍將軍，平西長史，南郡太守」。頁八三八。臺北。鼎文版。

㉒閻采平「梁陳邊塞樂府論」一文載於〔文學遺產〕第六期。北平。中國社科院文學研究所，一九八八年，十二月。

㉓見閻文，第一段，頁四十五。

㉔此處職稱係採用「宋書・百官志」之說。「南齊書・百官志」爲：「州朝置別駕、治中、議曹、文學祭酒、諸曹部從事史」。「隋書・百官志」述梁之州吏爲「州置別駕治中從事各一人。主簿、西曹、議曹從事、祭酒從事、部傳從事、文學從事」。皆無太大出入。

㉕其名稱出入情形和州佐吏相同，此處用「南齊書」之說。

㉖見同註十一書，頁一五二。

㉗有關南朝文士經由府官系統出鎭各州的討論，詳見王文進「州府雙軌制對南朝文學的影響——以荆府地帶爲主的觀察」一文，一九八八年，六月第十屆中國古典文學會議論文。

㉘〔朱子全書〕卷六十五「論詩」，古香齋刻本，頁一四一八臺北。廣學社景印本。

㉙王闓運「八代詩評」，收入王簡編〔湘綺樓說詩〕，卷六。臺北。廣文書局，一九七八年。

㉚ 語出〔南齊書〕卷五十七「魏虜列傳」，頁九九三。臺北。鼎文版。

㉛ 據〔資治通鑑〕，卷一百四十一「明帝建武四年」，頁四四一二～四四一六。臺北。世界書局。

㉜ 同註十九。

㉝ 同註六，頁一四〇八。

㉞ 見〔樂府詩集〕，卷六十三「雜曲歌辭」，頁九一四。臺北。里仁書局

㉟ 見氏著〔樂府の歷史的研究〕第七章「漢魏南北朝にずける遊俠主題の歌曲」，頁一五六～一五八。東京，創文社，一九七五。

㊱ 「梁書・安成王傳」：「七年……尋遷都督荊湘府益寧南北梁南北秦州九州諸軍事、平西將軍，荊州刺史……十一年，徵爲侍中」，頁三四三。臺北。鼎文版。

㊲ 同註三一，卷一百四十七「武帝天監七年」，頁四五八六～四五八八。

㊳ 據張溥〔百三名家集梁簡文帝集〕總頁三三八三。臺北。文津出版社景印，一九七九。

㊴ 此一分類最早由劉漢初學長手稿「梁朝邊塞詩初探」先行完成。劉學長在筆者於第九屆古典文學會議「邊塞詩形成於南朝論」後，慨然將未刋之作示余，隆情盛意，謹此致謝。

㊵ 筆者在「邊塞詩形成於南朝論」一文中所作的總表僅止於梁代，陳代則未列入，今補全標示如下：

朝代	詩人	邊塞詩作品篇名
宋	顏延之	從軍行
	吳邁遠	櫂歌行、胡笳曲

	鮑照	代出自薊北門行、代陳思王白馬篇、王昭君、擬行路難之十四、擬古八首之三、擬古八首之七、建除詩
齊	孔稚珪	白馬篇
	謝朓	從戎曲
	謝寶月	行路難
梁	范雲	倣古詩
	江淹	古意報袁功曹詩、從蕭驃騎新亭、征怨詩
	虞羲	詠霍將軍北伐詩
	沈約	從軍行、飲馬長城窟、白馬篇、昭君辭
	劉峻	出塞
	王僧孺	白馬篇
	徐悱	白馬篇、古意酬到長史既登琅邪城詩
	柳惲	贈吳均詩三首之三
	王訓	度關山
	吳均	戰城南二首、入關、從軍行、渡易水、邊城將詩四首、和蕭洗馬子顯古意詩六首之六、閨怨詩、古意詩二首之一
	蕭子顯	從軍行
	劉孝威	隴頭水、驄馬驅、思歸引、妾薄命篇、結客少年場行
	劉孝儀	從軍行
	蕭綱	上之回、從軍行二首、隴西行三首、雁門太守行三首、明君詞

	庾肩吾	隴西行、登城北望詩
	蕭繹	隴頭水、關山月、驄馬驅、燕歌行、和王僧辯從軍詩、將軍名詩
	江洪	胡笳曲
	戴暠	從軍行、度關山
	王褒	關山篇、從軍行三首、飲馬長城窟、出塞、入塞、關山月、燕歌行、奉和趙王五韻詩、渡河北詩
	庾信	昭君辭應詔、出自薊北門行、燕歌行、奉報寄洛州詩謹贈司寇淮南公詩、奉報趙王出師在道賜詩、和趙王送峽中軍詩、同盧記室從軍詩、擬詠懷詩二十七首之七、之九、之十、之二十、之二十六、將命使北始渡瓜步江詩、多狩行四韻連句應詔詩、詠畫屏風詩二十五首之十一、之十九
陳	陳後主	隴頭、隴頭水二首、關山月二首、飲馬長城窟行
	張正見	度關山、從軍行、戰城南、君馬黃二首、隴頭水二首、關山月、紫騮馬、雨雪曲、飲馬長城窟行、明君詞、遊龍首城詩、星名從軍詩
	徐陵	驄馬驅、出自薊北門行、隴頭水二首、關山月二首
	陸瓊	關山月
	陳昭	明君詞
	陳暄	紫騮馬、雨雪曲
	祖孫登	紫騮馬
	謝燮	隴頭水、雨雪曲、
	阮卓	關山月

江　總	隴頭水二首、關山月、紫騮馬、驄馬驅、雨雪曲
賀力牧	關山月

㊶ 參王運熙「清樂考略」，收入氏著〔樂府詩論叢〕，北平。中華書局，一九六二年。

㊷ 採陳義成之說。見氏著〔漢魏六朝樂府研究〕，第五篇「六朝樂府」，第三章，第二節「文士樂府：作者及其作品」，頁一八五。臺北。嘉新水泥文化基金會出版，一九七六年。

㊸ 同註二二。

㊹ 「周書・王褒傳」，頁四八四。臺北。鼎文版。

㊺ 據丁仲？〔續歷代詩話〕本，頁五八。臺北。藝文印書館。

㊻ 以上四人詩句據〔樂府詩集〕所錄，頁四六九～四七三。臺北。里仁書局。

㊼ 唐沈佺期「雜詩三首之二」，據高步瀛〔唐宋詩舉要本〕，頁四一三。臺北。宏業書局

㊽ 唐陳陶「隴西行」，據同前註書，頁八三八。

㊾ 唐張敬忠「邊詞」，據〔全唐詩〕本，卷七十五，頁八一九。臺北。明倫書局

㊿ 對於這種結構闡釋得最透徹的論文有繆文傑「試用原始類型的文學批評方法——論唐代邊塞詩」。收入〔中國古典文學論叢——册二文學批評與戲劇之部〕。臺北。中外文學月刊社，一九七六年。

51 鍾嶸「詩品序」。據許文雨〔文論講疏〕本，頁一五五～一五六。臺北。正中書局，一九七六年。

52 語出〔隋書〕卷七十六「文學傳序」，頁一七二九～一七三〇，暨〔北史〕卷八十三「文苑傳序」，頁二七八二。臺北。鼎文版。

■本文作者王文進教授任教於淡江大學中文系所。

六朝吳歌西曲分布區域的探述

邱燮友

一、引言

「六朝」和「魏晉南北朝」，在歷史上所指的時間是相同的，都是指曹丕建魏（西元二二〇年）到南朝陳國滅亡（西元五八九年）止，凡三百六十九年。但在文學史上，六朝是指建都於建業（今南京市）的六個朝代，卽三國中的東吳、東晉、宋、齊、梁、陳等六朝，版圖所及，以長江流域爲主體的江左，其間往往排除掉三國中的魏、蜀，西晉，以及北朝等黃河流域的地區。因此，就年代而言，「六朝」和「魏晉南北朝」是相同的；就地區而言，「六朝」是指江左，卽長江流域的中、下流地區，而「魏晉南北朝」則涵蓋了黃河、長江流域和整個中國。

本篇論題以「六朝吳歌西曲分布區域的探述」爲題。題中冠以六朝，是因〈吳歌〉〈西曲〉發生的區域，大抵以長江流域爲主，也是繼楚辭之後，南音的代表。本論文主要在探討〈吳歌〉〈西曲〉發生的地點，以及其流傳分布的情形，以便了解六朝民歌所反映的語言、音樂、民情、風俗等生活方式，以及地理環境的不同，所表現在文學風格上的差異。

二、〈吳歌〉〈西曲〉各自標明發生的地點

〈吳歌〉〈西曲〉最早出現在史籍上，要推梁沈約等編的《宋書・樂志一》：

「吳哥雜曲，並出江東，晉宋以來，稍有增廣。」

又云：

「又有西傖羌胡雜舞，隨王誕在襄陽造襄陽樂，南平穆王為豫州，造壽陽樂。荊州刺史沈攸之又造西烏飛哥曲。並列於樂官，哥詞多淫哇，不典正。」

其後，唐房玄齡等編《晉書》，在〈樂志下〉云：

「吳歌雜曲，幷出江南，東晉以來，稍有增廣。」

在《晉書》中只提到〈吳歌〉，未提及〈西曲〉，可知〈西曲〉產生的時代要比〈吳歌〉晚些。《宋書》中指出〈吳歌〉的產地在江東，也就是長江下游，以及太湖一帶古吳地的所在地。早在晉宋以前已有，開始只是徒歌，後被樂官收入樂府，被以管絃。〈西曲〉的名稱，《宋書》只說「西傖羌胡雜舞」，因爲〈西曲〉中舞曲居多，梁沈約指爲西傖雜舞。「西傖」一辭，在南北朝時，吳人稱南渡的人士爲「傖人」，稱楚地的人士爲「傖楚」、「西傖」。《一切經音義》引《晉陽秋》云：「吳人謂中州（指西晉）人爲傖人，俗又謂江淮間雜楚爲傖

人。」所以「西傖雜舞」應是吳人稱荆楚一帶所編製的歌舞，便是〈西曲〉。〈西曲〉是東晉以後的產物，發生的地區在西方荆、楚一帶，也就是長江中流和漢水之間的地方。

〈吳歌〉和〈西曲〉的辭彙，最早出現在歌辭裏，有宋人鮑照的《鮑氏集》，在卷七中收有〈吳歌〉兩首。《樂府詩集》卷四十四〈吳聲歌曲〉部分，首先收錄鮑照的〈吳歌〉三首，比原集多一首①。其中的一首爲：

「夏口樊城岸，曹公却月樓；

觀見流水還，識是儂淚流。」

夏口，卽漢口。樊城，在今湖北襄陽的對岸。魯公，指魯肅的兒子魯淑。鮑照的三首〈吳歌〉，依歌詞的內容來看，是屬於西曲的，但當時人認爲〈吳歌〉可以包括〈西曲〉，於是將〈西曲〉也稱爲〈吳歌〉。

「西曲」一詞出現於歌詞中，有〈西曲〉〈青驄白馬歌〉：

「問君可憐六萌車，迎取窈窕西曲娘。」

〈青驄白馬歌〉產生的時代已不可考，但在南朝時，流行在荆楚一帶的歌謠，已有「西曲」的稱謂，指善歌荆楚歌謠的女子爲「西曲娘」。

陳沙門智匠的《古今樂錄》，曾列舉〈吳歌〉〈西曲〉的曲目，達數十種之多。《古今樂錄》一書已亡佚，多被引錄於《樂府詩集》中②。宋郭茂倩的《樂府詩集》也是以地域的不同，分別收集〈

吳聲歌曲〉和〈西曲歌〉，在題辭上並加以說明：

「蓋自永嘉渡江之後，下及梁陳，咸都建業，吳聲歌曲，起於此也。」（卷四十四）

「西曲歌出於荊、郢、樊、鄧之間，而其聲節送和，與吳歌亦異，故其方俗而謂之西曲云。」（卷四十七）

〈吳歌〉，便是江南吳地的歌謠，包括了長江下游和淮水之間的民歌。當時六朝的京都建業，也就是今日的南京市，便成爲吳歌主要的傳播中心。而〈西曲〉便是荆楚西聲，發生的地點在長江中游與漢水之間，以江陵、襄陽兩地爲中心，相當於今日的湖北省江陵縣和襄樊市，這兩處是南朝在荆楚一帶政治、文化、商業的中心，於是它成爲西曲的傳播中心。

從東晉開始，一般文人士大夫喜愛南方的民歌，他們也開始仿作民歌，而有大量的文人樂府傳世。有的是因事制歌，記錄下不少的地名，保留在歌題或歌辭中。這些地名，雖然不甚完整，有的也不明所在，但多少總留下些蛛絲馬跡，供後人研究它發生的地點和流傳分布的情形。

三、〈吳歌〉在歌題中所提到的地名

在吳歌中，以地名作爲歌題的，有這些曲目：〈前溪歌〉，〈華山畿〉，〈臨春樂〉，〈三閣詞〉，〈江陵女歌〉。

(1)〈前溪歌〉：產生的地點在前溪。前溪是溪名，在今浙江省武康縣南。宋樂史《太平寰宇記》

卷九十四湖州武康縣記載：

「前溪，在縣西一百步。前溪者，古永安縣前之溪也。今德清縣有後溪。晉時邑人沈充家於此溪，樂府有前溪曲，則充之所製。其詞云：『當曙與未曙，百鳥啼忩忩。』後宋少帝續為七曲。其一曲曰：『憂思出門戶，逢郎前溪渡；莫作流水心，引新多捨故。』」

從這節記載，可知沈充家居前溪，他便依前溪一帶的民歌，改編爲〈前溪歌〉。

(2)〈華山畿〉：華山畿，便是華山傍。華山，在今江蘇省句容縣境內的一座山名。《古今樂錄》云：「少帝時，南徐一士子，從華山畿往雲陽。」據《宋書・州郡志一》，句容縣在揚州，雲陽卽曲阿縣（卽今丹陽縣）。在南徐州，兩地相近。

在歌辭中云：「相送勞勞渚，長江不應滿，是儂淚成許。」勞勞渚，當在今南京市漢西門外，勞勞亭下的渚名。《景定建康志》云：「勞勞亭在城南十五里，古送別之所，吳置亭在勞勞山上。」勞勞亭又名新亭。《六朝事跡編類》樓臺門新亭：「宋孝武卽位於新亭，僕射王僧達改爲中興亭，城南十五里，俯近江渚。楊修有詩云：『滿目江山異洛陽，北人懷土淚千行；不如亡國中書令，歸老新亭是故鄉。』」李白亦有詩云：「天下傷心處，勞勞送客亭。」所以〈華山畿〉是流行建業一帶的民歌。

(3)〈臨春樂〉：因臨春閣而得名。臨春閣是陳後主至德二年，在建業京城中所建的寢殿名。陳後主以寢殿名作爲樂曲名。《六朝事跡編類》樓臺門三閣：「陳後主至德二年，於光昭殿前起臨春、結綺、望仙三閣，高數十丈，並數十間，其牕牖戶壁欄檻之類，皆沈檀爲之。……後主自居臨春閣，張麗華居結綺閣，龔孔二貴妃居望仙閣，並複道交相往來。」

(4)〈三閣詞〉：今無本辭，僅存唐人仿作四首。三閣，便是陳後主所建的宮殿名，包括臨春閣、結綺閣、望仙閣，在建業。見《六朝事跡編類》樓臺門三閣條。

(5)〈江陵女歌〉：《樂府詩集》卷四十七云：「黃竹子歌，江陵女歌，皆今時吳歌也。」江陵，當在湖北省江陵縣。如從歌題來看，是屬於〈西曲〉，不屬於〈吳歌〉，郭茂倩《樂府詩集》將它收在吳歌中，並說是唐代的民歌。但前人稱西曲，亦有稱爲吳歌的。

四、〈吳歌〉在歌辭中所提到的地名

〈吳歌〉〈西曲〉在歌辭中提到的地名不少，在〈吳歌〉中的有：

(1)〈子夜歌〉歌辭云：「攡門不安橫，無復相關意。」攡門，當作攡門，攡與「籬」通。建業京邑，舊有籬門五十六所，作爲京邑通往郊區的竹籬門。《太平御覽》一九七引《南朝宮苑記》：「建康（卽建康）籬門，舊南北兩岸籬門五十六所，蓋京邑之郊門也。……江左初立，並用籬爲之，故曰籬門。」

(2)〈上聲歌〉歌辭云：「三鼓染烏頭，聞鼓白門裏。」白門，建業京城的西門。《宋書明帝紀》：「宣陽門，民間謂之白門。」胡三省《通鑑》註：「

白門，建康城西門也。西方色白，故以爲稱。」

(3)〈歡聞變歌〉歌辭云：「駛風何曜曜，帆上牛渚磯。」

牛渚磯，在今安徽省當塗縣西北，長江的磯石名。《江南通志》：「牛渚山下有磯，曰牛渚磯，與采石磯相屬，亦名燃犀浦。」《太平寰宇記》一〇五：「牛渚山，在當塗縣北三十五里，突出江中，謂爲牛渚，古所津渡處也。」

(4)〈丁督護歌〉歌辭云：「洛陽數千里，孟津流無極。」又云：「督護北征去，相送落星墟。」又云：「聞歡去北征，相送直瀆浦。」

洛陽、孟津，都在今河南省。所以歌辭中說：洛陽去這兒數千里，孟津城外的黃河流到很遠的地方去。落星墟和直瀆浦都在建業。落星墟是三國吳時所建的落星樓的廢墟。《六朝事跡編類》樓臺門落星樓：「《圖經》：在縣東北臨沂縣，前吳大帝時，山上置三層樓，樓高以此爲名。左太沖〈吳都賦〉云：『饗戎旅乎落星之樓』是也。今石步相去一里半，有落星墩。里俗相傳卽當時建樓處，今去城四十里。」又《六朝事跡編類》江河門直瀆：「吳後主孫皓所開，隸鍾山鄉，去縣三十五里，西至霸埂，東北接竹港，流入大江。……輿地志曰：『白下城西南蟹浦，浦西北有直瀆。』」

(5)〈團扇郎歌〉歌辭云：「御路薄不行，窈窕決橫塘。」

御路，京都內天子行駕之大道。建康實錄卷九：「按地圖，朱雀門北對宣陽門，相去六里，名爲御道。」橫塘，三國吳時所築，在今南京市西南。《六朝事跡編類》江河門橫塘：「吳大帝時，自江口沿淮築堤，謂之橫塘。」

(6)〈長史變〉歌辭云：「出儂吳昌門，淸水綠碧色。」

吳昌門，卽吳縣閶門。在今江蘇省吳縣城的西北門。《吳越春秋・闔閭內傳》：「閶門者，以象天門，通閶闔風也。」《太平寰宇記》九十一：「吳城西門也，春申君改爲昌門。」

(7)〈桃葉歌〉歌辭云：「桃葉復桃葉，渡江不用檝。」

桃葉渡，在今南京市秦淮河口。桃葉是晉王獻之的妾名，此處人名與地名雙關。《六朝事跡編類》江河門桃葉渡：「圖經云：『在縣南一里，秦淮口。』桃葉者，晉王獻之之愛妾名也。其妹曰桃根。獻之詩曰：『桃葉復桃葉，渡江不用楫。但渡無所苦，我自迎接汝。』不用楫者，謂橫波急也。嘗臨此渡頭歌送之。」

(8)〈懊儂歌〉〈懊儂歌〉第一首是晉石崇爲綠珠所作的。歌辭云：「絲布澀難縫，令儂十指穿；黃牛細犢車，遊戲出孟津。」孟津，在河南省孟津縣，臨黃河邊，去洛陽不遠。可知南方民歌，流入北方的痕跡。其餘十三首，是江南的民歌。

歌辭云：「江陵去揚州，三千三百里。」江陵在今湖北省江陵縣，沿長江乘船而下，可抵吳地揚州，也就是今日的南京市。可知長江中游到下游，到處有人唱〈懊儂歌〉。

歌辭又云：「蹔薄牛渚磯，歡不下廷板。」牛渚磯，在今安徽省當塗縣西北。

(9)〈讀曲歌〉歌辭云：「白門前，烏帽白帽來。」又云：「暫出白門前，楊柳可藏烏。」白門，卽建業城西門——宣陽門。

從以上所提到的地點，〈吳歌〉大抵分佈在長江下游的地方，包括了今日的安徽、江蘇、浙江一帶，而以當時的京都——建業爲中心。所以歌詞中，常出現京畿附近的地名。例如：建業京畿的郊門——籬門，京城西門——白門，京都西南的橫塘，秦淮河口的桃葉渡，京畿附近的落星墟，直瀆浦，勞勞渚。京城內的三閣，建業附近的華山、雲陽等地。其他，如江蘇吳縣的閶門，浙江武康縣南的前溪，安徽當塗縣西北的牛渚磯。以上這些地名，與《晉書樂志》上所說的：「吳歌雜曲，並出江南，東晉已來，稍有增廣，其始皆徒歌，旣而被之管絃。蓋自永嘉渡江之後，下及梁陳，咸都建業，吳聲歌曲，起於此也。」是可相配合的。

五、〈西曲〉在歌題中所提到的地名

在〈西曲〉中以地名爲歌題的更多，代表各地特有的樂曲。如：〈石城樂〉，〈襄陽樂〉，〈壽陽業〉，〈三洲歌〉，〈襄陽蹋銅蹄〉，〈江陵樂〉，〈那呵灘〉，〈尋陽樂〉，〈常林歡〉。今分別敍述於下：

(1)〈石城樂〉　〈石城樂〉，本來是竟陵的民謠，經宋臧質的改作，成爲舞曲。石城，爲竟陵郡治。卽今湖北縣鍾祥縣。《水經注》沔水宜城縣：「沔水又南逕石城西，城因山爲固，晉太傅羊祜鎭荆州立。晉惠帝元康九年，分江夏西部，置竟陵郡，治此。」

歌辭中又有：「聞歡遠行去，相送方山亭；風吹黃蘗藩，惡聞苦離聲。」方山亭，在東陽郡郭外，屬揚州。《太平廣記》引幽明錄：「東陽丁譁出郭，於方山亭宿。」《宋書・謝方明傳》：「方明於上虞載母妹奔東陽，由黃蘗嶠出鄱陽。」可知方山亭和黃蘗嶠均在東陽，屬建業京畿附近的地方，似不應在〈西曲〉中，但〈石城樂〉，不僅流行於荆楚一帶，還流行到吳地京畿一帶，民歌傳播久遠後，自然會被增飾，加入各地風光，所以在〈西曲〉，也出現京畿附近的地名，並不足爲奇。

⑵〈襄陽樂〉　〈襄陽樂〉本是漢水上流襄陽一帶的民歌，經宋隨王劉誕改成舞曲。襄陽，卽今湖北省襄陽縣，位於漢水上游，漢水入長江。襄陽爲南朝時西方的重鎭。讀杜甫〈聞官軍收河南河北詩〉：「卽從巴峽穿巫峽，便下襄陽向洛陽。」可知襄陽是中古時荆楚間到洛陽長安一帶去必經的要地。

歌辭中又云：「朝發襄陽城，暮至大堤宿；大堤諸女兒，花豔驚郎目。」又梁簡文帝的〈大堤曲〉云：「宜城斷中道，行旅極留連。出妻工織素，妖姬慣數錢。炊彫留吐客，貰酒逐神仙。」可知大堤是一般宦達商旅所留連的地方，這兒的歌女、妖姬和醇酒是出名的。大堤，本是長堤，供停泊轉運的碼頭，亦供商旅歇脚的地方，離襄陽城不遠，坐船一天可到，我懷疑便是宜城附近。宜城，在湖北省襄陽縣南，產酒出名。《清史稿・地理志》「湖北，襄陽府，縣六：宜城。」

此外歌辭中又提到江陵和揚州。江陵，今湖北省江陵縣。揚州，在江東，也就是六朝的京都建業。江陵坐船可抵揚州，是得長江水利之便，也是南朝時東西交通的兩座起訖站。

(3)〈壽陽樂〉〈壽陽樂〉是宋南平穆王劉鑠爲豫州刺史時所作的樂曲。豫州郡治在壽陽，即今安徽省壽縣，在淮河的中游，所以歌辭中有「長淮何爛漫」句。歌辭中又提到八公山、長瀨橋，都在壽陽境內。

(4)〈三洲歌〉〈三洲歌〉是湖南岳陽附近商旅的民歌。《古今樂錄》說：「商客數遊巴陵三江口往還，因共作此歌。」巴陵，即今湖南省岳陽縣。三江口，在岳陽縣北，洞庭湖流入長江的交會處。《水經・湘水注》：「巴陵西對長洲，其洲南擊湘浦，北屆大江，故曰三江也。三水所會，亦或謂之三江口矣。」《元和志》：「巴陵城，對三江口，岷江爲西北，澧江爲中江，湘江爲南江。」讀范仲淹〈岳陽樓記〉：「然則北通巫峽，南極瀟湘，遷客騷人，多會於此。」可知巴陵三江口是東西商旅停泊留連的地方。

歌辭中又云：「送歡板橋彎，相待三山頭。」板橋、三山，都在建業附近。《建康實錄》卷四：「吳後主聞晉師將至，甚懼，乃自選羽林精甲以配沈瑩、孫振等，屯於板橋。晉龍驤將軍王濬總蜀兵沿流直上建業，瑯琊王司馬伷帥六軍濟自三山，遣周浚張喬等破吳軍於板橋。瑩等皆遇害。」〈西曲〉中雜有吳地名，是民歌流傳各地，歌詞被增飾所致。

(5)〈襄陽蹋銅蹄〉此曲調是梁武帝在雍州時，有童謠云：「襄陽白銅蹄，反縛揚州兒。」後武帝即位後，利用此調更造的新歌。沈約也仿製了三首。其一云：

「分手桃林岸，望別峴山頭；若欲寄音信，漢水向東流。」

桃林，在襄陽附近。《舊唐書・音樂志二》：「桃林在漢水上。」峴山，在湖北省襄陽縣南。晉羊祜鎮襄陽，常觴詠於此，上有墮落碑。《晉書・羊祜傳》：「祜樂山水，每覽風景，必造峴山。」襄陽在漢水上游，漢水東南流至夏口流入長江。

(6)〈江陵樂〉是江陵一帶的民歌。江陵，古荆州之地，爲六期重鎭。卽今湖北省江陵縣。《通典》：「江陵，古荆州之域，春秋時，楚之郢地，秦置南郡，晉爲荆州，東晉、宋、齊以爲重鎭，梁元帝都之，有紀南城楚渚宮在焉。」

(7)〈那呵灘〉江陵一帶的民歌。那呵，灘名，爲險灘，在江陵的南方。船夫用牽纜引船上行，所以歌辭中云：「沿江引百丈，一濡多一艇；上水郎檐篙，何時至江陵。」歌辭又云：「聞歡下揚州，相送江津彎；願得篙櫓折，交郎到頭還。」江津，在湖北省江陵縣南，又名奉城。《晉書・安帝紀》：「義熙元年，劉毅次于馬頭，桓振挾帝，出屯江津。」船要下行到揚州，出江津，便是那呵灘，水急灘險，篙櫓容易折斷，那麼「交郎」（卽情郎）只好倒頭回來。

(8)〈潯陽樂〉是潯陽一帶的民歌。潯陽，卽今江西省九江，在鄱陽湖入長江口。

(9)〈常林歡〉常林，卽長林，在今湖北省荆門縣北。《讀史方輿紀要》安陸府荆門州：「長林城，在州西三十里。晉隆安中，分編縣地，置長林縣，屬武寧郡。」《舊唐書・音樂志二》：「常林歡疑是宋梁間曲。宋梁世，荆雍爲南方重鎭，皆皇子爲之牧。江左辭詠，莫不稱之，以爲樂土。故隨王作襄陽之歌，齊武追樊鄧。梁簡文樂府歌云：『分手桃林岸，送別峴山頭；若欲寄音信，漢水向東流。』又曰：『宜城投（音豆）酒今行熟，停鞍繫馬暫棲宿。』桃林在漢水上，宜城在荆州北，荆州有長林縣。江南謂情人爲『歡』，『常』『長』聲相近，蓋樂人誤謂長爲常。」

六、〈西曲〉的歌辭中所提到的地名

在〈西曲〉的歌辭中，提到各地的地名的也不少，今逐次說明於下：

(1)〈烏夜啼〉歌辭云：「巴陵三江口，蘆狄齊如麻。」巴陵、三江口，在今湖南省岳陽縣，見〈三洲歌〉所云。〈烏夜啼〉本爲豫章一帶的民歌。豫章，郡名，郡治卽今江西省南昌縣。

(2)〈莫愁樂〉歌辭云：「莫愁在何處？莫愁石城西。」又云：「聞歡下揚州，相送楚山頭。」石城，爲竟陵郡治，卽今湖北鍾祥縣。楚山，泛指楚地一帶的山，今湖南湖北一帶爲古楚地。

(3)〈估客樂〉歌辭云：「昔經樊鄧役，阻潮梅根渚。」樊、鄧，樊卽今湖北襄陽樊城一帶。鄧，今河南鄧縣。梅根渚，在梅根河內的渚名，在今安徽省貴池縣東。《讀史方輿紀要．池州府．貴池縣》：「梅根河，府東四十五里，其源一出九華山。」《古今樂錄》云：「估客樂者，齊武帝之所製也。帝布衣時，嘗遊樊鄧，登祚以後，追憶往事而作歌。」

(4)〈女兒子〉歌辭云：「巴東三峽猿鳴悲，夜鳴三聲淚沾衣。」又云：「我欲上蜀蜀水難，蹋蹀珂頭腰環環。」

巴東，在湖北省秭歸縣西之巴東縣，已近四川。巴東以西，有巫峽、瞿塘峽，巴東以東，有西陵峽，長江三峽，以水流湍急峻險稱著，所以有「我欲上蜀蜀水難」的句子。〈女兒子〉，爲巴東一帶的民歌。

(5)〈孟珠〉歌辭云：「揚州石榴花，摘插雙襟中。」又云：「可憐景陽山，苕苕百尺樓，上有明天子，麟鳳戲中遊。」

揚州，府治建業。景陽山，在建業，山上有景陽樓。《六朝事跡編類》樓臺門景陽樓：「輿地志云：宋元嘉二十二年築，至孝武大明中，紫雲出景陽樓，因名之。今法寶寺西南，遺址尚存。」《南史・宋文帝紀》：「元嘉二十三年，興景陽山於華林園。」後陳後主在城北玄武湖畔，築景陽殿。又有景陽井，隋滅陳，後主與張、孔二妃匿井中，被獲，因又名辱井。孟珠，《玉臺新詠》作〈丹陽孟珠歌〉，不編列在〈西曲〉中，《樂府詩集》編在〈西曲〉中，如依歌辭中所稱引地名來看，當屬吳歌。

(6)〈拔蒲〉歌辭云：「與君同舟去，拔蒲五湖中。」五湖，吳地，卽今江蘇太湖附近的湖沼地。

(7)〈楊叛兒〉歌辭云：「暫出白門前，楊柳可藏烏。」又云：「聞歡遠行去，送歡至新亭。」又云：「楊叛西隨曲，柳花經東陰。」白門，建業京城西門名。新亭，在建業城南，又名勞勞亭。《晉書・王導傳》：「過江人士，每日暇日，相要出新亭飲宴。」西隨，在今湖北省安陸隨縣一帶。《南齊書・州郡志下》：「司州東隨安左郡：西隨、高城、牢山。」李兆洛《歷代地理志韻編今釋・卷二》：「按當在湖北德安府境。」

〈楊叛兒〉：本是西隨一帶的民歌，因此歌辭中有「楊叛西隨曲」的句子。後齊隆昌間，以此歌謠的和聲：「楊婆兒，共戲來所歡。」附會蕭齊宮闈的事，指楊旻與何后有染。於是〈楊叛兒〉，便流行於建業一帶，而歌辭中，自然也加入京畿一帶的風光了。

(8)〈西烏夜飛〉據本事云，是宋荊州刺史沈攸之所作。荊州郡治在江陵，此歌必流行於江陵一帶。

以上〈西曲〉中所提到的地名，要比〈吳歌〉的複雜而地域廣濶了。〈西曲〉多半是商旅別離的情歌。從南朝京都的建業沿長江西上，到荊州郡治江陵，沿江各大商埠，只要商旅所到，便有人歌唱。在歌辭中，無意間把各地的地名保留下，歸納起來，包括了湖北、湖南、安徽、江西、河南等地，而以荊州的江陵，雍州的襄陽爲中心。所以歌題或歌辭中，提到湖北江陵和襄陽附近的地方最多，在江陵附近的，有巴東、江津、那呵灘、三峽等地方，在襄陽附近的，有大堤、宜城、桃林、峴山、石城、樊城等地。此外，尙有西隨、長林，也在今日的湖北省。在湖南省一帶的，有巴陵、三江口。在安徽省一帶的，有壽陽、淮河、梅根渚。在江西省一帶的，有潯陽、豫章。在河南省一帶的，有鄧縣。這些地方，與《樂府詩集》中所說的：〈西曲歌〉出於荊、郢、樊、鄧之間。」是可相信的。

〈吳歌〉發生在江東吳地，以六朝的京都建業爲中心。換句話說，在今日的江蘇浙江一帶，以南京爲中心。建業歷吳、東晉、宋、齊、梁、陳六朝，文物之盛，衣冠官蓋相屬，秦淮河的商女，聲歌不輟，加以江南的富庶，山川的秀麗，男女的多情，無形中助長了吳地民歌的發展，形成了六朝人所矚目的吳歌。

七、結　語

民間詩人見春景之美，自然有「春林花多媚，春鳥意多哀」的句子，見江水浮舟，自然有「布帆百餘幅，環環在江津」的句子，被戀情所困，自然有「天下人何限，慊慊只爲汝」的情思，表現在歌謠中。古人所謂「地留孤嶼小，天入五湖深」，在長江五湖水澤深處，不知蘊藏了多少歌聲。於是壟頭採桑，便有〈採桑歌〉，澤畔採蓮弄舟，便有〈採蓮曲〉、〈江南弄〉，溪頭留連，接送愛人，便有〈前溪歌〉、〈桃葉歌〉，男女情歌互答，傾吐衷情，便有〈懊儂曲〉、〈讀曲歌〉，江南尙鬼神，便有夜半鬼歌〈子夜歌〉，更有南徐、建業一帶歌人神之戀故事的〈華山畿〉、〈青溪小姑曲〉。各地的民俗和民情，都會反映在歌謠中。

〈西曲〉發生在荆郢樊鄧一帶，以雍州的襄陽、荆州的江陵爲中心。西曲是受吳歌影響的西方民歌，長江的水流，把下江的歌聲傳到上流，由於南朝的政治商業的關係，人們往來於建業及江陵、襄陽間，於是西曲便成了商旅、遊宦的別歌。

本來荆楚的民歌就很流行，所謂「楚聲」，加上南朝派往鎭守荆雍的宗室諸王，他們在吳地聽慣了吳歌，於是他們駐節西方，便利用當地的歌謠，編寫成歌舞曲，作爲豪門高第的娛樂品。像宋臧質的〈石城樂〉，宋隨王劉誕的〈襄陽樂〉，齊武帝的〈估客樂〉等便是。〈西曲〉中有些便以它們的產地做標幟，如潯陽的〈潯陽樂〉，壽陽的〈壽陽樂〉，採桑的〈採桑度〉，常林的〈常林歡〉，巴陵三江口的〈三洲歌〉，這些都標示着各地的地名，反映出各地特有的風土民俗。

【附註】

① 《樂府詩集》卷四十四，到卷五十一，是屬於南朝民歌部分，其中〈吳聲歌曲〉約三百六十首。加上鮑照的〈吳歌〉三首，《世說新語》中孫皓〈爾汝歌〉一首，便有三百六十四首。

② 《樂府詩集》所收錄〈西曲歌〉約一百七十六首，唐人的仿作不計算在內。

從魏晉南北朝志怪小說看「形神生滅離合」問題

林麗真

一、前言

形神生滅離合的問題，在魏晉南北朝的思想界，是爭論極烈，又甚具特質的一個範疇。此於《弘明集》中所錄極多，從牟融〈理惑論〉以下，有羅含〈更生論〉、孫盛〈與羅君章（含）書〉、桓譚〈新論形神〉①、戴逵〈釋疑論〉、鄭鮮之〈神不滅論〉、慧琳〈白黑論〉、慧遠〈明報應論〉〈形盡神不滅論〉、何承天〈報應問〉〈達性論〉、顏延之〈釋達性論〉〈重釋何衡陽（承天）〉、宗炳〈明佛論〉〈答何衡陽書〉、范縝〈神滅論〉〈答曹舍人（思文）〉、蕭琛〈難神滅論〉、曹思文〈難神滅論〉〈重難神滅論〉、沈約〈形神論〉〈神不滅論〉〈難范縝神滅論〉、梁武帝蕭衍〈敕答臣下神滅論〉……等，可謂論說浩瀚，論又生論，爭辯不休。而於文學界，大量志怪小說的萌興，也圍繞著形神離合、生死幽明的問題，大談諸種變形、復活與托生的現象，而以仙道、鬼神、怪異的題材爲主要內容，如舊題魏文帝曹丕的〈列異傳〉、葛洪的〈神仙傳〉、干寶的〈搜神記〉、陶潛的〈搜神後記〉、戴祚的〈甄異傳〉、劉敬叔的〈異苑〉、劉義慶的〈宣驗記〉、〈幽明錄〉、王延秀的〈感應傳〉、王琰的〈冥祥記〉、祖臺之的〈志怪〉、祖冲之的〈述異記〉、任昉的〈述異記〉、郭氏的〈玄中記〉、顏之推的〈寃魂志〉〈集靈記〉……等，所收錄者盡皆神話傳說，遠方異物，精怪變化，厭勝服食，鬼魂寃報，因果報應諸事，即連書名亦不脫「神」「靈」「魂」「怪」「異」諸字。今從當時文哲界之好談怪力亂神，即知這是一個喜於探索未知世界、神秘事蹟的時代。

而魏晉南北朝的文士所以如此熱衷於撰集靈異傳聞，原非僅以「姑妄言之」的態度，令人「姑妄聽之」而已。干寶即自言其著述動機乃在：「明神道之不誣」；葛洪亦自好神仙導養之法②；王琰、顏之推等因崇奉佛教，也在有意無意之間隱寄宗教之勸戒③。並且，志怪小說多採史傳式的文體與體證式的筆調，在交代時、地、人、事、物之餘，即有如轉述或報導特殊而實在的經驗一般，不少資料還取材自民間傳聞，魏晉史傳也曾加以引述，因此有人甚至將它視同「史傳的一股支流」④。這種視靈異如眞實的表述心態，固然不免攙有宗教宣傳的意味，但若遍就其於生命現象的關懷與認知來看，確也相當程度地透露出時人對於生死幽明與靈魂有無的一些基本觀念。因此，面對這些奇譎幽魅的鬼話連篇，我們反倒不能僅從文字的寄寓、象徵，或佛道的宣教目的等方向去作探究即可。尤其，它們所以會在同一個時期中出現得這麼多，又與思想界的盛談「形神」問題緊相呼應，我們自然也就不能以其所言不足考信而等閒視之了。

近代研究神話的學者，往往認爲「神話不僅是藝術，更是原始信仰、道德、哲學及法術、科學諸觀念系統的凝聚體。它是較單純的藝術敍事更爲複雜的精神文化現象。因此，分析其藝術特徵，進而探求這些特徵與其精神特質的內在聯繫，是神話研究的重要課題。」⑤而魏晉南北朝的志怪小說，大抵即是神話或接近神話的文學作品。它以「變形」與「他界」的描述爲重心。若就「變形」的角度論，可分爲神仙、物魅與鬼魂三大類變形⑥；若就「他界」的觀念論，也同樣含有仙鄉、妖界與冥界三大類範型。然而，若再細問：人在什麼時候會化作神仙登仙鄉？又在什麼時候會墮入妖界變物魅？或進入冥界成鬼魂？這顯然便要涉及人在面臨死亡關頭的同時或其後，所將經歷的「形」「神」生滅離合的變化。因此，若要研究志怪小說中的「變形」藝術特徵，勢必觸及「形神生滅離合」的思維性問題。究竟人是不是都必須經歷死亡？有沒有例外（如羽化而登仙者）？死亡的當下或其後，人的肉體與精神（或說形軀與靈魂）的關係如何？是否人皆具有一個實存而不滅的靈魂主體？若有此一靈魂主體，則其生前的存在樣態與活動如何？死後的存在形式與際遇又如何？它會因爲形軀死亡，無所附麗而自行消散嗎？還是會再變形化生，或托附他體而繼續存在？鬼是人死後靈魂不散的變形嗎？世上眞有鬼嗎？鬼是有形的，無形的，還是隨時會變形的？鬼形是實的，還是虛的？鬼性鬼形與人生前的性情形貌有何關聯與異同？鬼魂所在的「他界」是何種情況？人們生前的行爲對死後鬼魂的命運有何影響？佛教所謂的三報、輪廻，眞有可能嗎？——凡此皆是困擾六朝時人而反映在志怪小說中的生死課題。而這些課題，顯然都與「形」「神」的生滅離合具有些許的牽連。據此，對於神怪小說，如果我們能將注目的焦點擺置在「形神離合」問題的研究上，相信一定能相當程度地呈顯當時普遍大衆對生死幽明的一些隱而未顯的基本觀念，也能揭示他們對人類身心、靈魂問題的共同認知與信念。如果能再進一步檢視思想界對同一問題的思辯方式與內涵，比較小說家與思想家看待生死、靈魂問題的異同，相信必能釐清人在處理感性、理性或超理性的問題時所面臨的一些糾葛、矛盾與困惑，也更能透視神話文學的特徵與意義。本文有見於此，故擬就魏晉南北朝神怪小說中涉及「形」「神」離合現象較切著者，歸納出幾個範型，並舉實例試作分析；再對照以思想界在質疑與辯護之間的論爭內涵，一則以觀文哲界對「形神離合」與「生死現象」的異同看法，再則以觀其間之互動與關聯；這樣或許也可以再爲志怪小說處理形神問題的特點，尋求一種新的詮釋與定位。

二、形神、生死與氣

「形」「神」二字，在傳統的用法中，意義廣狹不拘，本義、引申義錯綜使用，有時觀念反呈模糊。今爲討論之清晰起見，特就其與人類身、心、靈魂意義相關者論。案：「形」之一字，要有二義：一指具體實存的體象本身，一指體象的容色狀貌。如《易・繫辭上》：「在天成象，在地成形。」朱熹注云：「象者，日月星辰之屬；形者，山川動植之屬。」《禮記、檀弓上》：「斂首足形。」鄭玄注云：「形，體也。」便是針對體象本身說的。此一體象義，若就人身言，便是指人的官骸、形軀、體質等物質性的構造與存在，它是佔有時空的實存體，有時也可稱作形骸、形體、形藏等。如《

莊子、德充符》云：「遊于形骸之內」；《管子、水地》云：「形體肥大」；《黃帝內經素問・六節藏象論》：「形藏四」，王冰注云：「一頭角、二耳目、三口齒、四胸中也。形分爲藏，故以名焉。」……等卽是。但如《春秋穀梁傳・桓公十四年》：「望遠者察其貌而不察其形。」范寧注云：「形，容色。」這裏的「形」，也可稱作形相、形貌、形狀、形態等，顯然是體象義的引申，概指體象所顯現出來的相、貌、狀、態。據此，「形」字不但可指具體的身軀形骸，也可指其容色形態；前者若指實形，後者則指虛形。

至於「神」字，在傳統的用法與觀念中，意義則較「形」字複雜。一般說來，「神」字含有四種不同的涵意，卻又彼此牽連。一指超自然的神秘主宰，包括天神與地祇。二指人死後的靈魂，三指人的精神與意識。四指事理的玄妙難測。第一義的神，具有創生萬物、顯示靈異、賜福降災的能力，故可指獨一無二的造物主——上帝，也可指泛靈論中的山川神明。《說文》云：「神，天神，引出萬物者也。」意指上帝。《孟子・萬章上》云：「百神享之。」《禮記・祭法》云：「山林川谷丘陵，能出雲，爲風雨，見怪物，皆曰神。」卽指衆山川神明。第二義的神，是專就人死後的存在而言，如《楚辭・九歌・國殤》云：「身體既死兮神以靈。」《論衡・論死》云：「人死亦稱鬼神。」卽是。然若人死爲鬼，卻能彰顯超奇的創生與刑賞之大能，則其義乃近同第一義中的神明；可見第二義中的鬼神，可以具有第一義中的神性。第三義的神，是專就人生現實層面而言，指內在於人身形骸之內的心知、靈覺、意識、思慮，甚至夢想等精神性的現象與活動。如《莊子・天地》云：「機心存於胸中，則純白不備;純白不備,則神生不定。」《荀子・天論》云:「天職既立,天功既成,形具而神生。」這兩處的「神」,蓋指人的精神與意識。而此精神意識,如果僅是形體的發用現象,死後便隨形俱滅,它就不會再轉成第三義中的鬼神;如果它是一種既超越又內在於形體中的靈魂主體,死後便可能離形不滅,而會轉成第二義中的鬼神,甚至具有第一義的神性。至於第四義的神,則是泛從功能層面的意義來說的,凡變化莫測、精微靈妙、無可形見的作用性,以及由此作用所彰顯的境界,皆可謂之神。故天神、地祇、人鬼,甚至人的精神作用,只要讓人覺得荒忽無端、奇妙非凡,皆可嘆之曰「神」。如《孟子・盡心下》云:「聖而不可知之之謂神。」《易・繫辭上》:「陰陽不測之謂神。」朱熹注云:「神者,變化之極,妙萬物而爲言,不可形詰者也。」皆屬第四義。

本文所要探討的是「形神離合」的問題,這是把「形」與「神」當作一對範疇而扣緊人生層面來談;因此特別集中在「神」的第二義與第三義,並以討論它與「形」的離合關係爲主題。這不僅涉及人的形體與精神、存在與意識間的關係;尤其還涉及人死後的靈魂有無問題。在先秦諸子中,管子、墨子、莊子、荀子等,便已開始使用「形」與「神」的關係來說明人的生命現象:如《管子・內業》云:「凡人之生也,天出其精,地出其形,合此以爲人。」《墨子・經上》云:「生,刑(形)與知處也。」《莊子・天地》云:「形體保神」,又〈知北遊〉云:「精神生于道,形本生于精,而萬物以形相生。」《荀子・天論》云:「形具而神生。」他們都同具兩個基本觀念:一是將「形」「神」對舉,以「形」指人的形軀,以「神」指人的精神知慮,故「形——神」之相對,也作「形——精」、

「形——知」之相對。二是皆具「形神合則為生」的看法，認為人的生命現象是形體與精神的結合。而其相異點，則表現在「形」「神」如何相合的關係說法上：莊子認為「神」應邏輯地先在於「形」；荀子反之，強調「形」先於「神」；管子⑦則主張形神俱現，一出於天，一出於地。儘管他們說法並不一致，若問「形」「神」所以能合的理論基礎，則如《莊子》之外雜篇與《管子》之〈心術〉〈內業〉諸篇，總是直接或間接地提到了「氣」，也進一步以「氣」的觀念去解釋「形神離則死」以後的「形」「神」之聚散、變化與歸趨。

按《莊子、知北遊》云：「人之生，氣之聚也。聚則為生，散則為死。」認為「氣」是生命的基礎。就其精微性而言，也稱作「精」。若配合「精神生于道，形本生于精」的觀點，則生命的發生，當是一有精氣（神），即有形氣（形）。「氣」與「神」「形」的關係是互通的；故人死「氣」散，應當是「形」「神」之氣皆一併離散。如此說法，雖拉近了形與神的關係，卻也模糊了形與神的根本差別。而依《管子・內業》「天出其精，地出其形」的看法，「精」（神）與「形」的來源似乎是二元的；則死後形神的離散與歸趨，也就一歸於天，一歸於地了。故《禮記・郊特牲》談到人的死亡與祭禮的關係時，說：「魂氣歸於天，形魄歸於地，故祭求諸陰陽之義也。」因著喪祭之禮的必要與流行，「魂氣（或作魂神）歸天，形魄歸地」的見解，也就成為民間一般的觀念。然而，若要仔細追究「氣」與「形神」、「生死」的關係，總因各家賦予「氣」的內涵，歧義甚多，往往使問題顯得極為糾纏與複雜。尤其兩漢盛行陰陽五行學與氣功養生學，則陰陽、五行與練氣、保身、養神之道，皆一併加入形神關係的討論，我們若想釐淸氣與身、心、靈魂的關係，也就愈發覺得棘手難辨了。何況「氣」在先秦兩漢人的認識中，或靜或動，或質或能，或煩或精，或屬物質性或屬精神性等觀念，總是相當模糊與混雜；至如王充，甚至認爲人生的善惡、貧富、貴賤、禍福、吉凶、夭壽等，皆與氣數有關。而佛道二教也往往各自依據其教理，對氣作了不同的論述。⑧於是，這些錯綜不一的觀點，與隱微不明的糾葛問題，都在在反映到魏晉南北朝的志怪小說中，成爲當時人解釋「形」「神」所以會發生離合現象與奇妙變化的神秘因素之一。

到底當時人的看法怎樣？在衆見紛歧中，是否也可找到共通性與特殊性來？或許志怪小說可以提供給我們一些線索。

三、志怪小說描述形神離合與生死現象的故事範例及其觀念

魏晉南北朝的志怪小說描述各種靈異現象的故事很多，本文特以「形神離合」與「生死現象」的關係作爲研究主線，因此摒除神仙下凡、妖怪變人的資料，而以人變仙、鬼、物的資料爲主，歸納可得以下五種故事類型：一是未死而形神可離可合類，二是已死而神離形入冥又另變他形類，三是已死而形神再合復活續生類，四是死後神不滅而轉世托生類，五是不死而形神俱化成仙類。下文則分別舉例加以說明：

㈠未死而形神可離可合例：

未涉及死亡，也不是一般的作夢或夢遊，就在人活著的時候，卽出現「形」「神」可合可離的現象，這在魏晉南北朝的志怪小說中，「石氏女會龐阿」的故事，可算是一個特例，也是罕例，卻足以突顯時人對「形」「神」離合關係的一種微妙區分。據《幽明錄》所載云：

鉅鹿有龐阿者，美容儀。同郡石氏有女，曾內覩阿，心悅之。未幾，阿見此女來詣阿，阿妻極妬，聞之，使婢縛之，送還石家，中路遂化為煙氣而滅。婢乃直詣石家，說此事。石氏之父大驚曰：「我女都不出門，豈可毀謗如此！」阿婦自是常加意伺察之。居一夜，方值女在齋中，乃自拘執，以詣石氏。石氏父見之愕眙，曰：「我適從內來，見女與母共作，何得在此？」卽令婢僕於內喚女出，向所縛者奄然滅焉。父疑有異故，遣其母詰之。女曰：「昔年龐阿來廳中，曾竊視之，自爾彷彿卽夢詣阿，及入戶，卽為妻所縛。」石曰：「天下遂有如此奇事！夫精情所感，靈神為之冥著，滅者蓋其魂神也。」既而女誓心不嫁。經年，阿妻忽得邪病，醫藥無徵，阿乃授幣石氏女為妻。

這則故事，情節相當離奇。關鍵所在，卽因出現了第二位石氏女。而這位石氏女，簡直就是第一位石氏女的原形複製，而且活靈活現地出現在實際的人事環境中。不但龐阿愛戀，龐妻妬恨；當龐氏婢女將她縛送石家時，連石父見之，都大感錯愕，一時驚動了不少人。這第二形與第一形的異同，就容色狀貌說，幾乎一樣；但就具體實質說，顯然第一形才是眞的實形，第二形不過是暫時化現的虛形。故文中描述第二形的生滅，總如煙氣一般，忽然而出，奄然而滅。至於第一形，則自始至終，都如常地存在著。

這裏値得細究的問題是：作者筆下的第二形（虛形），究竟如何產生？依文中所述：「夫精情所感，靈神爲之冥著，滅者蓋其魂神。」所謂「滅者」，卽指忽然而出，奄然而滅的那個虛形；原來，虛形的生滅，蓋是魂神活動的現象。換句話說，「虛形」是「魂神」離開第一「原形」時所化生出來的第二形。所以「魂神」是造就第二形的主體，當魂神復返第一原形時，所變的第二形便會立刻奄然消散。可見石氏女至龐家的經歷，完全是「魂神」離「形」出遊時所顯的超自然現象。而魂神之所以能如此，又與人的「精情」向度有關。由於石氏女的感情意志極爲堅決地愛慕著龐阿，於是她的「精情」（感情意志）便會感動「魂神」（指靈魂，或作靈神），使其「冥著」（暗顯神奇），以遂所願。而使其遂願的方法，就是魂神暫離第一形，再化生第二形，並駕御著第二形出遊龐家，以便超越禮教的束縛，使痴心女子的愛情暫得滿足。

然而，說到神離形出遊龐家時，石氏女的第一原形是否曾發生反常的現象？此在故事的情節中並未詳細交代，只是藉由其父云：「我女都不出門」，又云：「我適從內來，見此女與母作」，則當時的第一原形顯然未曾令其家人感到任何異狀，而且還能照常與母親一起工作。若是這樣，當時的第一形應該是有知覺的、能活動的。如此，則作者觀念中的「魂神」，應該是比一般的知覺意識更爲超越而可以獨立存在的靈魂主體了。

事後石氏女的母親問她知不知情，石女自述「彷彿即夢」。其實，這個夢並不尋常，與其說是一場夢，不如說是一個夢兆。因爲夢中的情景，同時卻在客觀的現象界中一一兌現。按理說，一般的夢，不過是人在睡眠狀態下，潛意識中的恐慌或願望，浮現到下意識來。而夢中的所見所爲，除了夢者本身似有所感外，對現實界中的其他人都是不生任何影響的。然而，這則故事卻將其夢作眞，藉著人性中超自然力量的神奇——由魂神離開第一形，再生第二形，終至返回原形的出遊歷程——鋪敘了這個離奇而浪漫的故事。

固然作者頗有突越禮教，訶歌愛情的用意，也略略含有夢願成眞的現報思想；但在其中，卻也隱隱約約地表現出一種特殊的靈魂觀來。我們可以說此文起碼透露了以下幾個觀念：⑴形神是可離可合的。甚至在活著的時候，神也可以出遊，又再復返原形。⑵神比形重要，且具主導性。⑶神是超越於原有形軀及知覺意識之上的靈魂主體。當此一靈魂主體暫時離形出遊時，原形的知覺與活動力並未因此而消失。⑨⑷神具有奇妙的超自然力，甚至可以複製（化生）一個第二形來遂成人的心願。⑸人性中本含神性，但在人的「意志」「情感」（指人性部分：知情意）極端專注與強烈時，也可以帶動的人「魂神」（指神性部分：靈魂），以致影響到此一「魂神」與「形軀」之間的離合關係。

㈡已死而神離形入冥又另變他形例

上述石氏女的形神相離，是未經死亡的，是短暫的，且其原形並未終止過知覺活力，故於魂神出遊復返時，原形又能再與此形相合如故。但若相反的，人已經死亡，原形在長時段的觀察中根本看不出再有任何的知覺功能，甚至形軀也已入土埋葬了，則人的精神靈魂與原形的關係又將如何？是隨形俱滅？還是離形他往？這是魏晉南北朝人普遍關注的焦點。因此，藉著志怪小說，他們傳述了種種可能的情況。其中，神離形入冥又另變他形的故事，是最普遍的想法。所謂另變他形，包括魂神化為人鬼者、魂神變為物類者，甚至有形無形皆無所不變者。

1.魂神變形爲人鬼者：

顧炎武曾說：「鬼論起於漢末」；又說：「或曰：地獄之說，本於宋玉〈招魂〉之篇。……雖文人之寓言，而意已近之矣。於是魏晉以下之人遂演其說，而附之釋氏之書。」⑩雖然，嚴格而論，這個講法還有待商榷⑪；但大體說，鬼論的流行，的確是在魏晉南北朝。當時許多神鬼物魅的故事，都是圍繞著「死」，而以形神相離與魂神變化爲主旨。此中，涉及神離形而又變成人鬼復出者，可以「丁姑」的故事作爲代表：

淮南全椒縣有丁新婦者，本丹陽丁氏女，年十六，適全椒謝家。其姑嚴酷，使役有程，仍便笞捶不可堪。九月七日，乃自經死。遂有靈響，聞於民間。發言於巫祝曰：「念人家婦女，作息不倦，使避九月七日，勿用作事。」見形，著縹衣，戴青蓋，從一婢，至牛渚津，求渡。有兩男子共乘船捕魚，乃呼求載。兩男子笑，共調弄之，言：「聽我為婦，當相渡也。」丁嫗曰：「

謂汝是佳人，而无所知。汝是人，當使汝入泥死；是鬼，使汝入水。」便却入草中。須臾，有一老翁乘船載葦，嫗從索渡。翁曰：「船上无裝，豈可露渡。恐不中載耳。」嫗言：「无苦。」翁因出葦半許，安處著船中，徑渡之至南岸。臨去，語翁曰：「吾是鬼神，非人也。自能得過，然宜使民間粗相聞知。翁之厚意，出葦相渡，深有慚感，當有以相謝者。若翁速還去，必有所見，亦當有所得也。」翁曰：「恐燥濕不至，何敢蒙謝。」翁還西岸，見兩男子覆水中。進前數里，有魚千數，跳躍水邊。風吹至岸上。翁遂棄葦，載魚以歸。於是丁嫗遂還丹陽。江南人皆呼為丁姑。九月七日，不用作事，咸以為息日也。今所在祠之。（《搜神記》）

這則故事，甚具典型，其特點在：⑴丁姑是自殺身亡的寃死鬼。⑵她會顯靈並現形。首先託言於巫祝，代傳心願，爲勞動婦女爭取休息日；其次則顯出生前的形相，並略行奇事，一則懲治好色男子，一則助謝淳厚老人。類似的例子，如「瘟神蔣子文」（見《搜神記》），亦屬暴死、心有不甘、現形顯靈的類型：因蔣氏生前嗜酒好色，突遭橫死，情慾未了，遂託言巫祝，又現形復出，傳達立祠心願。等到心願遂成，鬼魂即不復出，民間災厲也因而止息。像這樣的情節，它所含具的形神、生死觀念，主要有六：⑴死亡就是形神相離的現象。⑵死有靈響，代表神已離形，而神不滅。⑶要證其神不滅，往往先託巫祝（或託夢於人）傳達心願，再藉魂神現形，遂行所願。故就意識型態言，鬼魂之言行舉止，幾乎均爲生前意識之延長。⑷此神頗具超自然之能力，故可現形復出，降災賜福，彰顯神跡。⑸死後所現之形與生前之形，同中有異。同者在聲容色貌、氣質情性，甚至衣著侍從；異者在此形並非現實世界中之實存體，故來無影去無踪，且爲禁忌所限，不能久存於世，僅可算是魂神所化的一種虛形。(6)此一虛形雖然不能久存於世，但他顯靈的空間，仍然是在現實界中，而非另在一個虛幻的超越時空。所以他不僅能讓現實界的活人有所感知，也與人間偶有實際的往來。

2.魂神變爲物類者：

魂神之顯靈與變形，未必一定只化顯爲人鬼之形；有時也可變成人以外的其他物類，包括動物、植物，甚至無生物。如「韓憑夫婦」的故事：

> 宋康王舍人韓憑，娶妻何氏，美。康王奪之。憑怨，王囚之，論爲城旦。妻密遺憑書，繆其辭曰：「其雨淫淫，河大水深，日出當心。」既而王得其書，以示左右，左右莫解其意。臣蘇賀對曰：「『其雨淫淫』，言愁且思也；『河大水深』，不得往來也；『日出當心』，心有死志也。」俄而憑乃自殺。其妻乃陰腐其衣。王與之登臺，妻遂自投台下，左右攬之，衣不中手自死。遺書于帶曰：「王利其生，妾利其死，願以屍骨賜憑合葬。」王怒，弗聽。使里人埋之，冢相望也。王曰：「爾夫婦相愛不已，若能使冢合，則吾弗阻也。」宿昔之間，便有大梓木生於二冢之端，旬日而大盈抱，屈體相就，根交於下，枝錯於上。又有鴛鴦，雌雄各一，恆棲樹上，晨夕不去，交頸悲鳴，音聲感人。宋人哀之，遂號其木曰「相思樹」。「相思」之名，起于此也。南人謂此禽乃韓憑夫婦之精靈。今睢陽有韓憑城。其歌謠至今猶存。（《搜神記》）

這是《搜神記》中的名篇佳作，寫的是國君搶奪近臣之妻的暴行。宋康王的蠻橫與邪淫，韓憑的怨恨與無奈，韓憑妻的堅貞與靈慧，都躍然筆下。此中神奇，特在韓憑夫婦自殺身亡之後，竟皆化作相思木與鴛鴦鳥。其冢木屈體相就，根交枝錯，卽如韓憑夫婦形驅之化身；而樹上雌雄鴦鴛交頸悲鳴，卽如韓憑夫婦魂神之不散。這裏充份洋溢著生命不屈、形神不死的信念。雖遭非命而自殺，但原有的形神卻各自化作木、鳥的形神繼續存在。這是堅信「神不滅」，卻又兼容「形不滅」的思想。除了表達魂神的超自然力外，也一再透露出補償、遂願、聲討、控訴的訊息。這類變形，與前述的人鬼變形，最大的不同乃在：人鬼之形雖然酷似前身，卻是個「虛形」，只是偶而出現，並不久佔時空，一遇禁忌與外力，或其心願已遂，便立刻喪失其變形後的聲容、色貌與質性。然而，這裏所變的物類之形，雖然外形已與前形大不相同，卻還是個「實形」。它在實存的現象界中，的確佔有時空，具體存在，不受禁忌影響，幾與其他同類沒有兩樣。因此，韓憑夫婦變爲木、鳥，就好像是經歷一場原形的蛻變，並且只是形變而神不變，死亡的關卡，不過是促成蛻變的一個機緣，並不能眞正阻攔到韓憑夫婦生命希望的延續。像這樣的故事，其實已不似鬼論，而近似仙論，看來有點類似「尸解仙」的例子⑫，也彷如《山海經》中女娃變精衞、女尸化䔄草、夸父化鄧林的類型⑬。這在《述異志》中，陸東美、潘章的故事，皆差可媲美；他如「相思木」和「望夫石」的傳說⑭，也極類似。

3. 有形、無形皆無所不變者：

若要強調魂神的不滅與超越的奇能，則魂神之所能變，必不受限於僅變成某一形或某一物類而已，而是有形無形皆無所不變。且看「黃父鬼」的故事：

黃州治下有黃父鬼，出則為祟，所著衣帢皆黃，至人家，張口而笑，必得癘疫。長短无定，隨籬高下。自不出已十餘年，土俗畏怖。盧陵人郭慶之有家生婢名采薇，年少有色。宋孝建中，忽有一人，自稱山靈，裸身，長丈餘，臂胸皆有黃色，膚貌端潔，言音周正，土俗呼為黃父鬼，來通此婢。婢云意事如人。鬼遂數來，常隱其身，時或露形，形變無常，乍大乍小。或似煙氣，或為石，或作小兒，或婦人，或如鳥如獸。足迹如人，長二尺許，或似鵝迹，掌大如盤。開戶閉牖，其入如神，與婢戲笑如人。（《述異記》）

這是偏從「鬼魂功能」的方向去設想發揮，故不強調鬼形鬼心與其前生的形神關係，而刻意誇飾鬼魂的多種變化。其隱顯自如，出沒無端，乍大乍小，或似婦孺，或作鳥獸，或如石如烟，形變無端，……處處都彰顯出鬼魂超自然力的多變功能，也使小說增加更多的神秘色彩。雖然這類作品的文學性高過於思想性，但鬼魂世界得以找到如此發展的空間，在文學中一直強調它的存在與變化功能，這正說明「神不滅」「有鬼」觀念的頑強勢力。

㈢已死而形神再合復活續生例

人死，若「形」「神」相離，則此離究竟是永離？還是暫離？死後「形」「神」之間可否再次相合？是否有復活續生的可能？若屬可能，則當問：為何可能？又如何可能？六朝志怪小說曾出現不少

「復活」的例子，大抵都與佛教的宣教目的有關，如《冥祥記》所載「王淮之」的故事卽是：

> 宋王淮之，字元曾，瑯琊人也，世以儒專，不信佛法。常謂：身神俱滅，寧有三世？元嘉中，為丹陽令十年，得病氣絶，少時還復暫甦。時建康令賀道力省疾，下牀會。淮之語力曰：「始知釋教不虛，人死神存，信有徵矣。」道力曰：「明府生平置論不爾，今何見而乃異之耶？」淮之斂眉答云：「神實不盡，佛教不得不信。」語卒而終。

《冥祥記》是齊王琰所撰。王琰乃一虔心佛教徒，其書殆集東晉以下迄齊之奉佛故事而成，故宣教目的極爲明顯。如此文卽藉王淮之的死後復甦，作一現身說法，旨在宣揚：「釋教不虛，人死神存」，「神實不盡，佛教不得不信」；同時還指斥儒家主張「身神俱滅，寧有三世」的不是。他如《幽明錄》中記一書生趙泰，死後復甦，卽全家大小發願奉佛；道士舒禮，死後復甦，遂亦不復做巫師。可見復活類的小說，其斥儒、抑道、崇佛之思想，均極露骨。

但若進問人死復活爲何可能？且在何種情況下方有可能？依據《冥祥記》中的「陳安居」，《異苑》中的「章沈與秋英」，《搜神記》中的「賀瑀」，以及《幽明錄》中的「趙泰」、「舒禮」、「王氏」……等有關復活的故事看來，復活者的靈魂幾乎都經歷過一段離形入冥，並接受陰府審訊的遭遇。他們的復活，主要卽在爲此遭遇作見證；藉著冥府與地獄所見諸相，用以醒世勸善。在小說家筆下，他們所以能夠復活的原因，有的是因察見生錄所記，命壽未盡，故魂神得以再返原身，如舒禮；有的是因受至親奉佛之福蔭，特蒙陰府法外開恩，如陳安居；有的是因見地獄永苦，發願學佛，乃以懺悔獲賜重生，如趙泰；有的是因陰府判官適爲親戚，念在生前熟稔，私下通情，賜返陽間，如章沈；有的是因死者家世可憐，悲情感人，陰府爲體恤遺孤，特予生路，如王氏；有的是因亡魂自力救濟，賄賂陰府，竟得開釋，如秋英。據此，魂神離形入冥之後，是否得以再返原身，重回陽界？主要關鍵均在陰府之審判。而審判的標準有其公義面，也有其徇私面，其形形色色皆一如人間之法庭。

按照俗下對佛教的認識，以爲人死之後，魂神離體，需暫居冥界四十九天，以便聽候冥府的審判、發落。若此一魂神，命不該絕，便可復返原身，重回陽界，繼續生活。於是，原形軀之客觀條件是否足以接受魂神之復返，也需兼顧。如果原形軀尚未入斂、埋葬、臭腐，而且心下還有餘溫，復活便易，否則即難。這是復活類的故事所以強調「心下尚暖，家不殯殮，數日得穌」的原因⑮。至於形神再次相合時的當下情況，文人筆下總是語多飄忽，如《冥祥記》寫陳安居之復活云：「永初元年，病發，遂絕，但心下微暖，家人不斂。至七日夜，守視者覺屍足間如有風來，飄衣動衾，於是而穌，有聲。家人初懼屍蹶，竝走避之；既而稍能轉動，末求飲漿。」又如《幽明錄》記趙泰之復活云：「停屍十日，氣從咽喉，如雷鳴，眼開，求水飲，飲訖便起。」此種如風如氣的描述，頗具神秘氣氛，或許皆與傳統「氣論」的思想多少有關。

㈣死後神不滅而轉世托生例

死而復活的故事，重在陳述入冥的經歷，告示冥府審判的權威與陰間地獄的痛苦。轉世托生的故事，更加入六道輪廻與因果報應的觀念，強調靈魂不滅、三報可信。這些都是佛敎東引後，流行於民間的宗敎小說。就形神生滅離合的角度來看，復活的故事類型，大抵相信「神不滅」、「神重要過形」、「神形可離可合」，因此認爲神離形後，有時也能發生自體再合的情況。然而，托生的故事類型，則除了肯定「神不滅」及「神重要過形」外，並不著意於神與原形之間的離合關係，也不似人鬼變形或物類變形那樣地強調靈魂本身的變形功能。因轉世托生時的形，並不是死後靈魂所化的虛形，而是一個新的實形；其形可以是人形，也可以是畜生形；而托在此形中的神，卻是一個有前世因緣背景的獨立神靈，所以不算是瞬間產生的新生靈魂。可見托生的故事，基本上是以佛敎的輪廻、報應觀念作基礎，而與一般的變形神話大不相同。按照佛敎的理論：凡有生命的衆生，都要隨他生前的業力——指一切行爲造作，包括行動、語言、思想各方面的活動現象——遭到因果報應。多造惡業，則沈淪於地獄、餓鬼、畜生道，多造善業則輪廻於修羅、人、天道。因此，死後靈魂的歸趨，在六道輪廻中，何時會投胎、轉世，再生成何物，全依業力的因果報應來決定。而人靈與衆畜生之靈，在靈魂的國度中，應當是平等而互通的。如《冥祥記》中曾載男童投胎成豬的故事，即是一例：

晉杜願，字永平，梓潼涪人也。家巨富，有一男，名天保，願愛念。年十歲，泰元三年，暴病而死。經數月日，家所養豬，生五子，一子最肥。後官長新到，將以作禮，捉就殺之。有一比丘，忽至願前，謂曰：「此㹠是君兒也。如前百餘日中，而相忘乎？」

杜願之子，形軀已死，靈魂卻投胎入豬，付上豬形，托生於世。果若如此，靈魂必是一種不隨形軀之滅亡而滅亡的存在體，它是超越於形軀之外的獨立自體，故其重要性與生命價值遠在肉體形軀之上。東晉・袁宏曾綜述此一思想道：「以爲人死精神不滅，隨復受形，生時所行善惡，皆有報應。故所貴行善修道，以錬精神而不已，以至無爲而得爲佛也。」（見《後漢紀・卷十》）原來佛教徒編撰死後轉世托生的故事，其最終用意實在勸人戒殺、修善、皈依佛法而後已。

(五)不死而形神俱化成仙例

凡涉及「死」，在魏晉六朝人看來，必有形神相離的現象；若說「不死」，則形神的正常關係，應是相卽而互通的。因此，「成鬼」與「成仙」的不同，往往就在「死」與「不死」上；而「死」與「不死」的區別，又在「形神生滅離合」的關係上。不死成仙的故事類型，與死後成鬼、死後復活、死後托生等，在基本的形神觀念上，便有所不同。

志怪小說記載成仙的故事，一般都是寫其形神未離未散，一體俱化超昇，而不是神離形遠遊。如《博物志》說到成公登仙的情況云：

河南密縣有成公，其人出行，不知所至。復來還語其家云：「我得仙。」因與家人辭決而去。其步漸高，良久乃沒而不見。至今密縣傳其仙去。

「其步漸高，沒而不見」，便是形神相卽不離，整體一併形化而登仙。《搜神後記》中的丁令威、《幽明錄》中的巴東道士，也是如此：

丁令威，本遼東人，學道於靈虛山。後化鶴歸遼，集城門華表柱。時有少年舉弓欲射之，鶴乃飛，徘徊空中而言曰：「有鳥有鳥丁令威，去家千年今始歸；城郭如故人民非，何不學仙冢纍纍？」遂高上沖天。今遼東諸丁云：「其先世有升仙者，但不知名耳！」（《搜神後記》）

巴東有道士，忘其姓名，事道精進。入屋燒香，忽有風雨至。家人見一白鷺從屋中飛出，雨住，遂失所在。」（《幽明錄》）

丁令威化鶴仙逝，道士變鷺高飛，看來皆似瞬間的形變。其實，此一形變並非憑空發生，而需先經歷一番「修道」的工夫；所以文中不忘交代丁令威「學道於靈虛山」，巴東道士「事道精進」。凡仙道類的小說，大抵都會如此申明「修道」與「養生」的必要，有些甚至還巨細靡遺地詳述修道的過程與方法。例如《漢武帝內傳》對西王母修化成仙的工夫，便有清楚的陳述：

王母曰：「夫修身當營其氣，《太僊真經》所謂行『益易之道』，益者，益精；易者，易形。能益能易，名上仙籍；不益不易，不離死厄。行益易者，謂常思靈寶也。靈者，神也；寶者，精也。子但愛精握固，閉氣吞液，氣化為血，血化為精，精化為神，神化為液，液化為骨，行之不倦，神精充益。為之一年易氣，二年易血，三年易精，四年易脈，五年易髓，六年易骨，七年易筋，八年易髮，九年易形。形易則變化，變化則成道，成道則為仙人。」

所謂「益易之道」，其實就是道教流行下的一種身心保健法。從這個保健法，可以看出形、神、氣之間的互通關係。此中，氣、血、精、神、液、骨、形等，均可互相轉化；養形、養神、養氣的方法也息息相關。可見「身」（形）「心」（神）之間，就好像是同一本質（氣）的兩個方面，並無絕對的分別。故若保養得方，形神必是一同精進、健壯；及至漸修成功，產生瞬間的形變，則可羽化而登仙。葛洪所謂「令正氣不衰，形神相衞」，「內修形神，使延年愈疾」，亦是此意。⑯我們若說修道過程，是爲達成登仙目的，促進形神漸變的手段；則羽化登仙，便是形神修鍊成功後，得以超脫死亡，產生瞬間形變的自然結果。

當然，論到養生之術與修道之方，自不止於「益精易形」一法而已。在魏晉南北朝志怪小說中，各種方法眞是千奇百怪，名目繁多，舉凡虛心養性、食炁辟穀、服氣導引、房中寶精、采藥鍊丹……等古代健身術與藥物學，盡皆派上用場；而且還伴隨著齋醮、禁咒、符錄等方士術士的宗教迷信與通靈法術，幾乎是將傳統粗簡的醫藥保健學，混合著神話、哲學、宗教與巫術一同呈顯，形成各種神奇詭異的神仙理論與養生法術。

在一些神仙理論中，有依修道歷程與工夫深淺，而將仙眞得道的境界分爲三品者。如《抱朴子》引用《仙經》與《太平觀天經》即云：

《仙經》云：上士擧形昇虛，謂之天仙；中士遊於名山，謂之地仙；下士先死後蛻，謂之尸解仙。（《抱朴子・論仙》）

《太清觀天經》曰：上士得道，昇為天宮；中士得道，棲集崑崙；下士得道，長生世間。（《抱朴子・金丹》）

天仙、地仙及尸解仙爲上、中、下三品，代表三種層次的神仙階位。若依成仙後棲遊地點的不同來看：天仙只能翱翔於雲霧飄渺的雲天，遠離塵囂；地仙則在崑崙諸名山，尚可與人間自由往來；尸解仙則或形蛻爲物，長生在人間。若按形神生滅離合的角度來看：天仙、地仙都是未經死亡，形神未經離異，而直接超昇，形化成仙的；至於尸解仙，則是「先死後蛻」。然而其「死」，並非一般的「形神相離」，而是藉著「死」，作爲形神蛻變的契機。因此往往沒有屍體可埋葬；或所埋葬者，不過是其軀體之外骸而已。當他蛻變而形化後，乃是以另一種形態繼續實存在人間。例如《列異傳》載述「蔡經蛇蛻成仙」的故事，便是尸解仙的例子：

> 蔡經與神交，神將去，家人見經詣井上飲水，上馬而去。視井上，俱見經皮如蛇脫，遂不還。

這一種尸解仙，與前文所述韓憑夫婦變木、鳥的情況，又不太一樣。韓憑夫婦是身歷悲慘環境而自殺的，他們生前並沒有學過任何修道求仙的工夫，他們的死是眞正的死，而且經過埋葬；因此他們的蛻變，可能是鬼論受仙論影響下的構想，此與蔡經修道（所謂「與神交」），而蛻變成仙的故事型態，多少還是有所不同。

四、思想界對形神生滅離合問題的爭辯與看法

「形」與「神」，因面臨「人死」的問題，所產生的「滅」與「不滅」的情況，大概有四種可能性：一是形滅而神滅，二是形不滅而神滅，三是形滅而神不滅，四是形不滅神亦不滅。這四種可能情

況，除了第二種涉及殭屍不朽的罕見情形，較無討論的可能外，其餘三種中，志怪小說所反映的，多半都是第三、四種，尤以第三種爲多。而第三種特別出現在鬼故事中，第四種則出現在仙故事中。出現在鬼故事中的「形滅而神不滅」，重視神過於形；出現在仙故事中的「形不滅神亦不滅」，則似乎強調形過於神。可見鬼故事與仙故事在基本的形神理論上，取重點是頗有差異的。重神者，主張靈魂主宰形體，形滅後靈魂可以獨立存在，甚至化形顯靈，死而復穌，或托生轉世；重形者，相信形神相衛，形軀可養，精氣可培，只要調養得理，便可不老成仙。前者與佛教的觀點接近，後者與道教的看法相合。但不論傾佛或近道，其相同點皆在肯定「神不滅」。於是承認鬼說者，並不妨礙兼取仙論；則仙鬼混雜，一併出現在志怪小說中，幽靈世界的種種想像便極恢詭譎異。魏晉南北朝佛道思想的流行，影響社會大衆最深者，就是相信「靈魂不滅」；又由靈魂不滅的觀點出發，連帶的影響到人生意義的抉擇取向。故當鬼說仙論紛紛不絕之際，正是鍊丹養氣、保性全眞、安般守意、吃齋唸佛等修爲工夫，蔚爲風尚之時。

此一時風，與孔子主張「未知生，焉知死」、「未能事人，焉能事鬼」的人本精神，顯然背道而馳。看在有心人士的眼底，自是不能不從理論上對形神、生死、輪廻、養生等問題進行探討。因此，形神論與養生論便成當時淸談論辯的重要主題。由於「養生論」的爭議，偏向保健方法的經驗之談，抽象思維的討論並不多見，故與本題關係較遠，茲不詳述。而「形神論」，主要乃因時風相信神不滅、有鬼、有輪廻報應等觀念所起，於是爭辯的過程，往往轉成闢佛與明佛二派的壁壘相峙。闢佛者多半懷疑鬼小說中那種有模有樣、能化形顯靈的鬼；也不認爲靈魂是一獨立個體，死後可以脫離形軀而永遠存在；更不相信佛家所謂六道輪廻、因果報應、托生轉世。因此，在形神問題的思辯上，他們往往堅持形滅而神滅，甚至主張形神相卽而不異；這可以孫盛、何承天、范縝爲代表。而明佛派爲著抵禦來攻，堅立己說，除了假借鬼小說來宣教外，也必須在理論上多作思維，提出辯護，於是強調神不滅、有鬼、有輪廻報應……的論證內涵，便在爭辯中日益轉爲精微；這可以鄭鮮之、慧遠、宗炳爲代表。下文則就此二派人士互相攻訐論難的基本觀點，試作比較：

㈠無鬼、神滅與形神相卽論

鬼小說中的鬼，根據研究，除了隱顯變化無端，並具超越自然的先見之明與福禍之能外，其聲容狀貌、衣著侍從，甚至思想、情感、意志，幾乎皆與生人無異。⑰若說這是神話傳說的擬想編造，則無庸細辨其是否合理；若是信以爲眞，則許多情節都有待商榷。西晉阮脩卽不信此類鬼說，並指出其中的荒謬：

> 嘗有論鬼神有無者，皆以為死者有鬼，脩獨以為無，曰：「今見鬼者云著生時衣服。若人死有鬼，衣服有鬼邪？」論者服焉。（《晉書·卷四十九》）

阮脩的說法，足以代表一般無鬼論者對傳聞鬼與小說鬼的質疑。⑱因爲衣服是屬物質性的東西，人死屍朽，衣服也早經腐爛；若說鬼能顯靈化身，難道衣服也有鬼性？尤其傳聞與小說中的鬼，有時還伴隨著他生前的各類享受與侍婢隨從，這豈不更爲荒唐無稽？范縝〈答曹舍人書〉也發出過同樣的質疑：

趙簡子之上賓，秦穆之遊上帝，旣云耳聽鈞天，居然口嘗百味，亦可身安廣夏，目悅玄黃，或復披文繡之衣，控如龍之轡。故知神之須待，旣不殊人；四肢七竅，每與形等；隻翼不可以適遠，故不比不飛。神無所闕，何故憑形以自立？

范縝對於鬼具形軀，又有七情六欲的講法，認爲都是憑空的揑造，不可思議。因爲鬼（神）如果眞是一種超越形軀的靈魂主體，它又何須憑形以自立？據載：「范曄常謂死者神滅，欲著〈無鬼論〉。」（《晉書・卷六十九》）「（阮）瞻素執〈無鬼論〉，物莫能難，每自謂此理足可以辯證幽明。」（《晉書・卷四十九》）雖然這些無鬼論的內容已不可考，但其見解諒必近同。

當然，一般的鬼談，若要挑出它的誇誕成份，其實並不困難；但有佛教思想作基礎的鬼小說，若不直接就其理論依據著手，恐怕就不容易駁斥。如上節所述的復活故事，多攙陰府審訊，便是建立在佛教的報應觀點上；托生故事，多言人畜互轉，便是建立在佛教的衆生平等與六道輪廻的思想上。而且，這些故事多半隱寄著佛教式的行爲指導原則，要人戒殺、吃素、積德、奉佛等；因此若想批駁這類故事的荒誕不經，便需攻訐佛教的衆生平等觀與輪廻報應觀不可。何承天針對這點，曾提出兩大具有經驗事實的論據：一是人畜的本性根本不同，二是傳統文化不戒殺生。他說：

天以陰陽分，地以剛柔用，人以仁義立。人非天地不生，天地非人不靈，三材同體，相須而成者也。故能禀氣淸和，神明特達；情綜古今，制周萬物；妙思窮幽賾，制作侔造化。……（人）安得與夫飛沈蠉蠕並為衆生哉？（〈達性論〉）

這是分就人具仁義道德、特殊神明，以及情感、思想、制作能力等優越才質，說明人爲萬物之靈，所以不能與「飛沈蠉蠕並爲衆生」。而人如果不是衆生，則轉生爲魚鳥昆蟲豬狗之類的神話便是虛妄，六道輪廻的說法便是謊言。另一方面，他又本從文化史的角度，抬出儒家傳統的行爲標準，來衡量止殺食素說的是非。他說：

夫禋瘞繭栗，宗社三牲；饒鄉豆俎，以供賓客。七十之老，俟肉而飽；豈得唯陳列草石，取備上藥而已。（〈重答顏光祿〉）

在他看，古來祭祀供賓須用肉，而七十老翁也非食肉不飽，即足以證明：殺生食肉原是人類爲著滿足生理需求與傳統禮儀的自然表現。所以殺生者未必有惡報，食素者也未必得善應。

然而，僅從「人畜之不同」與「傳統之不止殺」二點，去駁斥輪廻報應說，畢竟只是訴諸經驗的反對理由，並不能眞正觸及對方思想的核心。故若深就思理層面而言，便須進一步探問「神滅不滅」的問題。既然鬼說預設了「神不滅」，反對者自須提出「神滅」的論據，才足以對抗「鬼神存在」的根本問題。此在孫盛、何承天，以及攻難慧遠的人士當中，他們幾乎都異口同聲地提出了兩個觀點：一是形神皆屬氣，故有聚散；二是人死形神俱散，魂氣乃無所不往。孫盛說：

形既粉散，知亦如之。紛錯混淆，化為異物，他物各失其舊，非復昔日。（〈與羅君章書〉）

這是稟承莊子以來「氣聚爲生，氣散爲死」的傳統認識：人死，形神相離，而且形神之氣皆一同渙散；氣渙散後，呈紛錯混淆的狀態，若因緣時會，再次凝聚爲一新物時，也必不致復舊。很明顯的，在孫盛的心目中，神（知）只是一種氣，不是一種靈魂個體。慧遠自設問答中所提到的那位問難者，也持同樣的觀點：

夫稟氣於一生，生盡則消液而同無。神雖妙物，故是陰陽之所化耳。既化而為生，又化而為死；既聚而為始，又散而為終。因此而推，固知形神俱化，原無異同，精麤一氣，始終同宅。宅全則氣聚而有靈，宅毀則氣散而照滅，散則反所受於天本，滅則復歸於無物，反復終窮，皆自然之數耳。孰為之哉？……神之處形，猶火之在木，其生必存，其毀必滅，形離則神散而罔寄，木朽則火寂而靡託，理之然矣。假使同異之分，昧而難明；有無之說，必存乎聚散。聚散，氣變之總名，萬化之生滅。（慧遠〈沙門不敬王者論之五——形盡神不滅〉）

神雖妙於形，畢竟是陰陽之氣所化，故有聚散生滅的現象。神寓於形，就如火之在木：木在則火存，木毀則火滅；形滅時，神無可寄託，自必化散而歸於無形無物。所以世上根本不可能有所謂的「鬼物」，也根本不可能有所謂「輪廻主體」的存在。何承天也說：

生必有死，形斃神散，猶春榮秋落，四時代換。（〈達性論〉）

神鬼惚怳，游魂為變。發揚凄愴，亦於何不之！（〈答顏光祿〉）

人死之後，形神離散，魂神便以「於何不之」（無所不往）的狀態，廣散於天地間。——這種說法，仍是莊子觀念的延續。

像這樣，把神的本質看作氣，並倡言人死形神俱散，自然不會把志怪小說中的「鬼現形」當作是眞的，也不可能隨便就相信那些「復活」或「托生」的神話故事了。慧琳在〈白黑論〉中曾藉白道先生說：

> 幽冥之理，固不極於人事矣！周孔疑而不辨，釋迦辨而不實。宜！（見《宋書・卷九十七》）

對幽冥鬼神之事，抱著「疑而不辨」的態度，固合孔意；但若逕言「神滅」「無鬼」，顯然不足以解說傳統祭禮與古訓古經何以不禁言鬼與拜鬼的事實。如此，則無鬼論者，豈非言過其實，不合古訓？面對此一問題，無鬼論者不得不爲古禮古經之不廢鬼神事，提出一條自我圓說的理由，那就是聖人本具「神道設教」的用心，故鬼神敬拜只是基於人文世界的需要而發。如范縝即謂：

> 若均是聖達，本自無教；教之所設，實在黔首。黔首之情，常貴生而賤死。死而有靈，則長敬畏之心；死而無知，則生慢易之意。聖人知其若此，故廟禫壇墠，以篤其誠心；肆筵授几，以全其罔己；尊祖以窮郊天之敬，嚴父以配明堂之享；且忠信之人，寄心有地；強梁之子，茲焉是懼；所以聲教照於上，風俗導於下，用此道也。故經云：「為之宗廟，以鬼神享之」，言用鬼神之道，致茲孝享也。春秋祭祀以時思之，明屬其追遠，不可朝死夕亡也。子貢問死而有知，仲尼云：「吾欲言死而有知，則孝子輕生以殉死；吾欲言死而無知，則不孝之子棄而不葬。」子路問事鬼神，夫子云：「未能事人，焉能事鬼。」適言以鬼享之，何故不許其事邪？

> 死而有知，輕生以殉是也。何故不明言其有，而作此悠漫以答邪？研求其義，死而無知，亦已審矣！宗廟郊社，皆聖人之教迹，彝倫之道，不可得而廢耳。（〈答曹舍人〉）

古代宗廟祭祀，皆以鬼神享之；孔子回答弟子所問鬼神諸事，均悠漫其辭。——這些情況，依范縝的領會，都是聖人爲着化導風俗，提倡「愼終追遠」而不得不有的設教措施，並非聖人眞信鬼神有知有靈。

如果照孫盛、何承天等人的看法：神只是一種氣，而神氣與形氣之別又似同而實異；則當人死氣散，神雖離形散去，但未必盡滅，它仍可能是以一種化散無形的樣態存在。——這樣雖然反對得了輪廻托生的說法，卻反對不了靈魂的實在性問題。那麼，「形滅則神滅」的論證，顯然還是不夠徹底的。爲着解決此一理論系統上的缺漏，范縝不得不跨前一步提出「形神相卽不離」與「形質神用」的命題來。范縝認爲：

> 神卽形也，形卽神也，是以形存則神存，形謝則神滅也。
>
> 形者，神之質；神者，形之用。是則形稱其質，神言其用。形之與神不得相異。（〈蕭琛〈難神滅論〉中所引范縝〈神滅論〉）

范縝把「形」與「神」的關係，看成「質」與「用」的關係，這也就是說：人的精神意識，不過是肉體形軀的作用與功能。形軀死亡，精神意識自然就不存在。他舉刃利的比喩說：「神之與質，猶利之於刃。形之於用，猶刃之於利。利之名非刃也，刃之名非利也。然而舍利无刃，舍刃无利；未聞刃沒而利存，豈容形亡而神在？」（蕭琛〈難神滅論〉中所引）故形神二者，其實是「名殊而體一」的。由此看來，范縝根本不把「神」當作靈魂主體，也不當作氣，而是當作形體的屬性和功能。因此形神之間的關係，可以說是完全相卽而不異的。

若再進問：「神」是人類形體中那一部分的屬性和功能？這時范縝提出了人的「心」。他回答蕭琛的問難，曾明確地說：

是非之慮，心器所主。

心器是五臟之心。

心為慮本。（蕭琛〈難神滅論〉中所引范縝〈神滅論〉）

范縝把「思慮之心」說成「五臟之心」，並且強調「心爲慮本」，不僅表明了「心」與「神」的關係，也說出了軀體形臟與精神思慮的關係。據此，「形」與「神」不但不是二元的，而且是同一的。「神」不但不能獨存，而且是「形」（尤指「心器」）的屬性與功能。范縝如此界義「神」，則其心目中，儼然已無所謂的「鬼魂」或「神靈」。他之所以這麼說，是想封住當時人們對「靈魂不死」說的各種奇思異想與宗教迷信；比起孫盛和何承天來，他可以算是更徹底而絕對的斥鬼論者與排佛論者。

(二)有鬼、神不滅與形神相離論

面對無鬼、神滅與形神相卽論的凌厲攻勢，主張「有鬼」的人自然不得不起而自保。其自保的方法，大致有四：一是利用志怪小說作打手，二是尋求文化史實作掩護，三是攻擊對方持論的缺點，四是加強自我理據的周延。

論到利用小說作打手，最明顯的例子就是「阮瞻辯鬼」的故事。這是並錄在《搜神記》與《幽明錄》中的一條：

瞻素執無鬼論，物莫能難，每自謂此理足可以辯正幽明。忽有一客通名詣瞻，寒溫畢，聊談名理。客甚有才辯，瞻與之言，良久，及鬼神之事，反覆甚苦，客遂屈，乃作色曰：「鬼神，古今聖賢所共傳，君何得獨言無!?卽僕便是鬼。」於是變為異形，須臾消滅。瞻默然，意色大惡，後歲餘，病卒於倉垣，時年三十。

這一條不僅見於《搜神記》和《幽明錄》，還見於《晉書》的〈阮瞻傳〉。像這樣荒誕無稽的故事竟能入史，這就牽連到鬼小說的實際影響力，以及當時人對鬼小說的取信態度問題。可見使用「鬼現身說法」的故事內容，作爲反擊「無鬼論」者的工具，雖然不合理性論辯原則，但在魏晉南北朝，似乎還是頗具實效的。

其次，則是尋求文化史實作掩護。例如曹思文駁難范縝的〈神滅論〉，便舉古聖古經的重祭事實，作爲堅立己說、譏評敵論的外緣證據：

請舉經記以證聖人之教：《孝經》云：「昔者周公郊祀后稷以配天，宗祀文王於明堂以配上帝。」若形神俱滅，復誰配天乎？復誰配帝乎？且無神而為有神，宣尼云：天可欺乎？今稷無

> 神矣，而以稷配斯，是周旦其欺天乎？果真無稷也，而空以配天者，既其欺天矣，又其欺人也，斯是聖人之教，教以欺妄也？設欺妄以立教者，復何達孝子之心，厲渝薄之意哉！……試重詰之曰：孔子菜羹瓜祭，祀其祖禰也。記云：「樂以迎來，哀以送往。」神既無矣，迎何所迎？迎來而樂，斯假欣於孔貌；送往而哀，又虛淚於丘體。斯則夫子之祭禮也，欺僞滿於方寸，虛假盈於廟堂，聖人之教，其若是乎？（曹思文〈難神滅論〉）

因爲范縝在〈神滅論〉中認爲：宗廟祭祀，只是聖人設教化民的措施，並不代表眞信鬼神。曹氏就此批評，口氣咄咄逼人，所採「以彼之矛，攻彼之盾」的論辯方式，不僅指控范縝背離儒經、詆毀聖人、違反事實；而且還替自己的鬼神思想，找到文化史上的立足點。其後，僧祐作〈弘明集後序〉，也同樣引證儒經，申明己意：

> 若疑人死神滅，無有三世，是自誣其性靈，而蔑棄其祖禰也。然則周孔制典，昌言鬼神。《易》曰：「游魂為變，是以知鬼神之情狀」，既情且狀，其無形乎？《詩》云：「三后在天，王配於京」，升靈上旻，豈曰滅乎？《禮》云：「夏尊命，是尊鬼神」，大禹所祇，寧虛誕乎？《書》稱周公代武，云能「事鬼神」，姬旦禱親，可虛罔乎？苟亡而有靈，則三世如鏡，變化輪廻，孰知其極？俗士執禮，而背叛五經，非直誣佛，亦侮聖也！

雖然這並不是採用思維論證的方式，但在儒佛較勁的當兒，佛徒們能利用中國人尊經重聖的文化情感，特意援引儒家的《詩》《書》《禮》《易》諸經，作爲破敵立我的證據，這一招的確高明！

但要應付無鬼派的「神滅」思想，最有效的方法，還是攻擊對方持論的破綻，並加強自我理據的周延。例如蕭琛曾據「夢」的經驗說明「形神不得共體」；曹思文亦舉「復活」的事例證實「形神可離」；然後兩人皆交相指責范縝的「形神相卽」論及「神滅」論是無徵之談，認爲范縝的講法不足以解釋「夢」與「復活」的現象。⑲——這便是採用攻擊對方持論缺點，而自建己說的方式。至於自我理據的周延，那就有待於多位思想家的共同努力了。

在《弘明集》中，藉着存留下來的論難資料，我們可以約略看到羅含、鄭鮮之、慧遠、宗炳等人，在建構「形神相離」與「神不滅」思想時的努力過程。根據近人的研究，羅含的〈更生論〉，只是「企圖在傳統一氣聚散的框子裏，對輪廻學說作出理論的說明」而已⑳，其實並未詳辨形神的區別，也未釐定出「神」屬何層次，故見解粗淺，無甚新意。鄭鮮之的〈神不滅論〉，主要是爲批判「形神俱滅」說而起，故其重點乃在區分「形」「神」的粗妙之別，強調「神」對「形」的主宰性，所以他說：「理精於形，神妙於理」，「神理獨絕」，又說：「神體靈照，妙統衆形」，這樣便把「神」的層次標立在「形」之上。慧遠的〈形盡神不滅論〉與〈明報應論〉，則比羅含、鄭鮮之的形神理論，更進一疇，他「不僅力圖將物質現象（如塵）和精神現象（如識）加以區分，而且還在精神現象中力圖分出一個最高的、自足的、无所依賴而獨立存在的東西。」㉑這也就是說，慧遠心中的「神」，有在纏與出纏之別；在纏則流轉於六道，猶不能轉識成智；出纏則證入涅槃，成爲空寂圓應、無生而絕對的形上存在。他對「神」下定義說：「夫神者何？精極而爲靈者也」；又說：「神也者，圓應无生，妙盡无名，感物而動，假數而行」，卽完全脫離了「氣」的層面來看「神」。不僅把「神」當作超越於形軀之上的不滅靈魂（輪廻主體），甚至更進一步把「神」當作可以超越於輪廻，成爲眞正永存不滅的形上存在（解脫主體）。宗炳的〈明佛論〉與〈答何衡陽書〉，又在鄭鮮之及慧遠的思想基礎上，繼續發揮「形粗神妙」的見解。他說：「神非形作，合而不滅」，意卽形神本不同源，神並非由形所生，而是和形相合；一旦形神離異，神自必不隨形的滅亡而滅亡。此一不滅之「神」，落在輪迴中，便是輪迴主體；若超越了輪迴，便是解脫主體。這個解脫主體，是究極意義的「神」，也是不可思議的「神」，宗炳稱之爲「法身」，因此他說：「精神極則超形獨存，無形而身存，法身常住之謂也。」（〈答何衡書之二〉）。

據此看來，〈形盡而神不滅〉的論證，經由羅含、鄭鮮之、慧遠，發展至宗炳，「神」的意義可說愈來愈顯豁，「形」「神」之間的分際也愈來愈明朗。然而，愈是如此，宗炳的「神不滅」論與范縝的「神滅」論，便愈發顯得南轅北轍；於是兩派理論便在不同的思想領域中，各據擅場。「有鬼」與「無鬼」、「神不滅」與「神滅」、「形神相離」與「形神相卽」的爭論，也永遠成爲無法調會融通的問題。

五、志怪小說中形神、生死問題的特色與意義

形神、生死問題，是人類切身的問題。先秦時代，在文學上，有《楚辭・速遊》關於「形」「神」

的遐思異想；在思想上，《管》《墨》《莊》《荀》皆曾以「形神相合」的觀念說明人的生命現象。秦漢以還，形神問題又與生死、養生之道結合，發展了仙道的成仙思想與法術應用。及至魏晉南北朝，佛教的神不滅論與輪迴報應論，更攙入一腳，與傳統的形神觀念及道教的養生觀念合流激盪，於是文學界迸發了大量神奇詭譎的志怪小說；思想界也掀起了神滅與神不滅的大論戰。人們對形神、生死問題的關注，無論在深度上與廣度上，都較先前大放異彩。

根據本文的研究，魏晉南北朝的志怪小說，殆以鬼故事爲大宗，仙故事其次。鬼故事又包括變鬼、變物、復活與托生等各類型，基本上都是預先肯定了「神不滅」（靈魂不死）的理念；而在此一理念下，又蘊含著三大觀點：一是神貴於形，二是形神可離，三是形滅而神不滅。其中，變鬼的故事保留傳統鬼說的成份較多，變物的故事蓋就鬼說而兼融了尸解仙的特色，復活與托生的故事強調陰府審訊與輪迴報應，幾乎都是佛教思想下的產物。至於仙故事，因取重點與鬼故事不同，蓋以追求形神俱化、不死成仙爲目標，所以毋須像鬼故事那麼直接地碰觸到「神滅不滅」的問題。基本上它的形神觀念是比較含糊籠統而不具分析性的，故對形神問題，多半以氣解說，並承認形神之間具有內在的關聯性及互動性，這是受到道家氣化論與道教養生學影響較深的作品。

由於思想來源錯綜複雜，現實與超現實交相並呈，志怪故事的確比其他敍事文學不易解析。然而，其中卻蘊含著相當豐富的精神文化內涵。我們若單就其處理形神、生死問題一點來看，魏晉南北朝志怪小說的勃興，對中國文學、思想、祭禮、宗教的發展，以及對實際社會人生的影響，都是具有一定意義的。

㈠**就文學上說**：魏晉南北朝的小說可算中國小說的啓蒙，其筆記之形製與神異之內容，都予後世小說以深遠的影響。後世如傳奇、話本和章回小說，論形製，卽由其脫胎而來；論內容，仙、鬼、妖的變形類別，及仙鄉、冥界、妖境的他界思想，皆全具備。其中形神離合生滅的現象更是五花八門、千奇百怪，凡後世之神怪靈異小說，卽本源於此。並且因它強調神貴於形，以及神離形後可有諸種靈異與變形的功能，故「以神制形化形」的觀念，不僅使志怪故事本身的新奇性、浪漫性、多變性與無限性，得以充分伸展；而且還間接影響到六朝以還的藝術表現與審美觀念：如人物品鑑講究「見貌徵神」；書畫、詩文、雕像等要求「以形寫神」；《文心雕龍・神思篇》更強調「文之思也，其神遠矣」，認爲文思可以不受時空之限，而上接千載、視通萬里。凡此都是主張「神」的重要遠過於「形」，以是藝術中的神思活動乃受到積極的肯定與發揚。

㈡**就思想上說**：志怪小說的流行，與當時思想界對「有鬼」與「無鬼」問題的深思，互相扶會；而佛教輪迴報應觀的彌漫，也引發「神滅」與「神不滅」的激辯；並在激辯的過程中，各家的思理內涵都愈益轉精，漸次形成兩大截然相異的思維型態。主張神不滅、有鬼者，走向「形神相離」的身心二元論；主張神滅、無鬼者，走向「形神相卽」的身心一元論。前者以慧遠、宗炳爲代表，在堅持「神妙於形」的理論下，融通了佛教的涅槃思想，發展出精神至上論的思維典型。後者以范縝爲代表，在強調「形質神用」的觀點下，跨越了道家元氣論的思維模式，以「體用」的觀點解釋形神關係，把人的心靈現象視爲身體器官（心器）的功能，認爲身心二者是相卽而不異的。這不僅把形神範疇當作體用範疇來認識，擺脫了精神至上論的神祕思想；而且具有相當理性成份的自然主義色彩。以上兩大類型的形神主張，正足以反映中國思想史上心物二系對人類身心問題的不同觀點。

㈢**就喪祭之禮說**：人對形神生滅離合的異同看法，特別是因思考「死亡」問題而產生者，必連帶影響到喪祭之禮的現實課題。按孔子對喪祭之禮的態度，強調生者對死者的「心安」與「報本」，以爲「祭如在，祭神如神在」，主要卽從「愼終追遠」的人文立場來考慮，而俗間儀制自古以來也有或多或少的變革。時當佛道思想流行，形神生滅成爲熱門話題之際，自然引發人們對喪祭之禮作更深入的反省與檢討：若說死後靈魂有知，或有輪迴報應，則人當如何敬事鬼神？若說死後無知，形神俱散，既無輪迴也無鬼，則喪祭之禮的意義與實踐，又當如何？若按《禮記》所謂「魂氣歸於天，形魄歸於地」的說法，顯然魂神不與屍體同在一處，則墓祭、拜陵之舉，豈非多餘？……諸如此類有關喪祭儀制的疑難與論辯，可從當時史書〈禮志〉及《通典》〈禮部〉的著錄中找到不少例證，想必這是人們對「鬼神有無」及「形神離合」問題普遍關注及廣泛思考的結果。

㈣**就宗教上說**：志怪小說的勃興與佛道二教的流行，可以說是互相扶會，相得益彰。志怪小說因爲注入佛道思想的成份，而增益了它的內涵；佛道二教也因爲憑藉著志怪小說的宣傳，而迅速打入民間，成爲社會思想的主流。雖然志怪小說本身是文學性的作品，但因它以靈異故事爲主要題材，故涉及非感性亦非理性的超現實問題，乃與宗教的密契經驗與信仰具有些許的關聯，因而極易成爲宗教界散佈其超現實思想的媒介。維根斯坦曾說：「靈魂不死——亦卽死後是否有一靈魂永遠長存——的問題，不但無從保證，而且這種設想本身根本無法達成它的目的。縱然肯定靈魂可以不死，難道就能解決人類的困惑嗎？所謂不朽的靈魂，難道正如我們目前的生命一般嗎？這是一個難解的謎。而落於時空之中的生命之謎，老實說，它的解決方案，乃須超越於時空之外。」㉒這是說：在有限的時空環境中，要爲「靈魂不死」求證明，是不可能訴諸人類的理性而有結果的。因此，有關靈魂生滅的問題，既是理性思維所觸探不到的禁地，自然便給非理性的神怪小說與超理性的宗教思維，保留了一片發展的空間。

㈤**就實際社會人生來說**：鬼怪小說流行的現象，正說明當時社會熱衷於探討「生死之謎」。藉著神鬼故事的變化無端，一方面透露出人們對未知世界的好奇與想像；另一方面也表白了人們對傳統禮教的批判與省思。雖然志怪的情節不免荒唐無稽，卻足以反映人們在面對感性、理性與超理性問題時的諸種困惑。在眞實與虛妄之間，正常與怪異之間，不變與變之間，此界與他界之間，生與死的形神離合之間，……究竟應該如何釐定？孔子不語怪力亂神，並且告訴人要敬鬼神而遠之；但道教講修仙、鍊丹、養氣，佛教講輪迴、業力、報應，其間的差距如何判別？又如何取捨？藉著神話國度的奇思異想，我們可以看見一個大異於先秦兩漢的多元化社會，以及在此社會下的自覺意識與三教齊趨的文化走向。

以上是就正面的意義說明志怪小說的價值；但若反而觀之，這種以神異題材爲主的小說如此盛行，老實說，也的確給中國社會帶來一些值得檢討的問題。因爲志怪小說是把文學、哲學、禮儀、道德、保健學等，與宗教甚至巫術雜揉在一起的。一般社會大衆如果不明白此一混雜內涵的眞實底蘊，而含糊籠統地接受其中的觀念，又道聽塗說地隨意傳揚，甚至把虛構的故事當作實際的經驗與見聞來相信；如此打進羣衆思想的底層，成爲宗教信仰的執迷；一旦相蔚成風，衍爲迷信的思潮，便成令人擔憂的社會現象。若少數人執迷不悟，影響也許不大；若多數人皆如此盲從附和，勢必斲喪到文化生機的正常生長，可能會使文學、哲學、神學、生理學、心理學、保健學等各方面都得不到有效的疏導與獨立的發展。這是値得深思的課題。

【附　註】

① 明藏本《弘明集》著錄〈新論形神〉，題爲「晉・桓譚」作。按《金樓子・雜記篇》謂：「桓譚有〈新論〉，華譚又有〈新論〉。」且《弘明集》所收「形神論」諸文，均係漢末牟融以還之作品。故其中所引之〈新論形神〉一文，恐非兩漢之際桓譚所爲，而係魏晉人之作品。至其是否卽晉之華譚所作，則尙有待詳考。

② 參《晉書》卷八十二〈干寶傳〉、卷七十二〈葛洪傳〉。

③ 參見王國良《魏晉南北朝志怪小說研究》，頁三二八、三三〇，文史哲出版社印行。

④ 有關晉史雜引志怪傳聞一事，唐劉知幾曾力闢其非，云：「晉世雜書，諒非一族，若《語林》、《世說》、《幽明錄》、《搜神記》之徒，其所載或恢諧小辯，或神鬼怪物。其事非聖，揚雄所不覩；其言亂神，宣尼所不語。皇朝新撰《晉史》，多採以爲書，……雖取說於小人，終見嗤於君子。」見《史通・採撰篇》。近

人劉業秋則謂：「按照一般的常識談，小說並非歷史。可是魏晉南北朝小說，無論內容和形式，都受到先秦兩漢的影響，實際是史傳的一股支流。」見《魏晉南北朝小說》，頁廿一，北平中華書局出版。

⑤ 見謝選駿《中國神話》，頁三、二三一，浙江教育出版社印行。

⑥ 從「變形」角度分析六朝志怪故事之類別，李豐楙曾分作自然、異徵、物魅、精怪、神通、法術諸變化類型。（見六十七年政大博士論文：《魏晉南北朝道教與文士關係之研究》第七章）。康韵梅則略事斟酌，分作精魂、物魅、異徵、神仙、法術、因果六大類。（見七十六年臺大碩士論文：《六朝小說變形觀之探究》第三章）。此殆兼顧小說中之思想內涵而分。玆若僅就所變之樣態與他界之觀念分類，竊以爲分作神仙、物魅與鬼魂三大類即可。

⑦ 《管子》書中的〈心術〉上下、〈白心〉、〈內業〉等篇，依近人考證，當是戰國時代宋鈃、尹文的遺著，代表宋尹學派的思想。

⑧ 參張立文《中國哲學範疇發展史》（天道篇），第五章〈氣論〉，中國人民大學出版社印行。

⑨ 此一觀念似乎將「知覺意識」隸屬於「形」，而與「靈魂」有別。竊疑「形魄」一詞殆指「形」及附於形的「知覺功能」言。故孔穎達《左傳正義・昭公七年》引鄭玄「祭義注」云：「氣謂噓吸出入者也；耳目之聰明爲魄。」是言魄附形而魂附氣也。」竹添光鴻《左傳會箋》亦云：「陽曰魂，則魄爲陰而屬形可知。……魄依形而立，魂無形可見。」

⑩ 見顧炎武《日知錄・卷三十泰山治鬼》。

⑪ 詳參余英時〈中國古代死後世界觀的演變〉一文，收錄於《中國思想傳統的現代詮釋》，頁一一三～一一四

三，聯經出版事業公司印行。

⑫ 葛洪《抱朴子·論仙》云：「下士先死後蛻，謂之尸解仙。」有關「尸解仙」之說法，可參李豐楙〈不死的探求——道教信仰的介紹與分析〉一文，收錄於《中國文化新論·宗教禮俗篇——敬天與親人》，頁一九一～二四一，聯經出版事業公司印行。然而此處所引「韓憑夫婦」之故事，類似尸解仙，卻不盡相同，詳見下文討論「不死而形神俱化成仙」時之分析。

⑬ 見〈北山經〉〈中山經〉〈海外北經〉諸篇。

⑭ 「相思木」故事見於《述異記》中，「望夫石」故事見於《列異傳》與《幽明錄》中。

⑮ 此係《冥祥記》中對「程道惠復活」事之描述。他如《異苑》之述「章沈」云：「死經數日，將斂而穌。」《幽明錄》之述「王氏」云：「暴斃三日，而心下猶暖，經七日方穌。」《搜神記》之述「賀瑀」云：「曾得疾不知人，惟心下溫，死三日，復穌。」凡此具見「死後不久」、「心下微暖」、「尚未入斂」等，乃是「人死復活」的有利條件。

⑯ 詳見葛洪《抱朴子·內篇》〈微旨卷〉、〈至理卷〉、〈地眞卷〉。

⑰ 參見葉慶炳師〈魏晉南北朝的鬼小說與小說鬼〉一文，《中外文學》第三卷第十二期，頁一〇〇～一一八。

⑱ 阮脩之質疑，或襲王充以來一般批駁鬼說者之論見。據《論衡·論死篇》即云：『夫爲鬼者，人謂死人之精神，如審鬼者死人之精神，則人見之，宜徒見裸袒之形，無爲見衣帶被服也。何則？衣服無精神，人死與形體俱朽，何以得貫穿之乎？精神本以血氣爲主，血氣常附形體，形體雖朽，精神尙在，能爲鬼可也；今衣服，絲絮布帛也，生時血氣不附著，而亦自無血氣，敗朽遂已，與形體等，安能自若爲衣服之形？』

⑲ 詳參蕭琛〈難神滅論〉、曹思文〈難神滅論〉與〈重難神滅論〉，並見《弘明集・卷九》。

⑳ 參見任繼愈主編《中國哲學發展史》〈魏晉南北朝〉部分，頁七七〇，人民出版社印行。

㉑ 同上書，頁七七八。

㉒ L. Wittgenstein, Tractatus Logico-Philosophicus. p. 72, London, 1961.

六朝志怪小說中的幽冥姻緣

王國良

壹、前言

《易·序卦》云：「有天地，然後有萬物；有萬物，然後有男女；有男女，然後有夫婦；有夫婦，然後有父子。」①男女夫婦，實在是社會組織的基礎，人類藉以繁衍不息的根本，其重要性不言可喻。

聖人既訂定婚姻制度，嫁娶自有成規。雖歷代社會狀況迭有變遷，而禮制之不容廢棄，乃無疑義。唯此法則，僅適用於人世，至若人神、人鬼的往來，每有逾越禮法而結姻好的情形，這就不能以常理來約束及理解了。

本篇嘗試引錄六朝志怪小說所載的人神、人鬼相戀故事，稍作分析比較，以見該時代社會賢達及一般民衆對此種特殊姻緣的理解及反應，一方面也可提供民俗學者及文學研究家的參考。

貳、人神戀愛

《楚辭・九歌》藉由巫覡的歌舞與對話，傳達人神間濃郁的情愫，已經開啓人神戀愛的先聲；而宋玉〈高唐賦〉中巫山神女朝雲邂逅楚懷王的一段露水姻緣，更是千古傳誦不絕的艷聞。漢魏六朝時期的雜傳、筆記小說，則延續了人神間相互愛戀的風氣，類似的事件，屢見不鮮。

㈠魏濟北郡從事掾弦超，字義起。以嘉平中夜獨宿，夢有神女來從之。自稱天上玉女，東郡人，姓成公，字知瓊。早失父母，天帝哀其孤苦，遣令下嫁從夫。超當其夢也，精爽感悟，嘉其美異，非常人之容，覺寤欽想，若存若亡。如此三四夕。一旦，顯然來遊，駕輜軿車，從八婢，服綾羅綺繡之衣，姿顏容體，狀若飛仙。自言年七十，視之如十五六女。車上有壺、榼、青白瑠璃五具。飲啖奇異，饌具醴酒，與超共飲食。謂超曰：「我，天上玉女。見遣下嫁，故來從君。不謂君德，宿時感運，宜為夫婦。不能有益，亦不能為損。然往來常可得駕輕車，乘肥馬；飲食常可得遠味異膳；繒素常可得充用不乏。然我神人，不為君生子，亦無妬忌之性，不害君婚姻之義。」遂為夫婦。贈詩一篇，其文曰：「飄颻浮勃述，敖曹雲石滋。芝英不須潤，至德與時期。神仙豈虛感，應運來相之。納我崇五族，逆我致禍菑。」此其詩之大較。其文二百餘言，不能悉錄。兼註《易》七卷，有卦有象，以彖為屬。故其文言，既有義理，又可以占吉凶，猶揚子之《太玄》，薛氏之《中經》也。超皆能通其旨意，用之占候。作夫婦經七八年，父母為超娶婦之後，分日而燕，分夕而寢，夜來晨去，倏忽若飛，唯超見之，他人不見。雖居闇室，輒聞人聲，常見蹤跡，然不睹其形。後人怪問，漏泄其事。玉女遂求去，云：「

我，神人也。雖與君交，不願人知。而君性疏漏，我今本末已露，不復與君通接。積年交結，恩義不輕，一旦分別，豈不愴恨。勢不得不爾，各自努力。」又呼侍御，下酒飲啖。發簏，取織成裙衫兩副遺超，又贈詩一首。把臂告辭，涕泣流離，肅然昇車，去若飛迅。超憂感積日，殆至委頓。去後五年，超奉郡使至洛，到濟北魚山下陌上，西行遙望，曲道頭有一車馬，似知瓊。驅馳前至，果也是。遂披帷相見，悲喜交切。控左援綏，同乘至洛，遂為室家，剋復舊好。至太康中猶在，但不日日往來，每於三月三日、五月五日、七月七、九月九日、旦、十五日輒下往來，經宿而去。張茂先為之作《神女賦》。（《搜神記》卷一，〈弦超〉）

按：魏文帝列異傳②，最早記載弦超與神女成公知瓊交遊事。可惜《太平御覽》卷七六一引文，刪節太甚，無法窺其全貌。幸好干寶轉錄全文，吾人方得知其詳情。天上玉女知瓊乃由天帝遣令下嫁，她對弦超說這是「宿時感運，宜為夫婦」，換成現在的流行話語就是「姻緣天註定」了。與〈弦超〉類似的案例，如今本《搜神後記》卷五〈何參軍女〉③，載何女早夭，為西王母所養，王母「使與下土人交」，故而選上了豫章少年劉廣，一度纏綿之後，還留下裹鷄舌香的火浣布手巾在席下。至若今本《搜神記》卷一〈杜蘭香〉④，杜氏也由西王母遣授配張碩，其情節與〈弦超〉尤為近似，唯係出自晉曹毗〈杜蘭香別傳〉⑤，今不論。

跟西王母的親眷有關的人神戀事件，敍述比較詳細的，還有劉義慶《幽明錄・黃原》一篇。其文云：

(二)漢時太山黃原，平旦開門，忽有一青犬在門外伏守，備如家養。原紲犬，隨鄰里獵。日垂夕，見一鹿，便放犬。犬行甚遲，原絶力逐，終不及。行數里，至一穴，入百餘步，忽有平衢，槐柳列植，行牆迴匝。原隨犬入門，列房櫳戶，可有數十間。皆女子，姿容妍媚，衣裳鮮麗。或撫琴瑟，或執博棋。至北閣，有三間屋，二人侍直，若有所伺。見原，相視而笑云：「此青犬所致妙音婿也！」一人留，一人入閣。須臾，有四婢出，稱：太真夫人白黃郎：「有一女，年已弱笄，冥數應為君婦。」既暮，引原入內。內有南向堂，堂前有池，池中有臺，臺四角有徑尺穴，穴中有光，照映帷席。妙音容色婉妙，侍婢亦美。交禮既畢，宴寢如舊。經數日，原欲暫還報家。妙音曰：「人神異道，本非久勢。」至明日，解珮分袂，臨階涕泗。後會無期，深加愛敬。「若能相思，至三月旦，可修齋潔。」四婢送出門，半日至家。情念恍惚。每至其期，常見空中有軿車，髣髴若飛。

按：此篇也是人神幽冥姻緣典型例子之一。據《抱朴子》佚文，太眞夫人（王婉羅）乃西王母小女⑥，則妙音應是西王母外孫女。夫人告訴黃原，她的女兒是「冥數應爲君婦」。至於故事中的青犬及鹿，蓋由夫人唆使，用以引黃原入彀的餌。⑦

六朝時期，廣陵蔣子文及其三妹青溪小姑，也是滿活躍的神祇，有關的風流事迹，時有所聞。例如：

(三)會稽鄮縣東野，有女子，姓吳，字望子。年十六，姿容可愛。其鄉里有解鼓舞神者，要之便往。緣塘行，半路，忽見一貴人，端正非常。貴人乘船，挺力十餘，整頓。令人問望子：「欲何之？」具以事對。貴人云：「今正欲往彼，便可入船共去。」望子辭不敢。忽然不見。望子旣拜神座，見向船中貴人，儼然端坐，卽蔣侯像也。問望子：「來何遲？」因擲兩橘與之。數數形見，遂隆情好。心有所欲，輒空中下之。嘗思噉鯉，一雙鮮鯉隨心而至。望子芳香，流聞數里，頗有神驗，一邑共事奉。經三年，望子忽生外意，神便絕往來。（《搜神記》卷五〈蔣山祠〉）

按：此篇大概是六朝志怪中，⑧唯一描述男性神祇與人間女子相親暱的事例。其後，因望子忽生外意，蔣侯便絕往來，比起《搜神記・弦超》成公知瓊事先聲明：「我神人，不爲君生子，亦無妒忌之性，不害婚姻之義」的作法，顯然小氣得多。此處似乎也反映了當時一般男人對愛情獨佔的態度。蔣子文剛猛嚴厲的性格，也表現在爲其女兒招迎夫婿的事件上。《法苑珠林》卷九二引《志怪傳》云：

㈣宋咸寧中，太常卿韓伯子某，會稽內史王蘊子某，光祿大夫劉耽子某，同游蔣山廟。有數婦人像，甚端正。某等醉，各指像以妻疋配戲弄之。卽以其夕，三人同夢蔣侯遣傳教相聞曰：「家子女竝醜陋，而猥蒙榮顧，輒尅某月某日悉相迎。」某等以其夢指適異常，試往相問，而果各得其夢，符協如一。於是大懼。備三牲，詣廟，謝罪乞哀。又俱夢蔣侯親來降，己曰：「君等旣以顧之，實貪令對。尅期垂及，豈容方更中悔。」經少時竝亡。⑨

按：韓、王、劉三家子弟，戲指蔣山廟女神像相匹配。其後，雖備三牲謝罪乞哀，終不能免於亡身。蔣侯的作風，實在有些霸道。這個故事多少也有警世的意思。

〈青溪小姑曲〉：「開門白水，側近橋梁。小姑所居，獨處無郎。」⑩《異苑》卷五云：「青溪小姑廟，云是蔣侯第三妹。」⑪小姑的艷跡，在晉、宋之間，時有所聞。

(五)晉太元中，謝家沙門竺曇遂，年二十餘，白皙端正，流俗沙門。嘗行經青溪廟前過，因入廟中看。暮歸，夢一婦人來，語云：「君當來作我廟中神，不復久。」曇遂問婦人是誰？婦人云：「我是青溪廟中姑。」如此一月許，便卒。臨死，謂同學年少曰：「我無福，亦無大罪，死乃當作青溪廟神，諸君行便，可見看之。」既死後，諸年少道人詣其廟。既至，便靈語相勞問。聲音如昔時。臨去，云：「久不聞唄聲，甚思之。」其伴慧觀，便為作唄。訖，其神猶唱讚。語云：「歧路之訣，尚有悽愴；況此之乖，形神分散；窈冥之歎，情何可言？」既而歔欷不自勝，諸道人等皆為流涕。（《搜神後記》卷五，〈青溪廟神〉）

按：此則記青溪小姑愛慕白皙年少，遂召之作廟中神，多少有點霸王硬上弓的味道。

(六)會稽趙文韶為東宮扶侍，〔廨在〕青溪中橋。與尚書王叔卿家隔一巷，相去二百步許。秋夜嘉月，悵然思歸，依門唱〈西烏夜飛〉，其聲甚哀怨。忽有青衣婢，年十五六，前曰：「王家娘子白扶侍，聞君歌聲，有悅人者。逐月遊戲，故遣相聞耳。」時未息，文韶不之疑，委曲答之，亟邀相過。須臾，女到，年十八九，行步容色可憐，猶將兩婢自隨。問：「家在何處？」

舉手指王尚書宅，曰：「是。聞君歌聲，故來相詣，豈能為一曲邪？」文韶卽為歌〈草生盤石〔下〕〉。音韻清暢，又深會女心，乃曰：「但令有瓶，何患不得水？」顧取箜篌，為扶侍鼓之。須臾至，女為酌兩三彈，泠泠更增楚絕。乃令婢子歌〈繁霜〉，自解裙帶繫箜篌腰，叩之以倚歌，歌曰：「日暮風吹，葉落依枝；丹心寸意，愁君未知。歌〈〔繁〕霜〉，〔繁〕霜侵曉幕。何意空相守，坐待繁霜落。」歌闋，夜已久，遂相佇燕寢。竟四更，別去，脫金簪以贈文韶。文韶亦答以銀碗、白琉璃匕各一枚。既明，文韶出，偶至青溪廟歇。神座上見碗，甚疑而委悉，之屛風後，則琉璃匕在焉，箜篌帶縛如故。祠廟中，惟女姑神像，青衣婢立在前。細視之，皆夜所見者，於是遂絕。（《續齊諧記》）⑫

按：本則所述小姑找對象的手腕，比起〈青溪廟神〉要高明得多，故事情節也較爲曲折動人。當然，青溪小姑的艷名，也因此大噪一時，流傳千古了。

歷代傳說中，河伯也是一位和感情糾紛脫不了干係的神祇；「河伯娶婦」的故事⑬，更使他惡名遠播。不過，在六朝時期，他扮演的角色有所改變，也許我們可以戲稱曰「河伯嫁女」。

(七)宋時餘杭縣南有上湘湖，中央作塘。有一人乘馬看戲，將三四人至岑村飲酒，小醉，暮還。時炎熱因下馬入水中枕石眠，馬斷走歸，從人悉追馬，至暮不返。眠覺，日已向晡，不見人馬，見一婦來，年可十六七，云：「女郎再拜。日既向暮，此間大可畏，君作何計？」問：「女郎姓何？那得忽相聞？」復有一年少，年可十三四，甚了了，乘新車，車後二十人至，呼上車云：「大人暫欲相見。」因廻車而去。道中駱驛把火，尋見城郭邑居，至便入城，進廳事上，有信幡題云「河伯」。俄見一人，年三十許，顏容如畫，侍衞繁多，相對欣然。敕行酒炙云：「僕有小女，乃聰明，欲以給君箕箒。」此人知神，敬畏不敢拒逆。便敕備辦，令就郎中婚。承白已辦。送絲布單衣及紗袷絹裙紗衫褌履屐，皆精好，又給十小吏，青衣數十人。婦年可十八九，姿容婉媚，便成。三日後大會客，拜閤，四日云：「禮既有限，當發遣去。」婦以金甌麝香囊與婿別，涕泣而分，又與錢十萬藥方三卷云：「可以施功布德。」復云：「十年當相迎。」此人歸家，遂不肯別婚，辭親出家，作道人。所得三卷方者，一卷脈經，一卷陽方，一卷丸方，周行救療皆致神驗。後母老邁，兄喪，因還婚宦。（《幽明錄》）⑭

按：餘杭縣人路逢河伯，知其爲神，不敢拒絕所提婚事，遂娶河伯女。至於第四日被遣去的理由是：「禮既有限」，顯然跟前引同書〈黃原〉中妙音所說：「人神異道，本非久勢」的觀念有關。

(八)武昌小吏吳龕，渡水得五色石，夜化為女子，稱是龕婦。至家，見婦翁被白羅袍，隱漆几，銅唾壺，狀如天府，自稱河伯。⑮

按：吳龕娶河伯女傳說，最早見於劉義慶《幽明錄》，文字略異。《北堂書鈔》卷七七引《述異記》及任昉(?)《述異記》卷下，並載其事。河伯女變爲五色石，吸引無知的男子帶回家；夜間乃回復成女子，與對方結成夫妻。這又是自薦枕席的另一種招式。

(九)建康小吏曹著，見廬山夫人，夫人為設酒饌。餘鳥啄甖，其中鏤刻奇飾異形，非人所名；下七子奩盤，盤中亦無俗間常有敉。夫人命女婉出與著相見。婉見著欣悅，命婢瓊林令取琴出，婉撫琴歌曰：「登廬山兮鬱嵯峨，晞陽風兮拂紫霞，招若人兮濯靈波。欣良運兮暢雲柯，彈鳴琴兮樂莫過，雲龍會兮樂太和。」歌畢，婉便辭去。（祖臺之《志怪》）⑯

(十)建康小吏曹著，為廬山使君所迎，配以女婉。著形意不安，屢求請退；婉潸然垂涕賦詩敘別，並贈織成衫褌也（同前）。

按：這兩則原係同篇，因類書節引，遂被割裂，難以復原。廬山神徐君迎婿事，最早載於《水經注》卷三九引張華《博物志・曹著傳》⑰，唯經刪削，故無曹著配徐婉的情節。這是一幕男方半途自動請退，神女傷心涕下的情景，似乎也意味者人神無法長相廝守的必然結局。

除了以上的例子，干寶《搜神記》卷四〈張璞〉篇，載廬山君退還張氏二女⑱；劉義慶《幽明錄・徐郎》記京口徐姓男子，拒絕與天女交接⑲；同書〈甄沖〉記甄叔讓堅拒迎娶社公之妹⑳。以上三個故事，可算是人神姻緣不成功的典型。

叁、人鬼聯婚

《周禮・地官・媒氏》云：「禁遷葬者與嫁殤者。」鄭玄注：「遷葬，謂生時非夫婦，死既葬，遷之使相從也。……鄭司農云：『嫁殤者，謂嫁死人也。今時娶會是也。』」㉑經近代學者的考證，《周禮》一書大約完成於戰國時期㉒，則冥婚的習俗，相信最晚在東周時卽已存在。秦、漢以下，其風未嘗稍歇。鄭玄所引鄭衆的說法，以及《隸釋》卷十二〈相府小史夏堪碑〉：「娉會謝氏，並靈合柩」㉓的話語，可爲明證。

正史上所載有關冥婚的文獻，最早見於《魏書》卷二十〈武文世王公傳〉，曹操爲鄧哀王沖聘甄氏女，與合葬㉔；又同書卷五〈后妃傳〉，也記載魏明帝取甄后亡從孫甄黃與愛女淑合葬之事。㉕由此可以看出漢、魏上層社會的一些特殊景況。至於六朝文士在志怪小說所記錄的諸多資料，則能更全面地反映整個時代各個階層的大概情形，至少是此期幽（冥）婚的側影。

㈠吳王夫差小女，名曰紫玉，年十八，才貌俱美。童子韓重，年十九，有道術。女悅之，私交信問，許為之妻。重學於齊魯之間，臨去，屬其父母，使求婚。王怒，不與女。玉結氣死，葬閶門之外。三年重歸，詰其父母，父母曰：「王大怒，玉結氣死，已葬矣。」重哭泣哀慟，具牲幣，往弔於墓前。玉魂從墓出，見重，流涕謂曰：「昔爾行之後，令二親從王相求，度必克從大願。不圖別後，遭命奈何！」玉乃左顧宛頸而歌曰：「……」歌畢，歔欷流涕，要重還冢。重曰：「死生異路。懼有尤愆，不敢承命。」玉曰：「死生異路，吾亦知之。然今一別，永無後期。子將畏我為鬼而禍子乎？欲誠所奉，寧不相信。」重感其言，送之還冢。玉與之飲讌，留三日三夜，盡夫婦之禮。臨出，取徑寸明珠以送重，曰：「既毀其名，又絕其願，復何言哉！時節自愛。若至吾家，致敬大王。」重既出，遂詣王，自說其事。王大怒曰：「吾女既死，而重造訛言，以玷穢亡靈。此不過發冢取物，託以鬼神。」趣收重。重走脫，至玉墓所訴之。玉曰：「無憂。今歸白王。」王粧梳，忽見玉，驚愕悲喜，問曰：「爾緣何生？」玉跪而言曰：「昔諸生韓重，來求玉，大王不許，玉名毀義絶，自致身亡。重從遠還，聞玉已死，故齎牲幣，詣冢弔唁。感其篤終，輒與相見，因以珠遺之。不為發冢，願勿推治。」夫人聞之，出而抱之，玉如烟然。（《搜神記》卷十六〈紫玉〉）

按：這是一則私訂終身的男女，生時不能結合，女方亡故後與男主角在冢墓中完成婚禮的悲淒故事。相聚的期限只有「三日三夜」，然後贈物——徑寸明珠而別。通篇一再強調雙方對愛情的誠篤和執着，頗爲感人肺腑。無名氏《錄異傳》，曾轉載此文㉖。

(二)談生者，年四十，無婦。常感激讀書，忽夜半，有女子，可年十五六，姿顏服飾，天下無雙，來就生為夫婦。乃言：「我與人不同，勿以火照我也。三年之後，方可照。」為夫妻，生一兒，已二歲。不能忍，夜伺其寢後，盜照視之。其腰已上，生肉如人，腰下但有枯骨。婦覺，遂言曰：「君負我。我垂生矣，何不能忍一歲而竟相照也？」生辭謝。涕泣不可復止，云：「與君雖大義永離，然顧念我兒。若貧不能自偕活者，暫隨我去，方遺君物。」生隨之去，入華堂，室宇器物不凡。以一珠袍與之，曰：「可以自給。」裂取生衣裾，留之而去。後生持袍詣市，睢陽王家買之，得錢千萬。王識曰之：「是我女袍，此必發墓。」乃取拷之。生具以實對，王猶不信。乃視女冢，冢完如故。發視之，果棺蓋下得衣裙。呼其兒，正類王女。王乃信之。卽召談生，復賜遺衣，以為主婿。表其兒以為侍中。（《列異傳》）

按：這一則寫的是貧窮獨居的男子，邂逅睢陽王亡女的一段過程。結局是女鬼的身份曝光，只好無奈地與男主角及兒子仳離。篇中也有贈物一節，不過主要目的是出自母愛天性，怕兒子挨餓。最後，談生終於獲得財物，小孩也受到庇蔭。這個故事，《搜神記》加以轉錄，文字幾乎完全相同。㉗

㈢盧充者，范陽人。家西三十里，有崔少府墓。充年二十，先冬至一日，出宅西獵戲。見一麞，舉弓而射，中之。麞倒復起，充因逐之，不覺遠。忽見道北一里許，高門，瓦屋四周，有如府舍。不復見麞。門中一鈴下唱：「客前。」充問：「此何府也？」答曰：「少府府也。」充曰：「我衣惡，那得見少府？」卽有一人，提一襆新衣，曰：「府君以此遺郎。」充便著訖，進見少府，展姓名。酒炙數行，謂充曰：「尊府君不以僕門鄙陋，近得書，為君索小女婚，故相迎耳。」便以書示充。充父亡時雖小，然已識父手跡，卽欷歔，無復辭免。便敕內：「盧郎已來，可令女郎粧嚴。」且語充云：「君可就東廊。」及至黃昏，內白：「女郎粧嚴已畢。」充既至東廊，女已下車，立席頭，却共拜。時為三日，給食。三日畢，崔謂充曰：「君可歸矣。女有娠相，若生男，當以相還，無相疑；生女，當留自養。」敕外嚴車送客。充便辭出。崔送至中門，執手涕零。出門，見一犢車，駕青牛，又見本所著衣及弓箭，故在門外。尋傳教將一人，提襆衣，與充相問曰：「姻緣始爾，別甚悵恨。今復致衣一襲，被褥自副。」充上車，去如電逝。須臾至家，家人相見悲喜。推問，知崔是亡人而入其墓，追以懊惋。別後四年，三月三日，充臨水戲，忽見水旁有二犢車，乍沉乍浮。既而近岸，同坐皆見。而充往開車後戶，見崔氏女與三歲男共載。充見之忻然，欲捉其手。女舉手指後車曰：「府君見人。」卽見少府。充往問訊。女抱兒還充，又與金碗，並贈詩曰：「…………」充取兒、碗及詩，忽然不見二車處。充將兒還，四坐謂是鬼魅，僉遙唾之，形如故。問兒：「誰是汝父？」兒徑就充懷。衆初怪惡，傳省其詩，慨然歎死生之玄通也。充後乘車入市賣碗。高舉其價，不欲速售，冀有識。欻有一老婢識此，還白大家曰：「市中見一人乘車，賣崔氏女郎棺中碗。」大家卽崔氏親姨母也。遣兒視之，果如其婢言。上車，敍姓名。語充曰：「昔我姨嫁少府，生女，未出而亡。家親痛之，贈一金碗，著棺中。可說得碗本末。」充以事對。此兒亦為之悲咽。賫還白母。母卽令詣充家，迎兒視之。諸親悉集。兒有崔氏之狀，又復似充貌。兒、碗俱驗，姨母曰：「我外甥三月末間產。父曰：『春煖溫也。願休强也。』卽字溫休。溫休者，蓋幽婚也。其兆先彰矣。」兒遂成令器，歷郡守二千石。子孫冠蓋，相承至今。其後植，字子幹，有名天下。（《搜神記》卷十六，〈崔少府墓〉）㉘

按：這是一則由已經亡故的雙方家長，出面為陽間的兒子及陰間的女兒完成婚配的奇事。情節曲折，頗富人情味。男女相會的期限，仍是三日。另外，女鬼贈送盧充金碗，除了實質的利益外，還有引來親眷相認的作用，與〈談生〉篇女鬼贈珠袍的情形頗相類似。比較特殊的是在篇末點出：崔少府女兒溫休，命中註定會有「幽婚」的下場。孔氏《志怪》也收錄此一故事㉙。

(四)鍾繇嘗數月不朝會，意性異常。或問其故。云：「常有好婦來，美麗非凡。」問者曰：「必是鬼物，可殺之。」婦人後往，不卽前，止戶外。繇問何以？曰：「公有相殺意。」繇曰：「無此。」乃勤勤呼之，乃入。繇意恨恨，有不忍之心，然猶斫之，傷髀。婦人卽出，以新綿拭血竟路。明日，使人尋迹之，至一大冢，木中有好婦人，形體如生人，著白練衫，丹繡裲襠，傷左髀，以裲襠中綿拭血。（陸氏《異林》）㉚

按：鍾繇雖心有不忍，卻不能不面對現實，只好斫傷女鬼，從此分手。這是人鬼相戀，罕能有圓滿結局的另一個範例。《幽明錄》亦載此事。㉛

㈤漢時諸暨縣吏吳詳者，憚役委頓，將投竄深山。行至一溪，日欲暮，見年少女子采衣，甚端正。女曰：「我一身獨居，又無鄰里，唯有一孤嫗，相去十餘步爾。」詳聞甚悅，便卽隨去。行一里餘，卽至女家，家甚貧陋。為詳設食。至一更竟，忽聞一嫗喚云：「張姑子。」女應曰：「喏。」詳問是誰，答云：「向所道孤獨嫗也。」二人共寢息。至曉雞鳴，詳去，二情相戀，女以紫手巾贈詳，詳以布手巾報之。行至昨所應處，過溪。其夜大水暴溢，深不可涉。乃迴向女家，都不見昨處，但有一冢爾。（《搜神後記》卷六〈張姑子〉）

按：這是一則男子與女鬼邂逅相戀的故事。經過一夜的纏綿，次日，雙方各以手巾相贈而別。等到男主角因故再折返女家，卻發現昨夜所宿乃一冢墓，眞是情何以堪！無名氏《神怪錄》，亦載其事。㉜

㈥沛郡人秦樹者，家在曲阿小辛村。義熙中，嘗自京歸，未至二十里許，天暗失道，遙望火光，往投之，見一女子秉燭出，云：「女弱獨居，不得宿客。」樹曰：「欲進路，礙夜不可前去，乞寄外住。」女然之。樹既進坐竟，以此女獨處一室，慮其夫至，不敢安眠。女曰：「何以過嫌，保無慮，不相誤也。」為樹設食，食物悉是陳久。樹曰：「承未出適，我亦未婚，欲結大義，能相顧否？」女笑曰：「自顧鄙薄，豈足伉儷？」遂與寢止。向晨，樹去，乃俱起執別。女泣曰：「與君一覩，後面莫期。」以指環一雙贈之，結置衣帶，相送出門。樹低頭急去，數十步，顧其宿處，乃是冢墓。居數日，亡其指環，帶結如故。（《甄異傳》）㉝

按：此篇也有女鬼贈物的情節。而當次晨男主角回顧向來住處，竟然是一座墳墓，難免要驚異不止了。

(七)劉照，建安中為河間太守。婦亡，埋棺於府園中。遭黃巾賊，照委郡走。後太守至，夜夢見一婦人，往就之。後又遺一雙鎖，太守不能名。婦曰：「此萎蕤鎖也。以金縷相連，屈申在人，實珍物。吾方當去，故以相別。慎無告人！」後二十日，照遣兒迎喪，守乃悟云云。兒見鎖，感慟不能自勝。（《錄異傳》）㉞

按：這是一件後任太守與前任太守已亡故夫人之間的離奇故事。女鬼所贈珍物——萎蕤鎖，乃成日後東窗事發的關鍵。此篇，曾載祖臺之《志怪》，文字小有出入。㉟

(八)晉時，東平馮孝將為廣州太守。兒名馬子，年二十餘，獨臥廐中，夜夢見一女子，年十八九，言：「我是前太守北海徐玄方女，不幸蚤亡。亡來今已四年，為鬼所枉殺。案生錄，當八十餘，聽我更生，要當有依馬子乃得生活，又應為君妻。能從所委，見救活不？」馬子答曰：「乃可爾。」乃與馬子剋期當出。至期日，床前地頭髮正與地平，令人掃去，則愈分明，始悟是所夢見者。遂屏除左右人，便漸漸額出，次頭面出，又次肩項形體頓出。馬子便令坐對榻上，陳說語言，奇妙非常。遂與馬子寢息。每誡云：「我尚虛爾。」卽問何時得出，答曰：「出當得本命生日，尚未至。」遂往廐中，言語聲音，人皆聞之。女計生日至，乃具敎馬子出己養之方法，語畢辭去。馬子從其言，至日，以丹雄雞一隻，黍飯一盤，清酒一升，醊其喪前，去廐十餘步。祭訖，掘棺出，開視，女身體貌全如故。徐徐抱出，著氈帳中，唯心下微煖，口有氣息。令婢四人守養護之，常以青羊乳汁瀝其兩眼，漸漸能開，口能咽粥，旣而能語。二百日中，持杖起行。一期之後，顏色肌膚氣力悉復如常。乃遣報徐氏，上下盡來。選吉日下禮，聘為夫婦。生二兒一女：長男字元度，永嘉初為秘書郞中；小男字敬度，作太傅掾；女適濟南劉子彥，徵士延世之孫云。（《搜神後記》卷四，〈徐玄方女〉）

按：這是繼任太守的兒子，與前任太守亡女間的一段宿緣。女鬼復生的過程，頗爲繁複。最後，女子完全平復，雙方舉行正式婚禮，實在是人鬼戀中極少數以喜劇收場的案例。當然，主要原因係女方復活，重新取得「人」的身份。《幽明錄》嘗載此事，文字簡略。㊱

(九)晉時，武都太守李仲文在郡喪女，年十八，權假葬郡城北。有張世之代為郡。世之男字子長，年二十，侍從在廨中。夜夢一女，年可十七八，顏色不常，自言：「前府君女，不幸早亡。會今當更生。心相愛樂，故來相就。」如此五六夕。忽然晝見，衣服薰香殊絕。遂為夫妻，寢息，衣皆有污，如處女焉。後仲文遣婢視女墓，因過世之婦相問。入廨中，見此女一隻履在子長牀下。取之啼泣，呼言發冢。持履歸，以示仲文。仲文驚愕，遣問世之：「君兒何由得亡女履耶？」世之呼問，兒具道本末。李、張並謂可怪。發棺視之，女體已生肉，姿顏如故，右脚有履，左脚無也。子長夢女曰：「我比得生，今為所發。自爾之後遂死，肉爛不得生矣。萬恨之心，當復何言！」涕泣而別。（同前，〈李仲文女〉）

按：此則與〈徐玄方女〉的情節頗相類似。不過李女是自己「心相愛樂，故來相就」，而非出自宿運，遂在垂生之時爲人發棺，功虧一簣，難怪要大嘆：「萬恨之心，當復何言」了。

最後，我們打算介紹在南朝時期廣爲流傳的一個故事。佚名《晉書》[37]，曾記載會稽王敬伯因月夜鼓琴，感動吳縣令劉惠明亡女之靈，因而前來相就的奇聞。其後，梁吳均撰《續齊諧記》，收錄了不少江、浙地區的遺聞軼事；王敬伯與女鬼相遇的傳說，也在搜羅之列。可惜目前通行的明、清刻本，都缺少這一則。大家僅能從《琱玉集》、《太平御覽》、《事類賦》、《樂府詩集》、《吳郡志》、《永樂大典》[38]等書，了解這篇佚文的大概。

三年前，筆者翻閱明成祖敕撰《永樂琴書集成》，在第十七卷發現所錄《續齊諧記・王敬伯》，堪稱最完整的資料。[39]全文長達一千三百四十餘字，內容包括：王敬伯的字號、容貌，特別對吳縣通波亭上兩者互通情愫，以至同衾纏綿的過程，描述極爲詳悉。天明，劉女留贈錦、臥具、腕囊及佩；

敬伯則以牙火籠、玉琴爪答之。然後，兩人悵然而別。結果因爲劉女靈船中遺失不少物件，吳令遂命遍搜諸船，至敬伯船而獲之，乃執敬伯。旣問知緣由始末，查證無誤，劉父乃待以壻禮，厚贈而別。〈王敬伯〉一篇，可謂係六朝志怪中有關「冥婚」事件敍述最詳盡，而且後代再三改寫轉述，更發諸吟詠，流傳廣遠，値得有興趣的人士細加閱讀探討。因爲篇幅太長，不再迻錄。㊵

肆、結　語

不管是「神婚」或者「鬼婚」，都是變相婚的一種形態。它在我國各地流傳已久，相關的記錄也時有所見。六朝時期，社會動盪不安，民間宗教勢力勃興，迷信思想瀰漫，鬼神充斥，各種幽冥姻緣的傳聞頗爲流行。

神婚故事的主要情節，大抵是：天上玉女或人間女神，選中了未婚男子，與之結爲夫婦；相處的時間，短者一天，長者數年；最後常常因爲男方洩露秘密或緣份已盡而分手。離別的時刻，女神往往會留贈物件。其中，唯一的例外是《搜神記》（或《搜神後記》）〈蔣山祠〉篇，描述的男神愛戀人間女子，多所投贈，後因女方變心，遂斷絕往來。

鬼婚故事的主要情節，大概是：男子獨宿或獨行，與年輕女子相遇；女方爲設食並侍寢；相處一夜或數日後分別（也有女鬼夜來日往，長達數月或數年者）；女鬼贈送對方貴重物品以爲留戀。唯一的例外是《搜神後記》（或《幽明錄》）〈徐玄方女〉篇，女方因爲復活成功，與男主角正式結婚了。

神婚與鬼婚的事例，在情節上有同有異。同者，如男主角有官吏、士人與平民；結合的原因，不外命定宿緣、雀屏中選、無意邂逅三類；既會面，女方設食款待男子，並與媾合；相聚時間，由一日至數年不等；分離時，每有贈遺以表深情兼作信物。相異之處，則「神婚」事件女主角多爲小神；「鬼婚」女主角多爲王侯或官員女子，亦有民女。女神不爲男方生子，女鬼則有爲人間男子延續後代者。

幽冥姻緣的傳說故事，今日看來，似乎荒誕不經，卻有其宗教或民俗學的背景。當時每由好奇多事者，加以記錄、傳播。吾人除了自文學立場加以審視之外，若能從宗教體驗或社會心理的角度來探討它，必能增進我們對每個時代文化習俗的了解。

【附　註】

① 臺灣商務印書館，《四部叢刊初編》縮本，頁五五下。

② 《列異傳》一書編撰者，究竟是魏文帝曹丕或張華，抑另有其人，歷來聚訟紛紜，莫衷一是。唯完成於西晉初葉之前，殆無疑義。說詳拙撰《六朝志怪小說考論》（民國七十七年，臺北文史哲出版社）〈列異傳研究〉。

③ 民國七十一年，臺北木鐸出版社影印，汪紹楹校注本，頁三四—三五。

④ 民國六十九年，臺北里仁書局影印，汪紹楹校注本，頁一五—一六。

⑤ 本篇見《藝文類聚》卷八一，題曹毗〈杜蘭香傳〉；《齊民要術》卷一〇引〈杜蘭香傳〉，未題撰人。又《

藝文類聚》卷七九、卷八二,《太平御覽》卷五〇〇、卷九六四、卷九八四、卷九八九,《太平廣記》卷二七二,並引〈杜蘭香別傳〉,未見引《搜神記》者,極可疑。今引全文如後,以供參考。

漢時有杜蘭香者,自稱南康人氏。以建業四年春,數詣張傳。傳年十七。望見其車在門外,婢通言:「阿母所生,遣授配君,可不敬從!」傳先名改碩。碩呼女前視,可十六七,說事邈然久遠。有婢子二人:大者萓支,小者松支。鈿車青牛,上飲食皆備。作詩曰:「阿母處靈嶽,時遊雲霄際。衆女侍羽儀,不出墉宮外。飄輪送我來,豈復恥塵穢。從我與福俱,嫌我與禍會。」至其年八月旦,復來,作詩曰:「逍遙雲漢間,呼吸發九嶷。流汝不稽路,弱水何不之。」出薯蕷子三枚,大如雞子,云:「食此,令君不畏風波,辟寒溫。」碩食二枚,欲留一。不肯,令碩食盡。言:「本爲君作妻,情無曠遠。以年命未合,其小乖。太歲東方卯,當還求君。」蘭香降時,碩問:「禱祀何如?」香曰:「消魔自可愈疾,淫祀無益。」香以藥爲消魔。

⑥ 見《三洞群仙錄》卷十八引《抱朴子》,今本《抱朴子》不載此事。

⑦ 通行本《搜神後記》卷一〈剡縣赤城〉一則,以山羊引袁相、根碩;卷六〈崔少府〉以獐引盧充的手法,並有異曲同工之效用。

⑧ 本則見《北堂書鈔》卷一四五引作《搜神記》,云「望子爲蘇侯神所愛」,文甚簡略;《法苑珠林》卷七八、《太平御覽》卷九三六,並引《續搜神記》;《初學記》卷二八,引陶潛《搜神後記》。疑係《後記》文字。

⑨ 《太平廣記》卷二九三引本則,題出自《志怪》。

⑩ 《樂府詩集》卷四七。

⑪ 今見《筆記小說大觀》本卷五，葉二a。

⑫ 本篇見《顧氏文房小說》本葉九，並據《樂府詩集》卷四七引文校補。

⑬ 事載《史記》卷一二六〈滑稽列傳〉，褚少孫補「西門豹治鄴」章。

⑭ 見坊間影印魯迅《古小說鉤沈》，頁三一四－一五。

⑮ 此則通行本未載。今見《太平御覽》卷七〇三引。

⑯ 見《古小說鉤沈》頁二〇九－二一〇。

⑰ 今本《博物志》不載，范寧《博物志校證》（民國七十年，臺北明文書局影印）頁一一六，據《水經・盧江水注》引文補入。

⑱ 文載汪紹楹校注本《搜神記》頁四九。

⑲ 見《古小說鉤沈》頁二九七。

⑳ 見《古小說鉤沈》頁二九七－九八。

㉑ 商務印書館，《四部叢刊初編》縮本，頁六五五下。

㉒ 有關《周禮》成書年代的考證，可參考鄭良樹編《續僞書通考》（民國七十三年，臺北學生書局）引錢穆、史景成、顧頡剛、黃沛榮等人論文。

㉓ 商務印書館，《四部叢刊廣編》，頁一四一下。

㉔ 臺北鼎文書局影印，新校本《三國志》頁五八〇。

㉕ 新校本《三國志》頁一六二。

㉖ 見《古小說鉤沈》頁四〇一－一一。

㉗ 見汪紹楹校注本《搜神記》頁二〇二－三。

㉘ 本則見《歲華紀麗》卷一、《太平御覽》卷八八四、《太平廣記》卷三一六、《歲時廣記》卷十九引，題《搜神記》；唯《藝文類聚》卷四、《法苑珠林》卷九二、《太平御覽》卷三十、《事類賦》卷四，並引《續搜神記》。

㉙ 見《古小說鉤沈》頁二一五－一七。

㉚ 見《古小說鉤沈》頁三八五。

㉛ 見《古小說鉤沈》頁二五二－五三。

㉜ 見《古小說鉤沈》頁二三三。

㉝ 見《古小說鉤沈》頁一五八。

㉞ 見《古小說鉤沈》頁四一三。

㉟ 見《古小說鉤沈》頁二〇八。「萎蕤鎖」作「鍐（竹恚切）鑕」。

㊱ 見《古小說鉤沈》頁二九七。

㊲ 見《太平御覽》卷五七七引；清湯球輯入臧榮緒《晉書》（臺北鼎文書局影印本，頁三十）卷三「異志」，恐未確。

㊳ 遺文見《琱玉集》卷十二、《太平御覽》卷五七九、七五七、七六一、《事類賦》卷十一、《樂府詩集》卷六十、《吳郡志》卷四七、《永樂大典》卷七三二八。

㊴ 民國七十一年，臺北新文豐出版公司影印。

㊵ 原文詳見拙撰《續齊諧記研究》（民國七十六年，臺北文史哲出版社）頁五五—五九。

附錄一：神婚故事情節分析表

分析項目／故事名稱	男子身份	女子身份	結合原因	設食	媾合	相處時限	贈物	資料出處
弦超	小吏	玉女	命定	√	√	數年	√	《列異傳》33 《搜神記》31
何參軍女	平民	天女	中選	×	√	一日	√	《搜神後記》56
黃原	平民	女神	命定	?	√	數日	√	《幽明錄》46
蔣山祠	神祇	民女	邂逅	?	?	三年	×	《搜神記》94 《搜神後記》52
蔣侯廟	士人	女神	戲弄	×	×	?	×	《雜鬼神志怪》20
青溪廟神	沙門	女神	中選	×	×	?	×	《搜神後記》50
青溪女姑	官員	女神	邂逅	×	√	一夜	√	《續齊諧記》17
餘杭男子	平民	女神	中選	√	√	三日	√	《幽明錄》252

吳龕	小吏	女神	中選	×	√	?	×	《幽明錄》166 《述異記》86 《續齊諧記》20
曹著	小吏	女神	中選	√	×	?	√	祖氏《志怪》8
徐郎	平民	天女	命定	×	×	一日	√	《幽明錄》206

附錄二：鬼婚故事情節分析表

分析項目 / 故事名稱	男子身份	女子身份	結合原因	設食	媾合	相處時限	贈物	子嗣	資料出處
紫玉	平民	王女	敍舊	√	√	三日	√	×	《搜神記》394 《錄異傳》4
談生	平民	王女	求復生	×	√	二年	√	√	《列異傳》40 《搜神記》396
崔少府墓	平民	官女	命定	√	√	三日	√	√	《搜神記》397 《搜神後記》61 孔氏《志怪》2
鍾繇	官員	民女	?	×	√	數月	×	×	陸氏《異林》1 《幽明錄》52

吳詳	小吏	民女	邂逅	√	√	一夜	√	×	《搜神後記》59 《神怪錄》1
秦樹	平民	民女	邂逅	√	√	一夜	×	×	《甄異傳》8
劉照	官員	官婦	?	×	√	?	√	×	祖氏《志怪》2 《錄異傳》9
徐玄方女	士人	官女	求復生	×	√	?	×	√	《搜神後記》41 《幽明錄》205
李仲文女	士人	官女	求復生	×	√	?	×	×	《搜神後記》46
王敬伯	官員	官女	命定	√	√	一夜	√	×	《續齊諧記》19

論曹丕至皎然文體觀的演變

王金凌

曹丕典論論文曾說：「文以氣爲主，氣之清濁有體，不可力強而致。」爲什麼「清濁」之類的語意那麼難以索解？是我們的理解方式有錯誤？或曹丕辭不達意？劉勰在文心雕龍體性篇列舉賈生以下十二人，說明個性和文體的關係，爲什麼那些關係極難捉摸？是我們無法把握劉勰的思路？或劉勰的思路混淆？學者討論六朝文學理論時，對「文體」一語究竟指文類或風格，頗有爭議。究竟是非如何？

同代的人俱觀一物，其形貌或意義雖不能毫髮無殊，亦可大體相近。異代的人俱觀一物，則相去甚遠。如果把文學作品視爲天地間一物，其理亦然。從魏晉以迄唐代，士人同樣諦視文學作品中的文體，卻層面各異。大體而言，這個時期文體觀的發展經歷了三個階段。第一個階段是「以性觀體」和「以文觀體」，拙文將以曹丕、陸機、劉勰爲代表。第二個階段是「以情觀體」，拙文將以鍾嶸爲代表。第三個階段是「以德觀體」，拙文將以唐代皎然爲代表。這三個階段不是就時間而言，而是就思路的發展而言。拙文的目的是想藉文體觀的演變解釋前述疑問。

壹

文體觀是對文體的認識。認識外物總是將外物納入自己既有的經驗、知識，而賦予外物意義。如果外物與自己既有的經驗、知識牴牾，則排斥之或調整自我經驗、知識，以適應外物，使自己與外物處於平衡的狀態。認識文體亦然。所謂以性觀體、以文觀體，就是憑藉既有的人性論知識去理解新發現的文章特徵——文體。這是魏晉士人認識文體的方式。

漢人看文章，大體著重意義層面。文章意義的功能是表達思想、陳述事實、抒發情感。因此，漢人論文章總是表其實際用途。即使提到寫作方法，也往往說不出個所以然，只說多讀便可。雖然他們的文章除了意義之外，還有其他的特色（卽魏晉人所稱的文體），卻缺乏深刻的自覺，鮮有一組自成系統的語詞來描述那些特色。

魏晉時，這種情況有了改變。士人對文章的看法，除了意義層面之外，又別有所見。爲什麼他們能有所見？所見的是什麼？他們能有所見係因文集興起。他們所見的是文章除了有抒發情感（如詩賦）、陳述事實（如史傳）、表達思想（如論說）的差別之外，每類中的文章又各有不同，同類文章中作者之間也有差別。

文集興起是東漢士風誘發出來的。東漢士風之顯著者有尚交遊和崇名譽。東漢時，由於士人增多，朝廷不足以盡納。而朝廷之吸納人才又以察舉、徵辟，察舉、徵辟本無實效可資考覈，多賴名譽薦舉。於是東漢士人不得不藉交遊以延名譽，藉名譽以取富貴。士人本以文章爲事，文章的內容便因交遊之風，而頗多頌、贊、銘、誄、碑、祭文等制作。再者，士人因朝廷不足以盡納，侷促地方，發爲議論，則除了繼承西漢傳統而與經國大業有關者外，多數針對地方習俗與事務。並且因章句之學衰落，重視闡發大義，捨事象而言原理，開啓魏晉言論先河。這些士風所導致的文章增變，使魏晉士人在編纂文集時能有新見。①

據史料所見，編纂文集始於曹丕和曹植。②從目錄學來看，這些文集有別集和總集。別集的編法是以類爲聚，凡屬同類的文章都排列在一起。如賦、詩、奏、議等。總集則除了以類爲聚之外，每類文章又以人爲聚，凡屬同一作者的文章都排列在一起。

由於士風所導致的文章增變，使編纂文集必須觸及文章分類的問題。此時劉向詩賦略的分類顯然已不敷使用，而必須尋找新的分類法。這個新的分類法最顯著的標準是韻；有韻者爲一類，無韻者爲另一類。以曹丕典論論文所述爲例，無韻的文章有奏、議、書、論。這四類文章都有「討論」的性質（除了若干書牘之外），換句話說，討論思想、事務、或事物都可以用這四種文章來表達。但是這四種文章並不歸爲一類，可見「韻」和「討論」並不是分類的準則，而是另有依據。

這種情況也見於有韻的文章。以曹丕典論論文所述爲例，詩、賦、銘、誄是有韻的文章。在東漢、銘、誄又常以詩或賦的構句法來寫。③這四類文章都具有「抒情」的性質。但是這四種文章並未歸爲一類，則「韻」或「抒情」並是分類的準則，而是另有依據。

如果把討論事務、事物、思想和抒發情感視爲文章的一個層面，而稱之爲「意義層面」，那麼漢人對這個層面已有認識。譬如：劉向在七略中立詩賦略，以別於討論事務、事物、思想的文章。魏晉士人對此也有認識，卻不以之爲分類文章的準則，則他們應發現了文章的另一層面。這個新發現的層面是什麼？有什麼性質？要用什麼文辭來表示？此外，在總集裏，士人的同類文章駢列在一起，其間的差異也一目了然。譬如：劉楨和徐幹的賦顯然不同。而這種差異又不屬於文章的意義層面，因爲它們都同樣是抒發情感或討論思想、事務，與事物。那麼，同類文章作者之間的差異究竟是文章的那一個層面？其性質如何？要用什麼文辭來表示？

誠如前文所云，認識新事物總是把它納入自己既有的經驗、知識，而賦予意義。魏晉士人對新發現的文章層面亦然。他們用既有的才性論知識和經驗來認識新的文章層面，稱之爲「體」，而新的文章層面必須透過文辭來認識。因此，魏晉士人「以性觀體」、「以文觀體」。

貳

才性論是我國人性論在東漢的發展。其核心概念「性」遠有所承。

戰國以前，每以「性」字表達自然生命這個概念。彼時多視自然生命爲實然，而注意提升自然生命，以顯出人與萬物之別的特質。至於自然生命如何產生，則缺乏申論。唯有易繫辭與呂氏春秋以陰陽觀念說明自然生命創生的原理。易繫辭以陰陽相摩相盪而化生萬物。呂氏春秋也認爲氣是萬物創生的原理，氣含陰陽，陰陽合則物成，離則物滅。所謂物成是就新物而言，舊物則已滅，雖滅，陰陽之氣不滅，又凝聚爲新物。

以氣爲萬物化生的原理是原始宗教萬物有靈論的哲學化。在萬物有靈的觀念中，人與其他萬物齊等。「靈」哲學化而爲「氣」時，萬物皆氣之所化，依然齊等。但是西周以後，人文精神逐漸顯露，自覺到人有異於萬物之處。這也是先秦儒道墨法諸學說極力探索的問題。而分別以仁、善端、兼愛、虛靜等心靈點出人與萬物之別。雖然人文精神顯露了，人與萬物之別也點出來了，但是人與萬物的和諧關係依然極受重視。遠古萬物有靈的觀念殘留下來，化成尊生的思想，使秉持人文精神者思考人如何善處於萬物之中而不失其特質，也就是人如何在天地間安身立命的問題。這種思想在中庸「致中和，天地位焉，萬物育焉」一語表露無疑。

關於人與萬物之別，人文精神者的解答只是其中之一。另一條思路是以氣之純駮來說明。氣只能顯萬物之同，而不能顯萬物與人之異，於是以純駮爲差等原理來解釋。這是漢代學者的通義。淮南子精神訓說：「煩氣爲蟲，精氣爲人。」煩卽亂、駮雜。純與駮既爲差等原理，則此原理具體化之後，人與萬物的差異就顯出來。但是漢代學者又認爲人類之間也有稟氣的差異。這個差異究竟依據什麼原理？漢代學者並沒有明說。若從思想脈絡來看，依然是純駮的差等原理。倘若如此，純駮是個相對的概念。以今天的眼光來看，這個純駮相對的概念如果引至科學的研究方向，未嘗不能導出物種演化的學說。一方面推想物種從低等到高等的演化，一方面觀察從低等到高等生物並時共存的事實。當然，漢代的學術條件不足以語此。它只能以純駁相對的氣化宇宙觀去銜接人文精神的傳統，而發展其人性論。正因如此，漢代學者的人性論才陷於困境。

秉持人文精神者可以承認氣化宇宙論。但是對人與萬之別卻不以氣之純駁來解釋，而以仁、善端、兼愛、虛靜來解釋。這樣的解釋可以把稟氣、價值、和社會化融成一體而不顯矛盾。首先，與萬物有別的仁、善端、兼愛、虛靜是人的潛能，也是人的理想和價值所在。其次，社會化的最終目標就訂在這個理想和價值上。由於這個理想和價值在未完成之前屬於潛能，因此它未必能完成。而完成與否端視社會化的效能和稟氣純駁而定。所以秉持人文精神者可以吸納氣化宇宙論，而使理想與現實層次分明，復能接續。

至於以氣之純駁解釋人與萬物之別者則不然。既將人類之間的差異也訂在氣之純駁上，氣是先天而不可改變的，社會化卻是後天而可使人改變，那麼，人類之間的差異究可變或不可變？若不可變，則社會化毫無意義。若可變，則稟氣爲子虛烏有之事。再者，以今日眼光來看，認爲稟氣不可變，將難以解釋物種演化。秉持人文精神而吸納氣化宇宙論者，反而因潛能與理想的觀念，使他有包容物種演化的可能。

董仲舒的困境出現在道德論。董仲舒和王充的人性論屬於前者，因此面臨進退兩難的困境。又根據稟氣純駁把人性分爲聖人、中人、和斗筲之人，而認爲聖人不待敎，斗筲不可敎，只有中人可敎之使至善。然而純駁相對，聖人和斗筲卻絕對。如果肯定稟氣有純駁，則聖人和斗筲無法指目，並不存在。如果肯定聖人和斗筲，則這兩種人不受社會化影響，違背事實。於是董仲舒不得不把焦點集中在中人之性，認爲中人是「仁貪之氣，兩在於身」（春秋繁露深察名號篇語）。但是「稟氣」這個概念在漢代學者的人性論中已含不可變之義，中人也是稟氣而生，董仲舒卻認爲可教而變，其矛盾顯然。這個矛盾係混淆形上論的人性和社會化的人性。形上論的人性旨在標舉人的價值，而不是作爲人的創生原理。社會化的人性則旨在說明人類之間稟氣的差異，及此差異皆可透過社會化而實現人的價值。

王充的困境見於人類差異的比較。王充說：「用氣爲性，性成命定。」（論衡無形篇語）性就初稟的生命而言，命就此初稟生命的最終發展而言。初稟的生命以氣爲形上原理，最終發展的生命卻經歷了社會化的過程。他把社會化之後的生命（性）內容分爲三類：道德（王充亦以「性」名之）、智力（才）、和氣壽、地位、財富（三者統稱爲命）。王充在討論道德教育時也遭遇和董仲舒一樣的困境。他說：「論人之性，定有善有惡。其善者固自善矣，其惡者故可教告率勉，使之爲善。」（論衡率性篇語）所謂「定有善有惡」係就氣稟而言，它依據氣有純駮的觀念而來。「固自善矣」、「使之爲善」則就社會化的結果而言。既然如此，若承認「性成命定」，則稟氣惡者也無法透過教導使之爲善，於是社會化毫無意義。如果肯定社會化有意義，能使人爲善，則不能說「性成命定」。這是王充矛盾之處。不過，王充既有敎惡使之爲善的觀念，則認爲善是人的價值，他依然秉承了人文精神的傳統，只是學說不能一貫而已。此外，王充著述本含沉於下僚的激憤，於是比較人類之間的差異時，憑藉日常經驗，而認爲人生遭遇各有才命。由於憑藉日常經驗，更容易感受到命（氣壽、地位、財富）

不可強力而爲。然而他的激憤又不能止息，於是以「才」來衡論人類之間的差異，聊以自慰。「才」本不可見，須透過言行而見。言行已是社會化的結果，王充卻又否定社會化的作用。於是轉而墮入相術，求諸骨體。

王充討論人性而墮入相術，求諸骨體並非偶然。這是東漢士人的共同感受。東漢士人因朝廷不能盡納，幽處下僚者不少。其人評論治道與社會問題之餘，念及自身處境，不免有才、命之歎，進而述及相術。所以除了王充之外，王符在潛夫論有相列篇，荀悅申鑒也有俗嫌篇述相有三品，雜言篇下則論及命。

雖然漢代以氣化宇宙觀爲基礎的人性論有其學理上的困境，稟氣和視人爲「體」的觀念卻和現實政治中的察舉、徵辟、人倫識鑒結合，而形成才性論。只是才性論中的「性」字已不復王充所用的意義，而轉爲「個性」義。

王充人性論中缺乏個性意義的「性」。王符與仲長統的論述則有此義。至察舉、徵辟的場合，此義更受注意。選才不僅要考慮才能，也要顧及個性，俾能個性與職務相稱。既然觀人、論人的目的與王充不同，對人性內涵也轉移注意力，不復談命，僅論才與性，而性含道德、個性二義。雖然不復談命，原來的命定觀念依然相當普遍。這對討論才性頗有影響。

當命定的觀念轉用到人倫識鑒時，就集中在個性上。這和用心的方向有關。人倫識鑒頗有爲世舉賢之意，常以道德激勵才、性（個性）卓特者。因此不須論命定。若論命定，則道德的激勵毫無意義。但是從經驗省察，命定又似乎有。於是在不動搖修養和教育功能的原則下，體察出命定只見於個性，智力與道德則可以轉化。試觀郭泰事跡可知。後漢書郭泰傳說：

（王柔與弟澤）共候林宗，以訪才行所宜。林宗曰：「淑優（王柔字）當以仕進顯，季道（王澤字）當以經術通。然違方改務，亦不能至也。」後果如所言，柔為護匈奴中郎將。澤為代郡太守。

所謂「違方改務，亦不能至」就是個性命定的一般說法。這種觀念一轉入文學理論，就成爲曹丕所說：「文以氣爲主，氣之清濁有體，不可力強而至。」曹丕的「氣之清濁有體」卽郭泰「違方改務」的另一種說法，而「不可力強而至」卽「亦不能至」。所不同的是曹丕視文如人，因此論文與論人的語詞混合使用。若將曹丕語中的「文」改爲「人」卽可知其然。「人以氣爲主，氣之清濁有體，不可力強而致」幾乎是「用氣爲性，性成命定」的另一種說法。「人以氣爲主」卽人以氣爲本，卽「用氣爲性」，「氣之清濁有體，不可力強而至」卽「性成命定」。

從才性論和文學批評的語詞、思路相似，可知魏晉士人是藉才性論的知識來理解新發現的文章層面。但是，「氣」不可察，可察者爲「體」。於是體的性質成爲新文章層面的性質。④

叁

在才性論中，「體」對其自身而言，顯其完整而不可分割的性質。對觀者而言，有立卽而具體呈現的性質。對生命創生原理「氣」而言，顯其被決定而不可變的性質。對個人之間而言，因稟氣純駁不同而顯其獨特性質。秉持這種認識來理解新發現的文章層面時，也認識到新文章層面有這四種性質。由於新文章層面是在編纂文集時發現的，因此，每類文章對他類而言，有獨特的性質。對本身而言，顯出完整的性質。對讀者而言，有立卽而具體呈現的性質。對作者而言，由於作者稟氣各異，形成各種類型的個性，進而使文章被決定的性質係源於作者個性。新發現的文章層面是從才性論中「體」概念來理解的，因此稱之爲「文體」。雖然文體的四項性質已知悉，但是文體究竟指什麼還不清楚，必須進一步從這些性質去探索。既然探索的是文體本身，文體又因觀賞者而顯出來，於是可以從完整和立卽而具體的呈現這兩項性質入手。

完整而具體的立卽呈現係對觀賞者而言。那麼，觀賞者在怎樣的心靈活動下能有此感受?通常觀賞者的心靈活動有抽象思維和形象思維。抽象思維是連屬概念而形成判斷，以認識事物。它所把握到的是事物的性質，而性質是抽象的，而非具體的。在觀賞文章時，抽象思維的對象是文章的意義層面。因爲意義層面是抽象的。所以文體不可能指文章的意義層面。至於形象思維，它連屬知覺概念，以形成有意義的知識。但是這個有意義的知識是形象的，具體的。所謂知覺概念是指知覺主動把握物象整體結構的某些特點。這樣把握到的物象是概化的，猶如抽象思維把握到的物象概念。所不同的是概化的物象猶然具體，而不是抽象的性質。⑤知覺概念在時間之流中連屬而形成關於物象的知識，只不過這種知識帶着濃厚的情感，因此不像抽象知識那麼清晰。由此可見，形象思維的對象完整而具體的立即呈現。這也是知覺概念的特性。而文體所指的正是形象思維的對象。但是在文章裏，文辭是抽象的，卻要它呈現具體的形象，似乎不太可能。這個困難透過意象語而解決。文章中的意象語點出了形象，而形象有賴觀賞者的想像去實現。因此，文體可說指文章的「形象層面」。就此形象具有形色而言，也可說是文章的「形色層面」。它和意義層面構成文章兩層面貌。

從完整和立即而具體的呈現這兩性質瞭解文體所指之後，文體的獨特性質隨之而顯。在形象思維裏，知覺概念對物象結構整體的把握並非鉅細靡遺，而是把握其特點。因此，在觀覽某類文章時，該類文章的文體只有最卓特之處爲吾人所把握。魏晉士人描述文體時每標其一端，就是這個緣故。譬如：曹丕說：「奏議宜雅，書論宜理，銘誄尚實，詩賦欲麗。」「理」可以和「雅」、「實」、「麗」相容。不論那一種文類，「理」是最基本的文體，但是在若干文類中，「雅」、「實」、「麗」是該文體結構最卓特之處。

以上從才性論「體」的四種性質引至文體的四種性質，復由文體的四種性質推出所指的文章「形象層面」或「形色層面」，這就是「以性觀體」和「以文觀體」的含意。「以性觀體」是文體觀的基礎，「以文觀體」是文體觀的完成。這個取向的文體觀在陸機文賦和劉勰文心雕龍都有充分的發揮。至於文體的第四項性質——被決定——則開啓另一種文體觀，只是過程十分曲折。請言其詳。

前文曾說：魏晉士人從別集中發現文類之間的差異，這個差異如今已知是文體不同。又從總集看出同類文章中作者之間的差異，這個差異究竟是什麼尚未知悉。這兩種差異都是新的文章層面之所涵，那麼二者有何不同？這個問題從才性論和文學理論的類比來看，也可以推導出來。在才性論中，氣、體、體別之間的關係轉移到文學理論時，變成作者、文體、和文體範疇之間的關係。其中，氣和作者分別爲才性論和文學理論裏的創造者。體和文體是被創造者的總稱。體別和文體範疇是被創造者的分類結果。既然文體範疇是分類的結果，當分類準則放在文章時，就形成文類之間的差別（卽文體不同）。當分類準則放在作者時（其實不是放在作者，而是注意到同類文章中作者之間的差別），就形成作者之間（文體）的差別。那麼，文類之間的差別和作者之間的差別有何不同？換句話說，根據不同的分類標準所設的文體有何不同？更進一步說，這兩種文體觀有何不同？

當分類的準則放在文章時，文體由文辭的選擇和組合來形成，而且文體指文章的「形象層面」（或「彩色層面」）。所以，就文辭而言，這是「以文觀體」。就文章「形象層面」而言，它涉及觀覽者的形象思維，屬於知識論的文體觀。

當分類準則放在作者時，作者之間文體差異的印象其實不從作者來，而從文章來。既然從文章來，如何與文類間的文體差異分別？魏晉士人似乎並未察覺這個問題，只依稀從才性論中個性有別而覺得作者之間的文體差異源於個性。這樣的文體觀是「以（個）性觀體」，也可說是人格論的文體觀。但是這種文體觀的文體範疇似乎不夠清晰。所以曹丕只能說：「文以氣爲主，氣之清濁有體，不可力強而致。」清濁與雅理實麗相較，確實簡略而不夠清晰。爲什麼魏晉士人對文類之間的文體差異能說得清楚，而對作者之間的文體差異卻甚爲模糊？關鍵就在是否注意到社會化。

在區分文類時，那些文章是作者感於事務或事物的結晶。而作者書感時已歷經社會化的過程。所以那些文章都留下了社會化的痕跡而具體可辨。譬如：頌與誄係針對特殊的社會情境而作。這些情境都有人所共認的表達方式。而表達方式呈現在文章中，就是文體。頌的文體不能施於誄，反之亦然。這種壁壘分明的現象正因文章本身有社會化的痕跡，所以魏晉士人能對這種文體剖判得淸楚，其描述語也比較淸晰。不論曹丕、陸機、劉勰皆然。

至於作者之間文體的區別甚爲模糊，係漢代人性論思考方向的影響所致。前文敍述董仲舒和王充的人性論時，已經指出其困境：卽稟氣和敎導是衝突的。稟氣已定而不可變，敎導則可變。這項衝突源於忽略了社會化。這種人性論應用在人倫識鑒時，就遇到個性分類的問題。個性類型是依經驗而得的結果，因此還能比較詳細，如劉劭人物志就把個性分爲十二類。如果不依經驗，充其量只能憑陰陽的觀念而分出淸濁或剛柔。然而作者秉個性而發爲文章時，已經有社會化的歷程，如環境、學養、和文章所針對的特定事務或事物。如此則文章中所見的已不單純是個性，而是個性在社會化中所化成的情感或情操（道德）。它的類型比個性更複雜，它的描述語也和個性描述語不同。而魏晉士人忽略了個性的社會化過程，因此，對作者之間的文體差別很難說淸楚。這種情形到了劉勰也只有一點模糊的瞭解，在說明個性和文體的關係時，依然夾雜不淸。

劉勰確實有社會化的概念。文心雕龍體性篇說：「然才有庸儁，氣有剛柔，學有淺深，習有雅鄭。並情性所鑠，陶染所凝。」才、氣，情性是不可變的，學、習、陶染則可透過社會化而改變。董仲舒和王充所遭遇的困境至此猶然存在。所以劉勰論個性與文體的關係時，細繹其文體描述，幾乎多數可用於行爲特徵。體性篇說：

若夫八體屢遷，功以學成，才力居中，肇自血氣，氣以實志，志以定言，吐納英華，莫非情性。是以賈生俊發，故文潔而體清。長卿傲誕，故理侈而辭溢。子雲沈寂，故志隱而味深。子政簡易，故趣昭而事博。孟堅雅懿，故裁密而思靡。平子淹通，故慮周而藻密。仲宣躁銳，故穎出而才果。公幹氣褊，故言壯而情駭。嗣宗俶儻，故響逸而調遠。叔夜儁俠，故興高而采烈。安仁輕敏，故鋒發而韻流。士衡矜重，故情繁而辭隱。

試觀潔清、侈溢、隱深、昭博、靡密、周密、穎果、駭壯、遠逸、高烈、繁隱等詞，若施之於言行所呈現的情感與品德特徵，似無不可。而言行屬於社會化的事。這正顯出劉勰雖然有些省覺，還是擺脫不掉「以（個）性觀體」的傳統。

「以文觀體」因其易辨而合理，所以始終是文體觀的重要方式。「以（個）性觀體」則已至絕境，必須考慮到個性的社會化，才能有認識文體的新方式。此卽鍾嶸的「以情觀體」。

鍾嶸詩品以五言詩爲評論範圍。他相當注意詩歌創作的社會情境。詩品序說：

若乃春風春鳥，秋月秋蟬，夏雲暑雨，冬月祁寒，斯四候之感諸詩者也。嘉會寄詩以親，離羣托詩以怨，至於楚臣去境，漢妾辭宮，或骨橫朔野，或魂逐飛蓬，或負郭外戍，殺氣雄邊，寒客衣單，孀閨淚盡，或士有解佩出朝，一去忘返，女有揚娥入寵再盼傾國。凡斯種種，感蕩心靈，非陳詩何以展其義？非展歌何以騁其情？故曰：「詩可以羣，可以怨。」使窮賤易安，幽居靡悶，莫尚於詩矣。

雖然鍾嶸注意到詩歌創作的社會情境，進而體認詩的性質在吟咏情性。但是「以情觀體」的觀念卻隱而不顯，也沒有提到個性在社會化中轉形爲情感的事。也許他意識到這種文體觀，只是不夠強烈而已。因此，他對詩體的分類讓人幾乎難以察覺。

鍾嶸評古今詩人凡一百二十四家（包含無名氏的古詩）。其中述及其詩淵源者有三十六家，上品十二家，中品十七家，下品七家。這三十六家詩體分別直接或間接源出國風、楚辭、和小雅。鍾嶸評論這三十六家詩大致從情（風力）和辭（丹采）兩方面描述。丹采方面的描述語橫跨了源出國風、楚辭、和小雅的詩家。可見鍾嶸論詩家淵源時並不以丹采爲準。至於風力，則源出國風和楚辭的詩家壁壘分明。國風一體表怨情時，含蓄溫和，其描述語爲「悲而遠」、「哀怨」、「雅怨」、「諷諭」。楚辭一體則奔迸激元，其描述語爲「悽愴」、「愀愴」、「悽戾」、「感恨」、「刺激」、「峻切」。小雅一體與國風接近，只是更含蓄而已。⑥由此以觀鍾嶸對詩體的分類，顯出「以情觀體」的特色，比「以性觀體」有了進一步的發展。只因初萌其端，所以較爲簡略。至皎然，始推闡得更詳密。

皎然詩式中「辯體有一十九字」條說：

夫詩人之銳思初發，取境偏高，則一首舉體便高，取境偏逸，則一首舉體便逸。情性等字亦然。體有所長，故各功歸一字。偏高偏遠之例，直於詩體。篇目風貌，不妨一字之下，風律外彰，德體內蘊，如車之有轂，衆幅歸焉。其一十九字，括文章德體，風味盡矣。如易之有彖辭焉。

這段說明值得探討之處有二：皎然從什麼層面來區分高、逸等境象？何以如此？此其一。十九體之間是否有條理可尋？此其二。這兩個問題都逼向皎然「以德觀體」的觀念。其解釋則必須求之於詩裏的形成。

在詩意形成的過程裏，「心」是動源，是思維之體。「心」具有動性和向性，以指向物。物就是境象。心指向境象時必生內容，此內容即「意」。

心有兩種思維方式：形象思維與抽象思維。思維能力與生而俱，稱爲「才」。思維在時間之流中進行。其間，形象思維激起情感，抽象思維形成知識。情感可以簡稱爲「情」，知識可以簡稱爲「識」。「識」在創作中係思維針對事件而生，所以又可稱爲「事」。「情」與「事」就構成詩意，而且具有互涵的關係，即情中有事，事中有情。

詩意的形成固然需要「才」，也需要「識」。此「識」是「才」在社會化過程中形成的，泛指觀念、思想、人生觀、或意識形態等。此「識」與抽象思維所形成的知識（也簡稱識）有廣狹之別。抽象思維所形成的識是爲了孤立分析之便而說的，實際上它含蘊了社會化過程所形成的識。換句話說，前者屬於思維的結果，後者則是獲此結果的背景。前者一旦形成，就立即融入後者，成爲下次思維的背景。要瞭解皎然從那一個層面區別詩體，就必須借助此社會化所形成的識。

社會化所形成的識是個人生活中認知、情感、和行爲的指針。這個指針固然會因新的生活處境而調整或改變，卻有相當的穩定性質，而且隨年歲而增強。穩定性質使識在認知、情感、和行爲上表現出相當固定的傾向，而成爲個人的特質。由於識兼含認知與情感，而且因穩定而幾乎成爲個人本性，因此可以將個人特質稱爲情性或情操。於是詩人在選擇境象以鎔鑄詩意時，就受到情性或情操的影響，並且透過詩語者呈現詩人獨特的情性或情操。皎然就是從詩人的情性或情操來區分詩體。而高、逸等字都是情性或情操的描述語。情性或情操本乎個性，受社會化濡染，而成爲人格特徵，對行爲有所堅持。雖然不屬於善惡的範疇，也可視之爲素養，而稱之爲道德。所以皎然稱「詩體」爲「德體」，亦即「以德觀體」。這樣的道德不但不落僵化的善惡二分，反而更能曲盡道德行爲的深微，而「風味」就是對各種道德之姿的賞會。

皎然「以德觀體」之意既明，十九體之間的條理也有跡可尋。十九體可以分爲四類。意爲一類。情、思、氣、怨、悲、力爲一類。德、貞、志、節、誠、忠爲一類。高、逸、達、閑、靜、遠爲一類。

皎然主張「詩貴創心」、「意先於語」。能有卓然之意，自能有新創之詞。因此皎然所謂「立言曰意」，實貴創新而單立一體。然而創新的內涵如何？皎然並未說明。可見「意」雖爲一體，實爲無體。所創內涵散爲十八體。

詩意有偏於情感者，也有偏於識見者。偏於情感者非無識見，只是情多。偏於事件者非無情感，只是識深。皎然所謂情、思、氣、怨、悲、力諸體就是偏於情感者。此六體呈現情感的各種樣態。其中，以「緣景不盡」的情體爲總綱。因爲無論何種樣態的情感，總以境象中的景物來誘發。如果把情感的樣態從含蓄到奔迸排列，則以氣多含蓄的思爲首，其次是詞調凄切的怨，其次是傷甚的悲，其次是風情耿耿的氣，最後是體裁勁健的力。

詩意偏於識見者，表現出對境象（世事）所持的情操。這些姿態各異的情操大略有兩種類型。一類是德、貞、志、節、誠、忠。另一類是高、逸、達、閑、靜、遠。這兩類情操儼然受儒家和道家思想浸潤所致。儒家思想的浸潤偏於剛健，道家思想的浸潤偏於超越。當然，詩人情操自有秉諸本性者，但是傳統理想人格的潛移默化也深具影響力。如果把情操的樣態從剛健到超越排列，則臨危不變的忠居首，其次是立性不改的志，其次是持操不改的節，其次是放詞正直的貞，其次是檢束防閑的誠，其次是詞溫而正的德，其次是心跡曠誕的達，其次是風韻朗暢的高，其次是情性疏野的閑，其次是體格閒放的逸，其次是意中之靜，最後則是超越至極的遠。

從情感和情操區分詩體，固然可以不拘于皎然所列的十八類。情感的含蓄與奔迸，情操的剛健與超越，也不必盡如前文的排列。然而皎然「以德觀體」誠爲人性論文體觀的最終發展。至此始能與知識論的文體觀並駕齊驅。

結　論

在中國文學理論裏，對文體的認識有兩種方式：一種是從人認識文體，另一種是從文章本身認識文體。但是這兩種認識方式都憑藉漢代人性論的知識。

人性論的知識應用在人倫識鑒時，產生「體」的概念。以這個概念來認識文體，於是它的四項性質——被決定、完整、獨特、立卽而具體呈現——也移轉到文體。其中，「完整」這個性質使魏晉人的文體觀顯出哥斯塔（gestalt）的特性。卽：文體是完整而不可分割的結構，結構中某要素特別顯著而爲吾人所注意，並意識到每個結構的顯著要素不同，而有「體別」的概念。由於文體是在編纂文集，分類文章時發現的，所以稱爲「以文觀體」。它一直是我國文體觀的主要方式，顯出文類和文體的相應關係。

另一方面，在總集發現同類文章中作者之間有所差別。這個差別，從才性論的知識來看，被認爲是作者個性所致。於是從個性來理解文體，而注意個性和文體的相應關係。這就是「以性觀體」。它是從人認識文體的一種方式。

由於忽視從個性到文體之間的社會化過程，因此，從人認識文體時，無法察覺文體所呈現的不是個性，而是本於個性而發展出來的情感或情操（品德）。從而使「以性觀體」陷於含混不淸。

當認識到個性與文體之間有個社會化過程時，產生了從人認識文體的第二種方式：「以情觀體」，而根據情感的溫和與亢烈區分文體。但是情感並不孤生，情感永遠伴隨外境而生。如果只是「以情觀體」，則情感缺乏可認知的意義，而流於情緒。如此則對個性與文體之間的社會化過程缺乏深切的表述。於是進而逼出從人認識文體的第三種方式：「以德觀體」。在「以德觀體」中，德可視爲情操。情操與情感、情緒的不同端在「操」字。它顯出本於個性而社會化之後，人的言行有定有常。有定有常的言行在面臨社會情境，發爲詩文時，詩人就顯出特殊的類型。此卽「德體」。

由此可知，從文章本身認識文體，明確而淸晰，從人認識文體卻頗爲曲折。三易其法，而後才成熟。其中緣故端在秉承董仲舒和王充人性論的思考路線，忽略社會化而陷於困境。

【附　註】

① 關於東漢士風與文章增變的關係，詳見拙著「中國文學理論史——六朝篇」（臺北：華正書局，民國七十七年），第一章第一節，第一——四頁。

② 同注一，第十四頁。

③ 關於東漢銘誄頌贊常以詩賦方式寫作，詳見拙著「中國文學理論史——上古篇」（臺北：華正書局，民國七十六年），附錄二，第三五九——三六五頁。

④ 關於人性論、才性論與文學理論的關係，大體依拙著「中國文學理論史——六朝篇」第二章第二節，而略有增補。所增補者爲指出董仲舒與王充人性論之困境所在。

⑤ 關於知覺概念之說，見安海姆（Rudolf Arnheim）著，李長俊譯「藝術與視覺心理學」，（臺北：雄獅圖書公司，一九八二年九月，再版修訂），第四十七頁。

⑥ 關於鍾嶸詩品列擧三十六家詩源於國風、楚辭、小雅的含意，見拙著「中國文學理論史——六朝篇」，第二八七—二九〇頁。

向秀「思舊賦」曲說

劉漢初

文選卷二十一有顏延年五君詠五首，其中向常侍一詩：

向秀甘淡薄，深心託豪（毫）素。探道好淵玄，觀書鄙章句，交呂旣鴻軒，攀嵇亦鳳擧。流連河裏遊，惻愴山陽賦。

所謂「山陽賦」指的是同書卷十六的向子期思舊賦，文選的編者把這首賦歸入「哀傷」一類，與司馬相如長門賦、陸機歎逝賦、潘岳懷舊賦、寡婦賦、江淹恨賦、別賦並列。這幾篇都是抒寫「哀傷」的危苦之辭，內容也確實是「惻愴」的。南朝人對思舊賦的印象大體如此，它是六朝抒情短賦中的傑作。魯迅曾說：

年青時讀向子期思舊賦，很怪他為甚麼只有寥寥幾行，剛開始却又煞了尾，然而，現在我懂得了①。

他看出思舊賦的結構有點特別，更看出作者別有用心，這用心和作者所處的時代（特別是政治背景）

有關，但他卻沒有進一步說明。後來北京大學中文系編撰魏晉南北朝文學史資料②，引用魯迅這話，並加以發揮：「這篇賦，一方面表現了作者委曲求全的消極態度；另一方面也從側面反映了當時政治的黑暗和恐怖。」這種說法突顯了思舊賦的政治意味，已接觸到問題的核心。但綜觀全部註解，仍多未盡之處。本文試圖循著前人的啓示，觀察嵇康、呂安和向秀交遊的情形，探討他們的志尙，論述思舊賦所以創作的外緣環境，並結合賦本身的分析，探測作者的深心微意。其中或有一曲之見，不能周延，未敢自是，故題曰「曲說」。

一

向秀是河內懷人，其生卒年不詳，據陸侃如推測，他的年輩在阮籍（二一〇——二六三）嵇康（二二三——二六二）之間，大約生於二三〇年左右③，那一年正是曹丕篡漢的黃初元年。向秀清悟有遠識，少爲同郡山濤所知。弱冠著「儒道論」，棄而不錄④。向秀與嵇康、呂安⑤訂交不知始自何時，文選五君詠註引孫綽嵇中散傳：「嵇康作養生論，入洛，京師謂之神人；向子期難之，不得屈」。嵇康入洛，是爲了與沛穆王林（曹操之子）的孫女結婚，假設當時嵇康二十歲上下，則時間爲正始三、四年（二四二——三），兩人已結交了；與呂安來往，或者也是出自嵇康的紹介。他「與嵇康偶鍛於洛邑，與呂安灌園於山陽」，「不慮家之有無，外物不足怫其心」⑥。其後嵇康避居山陽，向秀、呂安亦時相過從。

正始年間是曹魏國祚盛衰的關鍵，前此在景初三年（二三九）正月，魏明帝病篤，詔命武衛將軍曹爽與太尉司馬懿輔政，同月明帝崩，齊王芳卽位，明年，改元正始。司馬懿在文帝、明帝兩朝，屢立戰功，威權極盛，其爲人「深阻有如城府」⑦，早有異志。曹爽用丁謐計，轉司馬懿爲太傅，外示尊崇，實則奪其政權。又引用何晏、鄧颺、丁謐、畢軌、李勝、桓範等名士與革朝政。曹爽有大志而無大才，與「內忌而外寬，猜忌，多權變」⑧的司馬懿相持十年，到了嘉平元年（二四九），卽正始十年，終於失敗。上述諸名士全部坐罪，夷三族。從此司馬氏的勢力根深柢固，不能動搖，父子三人相繼續步誅鋤異己，剷除擁護曹氏的宗室和朝士，名士遇難者衆。

嘉平三年（二五一），司馬懿殺楚王彪及王淩、王廣父子，相連者夷三族。

嘉平六年（二五四），司馬師殺李豐、張緝、夏侯玄、許允等，相連者夷三族。

正元二年（二五五），司馬師擊走文欽，斬毋丘儉，夷三族。

甘露二年（二五七），司馬昭斬諸葛誕。

景元元年（二六〇），卽甘露五年，高貴鄉公曹髦不甘受制於權臣，親自討伐司馬昭，爲其黨賈充等人所弒，尙書王經死難。

歷次誅除之中，以嘉平元年一役最爲慘酷，當時人王廣說：「同日斬戮，名士減半。」⑨可見司馬氏的殘忍手段在當日名士間所引起的震撼。晉書卷四十九阮籍傳：「籍本有濟世志，屬魏晉之際，天下多故，名士少有全者，籍由是不與世事，遂酣飮爲常。」所說的當是實情。⑩

自曹爽汲引諸名士與司馬懿爲敵，司馬氏對名士卽深具戒心。曹爽滅後，司馬氏大權獨攬，對名士的態度日趨嚴厲，在朝名士忠於曹氏的固然難以免禍，卽使依違兩可的騎牆派，也發生危險。如李豐在曹爽執政時「依違二公間」，有人寫謗書諷刺他「李豐兄弟如游光」。曹爽誅後，李豐驚怖氣索，足委地不能起。司馬師執政，用爲中書令，「帝比每獨召與語，不知所說。景王知其議己，請豐，豐不以實告，乃殺之。」⑪不知曹爽既誅，司馬氏再無敵手，可以肆意專殺，他不肯把魏帝批評司馬師的話從實托出，仍是兩面討好的故智，但司馬氏已不容有人依違取利了。

猶有甚者，司馬師不容許有人心懷不滿隱居不仕，世說新語言語篇第十六條：

> 司馬景王東征，取上黨李喜，以為從事中郎；因問喜曰：「昔先公辟君不就，今孤召，君何以來？」喜對曰：「先公以禮見待，故得以禮進退；明公以法見繩，喜畏法而至耳。」

名士已沒有獨善其身的自由，他們在法律制裁的大帽子下被迫出仕，這是司馬氏對名士的進一步箝制對於仕途危機的深化，阮籍有極敏銳的觸角，晉書卷四十九本傳：

> 及文帝輔政，籍嘗從，密言於帝曰：「籍平生曾遊東平，樂其風土。」帝大悅，卽拜東平相。籍乘驢到郡，壞府舍屏彰，使內外相望。法令清簡，旬日而還，帝引為大將軍從事中郎。

阮籍有「東平賦」一篇，對當地風土之惡頗多描寫，賦容或作於爲東平相之後，但他既說「平生曾遊東平」，對東平風土不應完全陌生，「樂其風土」云云，顯然是託辭⑫。他是察覺到政治氣候變了，已到了非表態不可的時候，就假意託身爲羽翼，藉以免禍。他到郡不治事，旬日而還，故意裝出有虛聲而無治實的樣子，爲的是去除司馬昭的猜忌。

向秀與嵇、呂交往的二十年中，政治環境如此。

二

向秀早期仕履不詳，好像是沒有任官的樣子，或者是在河內地方政府有甚麼小差事。他的足跡常到洛陽和山陽，除了鍛鐵灌園，也許還花了很多時間著莊子隱解，雖然頗有聲望，卻不如嵇、呂名氣之大。顏延之說他「交呂」、「攀嵇」，應該是不錯的。大約在嘉平五年（二五三）前後，就發生了與鍾會衝突的事。世說新語簡傲篇第三條說：

鍾士季精有才理，先不識嵇康；鍾要於時賢儁之士俱往尋康；康方大樹下鍛，向子期為佐鼓排。康揚槌不輟，旁若無人，移時不發一言，鍾起去，康曰：「何所聞而來？何所見而去？」鍾曰：「聞所聞而來，見所見而去。」

這件事關係甚大，鍾會依附師、昭兄弟，日見信用，約在十年之後，鍾會任司隸校尉，終於藉故殺了嵇康，魏志卷二十一王粲傳注引魏氏春秋：

鍾會為大將軍所昵，聞康名而造之。會名公子，以才能貴幸，乘肥衣輕，賓從如雲。康方箕踞而鍛，會至不為之禮。康問會曰：「何所聞而來？何所見而去？」會曰：「有所聞而來，有所見而去。」會深銜之。

大將軍嘗欲辟康；康旣有絕世之言，又從子不善，避之河東，或云避世。及山濤為選曹郎，舉康自代；康答書拒絕，因自說不堪流俗，而非薄湯武，大將軍聞而怒焉。初，康與東平呂昭子巽、及巽弟安親善，會巽淫安妻徐氏，而誣安不孝，囚之。安引康為證，康義不負心，保明其事。安亦性烈，有濟世志力。鍾會勸大將軍因此除之，遂殺安及康。

又文選思舊賦注引干寶晉書：

康有潛遯之志，不能被褐懷寶，矜才而上人。安，巽庶弟，俊才，妻美，巽使婦人醉而幸之，醜恶發露，巽病之，告安謗己。巽於鍾會有寵，太祖遂徙安邊郡。遺書與康：「昔李叟入秦，及關而歎」云云，太祖恶之，追收下獄。康理之，俱死。

呂安一案起於呂巽心虛誣告，據世說新語雅量篇第二條注引晉陽秋，呂安不孝的罪名是「撾母」，無論如何，嵇康以證人的身分陷於大戮，如果不是鍾會挾怨報復，事當不致如此⑬。世說新語雅量篇第二條注引文士傳載鍾會庭論嵇康之言：

今皇道開明，四海風靡，邊鄙無詭隨之民，街巷無異口之議，而康上不臣天子，下不事王侯，輕時傲世，無益於今，有敗於俗。昔太公誅華士，孔子戮少正卯，以其負才、亂羣、惑衆也。今不誅康，無以清潔王道。

鍾會深知司馬昭猜忌名士的心病，嵇康不肯向司馬氏靠攏，這就給鍾會抓到了進讒的機會，這段庭論說得坦白。嵇康峻切不妥協的個性，是賈禍之由，這一點嵇康自己也很清楚，他在與山巨源絕交書裏龍性誰能馴。」⑭司馬昭是不能容忍有才而不馴之輩的，嵇康以龍鳳之質，無罪而誅，是必然的下場。

已說得淋漓盡致了。關於嵇康的峻切個性，顏延之描述得很好。五君詠嵇中散一首：「鸞翔有時鎩，

三

嵇康、鍾會正面衝突之時，向秀正爲嵇康「鼓排」，嵇、呂之死全由鍾會一手導演，此事向秀熟知，他心中所生的戒懼，可以想見。司馬昭能以「不仕」、「不孝」的罪名誅嵇、呂，自然也能以同樣的手段對付他。世說新語言語篇第十八條：

嵇中散被誅；向子期舉郡計入洛；文王引進，問曰：「聞君有箕山之志，何以在此？」對曰：「巢、許狷介之士，不足多慕。」王大咨嗟。

向秀的答語，劉孝標注引向秀別傳作「常謂彼人不達堯意，本非所慕也」。兩段話語都欠完整，至晉書卷四十九本傳卽合而爲一：「以爲巢、許狷介之士，未達堯心，豈足多慕？」向秀引莊子逍遙遊堯讓天下於許由一節，加上魏晉人習聞的巢父洗耳故事⑮，表示不願效法巢父、許由狷介避世的不合宜作風，以此取得司馬昭諒解。論者多謂是「遜辭免禍」之計。向秀應郡計入洛與李喜應辟就職，其所受的政治壓力相同，被質問時語氣之咄咄逼人也相同，但李喜能亢聲直說，向秀不免低首遜謝，當是由於嵇、呂殷鑒不遠，心有餘悸，不得不然。晉書卷四十五劉毅傳：

文帝辟爲相國掾，辭疾積年不就，時人謂毅忠於曹氏。而帝怒其顧望，將加重辟，毅懼應命。

司馬氏取天下的時機已成熟，已不能容忍任何不妥協的舉動，名士徘徊顧望，尤其容易招忌，司馬昭所用的手段更甚於乃兄。刀鋸鼎鑊之前，向秀應聲表態，自是明哲保身的機智。

自此向秀卽走入仕途。晉書本傳說：

後為散騎侍郎，轉黃門侍郎，散騎常侍。在朝不任職，容跡而已。

參照前引向秀別傳：「隨次轉至黃門侍郎，散騎常侍。」所謂「容跡」、「隨次」，似乎他做官只是消極敷衍，不求表現，不熱中進取。晉書本傳吳士鑑、劉承幹斠注引勞格校勘記：

案任愷傳：「庾純、張華、溫顒、向秀之徒皆與愷善，楊珧、王恂、華廙等（賈）充所親敬，于是朋黨紛然。」則秀實係奔競之徒，烏得云容跡而已哉！

余嘉錫不同意這個看法，他以爲：

子期入任愷之黨，誠違老氏和光同塵之旨；然愷與庾純、張華、和嶠之徒，皆忠於晉室，秀與之友善，不失為君子以同德為朋。勞氏譏為奔競，未免稍過。⑯

向秀是否參與朋黨政爭，除了任愷傳一句話外，沒有其他記載，詳情遂不得而知，姑且擱置不論。依西晉官制，黃門侍郎和散騎常侍都是重要官職，職掌文案，典平尚書機事，最爲近密，似不能僅靠「容跡」、「隨次」可以獲致。⑰世說新語文學篇第十七條注引秀別傳：

秀與嵇康、呂安為友，趣舍不同。嵇康傲世不羈，安放逸邁俗，而秀雅好讀書；二子頗以此嗤之。後秀將注莊子，先以告康、安。康、安咸曰：「此書詎復須注？徒棄人作樂事耳。」及成，以示二子，曰：「爾故復勝不？」康、安乃驚曰：「莊周不死矣！」後注周易，大義可觀；而與漢世諸儒互有彼此，未若隱莊之絕倫也。

依上下文意，「趣舍不同」似指個性上的基本差異。牟宗三以爲向秀注莊，「較沈潛內斂，不似阮籍、嵇康等之傲放奇瓌」⑱他們個性上的差異，也適用這個講法。向秀「清悟有遠識」（晉書本傳）個性偏於內斂，嵇、呂則放逸不羈，所以嵇、呂不屑細注莊子，向秀獨能發明大義。這種個性表現在政治上，嵇、呂多旗幟鮮明，反應強烈，向秀則能權衡輕重，隱忍不發。

四

向秀思想上的特殊領會，也是值得注意的。謝靈運辯宗論說：「向子期以儒道爲一。」這句話殊堪玩味。案莊子逍遙遊「堯讓天下於許由」一節，文義曉暢，明是揚許抑堯，推崇遺棄世累的隱士。但郭象注卻另標新義：

夫能令天下治，不治天下者也。故堯以不治治之，非治之而治者也。今許由方明既治，則無所代之。而治實由堯，故有子治之言，宜忘言以尋其所況。而或者遂云：治之而治者，堯也；不治而堯得以治者，許由也。斯失之遠矣。夫治之由乎不治，為之出乎無為也，取於堯而足，豈借之許由哉！若謂拱默乎山林之中而後得稱無為者，此莊老之談所以見棄於當塗。（當塗）者自必於有為之域而不反者，斯之由也。

全文持之有故，言之成理，是一個完整的理論體系，但與莊子本旨相去甚遠。余嘉錫對這個特異的現象有如下的說明：

莊生曳尾塗中，終身不仕，故稱許由，而毀堯舜。郭象注莊，號為特會莊生之旨。乃於開卷便調停堯、許之間，不以山林獨往者為然，與漆園宗旨大相乖謬，殊為可異。……觀文學篇注引向、郭逍遙義，始末全同。今郭注亦具載之。則此篇之注出於向秀固無疑義。……要之魏、晉士大夫雖遺棄世事，高唱無為，而又貪戀祿位，不能決然捨去。遂至進退失據，無以自處。良以時重世族，身仕亂朝，欲當官而行，則生命可憂；欲高蹈遠引，則門戶靡託。於是務為自全之策，居其位而不事其事，以為合於老、莊清靜玄虛之道。我無為而無不為，不治即所以為治也。……向子期之舉郡計入洛，雖或怵於嵇中散之被誅，而其以巢、許為不足慕，則正與所注逍遙游之意同。阮籍、王衍之徒所見大抵如此，不獨子期一人籍以遜詞免禍而已。⑲

一切思想學說都起於現實世界的需求，余氏深知魏晉之際名士的困境，所論遂能深中肯綮。但向秀調和仕隱的議論還不止這些，其難嵇康養生論：

若夫節哀樂，和喜怒，適飲食，調寒暑，亦古人之所修也。至於絕五穀，去滋味，寡情欲，抑富貴，則未之敢許也。何以言之？夫人受形於造化，與萬物並存，有生之最靈者也。異於草木，草木不能避風雨，辭斤斧；殊於鳥獸，鳥獸不能遠網羅，而逃寒暑。有動以接物，有智以自輔。此有心之益，有智之功也。若閉而默之，則與無智同。何貴於有智哉？有生則有情，稱情則自然，若絶而外之，則與無生同。何貴於有生哉？且夫嗜欲，好榮惡辱，好逸惡勞，皆生於自然。夫天地之大德曰生，聖人之大寶曰位，崇高莫大於富貴，然富貴，天地之情也。貴則人順己以行義於下；富則所欲得以有財聚人，此皆先王所重，關之自然，不得相外也。又曰：富與貴，是人之所欲也。但當求之以道義。在上以不驕無患，持滿以損儉不溢，若此何為其傷德耶？或睹富貴之過，因懼而背之，是猶見食之有噎，因終身不餐耳。

此篇調停仕與隱的矛盾，與逍遙遊注異曲同工，只是措辭較淺近，更能切合現實事情而已。逍遙義有所謂「大小雖差，各任其性，苟當其分，逍遙一也」之說，尤其可見向秀不拘出處的本心。世說新語言語篇第十八條注引向秀別傳，稱他「進止無固必」⑳，可見他一向便有和光同塵的念頭。嵇、呂被誅以後，向秀內心惴惴，終於向司馬氏靠攏，雖說迫於形勢，但他本就沒有絶迹仕途的意思，「未達堯心」之語，既不盡是阿諛，也不全是遜辭免禍，多少與他一向的理念有關。其後他爲官採取「容跡」的態度，「隨次」轉遷，也都是「逍遙」、「養生」理念的落實發揮。㉑

五

思舊賦並序

余與嵇康、呂安，居止接近；其人並有不羈之才。然嵇志遠而疏，呂心曠而放，其後各以事見法。嵇博綜技藝，於絲竹特妙。臨當就命，顧視日影，索琴而彈之。余逝將西邁，經其舊廬；

於時日薄虞淵，寒冰凄然。鄰人有吹笛者，發聲寥亮；追思曩昔遊宴之好，感音而歎，故作賦云：

將命適於遠京兮，遂旋反而北徂。濟黃河以汎舟兮，經山陽之舊居。瞻曠野之蕭條兮，息余駕乎城隅。踐二子之遺跡兮，歷窮巷之空廬。歎黍離之愍周兮，悲麥秀於殷墟。惟古昔以懷今兮，心徘徊以躊躇。棟宇存而弗毀兮，形神逝其焉如。昔李斯之受罪兮，歎黃犬而長吟。悼嵇生之永辭兮，顧日影而彈琴。託運遇於領會兮，寄餘命於寸陰。聽鳴笛之慷慨兮，妙聲絶而復尋。停駕言其將邁兮，遂援翰而寫心。

據李善注引臧榮緒晉書，思舊賦是向秀應本郡計入洛，回程經過山陽時所作。時間當在與司馬昭見面之後，正式出仕之前。向秀與嵇、呂相交有年，情契至深，嵇、呂之所以不肯出仕的心意，向秀是知道的。雖說由於出處理念之不同，向秀沒有像朋友那樣堅持隱居下去，他的入仕，到底是被迫的成分居多。作賦之時，他已接受朝廷的任命了。文中所謂「逝將西邁」、「停駕言其將邁」，即是要離開山陽去做官的隱約說法。他重來往日遊宴之地，無論是出於故意探訪還是偶然路過，那一刻的心情，想必是很複雜的。

序的開始先對嵇、呂的爲人作概括性的描述，他認爲他們都有才能，都不肯受到拘束，嵇康志向高遠，呂安心性曠達，但他們性格上卻有「疏」、「放」的問題。所謂「疏」與「放」，雖可解釋爲心靈上某種不羈的境界，但同時也兼指現實的一面。「疏」即疏於應世，「放」即脫略人事。如以世俗的眼光來看，「疏」與「放」都是性格上的缺點。關於嵇康的「疏」，世說新語棲逸篇第二條載道士孫登對他的看法：「君才則高矣，保身之道不足。」又劉注引文士傳孫登對他說的話：

> 子識火乎？生而有光，而不用其光，果然在於用光；人生有才，而不用其才，果然在於用才。故用光在乎得薪，所以保其曜；用才在乎識物，所以全其年。今子才多識寡，難乎免於今之世矣！子無多求！

所謂「識物」，依魏晉的用語習慣，即是「識人」，嵇康之不能識人，如他結交呂巽，拒交鍾會，終致殺身之禍。晉書卷四十九本傳載孫登之言卻說：「君性烈而才雋，其能免乎！」改「識寡」爲「性烈」，是以爲嵇康之所以不能識人，並非智慧上的問題，而是性格上的問題，即與山巨源絕交書上自謂「不識物情，闇於機宜，無萬石之愼，而有好盡之累」，其個性之峻切如此。㉒至於呂安的「放」世說新語簡傲篇第四條：

> 嵇康與呂安善，每一相思，千里命駕。安後來，值康不在，喜出戶延之；不入，題門上作「鳳」字而去。喜不覺，猶以為欣，故作。「鳳」字，凡鳥也。

注引干寶晉紀：

> 安嘗從康，或遇其行，康兄喜拭席而待之，弗顧，獨坐車中。康母就設酒食，求康兒共語戲，良久則去。其輕貴如此。

呂安對摯友嵇康的家人尊長尚且如此，其他更不必問。

總之，嵇、呂之不幸，由於任氣使才的個性，向秀是很了解的。思舊賦這幾句話表面上是批評了嵇、呂的缺點，但言外卻另有曲折。性格上的「疏」與「放」，只是個人修養的問題。朝廷儘可視之爲狂人，永不錄用也無不可，卻不能以此作爲誅戮他們的理由。司馬昭以「不仕」、「不孝」的罪名殺嵇、呂，骨子裏卻實在是因爲兩人有才而疏放不羈，難以籠絡，使他不能忍受的緣故。序文接下以「其後各以事見法」總括嵇、呂之死，故意含糊其辭，對所謂的「事」全無交待。文學作品重在要言得意，記事不求鉅細靡遺。嵇、呂一案整個過程充滿了私慾和誣陷，只因事涉司馬昭，誰也不敢挺身非議；向秀處於危疑之地，自保之不暇，豈敢輕言速禍？上文既然已暗示嵇、呂死非其罪，這裏卻又故意爲司馬氏隱諱，吞吞吐吐的情狀，正足以反映執政者之暴虐，使人不敢言而敢怒。這種「道路以目」的表現方式，正是向秀的微辭。

嵇康善鼓琴，曾作琴賦一篇，收入文選卷十八。他認爲各種樂器都有缺陷，「八音之器，歌舞之象，歷世才士，並爲之賦頌，其體制風流，莫不相襲。稱其材幹，則以危苦爲上；賦其聲音，則以悲哀爲主；美其感化，則以垂涕爲賞。麗則麗矣，然未盡其理也。推其所由，似元不解音聲。覽其旨趣，亦未達禮樂之情也。」惟有琴，「性絜靜以端理，含至德之和平，誠可以感盪心志，而發洩幽情」，「揔中和以統物，咸日用而不失」，「非夫曠遠者，不能與之嬉遊；非夫淵靜者，不能與之閑止；非夫放達者，不能與之無吝；非夫至精者，不能與之析理也。」概括地說，嵇康主張以中和爲體的琴德論，他的「兄秀才公穆入軍贈詩十九首」：「目送歸鴻，手揮五絃。俯仰自得，遊心太玄。」

就是這個理論的實際體現。世說新語雅量篇第二條：

嵇中散臨刑東市，神氣不變；索琴彈之，奏廣陵散。曲終曰：「袁孝尼嘗請學此散，吾靳固未與，廣陵散於今絕矣！」太學生三千人上書請以為師，不許。文王亦尋悔焉。

劉孝標注引文士傳：

臨死，而兄弟親族，咸與共別，康顏色不變；問其兄曰：「向以琴來不邪？」兄曰：「以來。」康取調之，為太平引；曲成，歎曰：「太平引於今絕也！」

文士傳這段記載又見於文選思舊賦注，李善又引曹嘉之晉紀：

康刑於東市，顧日影，援琴而彈。

嵇康的從容鎮定，非常人能及，似乎生死大事仍不能拂亂其心，這就是「雅量」。嵇康臨終所奏琴曲有廣陵散、太平引兩說，戴明揚廣陵散考：「除文士傳外，各書稱叔夜臨刑彈琴，皆指廣陵散而言。」㉓意思是說當以廣陵散爲正。如果戴氏的說法不誤，那麼思舊賦兩度提到嵇康臨終鼓琴，不惜用重出的表現方式以加強印象，當與這廣陵散有關。

廣陵散一曲不知起於何時，魏晉之際相當有名㉔，但參考前引世說新語雅量篇第二條，似乎能彈奏的人極少。晉書本傳載嵇康游于洛西，暮宿華陽亭，有鬼來共談音律，以廣陵散授康㉕。故神其說，更顯得廣陵散不是尋常曲子。據戴明揚考證，廣陵散自袁孝尼後，嵇康的家法已絕，但曲譜歷代仍有流傳，雖多別出新聲，不能一致，卻未必全違原意，就載籍所記每段題名可知，廣陵散所寫乃是刺客聶政為嚴仲子刺殺韓相俠累的故事。果如戴氏所言，則嵇康好彈此曲，恐怕別具深意。戴氏又說：

> 叔夜痛魏之將傾，其憤恨司馬氏之心，無所於泄，乃一寓於廣陵散；蓋冀刺殺韓相之事復見於其時。其答二郭詩云：「豫子匿梁側，聶政變其形。顧此懷怛惕，慮在苟自寧。」可知此志固久蓄於中者。但恐久與世接，人將識其誅伐之心，故託之鬼神，而不輕以示人也。不然，磊落如叔夜，何至吝於一曲哉？至由聶政刺韓相之事而製為琴曲，冠名廣陵，其義未可以強求。㉖

嵇康對魏室效忠的程度如何，暫且不論，但他對司馬氏篡奪的手段確是相當不滿的，借聶政事寄慨，甚有可能，戴氏的看法大致可從。晉人造作鬼授廣陵散一段故事，心意是十分微妙的。嵇康臨終從容彈奏此曲，儘管外表鎮定如恆，風度優美，他內心的怨歎感恨，正不知如何洶湧澎湃呢？這種心情旁人或許不太注意，即使注意到了，事後也容易忘卻，但深心相契如向秀者流，自然是刻骨銘心，感喟不已的。嵇康辭世未久，他就投靠司馬昭了，不管原因為何，那種辜負良朋的愧疚之情，恐怕是有的，說不定也會興起「幽冥之中，負此良友」的感歎。

而且，思舊賦先是說「顧視日影，索琴而彈之」，後又說「顧日影而彈琴」，日影顯然是很重要的意象。按這兩處上接「就命」、「永辭」而言，日影在這裏應是「時間」一義的具體化。回頭看著太陽的影子慢慢推移，日未暮而途已窮，生命須臾之間就要結束了，嵇康以臨終之前這一段最短促卻最珍貴的時刻，最後一次彈奏刺殺權臣的曲子，嵇康的幽憤眞是至死不能釋然了。向秀隱去「廣陵散」的曲名，轉用「彈琴」這種不帶棘刺的浮泛詞語，讀來就沒有那麼礙眼，可算是另外一種「遜辭免禍」的方式，有他迂迴曲折的優點。畢竟，句中有掩不住的傷惋之情，痛惜反對權臣的亡友，不啻是對權臣的非難，只是他說得格外幽微深婉而已。其實，思舊賦所思之舊，偏重嵇康，呂安只佔從屬地位，細讀全文可知㉗。向秀對嵇康的懷念更深些，將是有感於亡友竟有至死都不能釋然的傷痛吧。

賦中還有兩個地方值得探究。

「歎黍離之愍周兮，悲麥秀於殷墟」。首句用詩經王風黍離的典故，據毛詩序，周室東遷之後，大夫重返故都，見舊時宗廟宮室，盡爲禾黍，悲愍周室傾覆，因而作了這詩。次句，據尚書大傳，殷紂亡後，微子朝周，路經殷墟，見故都淪爲田畝，不勝今昔之感，也唱了兩句歌。按這兩句上接「踐二子之遺跡兮，歷窮巷之空廬」，下接「惟古昔以懷今兮，心徘徊以躊躇」，貫串著上下文看，仍是舊地重遊，感歎盛時不再的意思，與周大夫及微子的情感基調相同。如只作這樣理解，實不足以發明作者言外之意，忽略作者用典的苦心。近人黃侃平點文選，以爲「山陽乃漢獻降居之國，知此，則此篇爲弔魏而作，而嵇、呂之死魏，不待煩言矣」，又說「黍離二語乃微詞也。」㉘他的意思是說，司馬昭時魏室雖存，其實等同亡國，思舊賦表面上是懷念亡友，實則是傷悼魏祚將終。這樣解釋當然也講得通，但嚴格說，魏室雖弱，總算沒有滅亡，黍離、麥秀的典故固然與亡國有關，但如取義於此，就有欠貼切。再說，果如黃侃那樣講，向秀豈不是直斥司馬昭包藏禍心，竊弄神器？向秀竟會如此斗膽去捋虎鬚嗎？至於山陽的問題，就更容易解釋了，他們遊宴之地早就在山陽，也不是等朋友被害了，才找個與漢獻帝有關的地方來憑弔的，那只是巧合。原來古人用典概分兩種，一是摘取古書中的故事，一是檃括古書中的用語，這兩句應該屬於後一種。黍離原詩第一章：

> 彼黍離離，彼稷之苗。行邁靡靡，中心搖搖。知我者，謂我心憂，不知我者，謂我何求？悠悠蒼天，此何人哉？

向秀重臨故地，滿懷傷痛，情緒低落，又想日後出仕，將面對不可知的命運，旁人只見他富貴得來容易，卻不知他心中惴惴難安，進退維谷。黍離詩這幾句，和他內心的情境完全合拍，可知他必是用詩語無疑。至於「悠悠蒼天，此何人哉」兩句，那便是「誰爲爲之，孰令致之」的質問語氣了，所指何人，不言自明。今本尚書大傳載有微子歌詞

> 麥秀蔪蔪兮禾黍油油。彼狡童兮不我好仇。

微子指斥紂王，詈爲狡童，責備他不肯和自己站在一邊，同心爲國事盡力，以致身死國亡，宗廟丘墟。按嵇康最早與呂巽結交，後因巽得交呂安，向秀或由嵇、呂得交呂巽，那知呂巽中道變節，首釀大禍，向秀斥他是不能與人終始的狡童，亦是情理之常。責備呂巽卽間接責備他背後的鍾會，如擴大來說，這狡童也可上及司馬昭。這樣解說似乎深文周納，過於曲折，但以當日事勢看來，向秀既不便直斥司馬之非，但追思嵇、呂的寃死，與乎自己的歧路徬徨，豈能無怨？他這樣迂迴其辭，誠屬不得已。身仕亂朝，反抗既有所不能，飲恨吞聲又人所難忍，不在文章中寄託隱晦的譏刺，此心如何能平？當然，這種連當事人也不容易察覺的譏刺是那麼卑微，那麼軟弱，相對於嵇呂所受的苦難，和向秀自己所受的委屈，這樣微弱的譏刺確實可笑，但如本著「如得其情，雖哀矜而勿喜」的態度來看，

向秀的無可奈何確是其情可愍的。

「昔李斯之受罪兮，歎黃犬而長吟：悼嵇生之永辭兮，顧日影而彈琴。」後兩句上文已論，不再重複。文心雕龍指瑕篇說：「若夫君子擬人，必於其倫……向秀之賦嵇生，方罪於李斯……不類甚矣。」南朝人講作文修辭，特重比擬，往往過於嚴格，多所拘忌。黃侃說：「此言叔夜勝於李相，所謂志遠，非以歎黃犬偶顧影彈琴也。」駱鴻凱說得也很明白：「此以李相之臨死張皇，形叔夜之從容就戮，正言叔夜勝於李相，非以歎黃犬媲顧影彈琴也。彥和說誤。」㉙黃、駱二家之說，大體不誤，仍可進一步發揮。史記卷八十七李斯傳，趙高誣陷李斯謀反，具五刑，腰斬咸陽市。李斯之誅，雖說咎由自取，但謀反的罪名實屬寃枉。司馬遷在贊語中說：「人皆以斯極忠而被五刑死。」可見直到西漢時同情李斯的大有人在。嵇康之死與李斯之死當然不能相提並論，但卻有一點相同，即是都死非其罪，都值得同情。向秀以李斯比嵇康，並不僅是因爲這一點。據史記，「斯出獄，與其中子俱執，顧謂其中子曰：『吾欲與若復牽黃犬，俱出上蔡東門，逐狡免，豈可得乎？』遂父子相哭，而夷三族。」李斯想念上蔡東門之遊，亦猶序文所謂「追思曩昔遊宴之好」的意思。猶有進者，李斯追悔平生乾沒不已，終陷大戮，死前所不能釋懷的，是過去一段安逸的生活，而山陽遊宴追陪的日子，決不輸於上蔡東門之樂，但嵇康卻能一概捨卻，念念不忘廣陵散曲意之所寄。李斯是歷史上的大人物，但臨死的氣概卻遠落嵇康之後，則嵇康之幽憤，更凝聚了加倍的力量，然而這一無比的精神力量，竟不過如電光，如石火，轉瞬銷亡，餘命寸陰，向生之所以痛悼者在此。

【附註】

①魯迅「爲了忘卻的紀念」，收入南腔北調集。引文見魯迅全集第四卷，頁四八五。谷風出版社，民國七十八年臺一版。

②魏晉南北朝文學史資料頁二三五，里仁書局影印，民國七十一年。

③陸侃如中古文學繫年頁五三七，人民文學出版社，一九八五。稽康生卒年歷來頗有異說，陸侃如以爲應是二二四—二六三，見同書頁四六〇。又可參莊萬壽稽康研究及年譜頁六三—六六，學生書局，民國七十九年十月。

④世說新語言語篇第十八條引向秀別傳：「弱冠，著『儒道論』，棄而不錄，好事者或存之。或云是其族人所作，困於不行，乃告秀，欲假其名。秀笑曰：『可復爾耳？』」如依後說，向秀個性似頗寬厚。見楊勇世說新語校箋頁六一，明倫出版社，民國五十九年。（本文引世說各篇條數悉依楊勇本，不另說明。）

⑤呂安生年不詳，稽康與呂長悌絕交書有「昔與足下年時相比」之語，是康與呂巽年歲相近，呂安當較稽康略小數歲。

⑥以上引文同④，又御覽四百九向秀別傳：「秀與呂安灌園於山陽，收其餘利以供酒食之費。或率爾相攜，觀原野，極游浪之勢，亦不計遠近，或經日乃歸，復修常業。」

⑦語出干寶「晉紀總論」，見文選卷四十九。

⑧晉書卷一宣帝紀。

⑨ 魏志卷二十八王淩傳注引漢晉春秋。

⑩ 關於魏晉之際名士與政治的關係，可參馮承基「魏晉名士的政治生涯」，國立編譯館刊第二卷第二期，民國六十二年九月。

⑪ 魏志卷九夏侯玄傳注引魏略。

⑫ 陳伯君以爲：「此賦無一語道其風土有可樂者，反之，則極道其風土之惡，甚至謂『孰斯邦之可即』，可見籍當時對司馬昭之語，不過託辭求去，及抵東平，纔十餘日，則又失望而歸矣。」（見陳氏阮籍集校注頁一，中華書局，一九八七。）後數語未能道著阮籍用心。本文酌採繆鉞「清談與魏晉政治」第三節之說，該篇收入繆氏冰繭叢稿頁三二—五八，上海古籍出版社，一九八五。

⑬ 嵇康與鍾會交惡，又有一事可證。世說新語文學篇第五條：「鍾會撰四本論始畢，甚欲使嵇公一見，置懷中；既詣，畏其難，懷不敢出，於戶外遙擲，便而急走。」

⑭ 今人龔斌著「嵇康幽憤詩辨析」，對嵇康的性格有較詳細的分析，他認爲：「嵇康自有他獨特的個性，其特徵表現爲內在的清醒理智和外在的峻切言行之間的深刻矛盾。」文見中國古典文學論叢第二輯，頁二四—三六，人民文學出版社，一九八五。

⑮ 巢父洗耳事見世說新語言語篇第一條注引皇甫謐語。又可參同書排調篇第六條注引逸士傳。

⑯ 余嘉錫世說新語箋疏頁八一。中華書局，一九八三。

⑰ 何啓民說：「通鑑置此條（案指任愷、賈充相爭事）於武帝泰始八年，或當愷總門下樞機時，秀附之，而得以隨次轉至黃門侍郎，散騎常侍。至同書卷四九本傳所說『在朝不任職，容跡而已，卒於任』，自當爲泰始

八年，愷廢以後事也。欲親近充而不得，其鬱鬱以卒者可以想見矣。」末兩句推測稍過，前文頗有見地。向秀以「容跡」的態度任官也可發生在附任愷以前。何氏竹林七賢研究頁一三七，學生書局，民國六十五年。

⑱ 牟宗三才性與玄理頁一七一，人生出版社，民國五十二年。

⑲ 見世說新語箋疏頁八。按陳寅恪研究魏晉人調和名教與自然之哲學問題卽已發現此理，可參陳氏著「陶淵明之思想與清談之關係」，收入陳寅恪先生論文集下，頁一〇一一—一〇三五，九思叢書，民國六十六年。又可參註⑫引繆鉞文。

⑳ 「其進止無固必」一句頗有異文，參看楊勇校箋頁六一。王叔岷引論語子罕篇：「子絕四：毋意，毋必，毋固，毋我。」認爲是此「無固必」所本。見王氏世說新語補正頁一七，藝文印書館，民國六十四年。

㉑ 晉書卷四十九向秀傳：「又與康論養生，辭難往復，蓋欲發康高致也。」晉書編者似乎以爲難養生論只是一種設辭，向秀並非眞有此想，目的是激發嵇康表現更高超的旨趣。但難養生論與逍遙義明屬同一思想系統，今不取晉書之說。

㉒ 世說新語賢媛篇第十一條載山濤妻認爲山濤之才不如阮籍，嵇康，但「識度」較勝。「識」與「度」實爲一事。山濤仕晉，長期掌管選職，「每一官缺，輒啓擬數人，詔旨有所向，然後顯奏，隨帝意所欲爲。」（晉書四十三本傳）人際關係中以君臣最難處，山濤深知自我損抑的爲官之道，正是「識度」的充分表現，所以極受晉帝信任，屢次辭官，均獲慰留。嵇康絕交書說他「多可而少怪」，頗不以這種態度爲然，兩人處世的「識」根本不同，際遇之否泰遂不能同日而語。

㉓ 戴明揚嵇康集校注頁四四七，洛圖書出版社影印本，民國六十七年。

㉔ 文選卷十八嵇康琴賦注引應璩與劉孔才書：「聽廣陵之清散。」藝文類聚四十四引孫該琵琶賦：「淮南、廣陵、郢中、激楚。」文選同卷潘岳笙賦：「輟張女之哀彈，流廣陵之名散。」應璩（一九〇—二五二）、劉卲（一八〇？—二四五？）、孫該（二一〇？—二六一）、潘岳（二四七—三〇〇）都與嵇康同時並世，可見廣陵散在魏晉之際深受士大夫注目。

㉕ 太平廣記三百十七，御覽五百七十九引靈異志，事類賦注十一引荀氏靈鬼志也有這個故事，敍述較晉書詳細。大概六朝人有此傳聞，爲晉書編者輯入。

㉖ 「廣陵散考」收入嵇康集校注頁四四四—四八〇，以上引文見頁四七〇。

㉗ 思舊賦凡是有關呂安的地方，必定也連及嵇康，但如「嵇博綜技藝」至「索琴而彈之」、「昔李斯之受罪」至「寄餘命於寸陰」，都只單敍嵇康。鄰笛是引起本文作意的重要關鍵，也和嵇康彈琴有聯想的關係。日人中島千秋早已發現這個現象，參所著「向秀の『思舊の賦』について」，日本中國學會報第十九集，頁一一八—一三〇，一九六七年十一月。

㉘ 黃侃文選平點頁五八，上海古籍出版社，一九八五。

㉙ 黃侃說見上注，駱鴻凱說見所著文選學「餘論第十」，頁三五一，華正書局，民國六十七年。

陶淵明文學成就所以獨超衆類之探討

——試從陶淵明哲學理念之轉化探索

陳怡良

一、前言

陶淵明爲我國田園詩派之宗師，成爲一劃時代之偉大詩人，在文學史上獲致極高之評價。蕭統曾稱許淵明之人品云：

貞志不休，安道苦節，不以躬耕爲恥，不以無財爲病，自非大賢篤志，與道汙隆，孰能如此者乎？

又評其文品云：

其文章不羣，詞采精拔，跌蕩昭章，獨超衆類，抑揚爽朗，莫之與京①。

蕭統對淵明人品文品之評價，可謂推崇備至。雖亦曾誤解淵明所作閑情賦之作意，而評曰：「白璧微瑕」②，但仍是讚許淵明在文學上之成就，確是高人一等。一般而言，我國古代判斷文學之價值標準，自是植基於深厚之傳統文化上，即自人格——道德性，風格——藝術性，思想——哲理性等三首要？

者立論。淵明所以能在文學史上獲致如此崇高之榮譽，除人品之因素外，其餘因素，是否就以才情爲

不可否認，才情二字，一般皆視之爲成爲文學家之最主要因素，但在我國文學史上，似乎更有主要之因素存在，此卽我國哲學中儒、道、釋三家生命哲學中，所強調之修養工夫，亦可稱之爲至善之思想。所謂「詩意無窮，而才華有限，以有限之才追無窮之意，雖淵明、少陵不得工也」（宋、黃庭堅語），詩人才華本就有限，陶淵明若僅憑一已有限之才華，思欲完美的表現出超越形象之外的無窮詩意，確實是「不得工」的。因之陶淵明所以能在文學成就上，有所突破，有所表現，其主因卽在淵明能接受儒、釋、道思想之薰陶，含英咀華，棄其糟粕，在思想、生活、創作上，能轉化成功，而使其創作之詩歌，意境深邃，富有奇趣，在玄風籠罩下之魏晉詩壇，獨樹一幟，別創風格。其成就確實如蕭統所評，是「獨超衆類」，「莫之與京」，極爲難能可貴。

由此可知，淵明文學成就所以獨超衆類之關鍵所在，其實卽在「轉化」上。而淵明在魏晉玄風之籠罩下，在哲學理念上如何淨化？在生活困境中又如何轉化，在創作瓶頸上又如何轉變與昇華，其是否成功之問題，當然影響其文學成就之高低，此項問題，似乎不易探討，個人願就此問題，略抒已見。

二、探討陶淵明哲學理念轉化應具有之體認

在探討與論證淵明哲學理念轉化之過程與特色之前，個人以爲必先有下列幾項體認，如此，或許較能掌握正確之陶淵明哲學理念，並能探索到其哲學理念，如何轉化之脈絡。

㈠文學家若要拓展其作品之深度與廣度，以獲致最高之成就，必定要吸收高深之哲理，予以消化，而與其稟賦、意識，融爲一體，始能具有深厚的心靈之美，然後發而成爲文學藝術之美。陶淵明是文學史上具有創造性之詩人，其作品能獨放異采，卽因能領悟上述之道理。吾人探討淵明哲學理念如何轉化，亦可爲淵明確實接受我國哲理思想之影響，作爲佐證。

㈡或謂當代社會風氣，對淵明個人之思想，並無多大影響，以爲淵明在所作詩文中，曾表露厭惡之口氣，然吾人亦可作如是之看法，卽當代某種思想影響到社會風氣，有人意識偏差，僅吸收糟粕，而棄其精華，以致弄巧成拙，產生種種之怪異行徑，或釀成一股邪風妖氣，當然淵明必然表示厭惡，然淵明才識高人一等，雖表示厭惡某些邪惡習氣，但就因其能正視此思想，取精棄粕，長期蓄積，終使玄圃積玉有吐輝之日，而能創作出別具一格之田園詩、哲理詩。

㈢陶淵明是一專求諸已而不外求於物之詩人，如欲一探其哲學理念之眞面目，則其創作之詩文，卽是最眞實最直接之材料，或謂「研究他（淵明）的世界觀，也就應面對他的作品所蘊含的全部思想內容，和思想傾向，而不是從片言隻句中去尋求，去過分強調他與古代哲學思想的關係」③，個人以爲前者誠然，後者則有商榷處，前者謂應對其全部作品加以探討，而不應僅自片言隻語中去尋求，故淵明詩句，雖謂引自莊子最多爲四十九次，列子爲二十一次，二者合計共七十次，超過論語用三十七次一倍有餘，誠如近人所言，從用事之數量，來決定所受影響之多寡，是靠不住的，譬如陶詩命子詩：「厲夜生子，遽而求火」，雖是用莊子天地篇之典故，而這一整首詩，都是與莊子不相同之儒家思想，因此可知論語莊列，皆爲淵明所熟讀之書，自是會予淵明很多影響④，故若謂莊列思想予淵明之影響遠超儒家，則實難確定。至於後者謂不應自片言隻語去過分強調淵明與古代哲學之關係，此則未必然，蓋淵明飽讀經書，其自經典中吮吸哲理之精粹，而自然流露於字裏行間，應屬平常，且於全篇涵義，只要體悟有得，掌握正確，並無不可。

㈣陶淵明之哲學素養，來自淵明之哲學理念，若欲探討其哲學理念如何轉化之問題，則必有一先決條件，即對陶淵明之家世、性格、稟賦、當代風尚、學術思潮、社會環境、政治因素、作品寫作年代等，均須獲得全盤瞭解，否則必如盲人摸象，自說自話。

㈤陶淵明是一偉大之詩人、文學家，並非一哲學家，其作品亦非有體系之思想論著，故淵明之哲學理念，乃是基於本身之需要，而吸收我國古代之哲學思想，當展現在作品中時，必是已有些變形，易言之，淵明乃是以具體且感性之形象，去表達抽象而深邃之哲理，因之不必是諸家思想本來之面目，故自然不能成爲系統之哲學思想。

三、陶淵明哲學理念之轉化

對陶淵明之哲學理念，有上述之體認後，則以下即可探討淵明在魏晉玄風與政局不安之背景下，如何使其哲學理念淨化？平素生活又如何轉變？創作上又如何轉化？呈現何種新風貌？以反映陶淵明嶄新之生命精神？個人以爲陶淵明哲學理念之轉化，可視其在思想上、生活上、創作上轉化之過程與特色，即可了然。玆分下列三項論述：㈠思想上：由「唯我」淨化成「無我」。㈡生活上：由「不足」轉化爲「自足」。㈢創作上：由「虛玄」轉似成「不玄」。以下再分別探討。

㈠思想上：由「唯我」淨化成「無我」

漢魏之際，是我國學術思想之一大變遷，即由經術轉變爲玄學。而魏晉玄學，就是指魏晉時期，以老莊思想爲骨架的一種特定的哲學思潮。此思潮討論之中心，爲「本末有無」問題，亦即有關天地萬物存在之根據問題，亦爲有關遠離「世務」與「事物」之形而上學本體論之問題⑤。

而魏晉玄學，通常亦稱清談，名理，而清談、名理又不單指玄學一面而言，如「人物志」一類之著作，竹林七賢之「生活情調」，亦包括其中，若從「學」方面而言，則玄學稱爲玄學名理，而「人物志」則稱才性名理⑥。有些學者則因各人所論，均有偏到之處，又將清談分爲名理與玄遠二派，而玄遠派又隨其偏到之處，又分玄論與曠達二派。魏時名理派之代表爲傅嘏與鍾會。玄論派之代表爲何晏與王弼。曠達派之代表則爲阮籍與嵇康⑦。

由於玄學是一種思辨性較強之哲學，各家所領悟之哲理，所表現之行徑，自是有所差異，不免良窳互見。以壞的影響方面而言，如：

阮籍，曠達不羈，恬淡無欲，好老莊，喜飲酒，著有達莊論、大人先生傳，而以返樸歸眞，泯絕是非爲高，可謂消極之自然主義人生觀，厭惡儒家禮法，喜以白眼待禮俗之士，以青眼迎超世之士，言論玄遠，不曾評論時事，臧否人物，佯狂韜晦以苟全性命。

嵇康，喜談老莊玄論外，兼尚名理主張，所謂「越名教而任自然」，著有答難養生論，難自然好學論，主自然而非聖賢，反禮法，與阮籍同，惟使氣傲物，超過阮籍，最後因坐其友呂安事繫獄，被鍾會進讒而被處死。

以上二人可謂以輕世傲時爲放達，屬於「心胸之放」，僅得放達之骨骸⑧。

另胡毋輔之、阮瞻、王澄、謝鯤等人，均祖述阮籍，以爲得到大道之本。平日行徑常故意「去巾幘，脫衣服，露醜惡，同禽獸」⑨。

又王衍爲王戎堂弟，亦喜老莊玄虛之談，欽仰何晏、王弼之論，凡有他人言論不合義理者，卽出言訂正，當代人稱「口中之雌黃」。在宦途中，儘管不問政事，專事淸談，卻平平穩穩，尸居高位，因此後進之士，無不競相效仿，造成當時浮誕之風氣。

以上如王衍、胡毋輔之之流，以矜富浮虛爲放達，屬於「行爲之放」，那就僅得「放達」之皮相矣⑩。

干寶晉紀總論曾加評論當時之風氣云：

朝寡純德之士，鄉乏不二之老。風俗淫僻，恥尚失所，學者以莊老為宗而黜六經，談者以虛薄為辯而黜名儉。行身者以放濁為通而狹節信，仕進者以苟得為貴而鄙居正；當官者以望空為高而笑勤恪。是以目三公以蕭杌之稱，標上議以虛談之名。劉頌屢言治道，傅咸每糾邪正，皆謂之俗吏。⑪

干寶所評，一針見血，當時上自三公，下至一般文人，無不沈溺於玄虛與習於浮誕。等到東晉之後，清談之風，仍是不衰。放達之習，似乎稍見收斂，如名士劉惔長於辭辯，殷浩能言理，談論亦極精微。孫盛、許詢、韓伯、殷仲堪等，亦以清言著稱。卽當時釋家支遁亦加入清談，以佛理釋莊子，亦受矚目。當日士大夫階層之放言高論，由此可見。而與淵明同時享名之詩人謝靈運，則極虛僞，雖好遊山水，長於著述，精通佛理，卻不關心社會，生活腐化，當慧遠結社廬山時，謝曾捐建蓮池，惟慧遠就嫌其多欲，而不肯允其入社。

在魏晉玄風所影響下之一些名士，大多精神空虛，行爲放蕩，道德墮落，沽名釣譽，僞善作假，自私自利，唯我爲是，我行我素，筆者以爲這些不良之習氣，無以名之，可稱之爲「唯我」（按：亦可借淵明答龐參軍詩云：「談諧無俗調，所說聖人篇」句，稱之爲「俗調」）。

淵明對當代之世風，亦寄予悲歎，不表贊同，曾在感士不遇賦序中云：

自真風告逝，大僞斯興，閭閻懈廉退之節，市朝驅易進之心。懷正志道之士，或潛玉於當年，潔己清操之人，或沒世以徒勤，故夷皓有「安歸」之嘆，三閭發「已矣」之哀。

又曾詠道：

厭聞世上語，結友到臨淄（擬古之六）。

雖想往遊名區，徵求高見，以決疑惑，然又恐不合已意，最後仍然決定中止其行。表現出淵明矯矯獨立，決不曲從他人之意志。

朱熹亦批評當日之不良習氣，以見淵明之迥異他人道：

晉、宋人物，雖曰尚清高，然個個要官職。這邊一面清談，那邊一面招權納貨。陶淵明真個能不要，此所以高於晉、宋人物。⑫

梁啓超亦有類似之批評道：

當時士大夫浮華奔競，廉恥掃地，是淵明最痛心的事。當時那些談玄人物，滿嘴裏清靜無為，滿腔裏聲色貨利，淵明對於這般人最是痛心疾首。⑬

不可否認，淵明亦曾受魏晉玄風之影響，但這影響卻是良性的，為何是良性的？其原因，主要是淵明本人具備大智大慧，使其時時刻刻不忘靈明之心，養良善之性，而啓發其人格之高尚與尊嚴，超越塵俗物欲之羈絆，淨化當代「俗調」充斥之「唯我」迷障，使其理念昇華至「無我」之境界，即能將小我之生命，融入大我而無限之宇宙天地之間，而與宇宙天地同流。事實上，陶淵明之哲學理念是獨特的，是經過千錘百鍊後重新組合的，可說是獨一無二的。劉大杰在中國文學發展史中有一段評語云：

陶淵明的思想是複雜的。儒、道的思想對他起過比較顯著的影響，他有律己肯負責任的儒家精神，而不為那種虛偽的禮法與破碎的經文所陷；他愛慕老莊那種清靜逍遙的境界，而不與那些頹廢空虛的清談名士同流。⑭

他（指淵明）是接受了儒家持己嚴正和憂勤自任的精神，追慕老莊清靜自然的境界（卻並不走入頹唐玄虛），也染了點佛家底空觀，慈愛與同情。⑮

近人蕭望卿亦有評論云：

在此先確認的，是淵明之思想理念，曾經在塵網三十年中（按：淵明歸園田居詩云：「誤落塵網中，一去三十年」），有過長期之掙扎與痛苦之折磨，後來始幡然大悟，自我批評道：「悟已往之不諫，知來者之可追。實迷途之未遠，覺今是而昨非」（歸去來辭）。淵明到底是如何擺脫這塵俗之羅網？又如何去淨化那四面八方湧來之「俗調」，與「唯我」之迷障？其修養之方，其實即在「返自然」三個字（按：歸園田居詩云：「久在樊籠裏，復得返自然」，此詩乃淵明作於義熙元年乙巳，即歸隱後第二年作，即淵明三十五歲時作。楊勇陶淵明年譜彙訂亦以爲歸隱後第二年作，以爲斯時淵明年四十二歲）。

「自然」二字，本源於老子。嵇康亦曾再三讚頌自然。而淵明本性愛好自由放任，曾云：「質性自然」（歸去來辭序），而其外祖父孟嘉，即是一位任懷自然，蕭散放達之人，故淵明之性向，似有稟承。何謂自然？即「自己如此，本體如此，本性如此，而非人爲如此也」⑯。老子廿五章云：

人法地，地法天，天法道，道法自然。

又第七章云：

天長地久，天地所以能長且久者，以其不自生。

卅四章又云：

「萬物歸焉而不為主。

故可知天生萬物而不自生卽無私，萬物歸焉而爲主卽無我，易言之，能無私無我，卽歸於自然。而莊子所論，亦如老子一般，乃探本於自然。以莊子思想本是放任無爲，不加干涉之自然主義，由於自然主義便導出其超脫思想，此種人生，乃一獨立無待，不羈於物，同天人，外生死，遊心於人世之外，而與天地精神往來之人生，故莊子謂「天地與我並生，萬物與我合一」（齊物論）。僅得「放達骨骸」之嵇康與阮籍，雖與淵明同主自然，但思想、行徑，卻是有極大之差異，原因當然是淵明能取精棄粕，自樹高格，而能「與自然爲一體之放」，自然是得「放達之精髓」⑰。以淵明之哲學理念，本屬於一種調和型之思想，故淵明除吸收老莊思想外，亦曾奠基於儒家思想，並可能多少吸收佛家思想之智慧（按：如上引蕭望卿所謂之空觀、慈愛、同情。又下文將會再詳細論證），使其理念更爲充實而豐富。以「自然」之義諦而言，孔子雖未明言「自然」，而觀其言行，若涵養至某一境界，亦無不自然，如孔子「七十而從心所欲，不踰矩」。又謂「爲政以道，譬如北辰，居其所，衆星拱之」。又中庸謂「天命之謂性，率性之謂道」，若人能各循其性之自然，則其日用事物之間，莫不各有當行之路，是卽所謂道，孔子又謂「朝聞道，夕死可矣」，若能聞知大道，則生命不縈於懷，淵明詠貧士詩云：「朝與仁義生，夕死復何求」？卽自孔子之道而來，故儒家亦有其「自然」之義。近代學者主張陶公之自然說，卽老子之自然說，然又以爲陶公又尊孔子爲先師，且躬行孔子之教，其理卽在「老子與孔子之道，是歸於一的」⑱。

以孔子與老子之道乃歸於一，故淵明在飲酒詩中謂孔子「彌縫使其淳」，「禮樂暫得新」，可見淵明於孔子之志業，深有體悟，亦因之使淵明時時惕勵致道之心，如吟云：

養真衡茅下，庶以善自名。（還江陵夜行途中）

不賴固窮節，百世將誰傳。（飲酒）

鼎鼎百年內，持此欲何成。（飲酒）

淵明蓋以爲不如此，則不足以長保自然之至道，故淵明飲酒而不沈湎，嫉世而不放誕，在此方得到解答，蓋淵明確實得「放達之眞髓」。近代學者陳寅恪以爲陶淵明思想之偉大，乃由於創立「新自然說」，而有別於嵇康、阮籍之「舊自然說」，而曰：

此詩（按：指形影神詩）結語，意謂舊自然說與名教之兩非，而新自然說之要旨在委運任化。夫運化亦自然也，旣隨順自然，與自然混同，則認己身亦自然之一部，而不須更別求騰化之術，如主舊自然說者之所為也，但此委運任化混同自然之旨，自不可謂其非自然說，斯所以別稱之為新自然說也。⑲

而佛家所謂叢林制度，卽志在山林，潛修佛教學理之戒律，避免紅塵困擾，以刻苦自修，此亦可謂「返自然」，卽離羣求道之謂。淵明詩云：「山澤久見招，胡事乃躊躇」（和劉柴桑），此山澤卽廬阜。「采菊東籬下，悠然見南山」（飲酒），此南山卽廬山，廬山爲佛教聖地，亦卽可悠然自得，超然宇宙之「自然」，故「自然」實爲淵明哲學理念之核心，亦爲由儒、釋、道三家思想所調和而成之新人生觀。由於淵明哲學理念之核心「自然」，並不全雷同於嵇康、阮籍之主張，始不受玄風之不良影響，排除那些「俗調」之干擾，「唯我」迷障之污染，而藉由「返自然」中加以淨化，此淨化之迹象，可由「形影神詩三首」得到答案。

此三首詩乃淵明作於歸隱後晉安帝義熙九年，淵明年四十二歲時作（按：逯欽立與楊勇均以爲作於義熙九年，惟逯譜楊譜則訂淵明年四十九歲時作），陳寅恪曾評論道：

此三首詩，實代表自曹魏至東晉時士大夫政治思想人生觀念演變之歷程，及淵明己身創獲之結論，卽依據此結論以安身立命者也⑳。

陳氏自魏晉之釋道宗教背景，解釋此三首詩，個人願試着自莊子之精神義，另外詮釋。

形影神詩序云：

貴賤賢愚，莫不營營以惜生，斯甚惑焉。故極陳形影之苦，言神辨自然以釋之，好事君子共取其心焉。

觀其中「好事君子」，可知序中所謂「營營惜生」之「貴賤賢愚者」，必是指當世之人，較有可能，故此詩之作，已明示有勸誡之意。再由序中「言神辨自然以釋之」一語，亦透露淵明一則領悟莊子精神義後所作之自白，代表淵明此一階段之意識形態。蓋淵明因見世人始終逃不開形影之累，而已身則已大徹大悟，而達不懼死生之神凝之境，故藉此三首詩之對語，以昭告世人，早日覺醒。

形影神第一首「形贈影」云：

天地長不沒，山川無改時。草木得常理，霜露榮悴之。謂人最靈智，獨復不如茲。適見在世中，奄去靡歸期。奚覺無一人，親識豈相思。但餘平生物，舉目清淒洏。我無騰化術，必爾不復疑。願君取吾言，得酒莫苟辭。

詩中之「形」，乃象徵人，即無論貴賤賢愚所營營珍惜之生命。「形」以爲人生在世，實際如水月鏡花，一觸即逝，若不及時行樂，豈不枉走今世一場？此「今朝有酒今朝醉」之意識，實爲一爲我主義之享樂觀，因之極力勸說「影」，勿推辭享樂，但求滿足一己之欲望，盡情享受生命可矣。此種論調，豈不是當代極爲普遍之縱欲論、享樂論之意識？惟末句「得酒莫苟辭」一語，亦透露在斯時風氣之影響下，有誰能夠避免？世說中言「張季鷹縱任不拘，時人號爲江東步兵，或謂之曰：卿乃可縱適一時，獨不爲身後名耶？答曰：使我有身後名，不如即時一杯酒」（任誕篇），頗見實情。即使淵明自身亦難以避免，挽歌詩云：「但恨在世時，飲酒不得足」，可見淵明雖不完全取衆人之所爲，但面對此一問題，自己亦感觸殊深，惟幸而淵明飲酒，乃寄酒爲迹，每飲必醉，但不及於亂，且飲後必賦詩自娛。而淵明作「止酒」詩，題爲止酒，又獨不止酒，在此亦可推知其旨意。

第二首「影答形詩」云：

存生不可言，衛生每苦拙。誠願遊崑華，邈然茲道絕。與子相遇來，未嘗異悲悅。憩蔭若暫乖，止日終不別。此同既難常，黯爾俱時滅。身沒名亦盡，念之五情熱。立善有遺愛，胡為不自竭？酒云能消憂，方此不詎劣。

象徵名之「影」，頗不以爲然，以爲生前之享樂不足取，死後之美名流傳，才是値得追求，此郎傳統之不朽論。蓋努力建立德、功、言三不朽，爲最具進取與正常之人生觀，亦爲史家作爲是否能列名史傳之依據。而此種孳孳求名之人生觀，以立善爲良方，使自己之美名，隨「遺愛」而流傳後世，固然偶或在某種環境下，須委屈己身，受制於他人，甚至有時須作重大犧牲，卻又得不償失。或者有時弄巧成拙，受害而不自知，唯最後終究自我安慰道出：「酒云能消憂，方此詎不劣」。立善求名本爲當代士人求進之途徑，陳寅恪云：「此正周孔名敎之義，與道家自然之旨迥殊」㉑。淵明身受儒家思想之敎育，其奠基亦在儒學，故此詩中，等於透露淵明己身之潛在意識郎「立善求名」，且其詩意正反映着淵明人生理念之提鍊過程，神仙既不可期，恐與形黯爾俱滅，故願「立善」以保名，使得能長存。

但以上三種之人生境界，或不能忘情，或不能忘名、忘我，都不能屬盡美盡善，故淵明再將所領悟之一種新人生境界提出，期諸世人有所感悟。

第三首「神釋詩」云：

大鈞無私力，萬理自森著。人為三才中，豈不以我故。與君雖異物，生而相依附，結托既喜同，安得不相語。三皇大聖人，今復在何處？彭祖愛永年，欲留不得住。老少同一死，賢愚無復數。日醉或能忘，將非促齡具。立善常所欣，誰當為汝譽？甚念傷吾生。正宜委運去，縱浪大化中，不喜亦不懼。應盡便須盡，無復獨多慮。

淵明在此詩中，卽以莊子之神知駁斥頹廢之享樂主義，而於標榜立善，希冀美名傳之久遠之功利主義，亦予存疑。蓋淵明在此所深信者，乃是「不以好惡內傷其身，常因自然而不益生」（德充符），「安時而處順，哀樂不能入」（大宗師篇），及「遊乎萬物之所終始」，「通乎物之所造」（達生篇），亦卽一切是非利害貴賤生死，皆爲淵明胸中所去除，故淵明在此詩結束時，確定自定之方向是「縱浪大化中，不喜亦不懼。應盡便須盡，無復獨多慮」，易言之，卽是一種「順化」，或是「委運化遷」之意識，由此可知，淵明之理念已達「神知」之層次，莊子言「神」字，乃指一種內心狀態而言，亦可謂一種心理境界之稱謂。

錢穆先生於莊老通辨「釋道家精神義」中，頗能闡發其精義云：

莊子以承蜩為有道，亦猶後世禪宗之以運水搬柴為有道也。實則此皆繫心一物之道耳。惟其繫心一物，故能盡忘萬物，惟其專心一知，故能盡棄餘知。然則人心之至於神，不僅無思，亦且無知，乃始謂之神耳。

又云：

「古之真人，其寢不夢，其覺無憂，其食不甘」，此無他，皆能不止於物以用心耳。不止於物之知，乃成為孤明獨照，斯乃莊子之所謂神，所謂真知也㉒。

淵明頗能參悟莊子之道，而達心不繫物之意境，心不繫物，則心必無所止，盡忘萬物。何以能盡忘萬物？則必定遊乎萬物之所終始，通乎物之所造，而達於道，卽所謂眞知。

故亦因淵明能「眞知」，能順着自然化遷，而能隨心所欲，進退不縈於懷，得失了無牽掛。在淵明之飲酒詩二十首中，已透露淵明獨得其妙，而臻於「不覺知有我」之「無我」境界，亦是「採菊東籬下，悠然見南山」，「物我一體」之境界，而「問君何能爾，心遠地自偏」，「此中有眞意，欲辨已忘言」，亦爲「物我同境」之反射。而此正是淵明能將儒道釋三家思想，調和至如此靜深圓密之藝術境界，和諧境界，始能有此偉大之成果。淵明在臨終之前所創作之「挽歌詩」、「自祭文」，能表現得如此理智、莊嚴，從容而不失詼諧，可謂卽由「無我」之哲學理念，與人品高潔之德慧所構成。總結而言，淵明在當代玄風之衝擊下，其哲學理念經不斷過濾、淨化，始將當代自私自利，我行我素之「唯我」「俗調」，提昇轉化至「無我」之境界，豈不是代表一種隱者之智，心靈之美？

(二)生活上：由「不足」轉化爲「自足」

淵明在當代玄風籠罩下，不僅在思想上，人生觀，宇宙觀方面有重大之衝突與轉變，卽在人生之過程裏，生活上，亦有極大之波折與變化。

淵明之一生，可概分爲歸隱前與歸隱後兩個階段。歸隱前之生活與心情，是苦多樂少。歸隱後之生活與心情，是苦少樂多。生活上與心情上，始終是苦樂兼具，而那些痛苦，皆屬枯燥無味，違反天性，帶給心靈無比壓力與煎熬，可謂皆由於事事極不稱心，極不如人意，故可謂之「不足」，而淵明又是如何涵養身心，領悟大道，而使其生活上之缺憾、苦悶、「不足」，轉化成「自足」、「自樂」、「自欣」？

筆者個人先分析淵明一生各階段之矛盾與衝突，及帶給他個人之痛苦爲何，可分四項略述：

(1)才拙喜靜與報國立功之衝突，所帶來之痛苦，是：抱負不遂，猛志成空之苦。

(2)爲貧出仕與不願折腰之衝突，所帶來之痛苦，是：折腰損性，志意所恥之苦。

(3)稟氣寡諧與渴求知音之衝突，所帶來之痛苦，是：生活孤獨，心靈寂寞之苦。

(4)躬耕生涯與現實生活之衝突，所帶來之痛苦，是：厚顏乞食，老病侵身之苦。

以第一項衝突而言，少年之淵明，身受儒家思想教育，自己亦悠游於「六經」之中，所謂「少年罕人事，游好在六經」（飲酒之十六），「奉上天之成命，師聖人之遺書」（感士不遇賦），「先師遺訓，余豈云墜？四十無聞，斯不足畏」（榮木）。淵明早年個性，既熱烈而有豪氣，爲爭取建功立業之機會，拯救蒼生之志概，油然而生，所謂「少時壯且厲，撫劍獨行游」（擬古），「憶我少壯時，無樂自欣豫。猛志逸四海，騫翮思遠翥」（雜詩）可知。但實際上，一則是自己個人能力不足，氣魄不夠，個性又喜靜惡動，剛拙高潔（按：與子儼等疏：「性剛才拙，與物多忤」，「少學琴書，偶愛閒靜」，又歸園田居詩：「少無適俗韻，性本愛丘山」），既無法得「人和」，又不能隨波逐流，如此欲旋乾轉坤，移風易俗，談何容易？

另則是當代國事蜩螗，政局不安，晉自太元八年（三八三）淝水之役，戰敗符堅後，不久謝安、謝玄相繼去世，孝武帝沉溺酒色，後爲張貴妃所弑。安帝卽位，大臣司馬道子與其子元顯當國，專權納賄，綱紀敗壞。先有王恭等舉兵反，後又有海賊孫恩到處搶掠殺戮，接着桓玄又叛，劉裕起兵等，可謂兵連禍結，民生疾苦，淵明個人能力有限，又非當時之大士族，無雄厚之政治勢力作後盾，在森嚴之「九品中正法」與「門閥制度」下，其欲立功斯世，可謂難上加難，到最後亦只有悲吟：「日月擲人去，有志不獲騁」（雜詩）。因之由於本身才拙喜靜，卻又思報國立功之衝突，其所帶來之痛苦，自是抱負不遂，猛志成空之苦。

以第二項衝突而言，淵明雖爲官宦世家出身，但至淵明時，家道已中落㉓，因之淵明少年時，卽已深受飢寒之煎迫，淵明體驗良深，念念不忘，故常言及：「少而窮苦，每以家弊，東西游走」（與子儼等疏），「自余爲人，逢運之貧，簞瓢屢罄，絺綌多陳」（自祭文），或吟道：「弱年逢家乏，老至更長飢」（有會而作），卽使淵明成年後娶妻生子，家境仍十分窘迫，「耕植不足自給，幼稚盈室，缾無儲粟，生生所資，未見其術」（歸去來辭），不得已只好學仕，卻是違反愛好自然之質性，以致「飢凍雖切，違已交病」（歸去來辭），加上性情剛直，「不能爲五斗米折腰」（晉書陶淵明傳），終於毅然決然，藉其程氏妹喪在武昌，情在駿奔，自免去職，而賦歸去來。綜計淵明「投耒去學仕」（飲酒之十九），先後作過江州祭酒、鎭軍參軍、建威參軍、彭澤令等小官，十年之內，時斷時續，實際任官，不過四、五年。

淵明旣無「適俗韵」，性又愛田園山林，故在任官時，仍是嚮往着自然、自由之生活，所謂「目倦川塗異，心念山澤居。望雲慚高鳥，臨水愧游魚」（始作鎭軍參軍經曲阿），此種爲貧出仕，卻又違反本性之衝突，所帶來之痛苦，可謂折腰損性，志意所恥之苦。

以第三項衝突而言，自古以來，詩人皆是寂寞的，而淵明則尤爲寂寞。表面上淵明是一感情懇摯，篤於交誼之人，所交之友，分布各階層，如官宦之友、詩文之友爲殷晉安景仁、羊長史松齡，王撫軍弘，龐參軍通之，檀刺史道濟、顏太守延之等，失名者更多。另有儒生如周續之，祖企，謝景夷等人。亦有方外之友，如釋慧遠，亦有隱者之友如劉遺民。更有農稼之友與近鄰等，均與淵明相處和睦，交誼不苟。然此等人並非淵明之知己，卽使曾爲淵明鄰居，並曾濟助過淵明，且在淵明去逝後爲淵明書寫誄文之顏延之，僅是淵明之君子之交，然亦非知己。延之已在誄文中述及淵明之性格是「物尚孤生，人固介立」，又淵明飮酒詩亦自吟：「稟氣寡所諧」，對當代士人之言行，極不滿意，故「厭聞世上語」，以致常是「閑居寡歡」，「顧影獨盡」（飮酒詩序），單查淵明詩中所用之「獨」字（按：含詩序在內，其他散文、辭賦，則不予計入），卽達廿六處之多。孤字有七處，幽字有九處㉔這些用字，卽是淵明孤獨之自然反映。

淵明在與從弟敬遠詩中，已透露其孤寂是「寢迹衡門下，邈與世相絕。顧眄莫誰知，荆扉晝常閉」，在現實界中沒有知己，那恐怕惟有求之古人了，難怪淵明又吟着：「不見相知人，惟見古時邱。路邊兩高墳，伯牙與莊周，此士難再得，吾行欲何求」（擬古之八）。本來「寂寞與孤獨就是陶淵明的精神世界的特色」，「寂寞和孤獨之感，可說是和陶淵明的生命之深處，永遠相固結着的」㉕。由於淵明還是渴求知音的，否則淵明不會有「知音苟不存，已矣何所悲」（詠貧士）之悲歎！顏誄云：「道不偶物，棄官從好」，卽爲痛苦之後表現行動之最好說明。

淵明與物多忤，稟氣寡諧，以致「息交以絕遊」（歸去來辭），卻又渴交知音之矛盾與衝突，其所帶來之痛苦，是生活孤獨，心靈寂寞之苦。

以第四項之衝突而言，淵明自歸隱田園後，卽不再出仕，表面上是如魚得水，如鳥翔空，自由自在，好不快活，「久在樊籠裏，復得返自然」（歸園田居），將塵世比爲樊籠，則以往在塵世奔波之痛苦與勞累可知，如今既能親近田園，自耕所得，安享家居之樂，且又能與田夫野老閒話桑麻，與一些素心人「奇文共欣賞，疑義相與析」（移居），或與友朋「挈壺相與至，班荆坐松下」（飲酒之十四），「醒醉還相笑，發言各不領」（飲酒之十三），該是人生一大樂事，然而雖有樂之一面，卻又有苦之一面，爲其困擾，一則淵明家境每下愈況，可謂飢寒交迫，如吟曰：「竟抱固窮節，飢寒飽所更。敝廬交悲風，荒草沒前庭」（飲酒之十六），其原因乃是田園遭遇數次如風災、水災、蟲災等自然災害，甚至還發生過火災，以致生活更爲困窘，甚至厚顏去乞食（按：乞食詩乃向人借貸，乞借於人以爲食計，非眞丐人食也）。視其吟曰：「三旬九遇食，十年著一冠」（擬古），「老至更長飢」（有會而作），「傾壺絕餘粒，闚竈不見煙」（詠貧士），其困苦之慘況，可想而知。

另則是身體日漸衰弱，以致舊疾新病交加，顏誄云：「年在中身，疢維痁疾」，「負痾頹簷下，終日無一欣」（示周續之祖企謝景夷三郎），「吾抱疾多年，不復爲文，本旣不豐，復老病繼之」（答龐參軍並序），「病患以來，漸就衰損」（與子儼等疏），應爲事實。這種躬耕生涯，與現實生活壓力之衝突，其所帶來之痛苦，是厚顏乞食，老病侵身之苦。

粗略分析淵明歸隱前與歸隱後之四大衝突與痛苦，一如上述。對於此四大壓力，淵明如何疏解？如何轉化？幸賴淵明有深厚之哲學素養，高遠之人生境界，經不斷思索與體悟後，終能化「不足」爲「自足」，轉悲苦消沉爲陶然自樂。淵明到底如何面對與轉化那些壓力與苦悶？不同之痛苦與壓力，自然需以不同之應對之方，與轉化之法，方能奏功！

有道是千古以來，志士仁人之隱痛，即是眼見社會動亂，民不聊生，自己卻是空懷救世濟人之心，無能爲力，無法改變殘酷之現實。淵明面對少壯志願難遂之事，自是有無限之感慨、遺憾，但事既已與願違，感歎亦無用。世道人心皆不可問，有氣節有學術，又能如何？只有暫將此雄心此豪氣，埋入心底，朱熹曾云：

隱者多帶性負氣之人為之。陶欲有為而不能者也㉖。

「欲有爲而不能」一語，確是道中淵明之隱痛，自己只有暫爲飢所驅，屈就卑微之官職，等到忍無可忍，不願拳拳事向鄉里小人折腰時，始決心歸隱，解脫仕宦之羈，名利之累，而以禿筆書寫內心不平之氣，或將雄心壯志寄於字裏行間，或借詠史事以託古自見，又或對當代政風予以諷刺、貶斥，如吟：

「心爲形役」，「深愧平生之志」，「富貴非吾願，帝鄉不可期」（歸去來辭並序），乃記敍當日退隱之心緒。

「覺悟當念還，鳥盡藏良弓」（飲酒之十六），「終日馳車走，不見所問津」（飲酒之二十），乃諷刺當政者既無濟天下於溺之大志，更彼此爭權奪利，勾心鬪角，篡奪帝位。

作「詠二疏」，以二疏（漢疏廣及其姪疏受）之辭官歸里自況。

作「詠荆軻」，以對荆軻此一豪氣干雲之人物，寄予深切之歎息與憤慨。

作「詠三良」，以對三臣（春秋秦穆公時，奄息、仲行、鍼虎三臣事）爲報君恩，而以身殉事，寄其敬佩義士之心。

（按：詠史之作，或言皆託古自見，如或云二疏去位，乃自況其辭官歸隱之事；或言三良從死，自傷不能從晉恭帝而死。或言荆軻刺秦，乃淵明欲有爲晉報仇誅討劉裕之意，皆屬詠懷之作，又或言此三首皆淵明模仿阮瑀之作云云，作意說法不一）。

作「桃花源記並詩」，乃寓淵明對現實社會不滿，欲覓一自由樂土之不可得，而冥思出一與世無爭之理想樂園。

而對窮困與災害所帶來之痛苦，淵明則以勤勞與固窮之精神應對，此非有務實之意志力，與深湛之哲學素養不爲功。特再分項述之：

1.樂於耕稼，勤於勞動

淵明本出身農村，自幼即好靜喜愛丘山，無論歸隱前或歸隱後，無不將心思置於農桑，躬耕自給，曾寫過勸農詩云：

舜旣躬耕，禹亦稼穡，遠若周典，八政始食。
紛紛士女，趨時競逐，桑婦宵興，農夫野宿。
相彼賢達，猶勤壟畝，矧茲衆庶，曳裾拱手。
民生在勤，勤則不匱。宴安自逸，歲暮奚冀。

淵明此詩說明務農之重要，並舉古聖先賢爲例，以勵後人，能做到「傲然自足，抱樸含眞」，較務實之一面，自是努力耕耘，以得衣食之溫飽，如再吟道：

代耕本非望，所業在田桑。（雜詩）
晨興理荒穢，帶月荷鋤歸。（歸園田居）
農務各自歸，閒暇輒相思。衣食當須記，力耕不吾欺。（移居）
春秋代謝，有務中園。載耘載耔，迺育迺繁。（自祭文）

勞動本是衣食之源，宴安則是害己之酖毒，對「勞動」二字，淵明頗能體悟其神聖意義，所謂「晨出肆微勤，日入負耒還。山中饒霜露，風氣亦先寒。田家豈不苦？弗獲辭此體。四體誠乃疲，庶無異患干」（於西田獲旱稻）。其中，「四體誠乃疲，庶無異患干」二句，如非躬耕田園，親犯霜露，絕無法寫出其微意。淵明一則勸人勤耕力作，自食其力；一則自耕作中接觸作物泥土，吮吸其芳香，捕捉自然之情趣，如此豈不使人心胸清爽？故再吟道：

秉耒歡時務，解顏勸農人。平疇交遠風，良苗亦懷新。雖未量歲功，卽事多所欣。耕種有時息，行者無問津。日入相與歸，壺漿勞近鄰。（懷古田舍）

農人與大地，本就枝脈相連，互賴互存，以晒成褐色之雙手，撫弄綠色之收獲，故依戀大地，實爲農民札根之自然情愫。躬耕田園，親近大地，可使人「卽事多所欣」，難怪淵明寧願「長吟掩柴門，聊爲隴畝民」。梁啓超讚美淵明謂「他的快樂不是從安逸得來，完全從勤勞得來」㉗，確具道理。

2. 心懷知足，固窮守節

淵明家境清苦，人多地少，收成有限，卽使至老年，仍是長年凍餒。在任官時，亦不希旨奉迎，結交權貴，家境始終未能改善。以後辭官歸里，投注耕稼不少心血，早出晚歸，仍是很難維持溫飽，幸而自己物欲不高，對住之要求，僅是：

敝廬何必廣，取足蔽牀席。（移居之一）

對衣之要求，僅是：

傾身營一飽，少許便有餘。（飲酒之十）

豈期過滿腹，但願飽粳糧。（雜詩之八）

菽麥實所羡，孰敢慕甘肥。（有會而作）

芻藁有常溫，採莒足朝餐。（詠貧士之五）

對食之要求，僅是：

耕織稱其用，過此奚所須。（和劉柴桑）

御冬足大布，麤絺以應陽。（雜詩之八）

但小小之心願，亦非均能達成，以致仍是「短褐穿結，簞瓢屢空」（五柳先生傳），惟深厚之哲學素養，使淵明建立兩種理念：一爲心懷知足，常保稱心。所謂「人亦有言，稱心易足」（時運），對於衣食雖有不足，事事亦有不遂，有缺憾，故唯有採取「自然」理念，予以轉移，予以化解，蓋天下萬物，既順自然造化之力而運轉不息，人亦當符合宇宙之規律，去除外在因素所引起之矛盾與痛苦，以化爲內外一體之和諧與恬靜，此卽所謂自然化遷，如是精神必定怡悅與超脫。歸去來辭云：「引壺觴以自酌」，「眄庭柯以怡顏」，「倚南窗以寄傲，審容膝之易安，園日涉以成趣，門雖設而常關」，當心靈有歸宿時，胸襟自然開濶，氣韻自然流暢，便不拘滯於外物，而能逍遙自得。因之淵明能「嘯傲東軒下」，感受「聊復得此生」（飲酒之七），亦由此而來。感士不遇賦中云：「常傲然以稱情」，正是淵明確能「傲然自足，抱樸含眞」（勸農）之明證，亦是淵明涵養「自然」哲學理念，始能得其高趣之因素。更進一步言，淵明既自吟：「辛勤無此比」，卻「常有好容顏」（擬古之五），道理何在？卽是由於淵明「心懷知足」之故，「常保稱心」所致。

另一爲堅守「固窮」，節操自見。淵明於貧窮，雖覺苦惱，但並無所懼，因只要「道」得到，饑寒又何懼？

淵明常自吟道：

不賴固窮節，百世當誰傳。（飲酒之二）

豈不實辛苦？所懼非飢寒？貧富常交戰，道勝無戚顏。（詠貧士之五）

誰云固窮難？邈哉此前脩。（詠貧士之七）

竟抱固窮節，飢寒飽所更。（飲酒之十六）

斯濫豈攸志，固窮夙所歸。（有會而作）

高操非所攀，謬得固窮節。（與從弟敬遠）

淵明有儒家「固窮」守節之素養，故能堅持清風亮節，在奔競鑽營，寡廉鮮恥之頹風中，能孤高自賞，芳潔自持，顯示其人品獨高之操守，確屬難得。

至於面對生活孤獨，心靈寂寞之痛苦，淵明到底又如何予以淡化，予以舒散？甚而予以賞玩與昇華？個人以爲淵明採取之法門有下列幾項，以求欣然，自娛而得趣，即⑴讀書會意，欣然忘食。⑵撫琴寄意，自得妙趣。⑶飲酒盡興，深味無窮。⑷好遊山水，怡悅心境。⑸爲文自娛，頗示己志。以下再分項論述：

1. 讀書會意，欣然忘食

書、琴、酒三者，爲淵明解悶、得趣、稱心、悟道之良友知己。淵明一生之生涯，可謂「半耕半讀」，而奠定淵明一生喜愛讀書之基礎，即在淵明本性好靜，又出身書香世家，幼受良好之家教有關。

在與子儼等疏中云：「少學琴書」，又在飲酒詩中云：「少年罕人事，游好在六經」，可見淵明之學識基礎，本建立在儒家寶典六經上，淵明經常手不釋卷，以讀書爲樂，所謂「既耕亦已種，時還讀我書」（讀山海經之一）是。讀書簡直成爲淵明生活中之一部分，故淵明精神食糧，極爲豐富，精神生活亦頗爲充實，因之淵明曾吟道：

詩書敦宿好，林園無世情。（赴假還江陵夜行塗口）

弱齡寄事外，委懷在琴書。（始作鎭軍參軍經曲阿）

悅親戚之情話，樂琴書以消憂。（歸去來辭）

衡山之下，有琴有書，載彈載詠，爰得我娛。（答龐參軍）

息交遊閑業，臥起弄書琴。（和郭主簿之一）

由於書籍乃千古以來，先賢先哲心血之結晶，欲領悟其中精義，解除疑惑，有時可與好友討論，互爲啓發，遇有精妙之「奇文」，亦可提出與友朋共賞，故有詩云：「奇文共欣賞，疑義相與析」（移居）。不過淵明讀書，最重要者乃在領悟先聖先賢之微言大義，而反對「強不知以爲知」之勉強解說，五柳先生傳中，淵明自道：「好讀書，不求甚解，每有會意，便欣然忘食」（按：「不求甚解，學者解說，異議甚多，一般以爲「不重視瑣碎駁雜之訓詁」，或釋爲「不勉強解說，但求其眞義」，較見允妥，此義，個人以爲後者之釋義較近是），淵明並非於書中文義不肯細心推究，而是不去強作解人，「知之爲知之，不知爲不知，是知也」（論語爲政），否則淵明就不可能自吟「疑義相與析」矣，如對疑義，毫無根據，強作解說，以自圓其說，則成自欺欺人，淵明一向反對虛僞作風，而是要求率意任眞，既表現於心靈、人生態度，亦表現於治學上，甚至是最高之境界（按：淵明反對虛僞之政風，如感士不遇賦云：「自眞風告逝，大僞斯興」一語可知）。接下去：「每有會意」，蓋疑義經細心探究，分析與體悟後，於其眞意（按：淵明飲酒詩之五云：「此中有眞意」，與此意境類似）有心得後，自然是「欣然忘食」了。

淵明對言不及義，及低俗不正之論調，則予排斥，而吟道：「談諧無俗調，所說聖人篇」（答龐參軍序），聖賢遺籍向來爲淵明讀書研究之重心，淵明於此類書籍，向來極爲服膺感佩，於其中精義微旨，亦極善體善悟，沈潛玩味，希冀自其中得到啓廸，故常吟道：

得知千載外，正賴古人書。（贈羊長史）

歷覽千載書，時時見遺烈。（與從弟敬遠）

淵明學識基礎本建立在儒家經典上，隨着年齡增長，讀書範圍擴大，不僅儒家經典，其他道家老、莊、列等諸子書籍，亦無所不覽，自陶詩所援引之字句與典故統計，淵明最熟習之書籍，爲詩經、莊子、楚辭、列子、史記、論語、漢書、易、老子等，可謂涵蓋經、史、子、集之書籍。甚至

「心好異書」（顏延之陶徵士誄），異書即指山海經、穆天子傳類之書籍，亦可給予淵明不少讀書之樂，以抒發浪漫之思緒，所謂「汎覽周王傳，流觀山海圖，俯仰終宇宙，不樂復何如」（讀山海經之一）是。

淵明閱覽極廣，用功亦勤，「詩書塞座外，日昃不遑研」（詠貧士之七），具見淵明用功之程度。而其自儒家典籍中獲得之啓示良多，使其更堅守「固窮」之節操，及四維八德之倫理道德，榮木詩云：「先師有遺訓，憂道不憂貧」。詠貧士詩云：「朝與仁義生，夕死復何求」。感士不遇賦云：「奉上天之成命，師聖人之遺書。發忠孝於君親，生信義於鄉閭」，「寧固窮以濟急，不委曲而累己；既軒冕之非榮，豈縕袍之爲恥」。由此可見儒家對淵明進德修業方面，俾益不少。

至於道家書籍予淵明之影響，至深且鉅，其中最重要者，是使「自然」成爲淵明哲學理念之核心（按：老莊以爲「道」爲宇宙之本體，而「自然」則成道之自然表現），而「自然化遷」則成淵明哲學理念之要點，亦爲淵明行爲之綱領，由此衍生出許多觀念，如宇宙觀、人生觀、養生論或政治、經濟理念等。由於淵明並非哲學家，無法建立有系統之體系，所吸收自道家思想之理念，均是基本之重點，且僅是點到爲止。以人生觀而論，人之生死、貧富、窮達，一切均當順其自然，委運化遷，故淵明在詩文中，經常提到「化」、「大化」、「幻化」等字詞，如淵明吟道：

縱浪大化中，不喜亦不懼。（形影神詩）

聊乘化以歸盡，樂夫天命復奚疑。（歸去來辭）

人生似幻化，終當歸空無。（歸園田居）

聊且憑化遷，終反班生廬。（始作鎭軍參軍經曲阿）

淵明體認「自然化遷」之義，自然不將生死禍福得失，置於內心，故自祭文云：「樂天委分，以至百年」，「識運知命，疇能罔眷，於今斯化，可以無恨」。有此坦然心境，面對死亡，面對生命之結果，具見淵明感悟於老哲哲理之深。

至於釋家經書，淵明是否接觸？史傳未見提及，惟淵明曾與釋家子弟如周續之、劉遺民等有過來往，又有可能與慧遠相識聚晤，則接觸佛家書籍，或有可能。試從其作品中之文字，或可看出端倪。如淵明飲酒詩之八云：「吾生夢幻間，何事紲塵羈」，近代學者以爲據丁福保箋注引金剛經「如夢如幻泡影，如露亦如電」爲解，如丁注不誤，則淵明雖反對佛教之形式，卻曾接觸過金剛經，吸收過佛經中之智慧，或有可能㉘。

另近代學者饒宗頤先生以爲淵明必曾涉獵過維摩詰經（按：是時該經已譯出），其根據是淵明之「無絃琴」，正如維摩詰經「默而無言」，像僧肇涅槃論所謂之「凈言杜口于毗邪」（王中頭寺碑采此句）。能領略其趣，又何勞指上之聲耶？且僧肇與劉遺民書中所論「至趣無言」之理，淵明於義熙三年乙巳（四三歲）作歸去來辭，其序追記「乙巳歲十一月」。義熙八年有酬劉柴桑詩，故「很可能見到什師譯的維摩詰經」㉙。

筆者個人以爲若上述二位學者所考屬實，則淵明亦曾接觸過佛教寶典金剛經及維摩詰經，甚至尙有已譯出之佛經，並曾自其中領悟佛學中之哲理如「空無」、「禪機」，及「冥報」觀念等。試論證如下：

⑴人生幻化、空無、夢幻之認定。列子中雖亦提及幻、化，然未言「空無」、「夢幻」詞彙，據上述丁福保箋注引金剛經「如夢如幻泡影，如露亦如電」爲解，如丁注不誤，則「夢幻」之詞源，當來自金剛經。又鳩摩羅什所譯之華手經，網明品第三，其中卽有「幻化」、「空無」之詞彙，如：「一切如幻化，亦如水中月」，「諸法空無相，亦復無有我」㉚，則淵明不只看到過維摩詰經，甚至什師所譯之華手經，可能亦見到，則人生如「幻化」、如「空無」，如「夢幻」，若言不自佛經中來，豈能巧合如此？

⑵禪機之修爲。近代學者朱光潛先生以爲「淵明對於自然的默契，以及他的言語舉止處處都流露着禪機」，又以爲淵明胸中自有無限，所以不拘泥於一切跡象，在琴（按：指無絃琴），在其他事物還是如此。故以爲淵明在詩裏，而且在生活裏，處處表現出這個勝境，所以認爲他已「達到最高的禪境」㉛，此種修爲，或許來自佛學，「慧遠特別敬重他，不是沒有緣由」（朱光潛氏語）的。

又學者饒宗頤先生卽以爲維摩詰經中之「默爾無言」，卽陶詩之「欲辨已忘言」。又僧肇與劉遺民書中所提及之「至趣無言」，與琴之至趣在于無絃，彼此正相吻合㉜。

以上二學者所論，似淵明曾吸收佛學之智慧，使詩境具有禪機而達於禪境，或如饒氏所論證，無絃琴之至趣與佛經之「至趣無言」，有吻合之處，故以爲淵明必曾閱讀過維摩詰經。

(3)冥報觀念。淵明乞食詩有「冥報以相貽」一句(按：唐臨著有冥報記)，陳寅恪氏以爲與釋氏之說無關，要是有，亦是道教，因釋氏冥報之義，復由後世道家採入其教義，且我國古代在佛教傳入中國之前，已有老人結草以報之語㉝。對於陳氏之意見，個人以爲仍有商榷處，考之「乞食」一詞，雖來之左傳僖二三年：「乞食于野人」㉞，戰國策秦三：「(伍子胥)坐行蒲伏，乞食於吳市」㉟。然維摩詰經亦有「乞食」一詞：「迦葉！住平等法，應次行乞食！爲不食故，應行乞食；爲壞和合故，應取搏食；爲不受故，應受彼食」㊱，另佛教本有冥(陰)陽二界之說，又有「業報」(按：業報指善業得善報，惡業得惡報)之論，另釋慧遠又撰有「明報應論」、「三報論」，申論因果報應之可信(見弘明集卷五)，而所謂三報，卽「現世報」、「生報」、「後報」，此三報皆建立在「靈魂不滅」上，佛教此果報之說，亦上述之所謂「業報」，以此推理，「乞食」一詞，維摩詰經中有此詞句，「冥報」一詞又在此乞食詩中，若牽連一起，則「冥報」之觀念，或來自佛教，較具可能。

個人以爲淵明博覽羣籍，自儒、道、釋三家哲理中，吸收其中之精粹，使其人生哲學之素養，愈爲深厚，又好異書，更擴大其意識空間，使其能悠遊其中，多所吸收，而忘其困苦，每至會意，竟欣然忘食，讀書到此境地，眞是其樂無窮矣。

2.撫琴寄意，自得妙趣

除書、琴爲淵明去除煩憂，以娛心境外，琴亦爲淵明寄意得趣之知已。琴本爲陶養人心性之工具，琴聲則爲雅樂，可以安定心神，涵養情性，彈琴向來被視爲一種修養工夫，可以悅已，非以悅人。

魏晉時代，一般名士墨客，對音樂均極有素養，不特精於欣賞，且大都均能操琴，如嵇康、阮籍、阮咸、阮瞻、潘岳、謝鯤等人，無不精通音樂，亦喜彈琴。在喜愛音樂之風氣下，淵明自幼亦受感染，而喜音樂，且學過琴，解音律。

在與子儼等疏中云：「少學琴書」，自幼卽學琴，自此之後，琴卽成淵明一生相伴相隨之良友，曾吟道：「弱齡寄事外，委懷在琴書」（始作鎭軍參軍經曲阿）。而在淵明心情煩悶，有所寄懷時，淵明卽撫琴彈弄以寄意，怡悅情性以得其妙趣，又曾吟曰：

橫門之下，有琴有書，載彈載詠，爰得我娛。（答龐參軍）

悅親戚之情話，樂琴書以消憂。（歸去來辭）

而尤見奇特者，卽淵明所彈者，爲弦徽不具之無絃琴。宋書隱逸傳云：「潛不解音聲，而蓄素琴一張，無絃。每有酒適，輒撫弄以寄其意」㊲。（按：蕭統陶淵明傳、蓮社高賢傳、晉書、南史隱逸傳所載，文字大同小異，均言淵明「不解音聲」，「性不解音」，「畜無絃琴一張」，一般而言，古琴均有七絃，但亦有一、三、五、九絃琴者，如魏晉時隱士名孫登者，好讀易，卽彈一絃琴）。

無絃琴其實爲淵明文學與哲學交融之媒介，亦可視爲淵明哲學涵養至最高層次之表徵。（按：不解音聲義及無絃琴事，古今某些學者頗有質疑，均誤解「解」之字義，以爲應釋「識」字，不解音聲卽不識音聲，而與淵明識音聲，解音律事相矛盾，而據以推論宋書隱逸傳中，記載無絃琴事爲僞造，又推論蓮社高賢傳、晉書隱逸傳中謂淵明言「但識琴中趣，何勞絃上聲」一語，均爲編著者杜撰。又有某些學者以爲無絃琴乃琴絃偶不具，或琴絃弊壞卽不再按置等意見，個人曾撰著「陶淵明的人生歷程——兼釋無絃琴之疑」㊳，與「陶淵明不解音聲與無絃琴析疑」㊴二文詳細論證，以爲「不解音聲」之「解」義，當釋爲「分析」義較允妥，世說術解第二十云：「荀勗善解音聲，時論謂之闇解」㊵。「術解」卽解譬精到之謂，「善解」卽「剖析精到」，有造詣高深之意。可見「解」一字，在當代有其特定之意義，故樂志中常有「妙解」、「體解」等之遺詞，陶傳之「不解音聲」，亦當釋爲「於音聲不求妙解，不欲解析精到」解，較見允當。又「無絃琴」一事，沈約亦未僞造，彼係參考他人著作編著而成，故自沈約撰著宋書之時代，無絃琴與政治無關，顏誄謂「置酒絃琴」，絃當釋「撫弄」，又詩文中之「絃」、「彈」、「琴」、「七絃」等，不可望文生義，以爲有「琴」、有「彈」者必有絃，有「絃」者必有聲，恐未必正確，及其他論證，可證淵明擁有無絃琴一事，有其可能與可信性，詳細論證請參見上述拙著二文）。

淵明有無絃琴，可能在四十歲左右㊶，斯時淵明可能琴絃已斷，家境困窮，不願再購絃按置，而當時之淵明，其哲學素養已趨深厚，境界彌高，見琴則感發興起，再不必受拘於琴絃，僅撫玩卽可得其趣。

方孝孺曾評論曰：

> 樂乎物而不玩物，故其樂全；得乎物之趣，而不損己之天趣，故其用周。㊷

朱光潛氏亦曰：

這故事（指無絃琴事）所指示底，並不是一般人所謂風雅，而是極高智慧的超脫，他的胸中自有無限，所以不拘泥於一切跡象，在琴如此，在其他事物，還是如此㊸

方朱兩氏所評，眞是體悟有得之言。顏延之陶徵士誄言淵明「陳書綴卷，置酒絃琴」，可見淵明一手撫無絃琴，一手持菊，石几上則有酒香相伴，且有書卷陳列，充分流露淵明高遠忘我之生活情態。而此亦代表淵明哲學理念之高妙體悟，更由此證明淵明對老子「大音希聲」（按：希聲，無聲也）之意境，有極默契之認同。淵明詩云：「傾耳無希聲，在目皓已潔」（與從弟敬遠），可爲此作一註腳。再則淵明撫弄無絃琴，或可自美學觀點詮釋，凡有絃琴所彈奏之音聲，無法絕對完美，亦不可能與天地同和，唯有無絃琴所彈奏之無聲之樂，始可保持其完美之理想境界，朱光潛氏即云已「達到最高底禪境」㊹，莊子天地云：「無聲之中，獨聞和焉」㊺，卽謂唯有無聲之大樂，才能與天地同和，此卽謂之大和（按：大和，後人多襲用爲太和，易乾云：「保合大和乃利貞」是矣），魏書樂志云：「大樂與天地同和，苟非達識至精，何以體其妙極」㊻，可謂的當。

唐、李白，與張隨二人，亦頗能體悟淵明撫弄無絃琴之妙旨，而云：

大音自成曲，但奏無絃琴。（李白贈臨洛縣令皓弟）

樂無聲兮情逾倍，琴無絃兮意彌在。天地同和有真宰，形聲何為迭相待。（張隨無絃琴賦）（按：陶淵明研究資料彙編未收此賦）。

而淵明在自祭文云：「欣以素牘，和以七絃」，在此方能獲得較圓滿之解釋，是：

欣以素牘：淵明因翻閱書卷（按：素牘一如素琴，爲複合名詞），不求甚解，每有會意，便欣然自喜。

和以七絃：淵明藉撫弄無絃琴（按：「七絃」依文法言，亦爲複合名詞，指七絃琴，惟名爲七絃琴，實則七絃均已不在之七絃琴，卽無絃琴是矣），而能自妙悟中，得到與天地同和之眞趣。

近代學者據阮籍之樂論之觀點，以爲宇宙人生中最高妙之境界，乃如同音樂般「和」之境界，因爲音樂本來是合乎天地萬物的體性的。而和的境界是合乎自然節奏的境界，所以能應變順和的，便是至人，便是大人先生，超乎現實，而與宇宙合一。這是一種幻覺中的境界。又謂宋書陶淵明傳言淵明不解音聲，而蓄素琴一張，無絃，每有酒適，輒撫弄以寄其意。「可知淵明也是和阮嵇一樣地嚮往着那音樂的『自然』『和』的境界的」㊼。

近代學者所論，可爲個人上述之論點作爲佐證。總之，淵明旣藉撫弄無絃琴以忘憂，以寄意，而得妙趣，個人以爲無絃琴所代表淵明之哲學意境，可以以下列四句形容，卽「手中無絃，心中有絃；置酒絃琴，神遊太玄」。

3. 飲酒盡興，深味無窮

淵明在感受到壓力與苦悶時，除藉讀書，撫琴，以得妙趣，而逍遙宇宙外，卽是藉暢懷飲酒，以求盡興，以使精神得能超越、解脫，雖或謂淵明「篇篇有酒」，實則「其意不在酒，亦寄酒爲跡」㊽

是矣。顏誄言淵明「性樂酒德」，淵明喜飲酒，似乎得自外祖父孟嘉之遺傳，孟府君傳言孟嘉「好酣飲，逾多不亂」。淵明在五柳先生傳中，亦自己承認云：

性嗜酒，家貧不能常得，親舊知其如此，或置酒而招之，造飲輒盡，期在必醉，既醉而退，曾不吝情去留。

若詳細分析淵明飲酒之原因，其實該有三項，一則忘憂解愁，二則助興取樂，三則健身久生。以第一項而言，淵明吟道：

酒云能消憂，方此詎不劣。（影答形）

中觴縱遙情，忘彼千歲憂。（遊斜川）

汎此忘憂物，遠我遺世情。（飲酒之七）

淵明雖受政治迫害之機會不多，但由於對政局不滿，對自己志願不遂，對某些士人「終日馳車走，不見所問津」（飲酒之二十），亦看不順眼，對社會風氣「閭閻懈廉退之節，市朝驅易進之心」（感士不遇賦序），清廉受斥，鑽營反而得逞，更感灰心，因之內心苦悶，只有借酒澆心中塊壘，希冀酒能解愁，能消憂。每當「閒居寡歡」時，「偶有名酒，無夕不飲，顧影獨盡，忽然復醉」（飲酒詩序）。有時感到無力挽回頹風時，感歎「理也可奈何」，也只有「且爲陶一觴」（雜詩之八）矣。

以第二項言，酒本來可爲助興、取樂、暢懷、聯誼之用。當飲之微醉時，頓時寵辱皆忘，得失不知，眞可寄寓渺遠，進入玄秘之境，其中樂趣，自有妙味，淵明亦深有體會，因之不問獨飲，或與他人共飲，淵明皆可自其中獲得快意，常吟道：

悠悠迷所留，酒中有深味。（飲酒之十四）

或有數斗酒，閑飲自歡然。（答龐參軍）

何以稱我情，濁酒且自陶。（九月九日）

清歌散新聲，綠酒開芳顏。（諸人共遊周家墓柏下）

淵明詩中所謂的「酒中有深味」，到底此「深味」所指爲何？此「深味」，其實卽「深趣」（按：自淵明所作孟府君傳中云：「明公但不得酒中趣爾」可知），進一層言，此「深趣」亦卽達於渾然忘我之境。魏晉人士常強調飲酒可達「形神相親」之勝境（按：世說任誕篇云：「王佛大歎言，三日不飲酒，覺形神不復相親」㊾是），此勝境實際卽爲一物我兩冥之自然境界。近代學者卽據莊子達生篇「夫醉者之墜車，雖疾不死，骨節與人同，而犯害與人異，其神全也。……彼得全於酒，而猶若是，而況得全於天乎」之論，以爲當其形神相親則神全，因而可求得一物我兩冥的自然境界，酒正是一種手段，竹林諸人皆好老莊，飲酒正是他們求得一個超越境界的實踐㊿。所論頗有道理在。淵明因深知酒中深味，而欲於酒中得其趣。而酒中之趣，卽是自然，卽物我冥合而與造化同體之境界。

由於飲酒眞可使人想像邈遠，以爲可與造化冥合而登仙界，故淵明再吟曰：

故老贈余酒，乃言飲得仙。試酌百情遠，重觴忽忘天。天豈去此哉，任真無所先。（連雨獨飲）

飲酒既有如斯樂趣，淵明自然是暢快地飮它一醉，又可借酒以養「眞」，擺脫人間名利得失之困擾，當然是「任眞無所先」，淵明似已體悟飲酒之樂，因之在四十歲階段所作之時運詩云：「揮玆一觴，陶然自樂」。

另在第三項，飲酒爲何可健身久生？原來淵明所喝者，是可以延年益壽之菊花酒。淵明在當代思潮侵襲下，亦感受到人生如寄，壽無金石固之道理，因之雖爲消憂、取樂而飲酒，但亦爲延年故，亦曾服食菊花或飲菊花酒。九日閒居詩序云：「余閒居，愛重九之名，秋菊盈園，而持醪靡由，空服九華，寄懷於言」。吾國習俗，自漢至隋，即有重九登高野宴，並飲菊花酒，以求延年之風氣。荊楚歲時記九月九日條下有云：「佩茱萸飲菊花酒，云令人長壽」[51]，尤其在感受時局不安，人生苦短，俗務複雜時，更令人興起延年久生之念頭，所謂「世短意常多，斯人樂久生」（九日閒居）是矣。以菊花既有清心益氣之效，服食菊花或飲菊花酒，既可忘憂，又可延年，可謂一舉兩得，因之淵明吟道：

酒能祛百慮，菊解制頹齡。（九日閒居）

由此可知淵明爲何要「採菊東籬下」（飲酒之五），又提及「秋菊有佳色，裛露掇其英」（飲酒之七）之原因了。

淵明飲酒，酒品極佳，既不亂性，亦知節制，無論貴賤，若來拜訪，必以酒款待，若先醉，便告知客人：「我醉欲眠，卿可去」，眞率如此。由於淵明飲酒最大之作用，乃在忘憂解悶，故對其五位孩子均不好紙筆時，亦歸之於化運，並藉飲酒以調適內心之煩悶云：「天運苟如此，且進杯中物」（責子）。

淵明藉飮酒以寄意，亦卽藉飮酒以逍遙自得，神遊玄境，有此體認，則於淵明在飮酒詩之二十云：「但恨多謬誤，君當恕醉人」，在挽歌詩云：「但恨在世時，飮酒不得足」，方不致誤解淵明不過是一酒徒而已。淵明又常在酒後，賦詩爲文自娛，任眞曠遠，而表現其穎脫不羣，境界彌高之素養。亦因酒後賦詩爲文，使其詩文之創作內涵，更增意趣，更別創勝境，以突顯其作，而具平中有奇，凡中有美之特色。故淵明之飮酒，以其別有寄託，個人以爲可下一評語，是：「貌似沈醉，心則不醉，篇篇有酒，妙趣無窮」。

4.好遊山水，怡悅心境

淵明爲解除生活上、心理上之壓力與苦悶，故安排某些重要節目，以調劑身心，娛樂心境，除上述之讀書、躬耕、撫琴、飮酒外，另增樂遊山水，自山林泉澤之中，尋覓其趣。大自然之山水美景，確實可構成一種幽靜之境界，侵入遊賞者之精神，使身心融入到靜謐之境域中，達到心凝形釋，與萬化冥合之境地。陶淵明頗能以一種寂靜淸澈之心情，審美之態度，去審視自然，以求逍遙自得，身心俱暢。

未歸隱前，淵明本性就好靜，喜愛大自然，如詩云：「性本愛丘山」（歸園田居），「心念山澤居」（始作鎭軍參軍），「靜念園林好，人間良可辭」（庚子歲從都還），大自然沒有人爲之束縛，沒有煩人之塵囂，藉尋幽探勝，遊目騁懷，可以盡情玩賞，因之如有機緣，淵明必定到處遨遊。等到歸隱後，淵明更是如池魚返回故淵，羈鳥飛回舊林，可以自由自在，到處玩水遊山，如：

久去山澤遊，浪莽林野娛。（歸園田居之四）

天氣澄和，風物閑美，與二三鄰曲，同遊斜川。（遊斜川序）（按：遊斜川詩，梁譜以爲淵明五十歲作）

氣和天惟澄，班坐依遠流；弱湍馳文魴，閑谷矯鳴鷗。迥澤散游目，緬然睇曾丘；雖微九重秀，顧瞻無匹儔。（遊斜川）

山澤林泉之自然美景觀，令人心曠神怡，而斜川之美景，乘着天清氣和，風物閑美之際，到處遊逛，眼見華魴躍鱗，鳴鷗翻飛，尤令人激賞，詩中以「弱」字形容「水湍」，以「閑」字形容「空谷」，尤見淵明於欣賞之餘，頗善會心以遣詞。而春季更是遊賞之佳日，時當暮春，更是郊遊好時光，淵明自是不忘着春服去遊歷一番，如：

時運，游暮春也，春服既成，景物斯和，偶景獨游，欣慨交心。（時運序）

襲我春服，薄言東郊。山滌餘靄，宇曖微霄，有風自南，翼彼新苗。

洋洋平津，乃漱乃濯。邈邈遐景，載欣載矚。人亦有言，稱心易足。

延目中流，悠想清沂。童冠齊業，閑詠以歸。我愛其靜，寤寐交揮。（時運）

此詩寫暮春景色，及淵明內心之欣慨，極爲傳神。無論山景溫潤如洗，或風翻苗舞，無不生動純樸。而平澤可漱濯，遐景可欣矚。淵明內心之喜悅，可想而知，自己喜歡恬靜，希望過着恬淡閒適之生活，惟盛世不再，今日有此生活，即使自己頗爲孤獨，亦應有所覺悟，凡事「稱心易足」可矣。

淵明爲避塵擾，以過恬靜安和之日子，在賞玩美景之餘，有所感觸，並由此領悟到凡事該「稱心易足」，此種涵養，確屬難得，故淸、鍾秀曾批評曰：「陶靖節一生自樂，未嘗屈己徇人。有時獨樂，自樂也；有時偕樂，亦自樂也；有時期於偕樂，而終於獨樂，尤自樂也」㊷。淵明無論獨樂或偕樂，皆屬自樂之不二法門，中心有所調適，自能稱心欣愉，鍾秀頗能體悟淵明自樂之方，而其背後，卻反映着淵明高遠超然之哲學素養，在一轉念之間，才能去除平日鬱積之重重心事煩惱，且能在轉苦悶至怡悅之心境移動間，創作出如此高雅不俗之田園詩篇。

淵明遇有良辰美景，絕不放過，而對大自然界中之一切動植物活動，自然景觀之現象，淵明亦顯露其可親之質性，去接近觀賞、愛護，此爲淵明曠達之人生觀自然表現，亦爲其仁厚襟懷之自然反映，更代表着一己之生命情調，彼此永遠相依並存，如：

衆鳥欣有託，吾亦愛吾廬。（讀山海經之一）

山澗清且淺，可以濯我足。（歸園田居之五）

採菊東籬下，悠然見南山。（飲酒之五）

青松夾路生，白雲宿簷端。（擬古之五）

桑麻日已長，我田日已廣。（歸園田居之二）

鳥哢歡新節，冷風送餘善。（懷古田舍之一）

山水景物之美，其實卽爲自然美的一種顯現，淵明遊目賞心，處處感受山水景物，無一不美，內心自然感到無限愉悅。淵明深知人生短促，數十寒暑，轉眼卽逝，又何必自苦自己，因之旣有浮遊宇外之達觀主義，又有逍遙宇內之快樂主義，在現實界中已領受過生活上之失意與痛苦，在佛老之思想中，尋求安慰與悟道，淵明終於能體驗快樂主義之眞實，所謂「且極今朝樂，明日非所求」（遊斜川），無論處境如何？淵明總是在山林田園中，自尋樂趣，與子儼等疏中云：「見樹木交蔭，時鳥變聲，亦復欣然有喜」，山水景物之盎然生機，給予淵明的，是內心之和諧喜悅，淵明確實是一位懂得欣賞美與生命之人！

5.爲文自娛，頗示己志

陶淵明之精神生活，極爲充實而豐富，蓋淵明本是一善於調和各家思想之人，因之在生活上亦頗善於調適，使人生觀曠達放逸而又不避世，以建立一自然而和諧之人生觀，雖言淵明躬耕、讀書、撫琴、飲酒、遊山玩水等，均能有所寄託，以追求精神之自由，而陶然自樂。但爲得到一己精神之愉悅與安慰，淵明另外以「創作」來達此目的，試看下例：

春秋多佳日，登高賦新詩。（移居）

臨清流而賦詩。（歸去來辭）

常著文章自娛，頗示己志，忘懷得失，以此自終。（五柳先生傳）

銜觴賦詩，以樂其志，無懷氏之民歟？葛天氏之民歟。（五柳先生傳）

余閒居寡歡，兼秋夜已長，偶有名酒，無夕不飮。顧影獨盡，忽然復醉。旣醉之後，輒題數句

自娛，紙墨遂多，辭多詮次，聊命故人長之，以為歡笑爾。（飲酒詩序）

酣飲賦詩。（自祭文）

由上例可知，淵明賦詩之時候，是登高或臨清流，又或酒後，另亦常著文章，二者之目的，皆是「自娛」，「樂其志」，以示己志，並忘懷得失。正如淵明飲酒，意不在酒，乃寄酒爲迹，有所寄託，其賦詩爲文，意亦不在詩文，乃寄詩文爲迹，有所寄意，而且常是在酒後賦詩，吐露其心聲，可見其心中之寂寥與苦悶，非得借飲酒與賦詩爲文，有所舒洩，並忘懷昔日之得失，故其作品中，常是「憂中有樂，樂中有憂」（蘇東坡評柳宗元南磵詩語），而淵明爲文賦詩最重要之意義與目的，乃在「自娛」，由於淵明能參悟儒、釋、道，進而予以協調融合，建立曠達而和諧之人生觀，故在其作品中，卽常出現「閑」與「欣」字。

「閑」爲悠閒，淵明曾吟曰：「俯仰終宇宙，不樂復何如」（讀山海經之一），這種欣賞玩味之態度，卽使淵明之寂寞偏於悠閒。其詩大部分均充滿此意味，正如近代學者言，「悠閒沖遠，這是從寂寞甚至苦悶中冶鍊出來的」，也由於淵明「能賞玩寂寞」，所以「表現於外的是淡泊寧靜」㊿，個人曾統計淵明在詩文中（以詩、散文、辭賦爲主），提及「閒」字的，竟有卅處之多㊾，如閒飲、閒止、閒居、閒泳等。而淵明寫詩，所謂「此中有眞意，欲辨已忘言」（飲酒之五），正是寫這種由哲理領悟之極度悠閒，而此正是最高層次之人生境界。

另外「欣」字，卽怡悅、欣愉、欣然自喜之意。淵明對苦悶與寂寞，既能賞玩，卽表示淵明已能轉化，將已身與外界之人、事、物取得調和，自然構成和諧而寧靜之氣象，由此自然能心領神會愉悅之妙趣矣。因之淵明卽常以「欣」字狀寫心情，經個人統計淵明在詩文（以詩、散文、辭賦爲主）中，提及之「欣」字，亦有廿七處之多，如：

欣慨交心——時運序。

實欣心期——酬丁柴桑。

奇文共欣賞——移居之一。

衆鳥欣有託——讀山海經之一。

汎淸瑟以自欣——閑情賦。

欣然忘食——五柳先生傳。

木欣欣以向榮——歸去來辭。

總結上面所述，淵明曾在歸去來辭中云：「悟已往之不諫」，「覺今是而昨非」。此句中之「昨非」爲何？以往淵明滿懷理想，雄心勃勃，有心爲國立功，然政局不安，朝廷難治，已身才能又有限，無法兼善天下，徒然爲貧出仕，卻是「違己交病」，歸去來辭序云：「嘗從人事，皆口腹自役，於是悵然慷慨，深媿平生之志」，總之，淵明所謂之「昨非」，卽「心爲形役」，亦卽爲「不足」、爲「失」。

而「今是」又是所指爲何？淵明領悟到現實如此，自己當作理智之抉擇，惟有速速脫離塵網，勇於退隱，回到田園，獨善其身，不須徘徊惆悵。而在歸隱後，儘管有現實生活之壓力，及可能帶來之苦悶，淵明則藉儒、釋、道之哲理，涵養心靈，悟「自然」之道，委運化遷，以求知足稱心，並藉勤於耕耘——即「或植杖而耘耔」；或樂於琴書——即「樂琴書以消憂」；或飲酒盡興——即「有酒盈樽，引壺觴以自酌」；或欣遊山水——即「或命巾車，或棹孤舟，既窈窕以尋壑，亦崎嶇以經丘」；或爲文以自娛——即「臨清流而賦詩」，以「傲然自是」。故「今是」，可謂「自足」，亦是經一番冶鍊調和之工夫，轉化而達到之素養。

㈢創作上：由「虛玄」轉似爲「不玄」

在魏晉玄風之影響下，江左詩人，思想愈趨消極，遊仙詩、哲理詩大爲流行，在郭璞之外，尚有孫綽、許詢等。

詩品云：

> 永嘉時，貴黃老，稍尚清談，于時篇什，理過其辭，淡乎寡味，爰及江表，微波尚傳。孫綽、許詢、桓庾諸公，詩皆平典似道德論。建安風力盡矣。㊺

文心時序云：

> 自中朝貴元，江左稱盛，因談餘氣，流成文體，是以世極迍邅，而辭意夷泰，詩必柱下之旨歸，賦乃漆園之義疏。故知文變染乎世情，興廢繫乎時序。㊻

由此可見當代清談之風仍盛，一些文人墨客，無法擺脫玄言之桎梏，空虛之玄想，所作之詩文，皆枯燥乏味，毫無情趣，平典如道德論。幸而淵明是一大智大慧之詩人，在思想上，終於擺脫玄風之束縛，不良習氣之感染，由「唯我」之俗調，轉化而昇華至「無我」之境地。在生活上，亦能擺脫玄風之困擾，能坦然面對壓力與苦悶，自悟道中，得能玩賞苦悶與寂寞，並藉讀書、撫琴、飲酒、遊山玩水、躬耕田園、創作詩文等，而能稱心適意，因而能轉苦悶爲欣喜，化「不足」爲「自足」。而在創作上，無疑的，亦經悟道之指引，而排除當代「虛玄」之束縛，使當代一般文人所創作之毫無情趣，極度乏味之玄言詩（按：即指哲理詩、遊仙詩），不輕易在淵明作品中出現，此即由淵明是此一玄風之淨化者，而將創作自玄想之陰影中，走向光明之陽光下，將自然事物，加以具體之描畫，且予以藝術化，故淵明創作之哲理詩——形影神詩三首，雖未完全洗盡玄言之痕跡，然卻已有較高明之藝術手法，予以較「詩化」之處理。而另外淵明創作之田園詩、詠懷詩等，卻能將日常生活、自然景觀與玄思哲理相結合，處處展現煙火氣與人情味，處處表現情景交融之美感，物我冥合之「無我」境界。

淵明之創作，雖寓有人生哲理，卻因透過高明之藝術技巧組合，使吾人不覺得其在說理，故筆者以爲淵明創作之詩歌，能由「虛玄」轉似成爲「不玄」，可謂是淵明詩歌藝術之一大特色，是當代玄言詩之一大突破，更是淵明在文學創作上，所以能獨超衆類之主要原因所在。

不可否認，在當代玄風之籠罩下，淵明最初亦受其迷惑，受其感染，以致一度亦寄情玄理，寄情游仙，此本是當代詩人之所同。卽使服食求延年之事，亦爲某些文人之所同好，如嵇康卽對神仙之事，頗爲深信，對照淵明亦曾喜喝菊花酒，服食菊花，不忘延年益壽之追求，卽可知其亦曾受影響。

又淵明有讀山海經詩十三首（按：此十三首可能作於淵明五十歲前後，楊勇陶淵明年譜彙訂，以爲係永初三年壬戌，淵明年五十八歲之作品），乃淵明有所託諷寄意之作，然其中述及之神奇怪特之物，荒遠無稽之神話，無不引人抒發浪漫之玄思，而淵明早年曾受當代玄風之影響，亦隱然可見。

另陶詩中，最具哲理意趣者，則推上節所分析之形影神詩三首，此三首詩亦是淵明詩作中，僅見之哲理詩，而爲淵明善體莊老之旨，極陳委運大化之作。此詩作於晉安帝義熙九年，淵明年四十二歲時作（按：逯欽立陶淵明年譜及楊勇陶淵明年譜彙訂，均以爲作於義熙九年，惟逯譜楊譜則訂淵明四十九歲時作）。此詩標目及其創作動機，可能受淵明方外之交慧遠之激發而作（按：據逯欽立形影神詩與東晉之佛道思想一文之意見[57]）。蓋晉安帝元興三年（西元四〇四），釋慧遠曾作「形盡神不滅論」，義熙九年（西元四一三年），慧遠於岩壁摹刻佛像，作「萬佛影銘」，曾論及形影神三者之關係云：「廓矣大象，理玄無名；體神大化，落影離形」，而慧遠亦曾遣道秉遠邀謝靈運撰述銘文（按：謝作有佛影銘見謝康樂集）[58]。

上一節個人曾引陳寅恪先生批評此三首詩之意見謂「此三首詩實代表自曹魏至東晉時，士大夫政治思想、人生觀念演變之歷程，及淵明已身創獲之結論，卽據此結論以安身立命者也」[59]。陳氏所言頗具卓見，不過筆者個人以爲此三首詩，亦可視爲淵明在哲學理念，由「唯我」俗調，轉化昇華入「

無我」境界修爲之自白，亦爲創作理念有所轉化，即由「虛玄」轉似成「不玄」之關鍵表白。可視爲淵明人生哲學之根柢，亦爲其文字藝術之精義自剖。

此三首詩，個人以爲有其創作理念上之意義與價值，理由如下：

1.形影神詩爲淵明全部詩作中，僅見之純哲理詩，雖受老莊自然主義啓發而作，然亦可視爲淵明人生觀、哲學理念有所體悟後，自身心得之結論，雖僅一篇，卻彌足珍貴，然亦幸僅此一篇，而可證明淵明並非全寄情玄理。

2.淵明讀山海經詩十三首，雖然有神話天地之描畫，但並不歸類爲遊仙詩，一般乃歸之爲詠史詩，因全詩主題，乃是淵明藉讀山海經，而有窮盡宇宙，神遊八荒之樂。以詩之本旨，仍有悲憤時局，寄意託諷之意（按：指第十一至第十三首詩），而由於第一首詩，記敍淵明描述其在耕種餘暇，得能獲致覽經之樂，可謂將玄思與田園相結合，而特指明此爲田園樂趣之一，乃寓理想於耕稼生活之中，故雖有玄思，而不覺其玄，其理在此。

3.自淵明創作形影神詩後，其後淵明所創作之詩歌，如雜詩前八首（按：後三首是未歸隱前之作品）、示周掾祖謝詩、飲酒詩二十首、桃花源記並詩、還舊居詩、詠貧士詩、擬古詩、讀山海經詩、九日閒居、乞食詩、挽歌詩等，均可自詩中體會淵明人格高尚，意境閒遠，胸次浩然，不滯於物，尤其充滿人情味，予人平易近人，樂與交接之感。而某些詩乃在諍諫規勸（如示周掾祖謝詩），某些作品又在寄寓理想（如桃花源記並詩），卻不予人覺得其在說教，或說理，可證淵明確有高超之藝術手法，而此藝術手法，乃由於淵明善於調和，而又出之自然，故能不露斧鑿痕跡，此正是達於藝術之最高境界，可喩之爲「化境」，欲達此境界，非具有大智慧者不爲功。

4. 陶淵明之主要作品爲詩歌，共有一百二十六首（按：依丁福保陶淵明詩箋註，除去僞作三首計數），而歌詠田園詩之數量最多，亦爲作品中之精粹。淵明被稱爲田園詩人，可謂其來有自，其原因，不外：⑴本人質性自然，喜與田園接近。⑵出身農村，本人亦爲農夫，未仕前與歸隱後，均與田園爲伍，所接觸者，均屬農村中之人、事、物，故吟詠對象，即以田園爲素材，旣自然又平常。⑶時局不安，動蕩擾攘，故有意避居田園，以尋求安寧與寄託。⑷在當代玄風瀰漫下，「自然」思想成爲一時風潮，自然卽是順應大化之變，所謂「縱浪大化中，不喜亦不懼」（形影神詩），自然亦卽無私無我，自由自在，亦因之使詩人更喜接近田園山林，自得其樂。淵明躬耕田園，親犯霜露，飽嘗甘苦，一如觸及大地之脈博，故能將田園生活之眞相，生動而活潑，予以自然描繪，不愧爲田園詩派之宗師。

總之，此形影神詩，可謂淵明哲學理念之自剖詩，其意義與價値應受肯定，有此三首詩，使吾人更確定「自然」爲淵明之中心理念，「自然」轉移至文學創作上，更成爲淵明文學創作之主要核心，而以「自然化遷」爲寫作之動力，行其所當行，止其所當止，使淵明在藝術境界上，更上層樓，可以隨心所欲去寫作。平素生活、自然景物，均可作爲其寫作之素材。所創作之詩篇，看似平凡卻不平，貌似不奇卻大奇，質樸中寓華美，平淡中寓豐瞻，所謂「豪華落盡見眞淳」，「絢爛之後歸於平淡」

是矣。故由此評估淵明之創作，是造語平淡，寓意深遠，人格美與風格美，自然一致，淵明確爲中古詩壇一位擅於營造詩境與奇趣之燦爛巨星。

以下特再舉二首詩爲例，以證淵明確有將「虛玄」轉似成「不玄」之功力，如：

移居之二云：

春秋多佳日，登高賦新詩。過門更相呼，有酒斟酌之。農務各自歸，閒暇輒相思。相思則披衣，言笑無厭時。此理將不勝，無爲忽去茲。衣食當須紀，力耕不吾欺。

此詩寫淵明遷居南村後，於春秋佳日，登高賦詩，於農暇之時，與鄰居好友，飲酒言笑之樂趣。此詩淵明力求以口頭語言，與極爲平淡白描之手法，組成極富色澤之絕妙好詞，可謂「自然渾成」。前四句言春秋佳日，心情怡悅，便登高賦詩，既自得其樂，又能寄託心聲，而有鄰曲農友經過時，更親切招呼，以酒相待，看似平淡，卻極着實。中間四句言各忙農務後返家，於農閒時，披衣互訪，聚晤言笑，其樂融融。

以上八句敍事抒情後，後四句則插入精湛之議論，極富哲理，充滿智慧。「此理將不勝」二句，言此處生活，寧靜安詳，別處難求，故自忖切勿離開此地。結語二句「衣食當須紀，力耕不吾欺」，言飲酒賦詩，不虛度佳日外，尚須務農力耕，以求生活無缺，稱心易足。此二句妙句名言，可以警世醒人，令人於欣賞之中，得到教育之效果，既能動人以情，又能具服人之理，在娓娓細述中，卻帶來極強烈之藝術感染力。在靈活而生動之敍事抒情之中，卻闡述個人對現實生活之觀點，卽人不可無所事事，不可徒然虛度，而是要勤耕力作，腳踏實地，令人既感動又敬佩。

淵明此詩，將田園與哲理，結合一起，成爲有血有肉之藝術塑造，可謂巧運匠心，避免枯燥空洞之說教，最爲高明。溫汝能評曰：「飲酒務農，不虛佳日，人苟樂此無厭，則狎邪之友，何由而至，非僻之心，無自而入。根本既固，培養自深，於此便可悟道，便可尋眞樂處」[60]，可謂知言。

另舉一首，如：五月旦作，和戴主簿：

虛舟縱逸棹，回復遂無窮。發歲始俛仰，星紀奄將中。明兩萃時物，北林榮且豐，神淵寫時雨，晨色奏景風。既來孰不去，人理固有終。居常待其盡，曲肱豈傷沖。遷化或夷險，肆志無窊隆。即事如已高，何必升華嵩。

此詩敍述因時節變遷，去而復來，往復不盡，而有感於人之進退生死，實與日月運行迥異，則人又何必計較貴賤貧富賢愚之所異？惟有居常以待其盡矣。

此詩前四句，言日月運行迅速，一如空舟飛進，往復無窮。而開歲以來，俯仰之間，牽牛忽已將中，韶光如駛可見。接下四句，言夏陽作成萬物，林樹繁茂，又有及時雨傾瀉而下，使晨曦和風舒爽。再下四句，言人之生死，本屬自然，而尋常士人爲居常待終，安貧樂道，自然不傷沖虛淡泊。末四句言人當知此理，應隨人事自然變化，順勢轉移，個人際遇或順或逆雖有別，但求肆意適志，實不必隨地位高下，時局良窳而轉變，亦何必登山求仙始稱爲高矣。

淵明此詩，善於利用人們習見之自然界事物，以說明世局人事變化之規律，亦可謂敍事寫景兼說理。虛舟、星辰、日月，乃人們習見之事物、氣象，而茂林、時雨、晨風，亦自然景色，淵明既善於觀察，又善說理，將自然景觀融合人世存亡進退之哲理，描述詩人領悟儒道兩家哲理後之內心世界，可謂人生之箴言。「即事如已高，何必升華嵩」二句，可知淵明已醒悟服食求仙不可求，因之爲當代陶氏家族相信仙道之陶淡、陶敬遠輩，下一鍼砭。具見淵明構思奇巧，不需雕章鏤句，但用直樸平淡之口吻，如實寫去，即能將人生哲理，融化入敍事寫景之生動描畫中，淵明藝術技巧之卓越，由此可見。

淵明能將情、景、事理，巧妙的結合，使作品達到和諧圓融之藝術境界，可謂高妙之至。而在東晉玄風籠罩之詩壇上，獨創一格，令人耳目一新，故評家評淵明之詩歌是：「質而實綺，癯而實腴」（蘇東坡語）[61]。「外枯而中膏，似澹而實美」（蘇東坡語）[62]。「散而莊，淡而腴」（姜白石語）[63]。「一語天然萬古新，豪華落盡見眞淳」（元好問讀詩三十首語）[64]。「陶詩的特調，在平、淡、枯、質，又在奇、美、腴、綺，……把他們調和在一起，正是陶詩的奇跡」（朱光潛語）[65]。而造成此奇跡之原因，正是由於淵明具有將「虛玄」轉似爲「不玄」之藝術功力，始能有此成果呈現，確實不同凡響。

四、結語

文學與哲學，表面上而言，一在求美，一在求善，但在實質上言，文學之美，亦需要善爲其核心，爲其靈魂。而哲學之善，亦離不開美，有必要以美爲其表徵，爲其情操，因之文學與哲學，若能彼此合德，彼此交融，確可淨化生命，拓展心靈，提昇人生層次。而文學境界之高低，恰與詩人、文學家修養工夫之深淺成正比，因此文學既是人類抒情養性之最佳媒介，自然必須接受高尚端正之哲學思想指示、冶鍊與淨化。而愈有深度與內涵之作品，所含之哲理，就愈見睿智，愈顯深刻，作品自然愈有價値，對人類之貢獻就愈大，而陶淵明之作品，正是如此。

陶淵明是詩人，是文學家，在魏晉玄風之籠罩下，哲學理念吸收儒、釋、道三家哲理之精華，加以調和而棄其糟粕，使其人生修養，更趨深厚，能淨化當代「唯我」自私之迷障，使內在之情理，會通萬事萬物而融貫一體，達到「忘我」之境界，以安頓自己之精神生命。在生活上，淵明在現實世界中，承受着因與理想相矛盾與衝突，所帶來之無邊寂寞與苦悶，幸賴有正確之哲學理念啓廸，人生修養深厚，使其情性愈加悠閒沖遠，淡泊寧靜，而能與外界事物取得調和，始將生活上種種之「不足」，缺憾、苦悶，轉化爲陶然「自足」，順意「稱心」。在創作上，淵明由「自然」之哲學理念，自然轉移至文學創作上，自是自然而然，毫不勉強，而「自然化遷」則成爲其創作之推動力，故寫作哲理詩、田園詩、詠懷詩等，均能隨心所欲，自然揮洒。在清新自然之氣象中，寓有高遠之意境，故其作品，因能在當代「虛玄」之詩風中，轉化爲「不玄」，表現出淡中寓腴，質中寓美之藝術特色，極爲難得，因之個人以爲陶淵明之文學成就，所以能在當代詩壇上出類拔萃，詩格人品，所以能獨步古今，原因卽在陶淵明能建立一調和儒釋道三家思想菁華之哲學理念，並轉化成功所致。

【附　註】

①見蕭統陶淵明集序，刋陶淵明研究第一卷，頁九。（九思出版社）

②同註①。

③見陶淵明研究第一卷，歷代陶淵明研究情況簡介，頁六。（九思出版社）

④見張亨著讀陶淵明的形影神詩，載陶淵明研究第二卷，頁九三五。（九思出版社）

⑤見湯一介著郭象與魏晉玄學，緒論，頁四五。及第一章論魏晉玄風，頁一至二四。（谷風出版社）

⑥見牟宗三著魏晉玄學，一、人物志之系統的解析及論人之基本原理，頁一。（東海大學出版）

⑦見范壽康著「魏晉的清談」，載武大文哲季刊第五卷第二號，頁二四〇。

⑧同註⑤，頁三一。

⑨見楊勇著世說新語校箋，德行第一注引王隱著晉書，頁一九。（明倫出版社）

⑩同註⑤，頁三一。

⑪見干寶著晉紀總論，載昭明文選卷四十九，頁六九一至六九三。（開明書店）

⑫見朱熹論陶三則，載陶淵明研究第一卷，頁七五。（九思出版社）

⑬見梁啓超著陶淵明，一、陶淵明之文藝及其品格，頁一三。（商務印書館）

⑭見劉大杰著中國文學發展史，第九章從曹操到陶淵明，頁二八四。（華正書局）

⑮見蕭望卿著陶淵明批評，一、陶淵明歷史的影像，頁二二。又蕭氏曾在注七云：「淵明作品裏沒有鮮明的佛

的色彩，但他實在受了佛學的影響：一、魏晉時佛學助長了新人生觀與浪漫的發展，淵明無形中也就會接受了一點那種空氣。二、當時佛學與道教在社會流佈時，有點兒混和，淵明有遊仙詩，顯然接受了一部分道教底思想，怕也就染了一點佛的觀念。三、就算是攢眉辭蓮社的記載可靠，但他無形中接受了那種思想，卻不願接受形式的約束，何嘗不可能？尤其是淵明那樣的性格」。筆者以爲理由雖未圓滿，仍有可取，故從之。

⑯ 見該書頁二九。（開明書店）。

⑰ 見嵇哲著先秦諸子學，第七章老子，頁一六八。（樂天出版社）

⑱ 同註⑤，頁三一。

⑲ 見鍾應梅著陶詩新論，載香港崇基學報，第六卷第二期，頁二〇〇。鍾氏云：「老子認爲道德不仁，才用仁，仁不行才用到義和禮，而禮絕非長治久安之道，這和孔子所說大道既隱，以禮義爲紀，而謀用是作，兵由此起，有什麼不同」？故鍾氏以爲「老子和孔子之道是歸於一的。」

⑳ 見陳寅恪著「陶淵明之思想與清談之關係」，載陶淵明研究第一卷，頁三五四、三五五。（九思出版社）

㉑ 同註⑲，頁三五〇。

㉒ 同註⑲，頁三五二。

㉓ 見錢穆著莊老通辨，中卷之上，釋道家精神義。⑵莊子內篇神字義，頁一七九。（自印本）

淵明出世後，家道已中落，其中落之原因，與其父親之性格與際遇有關。其父之性格是「淡焉虛止」，際遇是「寄跡風雲，寘玆慍喜」，故可能其父一度任官，後又失官，詳細考證，請參見拙著「陶淵明的家世與家庭」一文，載中華文化復興月刊第十七卷第九期，頁五五。

㉔ 獨、孤、幽等三字共四十二處之出處，請參見拙著「陶淵明的文學造詣」一文，載中華文化復興月刊第二十卷第二期，頁六五。

㉕ 見李長之著「陶淵明的孤獨之感及其否定精神」一文，載商務印書館文學雜誌，第二卷第十一期，頁一八（民國三十七年四月出版）。

㉖ 同註⑫。

㉗ 同註⑬，頁二二。

㉘ 同註④。

㉙ 見饒宗頤著「古琴的哲學」一文，載華岡學報第八期，頁四四三、四四四。

㉚ 鳩摩羅什譯華手經，載蔡淡盧編纂佛典菁華錄，頁十一，刋有本書引據之經典及譯者，頁一八六，刋有華手經網明品第三之原經文。（天華出版公司）

㉛ 以上見朱光潛著陶淵明，載陶淵明研究第一卷，頁三七〇。（九思出版社）

㉜ 同註㉙。

㉝ 同註⑲，頁三五三。

㉞ 見文史辭源第一册，頁一一四。（天成出版社）

㉟ 同註㉞。

㊱ 見竺摩法師著維摩經講話，弟子品第三，頁一二四、一二五。（佛光出版社）

㊲ 同註①，頁四。

㊳請見拙著「陶淵明的人生歷程——兼釋無絃琴之疑」一文，載中華文化復興月刊第十八卷五期，頁四八至五〇。

㊴請見拙著「陶淵明不解音聲與無絃琴析疑」一文，載中華文化復興月刊第二十一卷第三期，頁四五至五八。

㊵同註⑨，頁五三〇、五三一。

㊶陶淵明有無絃琴，約在四十歲左右，其依據是：淵明時運詩云：「清琴橫床，濁酒半壺」，「清琴」一詞，據古直陶靖節詩箋注以爲是宋書隱逸傳言潛畜素琴一張，無絃之紀實，見該書，頁二。（廣文書局）個人以爲依古直之觀點，可見所謂「清琴」一詞，可能不單指素琴無琴徽，且很潔淨而已，可能亦意指琴上並無琴絃。又依逯欽立著陶淵明年譜藁云：「停雲、時運、榮木三詩，皆冠小序，而序文結構句法悉同，疑爲同時之作，故若是之畫一也」，頗見卓識，而榮木詩序有云：「四十無聞，斯不足畏」，逯譜乃依此判斷，榮木詩爲淵明四十歲作，依此而推，則時運詩與榮木詩旣同一時間作，故淵明擁有無絃琴一張，即可能在四十歲時。

㊷見明，方孝孺撰菊趣軒一文，見所著遜志齋集，頁三八五。（商務印書館影印四部叢刊本）

㊸同註㉛。

㊹同註㉛。

㊺見王先謙撰莊子集釋，卷三，天地第十二，頁七一。（世界書局）

㊻見魏書卷一百九，樂志，頁一三三三。（新文豐出版公司）

㊼見王瑤著中古文學史論，文人與酒一文，見該書頁五六、五七，及頁六九。（長安出版社）

㊽同註①。

㊾同註⑨，頁五七五。

㊿同註㊼，頁五四、五五。

51 見晉、宗懍著荆楚歲時記，刋於中華書局四部備要，原書頁八。（中華書局）

52 見陶淵明詩文彙評一書，頁一一。（明倫出版社）

53 見鄭騫著「詩人的寂寞」一文，載「從詩到曲」一書，頁一一、一二。（順先出版公司）

54 請見拙著陶淵明的文學造詣一文，載中華文化復興月刊第二十卷第三期，頁六一。

55 見鍾嶸撰，陳延傑註詩品注，頁三。（開明書店）

56 見劉勰撰文心雕龍，卷九，時序第四十五，頁二四。（開明書店）

57 見逯欽立撰形影神詩與東晉之佛道思想，載陶淵明研究第二卷，頁六七六。（九思出版社）

58 以上參見方祖燊著陶潛詩箋註校證論評，頁二〇五、二〇六。（蘭臺書局）

59 同註⑲，頁三五〇。

60 同註52，頁八七。

61 同註③，頁三五。

62 同註③，頁三〇。

63 同註③，頁一〇四。

64 同註③，頁一二一。

65 同註③，頁二七五。

從「身—心—世界」之關係論文心雕龍神思篇

陳昌明

一、神思的特質

「神思」一篇乃文心雕龍創作論之總冒，所謂「御文之首術，謀篇之大要」，因此近代頗受文心雕龍學者之重視①。然而在諸多學者的研究論著之中，「神思」一詞一直是衆說紛紜，莫衷一是。譬如：

①神思即想像與文思。如廖蔚卿先生「六朝文論」，張嚴先生「文心雕龍文術論詮」等。
②神思即想像。如王更生先生「文心雕龍讀本」，王金凌先生「中國文學理論史」等。
③神思卽想像或靈感。如沈謙先生「文心雕龍之文學理論與批評」等。
④神思就是心思。如周振甫先生「文心雕龍注釋」。
⑤神思就是精神的活動。如趙仲邑、陸侃如「文心雕龍解譯」。

⑥神思乃構思與想像。如李日剛先生「文心雕龍講疏」。
⑦神思卽藝術構思論或藝術想像論。如蕭洪林先生「劉勰論藝術想像的特徵」，夏傳才「中國古代文學理論名篇今譯」等。
⑧神思卽形象思維或藝術想像。如易中天先生「文心雕龍美學思想論稿」。
⑨日本人安東諒作了一個概述：「現代中國的研究者，對此（神思）解釋，一般使用心靈、靈感、妙思、妙想、構像、構思、想像力等。我國（日本）的研究者則有使用原文神思和想像力兩種情況。」（安東諒「圍繞《文心雕龍・神思篇》」）

何以如此？在衆多學者的討論中，我們雖然可以看出一些共通或相近的論點，但也明顯的存在許多歧異的看法。這一方面固然代表研究者對神思篇的不同意見，另一方面也說明「神思」一詞難以運用現代語言加以確定的特性。一般來說，以「想像」來詮釋「神思」，是頗爲接近的一種說法，這也是大多學者所樂於採納的，但是這種說法，很容易導入文心雕龍神思篇的內容「陸機文賦都已述及，劉勰了無新意」②的看法，這乃是因爲忽略了「神思」篇的論述有超乎「想像」之外的特性在其中，才產生這樣的誤解。

按「神思」一詞，並非始於劉勰。至少漢末三國時代已開始使用，如三國時代管輅稱贊與劉寔、劉智兄弟對話的情況是：「吾與潁川兄弟語，使人神思清發，昏不假寐」，這裏所說的神思，顯然是指人的思理敏捷，妙語如珠。與劉勰論創作心理的「神思」並不相同。另外如：

陳思王曹植「寶刀賦」：

> 規圜景以定環，攄神思而造像。

孫吳華覈「乞赦樓玄疏」：

> 勤心好道，隨節致氣。宜得閒靜，以展神思。

吳鼓吹曲辭「從歷數」：

> 建號創皇基，聰睿協神思。

雖然部份用語已經涉及了創作心理，但眞正把「神思」一語全力運用於創作過程中的審美活動，必待劉勰。要了解劉勰「神思」這個用語，我們必須進一步去探討「神」與「思」的內涵。在魏晉時代，易、老、莊號稱「三玄」，在周易繫辭中提到聖人設卦作「易」：「精義入神，以致用也」，認爲聖人製作易象，達到出神入化的地步，人們只要妙悟其諦，就能感通萬物，受用無窮，這也就是「宗經篇」所謂：「易惟談天，入神致用」之所指。而韓康伯在注周易繫辭中「知變化之道，其知神之所爲乎?」時指出：「夫變化之道，不爲而自然，故知變化者，則知神之所爲也。」特別重視主體「神」與外物變化（客體）之間的關係，並且也唯有透過主體的意識與觀察去了解變化的自然規律才是「神」的作用。是以何晏就曾引易繫辭的「唯神也，不疾而速，不行而至」的話來自況，王弼也說：「聖人神明茂，故能體沖和以通無。」他們都是把人的精神活動意義上的「神」與周易中所說的「神」相結合，以此論證人的精神可以超越形體和客觀外物，具有精微入幽，感通萬物的神妙作用③。也就是說，「神」至少具有以下的作用：①「神」具有察照的作用，如道安「二教論」所謂：「能照其微，非神而何？」②「神」要在閒靜的情況下去「寂然不動，感而遂通」。③「神」具有超越形體和客觀外物，並且主動感通萬物的神妙作用。而「神思」的「思」，正是「思理爲妙」之「思」，此「思」與「理」意義相近，而此思之爲妙，正是「課虛無以責有，叩寂寞而求音」「規矩虛位，刻鏤無形」的心智活動，因著這思理的心智活動，使得紛繁的事物有了秩序和條理，使外在的事物有了「意義」。以文學創作來說，「神」卽是「創作主體」（但「創作主體」並非卽是「神」），「思」則接近於構思與表達活動（我們此處以「表達活動」加以指稱）。

「創作主體」與「表達活動」二者間具有意向性的關係，也就是表達的作用，就像主詞與動詞間的關係，但是，只有「創作主體」與「表達活動」並不構成完整的表達意向性，我們必須再以世界作爲表達意向性的目標或情境。因此，「創作主體——表達活動——世界」三者共同構成表達意向性的完整結構。然而「創作主體」有時是指「神」，有時是指「身體主體」，因此以下將以「身——心——世界」的方式去進行討論。

二、「身——心——世界」與時空觀念

「神思篇」開端卽云：

古人云：形在江海之上，心存魏闕之下，神思之謂也。文之思也，其神遠矣！故寂然凝慮，思

接千載；悄焉動容，視通萬里。吟詠之間，吐納珠玉之聲；眉睫之前，卷舒風雲之色，其思理之致乎。

首段卽引用莊子讓王篇，謂身在野而心在朝。這種形神分離，神往形留的情狀，說明神思的活動，能超越人的實際活動範疇，翺翔于古今與天地之間。這一部份與「想像」的作用是相同的。黃侃「文心雕龍札記」釋此段云：「此言思心之用，不限于身觀。或感物而造端，或憑心而構像。無有幽深遠近，皆思理之所行也。」劉勰所謂「思接千載」，「視通萬里」，能於時空中自由馳騁，觀古今於須臾，撫四海於一瞬，都是不限於身觀。其中凝慮時稱其「寂然」，動容時乃謂之「悄焉」，與神思的閒靜感通的特質有關。然就其可以超越時間與突破空間的特點而言，實與陸機文賦：「精騖八極，心遊萬仞」「恢萬里而無閡，通億載而爲津」相同。如果往上追溯，我們更可以引莊子的記載：「精神四達並流，無所不極，上際於天，下蟠於地」④來證明這種體認的遠古。然而就「身——心——世界」的關係來看，劉勰實有更細密的描述，茲先表列於下：

身	非現實性世界
寂然凝慮	思接千載（時間）
悄焉動容	視通萬里（空間）
吟詠之間	吐納珠玉之聲（聲音）
眉睫之前	卷舒風雲之色（影像）

對於劉勰這段駢儷的對句，我們先提出二點看法：①這裏的身體並非直接與刺激感官的事物相交接，也卽是並非「身體——世界」的感知活動，而是一種與不在眼前，非現實性世界的關係。②這種非現實性世界的材料，不僅是概念，而且是有珠玉之聲，有風雲之色的「意象」。以上所使用「非現實性世界」一詞，乃採用沙特的說法。按沙特「想像心理學」所言，從一個現實的觀點看，這些事物都是沒有發生的，只是我們盡力造就出它們，如同它們實際上存在一樣，其中，「『不在這裏』是他的本質屬性」⑤。然而，「身體」的活動爲什麼可以與「非現實」的對象形成關聯，其中造成這種轉換的原因在那裏？也許，我們可以回到一開始神思篇引莊子的這段話去解答：

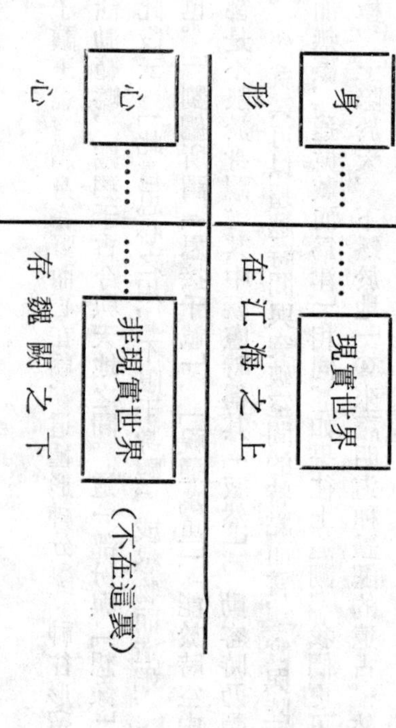

也就是「身」與「非現實世界」的關係，乃因爲「心」的作用。透過「心」的作用，人暫時脫離了現實世界的限制，而「神思」活動也是由此產生的：

身——心——非現實世界

蕭子顯描繪作家「游心內運」的思維活動時說：「屬文之道，事出神思，感召無象，變化不窮。」正與劉勰的意見相同。然而，我們不免要問：難道「神思」活動所描敍的就只是「身——心——非現實世界」的關係麼？是又不然。劉勰反覆引論非現實世界，旨在強調神思的時空特性（與「想像」相同的部份）。實際上，「神思」活動也包括「身——心——現實世界」的關係：

> 夫神思方運，萬途競萌。規矩虛位，刻鏤無形。登山則情滿於山，觀海則意溢於海，我才之多少，將與風雲而並驅矣。

當「神思」活動開始進行，外在紛亂混雜的世界逐漸經過心思的整理，成爲統貫凝注的情意表徵，於是「創作主體」與外在世界乃形成一種互動的關係。情意滿溢於山海，不但是山海觸發了我的情意，而且是山海涵納，融會了我的情意，成爲我情意的表徵，這正是物我不分，主客合一的最佳寫照。另一方面，這也是「神思」活動關於「身——心——現實世界」的表達的最好說明。

三、回歸到身體經驗的主體活動

前曾提及，超越時空，不以身觀的想像活動，是「神思」的一個重要特點，但即使是這種與非現實性世界的關係，仍然要回歸到身體經驗的基礎上來。舉個例子，譬如我們作爲一個思維主體，我們對空間享有極大的自由，我們可以設想自己像是大鵬鳥，在九萬里高空上注視著地球，萬物如野馬、塵埃。不過，這並不表示我已經擺脫自身具體存在的限制。因爲，不論我怎麼想，對我而言，山仍是高，攀爬必須付出體力，谷仍是深的，具有危險性。其次，在想像的世界裏，我可以自由發揮我的想像力，然而我必須回溯到提供我想像材料的「自然空間」⑥。原來，想像世界裏的意象，在某種意味上仍依存著身體知覺的經驗（如珠玉之聲，風雲之色），從其中去尋求材料，所以，想像與記憶是有關係的，當我們的身體經驗到：

登山則情滿於山
觀海則意溢於海

實際上山與海已經成爲一種情感的表達象徵，不論山與海在想像中如何經過重新組合，而成爲非現實性的事物，然而其出發點仍然是以「身觀」的身體經驗。所以我們才可以說：「人有六情，稟五常之秀；情感六氣，順四時之序；蓋文之所起，情發于中」⑦，過去的知覺活動與情意感受，都是神思活動的基礎，所以「物色篇」提到：「春秋代序，陰陽慘舒，物色之動，心亦搖焉。……物色相召，人誰獲安。是以獻歲發春，悅豫之情暢；滔滔孟夏，鬱陶之心凝；天高氣清，陰沉之志遠；霰雪無垠，矜肅之慮深。歲有其物，物有其容，情以物遷，辭以情發。一葉且或迎意，蟲聲有足引心；況清風與明月同夜，白日與春林共朝哉！」因著四時轉換，「物色嬗替，激發起創作者的內心感受，因此「情以物遷，辭以情發」，創作者觸與致情，於是展開遐想的翅膀，這一切都是從知覺感受出發的，程兆熊先生說：

「形在江海之上，心存魏闕之下」，此因為神思之所及，但亦正為性情之所至。其神思彌遠，其性情彌真。是以「思接千載」，不離本性；「視通萬里」，無非真情。由是而「思理為妙，神與物遊」，即對一切有其性情之接觸。⑧

創作者的個人生活經歷，和參與到他的個人生活中的民族傳統，時代精神，共同造就了創作者內在的心理結構，鑄造了他的感知方式，感受方式，以及思維方式⑨。而這一切都滲透入了創作主體與外在世界的接觸之中：

故思理為妙，神與物遊。

這種心理活動，並非即是一種有意的意識造作，它常常是在有意無意之間，使神理流於物我。楊萬里云：「我初無意於作是詩，而是物、是事適然觸乎我，我之意亦適然感乎是物、是事；觸先焉，感隨焉，而是詩出焉。我何與哉？天也！」雖說是得之於天，然而觸先感後的說法未必符合實際，毋寧說是在物我相交會的同時，即決定了感受的條件，「我」或「我之意」早已預設了我的情感與生命經驗，雖然感知經驗本身有時也會形成創作上的束縛，因此才會說：「陶鈞文思，貴在虛靜」，滌除感知經驗的約束，使創作活動有更大的自由與空間。但是，這一切並不是說明想像會排除性情，事實上，悠美、有條理的想像是從性情中來。王夫之說：

煙雲泉石，花鳥苔林，金鋪錦帳，寓意則靈。若齊梁綺語，宋人摶合成句之出處，役心向彼掇索，而不恤己情之所自發，此之謂小家數，總在圈繢中求活計也。⑪

王夫之這段涉及實際批評的文字，發人深省。所謂「役人向彼掇索，而不恤己情之所自發」，就是只注意到了外界事物的姿貌變化，卻失卻了自己的性情，失卻了自己的性情，就是主體的喪失。而「煙雲泉石，花鳥苔林，金鋪錦帳，寓意則靈。」，無「意」則不靈。主體的喪失，也就是美感的喪失⑫。因此在創作的過程中，必須「澄思渺慮，以吾身入乎其中而涵詠玩索之」⑬，也就是「物以貌求，心以理應」，使得物我得以交融。

神居胸臆，而志氣統其關鍵；物沿耳目，而辭令管其樞機。樞機方通，則物無隱貌；關鍵將塞，則神有遯心。

志氣乃指思想與情感的活動，辭令即是語言表達。劉永濟對此段文字頗有申論：「蓋『神居胸臆』，與物接而生感應，志氣者，感應之符也。故曰『管其樞機』。然則辭令之工拙，與象之明晦係焉；志氣之清濁，感應之利鈍存焉。易詞言之，即內心外境之表見，其隱顯深淺，咸視志氣，辭令為權衡。志氣清明，則感應靈速；辭令巧妙，則與象昭晰。二者之於文事，若兩輪之於車焉。千古才士，未有舍是而能成佳文者。」也即是神並非來去無蹤影的，它受「志氣」即思想情感的統率，而物為作者耳目所感，又受辭令所拘。我們將這一層關係作一箇圖略加說明：

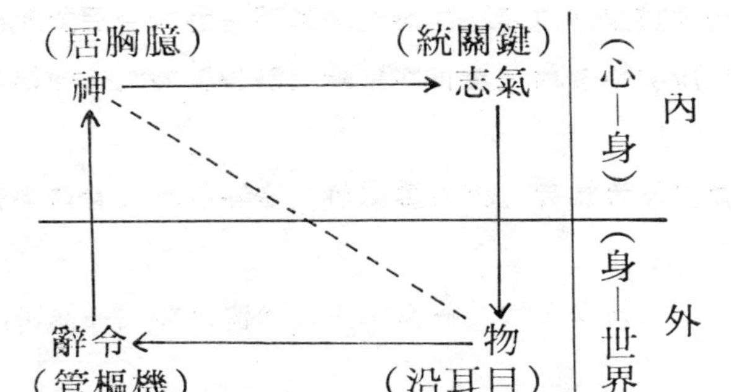

當創作主體投射於外在事物時，創作者個人的情感與思想（志氣）是其關鍵，也就是其中介。當外在事物要傳達給創作主體，那麼傳達的方式與語言（辭令），將成爲其間的樞紐。足見「志氣」與「辭令」的重要性。故以下分論二者。

四、個人才性特質與創作——志氣

神思篇云：

> 人之稟才，遲速異分；文之制體，大小殊功。相如含筆而腐毫，揚雄輟翰而驚夢，桓譚疾感於苦思，王充氣竭於思慮，張衡研京以十年，左思練都以一紀，雖有巨文，亦思之緩也。淮南崇

朝而賦騷，枚皐應詔而成賦，子建援牘如口誦，仲宣舉筆似宿搆，阮瑀據案而制書，禰衡當食而草奏，雖有短篇，亦思之速也。若夫駿發之士，心總要一術，敏在慮前，應機立斷；覃思之人，情饒歧路，鑒在疑後，研慮方定。機敏故造次而成功，慮疑故愈久而致績，難易雖殊，並資博練。若學淺而空遲，才疏而徒速，以斯成器，未之前聞。是以臨篇綴慮，必有二患：理鬱者苦貧，辭溺者傷亂。然則博見為饋貧之糧，貫一為拯亂之藥。博而能一，亦有助乎心力矣。

這一段文字在神思篇中較爲人所忽略，亦有學者認爲這段文字是神思篇的冗贅⑭。這一方面是因爲這段文字有一半與才略篇的論述相近，另一方面則是忽略了全文前後的關係。

才略篇：

子建思捷而才俊，詩麗而表逸，子桓慮詳而力緩，故不競於先鳴。

同上：

仲宣溢才，捷而能密，文多兼善，辭少瑕累。

同上：

張華短章，奕奕清暢，其鷦鷯寓意，卽韓非之說難也。

同上：

左思奇才，業深覃思，盡銳於三都，拔萃於詠史，無遺力矣。

才略篇主要說明作者的才性異稟，故其所擅長的篇幅與文類亦不同，但未進一步分析其原因以及創作時面臨此一困境時克服的方法。而「神思篇」則由「神居胸臆，志氣統其關鍵」逐步探討此一問題，誠如廖蔚卿先生云：

> 神思的遲速通塞，全受作者才、氣、學、習的影響。抱朴子辭義篇曰：「夫才有清濁，思有脩短」，神思篇亦曰：「人之稟才，遲速異分」，故曰：「志氣統其關鍵。」⑮

神思篇透過遲速通塞所要說明的，不止是「文章由學，能在天資。才自內發，學以外成」（事類篇）的道理而已，它更在強調「博而能一」的情感與思想的重要性。周振甫先生云：「……要求這兩者的一致，關鍵在於『博而能一』。博指豐富的素材或豐富的情感，一指在豐富的情意中能夠貫一的部份，這部份構成文思。」也就是要能貫一其情性，只要能貫一其性情，就不至於成爲「逐末之儔，蔑棄其本，雖讀千賦，愈惑體要……」（詮賦篇），只要能誠懇的「爲情而造文」，而不是「爲文而造情」，那麼篇幅大小，構思遲速，文章類別，也就可以各得其宜。程兆熊先生詮釋神思篇這段文字說：

> 此就人之才華而言，固有宜於巨文，亦有宜於短篇。但就人之性情而論，「駿發之士」，固可以因其「敏在慮前，應機立斷」，而見其性情；惟「覃思之人」，亦可以因其「鑒在疑後，研慮方定」，而見其性情。若俱見性情，則「造次而成功」與夫「愈久而致績」，固儘有其同一之價值。而巨文與短篇，亦初無二致。⑯

「志氣」一方面與人之思想情感的性情相關，一方面志足則定神之動靜，氣足則引神之趨嚮，又與人之個性相關。所以「志氣」是同時包括了生理（身）與心理的內在結構。而創作也正是要因著作者的才性去發展，高明先生云：

要順應著自己的「文性」，來鍛鍊自己的「文才」，然後才能「導其所宜」。自己的天性是傾向那方面的，就向那方面發展；這樣學起來，就用力小而成就大。你是個疏豪的人，若要寫典雅的文辭，一定是事倍而功半；若要寫豪雄的文章，一定是水到渠成。⑰

創作如果能夠發乎性情，並且順應個人才性，必定能夠在寫作的過程中水到渠成。

五、創作意圖與作品的關係——辭令

神思篇云：

物沿耳目，而辭令管其樞機。

又云：

方其搦翰，氣倍辭前；暨乎篇成，半折心始。何則？意翻空而易奇，言徵實而難巧也。是以意授於思，言授於意，密則無際，疏則千里。或理在方寸，而求之域表。或義在咫尺，而思隔山河。是以秉心養術，無務苦慮，含章司契，不必勞情也。

我們與世界的聯繫中，存在著許多「設想」——其中主要便是語言，我們在系統思考之前，我們已經共享許多對世界的「理解」方式了。語言理解從根本上來說是歷史性的，它總是在我們存在之前，就存在於世界上了，所以語言必須經過學習。劉勰由此提出二個問題：①作者是否能用語言確切的表達情感？卽所謂「密則無際，疏則千里」。②作者的創作意圖與作品意義的差距爲何？卽所謂「暨乎篇成，半折心始」。然而針對這兩點而言，劉勰並不致於悲觀，他認爲這只是「樞機通塞」的問題而已。他認爲文學作品中的語言，就是傳達作家內心思想感情的媒介與橋樑，語言抒發內心的情志，在藝術構造上一旦成熟，一篇文章也就得到明確的表達，不過，劉勰對這問題並未深入去探討。

劉勰又就「思——意——言」的關係提出說明，並提出這三者的一致和不一致問題。黃侃札記說：「尋思與文不能相傅，由於思多變狀，文有定形。加以研文常遲，馳思常速，以遲追速，則文歉於意；以常馭變，則思溢於文。陸士衡：『恆患意不稱物，文不逮意』與彥和之言，若重規疊矩矣。」對於作者創作意圖與作品意義的差距，其產生的原因主要是「意授於思，言授於意」，從文思到情意到言辭的過程，常是一層隔了一層。「暨乎篇成，半折心始」，跟開始感發與醞釀時比，要打一對折，也就明顯的「意不稱物，文不逮意」了。但如何才能使情意與文思，文思與文辭彼此一致，做到「密而無際」呢？首先，對於語言的學習與運用，應力求精確，避免內容的表達產生雜亂，也就是「辭溺而傷亂」。其次，必須對於形象及其蘊含的各種感情道理有深刻的認識，才能使文辭隨著作者的思索紛沓而至，卽「志足而言文，情信而辭巧」（徵聖篇）。此外在文思開始醞釀時，必須要精神不浮亂，不躁動，使得內心所要表達的內容清楚的浮現出來。「神思篇」云：「或理在方寸，而求之域表；或義在咫尺，而思隔山河。」言道理本在心中，而求之天涯，意義近在咫尺，而思路阻隔如山長水遠，這都是由於精神浮亂的緣故。另外，劉勰說外物是沿著感官活動而進入我們的內心，卽：

物沿耳目，而辭令管其樞機。

然而外在的事物，因著我們身體的關係，並不是一成不變的。例如說一座森林，當我散步於森林時，森林並非處於靜止、不變的狀態，森林的空間是隨著我的腳步而改變、拓展。當我由這一端而走到另一端時，空間的意義有著顯著的不同，它相對於我的腳步而開展。卽使是觀察一張椅子，它也會因著我們觀察的方位、角度的不同，而產生不同的姿態、光影。所以「物沿耳目」的物，是「其爲物也多姿，其爲體也屢遷」的物，所以語言在傳達外在事物時，也必須要能「寫氣圖貌，既隨物而婉轉；屬采附聲，亦與心而徘徊」（物色篇）。語言與外在事物是一種對應關係，然而它又不像外在充滿了無窮的變化，因爲「言徵實而難巧」，因此在表達外在事物時，如何「以少總多，情貌無遺」，則是要不斷學習和鍛鍊的。

六、神思的培養與創作主體

文學創作並非天生而能的，雖然天資稟賦也是重要的，但是學習表達活動本身更爲重要，創作的才能除了通過自己的親身經歷（生命經歷，尤其是創作經歷）獲得外，還通過文學典範的閱讀、學習而得，而語言的學習，也就是對外在世界的學習過程。文心雕龍神思篇在提到「志氣」與「辭令」爲創作之關鍵和樞機後，更進一步說明神思的培養：

是以陶鈞文思，貴在虛靜，疏瀹五藏，澡雪精神；積學以儲寶，酌理以富才，研閱以窮照，馴致以懌辭；然後使玄解之宰，尋聲律而定墨；獨照之匠，窺意象而運斤：此蓋馭文之首術，謀篇之大端。

陶鈞文思卽陶養文思，「虛靜」乃用老子致虛守靜之意，此本「神」能活動的條件，第一節已言及。蓋創作主體虛故能致遠涵象，虛空故能無礙，以其無礙，故能遊於物而物無隱貌，而創作主體亦能得最大的自由與活力。「疏瀹五藏，澡雪精神」就是避免神閉氣衰，理滯情阻，在新的藝術構思中不受紛亂的印象和表現方式羈絆，卽志氣清明，因此也就能感應靈速，取捨由心。卽如養氣篇所云：「是以吐納文藝，務在節宣。清和其心，調暢其氣，煩而卽捨，勿使壅滯。意得則舒懷以命筆，理伏則投筆以卷懷，逍遙以針勞，談笑以藥勌。」皆在順其天然，勿雍勿滯，蓋唯有寧靜激宕的情緒，統一紛亂的思理，才能觀照事物的情理，酌取創作所需之內容及形式⑱。劉永濟釋虛靜之用曰：「虛則能納，靜則能照」因爲「虛」，故能排除雜念，使胸中一塵不染，因爲空靈，故能接納一切感應，如太虛之涵萬物。因爲「靜」，乃能使意識澄淨，精神凝定，故能燭照多方。以上言養「神」之法，以下劉勰進一步以積學、酌理、研閱、馴致四事說明「神」「思」的培養。

①積學以儲寶

②酌理以富才

③研閱以窮照

④馴致以懌辭

①與③與「神」的虛納靜照有關，②與④與「思」的理路構辭相通。且四層意義輪遞，頗有層次。首言文章必資於學識，學如珍寶，必儲而備用。次言條貫義理，使役理之才，與日俱增。三言研究觀照，來印證事理的變化。末言順自然之理法，而表現於文辭，發而爲作品。誠如袁守定「佔畢叢談」云：「文章之道，遭際興會，攄發性靈，生於臨文之頃者也。然須平日餐經饋史，霍然有懷；對景感物，曠然有會；嘗有欲吐之言，難遏之意。然後拈題泚筆，忽忽相遭，得之在俄頃，積之在平日，昌黎所謂有諸其中是也。」唯有平日即能吸收經驗，並保持活潑的創造力，才能產生有生命力的作品：「名理有常，體必資於故實；通變無方，數必酌於新聲」（通變篇）。神思的培養，除了要「研閱」經騷史迹外，還要深入「研閱」現實生活的各種樣相，如此，才能寫出深刻的作品。

通過神思培養的討論，我們可以感受到許多「文賦」所沒有的部份。劉勰更提出「至精」「至變」才能掌握的「神思」特質：

至於思表纖旨，文外曲致，言所不追，筆固知止。至精而後闡其妙，至變而後通其數，伊摯不能言鼎，輪扁不能語斤，其微矣乎！

如何才能將言外曲致，象外之神加以傳達，這微妙的內涵，唯有「至精」才能「闡其妙」，「至變」才能「通其數」，這微妙玄通的涵意只有透過「神會」的方式才能掌握。就如宗炳「畫山水序」所言：

夫以應目會心爲理者，類之成巧則目亦同應，心亦俱會，應會感神，神超理得。

「應目會心」是說山水畫用眼看，用心捕捉的作用，通過這種作用達到山水之「神」與我之「神」交融，並使得我們的精神達到超越的階段。宗炳另一段文字云：

峰岫嶢嶷，雲林森眇。聖賢暎于絕代，萬趣融其神思。余復何為哉？暢神而已，神之所暢，孰有先焉。（畫山水序）

「萬趣融神思」，天地萬物與作者之神相交融，這與「神思篇」的「神與物遊」有其非常接近的藝術構思。在森羅萬象的天地自然之中，人的精神得到悠遊暢快。

七、結　語

人對他人的身體，與自己的身體是有著層次上的差別的：對他人身體，我們可以把它當作外在客觀事物來看，同時也是我們了解他人心靈的中介，而對於自己的身體，我們則重其「感受」的精細差別，然而對前者的關懷，正是建立在後者之上的。從身體感受到表達，牽涉到感受者個人的才性，文化背景，情緒與思維方式，以及審美的認知等多方面的因素。而劉勰認爲其中「身—世界」的接受與互動關係，還要進一步透過「心」的組織，純化；去除情緒的色彩，脫離軀體的束縛，成爲沉澱後的結晶，所以藝術的感通，「身」與「心」的關係是前後相承，互激互盪，缺一不可的。而且從感受主體的形軀，到創作主體的主要關鍵——「神」，就文心雕龍神思篇言，劉勰還反映了兩點我們應該關注的主題：

㈠「神會」——我們說「興會通神」，也就是「神思」不止是「想像」，「想像」活動可以是「紛哉萬象，勞矣千想」，是散漫而複雜的，然而「神思」卻是在微妙玄通的想像中，有所領悟並塑造其美感的情境，是「美感的想像」。

㈡「創作主體的能動性」——「神思篇」特別將創作主體的地位「神」加以標示，並提出其重要性。也就是當我形成一個構思景象，我並非是不由自主的看到這些；我是自發地造就出這些的，「因爲我想到了這些」。卽神往似贈，興來如答的一種反應。也就是文心神思篇贊語所特別強調的：

神用象通，情變所孕！

【附　註】

① 「中國古代文學理論名著探索」趙盛德主編，頁一二八，廣西師範大學出版社。

② 王金凌「中國文學理論史」頁二三四，華正書局。

③ 袁濟喜「六朝美學」頁二三六，北京大學出版社。

④ 莊子「刻意篇」。

⑤ 沙特（Jean-Paul Sartre）「想像心理學」褚朔維譯，光明日報出版社。

⑥ 尉遲淦「論梅露彭廸『身體——主體』觀念」輔仁大學哲研所論文。

⑦ 李延壽北史「文苑傳」。
⑧ 程兆熊「文學與文心」頁二五〇，明文書局。
⑨ 朱輝軍「藝術創造主體論」頁一〇六，遼寧教育出版社。
⑩ 楊萬里「答建康府大軍庫監徐達書」。
⑪ 王夫之「夕堂永日結論・內編」。
⑫ 成復旺「神與物遊」頁八，中國人民大學出版社。
⑬ 況周頤蕙風詞話卷一。
⑭ 王金凌「中國文學理論史」：「劉勰論想像時，敍及才之遲速。這是陸機文賦未曾討論的，也是神思篇的一大冗贅。」頁二三七，華正書局。
⑮ 廖蔚卿先生「六朝文論」頁六八，聯經出版社。
⑯ 同註⑧，頁二五一。
⑰ 高明先生「高明文學論叢」「論體性」頁四二〇，黎明出版社。
⑱ 廖蔚卿先生「六朝文論」頁六九，聯經出版社。

文心曹植說

廖美玉

前言

《文心雕龍》五十篇中，提到曹植的，有《明詩》、《樂府》、《頌贊》、《祝盟》、《誄碑》《雜文》、《諧隱》、《論說》、《封禪》、《章表》、《神思》、《定勢》、《聲律》、《比興》《事類》、《練字》、《指瑕》、《時序》、《才略》、《知音》、《序志》等二十一篇，出現的次數爲二十三次①。就現存曹集中，除賦、銘、哀辭等體類②，其餘全爲《文心》所論及。本文嘗試對《文心雕龍》中有關曹植的文字，作個疏解與探究；希望對了解《文心雕》與曹植的作品，都有幫助。

一、曹植與建安文學

《明詩》：

曁建安之初，五言騰踊。文帝、陳思，縱轡以騁節；王徐應劉，望路而爭驅。並憐風月，狎池苑，述恩榮，敘酣宴，慷慨以任氣，磊落以使才；造懷指事，不求纖密之巧；驅辭逐貌，唯取昭晰之能，此其所同也。

《時序》：

自獻帝播遷，文學轉蓬。建安之末，區宇方輯。魏武以相王之尊，雅愛詩章；文帝以副君之重，妙善辭賦；陳思以公子之豪，下筆琳瑯。並體貌英逸，故俊才雲蒸。……觀其時文，雅好慷慨，良由世積亂離，風衰俗怨，並志深而筆長，故梗概而多氣也。

《比興》：

至於揚班之倫，曹劉以下，圖狀山川，影寫雲物，莫不纖（織）綜比義，以敷其華，驚聽回視，資此效績。

劉勰心目中的建安文學，到底是起於建安之初或建安之末？在《明詩》與《時序》正有不同看法。由文字敍述來看，劉勰認爲建安文學是由曹氏父子——特別是丕、植兄弟所同時引領的。考曹植的創作活動，約始於建安十五年十九歲時③，而王徐應劉則死於建安二十二及二十三年。以年代推論，若建安文學起於建安之初，應是由王徐諸子所帶起，文帝、陳思不過因政治地位而「叨名」。再看曹操的發揮個人政治個性與魅力，是從建安十五年的《求賢令》與《讓縣自明本志令》開始，同年鄴銅雀臺建成，諸子各爲賦以賀。則建安文學又可斷自建安十五年前後④，似以《時序》篇所言爲近是⑤。然曹丕論文，已明言七子的成就，則建安文學的興起，七子的同時各擅文學是個要素，曹氏父子的有意獎掖，則發揮了推波助瀾的功效，並且滙成巨流。劉勰爲了歸美曹氏父子的政治力量，所以有此齟齬。

曹氏父子三人對建安文學風潮的影響，應是同等重要的。但是對於曹操的「詩章」，在《文心》《明詩》中並未涉及，反不如《詩品》的「曹公古直，甚有悲涼之句」來得具體；對於曹丕的「辭賦」也只在《詔策》篇說他的詔文：「辭義多偉，至於作威作福，其萬慮之一弊乎？」在《詮賦》篇中並未論及。在《樂府》篇中，更是站在音樂的立場，說操丕「宰割辭調，音靡節平」、「雖三調之正聲，實韶夏之鄭曲也。」只有對曹植的「下筆琳瑯」有較多的引證與陳述，說詳下節。

三曹的「並體貎英逸，故俊才雲蒸」，對建安文學的發展，確是蔚爲風氣的主因。曹操的「登高必賦」，及銅雀臺盛事，固是風動於上。曹丕《又與吳質書》云：

昔日遊處，行則連輿，止則接席，何曾須臾相失。每至觴酌流行，絲竹並奏，酒酣耳熱，仰而賦詩，當此之時，忽然不自知樂也。⑥

寫出文人雅士以詩酒相契相得，正是對「文人相輕，自古而然」的一大突破。曹植的《公讌》詩：

公子敬愛客，終宴不知疲。清夜遊西園，飛蓋相追隨。明月澄清影，列宿正參差。秋蘭被長坂，朱華冒綠池。潛魚躍清波，好鳥鳴高枝。神飆接丹轂，輕輦隨風移。飄颻放志意，千秋長若斯。⑦

《侍太子坐》：

白日曜青天，時雨靜飛塵。寒冰辟炎景，涼風飄我身。清醴盈金觴，肴饌縱橫陳。齊人進奇樂，歌者出西秦。翩翩我公子，機巧忽若神。⑦

《箜篌引》：

置酒高殿上，親友從我遊。中廚辦豐膳，烹羊宰肥牛。秦箏何慷慨，齊瑟和且柔。陽阿奏奇舞，京洛出名謳。樂飲過三爵，緩帶傾庶羞。主稱千金壽，賓奉萬年酬。久要不可忘，薄終義所尤。謙謙君子德，磬折欲何求？驚風飄白日，光景馳西流。盛時不可再，百年忽我遒。生存華屋處，零落歸山丘。先民誰不死，知命復何憂。

《元會》詩：

初歲元祚，吉日惟良，乃為佳會，讌此高堂。尊卑列敘，典而有章，衣裳鮮潔，黼黻玄黃。清酤盈爵，中坐騰光，珍膳雜遝，充溢圓方。笙磬既設，箏瑟俱張，悲歌厲響，咀嚼清商。俯視華軒，仰瞻華梁，願保茲善，千載為常。歡笑盡娛，樂哉未央。皇家榮貴，壽考無疆。⑦

曹植這四篇作品，剛好是「憐風月、狎池苑、述恩榮、敍酣宴」的具體佐證，在詩歌的「感物吟志」「諷怨」、「匡諫」之外，擴展了寫作的題材⑧，也促成寫作的藝術技巧的進步⑨。值得注意的是，這四篇是曹植前期的作品，人在鄴城，又是歡宴場合，在盡情享樂之外，卻也同時出現了重情義、奮功名、視死如歸的思想，及「悲歌厲響，咀嚼清商」的曲調⑩。這種多重屬性的特質，我想從地域上作個說明⑪。曹魏的文學活動是以鄴下為中心，鄴本是春秋齊邑，桓公於此作鄴城；戰國時為魏都。

漢置縣，屬魏郡，漢末袁紹爲冀州牧，鎮鄴，及紹敗亡，才封給曹操，到了建安十八年，漢獻帝封曹操爲魏公，策命上說：「今以冀州之河東、河南、魏郡、趙國、中山、常山、鉅鹿、安平、甘陵、平原凡十郡，封君爲魏公」⑫，這一地區，正是《隋書》《地理志》所謂：

> 冀州於古堯之都也，……人性多敦厚，務在農桑，好尚儒學，而傷於遲重，前代稱冀幽之士鈍如椎，蓋取此焉。俗重氣俠好結朋黨，其相赴死生，亦出於仁義。故班志述其土風，悲歌慷慨，椎剽掘冢，亦自古之所患焉。前諺云：『仕官不偶遇冀部』，實弊此也。」⑬

《漢書・地理志》：

> 趙中山地薄人衆，猶有沙丘紂淫亂餘民，丈夫相聚遊戲，悲歌忼慨，起則椎剽掘冢，作姦巧，多弄物，為倡優，女子彈弦跕躧，游媚富貴，遍諸侯後宮。⑭

古代燕趙之地，居民以慷慨悲歌、尚氣任俠著名，曹植《白馬篇》：「借問誰家子，幽并遊俠兒」，寫的正是重義輕死的本色。而《名都篇》：「名都多妖女，京洛出少年」，所寫的華服美食，飲宴遊戲，鬪鷄走馬，奇巧淫技，也是當地特色。至於《三國志》《王粲傳》注引《魏略》所描述，當曹植會見邯鄲淳時，先「傅粉，遂科頭拍袒，胡舞五椎鍛，跳丸擊劍，誦俳優小說數千言」，而後「更著衣幘，整儀容，與淳說混元造化之端，品物區別之意，然後論羲皇以來賢聖名臣烈士優劣之差，次頌古今文章賦誄，及當官政事宜所先後，又論用武行兵倚伏之勢」⑮，除了表現曹植的才華，也可看出曹植所代表的鄴下文學的多種屬性的特質。所以劉勰在「憐風月、狎池苑、述恩榮」底下接入「慷慨以任氣，磊落以使才」，而統冠以「並」，可見得這兩種特質是同時並存的，不能以曹植前後期作品作爲劃分，也不必專指某類作品，而且也不止曹植，是建安文學的共同表徵。

至於「慷慨以任氣、磊落以使才」二句的解說，前輩多有通達的見解⑯。綜合來看，「慷慨」一詞同時具有本質內涵與表現形象二方面的意義。說文釋「忼」：「慷慨，壯士不得志於心也。」壯士志高，所以能見其忼慨，忼從亢聲，就是高的意思。那麼慷慨的內質心須具備有發自內心的高尚志向，奔放感情，自由思想，對客觀的事物能眞心欣賞，對個人的志行能明確掌握，也能淸楚地感受到現實的局限，卻依然誠信自許，盡性盡情，無愧無怍，而終究一事無成的大悲大喜。我們看下面的例證：

（陽為人有智略，慷慨不苟合。（《漢書・鄒陽傳》）

性剛毅慷慨，有大節。（《後漢書・齊武續王傳》）

卿兼資文武，志節忼慨（同慷慨），常有超越江湖呑吳會之志，故復授將率之任。（《三國志・魏蔣濟傳詔》）

懷此王佐才，慷慨獨不羣。（曹植《薤露行》）

壯士何慷慨，志欲威八荒。（阮籍《詠懷》卅九）

縱橫計不就，慷慨志猶存。（魏徵《述懷》詩）

這種自覺的超乎流俗的心志，表現在曹植作品中，是對現實人、事、物的廣泛而深入的關注，對季節、流光的敏感，對親情友誼的迷戀，對酣宴豫樂的追求，而尤其亟亟於榮聲勳業的建立。這些理念，凝聚在《七啓》一文，透過鏡機子的敷述，由肴饌、容飾、羽獵、宮觀、聲色的極盡享樂之能事，而爲君子奮節顯義、烈士危軀成仁的風尚，摘錄片段如下：

是以雄俊之徒，交黨結倫，重氣輕命，感分遺身，故田光伏劍於北燕，公叔畢命於西秦，果毅輕斷，虎步谷風，威慴萬乘，華夏稱雄……此乃游俠之徒耳，未足稱妙也。若夫田文無忌之儔，乃上古之俊公子也，皆飛仁揚義，騰躍道義，遊心無方，抗志雲際，凌轢諸侯，驅馳當世，揮袂則九野生風，慷慨則氣成虹蜺。

全文雖以飛仁揚義、慷慨抗志爲最高取向，而在過程中仍都是滿心投入，追求最好的，希望年命長保，恩愛永固，歡樂常在……。這種高標準的設置，本就預伏了不能如意的種子，所以在曹植的作品中，可以發現到否定詞的大量運用，「無常」、「不永」、「長違」、「未達」、「難慕」、「莫攀」、「失羣」、「靡通」、「見棄」、「中絕」、「離居」、「摧頹」等等，《鰕䱇篇》尤其可以看出這種有志不獲騁的悲哀：

鰕䱇遊潢潦，不知江海流。燕雀戲藩柴，安識鴻鵠遊。世士誠明性，大德固無儔。駕言登五嶽，然後小陵丘。俯觀上路人，勢利惟是謀。讎高念皇家，遠懷柔九州。撫劍而雷音，猛氣縱橫浮。汎泊徒嗷嗷，誰知壯士憂。

壯志不成，就成了「烈士多悲心」（《雜詩》）。而不管代價有多大，仍是執著於自己所要的，毛一公《陳思集後序》說他「雖遭困頓廢辱，亦安之不悔」⑰，則慷慨又是在壯士不得志之外的依然信守不渝，所推衍出來的生命韌性與不盡的哀思了。

這種慷慨的本質內涵所反映出來的語言辭氣，也叫慷慨。舉例如下：

憯愠惀之脩美兮，好夫人之忼慨（《哀郢》逸文）

洪辭氣慷慨，涕泣横下，聞其言者，雖卒伍廝養，莫不激揚，人思致節。（《三國志・魏臧洪傳》）

余少而好賦，其所尚也，雅好慷慨，所著繁多。（曹植《前錄自序》）

慷慨對嘉賓，悽愴內傷悲。（曹植《情詩》）

絃急悲風發，聆我慷慨言。（曹植《雜詩》六）

當時言論，慷慨冠乎終古。（晉書《陸機傳論》）

這種慷慨的文字表現，劉師培認爲「音節」是重要的關鍵：

至於建安七子之文，愈講音節，劉彦和云：「洎夫建安，雅好慷慨」，以其文多悲壯也。大凡文氣盛者，音節自然悲壯；文氣淵懿靜穆者，音節自然和雅，此蓋相輔而行，不期然而然者。⑱

我們又可以發現，慷慨的表現形象與音樂有著緊密的關係：

（荊軻）復為慷慨羽聲，土皆瞋目，髮盡上指。（《戰國策・燕策》三）

於是項王乃悲歌忼慨，自為詩曰：「力拔山兮氣蓋世，時不利騅兮不逝，騅不逝兮可奈何，虞

兮虞兮奈若何。」（《史記·項羽本紀》）

酒酣，高祖擊筑，自為歌詩曰：「大風起兮雲飛揚，威加海內兮歸故鄉，安得猛士兮守四方」令兒皆和習之。高祖乃起舞，慷慨傷懷，泣數行下。（《史記·高祖本紀》）

衡善擊鼓……，衡方為漁陽參撾，蹀躍而前，容態有異，聲節悲壯，聽者莫不慷慨。（《後漢書·禰衡傳》）⑲

慷慨有餘音，要妙悲且清。（曹植《棄婦詩》）

時幽散而將絶，中矯厲而慨慷。（成公綏《嘯賦》）

荆軻的慷慨表現是由於壯士奮死以酬知己（壯士一去兮不復還），項羽的慷慨表現是於由「時不利」而割捨對名駒與美人的恩愛，劉邦的慷慨表現是由於思猛士而不得。至於建安的慷慨，則要配合《時序》篇所說的「良由世積亂離，風衰俗怨，並志深而筆長，故梗概而多氣也」，結合個人內在特質與現實層面，而蕩漾出一種不甘捨棄而終究無成的激越情懷。再加上「磊落以使才」，以一種志懷高潔、胸襟坦蕩的態度，盡情地展露天賦才華。則他們所不顧捨棄的，原就包括個人的才華與時代的苦難兩方面；對自我的自信自重自許，與時代的亂離悲苦危殆，不能交會而產生效用，是他們最大的挫敗。以曹植言，《雜詩》的「閒居非吾志，甘心赴國憂」、「國讎亮不塞，甘心思喪元」，與《白馬篇》的「捐軀赴國難，視死忽如歸」，最後落得《求通表》的「高談無所與陳，發義無所與展」、「生無益於時，死無損於數，直牢圈中物耳」的悽愴感喟。這種「志深而筆長」、「梗概而多氣」的作品，自然能使「聽者莫不慷慨」，尤其質性本是慷慨的，更是「逆聲而擊節」（《知音》篇）。慷慨的表現形象，必然是強勁有力的，才能引起深切的共鳴。由此來探討「慷慨」的表達方法，就是《明詩》篇的「造懷指事，不求纖密之巧；驅辭逐貌，唯取昭晰之能」了。劉勰在這一段文字談的是建安的五言詩，巧的是鍾嶸對五言詩的看法與此相近：

五言居文詞之要，是衆作之有滋味者也，故云會于流俗。豈不以指事造形，窮情寫物，最為詳切者耶。⑳

五言詩最適合指事造形窮情寫物，而建安文人在利用五言詩來造懷指事、驅辭逐貌上，有超越前人的表現：劉勰認爲「五言之冠冕」的古詩十九首，是「結體散文，直而不野，宛轉附物，怊悵切情」，建安詩則在運用文辭上，「直」之外還要「昭晰」，即進一步追求明白有力；由「不野」而不求「巧」，是講技巧而不倚重技巧；凡此都由慷慨磊落而來。由「不求纖密之巧」與「惟取昭晰之能」的表達方式，成就了建安風骨㉑，《風骨》篇說：

故練於骨者，析辭必精；深乎風者，述情必顯。捶字堅而難移，結響凝而不滯，此風骨之力也。……若能確乎正式，使文明以健，則風清骨峻，篇體光華。

要「精」而不流於「纖」，求「顯」自然就「昭晰」，這是建安作品的大方向，卻不必人人如此，因爲「古來文才，異世爭驅；或逸才以爽迅，或精思以纖密。」（《指瑕》）所以同是建安文人，王粲「捷而能密」（《才略》）、「靡密」（《詮賦》），曹植則「思捷而才儁」（《才略》）、「明練」（《事類》），各有所造㉒。值得注意的是，劉勰在《麗辭》篇綜論魏晉時，揭櫫了「密」與「巧」的創作指標：

至魏晉羣才，析句彌密，聯字合趣，剖毫析釐，然契機者入巧，浮假者無功。

那麼，消極的「不求纖密之巧」，只有在「慷慨以任氣、磊落以使才」下，才能發揮風骨的效果；另一方面，積極的「唯取昭晰之能」，在阮籍把慷慨激昂內斂成隱晦難明的淒迷意境，成就了「阮旨遙深」（《明詩》），已然不再是建安風骨了。

「昭晰」是「驅辭逐貌」最理想的指標㉓，一方面是受到《楚騷》「論山水則尋聲而得貌，言節候則披文而見時」（《辨騷》）的影響，再加上「織綜比義」㉔，使文辭的表達更煥發而有感染力。《比興》篇指出「比顯而興隱」，說：

比者附也，……附理者切類以指事，……比則畜憤以斥言。

比義切附而直接，不像興的深婉難會、「明而未融，故發注而後見」，與建安的「昭晰」不同，所以曹植等人的「圖狀山川，影寫雲物」，就是採用「比」的表現手法中的「比義」，《比興篇》：

且何謂為比？蓋寫物以附意，颺言以切事者也。故金錫以喻明德，珪璋以譬秀民，螟蛉以類教誨，蜩螗以寫號呼，澣衣以擬心憂，席卷以方志固，凡斯切象，皆比義也。至如麻衣如雪、兩驂如舞，若斯之類，皆比類也。

這裏的「比義」，著重在以生動的形象化描述，來表達心中的理念，有興的託諭而可以斥言，與「比類」的純爲藝術技巧不同。所以「比義」是把情理依附在具體的事物形象中來顯現，詩人把注意力集中在對客觀事物的了解和體現，一方面增加了事物內涵的豐富性，另一方面也使文字的描繪更加光澤鮮明，因而產生具體鮮明的藝術形象。這種眞切又感性的藝術創作，同時具曾有鮮明的形象與深刻的含義，使讀者能立卽而強烈地捕捉到作者在現實中的感受，作品的感染力與震撼力表露無遺，這就是「驚聽回視」的功效。後來的陳子昂，在感歎文章道弊中所懷念起的漢魏風骨，就在於「圖狀山川、影寫雲物」之中還有「興寄」了㉕。以曹植的作品來說，《白馬篇》的遊俠兒是自況，《美女篇》的美女是比喻懷才待沽的志士，《種葛篇》與《浮萍篇》的棄婦是無罪而被放逐的臣子，「高臺多悲風，朝日照北林」寫出不容於君側的悲哀。至於「鵄梟鳴衡軛，豺狠當路衢，蒼蠅間白黑，讒巧令親疏」，則是在「切類以指事」、「寫物以附意」之外，又「蓄憤以斥言」了。

二、曹植各體分論

㈠詩與樂府——附論賦

《明詩》：

若夫四言正體，則雅潤為本；五言流調，則清麗居宗；華實異同，唯才所安。故平子得其雅，叔夜含其潤，茂先凝其清，景陽振其麗；兼善則子建仲宣，偏美則太沖公幹。然詩有恆裁，思無定位，隨性適分，鮮能圓通。

《樂府》：

凡樂辭曰詩，詩聲曰歌，聲來被辭，辭繁難節；故陳思稱左延年閑於增損古辭，多者則宜減之，明貴約也。觀高祖之詠大風，孝武之歎來遲，歌童被聲，莫敢不協。子建士衡，咸有佳篇，並無詔伶人，故事謝絲管，俗稱乖調，蓋未思也。

《雜文》：

至於陳思客問，辭高而理疏；庾敳客咨，意榮而文悴。斯類甚衆，無所取裁矣。

陳思七啓，取美於宏壯。

《聲律》：

若夫宮商大和，譬諸吹籥；翻迴取均，頗似調瑟。瑟資移柱，故有時而乖貳；籥含定管，故無往而不壹。陳思潘岳，吹籥之調也；陸機左思，瑟柱之和也。

劉勰對曹植詩的評價很高。對曹植的樂府，也能擺脫全篇以音樂爲斷的觀點㉖，肯定它的文學價值；脫離音樂的樂府，其實就是詩。劉勰在《詮賦》篇沒有提到曹植，反而《雜文》篇中所提到的客問和七啓，實際上就是辭賦。《聲律》篇所論，雖可涵蓋詩、賦與駢文，但是駢文的正式成立，當在齊梁之交，所以在討論曹植時，就把《聲律》篇和詩賦擺在一起。

在《明詩》篇中，劉勰認爲曹植的四言、五言，雅、潤、清、麗、華、實各方面都很好，這種「

通圓」是很難得的。劉勰雖然把王粲與曹植並列兼善，但是顏延之和鍾嶸都不認同㉗。

首先我們來看劉勰對通圓兼善的說明。《通變》篇說：

名理有常，體必資於故實；通變無方，數必酌於新聲；故能騁無窮之路，飲不竭之源。

「名理有常」卽是「詩有恆裁」，詩的恆裁是「四言正體，則雅潤爲本；五言流調，則麗居宗」。在這裏劉勰把四言詩當作正體，《章句》篇也說：「至於詩頌大體，以四言爲正」，但是在《定勢》篇則指出：「賦頌歌詩，則羽儀乎清麗」，把五言的清麗當作詩歌的法則。那麼劉勰對四言體與五言體，其實並沒有輕重的區別。《通變》篇又說：

故練青濯絳，必歸藍蒨；矯訛翻淺，還宗經誥。斯斟酌乎質文之間，而檃括乎雅俗之際，可與言通矣。

「斟酌乎質文之間」卽是「華實異用」。學習傳統，採納新聲，在質文華實之間，能掌握得恰到好處。《定勢》篇說：

然淵乎文者，並總羣勢。奇正雖反，必兼解以俱通；剛柔雖殊，必隨時而適用。若愛典而惡華，則兼通之理偏。

要能夠奇正、剛柔、典華同時具備而且運用自如，必是個通才。而一般的作家是「思無定位，隨性適分」，只有曹植能夠兼善，那麼，探討曹植如何兼善，應有助於爲曹植詩在中國詩史上的地位作個判斷。

曹植在創作上幾乎是個天才，劉勰一再稱讚他「羣才之俊」，楊德祖把他的文學成就歸於「體通性達，受之自然」㉘。但是，通達的秉賦之外，曹植對創作的投注，卻具有專業作家的修養，《與楊德祖書》說：

僕少小好為文章，迄至於今二十有五年矣。……僕常好人譏彈其文，有不善者，應時改定。

長期沉浸加上勇於改定，技巧自然趨於圓熟。而醇厚的天性，眞摯的感情，困頓的遭遇，加深了詩的境界；時代風氣與社會現象，擴大了詩歌的內容。各方面的配合，成就了曹植的詩歌藝術。

就四言來說，以《詩經》爲最高典範，鍾嶸就說曹植「其原出於國風」，善於學習傳統，成就了「雅潤」。雅潤同時包括內容蘊涵與風格表現而言㉙，是中國寫作的傳統，《才略》篇說：

虞夏文章，則有皐陶六德、夔序八音，益則有贊，五子作歌，辭義溫雅，萬代之儀表也。

這種雅潤的傳統，是儒家經典所特有的：

典雅者，鎔式經誥，方軌儒門者也。（《體性》）

模經為式者，自入典雅之懿。（《定勢》）

相形底下，莊韓是「華實通乎淫侈」、法家是「體乏弘潤」㉚。「雅潤」的表現在於溫柔敦厚、義歸無邪，以此來看曹植，大體上仍是儒家思想，重仁孝㉛，不信怪力亂神㉜，以忠愛誠信存心。詩歌作品尤多以君臣父子兄弟夫婦朋友等人倫爲題材，如《事君行》的「百心事一君，巧詐寧拙誠」，《豫章行》的「子臧讓千乘，季札慕其賢」，《怨歌行》的「爲君既不易，爲臣良獨難，忠信事不顯，乃有見疑患」，《贈丁儀》的「在貴多忘賤，爲恩誰能博……子其寧爾心，親交義不薄」等，尤其《責躬》詩，在君臣兄弟之間，宛轉陳詞，吳淇稱他：

故此詩句句是服罪，却句句不服罪。不惟不伏罪，且更跨進一步，求假兵權，詞特崛强。然却字字本忠愛之道，來得渾厚不露，是為合作。㉝

至於血淚所凝聚而成的《贈白馬王彪》詩，怨深而不露，更無一語損及其兄丕，充分表現出曹植的忠厚誠篤，方東樹稱之爲「遂開杜公之宗」㉞，肯定了曹植的詩歌造詣。丁晏在《陳思王年譜序》中，更明白表出：

余嘗歎陳王忠孝之性，溢於楮墨，為古今詩人之冠，靈均以後，一人而已。㉟

以儒家思想爲蓄積，陶鑄性情，又能任氣使才，如韓愈所謂「卓犖變風操」㊱，自然創作出雅潤的作品。邵子湘評《應詔詩》說：

四言最近古，最難工，以太似則無新意，太離則又無古色也，魏以下別成一種風格。

指出曹植的四言詩能在繼承傳統中，開拓出另一種風格。寶香山人評《矯志》詩也說：

四言能如此設法，是善學三百篇。暢而醒便是風人結處，質直之言流麗異常，非八斗才耶？

評《朔風》詩說：

擬古人詩，如繪如刻，則生氣全無。妙在借人杼機，織成錦繡，自成一代風雅，切勿學泥塑人與活人爭長也。㊲

曹植能在「每苦文繁而意少，故世罕習焉」（《詩品》語）的四言詩中，織成一片錦繡，而「流麗異常」，已然涉入五言詩的「清麗居宗」了。

由四言的「雅潤」到五言的「清麗」，好像是質文代變的結果，其實仍都是由經而來：

> 商周麗而雅。（《通變》）

> 然則聖文之雅麗，固銜華而佩實也。（《徵聖》）

聖文本身已是雅麗華實兼具，宗經自然能夠「風清而不雜」、「文麗而不淫」，但是，由於一般作者「鮮能通圓」，所以就「華實異用，惟才所安」，只有兼善的曹植，在學習傳統上，能夠兼收並蓄：

> 若能酌詩書之曠旨，翦揚馬之甚泰，使夸而有節，飾而不誣，亦可謂之懿也。（《夸飾》）

則曹植的兼善，才性與集大成是同等重要。除此之外，他對創作的執著，廣求譏彈，勇於改定，在創作技巧上的鍛鍊，是兼善的另一關鍵。《總術》篇說：

> 才之能通，必資曉術，自非圓鎖區域，大判條例，豈能控引情源，制勝文苑哉。

曹植詩在技巧上最爲人所津津樂道的，有工於起調，如「高臺多悲風，朝日照北林」（《雜詩》）、「驚風飄白日，忽然歸西山」（《贈徐幹》）、「明月照高樓，流光正徘徊」（《七哀》）；有巧於用字遣詞，如「秋蘭被長坂，朱華冒綠池。潛魚躍清波，好鳥鳴高枝」（《公宴》），寫得聲色靈動。至於描寫細膩，善用比興，講究對偶，注意音節，更是不勝枚舉。難怪王世貞每讀《贈白馬王彪》詩，便數十過不能了，以爲「悲婉宏壯，情事理境，無所不有」[38]，其引人入勝如此，而鍾嶸的

《詩品》說他：

骨氣奇高，詞采華茂，情兼雅怨，體被文質，粲溢古今，卓爾不羣。嗟乎！陳思之於文章也，譬人倫之有周孔，麟羽之有龍鳳，音樂之有琴笙，女工之有黼黻；俾爾懷鉛吮墨者，抱篇章而景慕，映餘暉以自燭。

在理性的分析評論中，加入了感性的讚歎，眞是不能自已了。

在樂府詩方面，原就包括詩與歌或辭與聲二部分。曹植的音樂素養高㊴，他在《鼙舞歌序》中說：

漢靈帝西園鼓吹，有李堅者，能鞞舞。遭亂，西隨段煨。先帝聞其舊有技，召之。堅旣中廢，兼古典多謬誤，異代之文未必相襲，故依前曲改作新歌五篇。不敢充之黃門，近以成下國之陋樂焉。

能夠改正舊曲，作新歌以成樂。所以《樂府》篇中曹植語雖已無可考，但是他確實能夠增損古辭以配樂。依據《樂府詩集》所載，曹植樂府爲晉樂所奏者，有「置酒高殿上」（《野田黃雀行》）、「明月照高樓」「爲君旣不易」（並《怨詩行》）三首，及《鼙舞歌》五首。其增損情形不得而知。如舉曹植作品中有漢代古辭者加以對照，計有《薤露行》，本爲三七雜言二十字，曹植作二首，並爲五言，分別爲八十字及一百字。《鰕䱇篇》，本爲五言五十字的《長歌行》，曹植擬作則爲八十字。五言的《豫章行》，舊作是一百二十字，曹植作二首，分別爲五十字與四十字。不過，這裏的字句增損，卻看不出與聲歌的關係，反而從內容上，可以看出曹植的創製，其實是「即事吟詠，空所依傍」。如《薤露》原爲挽歌，曹植則用以言志；《長歌行》本是感逝的作品，曹植的《鰕䱇篇》則用來言志；《豫章行》本是托物傷懷的作品，曹植則用來說理述志。此外，即使篇製與舊作全同，在內容上也有了很大的轉變，如《平陵東》，本爲敍事，曹植用來寫遊仙；《善哉行》本是即時行樂以忘憂的作品，曹植用來寫別情。由此看來，民間樂府的社會性敍事詩的特質，到了曹植手裏，賦予了個人的性情感慨，遂加深了樂府詩的意境，拓展了樂府詩的內容，而依然保留樂府詩的草根性㊵，造就了清新活潑而又深刻感人的文學作品。特別是《箜篌引》、《美女篇》、《白馬篇》、《名都篇》等，辭句雅贍工麗，氣骨蒼然，即使是不能應歌，與劉勰《樂府》篇的旨趣大相逕庭，但是劉勰仍不得不稱他爲「咸有佳篇」。那麼，脫離音樂的樂府，憑藉著文學本身的音節、詞藻、內容、意境而成爲文學作品，它的藝術造詣，就可以直接詩歌創作而毫不遜色了。

在《詮賦》篇中沒有提到曹植。實際上，曹植在辭賦上用力甚勤，從小的誦讀詩論及辭賦數十萬言；年未弱冠，登銅雀臺作賦，已然一鳴驚人；現存曹集有賦四十四篇，雖然有些是短章或殘篇，並不妨害對曹植賦的了解。而《比興》篇提到曹植的「圖狀山川，影寫雲物」，與賦的「寫物圖貌」相近。那麼，《詮賦》篇列舉魏晉賦首八家，何以獨缺曹植？

劉勰的魏賦有二家：王粲和徐幹，與曹丕的《典論論文》同一見地，《論文》說：

王粲長於辭賦，徐幹時有齊氣，然粲之匹也。如粲之初征、登樓、槐賦、征思，幹之玄猿、漏巵、員扇、橘賦，雖張蔡不過也，然於他文未能稱是。

然而曹劉對二家賦的實際批評卻不完全一致。除了這裏說徐幹「時有齊氣」(齊氣指齊俗文體舒緩)，曹丕在《與吳質書》中又說：

偉長獨懷文抱質，恬淡寡慾，有箕山之志，可謂彬彬君子者矣。著中論二十餘篇，成一家之言，辭義典雅，足傳於後，此子為不朽矣。……仲宣獨自善於辭賦，惜其體弱，不足起其文，至於所善，古人無以遠過。

劉勰論徐幹，在《程器》篇說：「徐幹沉默」，《才略》篇說：「徐幹以賦論標美」，是承自曹丕說法；但是在《詮賦》篇中說：「偉長博通，時逢壯采」，與齊氣說與不足起其文說不同，則不知何本？《昭明文選》又不選徐幹賦。嚴可均《全漢文》輯有徐幹賦《齊都》、《西征》、《序征》、《哀別》、《冠》、《圓扇》、《車渠》、《椀》等，皆殘缺太甚，難窺全貌。在論王粲上，《才略》篇說：「仲宣溢才，捷而能密，文多兼善，辭少瑕累，摘其詩賦，則七子之冠冕乎？」說他詩賦並美，而賦則「仲宣靡密，發端必遒」，《昭明文選》選入《登樓賦》一篇。《全漢文》輯王粲有《大暑》、《游海》、《浮淮》、《閑邪》、《出婦》、《思友》、《寡婦》、《初征》、《登樓》、《羽獵》、《酒》、《神女》、《槐樹》等，以《登樓賦》最為膾炙人口。就數量上來說，徐王都不敵曹植。就成就來看，曹植的《洛神賦》，當行出色，有承有創，在賦的發展上，有它不可磨滅的地位。馬位說：「《洛神賦》大似《九歌》」㊶，近人陳去病說：

近人張若需詩云：白馬詩篇悲逐客，驚鴻詞賦比湘君。卓識鴻議，瞽論一空。……惟其文規橅東京，而又加以整潔，六朝綺靡之端，實自植而開。㊷

許世瑛先生對《洛神賦》的技巧有精彩說明：

……對仗多麼工整，讓人讀了實有美秀的感覺，絲毫不犯板滯之病。這固然是先秦文學與與魏晉文學相異之處：一重樸質，一尚綺艷；但是也因為子建是第一流的文學家，利用他的天賦妙思奇才，盡量鋪敍描畫洛神的瓌姿瑋態。……再者子建這篇賦不但詞句豔麗，濃抹得有點化不開，並且情意綿綿，令人有歷久不忘的意味。㊸

張仁青先生尤其歎賞有加：

子建此作，頑艷哀感，纏綿悱惻；美人香草，上繼屈宋比興之思；儷字駢音，下牖江鮑綺艷之習，若非曠世逸才，寧能與於此乎。㊹

不厭其煩的舉證，只在說明曹植《洛神賦》的成就，是許多專家學者公認的。至於曹植賦的總論，則有清陳重華《詩談雜錄》上說：

屈宋楚辭而後，不應輕擬騷體，必欲擬者，曹植庶得近之。㊺

那麼，劉勰論魏晉賦家獨漏曹植，似乎是遺珠之憾了。

不過，在雜文篇的對問與七，劉勰就提到了曹植。《漢書·藝文志》合詩賦爲一類，到了《文心》，劉勰把對問與七從賦中分離出來，歸入雜文；《昭明文選》承接《文心》而把對問與七各單獨成體，卻蒙受了「分體碎雜」的非議㊻，其實是替劉勰擔過。不過《文選》以下，到明朝的一些選本，往往把七列爲一體㊼；明吳訥的《文章辨體》與徐師曾的《文體明辨》，仍把對問與七單獨立體；到了清朝，才又把對問與七併入辭賦類，惟丁晏編曹集，七仍別爲一體。

劉勰提到曹植的《客問》，今已不傳，說它「辭高而理疏」，無從體會。有趣的是，同樣的對問，劉勰評東方朔客難是「託古慰志，疏而有辨」，持肯定的態度；對曹植的「辭高而理疏」，則認爲是「無所取裁」。同一個「疏」字，卻是不同的評價，所以近代學者只好對「疏」字作出不同的解釋：以東方朔的「疏」是指「敍事通暢」、「文章有條理」，而曹植的「疏」則是「說理空疏」、「文理並不嚴密」㊽，《文心》的難以索解，可見一斑。又王禮卿先生解釋「疏而有辨」爲：「脩身中諷漢一層，隱約其旨，宛轉其辭，意若疏闊，全文亦不甚鋪張，視後之工密者爲疏宕；而窮達任之於時，脩道歸之於身，理至明辨」㊾，與對曹植「疏」字的解釋相通，當是更勝一籌。

曹植《七啓》有序，以前人所作七體，「辭各美麗」，慕而有作。假設鏡機子與玄微子的問答，鋪寫人間肴饌、容飾、羽獵、宮館、聲色、游俠、雄霸等七件盛事，規模宏大，辭氣壯麗，表現出積極入世的精神，正是建安文人「憐風月、狎池苑、述恩榮、敍酣宴，慷慨以任氣，磊落以使才」的具體描繪。在文學技巧上，張仁青先生評爲：「造語之精，敷采之麗，裁對之工，匪惟漢代所無，抑亦魏文之冠，六朝儷體，此其先唱焉」，可謂推崇備至。

《聲律》篇把曹植的作品的聲律造詣，稱爲「宮商大和」，並以「含定管」的篇作比喻，說他「

無往而不壹」。和的本義是「相應」（許愼《說文解字》），在聲音表現上是指和諧的聲音，卽樂音（與噪音相反）；《原道》篇的「泉石激韻，和若球鍠」，指出了大自然的音韻之美。《附會》篇講文章作法，說：「如樂之和，心聲克諧」，以音樂的和諧，比喻文章的和諧。而文章的和諧，又表現在字句上，《聲律》篇說：

是以聲畫妍蚩，寄在吟詠；吟詠滋味，流於字句；氣力窮於和韻：異音相從謂之和，同聲相應謂之韻。韻氣一定，故餘聲易遣；和體抑揚，故遺響難契。屬筆易巧，選和至難；綴文難精，而作韻甚易。

劉勰在這裏提出韻易和難的問題，實爲卓見。因爲韻有一定的位置，將同一韻的字選押，也還容易。至於和，則爲一句中所有的字、以及上句與下句的配合、聯與聯間的配合，甚至整篇作品的配合，都要兼顧到。而字與字本身就有長短、陰陽、淸濁、高低、強弱、洪細的差別，如何能使彼此配合而恰到好處，呈現出如音樂般的悅耳，實在沒有一定的標準，在四聲沒有被發現以前，尤難措手。所以作者在利用自然的音節來塑造作品的美聽效果時，往往是知其然而不知其所以然，卽使劉勰提出了「異音相從」的原則，但是也沒有完全解決問題，如曹植詩「高臺多悲風」、「飄颻隨長風」、「羅衣何飄飄，輕裾隨風還」，全用平聲，「去去莫復道」、「願得展嬿婉」、「我願執此鳥」，全用仄聲，讀去仍覺悅耳；相反地，近體詩出現以後，有些平仄合於格律的，讀去卻覺得拗口。所以劉勰以爲「至難」，而劉大櫆乾脆說：

凡行文多寡長短，抑揚高下，無一定之律，而有一定之妙。㊿

所以劉勰稱曹植「宮商大和」，是眞體會到音節的自然之美。至於劉勰把曹植作品比喩爲「吹籥之調」，籥是一種管樂器，形如笛，《詩經・邶風》「左手執籥，右手秉翟」，傳：「籥，六孔」；《周禮・地官》：「籥師掌教國子舞羽吹籥」，注：「籥，七孔」。六孔與七孔說不同，當是指「笛有六孔，及其體中之空爲七」㊶的區別，其實一樣。古代的宮、商、角、徵、羽、變宮、變徵七音，彼此的音程有一定的距離，宮音確定，則其餘各音按照一定的程序由下而高，這是相對的，隨調轉移，因而產生變化。沈約《宋書・律曆》追溯樂律的製定，是「黃帝使伶倫自大夏之西，阮隃之陰，取竹之嶰谷生，其竅厚均者，斷兩節間而吹之，以爲黃鍾之宮。制十二管，以聽鳳鳴，以定律呂」，指出最早定樂律的樂器是竹管。到了魏晉間，協律中郎將列和承受笛聲，作爲律調，而荀勗以爲列和所作不應律，「吹其聲均，多不諧合」，乃「用十二律造笛像十二枚，聲均調和，器用便利㊶」，則以笛的音色作爲定律的依據，由來已久，近人王易也有很詳盡的說明㊷。那麼，劉勰推許曹植爲「吹籥之調」，是說曹植的作品在馳騁變化中，自然合於宮商相配的道理，是自然而然，「暗與理合，非由思至」（沈約語）。與齊梁以後以人工求得聲律之美不同。所以沈約《答陸厥書》說：

以洛神比陳思他賦，有如異手之作。故知天機啓則律呂自調，六情滞則音律頓舛也。

雖不是純就音律而言，卻也指出了曹植作品有不合律的地方。《文鏡秘府》更以八病衡量曹植詩，發現不合格律的地方很多。但是，直接去讀曹植作品，卻自蘊含著天然音韻之美，則後世聲調論的「翻迴取均」，慘澹經營，企圖以人巧奪天工，而仍不能涵蓋萬有，所以「有時而乖貳」。終不能不推極於曹植的「天機」了。

（二）章表與祝盟

《章表》：

陳思之表，獨冠羣才。觀其體贍而律調，辭清而志顯；應物掣巧，隨變生趣；執轡有餘，故能緩急應節矣。

《祝盟》：

……至如黃帝有祝邪之文，東方朔有罵鬼之書，於是後之譴咒，務於善罵。唯陳思詰咎，裁以正義矣。

章表與祝盟都屬於告語門㊸，劉勰對曹植這兩體作品，大抵是持肯定態度。尤其是章表作品，賞愛之情，溢於言表。劉勰認爲章表是要「對揚王庭，昭明心曲」，所以要有風矩骨采，「必雅義以扇其風，清文以馳其麗」，使「繁約得正，華實相勝，脣吻不滯」，才算合格，除了繁約華實掌握得恰到好處之外，這種告語類的作品，音節的和諧流暢是特別要講究的。前一小節探討過曹植作品的音節之美，其實不止詩賦，還包括文。《章表》說他「體贍而律調」，體贍包括思贍、理贍與文采贍，《鎔裁》篇的「思贍者善敷」，《才略》篇的「理贍而辭堅」，《情采》篇的「心術旣形，英華乃贍」，總合起來就是「體贍」，有風骨，有內容，有文采，而且音律和諧美聽。以明白流暢的語言把自己的意思清楚有力地表達出來，又善於巧妙地配合外在的事物以獲得良好的效果，隨時變化而凸顯出內心的志念旨趣。而這些技巧表現與文章造詣，卻是曹植輕輕鬆鬆、游刃有餘就能獲得的。說明曹植在駕馭文字上，是收放自如，隨心所欲而合於節度，自然出色。丁編曹集收錄章表計三十六篇，《昭明文選》選入三篇：《上責躬應詔詩表》、《求自試表》、《求通親親表》。王禮卿先生對這三篇作品有很精彩的評析：

> 求自試層疊往復，縱橫跌宕，體勢充贍，音調諧揚；通親親情致懇到，反覆盡意，體勢贍足，聲調悽切而諧婉；責躬表情苦意長，體勢連綿不盡，音節抗揚激楚，故並謂為「體贍而律調」。三表皆文辭清澈，而情志彰顯無遺，故並謂為「辭清而志顯」。此先論其常法也。求自試各段層節甚多，衍漾而來，或喻或引，或正或反，悉作斷制頓挫之筆，皆應事理之宜，各成遷變之巧。或激昂，或感歎，或希冀，或失望，或剖志明心，或長懷慕古，皆隨文勢之變，各成情致之趣。通親親以堯之先親後疏，證明帝之先疏後親；以明帝之惠洽椒房及羣臣，形諸王骨肉之恩缺；以不得侍輦轂，發其於明帝諸王宗族及太皇太后之思慕，因致求通之丹情；皆應事宜而成綿亙之巧。稱古頌今，則出以敷愉之致；陳情述請，則易以懇惻之姿；明用心處，則轉為質直之象；皆因勢變而成意態之趣。責躬表由獲釁省過，引出恩難再恃、無禮遄死二意，即以此忖兩排，重落棄生苟全之兩難；再以緩調，開出文帝惠仁明慈四排，落到不敢自棄，因結歸

趨朝獻詩之誠；開闔反覆，連衍轉換，皆應宜而成巧。比忖處抑揚婉轉，悲不可勝；不敢自棄處，又語堅意決，而依恃情殷；皆隨變而現趣。故並謂為「應物制巧，隨變生趣。」此進論其變法也。[54]

委曲詳盡，自認不能更出新意，所以全文引用，而不避忌文長。同時感歎：曹植作品，可以感動後人，而不能感動當代，以致抑鬱終生。文章是成功的，論其效用卻失敗了，是「知音其難哉」，也是「世積亂離，風衰俗怨」吧。此外，魏初的表章，因爲曹操不喜浮華，所以「指事造實」，未足爲美；而曹植章表，華實相勝，所以能「獨冠羣才」，《才略》篇說他「詩麗表逸」，也是超逸流俗的意思，可見一代傑出人才，又能不爲時代所囿，自致千古。

祝文是告鬼神的文章，在於「明德」、「陳信」，所以要「脩辭立誠」。但是在正統的祝文之外，有傳說黄帝所寫的《祝邪文》（已佚），東方朔作有《罵鬼書》（已不可考），以邪爲對象，以罵爲表達方式，已經偏離了祝文的寫作原則，而後世在譴責詛咒鬼物上，玩弄咒罵的技巧，可以說是「離本彌甚」。只有曹植的《誥咎文》，雖也因爲當時出現大風發屋拔木的事，有感而發，是以邪爲對象，但是在內容上，並不迷信五行災變說，以爲「天地之氣自有變動，未必政治之所興致也」，說明風調雨順，滋長萬物，是天地的常態，而魏德不虧，不應有變，於是誥咎祈福，終使飆息暴遏，澤降年豐。劉勰稱他「裁以正義」，是合於祝文的體要；著重在祝體的寫作要領，並非特別就曹植作品來討論。

（三）訛體與書鈔

《頌讚》：

及魏晉辨頌，鮮有出轍。陳思所綴，以皇子為標；陸機積篇，惟功臣最顯。其褒貶雜居，固末代之訛體也。

《誄碑》：

陳思叨名，而體實繁緩，文皇誄末，旨言自陳，其乖甚矣。

《封禪》：

陳思魏德，假論客主，問答迂緩，且已千言，勞深勣寡，飆燄缺焉。

《諧隱》：

謎也者，迴互其辭，使昏迷也。……荀卿蠶賦，已兆其體；至魏文陳思，約而密之；高貴鄉公，博舉品物，雖有小巧，用乖遠大。

《論說》：

至如張衡譏世，韻似俳說；孔融孝廉，但談嘲戲；曹植辨道，體同書鈔。言不持正，論其如已。

《指瑕》：

陳思之文，羣才之俊也。而武帝誄云：「尊靈永蟄」，明帝頌云：「聖體浮輕」；浮輕有似於胡蝶，永蟄頗疑於昆蟲，施之尊極，豈其當乎。

《事類》：

陳思，羣才之英也。報孔璋書云：「葛天氏之樂，千人唱，萬人和，聽者因以蔑韶夏矣。」此引事之實謬也。按葛天之歌，唱和三人而已。相如上林云：「奏陶唐之舞，聽葛天之歌，千人唱，萬人和。」唱和千萬人，乃相如接入。然而濫侈葛天、推三成萬者，信賦妄書，致斯謬也。……夫以子建明練……而不免於謬。

這一部分是劉勰對曹植的「貶」，指出曹植作品中失敗的例子。在《頌讚》篇中，劉勰指出頌是「美盛德而述形容」，以告神明，所以「義必純美」，只能讚揚而不能批評。以此來看曹植的《皇子生頌》，全文並無貶辭，但是以剛出生的皇子作爲頌揚的對象，在「盛德」上無法指實，就成了桓範所說的：

若言不足紀，事不足述，虛而為盈，亡而為有，此聖人之所疾，庶幾之所恥也。[55]

頌贊都是意專褒美，是爲王道太平、功成治定而作，如果事蹟不顯，辭惟溢美，就不合於頌體的寫作要領，當然是「訛體」。不過劉勰在文字敍述上，以曹植的《皇子生頌》與陸機的功臣頌並舉，稱爲「褒貶雜居」，實則專就陸機的《功臣頌》而言，其「訛」顯然與曹植的「訛」不同。所謂「訛」，是劉勰對不合於創作法則的批評，看下列引文：

離本彌甚，將遂訛濫。（《序志》）

……宋初訛而新。從質及訛，彌近彌淡，何則？競今疏古，風末氣衰也。（《通變》）

自近代辭人，率好詭巧，原其為體，訛勢所變，厭黷舊式，故穿鑿取新。察其訛意，似難而實無他術，反正而已。（《安勢》）

都是指文學的發展，由於後來者不能掌握根本要領，以至於走上錯誤的路，這也是劉勰花那麼大力氣去「原始以表末，釋名以章義」的原因。所以陸機的「誄」在於不能「純美」，曹植的「誄」在於無盛德可述而流於「溢美」，都不合於頌體的本義。

在《誄碑》篇中，提到誄的寫作要領是「累其德行，旌之不朽」是「傳體而頌文，榮始而哀終」誄文的「累其德行」是爲了定諡，不必像傳體那麼刻劃詳盡，只要抓住特質來「選言錄行」就好了，所以劉勰選文方面，肯定的是「倫序」、「辨絜」、「簡要」、「新切」，可見一斑。而且誄要以褒榮開始，以表達哀思作結；述哀與累德並重，才是爲亡者而作的正體。以此來看曹植的《文帝誄》，文長一千多字，從上古說起，直到漢魏，又從曹丕的幼齡，說到長大成德，有政事，有外交，有瑞物呈祥，有郊祀宗祭，一直到奉安山陵，內容繁複，所以劉勰說他「繁緩」。尤其在述哀方面，從「咨遠臣之渺渺兮」以下百多個字，都在陳述自己的哀思，與甘效死而不能的遺憾，已經是借他人酒盃、澆自家塊壘，而不止是爲死者哀了。所以劉勰說他「乖甚」，也是訛體的意思。

在《封禪》篇中，劉勰說明封禪是君王成德勒績的作品，是廟堂的大製作，所以要「樹骨於訓典之區，選言於宏富之路；使意古而不晦於深，文今而不墜於淺；義吐光芒，辭成廉鍔」，才算是「

偉」的作品。至於曹植的《魏德論》，現存七百字，已亡佚三分之一，其中《客問》的部分已不得見，丁編曹集歸入論體，全文用韻。就現存殘篇來看，由漢末的戰亂，說到曹魏兩代的功德，再歸入封禪。劉勰說他「問答迂緩」，與《文帝誄》的「體實繁緩」是相同的毛病。可見在祭神告天的崇德表功上，劉勰反對無謂的鋪寫，白費力氣而沒有實質的作用，反而使作品失去動人的光采，不能「義吐光芒，辭成廉鍔」，也就不是傑出的作品了。不過，《曹集詮評》僅就缺文作評，略去「問答迂緩」，則推許爲「仿長卿封文，典密茂美，足與踵武」，而司馬相如的《封禪文》，劉勰稱爲「唱首」，是不祧之祖，說：

觀相如封禪，蔚為唱首。爾其表權輿，序皇王，炳元符，鏡鴻業，驅前古於當今之下，騰休明於列聖之上；歌之以禎瑞，讚之以介邱，絕筆茲文，固維新之作也。

說明《封禪文》的極力鋪寫，文采炳蔚，雖引班固的「麗而不典」說，仍推爲「維新之作」。那麼，撇開已散佚的「問答迂緩」不談，曹植文的「飄飖缺焉」與「典密茂美」就是見仁見智的問題了。又或者《魏德論》的「飄飖缺焉」只在於「問答迂緩」上呢，文獻不足徵，只能闕疑了。

至於《諧隱》篇中所提到的「謎」，是由隱而來的。但是諧辭讔語的本體已是不雅，因爲有諷喻箴戒的作用，可以「抑止昏暴」，所以消極地「無棄」就好。由隱而來的謎，荀卿《蠶賦》還只是表達技巧的運用，到了丕植兄弟，把這種表達方式作更精要而細密的發揮，使成爲一種文體，到曹髦的拿各種事物來製成謎語，巧則巧矣，卻沒有實際的作用。隱的存在價值是作用，而不在作品本身，那麼沒有用的「謎」，只是一種文字遊戲，也是訛體。三曹的謎語，都沒有流傳下來。

在《論說》篇中，指出論體以說理爲主，要「彌綸羣言，而精研一理」，要「跡堅求通，鉤深取極」，以廣博的學識、深刻的思想作爲基礎，去「辨正然否」、「權衡」事理；在文辭上不能「枝碎」，要「辭共心密」，不特別講究辭藻的巧妙，但是文字技巧必需要能夠恰到好處地把道理表現出來。「師心獨見，鋒潁精密」是論的最好表現。以此來看曹植，他善於記誦，凡古今文章賦誄俳優小說，以及各家言論，無不涉獵，而且隨時徵引論述，曾使邯鄲淳歎爲「天人」㊻；曹植也曾希望「采庶官之實錄，辯時俗之得失，定仁義之衷，成一家之言」（《與楊德祖書》），做個學有專精的學者。但是，劉勰對他的論文卻評爲「體同書鈔」，博則博矣，卻不能「師心獨見」，自成一家之言，只是羅列舊說往事，缺乏精義，不如不作。曹植的論文，是否眞的一無可取？以《辨道論》來說，是針對曹操招集方士的作爲提出解釋，詳舉歷來神仙術士的言行事蹟，並及於街談巷說，是劉勰所謂「體同書鈔」，但是重點卻在指斥神仙之說，以爲無稽，而魏王之所以招集方士，是「誠恐此人之徒接姦詭以欺衆，行妖惡以惑民，故聚而禁之也」，更進一步說明人間的享樂，絕非傳說中的神仙府所能比擬，何必要「甘無味之味，聽無聲之樂，觀無采之色」，枯槁一生去追求虛無的東西呢？人的壽命長短，關係到各人的骨體強弱，而勞擾虛用只會促使生命更快結束。這種論點，在「服食求神仙，多爲藥所誤」（《古詩十九首》）的時代，實爲卓識，丁晏評爲「卓然正論，足以喚醒癡迷」，與劉勰的「言不持正」所見不同。此外，曹植的《說疫氣》，針對當時把癘氣流行歸咎於鬼神作祟的迷信，提出「陰陽失位，寒暑錯時」的科學論點；《仁孝論》把漢人「以孝治天下」擴大，提出「孝者施近，仁者及遠」的理論；而《曹集考異》所載《失題論》，更提出上古治世，並無佛僧，而「堯、舜、禹、湯、文、武、周、召、太公，並享百年之壽」，直開韓愈論佛骨表的「昔者黃帝在位百年，年百一十歲；少昊在位八十年，年百歲；顓頊在位七十九年，年九十八歲……帝舜及禹年皆百歲，此時天下太平，百姓安樂壽考，然而中國未有佛也。」㊼那麼曹植在論上的成就，也許比不上傅嘏、王粲、嵇康、何晏等人，但說他一無可取，「論其如已」，則是過苛了。

至於《指瑕》篇對曹植的批評，說他用昆蟲的「永蟄」說明曹操的死，用蝴蝶的「浮輕」比擬曹叡的行動便捷，是修辭上的毛病。修辭不當，以致於「方父於蟲」㊽，貽笑方家，不能不說是白璧微瑕了。《事類》篇對曹植的批評，也是修辭學上的問題，曹植犯的錯誤是「引事乖謬」，在引據故事上考證不精。按有關葛天氏之樂的記載，最早出現在《呂氏春秋》的《古樂篇》，其次是司馬相如的《上林賦》，二者相距不過數十年，而都上距葛天氏時代不知凡幾，要勉強說《呂氏春秋》是正確的、司馬相如「濫侈」，實在難以服人。根據新近出土的文物，有屬於新石器時代的陶盆，繪有三組舞人，每組五人，有尾飾。蒙古陰山山脈狼山地區岩畫中的舞蹈圖，呈集團舞蹈形象㊽。大抵漁獵時代，人們模仿鳥獸的形態和動作，形成尚書益稷所載「擊石拊石，百獸率舞」的大型舞蹈。疑為戰國秦漢間人假託的《管子》，記載「昔者桀之時，女樂三萬人，端噪晨樂聞於三衢」，是規模相當大的歌舞活動，那麼《呂氏春秋》可以推測葛天氏之樂的成員有三人，司馬相如為什麼不能想像為「千人唱，萬人和」？即使二人說法各有所本，但就《呂氏春秋》所載八闋歌來看，應該是到了農業畜牧時代，與傳說還在伏羲氏之前的葛天氏時代，並不相吻合，則《呂氏春秋》所載，未必可靠，也就不能據以論斷曹植的「引事乖謬」了。

三、曹植的評價及其他

《神思》：

子建援牘如口誦，……雖有短篇，亦思之速也。

《才略》：

魏文之才，洋洋清綺，舊談抑之，謂去植千里。然子建思捷而才儁，詩麗而表逸；子桓慮詳而力緩，故不競於先鳴，而樂府清越，典論辨要；迭用短長，亦無懵焉。但俗情抑揚，雷同一響，遂令文帝以位尊減才，思王以勢窘益價，未為篤論也。

劉勰對曹植有褒貶，前文已有說明。大抵劉勰對曹植的才華，多所肯定，稱他爲「豪」爲「俊」爲「明練」爲「鴻懿」，在《神思》篇又讚美他才思敏捷，下筆成章。楊德祖說他「若成誦在心」、「曾不斯須少留思慮」，又魚豢也說：「余每覽植之華采，思若有神」59，都持相同看法。但劉勰有時又認爲曹植「叨名」，不盡副實。《才略》篇把曹丕和曹植作個比較，更認爲俗情對曹植的贊揚，有溢美之嫌。

劉勰對曹丕的才華，稱爲「清綺」，類似的評語，有《程器》篇稱庾亮「才華清英」，《銘箴》篇稱張載「其才清采」。庾亮的情形跟曹丕很像，是「勳庸有聲，故文藝不稱；若非臺岳，則正以文才也」，政治上的成就掩蓋了文學上的才華。張載是在《劍閣銘》這篇作品上表現出清采的才華，是「迅足駸駸，後發前至」。配合《樂府》篇稱曹丕「氣爽才麗」來看，用在才華中的「清」，是一種幹才，明快利落，近於《風骨》篇的「意氣駿爽」。至於綺、英、采都是美麗動人的意思。曹丕的才華，滿滿地散發出明快利落而又美麗動人的光彩，天生具有領袖魅力，成就了他在政治上的地位。卻因爲人們的同情心，使曹植的艱難處境博得了更多的掌聲，相形底下，曹丕的政治形象使他的文學才華不能獲得公平對待。劉勰這一段感性的伸訴，在後世激起了不斷的廻響⑩，但是，當我們從實際批評去求證時，卻是要大失所望。

《才略》篇說曹丕「慮詳而力緩」，比不上曹植的「思捷而才儁」，在寫作上沒有辦法和曹植比快，但是在作品上，「樂府清越，典論辯要」，是曹丕的長處。就樂府來說，《樂府》篇提到曹丕的地方是：

至於魏之三祖，氣爽才麗，宰割辭調，音靡節平；觀其北上衆引，秋風列篇，或述酣宴，或傷羈戍，志不出於淫蕩，辭不離於哀思，雖三調之正聲，實韶夏之鄭曲也。

從音樂上的「音靡節平」，到志的「淫蕩」、辭的「哀思」，都與「激越」的解釋不合。不過，《風骨》篇對曹丕的論文氣，徵引甚詳而持肯定態度；在《總術》篇對曹丕「比篇章於音樂」也認爲是有見識；《程器》篇引述曹丕的文人無行說，《知音》篇引曹丕的文人相輕說。而這四者都是《典論論文》中談到的。此外，《時序》篇稱讚曹丕「以副君之重，妙善辭賦」，但是在《詮賦》篇中並沒有提到曹丕。其他提到曹丕的有：

> 魏文九寶，器利辭鈍。（《箴銘》）
>
> 至魏文因俳說以著笑書，薛綜憑宴會而發嘲調，雖抃推席，而無益時用矣。（《諧隱》）
>
> 至魏文陳思，約而密之……雖有小巧，用乖遠大。
>
> 魏文帝下詔，辭義多偉；至於作威作福，其萬慮之一弊乎？（《詔策》）

除了下詔的「辭義多偉」，是政治文宣的成功表現外，其餘全是貶辭。綜論文心對曹丕的實際批評，不管是在數量上或評價上，都遠不如曹植。那麼，舊談說曹丕「去植千里」固然不對，劉勰不滿「文帝以位尊減才，思王以勢窘益價」，硬要把兩兄弟扯平，也不是持平之論。不過，曹植的「勢窘」對創作所產生的影響，及「勢窘」本身，確實引起後人一再地探究與追思。李夢陽《曹子建集十卷本序》說：

> 嗟乎！植，其音宛，其情危，其言憤切而有餘悲，殆處危疑之際者乎！……且以植之賢，稍自矜飾，奪儲特反掌耳，而乃縱酒劇晦，以明己無父兄之心，善乎！按植審舉表云：「權之所在，雖疎必重；勢之所去，雖親必疏」……其又曰：「取齊者田族，分晉者趙魏」，意若暗指司馬氏者。……則魏之不能用植，固亦天棄之矣。61

直探曹植苦心孤詣，與《文中子》的：「陳思王可謂達理者也，以天下讓，時人莫之知也。」「君子哉，思王也，其文深以典。」㊷，可並列爲曹植的二位知己。不知劉勰是要感歎「俗情抑揚，雷同一響」的不可改變，還是要慶幸「渺渺來世，儻塵彼觀」只是多慮？也許「知音其難哉」才是人類共同的浩歎吧！

《文心》提到曹植的地方，還有文學理論這一部分。《序志》篇批評魏晉文論的「各照隅隙，鮮觀衢路」，包括了曹植《與楊德祖書》，說他「辯而無當」。與《才略》篇說曹丕「典論辯要」相比，曹植的文學理論是不如曹丕的深入切要，曹丕的缺點只是不夠周延，這是單篇論文的限制，當然不能像《文心》成爲專書的體大思精，但是《典論論文》的「密」與「要」卻是相當出色的。相形底下，曹植的文論，也提出了很多文學上的論題，如創作上要廣求譏彈、勇於改定，已見前引；又如「街談巷說，必有可采；擊轅之歌，有應風雅；匹夫之思，未易輕棄也」，都是很好的論點。至於「無當」，劉勰在《知音》篇有具體的說明：

及陳思論才，亦深排孔璋；敬禮請潤色，歎以為美談；季緒好詆訶，方之於田巴，意亦見矣。故魏文稱「文人相輕」，非虛談也。……才實鴻懿，而崇己抑人者，班曹是也。

這是指《與楊德祖書》的：

以孔璋之才，不閑於辭賦，而多自謂能與司馬長卿同風，譬畫虎不成，反為狗也。前有書嘲之，反作論，盛道僕讚其文。……昔丁敬禮嘗作小文，使僕潤飾之，僕自以為不過若人，辭不為也；敬禮謂僕：卿何所疑難？文之佳惡，吾自得之，後世誰相知定吾文者耶？吾嘗歎此達言，以為美談。……劉季緒才不能逮於作者，而好詆訶文章，掎摭利病；昔田巴毀五帝、罪三王、呰五霸於稷下，一旦而服千人，魯連一說，使終身杜口；劉生之辯，未若田氏，今之仲連，求之不難，可無歎息乎！人各有好尚，蘭茝蓀蕙之芳，衆心之所好，而海畔有逐臭之夫；咸池六莖之發，衆人所共樂，而墨翟有非之之論，豈可同哉。96

考劉勰《序志》篇所提到的魏晉文論，有曹丕《典論論文》、曹植《與吳質書》、應瑒《文質論》、陸機《文賦》、摯虞《文章流別論》、李充《翰林論》。光由題目來看，各人都還有意識地以文學作品作為他們論文的對象，只有曹植的作品，是一封寫給朋友的書信。《書記》篇中提到書信的寫作要領是：

詳總書體，本在盡言。言以散鬱陶，託風采，故宜條暢以任氣，優柔以懌懷，文明從容，亦心聲之獻酬也。

書信是寫給朋友的，可以把心中的話盡情表達出來，即曹植書末所說的「其言之不慚，恃惠子之知我也」；書信可以抒情，甚至可以發牢騷，可以使性子。從性質上說，書信和論的「辨正然否」、「跡堅求通，鉤深取極」實在大不相同。劉勰以論的標準去衡量書信，未免太苛。何況，曹植信中所提到的陳琳、丁廙、劉脩，重點是在論他們的個性行為，是以人為對象，曹植並沒有意識到透過作品來評斷他們。就連書信開頭的「仲宣獨步於漢南，孔璋鷹揚於河朔，偉長擅名於青土，公幹振藻於海隅，德璉發跡於大魏，足下高視於上京」，也只是就各人的聲價作說明，仍然不是論文學造詣。那麼，劉勰以曹植的《與楊德祖書》作爲曹植文論「無當」的依據，是犯了取樣不當的錯誤。劉勰又在同一篇作品中，捨曹植對王粲、陳琳、徐幹、劉楨、應瑒、楊脩的讚揚，專就曹植對陳琳、丁廙、劉脩部分行爲的批評，來論定曹植「崇己抑人」，則又犯了斷章取義的錯誤。

再者，劉勰引曹丕「文人相輕」的觀點去批判曹植，假定曹植果眞如此，曹丕又何嘗不然？王應麟的《詩藪》就曾感慨地說：

曹氏兄弟相忌，他不暇言。止如揚榷藝文，子桓典論絶口不及陳思，臨淄書尺隻語無關文帝，皆宇宙大缺陷事，而以同氣失之何也。至如魏文以文章為經國之大業，不朽之盛事；而陳思不欲以翰墨為勳績，辭頌為君子；詞雖冰炭，意實塤篪。讀者考見深衷，推驗實歷可也。

丕植兄弟的氷炭水火，已不是「文人相輕」所能涵蓋了。

《序志》、《知音》以外，《文心》談到曹植的文論，還有下列二則：

陳思亦云：「世之作者，或好煩文博采、深沈其旨者；或好離言辨白、分毫析釐者；所習不同，所務各異。」言勢殊也。（《定勢》）

故陳思稱揚馬之作，趣幽旨深，讀者非師傅不能析其辭，非博學不能綜其理。豈直才懸，抑亦字隱。（《練字》）

這二則都是劉勰引用曹植的文論來加強自己的論點，對曹植的文論持肯定態度。那麼，除了《與楊德祖書》之外，曹植應該還有其他關於文學理論的作品，可惜都已亡佚，曹植這二段文字的全璧，也就無可考了。

四、結　論

劉勰《文心雕龍》在中國文學批評史上的巨人形象，幾乎是無庸置疑的。從《文心雕龍》的第一個讀者沈約說他「深得文理」開始，有關《文心雕龍》的評價是褒遠多於貶，其中以章學誠《文史通義》讚美它「體大慮周，籠罩羣言」爲代表，張之象序《文心雕龍》也說：「揚搉古今，品藻得失，持獨斷以定羣嚚，證往哲以覺來彥，蓋作者之章程，藝林之凖的也。」一直到今天，對《文心雕龍》的研究工作，是方興未艾；對《文心雕龍》的成就與貢獻，也多所闡發。本文則針對《文心雕龍》中所有關於曹植的言論，加以分析、歸納，並參酌曹植的作品及其相關資料，而獲得如下看法：

(一)《文心雕龍》企圖對我國文學產生以後的所有作品作全面性的研究。劉勰認爲文的歷史是「與天地並生」，文的範圍是無所不包的「大」；在對既有的文學理論著作提出批判以後，劉勰作了探本索源、綱舉目張的工作。這是文心「體大慮周」的地方。但是，在面對浩如煙海的著作時，以三十幾歲的年紀，花下數年的工夫，及絕對誠敬嚴謹的態度，是否就能夠給每篇作品、每位作家正確無誤的評價？以曹植來說，劉勰在探討當時創作意識型態的形成時，確實能夠掌握時代背景、政治領導人物對文學風潮的影響，以及文學的特色提出說明。但是，在堅持曹氏父子的領袖風騷的地位時，《

明詩》篇的「建安之初，五言騰踊」反而沒有著落。又同樣「世積亂離，風衰俗怨」的時代，何以只有曹魏成就了「建安風骨」的文學作品，而南方的吳蜀連占有地利的騷賦作品都不能有所表現？所以在論文的第一部分，我除了對文心見解精闢處提出疏解、舉證、發明之外，把建安文學的建立設定在建安十五年，即《時序》篇的「建安之末」；又從人文地理上說明鄴下文風的形成。在各體分論方面，《詮賦》篇中沒有提到曹植，是遺珠之憾；《雜文》中的《對問》，對曹植「辭高而理疏」與對東方朔的「疏而有辨」，同一「疏」字而有褒貶不同的解釋，造成閱讀上的困擾。又在《序志》篇中把書信體的《與楊德祖書》當作論說體來要求，在《知音》篇中把曹植論人的文字當作論文的文字來批判，都未盡妥當。《封禪》篇中的《魏德論》，與《論說》篇中的《辨道論》，我提出了後人不同於劉勰的觀點，加以說明比較。在《事類》篇中，對葛天氏之樂的唱和情形，在缺乏有力證明下，遽指曹植「引事乖謬」；以及在全書分明偏重曹植的情況下，在《才略》篇硬要提高曹丕的文學地位。由此可見，由於文心的範圍太大，所牽涉的材料太多，所以在實際批評上，難免有所疏漏。如果不加檢驗地引用文心資料作爲論證憑據，會有《事類》篇批評曹植「信賦妄書」的毛病。

（二）由於資料的龐離，寫作時間的有限，所以劉勰在執筆時不可避免地採納了前人的意見。雖然劉勰自己說：「及其品列成文，有同乎舊談者，非雷同也，勢自不可異也」；如《明詩》篇以曹植兼善四言五言，與顏延之《庭誥》相近㊿；又如《章表》篇推崇曹植的表，與李充《翰林論》類似㊿；這二部分可以說英雄所見略同。但是在《詮賦》篇中採納曹丕論文的推舉王粲和徐幹，反而遺漏了曹植，就未必是「勢自不可易」了。

(三)劉勰對曹植的評價，在「才華」方面是再三強調，這一點是古今一致贊同的，陳壽《三國志》說曹植「文才富艷」，沈約宋書也說「逸才贍藻」。但是才華在創作表現上有二種不同的評價：在寫作速度及詩表作品上是獲得讚賞的，因為詩賦欲麗，可以盡情表達才華；表是表明心志的，可以用贍藻表達內心情志，以獲得上達的效果。而誄碑與封禪是禮儀上的應用文字，過度的辭藻修飾反而成了繁縟；在論說作品上，記憶太多典故反而成了書鈔；在修辭方面，騁聰明求新巧反而是比父於蟲。明王世貞就說：「子建天才流麗，雖譽冠千古，而實遜父兄，何以故？材太高，辭太華。」㊼這也說明，在對各文體的掌握上，曹植不如曹丕，所以在文學理論上，曹丕終勝一籌。

(四)曹植的文學成就，以詩(包括樂府)和表最高。表是屬於應用文的一種，以現代的角度來看，曹植的表是作為探討他這個人的很好資料。純就文學的藝術價值來說，就只剩下詩。黃節為曹植詩作注，有序說：

> 陳王本國風之變、發樂府之奇、驅屈宋之辭、析楊馬之賦而為詩，六代以前莫大乎陳王矣。至其閔風俗之薄，哀民生之艱，樹人倫之式，極情於神僊而義深於朋友，則又見乎辭之表者，雖百世可思也。

對曹植詩的前有所承及內容上的開拓作了說明。而丁晏在鈔錄了曹植詩後，也有序說：

> 其接武子建，傑然為詩家大宗，若陶之真摯、李之瓌逸、杜之忠悃，而其原皆出子建。

又對曹植詩對後世詩歌創作的影響作了說明。合前文所引劉、鍾與丁、黃四人所論，曹植在中國詩史上的地位，更是無可動搖了。

【附　註】

① 《隱秀》一文，論者以爲後人僞作，其論「陳思之黃雀……格剛才勁，而並長於諷諭」僅附作參考。

② 見清丁晏編《曹集詮評》，世界書局出版《曹子建集評註二》。

③ 見丁晏編《魏陳思王年譜》。

④ 惟就《三國志・魏志・武帝紀》注引《魏書》云：「三十餘年，手不捨書，晝則講武策，夜則思經傳，登高必賦，及造新詩，被之管絃，皆成樂章。」則曹操的創作活動應開始於建安之前。

⑤ 《文心・策詔》篇云：「建安之末，文理代興。」可爲佐證。

⑥ 見《全三國文》卷七。

⑦ 見《曹集詮評》卷四。

⑧ 《辨騷》篇指出屈原的作品題材是哀志、傷情、敍情怨、述離居、論山水、言節候；《詮賦》篇指出漢賦的寫作題材是京殿、苑獵、述行、序志、草區、禽族。建安詩歌則縮小格局加深意境地在風月、池苑上作文章，而恩榮與酣宴更是建安所特有的，《樂府》篇同此。

⑨ 見林文月著《蓬萊文章建安骨》，《中古文學論叢》，大安出版社。

⑩ 悲歌，黃節注引陳氏《禮書》，以漢靈帝耽胡樂，朝廷大臣會，賓歌薤露，京師嘉會，以魁櫑挽歌之技爲

樂，指爲東漢遺風。惟對照當時演奏情形如「齊人進奇樂，歌者出西秦」與「秦箏何慷慨，齊瑟和且柔，陽阿奏奇舞，京洛出名謳」來看，悲歌厲響應指秦箏之儔，聲節高亢激昂，而咀嚼清商則是指齊瑟之流，有《管子》書「凡聽商，如離群羊」的哀婉淒怨的曲調。

⑪ 劉師培《論研究文學不可爲地理及時代之見所囿》一文，指出《隋書·文學傳序》論南北朝文體不同非爲定論，且引潘岳北人而清綺、陸機南人而質實爲例，及追摹步趨的影響，說明「文學奚必有關地理哉」，而一代傑出文人，更不爲地理所限。此說甚是，惟文中也說：「若必謂南北不同，則亦祇六朝時代爲然」，我則單拈曹魏的鄴下文學來談。

⑫ 見《三國志·魏志》卷一《武帝紀》。

⑬ 見《隋書》卷三十《地理志》。

⑭ 見《漢書》卷二十八《地理志》。

⑮ 見《三國志·魏志》卷二十一《王粲傳》注。

⑯ 參見李直方著《慷慨以任氣》說、林文月撰《蓬萊文章建安骨》等文。

⑰ 見《三曹資料彙編》頁一四〇。

⑱ 見劉師培撰《論文章之音節》，《漢魏六朝專家文研究》頁二六。

⑲ 劉師培撰《中古文學史》，認爲「是以漢魏文士，多尚騁辭，或慷慨高厲，或溢氣坌湧，此皆（禰）衡文開之先也。」與劉勰的由曹氏父子帶頭的說法不同。

⑳ 見鍾嶸撰《詩品序》。

㉑林文月撰《蓬萊文章建安骨》，對建安風骨的形成與蘊涵，有精彩的分析。

㉒鍾嶸也說王粲「在曹劉間，別構一體。」，見《詩品》卷上。

㉓《文心・物色》篇對各代的驅辭寫貌有詳細說明：《詩經》是「寫氣圖貌，既隨物以宛轉；屬采附聲，亦與心而徘徊……並以少總多，情貌無遺矣」；騷賦是「重沓舒狀」、「字必魚貫」；近代以來的窺情鑽貌，是「吟詠所發，志惟深遠；體物爲妙，功在密附」。都不如「昭晰」來得契機。

㉔《比興》篇的「織綜比義」，黃侃注疑織應作織，考《正緯》篇：「蓋緯之成經，其猶織綜，絲麻不雜，布帛乃成。」、「先緯後經，體乖織綜。」由製作布帛引申爲有條理地聯綴、總聚。

㉕陳子昂《與東方左史虬修竹篇幷書》：「文章道弊五百年矣。漢魏風骨，晉宋莫傳，然而文獻有可徵者。僕嘗暇時觀齊梁間詩，彩麗競繁，而興寄都絕，每以永歎。」

㉖劉勰論樂府，是以「中和之響」的雅樂爲依歸，所以對魏之三祖，說他們：「氣爽才麗，宰割辭調，音靡節平，……或述酣宴，或傷羈戍，志不出於淫蕩，辭不離於哀思，雖三調之正聲，實韶夏之鄭曲也」，與《明詩》篇的論點並不一致。

㉗顏延之《庭誥》：「至於五言流靡，則劉楨、張華；四言側密，則張衡、王粲。若夫陳思王，可謂兼之矣。」（太平御覽卷五八六）鍾嶸《詩品》：「魏侍中王粲，其原出於李陵，發愀愴之詞，文秀而質羸，在曹劉間別構一體，方陳思不足，比魏文有餘。」（卷上）

㉘楊脩《答臨淄侯牋》：「伏惟君侯，少長貴盛，體發旦之資，有聖善之教，遠近觀者，徒謂能宣昭懿德，光贊大業而已，不復謂能兼覽傳記，留思文章，今乃含王超陳，度越數子矣。觀者駭視而拭目，聽者傾首而竦

耳。非夫體通性達，受之自然，其孰能至於此。又嘗親見孰事握牘持筆，有所造作，若成誦在心，借書於手，曾不斯須少留思慮。」

㉙ 雅潤與清都是同時兼具內容蘊涵與風格表現，如《才略》：「辭義溫雅」，《詮賦》：「辭清而理哀」，《體性》：「文潔而體清」，《才略》：「循理而清通」，《時序》：「結藻清英」，《詔策》：「溫嶠文清」，《詮賦》：「麗詞雅義」，《碑誄》：「其綴采也雅而澤，清詞轉而不窮」，《諸子》：「理懿而辭雅」，《章表》：「必雅義以扇其風，清文以馳其麗」、「辭清而志顯」，《風骨》：「文風清焉」，《頌讚》：「辭必清鑠」。

㉚ 見《情采》篇：「詳覽莊韓，則見華實過乎淫侈。」《封禪》篇：「法家辭氣，體乏弘潤。」

㉛ 詳見《仁孝論》，《曹集詮評輯》。

㉜ 詳見《辨道論》，《說疫氣》、《曹集詮評》卷九。

㉝ 見《三曹資料彙編》頁一四六。

㉞ 方東樹《昭昧詹言》卷一：「贈白馬王彪，此詩氣體高峻深，直書見事，直書目前，直書胸臆，沈鬱頓挫，淋漓悲壯，與以上諸篇空論泛詠者不同，遂開杜公之宗。」

㉟ 見丁晏編《曹集詮評》頁二一六年譜序。

㊱ 韓愈《薦士詩》：「建安能者七，卓犖變風操。」

㊲ 見《三曹資料彙編》。

㊳ 見王世貞《藝苑卮言》卷三。

㊴《異苑》、《高僧傳》與《法苑珠林》都記載有曹植製作梵唄的故事，雖出後人附會，而植曹知音，當是事實。

㊵黃侃《詩品義疏》說他：「文采繽紛而不離閭里歌謠之質。」

㊶見馬位《秋窗隨筆》，《三曹資料彙編》引。

㊷見陳去病著《辭賦學綱要》，頁六八。

㊸見許世瑛著《我對於洛神賦的看法》，《中國文學史論文選集(二)》頁四八九。

㊹見張仁青著《中國駢文發展史》，頁二五八。

㊺見李重華《貞一齋詩話》，《三曹資料彙編》引。

㊻見姚鼎《古文辭類纂序》。

㊼語見薛鳳昌《文體論》，頁一〇二。

㊽參見王更生《文心雕龍讀本》、《語譯詳註文心雕龍雜文篇》譯者胡傳安、《文心雕龍注釋雜文篇》譯者龔鵬程。

㊾見王禮卿著《文心雕龍通解》，頁二六四。

㊿見劉大櫆《論文偶記》。

51 詳見沈約《宋書》卷十一《律曆志》上，頁二〇六—二二〇。

52 詳見王易《樂府通論・斠律第五》，頁一四三—八四。

53 曾國藩《經史百家雜鈔》共分三門：著述門、告語門、記載門。

(54) 見王禮卿著《文心雕龍通解》，頁四二六。

(55) 見桓範《世要論贊象篇》，周振甫《文心雕龍注釋》引。

(56) 參見⑮。

(57) 見《韓昌黎文集校注》，頁三五四。

(58) 有關出土文物中的舞蹈資料，詳見《中國舞蹈史初編三種》。

(59) 見楊德祖《答臨淄侯書》，及《三國志・魏志・任城陳蕭王傳》引《魏略》。本傳也說他「言出爲論，下筆成章」。

(60) 王夫之《薑齋詩話》就認爲曹丕天才駿發，非曹植所能壓倒。

(61) 見《三曹資料彙編》，頁一二七。

(62) 見王通《文中子》卷三《事君篇》，同(61)頁一〇二。

(63) 見《曹集詮評》卷八，頁一四五－一四七。

(64) 指出《文心雕龍》缺失的，有唐朝留華日僧遍照金剛的《文鏡秘府論》、宋黃庭堅《與王觀復書》、晁公武《郡齋讀書志》、清史念祖《文心雕龍書後》、朱東潤《中國文學批評史大綱》、劉大杰《中國文學發達史》、王夢鷗《文心雕龍質疑》、沈謙《文心雕龍批評論發微》等，可參閱。

(65) 《太平御覽》引顏延之《庭誥》說：「至於五言流靡，則劉楨張華；四言側密，則張衡王粲；若夫陳思王，可謂兼之矣。」除了張華以外，對四言與五言的代表作家，顏劉的觀點並不一致，但在曹植的兼善上則無異議。

㊱ 《太平御覽》引《李充翰林論》：「表，宜以遠大爲本，不以華藻爲先。若曹子建之表，可謂成文矣。」

㊲ 見王世貞《藝苑卮言》卷三。

干將莫邪故事與魯迅的〈鑄劍〉

——鍊金術的精神分析

黎活仁

一、引言

干將莫邪是中國古代鍊劍的故事，看容格派精神分析的著作，這個故事原來相當有名，魯迅（周豫才，一八八一—一九三六）曾經以干將莫邪故事寫成〈鑄劍〉，他的縯繹，對了解鍊劍故事的魅力，也有幫助。在方法論方面，我主要是引用比較宗教學家埃利亞代（Mircea Eliade, 1907-1986）於鍊金術精神分析的論述。

二、干將莫邪故事與〈鑄劍〉故事的梗概

中國古籍中有關干將莫邪故事資料，可參考《故事新編研究資料》（一九八四年一月）①和《唐前志怪小說輯釋》（一九八六年十月）等工具書，這個鍊金術故事的情節主要見於以下的幾種古籍：1. 劉向（約 77B.C.-6 B.C.）《列士傳》、2. 劉向《孝子傳》、3. 趙曄（東漢〔二五—二二〇〕生卒

年不詳)《吳越春秋》(《闔閭內傳》)、4.曹丕(一八七—二二六)《列異傳》、5.干寶(生卒年不詳，晉元帝〔三一七—三二二在位〕時爲佐著作郎)《搜神記》、6.疑爲晉人蕭廣濟撰的《孝子傳》(《增廣分門類林雜說卷一引)等，這些書作者的眞僞問題，一直是懸案。干將莫邪故事也見於一些日本古籍，例如《今昔物語》(十二世紀初成書，相當於中國南宋初年)、《曾我物語》(十四世紀左右成書，相當於中國的元代)、《太平記》(一三七〇年下令編纂)等②，可見這個鍊金術的故事一定有某種未爲人充分了解的魅力，日本學者對干將莫邪故事也作了許多研究③，顯示了他們對這個故事相當感興趣，其中細谷草子(HOSOYA Sōko, 1943-)考究尤其細緻，據她的大作推測，撰作於一九二六年的《鑄劍》，有可能是參考《增廣分門類林雜說》所引的《孝子傳》，因爲兩者的情節最爲接近。《增廣分門類林雜說》是金人王朋壽據唐人于立政《類林》增補而成，如細谷氏所示：翻查《魯迅日記》(一九二三年一月五日)，則知該書是得自其弟周建人(一八八八—一九八四)的。爲方便論述，謹先轉錄《孝子傳》如下：

> 謂眉間一尺也，楚人干將莫邪之子也。楚王夫人嘗於夏取涼而抱鐵柱，心有所感遂懷孕，後產一鐵。王令莫邪鑄此鐵為雙劍，三年乃成劍，一雄一雌。莫邪乃留雄而以雌進楚王。劍在匣中常有悲鳴。王問羣臣，對曰：「劍有雌雄，鳴者雌，憶其雄耳。」王大怒，即收莫邪殺之，莫邪知其應，乃以雄劍藏屋柱中，柱下有石礫因囑妻曰：「卿懷孕，若生男，可語之曰：日出北戶，南山其松，松生於石，劍在其中。」。妻後生男，眉間尺廣一尺，年十五，問母父在時

事，母因述前事，乃思惟，剖柱得劍，日夜欲報殺楚王，王乃購募覓其人，乃宣言能得眉間尺者，賜金千斤，分國共治。眉間尺聞，乃便起入山，路逢一客，一客問曰：「汝乃孝子眉間尺否？」，曰：「是。」，客曰：「吾能子報父讎。」，尺曰：「父無分寸之罪，枉被荼毒，君今惠念，何所用耶？」，客曰：「欲得子頭並子劍。」，眉間尺與劍並頭。客受之，進王，王大賞之，卽以鑊煮其頭，七日七夜不爛，客曰：「此頭不爛，須王自臨之」，王卽往臨看之，客於後以劍擬之，王頭卽墮鑊中，二頭相齩，客恐眉間尺不勝，乃自復劍擬頭，三頭相齩，經七日後，乃一時俱爛乃分葬之，在汝南宜春縣，今三王墓是也。出《孝子傳》。（《增廣分門類林雜說》）⑤

據諸書所記干將莫邪故事的內容不盡相同，主要情節大概有五：1.是王妃生了一塊鐵，（見《列士傳》、《增廣分門類林雜說》所引《孝子傳》，〈鑄劍〉也採用了這一情節），於是大王（晉王或楚王）命干將莫邪（在中國古籍，干將莫邪有時是兩把寶劍之名，有時是一個著名鑄劍師傅（如《增廣分門類林雜說》所引《孝子傳》），有時是以鑄劍知名的兩夫婦（如《吳越春秋・闔閭內傳》所記》），用這一塊鐵打造一雙劍，鐵雖然是金屬，但劍分雌雄，有著人類的性別；2.是鍊劍之時，由於鐵屢鍛不熔，莫邪想起鐵這種神物，必須以人身作犧牲才能熔化，於是干將也有所頓悟，回憶鍛冶於山，必須齊戒沐浴的儀式，再進而想起師父師母兩人親自跳入爐中，作自我犧牲，於是自己也把頭髮和指甲剪下，拋進爐中，又得純眞的童男童女數百協助扇風裝炭，才如所願（這一情節只見於《吳越春秋‧闔閭內傳》，〈鑄劍〉並沒採用）；3.是大王把劍匠殺掉，劍匠妻命遺腹子代父報仇，有關遺腹子的名字，諸書所記頗爲紛紜，有赤鼻、赤比、眉間尺、眉間赤等異名，魯迅在〈鑄劍〉中叫做眉間尺。4.有劍俠願替眉間尺報仇，眉間尺不假思索地把頭下交給劍俠，應注意眉間尺是不死的，因爲他的頭顱如《列子傳》、《搜神記》和《增廣分門類林雜說》所引《孝子傳》所描述，煮幾天也不爛，還怒目而視，或跳躍不止，魯迅的發揮，眉間尺的頭還會唱歌；5.劍俠以眉間尺頭上獻，大王決定以鑊煮之，數日不爛，劍俠於是獻計，說如果大王俯視眉間尺頭，則頭必爛，王果中計，劍俠趁機斬下大王的頭，兩頭在沸水上爭鬬，劍客恐眉間尺不能取勝，於是把自己的頭也批下來，結果三個頭煮個稀爛，唯有合葬。三頭爭鬬的情節，見於《增廣分門類林雜說》所引《孝子傳》，又《太平御覽》卷三六四引《吳越春秋》佚文與《孝子傳》近似。

三、埃利亞代於鍊金術的精神分析

埃利亞代是的方法論深受榮格（Carl G. Yung, 1875-1961）心理學的影響，他的著作之中，成爲二十世紀名著的爲數不少，埃里克‧J‧夏普（Eric J. Sharpe）的《比較宗教學史》（Comparative Religion. A History）無疑是目前了解埃利亞代在西洋學術史地位的一本著作，夏普認爲埃利亞代的代表作之中，還可包括「步容格後塵研究冷僻鍊金術」的著作《打鐵匠與鍊金術師》（《The Forge and the Crucible》⑤。如有田忠郎（ARITA Tadao, 1928-）〈容格與鍊金術〉

一文所示，自從一九三五和一九三六年，容格在埃拉諾斯（Eranos）會上作了有關鍊金術與心理學的報告之後，在學術上似乎引起許多人的共鳴，考羅利・其利倫尼（C. Kerenyi, 1897-1973）、巴歇拉爾（Gaston Bachelard, 1882-1964）、埃利亞代、帕諾夫斯基（Erwin Panofsky, 1892-1968）等等，都寫了有關鍊金術的著作⑥。容格派心理分析認爲，在現代自然科學，特別是化學研究確立之前，鍊金術的思想和儀式，往往是人類集體無意識的表現，也就是心理的反應。以下各節在介紹埃利亞代《打鐵匠與鍊金術師》（《The Forge and the Crucible》⑦一書要義的同時，也順便對干將莫邪故事中有關鍊金術儀禮作一分析。

㈠隕石、水晶與鐵

古代人對鐵的認識，是來自隕石，因爲隕石是來自高而遙遠的天空，所以帶有天空特有的神性。有些民族曾經認爲天空是石造的，時至今日爲止，澳大利亞的原居民仍然認爲天空的是水晶造的，天空神的寶座是石英造的。澳大利亞的原居民、馬拉加（Malacca）的尼格利陀（Negritos）人，北美洲等地的巫師，都認爲水晶對啓悟儀式有特殊的功效。沙勞越（Sarawak）的達雅克（Dyaks）人把水晶稱爲「光的石」，認爲可以映照出地球上所發生的事情，認爲水晶可以把病人靈魂出了什麼問題和靈魂要歸往之處告之巫師。當然只有巫師才具備透視的能力，因爲他們被賦予超自然的能力，可以有透視時間一樣的透視空間的能力，又可以與精靈、諸神和靈魂溝通。在啓悟儀式之中，未來的巫師要吞食石英⑧。在魯迅的筆下，王妃生的鐵，是「純青透明」的，鑄好的劍也是純青透明，好像兩條冰⑨；鐵無可能是透明的，魯迅這是演繹，無疑更合乎無意識的夢想。

(二)鐵器時代的神話——鐵劍與惡魔

因爲鐵是來自天上，所以西奈半島的貝督因人（Bedouins）相信如果能成功地以隕石的鐵製成劍，在戰陣中可以不死，並能戰勝敵人。鐵這種「超越的」奇蹟，完全是一種神話。鐵還被認爲有醫藥上的用途，例如對損傷和抵受夢魔的襲擊，有一定的作用，土耳其人和印度人都有這種信仰。鐵不單對人類文明起了促進的作用（例如農耕），對戰爭尤其重要，軍事的勝利，象徵着惡靈的勝利，有些民族認爲有着與生命和和平對立的神秘力量。鍊金術師的道具，也有着神聖象徵，安哥拉人對打製農具的鐵鎚十分尊崇，態度一如對待王侯和孩子，有些民族對近鄰的風箱和熔鑪非常崇敬。這種信仰，是由相信金屬所有的神力，擴張到器具的魔力。因爲道具的打製技術，本是非人間的——是屬神的或惡魔的（鍊金術師製造殺人的武器）⑩。李豐楙（一九四七——）的〈六朝鏡劍傳說與道教法術思想〉一文，也可爲埃利亞代理論的佐證，如該文所示：六朝人大抵相信鏡和劍是有神靈相隨的，六朝人的殯殮儀禮之中，常以鏡劍陪葬，道士也隨身携帶鏡和劍，藉以作法驅魔⑪。

(三)犧牲與自我犧牲——關於鍛冶時以身殉的儀禮的形成

犧牲與自我犧牲到由進化而創造的冶金時代，有了新的意義，這時代的神話開始把人類形成與宇宙創造等同起來。宇宙據傳說本是一個巨人，這在世界各民族的創世紀神話是普遍存在的，埃利亞代的著作中已有所引述，其中也引用到《述異記》的盤古傳說，盤古就是一個巨人，據《述異記》所載：盤古死之時，頭化爲四嶽，目化爲日月，脂膏化爲江海，毛髮化爲草木。這就是說一個生命犧牲之後，另一生命形成，於是演變成創造和製作之前，沒有犧牲是不成的儀禮；例如建築的儀禮，用作《牲的人或動物的靈魂，都會移駐於建築物。埃利亞代除了引用《述異記》的例之外，又引用見於犧吳越春秋》的幾個例子，其中包括干將的師父爲鑄一口劍而結果以身殉的故事，以爲說明⑫。

㈣性化的世界

劍分雌雄，與鐵器時代的神話有關。由於強調人與宇宙的相同性，其中特點是宇宙的性別化。例如植物的性別化是由接枝技術衍生，美索波達米亞人的植物分類，是以植物的外形與生殖器的類似何種性別而區分的。Kitara 人把黑而硬的金屬叫做男性，紅而軟爲女性。埃利亞代認爲中國把爐分陰陽，也是宇宙性化的好例子，他引用了《拾遺記》禹鑄九鼎的神話傳說爲例，禹鑄九鼎，五個爲陽，四個爲陰，據云與占卜有關⑬。

㈤人類誕生的神話——大地胎內的石或礦石發生與成熟的信仰

在無意識之中，地球是一個母親，卽所謂地母，關於地母神的論述，也是埃利亞代比較宗教學的貢獻之一。地母與人類的女性，是同一原理的，換言之，在無意識的世界，地母與人類的女性是同一的。柏拉圖（Plato, B.C. 427–B.C. 347）就曾經說過，是女性模仿大地，不是大地模仿女性⑭。古人對於礦物的想象，一如人類的胎兒，紅玉是母體的血供養孩子的象徵，王妃生鐵的神話，無疑是地母神話的遺跡。

㈥道家的鍊金術——爐與回歸母體

埃利亞代的於鍊金術的論述，其中最大的特點是把西洋鍊金術與中國道家的鍊金術結合起來論述。中國由《易經》與五行結合起來發展而成的鍊金術，經過埃利亞代宏觀與微觀兼而有之的整理之後，大大豐富了鍊金術的領域。

1.永遠回歸與回歸母體

也許我首先要交代一下的，是埃利亞代的永遠回歸（the eternal return）時間觀，如果參考一下宗教學或神話學的辭典，都知道這一理論已普遍爲學界所接受。埃利亞代的許多著作，都力證在無意識世界，時間是循環回歸的，中國小說的構造也有助於說明這種復歸於原始的願望，中國的小說的主角（如《紅樓夢》），往往是仙境中的一株草或一塊靈玉，到人間所發生的事情只是歷劫而已，最後還是回到天上歸位，得到永生⑮。蘭卡（Otto Rank, 1884–1939）的回歸母體也有類似的假說，蘭卡認爲在無意識之中，母體是一個樂園，人類誕生是一種所謂「出生受傷」，人類的無意識的願望是要回歸那種降生前的混沌狀態。回歸母體的學說，是埃利亞代的論說基礎之一。以下不如再以另一角度，爲埃利亞代這一理論在西洋文藝學方法研究定位：古爾靈（Wilfred L. Guerin）、雷伯爾（Earle Labor）等編的《文學批評方法手册》（《A Handbook of Critical Approaches to Literature》，一九七九年二版）認爲埃利亞代永遠回歸的時間論，揭示了永生神話流傳最爲廣泛的主題[16]，之後又引述埃利亞代《神話與理實》有關道家鍊金術的分析，認爲這種永生的主題，與道士通過修練，打破時間的桎梏相類。道士的目的是要回歸嬰兒狀態，這包括回復童顏、胎息，以臻不老不死。中國鍊金術有這麼大的魅力，原因是中國天人感應的神秘學遠較西洋爲周密。

2.大宇宙、小宇宙、胎、丹田、丹爐

道教的鍊金術不是爲了製造黃金，而是爲了長生。中國的鍊金術師有所謂大宇宙與小宇宙，宇宙的五行原則，與人體各種器官相比類，心＝火、肝臟＝木、肺臟＝金、腎臟＝水、胃臟＝土，如《呂祖》所說：心臟的火如丹砂（水銀）一樣紅色，腎臟的水如鉛一樣暗黑。道士的鍊金術分外丹和內丹，外丹是以丹爐燒金石以鍊製長生不老的金丹，內丹則以身體爲丹爐以修煉精、氣和神。所謂丹田，是比腦更爲重要的腹部，腹部是製造不死的胎兒所在。丹田又別名崑崙，無意識中的崑崙以埃利亞代的術語，相當於無意識的世界中心，也就是樂園或無意識的混沌狀態[17]。

3.眉間尺的犧牲與永遠回歸

以下只餘下對眉間尺入於爐或鑊的解釋。如上所述，無意識世界的爐或鑊，相當於母體；眉間尺的頭在沸水上尚能歌唱，所以眉間尺的死，不是世俗的死，而是一種永遠回歸。在無意識的世界，胎內的羊水無疑是一盤沸湯，埃利亞代的著作中指出：如葛長庚那樣，把胎兒的培育以至於誕生，與提鍊「賢者的石」過程類似，這一點想像，也是西洋鍊金術師所共有的（同⑰）。

四、魯迅對游俠的看法——關於墨家與游俠

劍俠爲眉間尺報仇，無疑是這個故事的主要情節之一，值得注意的是劍俠的動機。高田稔（TAKAHASHI Minoru, 1925-）曾經就司馬遷（約 145 B.C.-135 B. C.）和魯迅對俠的看法作一比較研究⑱。《史記・游俠列傳》對俠是懷有敬意，司馬遷在篇首引《韓非子》「儒以文亂法，俠以武犯禁」，之後又說：「儒墨皆排擯不載，自秦以前匹夫之俠湮滅不見」，於是爲之樹碑立傳⑲，司馬遷與魯迅的觀點有點不一樣，魯迅在〈流氓之變遷〉說：「孔子之徒爲儒，墨子之徒爲俠。」（《三閒集》⑳）。據增淵龍夫（MASUBUCHI Tatsuo, 1940-）有關游俠的研究，則游俠起源於墨家的想法，在近代則肇始於梁啓超（一八七三——一九二九）㉑。魯迅《故事新編》的〈非攻〉，是以《墨子・公輸篇》爲基礎寫成的，高田稔認爲這篇小說的目的是爲墨子翻案，內容是描寫楚國攻打宋國之時，墨子如何自我犧牲，爲和平而奔走，似乎對墨子（墨翟，約 468 B.C.—約 376 B.C.）非常推崇㉒。「只要能利天下，雖犧牲自己亦在所不惜」（張岱年〔一九〇九——〕《中國哲學大綱》㉓的墨

家精神，正是游俠事跡所爲人傳誦的因素。俠士其實與鍊金術士一樣，都非常講求個人修養，如埃利亞代所揭示的那樣，鍊金術師的心理和生理兩方面都與道德的精神一致，所有關於鍊金術的文獻都強調鍊金術師的德性，鍊金術師必須健康、謙恭、忍耐力強、貞潔㉔；當然如干將莫邪故事那樣，還有無條件的犧牲精神；至於游俠，就以朱家爲例，朱家養豪俠以百計，但其爲人謙虛，施恩不望回報，家無餘財，衣着並不光鮮，飲食很簡單，坐的也不過是牛車，爲人解困，比自己的私事還要緊張。司馬遷之所以欣賞游俠，就是因爲他們的行爲雖然不都是正義，但是他們爲人守信用，爲解救別人的困阨，就算赴湯蹈火，也在所不辭，其後，也不會到處自我宣傳，所以爲人所尊重。（「今游俠，其行雖不軌於正義，然其言必信，其行必果，已諾必誠，不愛其軀赴士之阨困，既已存亡死生矣，而不矜其能，羞伐其德，蓋亦有足多者矣。」（《史記・游俠列傳》㉕）。這種自我犧牲的精神，是鍊金術師、墨家、游俠和基督精神共有的。

五、魯迅報仇雪恥的思想——博愛與除暴安良的矛盾

如聞一多（聞亦多，一八九九——一九四六）所說：「墨子的學說本來很富於西方成分㉖」，除了上面說的自我犧牲精神之外，墨子的兼愛與基督的博愛思想頗爲接近。〈鑄劍〉之中，代眉間尺報仇的俠士曾經對眉間尺說了幾句話：

我一向認識你的父親，也如一向認識你一樣。但我要報仇，卻並不爲此，聰明的孩子，告訴你

罷。你還不知道麼，我是怎樣的善於報仇。你的就是我的；他也就是我。我的魂靈上是有那麼多的，人我所加的傷，我已經憎惡自己。㉗

這句話的哲理，並不好懂，我認爲不能單從自我犧牲去解釋。關於基督敎對魯迅的影響，有高田淳（TAKADA Atsushi, 1925-）㉘和伊藤虎丸（ITO Toramaru, 1927-）㉙的研究可以參考，我比較感興趣的是他們都比較著重從復仇的角度進行研究；以復仇角度研究魯迅，在日本似乎已頗爲引起注意，甚至有專文討論，我也覺得頗有新意㉚。的確是如此，譬如《野草・復仇（其二）》是寫耶穌受難故事的，但魯迅卻命名爲復仇，這是魯迅思尚未究明的懸案。高田淳在他的論文末端對近代中國的復仇思想作了一番論述，不過我覺得魯迅在這方面是承繼墨子的兼愛哲學。在墨子的思想之中，兼愛與復仇其實是一種對立統一的辯證關係，「兼愛之法，是時時刻刻都在努力爲天下之大利而除其害。一切活動，都爲大衆，而不爲自己或親近的人。如此便是愛一切人。」（張岱年《中國哲學大綱》㉛）

六、干將莫邪故事的魅力

干將莫邪故事，是一個永遠回歸的神話故事，由於情節符合人類無意識願望，所以得到讀者的共鳴，此其一。中國人對於武俠始終非常尊重和感興趣的，這一點從香港的幾位武俠小說家風行港、台和大陸，可爲旁證。閱讀偉人的傳記可以得崇高感，爲眉間尺復仇的俠士，也同樣令讀者得到同樣審美效應，此其二。中國人久受傳統文化中兼愛思想的薰陶，當然很容易爲基督的博愛精神所感召，事實上，基督教的文化已跟中國文化結合爲一體，所以我們這一代人讀這個故事，也可能得到多層次的感受。

〔鳴謝：本文初稿曾在國立成功大學『魏晉南北朝文學與思想研討會』宣讀（一九九〇年十月三—四日），承評講王國良教授及座中的龔鵬程教授、劉漢初教授惠賜寶貴意見，這次發表時因此作了修改和增訂。日文論文資料的蒐集，得到鈴木正夫教授、戶倉英美教授、永末嘉孝教授、黃耀堃博士和梁敏兒女史的幫助，特別是戶倉教授的賜助，非常感激。又承港大中文系助教洪濤先生協助校閱全文，減少錯字，今謹一併向上述各位致以萬二分的謝意！〕

【注　釋】

① a孟廣來、韓日新編：《〈故事新編〉研究資料》（濟南：山東人民出版社，一九八四），頁一〇七—一一〇；b李劍國：《唐前志怪小說輯釋》（上海：上海古籍出版社，一九八六），頁一四一—一四六。

② 參③d，頁一一三—一二四，b參③b，頁六九—七一。

③ a伊藤正文（ITŌ Masafumi，一九二五——）：〈『鑄劍』論〉，《文學》二二卷四號，一九五四年四月，頁一—二零；b.細谷草子：〈干將莫邪說話の展開〉（〈干將莫邪故事的發展〉），《文化（東北大）》三三卷三號，一九七〇年二月，頁四八—七一；c永末嘉孝（NASUE Yoshitaka，一九三四——）：〈干將莫邪故事與魯迅的〈鑄劍〉

『鑄劍』と厦門時代へ（『鑄劍』的厦門時代），《長崎造船大學研究報告》十三卷二號，一九七二年十一月，頁八七—九一；d 高橋稔：〈眉間尺研究序說〉，《東京學藝大學紀要》二部門二十七，一九七六年二月，頁一一〇—一二二；e 駒田信二（KOMADA Shinji, 1914-）：〈魯迅の「鑄劍」について〉（〈關於魯迅的「鑄劍」〉）《中國文學研究》三期，一九七七年十二月，頁一一三—一二四；f 細谷草子：〈魯迅『鑄劍』について〉（〈關於魯迅的『鑄劍』〉），《京都女子大學人文論叢》二五號，一九七七年十二月，頁六一—九四；g 高橋稔〈中國文學における「俠」について——その一司馬遷と魯迅——その二つの異る見方について〉（〈中國文學中的「俠」——關於司馬遷與魯迅觀點的異同〉），《東京學藝大學紀要》二部門二九，一九七八，頁二八二；b.參③b，頁三九一；h 治之（MACHISAKI Haruyuki, 1934—）：〈搜神記「干將莫邪」私考——傳承說話をめぐて——〉（〈搜神記「干將莫邪」的研究——關於該故事的流傳〉），《樋口進先生古稀記念中國現代文學論集》（樋口進先生古稀記念集刊編委會編，福岡：中國書店，一九九〇），頁四三一—四五六。

④ a 參③f，頁六九—七〇；b 參①b，頁一四二—一四三。

⑤ 呂大吉、何光滬、徐大建譯，上海：上海人民出版社，一九八八，頁二七八。

⑥ 〈ユングと鍊金術——若干の覺え書〉，《現代思想》（臨時增刊、容格專號）七卷五號，一九七九年四月，一九八二年八月第四版，頁七八。

⑦ Eliade, Mircea: 《The Forge and the Crucible》（《打鐵匠與鍊金術師》，Trans. Stephen Corrin, New York: Harper and Brothers, 1962）。

⑧ 參⑦，第一章，〈隕石與冶金術〉，頁一九—二一。

⑨ 《魯迅全集》（北京：人民文學出版社，一九八一），卷二，頁四一九，四二〇。

⑩ 參⑦，第二章，〈鐵器時代的神話〉，頁二七—三〇。

⑪ 李豐楙：〈六朝鏡劍傳說與道教法術思想〉，《中國古典小說研究專集》第二集（胡萬川、李豐楙主編，臺灣：聯經出版事業公司，一九八〇），頁一—二八。

⑫ 參⑦，第五章，〈冶金術的儀禮〉，頁六二—六四。

⑬ 參⑦，第三章，〈性別化的世界〉，頁三七。

⑭ 參⑦，第四章，〈大地母、生殖的石〉，頁四四。

⑮ 王孝廉（一九四二—）：〈死與再生——原型回歸的神話主題與古代時間信仰〉，〈神話與小說〉（臺北：時報文化出版企業有限公司，一九八六），頁九一—一二五。

⑯ 姚錦清等譯，沈陽：春風文藝出版社，一九八八，第四章，〈神話與原型批評方法〉，第三節之一，「時間和永生原型」的論述，頁二四二。

⑰ a參⑦，第一一章，〈中國的鍊金術〉，頁一一八，一二一；關於道教的鍊金術，可參：b村上喜實（MURAKAMI Yoshimi，一九〇六——）：〈鍊金術〉，收入《道教》（福井康順〔FUKUI Kojūn，一八九八——〕等監修，東京：平河出版社，一九八三），卷一，二八五—三二八；c吳綏琚：〈道教內丹功法〉，見《道教文化面面觀》（中國社會科學院世界宗教研究所道教室編，濟南：齊魯書社，一九九〇），頁一一三—一一五，其他有關鍊丹條目，也可參考。

⑱ 參三g。

⑲ 《史記》(北京：中華書局，四版，一九六四)，册一〇，頁三一八一，三一八三。

⑳ 《魯迅全集》，參⑨，卷四，頁一五五。

㉑ 《中國古代の社會と國家》(《中國古代的社會和國家》，東京：弘文堂，一九六〇)，第三章，〈墨俠〉頁一一九—一四六。

㉒ 參②，頁二八〇。

㉓ 北京：中國社會科學出版社，一九八二，頁二七三。

㉔ 參見⑦，第一四章，〈鍊金術的秘密〉，頁一五九。

㉕ 參見⑲，頁三一八三。

㉖ 〈「女神」的地方色彩〉，《聞一多論新詩》武漢大學聞一多研究室編，武漢：武漢大學出版社，頁六八。

㉗ 參見⑨，頁四二六。

㉘ 高田淳：〈魯迅の「復仇」について——「野草」「復仇」論として、併せて魯迅のキリスト教論について〉(〈魯迅與復仇——「野草」的「復仇」論兼論魯迅對基督教的看法〉)，《東京女子大學論集》一八號，一九六七年九月，頁一—三三。

㉙ 伊藤虎丸：〈魯迅思想の獨異性とキリスト教——近代化の受容をめぐって——〉(〈魯迅思想的特點與基督教——關於如何接受現代化的面面觀〉)，《東京女子大學附屬比較文化研究所紀要》四九卷，一九八八年一月，頁六五—八四。

㉚ 須藤洋一（SUTŌ Yoichi, 1948-）：〈復仇論——「野草」的魯迅に對する一の接近〉（〈從復仇的角度看「野草」時期的魯迅〉），《熱風》一期，一九七一年一月，頁三八—六〇。

㉛ 參見㉓，頁二七三。

魏晉名士的浪漫生活

李栖

一、前言

在開始討論主題以前，請容將本文的一些名詞先作界定，以免造成混淆。首先就時空與內涵上說明何謂魏晉名士。從歷史斷代而言。魏國始自漢獻帝建安二十五年曹丕篡漢（西元二二〇年）起算，但一般在論及魏晉學術思想的起點時，卻往往放在正始年間，也就是魏齊王芳即位（西元二四〇年）以後①。東晉則亡於恭帝元熙二年（西元四二〇年）劉裕篡位。然而，在論及這一時代的學術與文風；如陶淵明、謝靈運、宗炳等生長於東晉後期的人時②，又不得不延續到劉宋文帝元嘉中期。

就空間言，自來討論魏晉時期種種文學問題時，其地域多隨魏晉政權所在地而有所轉移，在東晉立國以前，以中原一帶爲主，洛陽是其中心。東晉立國之後，則以江南建康爲中心，並及於荆州、豫章等地。

「名士」是指有名望的士人。晉袁宏《名士傳》將魏晉名士分爲：一、正始名士，如夏侯玄、何晏、王弼等是；二、竹林名士，竹林七賢等是；三、中朝名士，裴楷、樂廣、王衍、庾敳、王承、阮瞻、衞玠、謝鯤等是③。正始名士與竹林名士在社會地位、言行舉止諸方面壁壘相當分明，到了中朝名士時，則是揉合了前兩類名士的風範，成爲一個混合的形態。

袁宏是東晉中期時人，因此在論名士的時間上本身就有所限制。但是他將魏晉名士分爲三類，大體上，卻是後人所共認的。

近人周紹賢則將古來名士分爲八類，而他們共同的品格是「清介超逸」，由於品格的清高，卽便行爲上孤僻放達，也被世人艷稱。「因此清高放達，遂形成後世對名士人格之觀念。」④

其次要說明的是浪漫生活。浪漫主義（Romanticisn）原是十八世紀中葉至十九世紀初期，歐洲文藝思想界的主潮。因反抗古典主義及合理主義而起，其共同特徵有三：一、重主觀，尙理想。打破一切形式，而以豪放縱恣之個人情緒爲貴。二、好奇尙美，以平凡之日常生活不足以動聞，故取材中古，而加以渲染之描寫。三、革命精神及反抗一切束縛個人自由之因襲道德及社會法度⑤。

民國以後，學者將浪漫主義及浪漫兩字運用到討論中國古代學術及作品時，則往往依主客觀的需要而各有取捨⑥。在論及魏晉時期時，則浪漫主義的三點特徵都可以在當時的學術思潮、作品，甚而生活行爲上找到。因而本文借用浪漫兩字來概括當時名士所嚮往的精神。浪漫生活的重點則是放在由浪漫的精神，而影響到名士們在生活層面上所表露出的種種現象。

總括以上所述，本文所討論的時間，以正始前後至元嘉中期爲主要時段。至於地域範圍，在西晉南渡以前，以北地爲中心，東晉以後，以江南爲重鎭。在這樣一個特定的範疇之中，討論一些名士以什麼樣的實際生活方式來遂行其浪漫的理念，卽本文之重點所在。

二、魏晉名士浪漫生活的背景

魏晉時代，是我國文化史上一個極重要的轉變時期。漢代的強勢政府衰落以後，無論在政治、軍事、社會、文化各方面都失去了主控的力量。於是，如衆所皆知的，在朝中，權力的頃軋、政治的迫害，使得朝官名士夕惕若厲；在地方上，各集團之間的爭奪、天災的肆虐、民亂的不斷發生，使百姓流離失所哀鴻遍野，造成歷史上政治、社會的黑暗時期。然而相反的，也正因爲政府缺乏一強而有力的政治干預，在思想與學術方面才有眞正自由茁壯的空間，而發展出文化史上另一個輝煌的時代。

自從西漢中，倡導「罷黜百家，獨尊儒術」以來，儒家成爲漢代唯一的政治與學術思想，在朝的人以之平章天下，在野的人以之推論著述。經過三百多年的運用與研討之後，一則可以運用及研討的範圍都差不多已經用盡；再則經歷了長時期環境及人事的更替，儒家思想早已變質，失去原來的精神與容貌。雖然，自東漢末，經魏晉，到南北朝，仍然有不少學者辛勤的維護著這片舊土，但也有人開始積極的另外尋找新的墾殖天地。於是，遺忘已久的先秦諸子思想重新被探討，其中以老莊思想尤其受重視。老莊思想的空間是如此的廣大，它的內涵又是如此的肥沃，整個氣候又是如此的適合當時的局勢，自然吸引了大批的移民前往開墾。這塊新天地，就此成爲魏晉名士寄託生命，投入精神的樂土。

研討學術的風氣，自春秋學官流落民間以來，就沒有間斷過。先秦時期，諸子百家的講學，造成學派林立、百家爭鳴的局面，兩漢的經學傳注，演進而成家學師承的學閥，無論其利弊如何，許多人聚集在一起，長時間熱烈的研討，終究是學術思想進步的動力。魏晉的學者爲了探討老莊（也包括周易）的文義，發揮老莊的精神，也很自然的演化成爲另一種學術研討——清談中的「談玄」。而後又因爲其他的因素，談玄的內容也有了轉化，例如，加入佛學、道教等經義的討論，終於形成了學術界的花爛映發。

老莊思想的受重視，使得學者發現在儒學之外，另外有更明亮清澈的境界，更能提昇人的精神領域，而其中莊子的哲理尤爲空靈，最爲時人所傾心。

老莊思想最終的目的是回歸自然，回歸自然大體上有二個明顯的方法，一是拋棄一切外來的人爲約束，表現無拘無束的個人純眞本質，一是回到最純淨最自由的大自然界。於是，學者離開象徵禮樂的鐘鼓廟堂，走向代表自然的林泉山川。在徜徉山水、鑽味三玄之際，他們用「以玄對山水」的態度，悟出了許多可貴的美學題目，如王弼的「得意忘象」、如嵇康的「聲無哀樂」、如顧愷之的「傳神寫照」、如宗炳的「澄懷味象」等等，這些題目，在往後影響我國各類藝術發展都極爲深遠。

有關這一部份的理論，牽涉深廣，不是本短文所能概括，也不是本文的重點。幸好，相關討論的著作極多，足供參閱。

由於不斷的政爭、戰亂，對死亡有更強無的恐懼，使人對生命產生更迫切的留懸。這種情形，在當時人的詩文中極爲明顯，成爲文學作品上重要的特徵之一。爲了解決生死之間的衝突，在正始的時代產生了兩種完全不同的人生觀：有的人起來採取積極的抗拒死亡，於是他們享受生命，服食養生；有的人委頓下來消極的痲醉自己，於是他們縱任飲酒，狂放自適，這就是前面所說的正始名士與竹林名士，在王瑤的《中古文人生活》中則將他們分別命名做「服藥派」及「飲酒派」⑦，正始名士與竹林名士在吸收道家思想時，有相當的分歧，因而這兩種名士在各方面的表現，也隨之迴異。

然而，他們種種放任適性的表現，也正說明了其共同特點在追求浪漫的生活。當風氣初起時，正始名士，多半活躍在朝中，因此他們的行爲也較爲社會所推許；而竹林名士的行爲由於過於驚世駭俗，往往爲人所譏垢。這一情形要等到晉室東遷之後，學者對老莊有了更普及與深入瞭解，並受佛、道宗教思想的激盪而產生「中朝名士」之後，兩者才融合無痕。中朝名士的生活雖不如早期名士之壁壘分明，但也有不少因慕賞仿效，終至狂放、簡傲，失去當初名士之所以爲名士的創意與精神了。

三、特立獨行的生活

漢代的淸議，在東漢末，形成了人倫識鑒的風氣，所謂人倫識鑒，簡單的說，就是一些社會名流，聚集在一起，對地方上的人物加以品題，（當時品題的標準主要是以儒家的道德觀爲依據），而被品題的人物，也往往因他們一句話的高下，影響宦途的順遂及社會地位。魏晉以後，由於抗拒儒家思想的壓抑與變質，又受莊子思想的影響，在品題人物時，不再以道德、學問之善惡爲準，而以絕對的美爲標準。因此，魏晉時期，在品評人物時，往往只就其形貌及精神作論，影響所及，部份名士的言行舉止，精神狀態都盡可能的表現出完全異於儒家所強調的道德美、羣體美，而是以個體的美化、獨立的自我表現、特立獨行的丰采作爲標榜。

爲了表現其個人的獨特性，好奇尙美的名士，以極度的講究外在美來顯現其特異之處，如何晏的「動靜粉帛不去手，行步顧影」⑧，如謝遏的「好佩紫羅香囊」。當時除了朝服有定制不能隨意改變外，便服則因好奇愛美的觀念，有了很大的變化，一般文士喜歡著寬衣大袖的輕便服裝，頭上的幅巾用不同的方法束髮。正式的冠幅也有了許多變化，鞋子的式樣增多。如王恭在下雪天，披著鶴毛織成的斗篷，奇裝異服的乘了高車出門，居然也能令人企慕不已。

有錢有地位的朝官門閥利用其金錢與權勢來裝點凸顯其異於常人的風度，當時人物以白爲美，「玉人」、「玉樹」、「珠玉」等是讚美一個人體貌常用的詞，因而傅粉施朱是時尙，並且利用許多華麗考究的飾物來增加自身的風華，於是，握麈尾、佩香囊，在家用棋子隱囊，出門乘高軒，都成爲時尙。至於其他生活用品無一不是盡可能的講究華美。如石崇與王愷二人不斷的在飲食、衣著、財貨等方面爭奢，從《世說新語》開始到現在，人們一直以奢侈無度來批評他們的作爲；然而，由另一角度看，何嘗不是爲了爭著表現自我，顯示特異的手段之一⑨。

同樣的，他們也不理會孔子巧言令色鮮仁的論調，羣聚一起，大發議論，縱情淸談，參加的人無不盡其可能的表現自己的學問、口才與機智，以贏得衆人的嗟詠傾服。以是，淸談成爲魏晉人物生活中最重要的課程之一。在淸談的場面中，談客們除了講究服飾優美，神情洒脫，才藻新麗之外，還要講究聲調的抑揚頓挫、句式的對稱、句尾的押韻等音飾之美，並且利用誇大的肢體語言以強化其神韻。

魏晉人物認爲一個人的眼神最能表現他的氣，時人對髮白齒落等外在形骸並不十分在意，而對眼睛的有神與否卻非常重視。卽使身體極其單薄瘦弱，只要眼神淸明，就是十分的美。因爲眼神的晦明正代表精神的萎振，而精神的萎振又關乎神采、風味、氣度的消長。所以瘦羸蒼白的何晏服過五石散之後說：「非唯治病，亦覺神明開朗。」五石散原本就有興奮提神的作用，服食之後，精神旺盛、眼神淸澈。從此以後，魏晉人物服藥成風，其主要的目的卽在以藥提神，藉眼神放射出個人丰采來。這種觀念自然影響當時的人物畫，戴逵擅長人物，庾龢卻說他畫的人物「神明太俗」，卽指眼神不夠脫俗。顧愷之畫完人像之後，數年不點睛，有人問其原因，他說：「四體妍蚩，本無關於妙處，傳神寫照，正在阿堵中。」從此之後，「傳神寫照」在中國人物畫中佔著不可動搖的地位。

放任縱逸的名士，無論他們的內心是否仍尊崇儒家思想，表現在外的一些驚世駭俗的言行舉止，完全不理會形象的問題，也足以說明其追求自由、反抗傳統、縱情肆志，勇於保持個性的意念。

任誕名士所採取的方法是以飲酒爲主，借酒痲醉自己，忘懷一切悲苦，借酒僞裝自己以逃避禍害，借酒發洩胸中塊壘，借酒可以做到莊子所說的「全神」。阮籍在大喪期間，依舊飲酒食肉下棋不已，或醉倒在鄰家美婦身旁，或特意去向嫂子告別；劉伶在家脫衣裸形，嗜酒無度。竹林中人無一不是採取同樣的態度處世，但是他們雖然不拘形象，也僅止於自己的放浪，還不至於冒犯他人，只是流風所及，忘了飲酒任誕的本質，以致只知沉湎於酒，狂放其行爲。像阮瞻、王澄、胡母輔之等在飲酒之後，在公衆場所「故去巾幘，脫衣服，露醜惡」，以及像王澄在大庭廣衆之中脫衣去衫上樹取鳥蛋，王獻之兄弟進出別人的家好像自己家一般，都將不拘形象的行爲行之過度，以致侵犯了他人的權益。這些中朝名士的所作所爲，已經引起許多人的反感，樂廣說：「名敎中自有樂地，何爲乃爾」，王恭說「名士不必須奇才，但使常得無事，痛飲酒，孰讀離騷，便可稱名士」，都是其代表。然而，無論這些行爲是任誕或是簡傲，他們眞正的目的在爲別人所不敢爲，所不能爲，在發揮特立獨行的風味，雖然不免「踰矩」、「矯飾」，但是，時人大體上仍是對他們報以寬大的態度，甚或傳爲美談。

無論魏晉人物爲了什麼理由，用那一種方法，得到怎樣的結果，他們追求浪漫至高的境界在「神韻」。雖然，當時尚未將後來美學上更重要的「氣」與「韻」兩字連成一辭，但許多與「氣韻」相類的辭彙，如神韻、風神、風韻、韻度等等已經登上美學的舞臺。無論當時所用的辭彙是那一個，簡單的說，就是一件事物，包括人與作品等等，由它本身所散發出來的神采、風味、氣度，才是審美的標準，這正說明爲何在魏晉人眼中，蓬頭垢面、衣冠不整的竹林七賢，覓搏體虱的顧和等人仍然是美的，是競相摹倣的對象，當然這種神韻之美也關乎前面所說的特立獨行之美。這種特立獨行的風氣也影響書畫家的創作，王廙說：「畫乃吾自畫，書乃吾自書」，都是不理會他人的看法，創造自己獨特的風格。當時的書法家如張芝、王羲之父子、鍾繇兄弟、韋誕、衞瓘等人，都各自發展出自己專長的字體及不同的風格。

即使是婦女能有慷慨的情懷，勇於表現自己，而不同於傳統女子的柔順含蓄，也可成為時人讚歎傳誦的對象，如許允的妻子阮氏在新婚的第一天即大膽的攔阻許允，並與他展開一場唇槍舌戰，說得許允心服口服。郝普的女兒在許多人圍觀之下，從容安詳的到井邊提水。又如南康公主聽說丈夫桓溫金屋藏嬌時，毫不掩飾她的妒與悍，帶了人，拿了刀去圍殺對方，而對方李勢妹在這種情勢之下，不但不驚慌，反而從容應對，竟使南康公主在瞬間為其姿容與氣度傾倒。謝據的遺孀王綏為了保護獨子謝朗，不顧自己的身分，進入清談會場抱走兒子，謝安竟然激賞得「恨不使朝士見」。至於謝道蘊能詩能文，玲瓏剔透，更能與名流同堂清言，尤其是大家所共知的。這幾位女性所表現的正是時人所欣賞的特立獨行的氣質。

四、追求大自然的生活

老莊精神的眞諦在追求自由，眞正的自由唯有在大自然中才能獲得完全的滿足。尤其莊子對大自然追尋的迫切是儒家經典中難以相比的。

魏晉名士在研讀《莊子》之際，發現莊子經常出入山水之間，如「莊子釣於濮水」、「莊子與惠子遊於濠梁之上」、「莊子行於山中」、「莊子遊乎雕陵之樊」、「莊子之楚」等，其他的寓言故事，也經常以各地山水作爲背景，如藐姑射山、崑崙山、東海、「孔子觀於呂梁」、「老聃西遊秦」、顏回「濟乎觴深之淵」、「知北遊於玄水之上」等等，絕大部份的篇章中都有遊歷的蹤跡。這些都足以引發名士們對遊歷的嚮往及對自然界的好奇，進而摹倣之、探索之⑩。現實世界中的種種，也使他們發現世間最不受人文污染，而又最容易深入享受的，莫過於山水。因此他們轉而尋求大自然，欣賞天機，以求得心靈上的淨化，其中阮籍之遊是最爲人知的。⑪

永嘉亂後，名士南渡，卽使流離之中，也不若百姓的顚沛，他們仍有機會沿途發覺山州景緻之美，等定居南方之後，江南秀麗的山水更使他們驚羡，於是競相入山林水涯，而千巖競秀、萬壑爭流的會稽就成爲他們徜徉的主要勝地，其中最爲著名的是永和九年的蘭亭修禊。東晉最重要的名士，如王羲之父子、謝安一族、孫綽、支遁、顧愷之、戴逵等都在會稽有長時間的停留。至於謝靈運「尋山陟嶺，必造幽峻，巖障千重，莫不備盡登躡」是盡人皆知的。同時，崇奉道教，篤行服食、採藥以修練，也是讓他們經常出入山水的因素之一，如王羲之爲「修服食、採藥石，不遠千里，徧游東中諸郡，窮諸名山，泛滄海，歎曰：我卒當以樂死」。不能在會稽停留的朝官也經常出遊於建康附近的名勝，如王導等人遊新亭；荀羨登北固城望海；桓溫、劉尹、王濛共至覆舟山看風景等。

在山水之間不只是物我對立的徜徉觀賞而已，他們更進而「忘我」，將自己完全融化為山水的一部份，使人與自然合而為一體，以求達到莊子「物化」的境界。因此，他們品題一個人的言行風貌，往往舉自然景物做比喻，在論傅嘏時，是「汪翔靡所不有」；題山濤時，是「登山臨下，幽然深遠」；稱王衍時，用「巖巖淸峙，壁立千仞」的句子，這都是讚美他們的氣韻風度美如自然界的景物。如顧愷之在哭的時候是「聲如震雷破山，淚如傾河注海」。李充在求官的時候是「窮猿奔林，豈暇擇木」，皆以自然景物來形容他們的行為與心態。

在遊山玩水意猶未盡的情形之下，索性剪裁山水，帶到自己的家居環境裏，這樣一來，庭園造景的藝術應運而生。如早期石崇的金谷園⑫，南渡以後顧辟疆的顧園，都是極為有名的私人園第，其他如謝安、會稽王道子「營墅築第，樓閣山池竹樹林立」⑬，至於寺廟方面也有極精緻的庭園，康僧淵的精舍是「旁連嶺，帶長川。芳林列於軒庭，淸流淚於堂宇」。慧遠在廬山經營東林寺的情形是「卻負香爐之峰，傍帶瀑布之壑。仍石疊基，即松栽構。淸泉環階，白雲滿室。復於寺內別置禪林。森樹烟凝，石徑苔生。凡在瞻履，皆神淸而氣肅焉」⑭。園景之中不止有假山、流水、小橋而已，還要有自然界的動物，因此游魚、羣鵝、白鷄、林猿都一一進入家居生活之中，王羲之竟由觀賞游鵝而悟得書法運腕的契機。甚至連淡泊明志、貧困交加的陶淵明也不能忘懷於「楡柳蔭後園，桃李羅堂前」的簡單庭園。庭園已是名士們休憩、遊覽、讀書、吟詠、講論、宴客的地方。他們可以因之而滿足倘徉山水的情趣，又可免去旅行的疲頓。他們的文學作品有了歌詠自然的山水詩、田園詩，他們的繪畫在人物肖像之外，發展出山水畫，而成爲往後中國繪畫的主流，也爲宋元以來的文人畫在題材、技巧與理論上奠下基礎。

五、濃縮生命的生活

魏晉名士，在物化於山水，追求個性展現的同時，也體認到人世的多變，生命的短暫，以服食或飲酒來延長生命已是不可能的事，只有眼前看得見，聽得見，摸得到的事物才是眞實的，也才是美好的。爲了掌握轉瞬卽逝的生命，他們不得不全神貫注的處理眼前身邊的事物。以求濃縮生命的密度，爲此他們將整個感情凝聚成一「癡」字。魏晉人物幾乎對一切事物都有一往情深的「癡」，在曹植的《與吳質書》、《典論論文》中可以看到建安七子之間的癡，《世說新語·傷逝》篇中每一條都是對友人之死何以堪的癡情。劉伶癡於酒、阮籍癡於屐；謝靈運秉燭夜遊，是對山水之癡，張翰情願將身後之名換取卽時的一杯酒，是對現世的癡。王羲之《蘭亭集序》是時人對古往今來之癡的代表。張芝「臨池學書，池水盡墨」⑮、嵇康臨刑時，還要「索琴彈之，奏廣陵散」，又是對書法、音樂的癡。石崇豈有不知不放綠珠必死無疑的道理，然而綠珠在石崇眼中是至美的代表，他寧願爲美犧牲生命，也不願在犧牲了美的情形之下苟生；荀粲在嚴冬，爲了替生病的妻子退燒，自冷以熨婦，在妻子去世後不久，自己也傷神而死。他們的行爲雖然見譏於後世，卻不能不知這正是一往情深的「癡」。至於陶潛之棄官歸田，談客們廢寢忘食的淸談，亦無非一「癡」而已。當時人論顧愷之有三絕：畫絕、才絕、癡絕。這「癡絕」尤其不可及。

在專注的癡情之下，他們全心貫注的作一件事情，已經忘記了外在世界時空的存在，全然進入了心靈的境界，這時才能眞正體驗物化的意境美，因而他們所在意的是整個事件的過程，至於所得的結果如何，並不是魏晉名士目標所在。因此王徽之在路上遇見不相識的大官桓尹，竟然央請桓尹爲他吹笛，桓尹三弄之後站起來就走了，從頭到尾，二人不交一言。王徽之又在雪夜往訪戴逵，說「乘興而來，興盡而返，何必見戴？」這一些在今天看來或許是荒誕可笑的事，但對他們而言，卻是將整個精神與情緒凝練在弄笛、聞笛、訪戴過程上的這個「興」的關鍵上，至於「興」過了之後，說不說話，見不見面，都已經是無關緊要的了。

所謂的「興」，可以說是，一個人受到外在環境或事物的刺激，忽然產生的一種情緒化的衝動，魏晉人士往往就順從這一股衝動，不經理智性的考量，也不計其後果。因之，陶淵明在鄰居告訴他春天到了，該種田了。他卻「既窈窕以尋壑，亦崎嶇而經丘」，「登東皐以舒嘯，臨淸流而賦詩」去。

他們所重視的是在行動中所感受到的美與舒暢，也就是宗炳所說的「暢神」⑯。王敦在晉武帝命他打鼓時，即「振袖而起，揚捶奮擊，音節諧捷，神氣豪上，傍若無人」；謝尙在王導面前跳鴝鵒舞，王導令在坐的人「撫掌擊節」，謝尙「俯仰在中，傍若無人」。打鼓及鴝鵒舞都是當時粗鄙小人才做的事，這兩人能傍若無人的陶醉其中，正是一時興會之作，求其暢神而已。

這種「興」、「暢神」，絕大部份都是在追求一時心理上的滿足，至於其後果，是否影響往後的生計，生命的存亡，聲名的毀譽，都不在考慮之列。何況，就算考慮周全，又奈大環境何，不如緊緊把握目前有限的時光，強化其密度，以求不妄度一生。

六、浪漫生活具體成就

由於魏晉名士特立獨行的氣質，對宇宙人生深刻的體驗，他們不在乎別人對他們的褒貶，只要自己喜歡的事，合於個人理念的事，無論其在前人眼中的高下，就全心全意的投入，有的在其中求得心靈的平和，有的借之逃避外界的苦悶，有的從而找到理論上的印證。於是，在從前許多是匠人才從事的技藝，此時提昇到士人的層次，由於士人的參預，使得一些技藝得以進入藝術的境界，而各種技藝的理論性作品，也在這時有了相當可觀的成就。魏晉名士浪漫生活直接表現在文學藝術上都有極輝煌的成就。詩文方面的情形不必贅述，只就音樂、書法、繪畫、造像等原屬匠人的技藝，做一簡述。

名士們特別重視音樂在流露眞情方面的作用，道家思想的眞與自然都可以借音樂來表現，胸中的塊壘借音樂發洩而不至於召致迫害；同時音樂還可使人達到「和」的境界（當然，魏晉名士好音樂也受到佛敎的影響）。

魏晉名士中，不少是深諳音樂的，阮籍、張華、王羲之、戴逵、謝安、謝鯤等是知名的業餘音樂家，他們或能奏、或能譜、或能論，各有所長，至於嵇康、荀勗、阮咸更是具有專業音樂家的水準，他們不但能彈奏，能詠唱，又能製譜、製樂器，還能鑑定律呂，提出理論，可算是全才的音樂家，諸人在中國音樂史上佔有不可動搖的地位。喜好音樂是名士的普遍風氣之一，卽如不解音律的陶潛，也有一張素琴，可以「撫弄以寄其意」。

草書是魏晉名士最擅長的書體，草書本身的精神就具備了完美的浪漫氣質，晉人研究草書，除了用感性的方法討論其氣的流轉、力的推演、勢的起伏之外，更用理性、科學的方法解析其筆法，有六法或八法，書寫時，將各法排列組合成字。因此，草書實際上是感性、理性完美配合的藝術。他們只要興到，隨處都可以寫，任何工具都可以用。如王獻之出遊時，「見北館新泥堊壁白淨……取帚沾泥汁，書方丈一字」。又如他看見午睡中的羊欣穿著新的白衣服，一時興起，在羊欣的裙幅及衣帶上寫字。這都表示王獻之癡迷的程度，他眼中所見，心中所想無非草書。其他如鍾繇、傅玄、王導、庾翼、王濛、王羲之、謝安、桓玄等或長於隸或長於行，各種體裁的書法藝術在名士之間皆情有所鍾，而造成我國書法藝術的至境。

陸機是第一位將繪畫提昇到與文學同等地位的人，他說：「丹青之興，比雅頌之述作，美大業之馨香」。又論文學與繪畫的分別在「宣物莫大於言，存形莫善於畫」⑰。晉魏的繪畫仍處於以人物畫」（包括釋道畫）爲主流的時期，此時人物畫的精神與人倫識鑒、特立獨行的精神有密切的關係，而用筆又與書法不可分，因而，名士中擅書法之士，也多能作畫，如荀勗、王廙、王羲之、王獻之、王濛等人俱留名畫史。至於顧愷之尤具專業畫家的身份，他的作品流傳至今爲人讚歎不已，他「傳神寫照」的繪畫命題是人物畫不移的至理，其他點滴的言辭，都是中國美學史上的至寶。

東晉晚期山水畫也由襯景地位，上昇到獨立的地位，這是與魏晉名士喜愛山水大自然有絕對的關係。年輕力壯，有錢有閑之時可以入山不辭遠，等年老氣衰，或因其他因素不能遠遊時，將山水畫成圖，也可聊以止饑。所以宗炳在老病俱至的時候，將年輕時所經過的名山勝水「皆圖之於室」，爲的是可以「臥以遊之」。

至於另一名士戴逵與他的兒子戴顒不僅是著名的畫家，在魏晉的佛教造像上更有不可磨滅的地位，他們不但能鑄善雕，夾紵製像之法也可能是創自他們父子⑱，尤其一門隱遁，潛心釋教之餘，更全心奉獻於造形，而成爲專業的藝術人才。以二者的學問、聲望，卻屢徵不起，致力於佛法的具體工作，自然也是「癡」的結果。

魏晉名士將全部的精力放在追求個人的生活方式，因之，具多項藝術才華的人不在少數，如嵇康、王廙、王羲之、戴逵父子，不但博學多文，音樂、書法、丹青，無一不享有盛名。若非對浪漫思潮有深刻的認識，確切的奉行，是不可能有如此多才與藝的。

七、結論

在老莊浪漫的精神影響之下，魏晉人物對於宇宙萬物的抉擇都以自然爲尙，這種浪漫精神充塞在整個時代的每一個角落。無論衣食住行、言語舉止、或精神生活各種有形無形的活動的背後，都受這股力量的支配。他們的行爲無論是孤傲、是放誕、是鎭定、是怪異，只要不同於流俗，都可以成爲艷美的對象。他們眞正領悟到人與山水之間融洽的關係，一往情深的追求純淨的美。

總之，魏晉人物不但希味老莊，而且更善用老莊，老莊思想讓他們在火熱的環境中得到淸涼，讓他們心靈上的痛苦得到慰藉，改變了他們的人生觀，終於使得整個魏晉時期，在中國文化史上也成爲一個具有特立獨行的神韻之美的時代，使中國文化在世界各文化中散發出獨特的氣質。

魏晉名士的浪漫生活對後世的影響也是深遠的，南北朝以來，凡是對政府有所不滿的人，苟活於亂世的人，醉心於藝術創作的人，或多或少都會採取與他們類似的生活態度。由名士們所參預發展出的各種藝術成就無一不是指導了後世藝術家的方向，更由於他們以士人的身份參預，爲各種藝術作理論上深入的思索，使得藝術理論有極輝煌的成績，爲中國的美學奠下深厚的基礎。

【附註】

① 在此之前東漢末，曹操當權、曹丕篡漢，以至於明帝，都可認爲是魏晉學術、思潮的一個醞釀期，到了正始之後，所謂魏晉學術等等才正式進入一個輝煌，完全不同於漢代的時期。

② 據楊勇《陶淵明年譜彙定》（楊著《陶淵明集校箋》，臺北，正文書局，民六十五年，附錄），陶潛生於東晉哀帝興寧三年（西元三六五年），卒於劉宋文帝元嘉四年（西元四二七年），享年六十三。謝臺運生於東晉孝武帝太元九年（西元三八四年），卒於元嘉十年（西元四三三年）享年六十。宗炳生於東晉孝武帝寧康三年（西元三七五年），卒於元嘉二十年（西元四四三年），享年六十四。東晉亡時，他們分別爲五十五歲、三十六歲、四十五歲，都已是中年以後，至於另一位同時重要的藝術家王微，雖然與宗炳同時去世，但

他生於劉宋以後，因此不論。

③ 見於《世說新語校箋》（楊勇著　臺北正文書局　民六十五年）《文學第四》第九四條，頁二一〇，劉孝標注引。

④ 周紹賢著《魏晉清談述論》（臺北　臺灣商務印書館　民五十五年）第三章《所謂風流名士何謂名士》，頁一三七。

⑤ 詳朱立民、顏元叔主編《西洋文學史導讀》（臺北巨流圖書公司，民七十年）《西洋文學批評》頁二一九—二三三。朱光潛《西方美學史》（漢京文化事業有限公司，民七十二年），下卷，頁三四二—三四四，也舉出浪漫主義的三大特徵爲主觀性、回到中世紀、回到自然。

⑥ 如李長之在《司馬遷的人格與風格》與郭因在《先秦至宋繪畫美學》所採的浪漫主義就有很大的不同。

⑦ 竹林七賢之中嵇康是崇信道家並且服食的人。因此以服藥與飲酒來分，是相當勉強的，尤其到了後期，袁宏所擧的中朝名士，很難區分出其間的不同。

⑧ 爲免煩瑣，本文中未特別註其出處諸例，多見《晉書》或《宋書》本傳，或《世說新語》。

⑨ 《世說新語・汰侈第三十》共十二條，記載時人在飲食起居上各種荒唐奢侈的情形，可參閱。至於其他服飾上的變化可參閱《中國古代服飾》（臺北　龍田出版社　民七十一年），頁一一八—一六一《晉・南北朝之部》及《故宮文物》一：五，民七十二年八月，頁七七—九八，莊伯和《談麈尾》等文。

⑩ 徐復觀《中國藝術精神》（臺北　學生書局　民七十二年）第四章《魏晉玄學與山水畫的興起》第三節《由世說新語看玄學與自然》，頁二三二—二三五列擧《世說新語》中有關自然的資料共二十六條，其中關於遊

覽者有十二條之多，可參考。

⑪ 阮籍詠懷詩中有關遊覽的詩句甚多，如「游衍伊洛濱」、「西遊咸陽中」、「北臨太行道」、「昔余游大梁」、「登于黃華顚」、「駕言發魏都」……等。

⑫ 石崇《思歸引序》對金谷園的景緻有簡單的描述：「其制宅也，卻阻長堤，前臨清渠，柏木幾千萬株，流水周於舍下。有觀閣池沼，多養鳥魚。」見《文選》（臺北　藝文印書館　民四十八年），卷四十五，頁四二三，又《金谷園詩序》云：「有別廬在河南縣界金谷澗中，或高或下，有清泉茂林。衆果林柏藥草之屬，……莫不畢備，又有水碓魚池土窟。其爲娛目歡心之物備矣。」見《世說新語校箋・品藻第九》，頁四〇一，謝公條下　劉孝標注引。

⑬ 引自劉天華《山水與園林藝術》，收入《中國畫論》（臺北　駱駝出版社　民七十六年），頁一七〇—一八八，本行文字見頁一七一。

⑭ 見梁惠皎《高僧傳》（臺北　彙文堂出版社　民七十六年），卷六《惠遠傳》，頁一三八，慧遠廬山東林寺庭園。

⑮ 見唐張彥遠《法書要錄》（楊家駱主編《唐人書學論著》臺北，世界書局　民七十年），卷一，頁二，《晉王右軍自論書》。

⑯ 見宗柄《畫山水序》，唐張彥遠《歷代名畫記》（收入于安瀾編《畫史叢書》，臺北，文史哲出版社，民七十二年，第一册，頁一—一四一）卷六，《宗炳》條下。

⑰ 見《歷代名畫記》卷一，《敍畫之源流》。

⑱ 據嚴一萍考證，夾紵像的製作卽可能創自戴逵。見嚴著《夾紵像與戴逵父子》，大陸雜誌，民四十一年九月號，頁一四—一七。

魏晉經學質變說

宋鼎宗

一、前　言

昔焦理堂之言，謂「學者言經學則崇漢。」而王仲任之著論衡也，亦謂「夫五經，亦漢家之所立。」是經學者，卽漢學也。

若夫魏晉之世，則以玄學爲一代學術之主流。其於經術，論者以爲乃「中衰時代」（皮錫瑞語）。然世傳十三經注，除孝經爲唐玄宗御注外，其餘十二經注，漢人與魏晉人，各居其半：鄭君箋毛詩、注周禮、儀禮、禮記，何休注公羊傳，趙歧注孟子，凡六經皆漢人所注。孔安國尙書傳，王肅僞作，王弼易注，何晏論語集解，凡三經皆魏人所注。左傳杜預集解、穀梁傳范寧集解、爾雅郭璞注，凡三經皆晉人所注。由此觀之，魏晉人之經注，其視漢人之經注亦不多讓矣。

唯兩漢經師重今文，魏晉重古文，且同爲古文，又有鄭、王之抗衡。又漢儒治經多論辯經義之是非高下，魏晉沿波，遂及名理之玄論。而注經者亦多以老莊之旨釋經義，使儒家之經典，多闡道家之偉論。進而破兩漢顓門之學，重經義之會通；甚者不惜造僞經以亂聖學。於是，魏晉經學終非兩漢經學之面目。而此一體質之轉換，影響後世經學之發展者，視兩漢經師之家法師法，亦不多讓焉。因作「魏晉經學質變說」云。

二、今古經文學之代興

兩漢經學有今古文之分，漢武帝之立五經博士，書唯歐陽、禮后、易楊、春秋公羊。要皆爲今文經學。其後，雖有劉歆之請立經古文學，而太常博士或不肯置對。王莽之時，雖嘗立左氏春秋、毛詩、逸禮、古文尚書。然旋卽罷去。及乎東漢，賈逵，馬融諸大儒，雖雅好古文，而十四博士之立，猶皆爲經今文學。是終漢之世，經古文學不得立於學官。

洎夫曹丕受禪，開太學，立課考，以推重學術。「乃掃除太學之灰炭，補舊石碑之缺壞，備博士之員錄，依漢甲乙以考課。」所謂「備博士之員錄」之「博士」，其爲今文或爲古文，史無明文。然王國維觀堂集林，漢魏博士考，云：

> 漢世所立十四博士，皆今文學也。古文諸經，終漢之世，未得立於學官。古文學之立於學官，蓋在黃初之際。自董卓之亂，京洛為墟，獻帝托命曹氏，未遑庠序之事，博士失其官守，垂三十年，今學日微，而民間古文之學，乃日興月盛。逮魏初復立大學博士，已無復昔人。其所以傳授課試者，亦絕非曩時之學。蓋不必有廢置明文，而漢家四百年官學，今文之統，已為古文

家取而代之矣。

又魏石經考三，云：

漢學官所立，皆今文，無古文。而自後漢以來，民間古文學漸盛，至與官學抗衡。逮魏初復立大學，暨於正始，古文諸經，蓋已盡立於學官。此事史傳雖無明文，然可得而徵證也。考魏略言黃初中太學初立，有博士十餘人。魏志文帝紀言黃初五年立大學，制五經課試之法，置春秋穀梁博士。似魏初博士之數，與後漢略同，但增置穀梁一家。然考其實際，則魏學官所立諸經，乃與後漢絕異。齊王芳紀：「正始六年，詔故司徒王朗所作易傳，令學者得以課試。」王肅傳：「肅為尚書、詩、論語、三禮、左氏解，及撰定父朗所作易傳，皆立於學官。」又高貴鄉公紀：「載其幸太學之問，所問之易，則鄭玄注也。所講之書，則馬融、鄭玄、王肅之注也。所講之禮，則小戴記，蓋亦鄭玄、王肅注也。」是魏時學官所立諸經，已為賈、馬、鄭、王之學。其時博士可考者，亦多古文家，且或為鄭氏弟子也。

按，晉書百官志，云：「晉初承魏制，置博士十九人。」荀崧傳，載崧上疏，云：「世祖武皇帝，應運登禪，崇儒興學。……太學有石經古文先儒典訓。賈、馬、鄭、杜、服、孔、王、何、顏、尹之徒，章句傳注衆家之學，置博士十九人。」

宋書禮志及晉書荀崧傳，俱載東晉簡省博士，「置周易王氏、尚書鄭氏、古文尚書孔氏、毛詩鄭氏、周禮、禮記鄭氏，春秋左傳杜氏、服氏，論語孝經鄭氏博士各一人，凡九人。其儀禮、公羊、穀梁、及鄭易皆省不置。故荀崧乃上疏，謂「博士舊置十九人，今五經合九人，準古計今，猶未能半。」「宜爲鄭易置博士一人，鄭儀禮博士一人，春秋公羊博士一人，穀梁博士一人。」考九博士之中，杜氏乃晉人，古文孔氏，東晉始出。其餘七人，及省而不置之儀禮、公羊、穀梁、鄭易，蓋皆晉承魏制之舊也。

魏志王肅傳，云：「肅善賈、馬之學而不好鄭氏，采會異同，爲尚書、詩、論語、三禮、左氏解，及撰定父朗所作易傳，皆列於學官。」是前述十一博士外，又有王氏尚書、毛詩、三禮、左傳、論語七博士。

故劉汝霖漢晉學術編年，魏世十九博士表，爲：易鄭氏、王氏，書鄭氏、王氏、毛詩鄭氏、王氏，周官鄭氏、王氏，儀禮鄭氏、王氏，禮記鄭氏、王氏，左傳服氏、王氏，公羊顏氏、何氏，穀梁尹氏，論語王氏，孝經鄭氏。

綜前所述，漢代今文經學，碩果僅存於魏晉者，但公羊、穀梁而已。其餘諸經，具爲古文經學家，取而代之矣。今文經學之統既衰，其托命於今文經學之讖緯、災異諸說遂息。故章太炎先生許晉文之立古文經爲卓見，且有廓清讖緯之功〈見經學略說〉。

三、鄭學王學之升降

後漢書鄭玄傳，云：「凡玄所注周易、尚書、毛詩、儀禮、禮記、論語、孝經、尚書大傳、中侯、乾象歷。又著天文七政論、魯禮禘祫義、六藝論、毛詩譜、駮許愼五經異義、答臨孝存周禮難，凡百餘萬言。」又云：「鄭玄括囊大典，網羅衆家，刪裁繁誣，刊改漏失，自是學者略知所歸。」是鄭君之洽熟經傳，爲一代儒宗，史家自有定評。故王粲嘗謂「伊洛以東，淮漢之北，一人而已，莫不宗焉。咸云先儒多闕，鄭氏道備。」張融亦謂「玄注泉深廣博，兩漢四百餘年，未有偉於玄者。」而王劭史論，更謂當時儒生，莫不「父康成，兄子愼，寧道孔聖誤，諱聞鄭服非」〈見舊唐書元行沖傳引釋疑〉。故皮錫瑞「鄭學出而漢學衰」〈經學歷史語〉之歎，非虛語也。

然樹大必招風，博學多能，未有不見忌者。故鄭君之洽熟經傳，褒然一代宗師，而不免王粲之竊嗟怪，雖退而思之，以盡其意，所疑者終未喻焉〈見元行沖釋疑〉。若王肅子雍者，則「善賈、馬之學，而不好鄭氏，采會異同，爲尚書、詩、論語、三禮、左氏解，及撰定父朗所作易傳，皆列於學官。其所論駮朝廷典制，郊祀、宗廟、喪紀、輕重，凡百餘篇。」專與鄭君立異。又集聖證論，以譏短玄。此曹魏之儒立異於鄭君之巨擘也。

時肅之同調，於魏則有蔣濟，玄之注祭法，云：「有虞以上尚德，禘郊祖宗，配用有德，自夏已下，稍用其姓氏。」濟曰：「夫蚪龍神於獺，獺自祭其先，不祭蚪龍也。騏驎白虎仁於豺，豺自祭其先，不祭騏虎也。如玄所說，有虞以上，豺獺不若邪？」論者雖謂「濟豺獺之譬，雖似俳諧。」亦曰「然其義旨，有可求焉。」〈見三國志蔣濟傳裴松之注〉。

於蜀，則有李譔，譔與同縣尹默，俱遊荊州，從司馬徽、宋忠等學。「著古文易、尚書、毛詩、三禮、左氏傳、太玄指歸，皆依準賈、馬，異於鄭玄。與王氏殊隔，初不見其所述，而意歸多同」〈三國志李譔傳〉。

於吳，則有虞翻，翻奏上易注，謂諸家解不離流俗，苟諸顚倒反逆，了不可知。馬融復不及諝。若乃北海鄭玄，南陽宋忠，雖各立注，忠小差玄而皆未得其門，難以示世。又奏鄭玄解尚書違失事目，及玄所注五經，違義尤甚者百六十七事。謂「行乎學校，傳乎將來，臣竊恥之」，故「不可不正」〈三國志裴注引翻別傳〉。

綜前所述，於漢末三國之際，其未能折服於鄭君者，蓋不乏其人，而王粲、王肅、蔣濟、李譔、虞翻等見載於正史，特其佼佼者耳。

然鄭君固一世儒宗，其門人子弟，捍衞師學，亦不遺餘力。故當王肅之非難鄭學，「時樂安孫叔然受學鄭玄之門，人稱東州大儒。」「肅集聖證論以譏短玄，叔然駁而釋之。及作周易、春秋例，毛詩、禮記、春秋三傳、國語、爾雅諸注，又注書十餘篇」以抗衡〈三國志卷十三〉。而東萊王基，於「散騎常侍王肅著諸經傳解，及論定朝儀，改易鄭玄舊說」時，乃「據持玄義，常與抗衡」〈三國志卷二十七王基傳〉。

經典釋文敍錄，亦云：「鄭玄作毛詩箋，申明毛義，難三家。於是，三家遂廢矣。魏太常王肅更述毛非鄭，荆州刺史王基駁王肅申鄭義。晉豫州刺史孫毓爲詩評，評毛、鄭、王肅三家同異，朋於王；徐州從事陳統難孫申鄭。」

元行沖釋疑，亦曰：「子雍規玄數十百件，守鄭學者，時有中郎馬昭，上書以爲肅繆。詔王學之輩，占答以聞」〈舊唐書元行沖傳〉。時答馬昭駁問者爲孔晁，馬國翰輯聖證論序云：「孔晁說黨於王，則晁固王學之首選也。」

由斯觀之，兩漢經學，前漢以今文爲主軸，重在官家；後漢雖仍以今文爲官學，然古文經學已漸擅勝場於民間。比及三國兩晉之世，今古家法既亡，代之而起者，爲鄭、王之爭。故魏晉之置十九博士，鄭王學終成分庭抗禮之勢〈見本文二今古經文學之代興〉。

其後，南朝與北朝對抗，說經者亦有南學北學之分。北史儒林傳序，云：

江左，周易則王輔嗣，尚書則孔安國，左傳則杜元凱；河、洛，左傳則服子慎，尚書、周易則鄭康成，詩則並主於毛公，禮則同遵於鄭氏。

按：隋書經籍志「魏代王肅，推引古學，以難其義。王弼、杜預，從而明之，自是古學稍立。」故蒙文通以爲「王弼、杜預皆肅之徒也。王弼注易，祖述肅說，特去其比附爻象者〈張惠言說〉。杜預注左傳，亦阿附肅說〈丁晏說〉，明二家皆推肅義以述作」〈經學抉原〉。而尚書孔傳，本肅之僞作〈見本文七作僞經以亂眞〉。知所謂「南學」，肅之學也。又世說新語文學門載，鄭玄欲注春秋傳，未成，聞服與人說已注傳意，乃盡以所注與服。是服注卽鄭學，則所謂「北學」者，卽鄭學也。

考漢儒之治經，其今古之爭，一則以文字有今古，二則以經書之有缺廢。雖不免有意氣利祿之蔽。實不欲「黨同妬眞，抱殘守缺」之陋。是其爭也不得已。若魏晉以降，則置經文而爭經義之我是彼非，誠經學之一大升降也。

四、經師辯說與玄論

漢人經學，雖重師法家法，師之所傳，弟之所受，一字毋敢出入。故漢初，書唯有歐陽、禮后、易楊，春秋公羊，獨守遺經，不參異說〈皮錫瑞經學歷史語〉。然經師之重辨說，漢書儒林傳頗載之。於易：如蜀人趙賓，持論巧慧，易家不能難，皆曰非古法也。後賓死，莫能持其說。於書，夏侯建之治尙書，師事夏侯勝及歐陽高，左右採獲。又從五經諸儒問與尙書相出入者，牽次以爲章句，具文飾說。勝非之曰，建所謂章句小儒，破碎大道。建亦非勝，爲學疏略，難以應敵。由此觀之，建爲辯論應敵，故涉獵較廣，雖爲勝所非。然經學家彼此論難之風，昭昭然明矣。

於春秋，暇丘江公受穀梁春秋於魯申公，傳子至孫爲博士。江公訥於口，武帝使與董仲舒議，仲舒善持論，江公不如仲舒，於是，因尊公羊。江公弟子榮廣高材捷敏，與公羊師眭孟等論，數困之，好學者頗復受穀梁。此不僅可見經學家論難之學風，而論難之優劣，且關係一家學術之盛衰。故范寧有「盛衰繼之辯訥」〈穀梁傳序〉之言。

前漢之世，儒者多專一經，罕能兼通，雖有著述，各止一二篇而已。然宣帝甘露三年，詔諸儒講五經同異於石渠閣，其辯論之遺迹，雖無法盡窺，然由「太子太傅蕭望之等平奏其議，上親稱制臨決」觀之，其盛況可知。

洎夫後漢，若尹敏、景鸞、何休、許愼、蔡玄、賈逵、馬融、鄭君等之於經術，莫不兼通，且章句完備，文采大彰。而白虎觀之考詳同異，連月乃罷，肅宗親臨稱制，如石渠故事，其郁郁之文，何可言哉？

雖然，魯丕於永元十一年上疏，嘗云：「臣聞說經者，傳先師之言，非從已出，不得相讓，相讓則道不明。若規矩權衡之不可枉也。難者必明其據，說者務立其義，浮華無用之言，不陳於前。」由此觀之，經師辯難之要，在發明師說，乃兩漢儒者之規矩權衡。其有不循師說而自立新義者，蓋卽「浮華無用之言」也。

惟事有不可一概而論者，後漢書徐防傳載：防以五經久遠，聖意難明，宜爲章句，以悟後學。乃於永元十四年上疏，曰：

伏見大學試博士弟子，皆以意說，不修家法，私相容隱，開生姦路，每有策試，輒興諍訟，議論紛錯，互相是非。……今不依章句，忘生穿鑿，以遵師為非義，意說為得理，輕侮道術，寖以成俗。

按：徐氏重家法章句之學，而太學試博士弟子，乃以意爲說，不修家法。徐氏此文，以「意說」對「章句」。「章句」爲傳統師弟相傳之守學，則「意說」必爲論說經典義理之新術，與「章句」之守學不合。論說義理可以左右采獲，不必依章句，本師說，故徐氏以爲「輕侮道術」。而有「臣以爲博士及甲乙策試，宜從其家章句，開五十難以試之，解釋多者爲上策，引文明者爲高說，若不依先師，義有相伐，皆正以爲非」之議。由此可見經師講學風氣之丕變。尤可注意者，是此風氣已「寖已成俗。」

次年，樊準上疏，亦謂「是以議者每稱盛時，咸言永平。今學蓋少，遠方尤甚。博士倚席不講，儒者競論浮麗。忘謇謇之忠，習諓諓之辭。」按：謇謇，離騷「余固知謇謇之爲忠兮」。王逸注：「忠貞貌。」是「謇謇之忠」，蓋指永平盛時，儒者依章句，遵師說之厚實學風。諓諓，國語越語：「又安知是諓諓者乎」韋昭注云：「巧言也。」是「諓諓之辭」，蓋指儒者之「競論浮麗。」卽徐防所謂「以意爲說」。蓋「以意爲說」，可以去除章句、師說之束縛，此所以得「浮麗」而能巧也。然者「博士倚席不講」者，不講章句之學，「儒者競論浮麗」者，論說義理耳。蓋章句已不足以饜學者之心，而義理得呈才氣之巧耳。

其後，范曄後漢書儒林傳，謂「自安帝覽政，薄於藝文，博士倚席不講，朋徒相視怠散。……本初元年，梁太后詔曰：大將軍下至六百石，悉遣子弟就學。……自是遊學增盛，至三萬餘生。然章句漸疏，而多以浮華相尙，儒者之風蓋衰矣。」按：所謂「浮華」卽樊準疏之「浮麗」，二者辭異實同，要皆自「以意爲說」中來。唯時儒之「以意爲說」，蓋捨師說章句，而各自論說經義，無關乎名理。

及王充出，好博覽而不守章句。旣曰：「夫儒生之業五經也。南面而爲師，旦夕講授章句，滑習義理，究備於五經可也。五經之後，秦漢之事，不能知者，短也。夫知古而不知今，謂之陸沉。然則儒生所謂陸沉者也。五經之前，至於天地始開，帝王初立者，主名爲誰，儒生又不知也。夫知古不知今，謂之盲瞽，五經比於上古，猶爲今也。徒能說今，不曉上古，然則儒生所謂盲瞽者也。」〈論衡謝短篇〉。又曰：「儒生能傳百萬言，不能覽古今，守信師法，雖辭說多，終不爲博」（効力篇）。是王充者，終不以儒生章句之學爲滿足，故稱爲陸沉，爲盲瞽。而以博學精思爲天下倡。故曰：「能精思著文，連結篇章者，方得爲鴻儒」（超奇）。既痛擊漢儒之短，又導風尚之趨新。其論衡問孔刺孟諸篇，雖上繼儒生談辨之精神，而其勇於批評，則實過之。及謂「說合於人事，不入於道意，從道不隨事，雖違儒家之說，合黃老之義也」（自然篇）。其退孔孟而進黃老之意，顯矣。

綜前所述，魏晉談辨名理之玄風，豈向壁虛構，蓋有由來也。其不同者，蓋兩漢儒生之辯，局限於經義，而玄師之論，則上天下地，其所以異者此耳。

五、經學老莊化

王粲、王肅、虞翻與李譔諸儒之反鄭，於鄭學定一尊之地位，固爲一大挑戰，故皮錫瑞有「王肅出而鄭學衰」〈經學歷史語〉之語。知彼等之依準賈、馬而求異於康成，抑儒者於經義傳注之際，仁智互見而已。若於經學思潮之丕變，體質爲之轉換者，則當以何晏、王弼爲巨擘。

何　晏

三國志曹爽傳，云：

晏、何進孫也，母尹氏，為太祖夫人。晏長於宮省，又尚公主。少以才秀知名，好老莊言，作道德論及諸文賦著述凡數十篇。

晉書王衍傳，亦云：

魏正始中，何晏、王弼等祖述老莊，立論，以為天地萬物，皆以無為為本。

是何晏本善老莊，並有重名於當時，所作道論，無名論，並爲世人所重；然要皆發揮老子「天地萬物生於有，有生於無」之旨。

晏嘗作論語集解，集孔安國、包咸、周氏、馬融、鄭玄、陳羣、王肅、周生烈諸家之說。然晏本好老莊言，故頗輔以玄譚。陳澧東塾讀書記，嘗云：

何注始有玄虛之語，如子曰志於道，注云道不可體，故志之而已。回也其庶幾乎，屢空，注云空猶虛中也。

考論語一書，乃孔子之言行錄。所說要皆內聖外王，爲學從政之道；所重原在人倫日用之踐履，而不在有無玄虛之旨。而何氏之解，如陳澧所言者，豈孔門之敎典，而儒者之經義乎？又如：公治長篇「性與天道，不可得聞」，注謂「性者，人之所受以生；天道者，元亨日新之道。深微，故不可得聞也。」衞靈公篇「一以貫之」，注謂「善有元，事有會，天下殊途而同歸，百慮而一致，則衆善舉矣。」季氏篇「畏聖人之言」注謂「深遠不可易，則聖人之言也」〈並見論語集解義疏〉。要皆本諸易、老之玄譚，非孔聖之本旨也。

自是之後，解經之家，遂競標玄論以爲高。東塾讀書記卷二，云：

六十而耳順，孫綽云，耳順者，廢聽之理也，朗然自玄悟，不復役而後為。畏於匡，孫綽云，兵事險阻，常情所畏，聖人無心，故以物畏為畏也。久矣，吾不復夢見周公，李充云，聖人無想，何夢之有，蓋傷周德之日衰，故寄慨於不夢。吾不試，故藝，繆協云，兼愛以忘仁，游藝以去藝。顏淵死，子哭之慟，繆協云，聖人體無哀樂，而能以哀樂為體，不失過也。郭象云，人哭亦哭，人慟亦慟，蓋無情者與物化也。修己以安百姓，郭象云，以不治治之，乃得其極。君子道者三，我無能焉，江熙云，聖人體是，極於冲虛，是以忘其神武，遺其靈智。其尤甚者，回也其庶乎屢空，顧歡云，夫無欲於無欲者，聖人之常覺，有欲於無欲者，聖人之分也；二欲同無，故全空以目聖，一有一無，故每虛以稱賢。太史叔明申之云，按其遺仁義，忘禮樂，隳肢體，黜聰明，坐忘大通，此忘有之義也；忘有頓盡，非空而何？若以聖人驗之，聖人忘忘，大賢不能忘忘，不能忘忘，心復為未盡，一未一空，故屢名生也焉。此皆皇侃疏所采，而皇氏玄虛之説尤多，甚至謂原壤為方外聖人，孔子為方內聖人〈卷二論語〉。

考何晏集解，於平實無奇之論語，能發揮玄旨者，著實不多。然涓涓細流，終成大河，於經學體質風貌之轉變，其影響不可謂不大。

王　弼

三國志鍾會傳，云：

初，會弱冠，與山陽王弼並知名，弼好論儒道，辭才逸辯，注易及老子，為尚書郎，年二十餘卒。

按：王弼與何晏同時，而稍後於晏。同好老莊之玄旨，故晉書云：「何晏、王弼等祖述老莊，立論以爲天地萬物，皆以無爲爲本」〈王衍傳〉。王弼之論著蓋甚多，而易注及老子注，爲今僅存之全書。

考邢昺論語正義引王弼「論語釋疑」之言，云：

道者，無之稱也。無不通也，無不由也，況之曰道，寂然無體，不可為象〈論語注卷七〉。

按：王氏以「道」即是「無」，與所作老子「無名，天地之始；有名，萬物之母」，注，正相映輝。注云：

凡有皆始於無，故未形無名之始，則為萬物之始；及其有形有名之時，則長之育之，亭之毒之，為其母也。言道以無形無名，始成萬物。以始以成，而不知其所以，玄之又玄也〈老子第一章〉。

若其易注，本老子之義旨而發揮者，比比皆是。如乾卦「上九，亢龍有悔。用九，見羣龍，无首，吉。」注云：

> 九、天之德也，能用天德，乃見羣龍之義焉。夫以剛健而居人之首，則物之所不與也。以柔順而為不正，則佞邪之道也。故乾吉在无首，坤利在永貞。

戴君仁教授於王氏此注，嘗謂「王氏所說，『剛健居人之首，則物所不與。』這是原本老氏『聖人欲上民，必以言下之；欲先民，必以身後之』及『不敢爲天下先』之意。又如：彖傳「大哉乾元，萬物資始，乃統天。雲行雨施，品物流行，大明終始，六位時成，時乘六，龍以御天，乾道變化，各正性命。」注云：

> 天也者，形之名也；健也者，用形者也。夫形也者，物之累也；有天之形，而能永保无虧，為物之首。統之者，豈非至健哉！

戴君仁教授於此注，又云：「這句『形也者，物之累也』，是由老氏『吾所以有大患者，爲吾有身』衍來」〈以上皆見戴著王弼何晏的經學〉。考何劭爲弼傳，嘗云：「弼幼而察慧，年十餘，好老氏，通辯能言。」〈三國志裴松之注引〉。故其易注能左右發揮之。而皮錫瑞「予謂弼之所學，得於老氏者深」〈經學通論〉，蓋篤論也。

自王弼以老義注易，流風所扇，遂沿波不返。故孔穎達之作正義，序曰：

> 江南義疏，十有餘家，皆辭尚虛玄，義多浮誕。若論住內住外之空，就能就所之說，斯乃義涉於釋氏，非為教於孔門也。

由此觀之，江南義疏，老義之外，更涉釋氏之說，則弼於風氣之推移，其影響之大可知。

考何晏、王弼之經注，量雖不多，唯二儒於經注體質之轉換，實有旋乾轉坤之力量。蓋自何、王二氏，以老義解經，下逮兩晉，及南北朝，遂蔚爲風尚，而一時之經傳義疏，莫不以老、釋之義通之，而儒家之經典，遂成玄學家之經典矣。

六、破顓門而重會通

漢代經學，嚴師法家法之分，師弟相傳，莫敢或異。洎鄭康成出，今古文經兼通，溝合爲一〈皮錫瑞經學歷史語〉。家法之分際遂壞。及王肅之反鄭，或以今文說駮鄭之古文，或以古文說駮鄭之今文，與鄭君之不守家法同。然鄭君之注經，亦自有法度，非後儒可得妄議也。六藝論云：「注詩、宗毛爲主，毛義若隱略，則更表明，如有不同，即下己意，使可識別。」故陳蘭甫云：「有宗主，有不同，此鄭氏家法也」〈東塾讀書記卷十五〉。是鄭氏之經注，雖雜揉古今，而家法隱然自現。若王肅者，蓋未能窺得其門徑耳。

然鄭氏之家法，固非漢儒之家法也。由六藝論：「左氏善於禮，公羊善於讖，穀梁善於經」之言觀之，其立異於漢儒互相彈射之家法甚遠。故皮錫瑞云：「蓋解禮兼采三禮，始於鄭君；解春秋，兼采三傳，亦始於鄭君矣」〈經學通論〉。自鄭氏兼通溝合之法出，儒者不再抱殘守闕，而道通爲一之學倡。

及晉，有劉兆者，以爲「春秋一經，而三家殊途，諸儒是非之議紛然，互相讎敵，乃思三家之異，合而通之，周禮有調人之官，作春秋調人七萬餘言。皆論首尾，使大義無乖。時有不合者，舉其長短以通之。又爲春秋左氏解，名曰全綜。公羊、穀梁解，皆納經傳中，朱書以別之」〈晉書卷九十一〉。

又有氾毓者，「合三傳爲之解注，撰春秋釋疑」〈同上〉。

按：劉、氾二家，學雖不出於鄭君，然其「兼通古今，溝合爲一」之學風，豈非鄭氏之遺法也。

時范寧武子之解穀梁，尤標「道通爲一」之大纛。其言曰：

> 漢興以來，瓌望碩儒，各信所習，是非紛錯，準裁靡定。故有父子異同之論，石渠紛爭之說。廢興由於好惡，盛衰繼之辯訥。斯蓋非通方之至理，誠君子之所歎息也。〈穀梁傳序〉。

按：此段於漢儒墨守三傳顓家之學，互相彈射，而不知會通以求理之至當者，深致其不滿。而所謂「各信所習，是非紛錯」者，若賈誼、劉歆之類，服虔、鄭衆之徒，皆說左氏之美，不論二傳之得是也。所謂「父子異同之論」者，指劉向注意穀梁，而子歆專精左氏是也。所謂「興廢由於好惡」者，若景帝好公羊，則胡毋之學興，仲舒之義立；宣帝好穀梁，則千秋之道起，而劉向之意存是也。所謂「盛衰繼之辨訥」者，如武帝時，董仲舒有才辯，穀梁師江翁性訥，於是公羊大興，穀梁遂爾寢廢；後魯人榮廣善穀梁，與公羊師眭孟辯論大義，眭孟數至窮屈，穀梁於是又興，公羊還復寢息〈穀梁傳序疏〉。由此觀之，知漢儒墨守家法，雖道有升降，要皆存乎其人，而不復論道術之得失。故武子之歎，良有以也。武子又云：

凡傳以通經為主，經以必當為理。夫至當無二，而三傳殊說，庸得不棄其所滯，擇善而從乎？旣不俱當，則固容俱失。若至言幽絶，擇善靡從，庸得不並舍以求宗，據理以通經乎？雖我之所是，理未全當，安可以得當之難，而自絶於希通哉〈同上〉

按：武子此段讜論，直是徒拘門戶之見，蔑視是非曲直，抱殘守闕，各阿所好之漢學之反抗。而所揭櫫倘三傳若俱失經旨，則「並舍以求宗，據理以通經」之卓見，尤爲春秋學之研究，開一新途徑矣。若夫「雖我之所是，理未全當，安可以得當之難，而自絶於希通哉」之實是求是精神，眞「黨同妒眞」之漢儒之當頭巨棒，尤爲千古儒者治學之典範也。

考武子之作穀梁集解，於前述卓見，尤能親身踐履之。故於「季姬之遇鄫子」〈僖公十二年〉，則云：「左氏近合人情。」於「子糾」〈莊公九年〉，「衞輒」〈哀公二年〉，則云：「傳或失之。」而別起異端。於「季子潛刃」〈僖公元年〉，亦云：「傳或失之。」而別引江熙之說以解之。於「南季之聘」〈隱公九年〉，傳云非正，范氏則別引周禮以釋之。是皆能捨傳之所滯，而求理之允當，擇善而從者也。

其後，中唐之啖助、趙匡、陸淳，及有宋諸儒之治春秋，能考覈三傳，舍短取長，以通經意，庶乎尼父經世之志，不因三傳之凝滯而流失者，豈非有晉諸儒之功哉！

七、作僞經以亂眞

經書之有僞作，漢時已然。葢漢承秦皇焚書坑儒之後，道術缺廢。漢興，始除挾書之律，廣開獻書之路。如獻王之修學好古，得民間書，必爲好寫與之，而留其眞本。加金帛賜以招之。由是，四方舊籍，往往出焉〈漢書河間獻之傳〉。然獻書既可得金帛之賜，逐利好名之徒，既不得先王舊典，乃作僞以邀之，僞經於是出焉。

考漢書儒林傳，謂「世所傳百二篇〈尚書〉者，出東萊張霸，分析合二十九篇，以爲數十，又采左氏傳，書敍爲作首尾，凡百二篇。篇或數簡，文意淺陋。」葢卽僞經之始見於載籍者也。唯「成帝時求爲古文者，霸以能爲百兩徵。以中書校之，非是。……迺黜其書。」是霸之僞百二篇尙書，猶如曇花一現，未旋踵卽遭罷黜，其於經學之影響，幸未深遠也。

洎魏晉之世，僞經之作，先有王肅之僞孔安國尙書傳、論語孝經注，孔子家語、孔叢子等（丁晏尙書餘論）。後有梅賾之獻僞古文尙書。隋書經籍志云：

晉世秘府所存有古文尚書經文，今無有傳者。及永嘉之亂，歐陽、大小夏侯尚書並亡。至東晉，豫章內史梅賾，始得安國之傳，奏之。時又闕舜典一篇。齊建武中，吳、姚方興，於大桁市得其書，奏上，比馬、鄭所注，多二十八字，於是，始列國學。」

按：所謂安國之傳者，卽今十三經本之孔安國傳。所謂「比馬、鄭所注多二十八字」者，蓋分舊堯典「愼徽五典」以下爲舜典，並於「愼徽五典」上加「曰若稽古帝舜，曰重華，協於帝，濬哲文明，溫恭允塞，玄德升聞，乃命以位」等二十八字是也。

今本孔傳五十八篇，蓋析伏生之二十九篇爲三十三篇，又僞造大禹謨、五子之歌、胤征、仲虺之誥、湯誥、伊訓、太甲〈三篇〉、咸有一德、說命〈三篇〉、泰誓〈三篇〉、武成、旅獒、微子之命、蔡仲之命、周官、君陳、畢命、君牙、冏命等二十五篇而成者〈見屈萬里先生尚書釋義敍錄〉。惟二十五篇之書，前有吳棫〈書稗傳〉、朱熹〈語類〉、梅鷟〈尚書考異〉之疑，後有閻若璩〈尚書古文疏證〉、惠棟〈古文尚書考〉之辨，其爲僞作，雖已鐵案如山，不可撼動，然猶有爲其辨寃者〈毛奇齡、莊存與〉。且千餘年來，學者讀之，官家用以取士，其欺世盜名，惑亂正經之巧，亦可謂至矣。

至於孔安國尚書傳，得唐儒孔穎達等之正義，而定於一尊，流傳迄今，仍爲皓首窮經之士，無不捧讀之寶典。然孔安國雖傳古文尚書，是否嘗作傳注，史無明文；而所謂孔安國傳者，漢志亦未著錄。有宋大儒朱夫子之讀尚書也，嘗謂「此恐是魏晉間人所作，托安國爲名。」、「書序、孔叢子亦然，皆是那一時人所爲」〈朱子五經語類卷四十二〉。及清儒丁晏作尚書餘論，乃考證孔傳，論語、孝經注，孔子家語及孔叢子等，皆爲王肅所僞作。蓋王氏欲奪鄭學之宗祧，學術又不如鄭君之篤實，乃僞作諸書，一以譏短鄭君，再以立己經說之有得於夫子也。故陳澧東塾讀書記，嘗論王肅之用心，云：

王肅為尚書、詩、論語、三禮、左氏解，及撰定父朗所作易傳，皆列於學官，其所論駁朝廷典制、郊祀、宗廟、喪紀輕重，凡百餘篇。又集聖證論，以譏短鄭康成，其偽作孔子家語，自為序云，鄭氏學行五十載矣，義理不安，違錯者多，是以奪而易之。劉知幾云，王肅注書，好發鄭短，凡有小失，皆在聖證。灃案、魏之典制，多因於漢，鄭君注禮，亦多用漢制，王肅幼為鄭學，其後，乃欲奪而易之，實欲併奪漢魏典制而易之，使經義朝章，皆出於己也。小失皆發鄭短，可見其不遺餘力矣〈三國〉。

按：漢魏之際，天下言學術，「咸言先儒多闕，鄭氏道備。」「鄭學之勢幾奔走天下」之時，王肅勇於向權威挑戰，自立新說，其讀經之勤奮，膽識之磅礴，固未嘗不可大書特書者。蓋人人俯仰於鄭學，則經術之生命必窒矣。肅能不屈於鄭氏，自亦一豪傑；其自出新義，於學術自由之風，未嘗非一大貢獻。然小失皆發鄭短，又僞造羣籍以亂聖經，則功不足以補過，惜哉！若梅賾之獻僞古文尚書，則又在王肅之下矣。

八、結語

兩漢經學，至魏晉、體質爲之轉換，故魏晉經學之面目，固非兩漢經學之舊觀。然由是爲經學之研究開一新途轍，則未嘗非魏晉經學之大貢獻也。

若魏晉之際，今文學統既泯滅，緣附今文經學之讖緯、災異諸說遂息。於是，經學之迷障既除，其內聖外王、人倫日用之踐履，乃可得而理。

兩漢經師談辯經義之高下是非，沿波及魏晉，而有名理玄論之學。王弼、何晏以老義釋經，范寧雖謂「罪深於桀紂」。然於釋「曰若稽古」四字爲三萬言，經學生命已奄奄一息之時，擴經義談辯爲名理玄論，及以老義闡經，於僵化、窒息之經學，豈非有啓一新生之途轍與？

若王肅、虞翻、李譔之反鄭，雖有爭勝炫名之嫌，然於鄭學定於一尊，天下同聲一氣之時，其勇於向威權挑戰，未嘗無啓開自由研究之功。而范寧「凡傳以通經爲主，經以必當爲理」之讜論，則爲中唐、宋元諸儒治經之圭臯，其有開創宋元學術新領域之功，則尤可大書特書者。

而王肅之造僞經以亂聖學，斯則治經家之大蠹，其不足爲訓，讀者自明。

綜前所述，知魏晉諸儒之治經，其功視兩漢諸儒不多讓也。然自來爲玄風清談所掩，而不得彰顯，惜哉！今特略疏其梗概如前，幸大雅君子，敎之。

七十九年十月十五日　於成大

玄學主體思維散論

蒙培元

玄學提倡以「自然」爲宗，但它並沒有發展出眞正的自然哲學，而是確立了人的「自然之性」；玄學提倡「辨名析理」，但是也沒有發展出概念論、邏輯論的形式理論，而是建立了人學本體論。這裏面有很多原因需要探討，但是最重要的一個原因，則是由傳統思維方式決定的。主體思維就是中國哲學也是玄學思維的根本特徵。

一

玄學家提出了許多範疇概念，但其核心則是自然與的敎的關係問題。按照玄學思維，自然是內在的，名敎是外在的，自然是人的本性，名敎則是強加於人，或者是獲得性的。其實，玄學家所說的自然，就是道家所說的道，「自然者，道也。」（《列子·仲尼篇》注引夏侯玄語）道也就是無，即沒有任何具體規定的絕對本體。問題的關鍵是，自然旣是世界本體，又是人的本體，二者是合而爲一的。自然作爲世界本體，固然具有客觀普遍性，但是作爲人的本體，它又是內在于人而存在的，這一點正是玄學的主題所在。自然與其說是普遍的客觀法則，不如說是人的內在本性；與其說是宇宙論的，不如說是主體論的。玄學家主張，「萬物以自然爲性」（王弼：《老子二十九章注》），「自然」當然也是人的內在本性。這就把自然本體論的問題變成了人學本體論，確立了主體思維的基本原則。由此我們可以說，玄學思維的根本特徵仍然是人的主體性問題，卽如何確立和認識以及實現人的內在本性的問題。

玄學的代表人物王弼，在概括《老子》一書的主旨時指出，「故其大歸也，論太始之原以明自然之性，演幽冥之極以定惑罔之迷。因而不爲，損而不施；崇本以息末，守母以存子；賤夫巧術，爲在未有；無責於人，必求諸己。此其大要也。」（《老子指略》）這個概括既反映了老子的思想，同時也代表了王弼的思想。關於其他方面的問題，我們不去討論，這裏他提出一個根本性的問題，就是「明自然之性」與「必求諸己」，這正是玄學思維的重要標誌，也是對老子和道家的一個發展。「明自然之性」與「必求諸己」是相互聯系的。「明自然之性」是明瞭自然界的本體就是人的本體，世界原則就是主體原則，從而確立人的本體存在；「必求諸己」則是明自然之性的根本方法，卽反回到主體自身，進行自我反思。自然之性既然是內在的主體原則，要明自然之性，就必須求之於己，而不能求之於外。

這是天人合一論的主體思維。自然既是世界的本質，也是人的本質，不是存在先於本質，而是本質卽存在，這就是王弼關於自然的根本觀點。「萬物以自然爲性，故可因而不可爲也，可通而不可執也。物有常性，而造爲之，故必敗也。」（《老子二十九章注》）萬物以自然爲性，說明自然是萬物之所以爲成萬物的本質存在，它既是普遍的超越的絕對，卻又存在於人的心中。所謂自然者，不爲而成，不執而通，是自在的，又是自爲的，沒有任何人爲的目的性；另方面，它又是人的自我存在，自我意識。人是自然的人，個體的人，但又是具有「神明」之心，因而能夠自我覺悟的人。「因任自然」不是消極被動地順應客觀世界的外在的自然規律或自然法則，而是順其自然之性，並能夠自覺地認識和實現人的自然之性，這才是玄學的根本思維。

要明自然之性，首先要排除一切人爲的有目的的「造立施化」，包括仁義之類，同時還要通過心的「神明」作用。這裏的通以「神明」，除了自我反思的意義之外，還有自我顯示的意義。因爲這不是一般的對象認識，而是存在認知，所謂「明」，不是以此明彼，而是「自明」，即明白顯現的意思。這種自我反思，同觀念論的自我反思還不是一回事。因爲後者是認識的再認識，離不開主客體的對立；前者則是思維的自思維，主客內外的區別是不存在的，主體不離客體而客體不離主體。換句話說，客觀原則是由主體設定的。「神明」之心具有極大的主體能動性，其原因就在這裏。

玄學家也講聖人之性，所謂聖人之性，就是完全實現了自然之性，故能與自然合一。王弼說：「聖人達自然之性，暢萬物之情，故因而不爲，順而不施。除其所以迷，去其所以惑，故心不亂而物性自得之也。」（《老子二十九章注》）玄學思維不同於儒家的地方是，它不以仁義之類爲人的內在本性，或者把仁義之類置之於自然之下，作爲現象界的存在。因此，王弼所說的聖人，顯然不同於儒家所謂聖人，倒是同莊子所說的眞人、至人、神人更加接近。「達」有通達無阻之義，也有實現之義。聖人通達並實現了自然之性，與自然合而爲一，因此，除去了心中的迷惑——功利、道德、知識之類，故心不亂而性自得，性自得故物性亦能自得。這裏所說的「物性」自得，同儒家《中庸》所說，盡其性以盡人之性，盡物之性，意義雖然不同，但屬於同一類思維方式，即通過自我反思和由己及人，由內及外，實現人性的自覺。

玄學家並不反對向外致思，不反對概念分析，他們的「辨名析理」之學，對許多名詞概念進行了分析，表現了中國哲學理性思維的高度發展。但這並不是他們的眞正目的，從而也不是玄學的眞正主題。玄學的眞正主題是要解決人的存在問題。這個問題，又不是一般的名詞概念所能解決的。玄學家的「辨名析理」之學，並沒有發展出客觀化、形式化的概念思維，而是走向主體自反思維，以認識和實現人的內在本性爲根本歸宿。所謂「察己以知天下」，並不是認識世界的客觀規律，而是爲世界確立主體原則。這樣的原則既來之於自然，卻又超越了自然。

嵇康的「越名敎而任自然」，也是任「自然之性」。「自然」是人的眞性情，是毫無加工雕琢與僞飾過的「樸」，即天人合一的整體存在。人不必把自然界作爲對象去認識，不必對自然界的各種事物和現象進行細致的分析和推理，只要進行內在的自我體認就行了。有了這種自我體認，便能「以天道爲一指，不識品物之細故也。」（《嵇康集・卜疑》）正如莊子所說，從「天地一指」、「萬物一馬」的整體觀點看，事物本無彼此，本無對待，也不能區分。正因爲「指」是天人合一、內外合一的絕對整體，故不能言說，不可進行語言概念分析，只能進行內在的自我反思、自我直觀，「絕聖棄學，遊心於玄默。」（《嵇康集・重作六言詩》）遊心於「玄默」，就是無說之說，無言之言。這是渾沌式的內在邏輯，也是原始的統一，只能作整體的把握。但這樣一來，對象認識就被排除了，剩下的就只能是人的存在認知。

因此，他主張「內視反聽」而反對心神外馳，卽進行內在的自我直觀。這同時也是一種特殊的思維，特殊的語言，它直接得之於心，而不需要任何中介。同王弼相比，他更強調內在性。「夫推類辨物，當先求之自然之理。理已足，然後借古義以明之耳。今未得之心，而多恃前言以爲談證，自此以往，恐巧曆不能紀耳。」（《嵇康集·聲無哀樂論》）他承認人的理性能力，這種能力在於認識「自然之理」，但有外在事物的自然之理，有內在本性的自然之理，二者「內外殊用，彼我異名」（同上）。人的神明應該體認內在的自然之性，不在於辨別外在的事物之理。因爲吾性自足，不待外推，求外愈多則吾性愈損。這就把主體內向思維同對象思維作了明確的區分，而以前者爲其思維的根本特徵。

這可以說是玄學思維的共同特徵。王弼在解釋老子「爲學日益，爲道日損」的思想時發揮說，所謂「爲學日益」者，「務欲進其所能，益其所習」；所謂「爲道日損」者，「務欲反虛無也」。（《老子四十八章注》）他和老子一樣，把「爲學」與「爲道」視爲兩種不同類型的思維方法。進其所能，益其所習，這顯然是以求知爲特徵的對象思維；至於「反虛無」，則是反回到虛無本體卽自然之性的主體自反思維。這同儒家的「下學而上達」、「博學而詳說之，將以反說約也」以及「萬物皆備於我，反身而誠，樂莫大焉」，雖然方法不同，途徑殊異，卻屬於同樣的思維類型，二者都是通過自我反思獲得世界的意義。按照這種思維，主體自身卽具有世界的本質，內在地含有世界的一切意義。

王弼在解釋《老子》中「以身觀身」一段話時又說：「吾何以得知天下乎？察己以知之，不求於外也。」（《老子第五十四章注》）這裏更加清楚地表明主體思維的自反特徵。察己以知天下，說明天下之道卽爲自己所具有，不在自我存在之外，這決不是道家所特有，它是儒道共有的思維方式。因爲他們都是天人合一論的主體論者，卽以心爲主而無心物內外之分，以人爲主而無人與天地萬物的對立。人與自然界有一種內在的關係，在人的內部卽包含了自然界的一切原則，也包含了社會的一切法則。因此，不需要向自然界求知，不需要向社會求知，反身內求從主體自身進行體察，就能知自然之道，知天下之道。

玄學的另一位著名代表郭象，在這方面表現得更加突出，他明確提出「求在內者」，反對「求在外者」。「求在內者」是求知其自性，這是內在於人者；「求在外者」是求知其所不知，這是外在於人者。他把「自然」歸結爲人的不知其然而然的內在本性，否定了本體「無」，也否定了儒家目的論的「天」，更加強調人性的內在性，從而也就突出了人的主體性。他的「獨化自性」說認爲，人人各有其性而性各不同，這是自然而然的事情，但是只要人人能「自足其性」，便無貴賤大小之分。大鵬不必斥笑小鳥，泰山不必恥笑秋毫，人與人之間也是一樣。因爲「人各有性」而「性各有極」，每個人的性都是自足的，只要自足其性，就能與萬物齊一，誰也不必自大，誰也不必自小。他不僅突出了人的主體性，而且突出了人的個體性。

但自性只能自知，不能他求；只能求之於內，不能求之於外。求之於內是「自求」，求之於外是

「他求」，自求則能知其性，他求則於已無補。「求內不得，將求於外，捨內求外，非惑如何？」（《莊子·至樂注》）在內者是自性，求內者就是自知其性，捨內而求外，就會陷入無窮的迷惘甚而喪失自性。

自性也就是自我，自知其性就是認識自我，建立自我意識；否則就會喪失自我。「夫天下之大患者，在失我也。」（《莊子·胠篋注》）郭象提出了自我意識的問題，突出了自我存在，這是一個很大的貢獻。他所說的自我，是現實的個體的自我，具有個性特徵。但他認爲，自性是完全自足的，自我之知也是完全自足的，這又是一種自我封閉的內向思維。他反對向外求知，認爲這不僅是徒勞無益的，反而會傷害自己的本有之知，這一點反映了中國傳統哲學的固有特點。「不求所知而求所不知，此乃捨己效人而不止其分也。」（同上）「所知」是本有的自我認識，也就是自性的自我覺解，人只能自求其性以實現自我覺解，不能有任何其他企求，人的思維只能反回到自身性分之內，不能超出性分之外，因爲性分之外的事情，是不能認識也不必認識的。這等於取消對象認識，否定外向思維，是一種典型的內向思維。

性有分內與分外之別，性分之內是我的自性，不但自有，而且能夠自知；性分之外則非我所有，是他人之性，不但非我所有，而且不能求知。自知其性，這是分內之事，不但應當作到，而且能夠作到；求他人之性，這是分外之事，不但不能作到，而且不應當去作。張三只能是張三，不能是李四，李四只能是李四，不能是張三，張三有張三的自性，李四有李四的自性，各足其性，各知其性，就能滿足各自的需要，維持社會的和諧。這是郭象不同於其他人的特點。

在這裏，郭象區分了自我和非我，自性和他性。他認爲，自我在性分上是完全自足的，不多一點，也不少一點，因此，不需他求，也不能他求。每個人都是一個自足的小宇宙。但是，他並不否定他人的存在，不僅不否定，而且認爲，如果人人都能自爲，客觀上卽是爲他，就是說，人們之間實際上有一種「相濟」之功。如同脣之與齒，脣亡則齒寒，齒亡則脣寒。但是，人人只有自知其性，自足其性，才能實現這種「相濟」之功，如果捨己求人，捨自求他，或爲了爲他而爲他，則反而不能實現「相濟」之功。這就是在自我認識、自我實現的基礎上，實現羣體效應。這種思想在總體上同儒家、道家的主體自反思維是一致的，但在具體表現上確有不同。

郭象承認，人有「心知」，這是人的特點。但是，人的「心知」不能指向外界對象，不能爲求知而求知。如果指向外物，爲求知而求知，那就永遠達不到「與物冥合」的境界。而「與物冥合」，則是郭象所要達到的最高境界。按照郭象的思維，「心知」只能指向自我，認識自我，實現「自通」，才能達到「與物冥合」的境界。但旣然人人各有其性，而性各不同，何以能與物「冥合」呢？郭象提出「迹」與「所以迹」的問題，認爲每個人的存在都是「迹」，不離時空而存在，但每個「迹」必有其「所以迹」，「所以迹」則是超越時空的，旣是我之所以爲我者，也是人之所以爲人者。「迹」是現象，「所以迹」是本質，二者是不能分離的，但「所以迹」是自性的最高標準，也就是「性各有極」的「極」，它就是實現「萬物一體」的根據。如果能由現象進到本質，由「迹」進到「所以迹」，每個人都能在精神上實現「與物冥合」的境界。

但這必須通過「自知」才能實現。「物無貴賤，未有不由心知耳目以自通者也。……而世不知知之自知，因欲爲知以知之，……故心神奔馳於內，耳目竭喪於外，處身不適而與物不冥矣。」(《莊子·人間世注》) 心知耳目之用，必然指向某個對象，這是一般思維的基本特徵，但在郭象看來，這不是眞正的「知」，如果說到對象，那麼，這個對象決不是外物，而是思維者自己，是思維的自思維。這就是「知之自知」。這種自知是不求知而知，不作對象分析，而只求「自通」。這是心靈的自我發現，人性的自我實現，故不需要耳目竭喪於外，也不需要心神奔馳於內，只要收回到內心，就能自然而然地實現。在他看來，「與物冥合」的問題，從根本上說是一種主體自我證悟的問題，具有內在的直接性，不是間接的對象認識所能解決的。自通就必然能夠與物「冥合」，這是具有神秘主義色彩的內向思維。

二

玄學思維不僅是自反式內向思維，而且是主體體驗型思維和自我超越的形上思維。玄學家所說的「體自然」、「任自然」、「玄冥之境」，都是這種思維的突出表現。

所謂「體自然」，從本體論講，是以「自然」爲體，「自然」即是世界的本體；從思維方式講，則是「天人合一」的本體體驗，即通過主體內在的意向活動，消除內外、主客之分，實現人與自然的合一。這並不排除「辨名析理」之學，辨名析理自有其作用，玄學家提出了許多概念範疇，就是辨名析理的結果。但是，最終卻要超出名理之外，實現最高的本體境界。因此，「體自然」者，既是以「自然」爲萬物本體，也是以「自然」爲人的本體，通過神明之心的自我體驗，實現「自然」之性的本體存在。

王弼的「得意忘言」說，就是屬於這種思維。言是表達意的，無言則不能得意，從這個意義上說，他並不否定語言的作用。但是，語言是而且僅僅是達意的工具，一旦得意，則必須忘言，只有忘言，才能得意。這說明言和意不是一回事，也不是內容和形式的關係。不能說語言卽是思維，也不能說語言是思維的表現形式，因爲執着於語言，就會妨害意的獲得，只有忘掉語言，才能領會到意。毫無疑問，語言屬於概念系統，名理之學，也是語言概念問題。但在玄學家王弼等人看來，語言概念的作用是極其有限的，最重要的是「意」。

玄學家所說的「意」，顯然具有本體論的意義，同時又是主體論的。它是「超言絕象」的，從某種意義上說，只可意會，不可言傳。「言不盡意論」者就更是如此。這種思維方法，只能是體驗型思維。它與意象思維有密切聯係，在文學藝術領域得到廣泛應用，產生了很大影響。所謂「意會」，實際上是體驗或體悟，其特點是非邏輯性，非語言化，卽不能用一般語言來指謂，不能用一般邏輯來表達。陶淵明有一首詩說：「結廬在人境，而無車馬喧。問君何能爾，心遠地自偏。採菊東籬下，悠然見南山。山氣日夕佳，飛鳥相與還。此中有眞意，欲辨已忘言。」（《陶淵明集》卷三，《飲酒》）此中「

眞意」是什麼，他沒有說，也不能說；一旦說出，就不是「眞意」了。這正是只能「意會」，不能「言傳」的一個最好的例子。但是，他所描寫或表現的情形，顯然是人和自然合一的審美境界，也是一種主體體驗。陶淵明是寫詩，同時也是借詩來表達他的思想。其實，中國哲學特別是玄學，何嘗不是詩的哲學。玄言詩的一個特點，就在於它是表現主體體驗哲學的一種特殊形式。

至於郭象的「與物冥合」，更是帶有神秘主義性質的體驗型思維。郭象承認，自然界的萬物是存在的，也是發展變化的，他指出天是「萬物之總名」，「無」則是「有之所謂遺者」。但是，郭象思想確實具有現象學的特點，他不主張對自然界的事物進行客觀化的科學認識，更反對科學的理論分析，而是主張通過主體自身的內心體驗，實現「與物冥合」的主觀境界。這種體驗是在主體意向活動中進行的，也是在主體意向活動中實現的，因此也是主體意向思維。正是在這樣的體驗中，不僅主客體的界限完全泯滅，而且社會同自然的區別也不存在了，卽使「廟堂之上」，亦「無異於山林之間」。

應當指出的是，傳統思維雖以情感體驗爲基礎，但又不是單純的情感體驗，更不能完全歸結爲情感體驗。無論是儒家還是道家，都在主體體驗中獲得一種最高的認識，這種認識是通過主體意向活動實現的，以自我實現爲目的的本體認識。它同以概念分析、邏輯推理爲特徵的理性認識是完全不同的。正是在這種傳統思維的影響下，中國歷史上沒有發展出邏輯哲學和語言哲學，也沒有發展出科學分析哲學，而是發展出以人爲主體的意義哲學以及內容豐富的實踐哲學。

玄學家所說的「體自然」、「任自然」、「玄冥之境」，既是自我體驗，也是形而上的自我超越，表現了形上思維的特點。有些學者認爲，中國哲學的形上思維很不發達，中國人只喜歡具體思維，不喜歡抽象思維，只停留於經驗思維，沒有達到形上思維。比如中村元教授認爲，「非宗教的先驗的形而上學並沒有從中國人的思維習慣中發展出來，而只是處於外來文化的影響之下。」「在如此一種哲學中，那種試圖設立形而上學原理的念頭被徹底拋棄，哲學家們僅留寓於經驗世界和現象世界的影子中。」①一般地說，中國哲學不喜歡形上思維，這似乎是可以成立的，在中國哲學中，缺乏西方那樣的形而上學原理，這也是不容否認的事實。但是，不能說在中國沒有形上思維，更不能說，在中國人的思維習慣中根本不可能發展出形而上學，或者只是處在外來文化的影響之下。魏晉玄學就是一種形而上學，玄學思維就是一種形上思維。問題在於，玄學和中國哲學從「天人合一」的思維模式或思維框架出發，認爲形而上者不僅是觀念或原理，而且是存在，不僅是世界的根本存在，而且是人的根本存在。它不是說以世界的一般原理，而是要說明人的存在、意義以及與世界的關係。正因爲如此，從根本上說，玄學是一種人學形上學，不同於西方觀念論或原理型的形上學。這一點眞正構成玄學思維的特點。也正因爲如此，玄學主張內在的自我超越，而不是外在的向彼岸的超越。

王弼「以無爲本」、「以無爲體」的形上思維，其根本之點是要確立人的內在的形而上的本體存在，決不是解決自然界的本體或存在問題，人的形而上的本體存在的確立，同時意味著人的自我超越的實現是可能的，也是需要的。王弼和玄學家經常討論的「形骸之內」與「形骸之外」，正是這種思維的。所謂「放蕩於形骸之外」或「遊心於形骸之外」，似乎是離開形體，達到精神的彼岸，但實際上完全不是如此。它並沒有離開形體，也不可能離開形體，但是卻又超越了個別有限的形體，實現了絕對普遍的本體存在，達到了天人合一的本體境界。這種境界，既是存在，又是最高的認識。

玄學貴無派主張以無爲本，但他們所謂無，並不是空無所有，不是絕對虛無或不存在，而是萬物恃之以生，恃之以存的本體存在，對具體存在而言，它是非存在，但非存在就是眞正形而上的存在。「天下萬物，皆以有爲生。有之所始，以無爲本。將欲全有，必反於無也。」（《老子四十章注》）「無」是世界本體，也是人的本體，作爲人的本體存在，它是形而上的「自然」之性，也可以說是一種無限的可能性，又是人生的終極目的。「反於無」既是反回到形而上的「自然」之性，即從現象界超越到本體界，同時又是使潛在可能性變爲現實，實現人生的終極目的。

「反於無」也就是反於「自然」。「自然」不僅是自在自爲的存在，而且是最高標準，即所謂「極」。「自然者，無稱之言，窮極之辭也。」（《老子二十五章注》）反回到「自然」實際上是實現絕對普遍的人性，超越感性自我，超越自己的「形骸」，進入本體境界，也就是實現「眞我」。王弼和莊子（至于老子，理學家朱熹批評其只有上一截而無下一截）一樣，並不否定現實自我，但是，要使現實自我眞心存在，就必須以「眞我」即「自然」之性爲其形上本體，也必須反回到主體。所謂「崇本以息末」，看起來是一個概念論的問題，討論的是本質與現象的關係問題，但其更深的意義則是人學形上學的問題。「本」是內在的而不是外在的，是人的本質而不是一般存在的本質。人的本質就是「眞

「眞我」是自我的根據和昇華，但並不就是自我，正如無是有的根據即本體，而不等於有一樣。

我」。因此，這既是自我實現，又是自我超越。如果不能超越現實的自我，就不能實現「眞我」，自我也就無法存在。「眞我」作爲自我的本質，是形而上者，但又包括了自我；自我則是指血肉之軀的感性存在，即所謂「形骸」。値得指出的是，玄學家所說的「放浪於形骸之外」，並不是離開「形骸」，轉向普遍的客觀精神，而是實現主客觀的統一。王弼作爲玄學中思辨能力最強的思想家，並沒有提出永恒彼岸的思想，也沒有提出向彼岸超越的思想。因爲他不需要這樣作，他把「自然」變成人的內在的本質存在，要在自我中實現超越，即不離自我而又超越自我，這一點同儒家所說的「出入無時，莫知其鄉，其爲心之謂與」一樣，並沒有超出傳統思維的框架。

這也就是他所說的「復命」之學。他在解釋《老子》的「復命曰常」這句話時說：「復命則性命之常。」又說：「與天德合，體道大通，則乃至於窮極虛無也。」（《老子十六章注》）「性命之常」既是超越現實自我的「眞我」，又是無限永恒的絕對。這裏的「虛無」不是存在主義所說的虛無，而是超越現象界的形。本體。王弼所說的「天德」，具體所指雖與儒家不同，但都是形而上者，「與天德合」既不是通過完全的自我肯定，從而實現眞正的自我；也不是通過完全的自我否定，從而超越到彼岸。而是通過自我超越，從而實現「體道大通」、「與道同體」的本體境界。換句話說，它不是通過一般的認識途徑，以我合彼，以內合外，而是通過自我體驗、自我超越，實現直接的自我同一，或自我認同。如果實現了這一點，也就消除了主體同客體的對立，人與自然的對立，自我就是「眞我」，通天人內外而無差別。這正是「反本」之學最根本的思維特徵。

玄學家的「玄思」，眞正達到了人學形上學的階段，確立了人的形而上的存在。所謂本末、體用、有無、言意、自然名教等範疇，都是說明人的形上存在與現象卽感性個體的關係的。但「自然」之性又是不能用名言所能表達的。「自然」作爲人之「極」，既是最高存在，又是最終目的。「道不達自然，乃得其性。……自然者，無稱之言，窮極之辭也。」（《老子二十五章注》）「自然」作爲高度抽象的存在概念，卻又是名詞概念所不能表達的，因爲任何概念都是對象化的，因而是相對的。「自然」作爲超越的絕對，被說成是「虛無」，它雖然沒有任何具體規定，卻又是眞實存在的。語言作爲符號形式，雖然能起到表達或傳達「意義」的某種作用，但是對於「意義」本身，卻只能靠直接領會去掌握。由於意義屬於形而上者，因此，要使之實現出來，就必須排除一般認識，提倡形而上的本體認知。這又說明，玄學形上思維，是以本體體驗爲特徵的。

至於嵇康的「越名敎而任自然」，更是超越人的社會倫理而實現「自然」本體。由於他明確主張「神形合一」，他的超越論更具有中國傳統哲學的特點，卽不離形體而又超越形體。不離現實而又超越現實，不離情感而又超越情感，現實的自我同時又是「無爲自得，體妙心玄」的「眞我」，不在自我之外，求所謂「眞我」，而是在自我之中，實現「眞我」。他之所以反對心神外馳而主張「內視反聽」，就是以「自然」本體爲內在本性，主張自我實現、自我超越。他所謂「遊心於玄默」，就是擺脫語言的束縛，沖破概念的界限，超越主客的對立，不要任何中介，直接進到「自然」的本體境界。由於「自然」內在於我，是我的眞性情，所以，這是一種內在超越；又由於「自然」就是「大道」，沒有內外之分，是形而上者，所以，這又是眞正的超越。之所以能夠實現這種超越，則是由於「有主於中」，即據有主體的內在根據和能力，不需要任何外在的力量。

不僅主張以「自然」爲形上本體的王弼和嵇康等人提倡「復歸於極」，實現人的內在的自我超越，而且主張以「自然」爲「有」的郭象，也同樣具有這種思維。他提倡的「玄冥之境」，就是這種思維的集中表現。郭象說：「物各有性，性各有極。……故遊於無小無大者，無窮者也；冥乎不死不生者，無極者也。」（《莊子·逍遙遊注》）郭象雖然主張人人各有其性，而性各不同。但他同時又主張，性各有「極」。這個「極」，既是自我，又是超我，即超越自我的絕對，寧可說是形而上者。大小、生死是時間空間裏的存在，這一點他不僅是承認的，而且一直很強調。但是，從「極」的觀點看，他認爲並無大小，亦無生死。因爲「極」是超越大小、生死絕對者。只有進到「極」的境界（「極」也是存在），才能「遊於無小無大」、「冥於不死不生」。「無窮」和「無極」是對「極」的描述或狀詞，無極之極就是沒有任何差別和對立的「玄冥之境」。

郭象一方面重視現象界的存在，人不能離開時空變化，「自然」就是萬物本來的樣子；但另方面，他又追求「玄冥之境」的超越，泯合人與萬物的對立與差別。但他認爲，在實現中即能實現超越，超越不離自我。「故乘天地之正者，即是順萬物之性也，御六氣之辨者，即是遊變化之塗也。……此乃至德之人玄同彼我者之逍遙也。……夫唯與物冥而循大變者，爲能無待而常通。」（《莊子·逍遙遊注》）與物冥合即是「玄冥之境」，這是極高的境界，但是它就在生死變化之中，不能不「循大變」。既在變化之中，又能超越變化，已經超越了變化，卻又遊於變化之途，這才是「無待而常通」的絕對境界。

但「迹」和「冥」畢竟是不同的，現象和行迹不能逃離於時間之外，「玄冥之境」則是絕對永恒的。換句話說，前者是處於生死變化中的形而下者，後者則是常住不變的形而上者。人的最高境界是聖人境界，但聖人之所以成爲聖，在於「冥」而不在於「迹」。「夫堯實冥矣，其迹則堯也。自迹觀冥，內外異域，未足怪也。世徒見堯之爲堯，豈識其冥哉！」（《莊子・逍遙遊注》）正因爲「迹」是形而下的行迹，在時間空間裏存在，故有變化與生死，聖人不會長久存在，也是會死的；但「冥」則是「所以迹」者，超越了時空，故無生死與變化，聖之「冥」是永恒的「玄冥之境」。以「迹」觀「冥」，內外有別，古今有異，聖人已死，不復存在；但是以「冥」觀「迹」，則雖有內外而無內外，雖有古今而無古今，因爲他實現了超越，達到了永恒，聖人雖死，但聖人之所以爲聖者卻是永存的，也是人人能夠達到的。

「冥」也就是「極」，即「性各有極」之極。「極」是從存在的意義上說，是最高標準；「冥」是從認識的意義上說，是最高境界。其實，二者是統一的，認識必須以存在爲前提，而存在只有通過認識才能實現，就是說，只有認識並實現了性之「極」，才能進入「玄冥之境」。但要認識性之「極」，就要作到「無心」，即超越內外有對的知覺認知之心。「故無心者與物冥而未嘗有對於天下也。」（《莊子・齊物論注》）「與人羣者不得離人；然人間之變故世易，宜唯無心而不自用者，爲能隨變所適而不苟其累也。」(《莊子・養生主注》)無心而與物冥，即是超越了自我，克服了主客、內外的對立；無心而不自用，即是超越了個人情感，能適應各種變化。正因爲實現了自我超越，故能進入「玄冥之境」，「隨變所適」而「不荷其累」。「隨變所適」是不離現象，「不荷其累」則是超越了現象。但這都是指人即主體而言的。實現了自我超越的人，就是「復歸於極」，從存在上說實現了「人極」，從認識上說則進入了「冥極」。

不過，郭象所提倡的「復歸於極」，更具有神秘主義特點，它完全排除了概念分析和對象認識的可能，只靠內心的自我體悟、自我體驗來實現。「凡得之不由於知，乃冥也。」(《莊子・知北遊注》)這裏所說的知，顯然是指概念認識或對象認識，這樣的認識不但不能實現「冥」的境界，反而會造成更大的隔離，因爲這是自用其心而不是「無心」，眞正的「玄冥之境」則是直覺體驗式的自我證悟，自我超越，也就是他所說的「無心」之心。

玄學主體論的形上思維，在文學藝術中發生了很大影響，有廣泛的應用。魏晉南北朝興起的繪畫、書法等藝術，並不注重寫實，而是以表現意境爲主，求「神似」而不重「形似」，「神似」高於「形似」，有所謂「傳神寫照」的佳話。中國的人物畫與後來的自然山水畫多不是寫實的，而是寫意的，即表現情景合一、天人合一的意境，這種意境雖然寓於具體形象之中，卻又超出具體形象之外。書法也是如此。好的書法作品，不只追求筆形結構的整齊規則，而且表現一種瀟洒飄逸的「神韻」、「氣韻」，所謂「字如其人」，也說明書法是表現人的精神境界的。寫詩就更是如此。玄言詩的最大特點是表現「玄外之音」、「言外之意」。好的詩作不用抽象化的語言，卻能表現無窮無盡的「情操」和「意趣」，這種「意趣」，也是形上思維的表現。所謂「詩品」，在很大程度上是表現人品的。所謂「出神入化」，就是達到自我超越的精神境界。所有這些，對後來的思想文化、文學藝術產生了深遠的影響，其深刻的根源則在於玄學的思維方式。

① 《東方民族的思維方式》，第二編第十二章，浙江人民出版社，一九八九年。

論魏晉玄學中的內在性與超越性的問題

湯一介

在《論儒家哲學中的超越性和內在性》一文中①，我提出儒家是以「內在超越」爲特徵的哲學。其實道家哲學同樣是以「內在超越」爲特徵。老子《道德經》五千言所言「道」、「德」，所謂「道」是具有超越性的本體，而人之「德」則是指得之於「道」的內在性，聖人充分發揮其內在之「德」，則可與「道」同體，以達到超越性的境界。莊周的著作《莊子》的第一篇《逍遙游》講的是至人（聖人、神人）通過其內在所具有的本性的發揮而達到「以游無窮」的超越境界。魏晉玄學雖是調和儒道，但從根本上說確是道家老莊思想的發展，因此研究魏晉玄學中關於內在性與超越性問題，以說明道家哲學也是以「內在超越」爲特徵，將不無意義。②

漢魏之際有「才性」問題的討論，但此才性問題並非玄學。袁准《才性論》說：「性言其質，才言其用」。「質」或指人的本質，質地，「才」是指人的才能。這裏或者可以得到這樣一個看法：「才」是表現出來的，人們可以根據其表現出來的才能認識這個人，那麼「質」就應是「才」所表現的根據；既然「質」是被「才」所表現的，那麼「質」自應是內在的。時有劉邵著《人物志》，討論的就是才性問題。爲什麼人的才能有不同，劉邵認爲是出於內在的性情。他所說的「性情」（或稱之爲「性」）就是人之所以爲人的內在性。劉邵依才能把人分爲若干等級：最高一等爲聖人，總達衆材；第二等爲兼材之人；第三等爲偏至之材；至於三等以下，則是未入流的過分的狂者、不及的狷者以及亂德之人等等。他把聖人的「性」規定爲「中庸之質」或「中和之質」，他說：「凡人之質量，中和最貴矣。中和之質必平淡無味，故能調成五材，變化應節」。（《九徵》）「夫中庸之德，其質無名」。（《體別》）聖德中庸，平淡無名，不偏不依，無莫無適，故能與萬物相應；明照一切，不與一材同用好，故衆材不失任（無名）；平淡而總達衆材，故不以事自任（無爲）。據此說明劉邵似已認識到，由於聖人具有「中庸」或「中和」的內在品德（性情），故可超越一切世事之上，而接觸到「內在性」與「超越性」關係問題。但劉邵所說的聖人的超越僅僅是對社會生活的超越，而未及宇宙之根本問題，故仍爲准玄學。當時還有所謂「四本才性」問題的討論，或曰同或曰異，或曰合或曰離，也只是就「性」和「才」相對而言加以討論的。故所言「性」，似仍未離對「性」與「才」的關係的具體說明。至何晏《論語集解》則不同，其注「夫子之言性與天道不可得而聞」條謂：「性者，人之所受以生者也；天道者，元亨日新之道也。深微，故不可得而聞」。皇侃《義疏》說：「孔子所稟之性與元亨日新之道合德也」；「與元亨合德，故深微不可得而聞」。（《論語集解義疏》卷三）照何晏看，「性」爲人所本有的人之所以爲人者，故爲「內在」的；「天道」爲一至善通利萬物新新不停者，故爲「超越」的，而孔子所稟之性，德合天道，故可由其內在之性的發揮而達與超越的天道合一的境界。至何晏對於「性命」問題的討論已離社會生活而及宇宙的根本問題也。

《三國志・魏志》卷二十八《鍾會傳》注引何劭《王弼傳》說：「何晏以爲聖人無喜怒哀樂，其論甚精，鍾會等述之，弼與不同」。《論語集解》「哀公問曰弟子孰爲好學」條，何晏注說：「凡人任情，喜怒違理，顏淵任道，怒不過分」。（《義疏》卷三）何晏認爲，聖人和一般人的分別在於，聖人無情，一般人有情。這樣可以發生一個問題：聖人和一般人的區別在表現出來的「情」上，而不在「內在」的「性」上，故似難從根本上區別聖凡。王弼與之不同，「以爲聖人茂於人者神明也，同於人者五情也。神明茂，故能體冲和以通無；五情同，故不能無哀樂以應物」。（何劭《王弼傳》）這就是說，王弼認爲聖凡的區別在於其內在的「性」上，而不在於其表現出來的「情」上。這就既可在內在性上區別聖凡，聖人不可學不可致；又在人倫日用上溝通了聖凡。聖人不離禮樂名教。王弼顯然在理論上比何晏更高超了。

王弼以無名無形的「道」爲超越性的本體，它是天地萬物存在的根據。邢昺《論語注疏・述而章》引王弼《論語釋疑》謂：「道者，無之稱也。無不通也，無不由也，況之曰道，寂然無體，不可爲象」。「道」寂然無體，不可爲象，說明「道」非有形有象的實體之物，但卻爲天地萬物存在的無名無形的超越性本體，那麼「道」和「人」的關係如何呢？照王弼看，人和人不一樣，只有聖人才能「與天合德，體道大通」。其所以如此，蓋因聖人「智慧自備」，「有則天之德」也。聖人有其內在的德性，這內在的德性就是「唯道是用」的德性；有其超乎常人的智慧，即有「超智之上」的智慧。《老子》第二十三章王弼注說：「道以無形無爲成濟萬物，故從事於道者，以無爲爲君，不言爲敎，緜緜若存，而物得其眞，與道同體，故曰同於道」。「從事於道者」當指聖人。聖人法道，無爲無事，通遠慮微，應變神化，與道同體。所謂「無爲無事」即「順自然」，「聖人達自然之至，暢萬物之情，故因而不爲，順而不施」。(《老子》第二十九章注)聖人不有意去作什麼，而是讓萬物按照自己的本性生長成化，這正是聖人之爲聖人發揮內在的「超智之上」的智慧的表現，也是聖人之爲聖人「反本復命」而同於道的表現，所以王弼釋《論語》「大哉堯之爲君也」條說：

聖人有則天之德，所以稱唯堯則之者，唯堯於時全則天之道也。蕩蕩，無形無名之稱也。夫名所名者，生於善有所章，而惠有所存。善惡相須，而名分形焉。若夫大愛無私，惠將安在？至美無偏，名將安生？故則天成化，道同自然，不私其子而君其臣，凶者自罰，善者自功；功成而不立其譽，罰加而不任其刑。百姓日用而不知所以然，夫又何可名也！

對這段話可作如下幾點分析：⑴天道蕩蕩，無形無名，唯聖人有效法天道的本質，「聖人有則天之德」，故可充分體現天道；⑵這種充分體現天道的德性，與天道一樣「無名無形」，故可大愛無私，至美無偏。有名有形則有分，有分則有偏有私而不能得「道」之全而離「道」；⑶故聖人之所以爲聖人正是在於他「則天成化道同自然」。就是說聖人之所以爲聖人正在於他可以任自然，無莫無適，故能超出相對以達絕對，合天道，無偏無私，故能超出有限（一偏）而達無限（至美）；⑷聖人因其「

則天成化，道同自然」，無私無偏，任自然無爲，因而天下萬物得自生自化而歸之自然，百姓日用而不知其所以然。據此可知，王弼哲學，一方論證了由超越而內在，卽以無名無爲的「道」爲超越性本體，而聖人有「則天之德」，故有與「道」同體的內在本性；另一方面又論證了由內在而超越，卽以聖人智慧自備，通遠慮微，應變神化，故可反本復命，以至達到與超越性的「道」同體。「道」無名無爲故不是一外在的超越力量，而聖人亦只須依其內在之品德卽可超越有限、相對，以通無限、絕對的「道」。由此可知，王弼哲學實爲一種以「內在超越」爲特徵的哲學體系。

如果說王弼思想多爲老子思想之發揮，嵇康阮籍思想則是多來源於莊子。莊周所追求的是精神上的絕對自由，卽逍遙游。嵇康阮籍所追求的也正是這樣一種精神上的絕對自由。雖他們的路徑並不完全相同。嵇康的《琴賦》中說：「齊萬物兮超自得」。他所追求的是一種超越相對以達絕對、超越有限以達無限的精神境界。這種精神境界不僅要超越社會的限制，而且要超越自然界的限制，以達到「並天地而不朽」的境界。那麼如何才能達到這種境界呢？嵇康在《釋私論》中提出「越名教而任自然」的命題，所謂「越名教」就是要超越社會中的禮樂忠孝等等的束縛；所謂「任自然」就是任自然之性。蓋人有其內在的自然本性，人應順其自然本性而使之得到發揮；但名教（鄭鮮之《滕羨仕宦圖》說：「名教大極，忠孝而矣」，）束縛人的本性的發揮，要得精神上的自由，就要超越社會中的限制，而任自然本性之發揮。嵇康在《難自然好學論》中說：「六經以抑引爲主，人性以從欲爲歡；抑引則違其願，從欲則得自然。然則自然之得，不以抑引之六經；全性之本，不須犯情之禮律，故仁義務於理僞，非養眞之術；廉讓生乎爭奪，非自然之所出」。人的本性所要求的是使得其欲望得到發揮，要使人的自然本性得到發揮就要否定一切人爲的對自然本性的限制。但超越一切人爲的（社會的）限制，也還不能完全自由，故仍不是最高的精神境界。要達到最高的完全自由的精神境界還得超越自然界（外物的）限制。嵇康《養生論》中說：「善養生者則不然矣，清虛靜泰，少私寡欲。知名位之傷德，故忽而不營，非欲而強禁也；識厚味之害性，故棄而弗顧，非貪而後抑也；外物以累心，不存神氣，以醇白獨著，曠然無憂慮，寂然無思慮，又守之以一，養之以和，和理日濟，同於大順，……無爲自得，體妙心玄，忘歡而後樂足，遺生而後身存」。這裏嵇康提出養生應「少私寡欲」，似乎與上言「從欲」相矛盾。其實不然。上所言「從欲」是要求任自然之性，而反對人爲的名教的束縛；這裏所說的「少私寡欲」也是說的要任自然之性，不以那些「名位」、「厚味」等非自然本性要求的外在的東西累其心。對那些外在的東西應採取「無爲自得」的態度，這正是一種超越自然界的外物的態度。上面引的那段話中的主要意思是說不要以外物累其心；要作到不以外物累其心，就必須作到「無須外」。《答難養生論》中說：「故世之難得者，非財也，非榮也，患意之不足耳！意足者，雖耦耕甽畝，被褐啜菽，莫不自得。不足者，雖養以天下，委以萬物，猶未愜然。則足者不須外，不足者無外不須也。無不須，故無往而不乏；無所須，故無適而不足」。這裏所說的「不須外」就是「情不繫於所欲」。「欲」是「內」，「所欲」是「外」。如果內欲不被外物所束縛，那就可以超出自然界的外物的限制，可以達到「順天和以自然，以道德爲師友，玩陰陽之變化，得長生之永久，任自然以託身，並天地而不朽」的超自然的精神境界。由此可見，嵇康以爲人如能充分發揮其內在的自然本性才能達到超越社會和自然界的精神境界，「齊萬物兮超自得」。因此，超越是完全靠自己內在的自然本性的發揮，不須依靠什麼外在的超越力量，這就是說嵇康的哲學從根本上說也是以「內在超越」爲特徵的。

嵇康的思想實是在魏晉之際的社會條件下對莊子思想的發揮，特別是對莊子「齊物」和「逍遙」思想的發揮。阮籍的思想同樣也是對莊子「齊物」和「逍遙」思想的發揮。他的《達莊論》的主旨是講「萬物齊一」；《大人先生傳》的主旨則是講絕對自由的超越境界。

《達莊論》引《莊子·齊物論》：「自其異者視之，則肝膽楚越也；自其同者視之，則萬物一體也」。莊周認爲，從一方面看，萬物都是相異的；但從另一方面看，萬物都是相同的，以證「萬物一體」。阮籍則更進一步證明萬物在實質上是一體的，他說：「天地生於自然，萬物生於天地。自然者無外，故天地名焉。天地者有內，故萬物生焉。當其無外，誰謂異乎？當其有內，誰謂殊乎」。這裏阮籍說「天地生於自然，萬物生於天地」意思是說「天地就是自然，萬物就是天地」，因爲「自然者無外，故天地名焉」，「天地者有內，故萬物生焉」，萬物就是天地的內容。就一切事物都包括在天地之內說，它們在實質上是「一體」。可見，阮籍不是從部分和全體的關係上來論證「萬物一體」，而是從實質上來論證「萬物一體」的。阮籍又說：「人生天地之中，體自然之形。身者，陰陽之精氣也；性者，五行之正性也；情者，游魂之變欲也；神者，天地之所以馭者也」。這是說，從人的各方面看，都是與天地萬物爲一體的。不過人在天地之中有其特殊性，這就是人的精神又是天地的主宰，所以「至人者，恬於生而靜於死。生恬，則情不惑；死靜，則神不離。故能與陰陽化而不易，從天地變而不移」。至人可以超生死，而達到「永存」的精神境界。阮籍認爲，達到「永存」的精神境界，不是靠外在的超越力量，而是要靠自己內在的精神力量。

在《大人先生傳》中，阮籍設計了如何靠自己內在的精神力量以達到自由的永存的境界。在這篇文章中，阮籍首先批評了那些「唯法是修，唯禮是克」的「上君子」，說他們：「汝君子之禮法，誠天下殘賊、亂危、死亡之術」；其次又批評了當時的「隱士」，認爲他們「惡彼而好我，自是而非人」，這樣還是有「是非之別，善惡之異」，仍然不能超脫於六合之外；再次，有薪者「以無爲用，不以人物爲事。尊顯不加重，貧賤不自輕，……無窮之死，猶一朝之生。身之多少，又何足營」？阮籍認爲，薪者的精神境界是很高的，他已無生死、是非的分別。但他仍是「雖不及大，庶免於小」的。阮籍認爲，最高的精神境界是至人的精神境界。至人「必超世而絕羣，遺俗而獨往，登乎太始之前，覽乎忽漠之初，慮周流於無外，志浩蕩而自舒」。這種「超世」的精神境界，不是靠外在的力量，而是靠自身的內在精神的發揮，所以阮籍說：「夫然成吾體也，是以不避物而處，所覩則寧；不以物爲累，所逌則成，彷徉足以舒其意，浮騰足以逞其情。故至人無宅，天地爲客；至人無主，天地爲所；至人無事，天地爲故。無是非之別，無善惡之異，故天下被其澤，而萬物所以熾」。可見，阮籍所說的至人得以超越，全靠他自己的主觀信念和自身內在的精神修養。

魏晉玄學的另一哲學家郭象與王弼等的路徑不同，他的哲學體系從否定造物主開始，在他的《莊子序》中明確地說：「上知造物無物，下知有物之自造」。這就是說，郭象認爲天地萬物的存在並不是由一外在的超越力量而使其存在，天地萬物的存在是它自己如此這般的存在着，它的存在的根據在於其自身。那麼，天地間有種種不同的事物，又如何形成的呢？照郭象看，這是由於他們的「自性」不同，他說：「物各有性，性各有極」。（《齊物論住》）郭象所謂的「自性」（「性」）就是「此物之所以爲此物者」，即其內在的規定性，他說：「天性所受，各有本分，不可逃，亦不可加」。（《養生主注》）任何事物的「自性」就是其存在的根據，它是不可改變的。事物的「自性」是其存在的根據，它由何而來？郭象爲了進一步否定「造物主」，提出事物都是自然而然「自生」的，他說：「凡所謂天（按指「天性」），即事物之「自性」），皆明不爲而自然。言自然則自然矣，人安能故有此自然哉！自然者，故曰性」。（《山木注》）照郭象看，如果說事物的自性不是自然而然自生的，那麼就是其他東西所給與的，即是由一超越力量所給與的；然而此事物之所以成爲此事物，彼事物之所以成爲彼事物，並沒有什麼使它成爲這樣或那樣，甚至也不是它自己有什麼目的使它自己成爲這樣或那樣，事物都是「欻然自生非有本」（《庚桑楚注》）。這裏的「本」指本源（來源）。「欻然」是說忽然發生，萬物都是忽然自生的，沒有什麼使之發生。郭象不僅否定了在萬物之上有一造物主，而且也否定一事物對其他事物的作用。因此任何事物都是「自足其性的」，他說：「物任其性，事稱其能，各當其分，逍遙一也，豈容勝負於其間哉！」（《逍遙遊篇目注》）表面上看來郭象與莊子不同，莊子認爲只有至人、神人等超人才可以逍遙，而郭象則認爲只要能「自足其性」的都可以逍遙。所謂「自足其性」就是充分發揮其內在的本性。老百姓本性所要求的是「衣食」「耕績」，如果能安於其本性所求，同樣是逍遙。但是一般人往往不安於其本性所要求的。而有「羡欲」、「跂尙」妄想作與自己性分不相合的事，因此得不到逍遙。只有聖人（神人、至人）能作到「無心而順有」、「身在廟堂之上，心無異於山林之中」，這樣才能「獨化於玄冥之境」，「逍遙於無何有之鄉」。郭象說：「至人無心而順物，唯變所適」，（《外物注》）又說：「神人者，無心而順物者也」；「夫無心而任化乃羣聖之所遊處」。（《人間世注》）聖人「無心」則可德合自然；「順有」則可不廢名教。郭象認爲，理想的社會並不需要在「超現實世界」中實現，它可以實現於現實世界之中。因爲超現實寓於現實之中。最高人格的聖人作到「無心而順有」並不需要離開「人間」，是卽世間而出世間，既可以是「戴黃屋，佩玉璽」的帝王，又可以是天地萬物的宗師，此卽郭象的所謂「內聖外王之道」。由此可見，所謂「無心而順有」只是聖人的一種主觀境界，這種境界是一般人無法達到的，學聖人只能學到「聖人之迹」，不能成爲出六極之外，而遊無何有之鄉，以處壙埌之野的聖人。而由於聖人具有特殊的內在本性，他可以卽世間而出世間，則可以無往而不逍遙了。

西晉時玄學發展到郭象可以說已達頂峰，對「內在性」和「超越性」的關係在玄學範圍內可以說解決得較爲圓滿，但到東晉有張湛注《列子》，對「內在性」與「超越性」問題的解決途徑又異於郭象，也應爲我們所注意。如果說郭象哲學的特點是使超現實寓於現實之中，那麼張湛哲學的特點則是使現實寓於超現實中，同樣企圖消除現實與超現實的對立。在張湛的《列子序》中說：

其書大略，明羣有以至虛為宗，萬品以終滅為驗；神惠以凝寂常全，想念以著物自喪；生覺與化夢等情，巨細不限一域；窮遠無假智力，治身貴於肆任；順性則所之皆適，水火可蹈；忘懷則無幽不照，此其旨也。

從這段話看，張湛哲學的主旨是要解決「超生死得解脫」的問題。張湛認為：「羣有」必有一超越其上的「至虛」（無）作為其宗主（本體），這是因為所有的在時空中的事物（包括人）都是有生有化的（有生有滅）、暫時存在的，它背後必有一不生不化的超時空的生化之本（本體）作為一切事物存在和變化的根據。而人如要超出時空之所限，超乎生死之變化，就必須找到一通往不生不化的「至虛」的辦法：這就是要順乎自然之性，了解夢醒並無本質區別，巨細也無區分必要，排除外在事物的困擾和有限世界的束縛，用一種超越的智慧（無智之智，即玄照、神惠）認識人自身的來源和去向，而達到返回「太虛」的目的。張湛的這一基本思想又表現在他的《列子》八篇的篇目注中：第一篇《天瑞》說變化，「羣有」有生有化，「本無」（「至虛」、「太虛」）不生不化，為寂然至虛凝一而不變者；第二篇《黃帝》說順生死，順性命之道者，心與無氣玄合，體與陰陽冥諧，所適皆通；第三篇說無變化，生滅、夢覺原其極歸於無物（太虛），故生死之理均，夢覺之塗一；第四篇《仲尼》、第五篇《湯問》說玄照，超生死、得解脫須籍智慧，此「智」為「無智之智」，無智之智則寂然玄照，無所根滯，故可超越，此智慧（無智之智）唯聖人有；第六篇《力命》說知命，命者必然之期，素定之分；生死之分，修短之期，咸定於無爲，天理之所制；第七篇《楊朱》說達生，生者一氣之暫聚，暫聚者終散而歸太虛，故當縱情任性，而不求餘名於後世，此達乎生生之極者；第八篇《說符》說變通，事故無方，聖人依伏變通，心乘於理，檢情攝念，泊然凝定，豈萬物變之所能變乎！蓋要「超生死，得解脫」不能從有存亡變化的「羣有」自身去解決，必須從不生不化的至虛方面來解決。聖人有無智之智觀照存亡變化之途，以了解來源與去向，從有生有化達到無生無化，而歸於「太虛」，與「道」同體。張湛的這一思想的路徑是：只有聖人得以靠其「無智之智」而由暫聚之現實世界通向永恒的超越世界（太虛）。聖人之所以能達到這一境界，並非有一外在的超越力量使之如此，也非因本體之「無」而使之（因本體之「無」爲寂然至虛凝一不變者），完全是靠其內在的智慧。

魏晉玄學由何晏王弼經嵇康阮籍到郭象，到東晉而有張湛，在「超越」問題上都認爲聖人（神人、聖人）是依其自然內在的智慧（神明，無心，玄照等等）而得「超越」，故他們的哲學從根本上說也是一種以「內在超越」爲特徵的哲學。據此，有以下幾點或可注意：

㈠魏晉玄學是一種以「內在超越」爲特徵的哲學。所謂「內在超越」只是一種精神境界，這種精神境界並非與現實世界相對立的彼岸世界，它僅僅是一種超越的精神境界。這種精神境界是靠聖人異於一般人的內在本性的發揮所達到的。

㈡唯聖人有此超越之境界所依之據，蓋以爲聖人不可學不可致。魏晉玄學認爲，聖凡的界線非常分明，聖人之所以異於一般人是由於其具有與一般人不同的內在本性，王弼有「聖人茂於人者神明」

之論，嵇康有「神仙特受異氣，非積學所致」之說，郭象有「學聖人，學聖人之迹」之義，張湛有聖人爲「寂然玄照者」之旨，故聖人均靠其特異之本性而可達到超越之境界。

㈢魏晉玄學雖然企圖調和儒道，但它實質上仍是沿著道家老莊思想發展的，以「內在超越」爲特徵的儒家哲學所追求的是道德上的理想人格；同樣以「內在超越」爲特徵的道家哲學所追求的則是精神上的自由。這兩種精神深深地影響著中國哲學的發展和中國知識分子的人格。

㈣魏晉玄學中，王弼、郭象和嵇阮、張湛也有所不同：王弼郭象在世間與出世間問題上，都因其主張「體用如一」（卽用卽體），而認爲世間卽是出世間（王弼），出世間卽是世間（郭象），嵇康、阮籍、張湛則有所不同，嵇康有「越名教而任自然」之說；張湛有「羣有以至虛爲宗」之論。從理論上看，他們都在一定程度上割裂了世間與出世間。但從他們所追求的境界上看，又是可以由世間通向出世間，所以無論嵇康阮籍還是張湛都認爲只要能從思想上取消相對就可以達到德合自然的境界。

㈤中國傳統哲學除儒道兩家的主流是以「內在超越」爲特徵外，中國化的佛教如禪宗同樣是一種以「內在超越」爲特徵的哲學，禪宗認爲，所謂「佛性」就是人的「本心」，人要超脫苦海達到涅槃境界，只是在一念之間，「前念迷，卽凡夫；後念悟，卽佛」，「前念著境，卽煩惱；後念離境，卽菩提」。（《壇經》）「佛性」本在自己，何必外求，既不必念經，更不必拜佛，所謂超越的理想境界就在你身邊，「青青翠竹盡是法身，鬱鬱黃花無非般若」本來天堂就在你眼前，哪裏另外還有一個天堂。由此可見，中國的儒、道、釋都是以「內在超越」爲特徵的。在四百年前西方傳教士利瑪竇看到了這個問題，他在《天主實義》中說：

吾竊貴邦儒者，病正在此常言明德之修，而不知人意易疲，不能自勉而修；又不知瞻仰天主以祈慈父之佑，成德者所以鮮見。

利瑪竇這段話是針對儒家說的，但對中國的道家（道教）和佛教也是適合的，而且我認爲他看到了以「內在超越」爲特徵的中國哲學的問題，或是孤光先發。我無意否定「內在超越」爲特徵的哲學，它對人類社會無疑是有特殊貢獻的，特別是在自我修養和人生境界的提高方面有著特殊的貢獻。但似乎也不應忽視，這種哲學又會走向泛道德主義和主觀主義，不利於建立客觀有效的社會制度和法治秩序，同時在對探討宇宙人生的終極關切問題上也不無缺陷。因此我們是否可以提出一個問題：能否建立一包容以「內在超越」爲特徵和以「外在超越」爲特徵的哲學的更完滿的哲學體系呢？我認爲，或是可能，至少是可以嘗試的。

㈥如果說有可能建立一包容「內在超越」和「外在超越的」哲學體系。能否在中國傳統哲學中找到內在資源呢？我認爲，中國傳統哲學是有這方面的某些內在資源的。本來在孔子思想中就有兩個方面：一方面有「爲仁由己」，「人能弘道，非道弘人」的說法；另一方面也有「畏天命，畏大人，畏聖人之言」的說法。前者是孔子思想中「內在超越」方面，後者是孔子思想中「外在超越」方面，或者說：從後者可以看出孔子哲學仍有外在超越的因素。但後來的儒家發展了前一方面，而後一方面沒有得到發展。如果能使上述兩方面平行發展，而又有所結合，是否可以沿著孔子的思想發展出一包容

「內在超越」和「外在超越」的哲學體系呢？我認爲，它是值得我們探討的問題。比孔子稍後的哲學家墨子，他的哲學可以說是以「外在超越」爲特徵的哲學體系。墨子哲學可以說由兩個相互聯繫的部分組成：一是具有人文精神的「兼愛」思想；另一是具有宗教性的「天志」思想。這兩方面看起來似有矛盾，但在墨子思想體系中卻認爲「兼愛」是「天」的意志的最根本的體現，所以「天志」應是墨子思想的核心。墨子的「天志」思想認爲「天」是有意志的，它的意志是衡量一切事物的最高和最後的標準，它可以賞善罰惡，是一外在於人的超越力量，或者說它具有明顯的「外在的超越性」。因此墨子哲學發展到後期墨家，就更具有科學因素和邏輯學、認識論思想。可惜在我國戰國以後墨家思想沒有得到發展。墨家思想是否可以成爲我們建立一包容「內在超越」和「外在超越」的哲學體系的內在資源的一方面呢？我想是應該可以的。

【附　註】

① 此文爲一九八八年八月在新加坡召開的《儒學討論會》所寫，除收入該會論文集中，將刊於一九九〇年《中西哲學與文化》。

② 關於老子和莊子的哲學問題可參考拙文《再論中國傳統哲學中的眞善美問題》。臺灣《哲學與文化月刊》第十六卷第十期，一九八九年十月。

從周易略例與老子指略看王弼的思想

呂 凱

一、王弼及其著作

王弼，字輔嗣，三國魏山陽高平（今山東省金鄉縣西北）人，生於黃初七年（西元二二六年），卒於正始十年（西元二四九年），年二十四。弼父業，爲王粲嗣子。粲曾祖龔，祖父暢，皆曾爲漢三公，父謙爲大將長史。漢末天下大亂，粲與族兄凱，避地荆州，依荆州牧劉表。表曾受易於粲祖王暢，王暢、劉表，皆東漢易學名家。表以女妻凱，生子業，業、表之外孫。粲有二子，因與魏諷謀反，爲曹丕所殺，曹操自漢中返，以業嗣粲①，弼爲業之次子，爲王粲之孫，可謂家世易學。三國志魏志鍾會傳云：

初，會弱冠與山陽王弼並知名。弼好論儒道，辭才逸辯，注易及老子。

又據三國志魏志鍾會傳注引何劭王弼傳云：

弼注老子，為之指略，致有理統。著道略論，注易，往往有高麗言。

根據前引，則王弼之著作，有周易注、老子注、老子指略、道略論。但未入於史者，尚有周易略例、論語釋疑、易大衍論、易無互體論、周易窮微論、忘言忘象得意論②。王弼之著作，今存最爲完整者，則爲周易注、周易略例，老子注、老子指略。而以周易略例及老子指略，最能代表其思想。

二、王弼之思想儒道兼綜以無爲本

前引謂「弼好論儒道。」好論儒道，就王弼而言，是有所專指的。因爲王弼主張儒道合，他論儒道，常將二家會通爲一。關於此點，在其傳中，周易注中，老子注中，皆可發現。如三國志魏志鍾會傳注引何劭王弼傳云：

> 父業，為尚書郎。時裴徽為吏部郎，弼未弱冠，往造焉。徽一見而異之，問弼曰：夫無者，誠萬物之所資也，然聖人莫肯致言，而老子申之無已者何？弼曰：聖人體無，無又不可以訓，故不說也；老子是有者也，故恒言無所不足。③

王弼以爲聖人體無，因無不可訓釋而不言；老子是有，以有本於無，故申之而無已。他認爲儒者知本以釋末：道者據有以明無。二者可謂「一致而百慮，殊塗而同歸。」此由其釋「子曰：予欲無言。子貢曰：子如不言，則小子何述焉？子曰：天何言哉？四時行焉，百物生焉。天何言哉！」可以證明。他說：

> 予欲無言，蓋欲明本。舉本統末，而示物於極者也。夫立言垂教，將以通性，而弊至於湮；寄

旨傳辭，將以正邪，而勢至於繁。既求道中，不可勝御，是以修本廢言，則天而行化。以淳而觀，則天地之心見於不言；寒暑代序，則不言之令行乎四時，天豈諄諄者哉。④

王弼所說的「予欲無言，蓋欲明本。舉本統末，而示物於極者也。」正可以說明「聖人體無，無又不可以訓，故不說也」的道理。而王弼以此方法釋論語，正欲將儒道兩而合之也。而「修本廢言，則天行化。」爲王弼以道釋儒的基本觀之一。所以他在周易復卦象「復其見天地之心乎！」下注說：

復者，反本之謂也。天地以本為心者也。凡動息則靜，靜非對動者也；語息則默，默非對語者也。然則天地雖大，富有萬物，雷動風行，運化萬變，寂然至無是其本矣。故動息地中，乃天地之心見也。若其以有為心，則異類未獲具存矣。

世所謂王弼以老注易者，應以此文，最爲明顯。他說的「復者，反本之謂也。」反本，就是以無爲心。他以靜、默爲動、語之本；以至無爲萬物之本。他在老子三十八章注說：

何以得德？由乎道也。何以盡德？以無為用。以無為用，則莫不載也。故物，無焉，則無物不經；有焉，則不足以免其生。是以天地雖廣，以無為心；聖王雖大，以虛為主。故曰以復而視，則天地之心見；至日而思之，則先王之至覩也。故滅其私而無其身，則四海莫不瞻，遠近莫不至；殊其己而有其心，則一體不能自全，肌骨不能相容。

王弼此注，與復卦之注較之，意頗相近。不過在此處宜留意者，王弼認爲要得到德，必由於道；要盡德之用，必須以無。他所談的道和無，是可以互稱的。如他在論語述而「子曰：志於道」下注云：

道者，無之稱也，無不通也，無不由也。況之曰道，寂然無體，不可為象。是道不可體，故但志慕而已。（見論語注疏邢昺疏）

根據前引，道爲無之稱，關於此點，他在老子二十五章注中，有詳盡的說明。⑤因此所謂的「無焉，則無物不經。」其中的無焉，就是指的道。因爲「道不違自然」，而「自然者，無稱之言，窮極之辭也。」⑥因此他認爲，天地之廣，聖王之大，都不可離道。離道，則天地失其廣，聖王失其大。所以天地必須以無爲心；聖王必須以虛爲主。反之，若天地不以無爲心，聖王不以虛爲主，則不惟不足以免其身，甚且一體不能自全，肌骨不能相容，卽復封注所謂之「異類未獲具存也。」

因爲王弼是一位旣通經學，又好老氏的學者，所以他能夠會通儒道，一家兼綜。然其思想之基礎，則歸本於無。晉書卷四十三王衍傳云：

魏正始中，何晏、王弼等祖述老、莊，立論以為天地萬物皆以無為為本⑦。無也者，開物成務，無往不存者也。陰陽恃以化生，萬物恃以成形，賢者恃以成德，不肖恃以免身。故無之為用，無爵而貴矣。

王弼、何晏，學說主張，雖非盡同。但對儒道之兼綜，二人是相近的。世說新語文學第四第十條注引文章敍錄曰：

自儒者論以老子非聖人，絕禮棄學。晏說與聖人同，著論行於世也。

據此可證，王弼、何晏對儒道合同的看法是一致的。二人之「以無爲本」，也是一致的。如何晏道論云：

有之為有，恃無以生，事而為事，由無而成。夫道之而無語，名之而無名，視之而無形，聽之而無聲；則道之全焉。故能昭音響而出氣物，包形神而章光影。玄以之黑，素以之白。矩以之方，規以之員。員方得形而無此形，黑白得名而無此名。⑧

何晏此說，與王弼以無爲本之說正同。而王弼在老子四十二章注中，說得更淸楚，他說：

萬物萬形，其歸一也，何由致一，由於無也。

綜上而論，王弼是一位儒道兼綜的思想家。晉書王衍傳論其「以無爲本」之說，雖與何晏等並列，實因何晏之思想，與弼基本上有相同之處。且就思想而論，何晏之成就，自不如王弼。此由載籍，可以證明。三國志魏志鍾會傳注引何劭王弼傳云：

其論道傅會文辭，不如何晏，自然有所拔得多晏也。⑨

據此可知，論道之言，何晏以辭勝；而王弼則以理勝也。觀世說新語文學第四何晏注老子始成，見王弼注精奇，及對王弼神伏推許之狀⑩，益可證知，王弼論道，理勝於晏。故「以無爲本」之說，歸之王弼，以其今存之著作相與比對，悉能相合，此乃不更之事實也。

三、從周易略例看王弼之思想

周易略例主述周易卦、爻之象、象、時、變、位以及卦德、卦體之例。王弼於此，頗多獨特之思想，茲舉論於後：

(一)一與多的問題

王弼以無與道爲一⑪，以有爲多。他認爲執一可以御多。周易略例明象說：

夫衆不能治衆，治衆者，至寡者也。夫動不能制動，制天下之動者，貞夫一者也。故衆之所以得咸存者，主必致一也；動之所以得咸運者，原必無二也。

王弼此說，本就卦爻而言，衆指六爻，寡指一卦之主爻。然詳推其意，弼所謂之衆、寡，實卽一與多之問題。他以一爲君，以衆爲民，治民不可民，而必以君。觀其「子曰：參乎『吾道一以貫之哉！』」⑫下注，卽可證明，他說：

貫，猶統也。夫事有歸，理有會，故得其歸，事雖殷大，可以一名舉；總其會，理雖博，可以至約窮也。譬猶以君御民，執一統衆之道也。（皇侃義疏）

根據上引，他將一視爲君，衆視爲民，是信而有徵的。他又將一視爲理之極，理極而一，則一理可以應萬事。所以他又說：

未有反諸其身而不得物之情，未有能全其恕而不盡理之極也。能盡理極，則無物不統。極不可二，故謂之一也。⑬

王弼所說的「理極」，就是指的一。因爲他在老子八十章「知者不博」下注說：

極在一也。

宇宙運化，雖萬殊而一理，若能「事有宗，而物有主」，則萬變而可以一御。他在周易略例明象中說：

物無妄，然必由其理。統之有宗，會之有元，故繁而不亂，衆而不惑。……故自統而尋之，物雖衆，則知可以執一御也；由本以觀之，義雖博，則知可以一名擧也。故處璇璣以觀大運，則天地之動未足怪也；據會要以觀方來，則六合輻輳未足多也。

王弼認爲萬物皆由一而生，萬事皆由一而成。他的萬物由一而生之說，本於老子「一生二，二生三，三生萬物」之意。他的萬事由一而成之說，本於老子「昔之得一者，天得一以淸，地得一以寧，神得一以靈，谷得一以盈，萬物得一以生，侯王得一以爲天之貞」之意。由於物生事成，皆由於一，所以他在思想表現上非常重視「守一」和「用一」。用一之目的，在使萬物以生以成；守一的目的，在使萬物不失其功不失其成。王弼認爲「約以存博，簡以濟衆」，皆賴一而實現。

(二)同與異的問題

王弼在周易略例中，對同異的問題，亦有其特殊的見解。他在明爻通變中說：

近不必比，遠不必乖。同聲相應，高下不必均也；同氣相求，體質不必齊也。召雲者龍，命呂者律。故二女相違，而剛柔合體。隆墀永歎，遠壑必盈。投戈散地，則六親不能相保；同舟而濟，則吳越何患乎異心。能說諸心，能研諸慮，睽而知其類，異而知其通，其唯明爻者乎！

王弼此說，雖就爻變而言，然其用意則在說明事異而理同者，行異而志通者。他在周易睽卦象曰：「上火下澤，睽。君子同而異」下注說：

同於通理，異於職事。

孔穎達周易正義疏云：

上火下澤睽，動而相背，所以為睽也。君子以同而異者，佐王⑭治民，其志則同。各有司字，職掌則異，故曰君子同而異也。

據上引可知，王弼認爲職事異者，事物之體雖乖，而由於其用相合，復能同其通理。若天地有高下之睽異，其生萬物之目的則相同；若男女有性別之睽異，其心志感通之趨向則一致；若萬物有形象之睽異，其互爲生長之作用則無異。王弼此意，當據周易睽卦彖辭⑮而來。不過他在老子指略中，對同異的問題，解說得更爲清楚。他說：

然致同塗異，至合趣乖，而學者惑其所致，迷其所趣。

他認爲萬事萬物，本有共同歸致，但因發展的塗徑和採用的方法不同，而使學者產生因塗異趣乖，以爲萬事萬物皆異的迷惑。在此情況之下，他認爲必須尋義探理，始足以得其歸致。他說：

尋而後既義，推而後盡其理。善發事始以首其論，明夫會歸以終其文，故使同趣而感發者，莫不美其興言之始，因而演焉；異旨而獨構者，莫不說其會歸之徵，以為證焉。夫途雖殊，必同其歸；慮雖百，必均其致。而擧夫歸致以明至理。故使觸類而思者，莫不欣其思之所應，以為得其義焉。

王弼此說，本於易傳⑯同歸殊塗，一致百慮之意。此雖為論老子之作，但可藉此文而顯示出他對同異的看法。他認為萬物雖異，異在職事，至其歸致，則無不同也。

㈢言象意的問題

王弼注易，所據者為易傳，故其論點，亦多以易傳為歸。他論言、象、意的問題，亦據易傳之「子曰：書不盡言，言不盡意。然則聖人之意，其不可見乎？子曰：聖人立象以盡意，設卦以盡情僞。繫辭焉，以盡其言。」⑰而論。唯王弼之論，更具系統而已。他在周易略例明象中說：

夫象者，出意者也。言者，明象者也。盡意莫若象，盡象莫若言。言生於象，故可尋言以觀象；象生於意，故可尋象以觀意。意以象盡，象以言著。故言者所以明象，得象而忘言；象者，所以存意，得意而忘象。猶蹄者所以在兎，得兎而忘蹄；筌者所以在魚，得魚而忘筌也。然則，言者，象之蹄也；象者，意之筌也。是故，存言者，非得象者也；存象者，非得意者也。象生於意而存象焉，則所存者乃非其象也；言生於象而存言焉，則所存者乃非其言也。然則，忘象者，乃得意者也；忘言者，乃得象者也。得意在忘象，得象在忘言。故立象以盡意，而象可忘也；重畫以盡情，而畫可忘也。

王弼此論，對言、象、意三者的產生、目的與作用而言，均條分得非常清楚。

1.就言、象、意的產生而言：心思而成意，由意而生象，由象而生言。他以意爲本，以言象爲末。本可以生末，所以意可以生象，象可以生言。

2.就言、象、意的目的而言：他主張通過言、象而得意。所以他以尋言觀象，尋象觀意的方法，就言、象而求意之所在。此溯流探源由末尋本之法，目的在於得意。

3.就言、象、意三者的關係而言：意能生象，而意存於象；象能生言，而象存於言。所以言中有象，象中有意。

4.就言、象、意的作用而言，言、象爲得意的工具，意得而工具可棄。猶如魚、兎得而筌、蹄可忘是一樣的。

王弼對言、象、意的看法，就是他注周易主張掃象的主要根據。因爲象數易學家，對於言、象因過分拘執，反而不知求其本意，牽強附會之說，滋生漫延，對卦之本意，往往失其要領。所以王弼說：

> 一失其原，巧愈彌甚。從復或値，而義無所取。蓋存象忘意之由也，忘象以求其意，義斯見矣。

他認爲唯有忘言、忘象，以求意，義才可見。但在此論之中，吾人所宜深知者，王弼之忘言，忘象以求意，並不是不重視言、象，而是希望研易的人，不要停留或拘執於言、象，而致不知義之所在。

言、象若筌、蹄之可棄，乃在於得意之後。在未得意之前，必須透過言、象，始能得意。在魏、晉時，雖有六經固聖人糠粃的話⑱，但王弼承認必須通過六經，才能得到言外之意。若無言可尋，就不能觀象；若無象可尋，就不能觀意，若無筌、蹄而不能得魚、兎也。所謂「工欲善其事，必先利其器」，利其器的目的，固在善其事。但沒有利器，就不能善事。六經雖爲聖人之糟粕，但卻可藉此糟粕而再得美酒。以今天的眼光看來，六經誠然陳就，但它的可讀性，仍然很高。假如吾人能夠透過六經，去善體先聖先賢之意，而開闢出我們現代人當行的道路，那才是我們硏究學問的目的。而王弼對言、象、意三者，主張忘言、忘象以求意，目的就在於此。

四、從老子指略看王弼的思想

王弼老子指略在於總括老子全書之意。因爲王弼注老子，甚爲精奇，所以甚爲時人所重。而他的精奇思想，正可從老子指略中看出。玆就其所論，分述如後。

㈠形與名的問題

王弼主張貴無，所以他對形、名的問題，主張無形、無名。他說：

夫物之所以生，功之所以成，必生乎無形，由乎無名。無形無名者，萬物之宗也。

他認爲道因爲無形無名而始成萬物，所以無形無名，就是萬物的宗主。而有形有名的東西，亦卽可道可名的東西，非常道常名。凡是有形有名之物，都會受到形、名的限定，受到限定，就不能周遍。他說：

> 故可道之盛，未足以官天地；有形之極，未足以府萬物。是故歎之者不能盡乎斯美，詠之者不能暢乎斯弘，名之不能當，稱之不能旣。名必有所分，稱必有所由。有分則有不兼，有由則有不盡；不兼則大殊其真，不盡則不可以名，此可演而明也。

據此可以看出，王弼主張無形、無名的原因。他認爲可道之名，無論如何盛大，但已經成爲限定之名，已限定之名，就不能統括全體之無名；具體之形，無論如何完美，但已經成爲固定之形，已固定之形，就不能包括全體之無形。因爲有形、有名是個別，無形無名是全體。全體可以分名以名個別，個別不能統名以名全體。個別之名不能兼全名；個別之形不能盡全形。所以個別之名大殊其眞；個別之形其稱不盡。唯有無形、無名，因爲形、名不分，反而能得其全。王弼主張無形、無名，是有其用意的。他認爲形、名既皆各有其義，而皆未盡其極，若拘於形、名，反失其眞常，敗其性原。他說：

> 言之者失其常，名之者離其真，為之者敗其性，執之者失其原矣。是以不以言為主，則不違其常；不以名為常，則不離其真；不以為為事，則不敗其性；不以執為制，則不失其原矣。

他主張無言、無名、無爲、無執之目的，實欲棄聖智之僞名，絕仁義之僞行。因爲：

> 素樸之道不著，而好欲之美不隱，雖極聖明以察之，竭智慮以攻之，巧愈思精，偽愈多變，攻之彌甚，避之彌勤。則乃智愚相欺，六親相疑，樸散真離，事有其奸。蓋舍本而攻末，雖極聖

智，愈致斯灾，況術之下此者乎？夫鎮之以素樸，則無為而自正；攻之以聖智，則民窮而巧殷。故素樸可抱，而聖智可棄。

極聖智則詐僞愈精，況假聖智之僞名乎？若棄聖智，則詐僞反可不興。倡仁義，同有此病。因爲：

敦樸之德不著，而名行之美顯尚，則修其所尚而望其譽，修其所道而冀其利，望譽冀利以勤其行，名彌美而誠愈外，利彌重而心愈競。父子兄弟，懷情失直，孝不任誠，慈不任實，蓋顯名行之所招也。患俗薄而名興行，崇仁義，愈致斯僞，況術之賤此者乎？故絕仁棄義以復孝慈，未渠弘也。⑲

王弼認爲聖智與仁義，皆出於素樸之後，其名雖美，必求而得之，爲而成之。但是「求而得之，必有失焉；爲而成之，必有敗焉。善名生，則有不善應焉。」⑳就王弼之觀點而言，他以爲敦樸之道與敦樸之德不著，而立聖智、仁義之名。立名，則入於有爲之境，有爲已等而下之了，更何況「爲之猶僞」㉑爲求名譽而遠誠去實，豈不變爲假聖智、仁義行僞了嗎？如此之聖智，如此之仁義，不加以棄絕，則其害不已。王弼主張無形、無名，乃緣於有形、有名之害，而能制此害者，則唯無形、無名之利也。

㈡崇本息末的問題

王弼於老子指略中，三言崇本息末，而於老子三十八章注中，亦論崇本舉末之問題，足證其對此一問題之特別重視。而此一問題，為王弼思想中之主要問題。他在老子指略中論老子之大歸說：

故其大歸也，論太始之原以明自然之性，演幽冥之極以定惑罔之迷。因而不為，損而不施；崇本以息末，守母以存子；賤夫巧術，為在未有；無責於人，必求諸己；此其大要也。」

王弼認為母就是本，子就是末。他在老子五十二章「天下有始，以為天下母。既得其母，以知其子；既知其子，復守其母」下注說：

母，本也。子，末也。得本以知末，不舍本以逐末也。

王弼在其著作中言崇本息末之處甚多㉒。因為他認為凡事必須守母執本。所以他在老子三十八章注中說：

守母以存其子，崇本以舉其末，則形名俱有而邪不生，大美配天而華不作。故母不可遠，本不可失。

欲要不遠其母，不失其本，就必須如前引所說：「賤夫巧術，為在未有。」王弼所指的巧術，就是法、名、儒、墨、雜諸家立形、名之說。他在老子指略中指出：

法者尚乎齊同，而刑以檢之。名者尚乎定真，而言以正之。儒者尚乎全愛，而譽以進之。墨者尚乎儉嗇，而矯以立之。雜者尚乎衆美，而總以行之。夫刑以檢物，巧偽必生；名以定物，理恕必失；譽以進物，爭尚必起；矯以立物，乖違必作；雜以行物，穢亂必興。斯皆用其子而棄其母。物失所載，未足守也。

據王弼此說，法、名、儒、墨、雜諸家，皆用子棄母而不足爲守者。顯然的他以道家爲本，而以諸家爲末。因諸家之說紛錯雜陳，致有各種不同的爭論。欲息爭辯之惑，就必須以道家之崇本息末，始能達到目的。所以他在老子指略中說：

老子之書，其幾乎可一言而蔽之。噫！崇本息末而已矣。觀其所由，尋其所歸，言不遠宗，事不失主。文雖五千，貫之者一；義雖廣贍，衆則同類。解其一言而蔽之，則無幽而不識；每事各為意，則雖辯而愈惑。

王弼以道家崇本，故無幽而不識；諸家據末，故雖辯而愈惑。因此他認爲欲要達到崇本息末的目的，必須本諸道家的「見素樸以絕聖智，寡私欲以棄巧利。」他在老子指略中說：

夫邪之興也，豈邪者之所為乎？淫之所起也，豈淫者之所造乎？故閑邪在乎存誠，不在善察；息淫在乎去華，不在滋章；絶盜在乎去欲，不在嚴刑；止訟在乎不尚，不在善聽。故不攻其為也，使其無心於為也；不害其欲也，使其無心於欲也。謀之於未兆，為之於未始，如斯而已矣。故竭聖智以治巧偽，未若見質素以靜民欲；興仁義以敦薄俗，未若抱樸以全篤實；多巧利以興事用，未若寡私欲以息華競。故絕司察，潛聰明，去勸進，翦華譽，棄巧用，賤寶貨。唯在使民愛欲不生，不在攻其為邪也。故見素樸以絕聖智，寡私欲以棄巧利，皆崇本以息末之謂也。

王弼此論，是他對崇本息末最佳的詮釋。他深能體會執末者敗，守本者成。而執末者僅止於揚湯止沸，不過治標之手段而已；守本者則能釜底抽薪，方爲治本之終極目的。唯其論中所引以證崇本息末之意，則易、老、論語兼採，於此亦可證孔、老二家，對崇本息末之見，亦有相合處。若閑邪存誠之說，本之於周易乾卦文言。存誠者本也，善察者末也。若心存乎誠，則邪僻不興，何待乎察？若滋章之說，本之於老子。去華者本也，法令滋章者末也。若性不華侈，則淫奢自息，何待乎法令滋章？若絕盜去欲之說，本之於論語顏淵。去欲者本也，嚴刑者末也。苟其不欲，雖賞不竊，何待於嚴刑？若止訟在於不尙，不在善聽，本之於論語顏淵。不尙本也，善聽末也。若人不尙訟，則根本無訟，何待乎善聽？所以王弼特別強調，凡事應從根本上著手。所謂「不攻其爲也，使其無心於爲也；不害其欲也，使其無心於欲也。」因爲惟有「無心於爲，無心於欲」，才能「謀之於未兆，爲之於未始。」如此則本崇而末息，母守而子舉也。

五、結　論

王弼在周易略例與老子指略中，所提出的思想觀念，略如前述，因爲他的思想主體是「以無爲本」，他採取的方法，則是「反本爲用」。他在周易略例中所提出的一與多的問題、異與同的問題、言象意的問題，都可以通過以無爲本，反本爲用來解釋的。王弼將無與有，喻之爲母子或本末。子與末是有限的，其用不周；必須反於無窮的母與本，其用乃全。所以，就名而言，他主張無形無名；就自然而言，他主張無爲無造；就人性而言，他主張無私無欲。他認爲這些，都是爲功之母。因此他在老子指略中，提出了形、名的問題和崇本息末的問題。因爲他深知：

> 母不可遠，本不可失。仁義母之所生，非可以為母；形器匠之所成，非可以為匠也。㉓

因爲他認爲名行巧利之美，若忽其素樸之本，則反致其害。他在老子指略中說：

> 夫聖智，才之傑也；仁義，行之大者也；巧利，用之善者也。本苟不存，而興此三美，害猶如之，況術之有利，斯以忽素樸乎？

若不守其本，專用其末，不能反素抱樸，以棄絕聖智、仁義、巧利，則必致「城高則衝生，利興則求深」之患。因此，吾人必須深體王弼崇本息末之意，以除捨本逐末之害。他在老子指略中再三致意說：

> 既知不聖為不聖，未知聖之不聖也；既知不仁為不仁，未知仁之為不仁也。故絕聖而後聖功全，棄仁而後仁德厚。夫惡強非欲不強也，為強則失強也；絕仁非欲不仁也，為仁則偽成也。有其治而乃亂，保其安而乃危。後其身而身先，身先非先身之所能也；外其身而身存，身存非存身之所為也。功不可取，美不可用，故必取其為功之母而已矣。

詳王弼此言，則可以深會其「母不可遠，本不可失」之意矣。

【附注】

① 三國志魏志鍾會傳注引魏氏春秋曰：「文帝既誅粲二子，以業嗣粲。」又同上引博物記曰：「初，王粲與族兄凱俱避地荆州，劉表欲以女妻粲，而嫌其形陋而用率，以凱有風貌，乃以妻凱。凱生業，業即劉表外孫

也。蔡邕有書近萬卷，末年載數車與粲，粲亡後，相國掾魏諷謀反，粲子與焉，旣被誅，邕所與書，悉入業。業字長緒，位至謁者僕射。子宏字正宗，司隸校尉。宏，弼之兄也。」

②王弼著作，除周易注、老子注、周易略例、老子指略尚稱完整外，其他如道略論，今已不見；論語釋疑則於論語皇侃義疏中尚存若干條；易大衍論，曾爲荀融所難，韓康伯注繫辭傳曾引之；周易通微論，見於通志略卷三十九；至易無互體論、忘言忘象得意論，或卽爲周易略例中文，抑爲獨立成篇，今已不可詳知。又王弼有聖人有情論，爲與何晏之聖人無喜怒哀樂論辯論而作，見於何劭之王弼傳。

③世說新語文學第四：「王輔嗣弱冠詣裴徽，徽問曰：夫無者，誠萬物之所資，聖人莫肯致言，而老子申之無已，何邪？弼曰：聖人體無，無又不可以訓，故言必及有；老莊未免於有，恆訓其所不足。」與引文稍異。

④見論語皇侃義疏。論語陽貨篇語。

⑤按：王弼以道爲無之名。但道本無名，所以王弼在老子二十五章：「吾不知其名，字之曰道，強爲之名曰大。」注云：「名以定形，混成無形，不可得而定，故曰：不知其名也。夫名以定形，字以稱可。言道取於無物而不由也，是混成之中，可言之稱最大也。吾所以字之曰道者，取其可言之稱最大也。責其字（定）之所由，則繫於大。夫有繫則必有分，有分則失其極矣，故曰：強爲之名曰大。」

⑥見老子二十五章：「天法道，道法自然」下注。

⑦立論以爲天地萬物皆以無爲爲本。此句疑衍一「爲」字。由下「無也者……」可證。

⑧見列子天瑞篇張湛注引何晏道論。

⑨世說新語文學第四第七條注引魏氏春秋曰：「弼論道約美不如晏，然自然出拔過之。」意與弼傳說同。

⑩ 世說新語文學第四第七條：「何平叔注老子始成，詣王輔嗣；見王注精奇，廼神伏曰：若斯人，可與論天人之際矣！因以所注爲道德二論。」又同前第十條：「何晏注老子未畢，見王弼，自說注老子旨。何意多所短，不復得作聲，但應之。遂不復注，因作道德論。」

⑪ 老子四十二章王弼注：「萬物萬形，其歸一也。何由致一？由於無也。由無乃一，一可謂無（陶鴻慶說：謂無乃無言二字之誤）。已謂之一，豈得無言乎？有言有一，非二如何？有一有二，遂生乎三。從無之有，數盡乎斯，過此以往，非道之流。故萬物之生，吾知其主，雖有萬形，沖氣一焉。……。」

⑫ 見論語里仁。按：今本論語此文無「哉」字。

⑬ 見論語里仁曾子曰：「夫子之道，忠恕而已矣！」下引皇侃義疏。

⑭ 阮元周易注疏校勘記卷四：「佐王治民下補云：毛本王作主。」

⑮ 按周易睽卦彖辭：「天地睽而其事同也，男女睽而其志通也，萬物睽而其事類也。睽之時用大矣哉！」

⑯ 周易繫辭下：「子曰：天下何思何慮，天下同歸而殊塗，一致而百慮，天下何思何慮。」

⑰ 見周易繫辭上。

⑱ 三國志魏書卷十荀彧傳注引何劭荀粲傳：「粲字奉倩。粲諸兄並以儒術論議，而粲獨好言道，常以爲子貢稱夫子之言性與天道，不可得而聞，然則六籍雖存，固聖人之糠粃。」

⑲ 以上所引俱見老子指略。

⑳ 見老子三十八章王弼注。

㉑ 見老子三十八章王弼注。

㉒ 如周易復卦注：「復，反本之謂也。」論語釋疑：「時人棄本崇末，故大其能尋本禮意也。」（論語八佾：林放問禮之本，子曰：大哉問！」皇疏引。老子注及老子指略言之尤多，此不俱舉。

㉓ 見老子三十八章王弼注。

探嵇康的〈養生論〉及其人生價值觀

曾春海

一、前言

《世說新語》〈文學〉篇第二十一條載：「舊云王丞相過江左，止道聲無哀樂、養生，言盡意三理而已。」「三理」中「言盡意」爲歐陽堅石所提出外，另二理爲嵇康所論究。其中「養生論」雖係魏晉清談之重要課題，若欲搜求內容則多半付諸闕如，存留至今而載述最詳者，莫過於嵇康與向秀的養生論。今《嵇中散集》卷三、卷四，錄有嵇康與向秀互難「養生論」之文三篇。卷八、卷九則錄有嵇康與阮德如互難「宅無吉凶攝生論」之文四篇，所談雖偏重「住宅有無吉凶」，但此題旨緣起於論養生之道，亦可資瞭解嵇康的養生論。本文試由嵇康〈養生論〉的思想淵源與時代風尚，養生論的理論內涵與實踐方法，嵇康的實際生命表現，其由〈養生論〉一文所反映的心靈意識，以層層探討嵇氏的〈養生論〉內涵及其人生理想和生命態度。

齊、魯爲古帝王久治之地，其中齊國存晉古傳之道術，黃老之學、陰陽家及其所衍出之神仙家皆起自齊國，至漢時齊學分化爲黃老、陰陽、神仙三派，至東漢，神仙派乃發展爲道教①，修身養生之術相傳可溯推自黃帝②，故醫家攀附黃帝，謂其知延年益壽之方。猶如：《黃帝內經》首篇〈上古天眞論〉託言於黃帝以明養生術：「黃帝曰：余聞上古有眞人者，提契天地，把握陰陽，呼吸眞氣，獨立守神，肌弱若一，故能壽齊天地，無有終時，此其道生。中古之時，有至人者，淳德全道，和於陰陽，調於四時，去世離俗，積精全神，游行天地之間，視聽八達之外，此蓋益其壽命而強者也，亦歸於眞人。其次，有聖人者，處天地之和，從八風之理，適嗜欲於世俗之間，無恚嗔之心。……外不勞形於事，內無思想之患。以恬愉爲務，以自得爲功，形體不敝，精神不散，並可以百數。」秉執天地之道，調和於陰陽、四時，積精全神以守神是眞人、至人的養生法則。去嗜欲之心，在生理上避免操勞，心理上無憂思，保持恬愉、自得的精神狀態，形神相守自如，視爲處俗世之聖人所執守的養身術。養生在延年益壽，與之相關的神仙之說也因此附會於黃帝。《漢書藝文志》神仙類有〈黃帝離子步引〉十三卷，託名黃帝以言修仙之方。莊子書中也提及黃帝修道長生之事，〈在宥〉篇謂：「黃帝取天地之精，以養民人，官陰陽，以遂羣生。」且載廣成子答黃帝修身之道：「無勞汝形，無搖汝精，乃可以長生。」強調勞身傷神爲養生之大礙。

老莊本與道教無關涉，然而漢代道教取用《道德經》與《南華眞經》爲重要典籍，謂老子養於修道養壽，因而撰附會老子得道成仙之傳說。唐代承漢代道教神化老子之影響，益提升其宗教地位。③老莊所以被道教託附，一方面老莊所歸宗的宇宙最高存有——「道」，窈冥恍惚，神秘莫測，易於神格化爲「元始天尊」或「盤古眞人」這一具體神祇，另方面，則老莊書中皆有言簡意賅的攝生修身之言，老書中所言及的「玄牝之門」④可資道士轉引爲打坐行氣，使胎息固守丹田，綿綿而出，發用不盡之理論。《老子》稱道嬰兒之純樸⑤被曲釋爲返老還童、長生不死之理論。老子「致虛極、守靜篤」（十六章）莊子「夫虛靜恬淡，寂寞無爲者，天地之平，而道德之至，故帝王聖人休焉。」〈天道〉篇，及「心齋」與「坐忘」之言可被援引爲道士隱居山林，調息靜坐，守竅打坐以入虛冥之功夫根據。《莊子・刻意》：「避世之人，……吹響呼吸，吐故納新，熊經鳥甲，爲壽而已矣。」遂爲道士引申爲呼吸攝生的長生不老術。《老子》：「五色，令人目盲。五音，令人耳聾。五味，令人口爽。」（十二章）《莊子・大宗師》：「古之眞人，其寢不夢，其覺無憂，其食不甘，其息深深。」等力陳情欲之傷生及《莊子・逍遙遊》謂藐姑射之神人「不食五穀，吸風飲露。」之言，轉成後世道士避穀成仙方術之理論依據。老莊書中，例如：《老子》「蓋聞善攝生者，陸行不遇兕虎，入軍不被兵甲。」（五十章）莊書中所敍述之眞人、至人、神人等神話人物或寓言人物能趨吉避凶，不蒙各神災害，被道教視爲修鍊成正果的理想人物，爲道教信徒所崇信。

此外，老莊書中有以神仙之事爲喩說者，例如：老子的「善攝生者」，《莊子》書中所提到的至人、神人、眞人、聖人皆具有超乎常人的行逕，近乎神仙的特徵。莊書中不但多敍述三代民間所信仰之神祇⑥，而且亦多以上古神話中之帝王聖君，屬秉道而行者，成爲位極列仙之神明。⑦凡此，難免予道教認爲老莊亦主張神仙之說。老莊學說既易爲道教所增染剽竊，遂被攀附轉向於神秘、方術之宗教路途。馬端臨謂：「道家之術，雜而多端，……蓋清靜一說也，服食又一說也，符籙又一說也，經典科教又一說也，服食又一說也，符籙又一說也，經典科又一說也。黃帝、老子、列禦寇、莊周之書，所言者淸靜無爲而已，而略及煉養之事。服食之說，所不道也。」⑧得見道教在兩漢、魏晉在道家的資源下，教義及修鍊皆有所創說而宗教化。

秦漢方士營煉藥養生、服食導引、占卜問卦之術，多爲齊人，係陰陽家之徒。至東漢，方士之名漸爲道士之名所代替，道士不但承方士的修鍊之術，且每多增染，使趨完備。除了道教採道家養生說而增飾、流變外，老莊所主張的以虛靜心節欲養性，持氣養精，因任自然之養生說也被《呂氏春秋》所承隨。例如：在節欲養性方面，〈情欲〉篇謂：「天生人而使貪有欲。欲有情，情有節，聖人修節以止欲，故不過行其情也。」、〈盡數〉篇：「凡食無強厚，無以烈味重酒。」在持養精氣方面，側重節喜怒哀樂之情緒，〈盡數〉篇云：「大喜、大怒、大憂、大恐、大哀五者接神，則生害矣！大寒、大熱、大燥、大濕、大風、大霖、大霧七者動精，則生害矣。」其後的《淮南子》⑨、後世道士之修鍊，魏晉人士之普遍重視養生，可謂承此類思脈而來。

魏晉人處動盪不安的亂世，生命處旦夕之危。對時局的壓迫，生病的痛苦、心情的鬱悶、死亡的威脅等皆思逃避，因而希冀遠離世事，務營養生，企求長壽。自漢以來醫藥、保健知識漸趨發達。曹魏之時，神仙道教流行民間，魏室一則防避道派聚衆滋事，一則採集養性延命的方術，遂廣集方士於京城。張華《博物志》載：「（魏太祖）又善養性法，亦解方藥，招引方術之士：廬江左慈、譙郡華佗、甘陵甘始、陽城郗儉，無不畢至。」復招降張魯入京，養生方術風行於世，尤以服食之風爲甚。何晏服寒食散，據稱獲得奇效，影響所至，彼時侯王視服散爲風雅。⑨蓋服食後，神明開朗，容止風姿益顯風流，蔚成魏晉文士之生活品味，造成魏晉的時尚。

二、＜養生論＞的理論和方法

長生不死且快樂無憂的神仙對人生苦短且多憂傷病痛的世人而言，係一無上嚮往的理想。漢魏之際，世人飽受變亂之苦，迷信神仙道教者倡神仙可學可成之說。嵇康受此類書籍所惑，相信書中所提及的神仙人物。⑩然鑒於經驗所囿，思理所能辨，神仙非人世所能學成，遂退而求其次，講求延年益壽的養生術。他說：「（神仙）似特受異氣，稟之自然，非積學所能致也。至於導養得理，以盡性命，上獲千餘歲，下可數百年，可有之耳。而世皆不精，故不能得之。」「誠知性命之理，因輔養以通也。」嵇氏的養生理論擬植基於探究人天生自然的性命之理，承順因循性命之理而輔養、導養之。就人整體的性命而言，係由形軀和精神結合而成。因此，瞭解人之生理保健的方術與蓄養精神的修養法爲養生理論的兩大課題。因而養形及養神爲神仙道家所研求的對象。戰國末期燕、齊方士及漢魏道教側重養形。⑪ 道家之徒偏重養神，例如：《莊子・刻意》云：「若夫不刻意而高，無仁義而修，無功名而治，無江海而閒，不導引而壽，……澹然無極，而衆美從之，此天地之道，聖人之德也。」清儒王先謙《莊子集解》曰：「順事而不滯於物，冥情而不攖其天，此莊子養生之宗主也。」至於嵇康，則鑒於形神相依互賴的整體認識，所謂：「形恃神以立，神須形以存。……使形神相親，表裏俱濟也。」〈養生論〉，其養生理論兼攝兩方。換言之，嵇康的養生思想既注重道家的精神之養，亦援引道教的形軀之養。然而，他在形神兼重的養生理論中，養神居主導養形的統御地位。玆分述其養形、養神及以神御形的養生論如下。

(一)養形說

嵇康養形說有三端：一乃去聲色，二乃絕滋味，三乃服藥餌。《老子》云：「五色令人目盲，五音令人耳聾。五味令人口爽。」〈十二章〉嵇康承傳統的普遍看法，認爲耽溺於聲色、滋味的官能欲望之享受，則官能在漫無節制的刺激下，功能疲累不堪，身體日益虧損而多病短命。他說：「而世人不察，惟五穀是見，聲色是耽，目惑玄黃，耳務淫哇，醴醪鬻其腸胃，香芳腐其骨髓，喜怒悖其正氣，思慮銷其精神，哀樂殃其平粹。夫以蕞爾之軀，攻之者非一塗，易竭之身，而外內受敵，身非木石，其能久乎？其自用甚者：飲食不節，以生百病；好色不倦，以致乏絕，……謂之不善持生也！」〈養生論〉永嘉之亂以後，士族中不少人沉湎於酒色美味不能自拔，既敗壞社會風氣也傷害身體，嵇康感受深切，認爲彼時人對五穀、聲色、醴醪、香芳、喜怒、思慮、哀樂之貪求無節和反應過度，是損害身心的來源，告戒養生者應警覺之。

在導引服食的養形法方面，嵇康主張「蒸人靈芝，潤以醴泉，晞以朝陽，綏以五絃」的輔導之法，以及「呼吸吐納，服食養生」〈養生論〉、「咀嚼英華，呼吸太陽。」〈答難養生論〉的服食導引之方術系統。其中，「呼吸吐納」是一種調息運氣的呼吸法，類似印度瑜珈術的養生法。服食包括攝取與生理構造之形質有類比對應感通作用的天然食物及人工鍊製的丹藥，此兩種服食皆可調理本性而長生，所謂：「豈若流泉甘醴，瓊蕊玉英，金丹石菌……納所食之氣，還質易性，豈不然哉！」〈答向子期難養生論〉農田經過土壤改良及人工施服可增加收穫量，農業品種改良技術可獲致改良後的優良品種。人體亦然，順應體質之需，調養於飲食營養可改變體質，健生長壽。嵇康由物性類通的原理，具體的指陳食物及藥物的養生效果，他說：「且豆令人重，楡令人瞑，合歡蠲忿，萱草忘憂，愚智所共知也。薰辛害目，豚魚不養，常世所識也。虱處頭而黑，麝食柏而香，頸處險而癭，齒居晉而黃，推此而言，凡所食之氣，蒸性染身，莫不相應，豈惟蒸之使重，而無使輕，害之使暗，而無使明，薰之使黃，而無使堅，芬之使香，而無使延哉。」〈養生論〉天然食物的諸般質性對人自然生理能起有機的感染和轉化作用。據此，吾人依據天然物質針對生理機能的質性所調配的藥物將可改善體質，促進健康。於是，嵇康相信神的民間傳說所稱述之仙家服藥養生術。他信奉「神農曰上藥養命，中藥養性者，誠知性命之理，因輔養以通也。」〈同上〉的藥物養生原理，其所謂「性命之理」指人稟受的生理生命之原理，亦即氣性生命所以然之理。

向秀的〈難養生論〉係針對嵇康養生適意說，一則逆於事俗常理，不合於日常經驗知識，再則違背人天然的性情傾向。誠如謝靈運〈辨宗論〉所云：「向子期以儒道爲壹。」他兼綜儒家節養說及道家順物自然說，並不接受嵇康五穀不如上藥說，謂「有糧入體，不踰旬而充，此自然之符，宜生之驗也。夫人含五行而生，口思五味，目思五色，感而思室，飢而求食，自然之理也，但當節之以理耳。」向秀〈難養生論〉的思想立場，據李豐楙先生的看法，係：「以節養適性爲旨趣，此爲天理之自然說，與莊注適性自然之旨者合符節。」⑫嵇康對向秀五穀不如上藥說的質難，其辯護的理由是「夫所知麥之善於菽，稻之勝於稷，由有效而識之。無稻稷之域，必以菽麥爲珍養，謂不可尚矣。然則世人不知上藥良於稻稷，猶守菽麥之賢於蓬蒿，而必天下之無稻稷也。若能杖藥以爲難，則稻稷之賤，居然可知。……皆淖溺筋液，易糜速腐。初雖甘香，入身臭處，竭辱精神，染汚六府，鬱穢氣蒸，自生災蠹，饕淫所階，百疾所附，味之者口爽，服之者短祚。」⑬按物性，肴糧爲易腐朽且生災蠹之有機物，此爲辟穀的養生主因。相對於此理由，神仙家轉求理想中不朽不腐之物以資養人的生命而長壽。嵇康甚信之，他說：「豈若流泉甘醴，瓊蕊玉英，金丹石菌，紫芝黃精，皆應靈含英，獨發其生，貞香難歇，和氣充盈，澡雪五藏，疏徹開明，吮之者體輕；又練骸易氣，染骨柔筋，滌垢澤穢，志淩青雲。若此以往，何五穀之養哉，……橘渡江爲枳，易土而變，形之異也。納所食之氣，還質易性，豈不然哉！」他甚至徵引傳說中的神仙記傳以佐證：「故赤斧以練丹赬髮，涓子以木精久延，…

……若此之類，不可詳載也。」其理論僅訴諸素樸的類推法，欠缺經驗性的事實根據，所徵引的人物亦止於神秘的民間傳說。然而，從中可見其篤信神農上藥延命之說。

觀嵇康導引服食的養形術深受道教養生論的影響。道教認爲人稟天地之氣而生，谷物葷腥及薰辛之物皆會破壞人所稟氣之清新潔淨。例如：《胎息秘要歌訣，飲食雜忌》云：「禽獸瓜頭支，此等血肉食，皆能致命危，葷茹既敗氣，飢飽也如斯，生硬冷須愼，酸鹹辛不宜。」⑭、《太清中黃眞經》：「內養形神除嗜欲，專修靜定身如玉，但服元和除五谷，必獲寥天得眞籙，百日專氣食氣足。」⑮所謂「食氣」即嵇康「呼吸太陽」、「呼吸吐納」所指之事。其中理由是人既與宇宙天地萬物同稟一氣而生，則可以藉「食氣」以補身體的虧損。⑯其法爲利用淩晨時分，人的心思純淨，精神旺盛，空氣清新，進行深呼吸，由吸入的元氣中獲得新的生命力。一九七三年長沙馬王堆三號漢墓出土的古代醫書中，載有「卻谷食氣」、「養生方」和「導引圖」等。「導」與「引」係一種深呼吸健身法及體操健身法。據今日科學的研究，具有促進胃腸消化、血液循環，強肝排廢氣，補充血液所需養分及強健四肢的功效。⑰

在服食藥餌方面，嵇康所欲攝食的靈芝、瓊蕊玉英、金丹石菌、紫芝黃精……等皆係長時間所生演之物。觀乎《道藏》論及方藥處不少，所尊奉者爲硃砂、黃金等可煉製成金丹、仙丹之礦物、金屬物。究其原因，蓋道教相信人與自然皆本源於宇宙的元一之氣，人的物性結構與自然界的物性結構有類比的相似性，彼此間透過共同的宇宙律而得以相聯繫，在宇宙整體的律動下，互動互應。思養生長壽的道教徒亦透過感覺知識上的類比直覺，尋求天地間的長生久在之物，取其精華以滋補，調理人的體質而得以延年益壽。因此，諸如曾青、黃埃（雄黃）、黃金、丹砂（赤丹）、青金（鉛）……等物皆係經歷長久艱辛的演化，因其「長久」性而得以爲人珍視，崇信服食後人的形軀亦得以長存永固。由今日觀之，丹砂卽汞礦石（Hgs），煉後成水銀（Hg），此物雖較植物耐久，然而食後並不能使人長生。但是丹砂有安神鎭靜的作用，慈石（Fe_3D_4）有治癰消腫的作用，雄黃（As_2S_2）有治寄生蟲及皮膚病的作用，砒石（As）少量服用有補血潤膚的作用。或許，這些療效延續了他們的臆想。⑱

（二）養神說

嵇康鑒於形神相倚互恃的關係，於其〈養生論〉中主張形神共養，期「形神相親，表裏俱濟」。然而，他從形神的互動關係中，察識其間的主從關係，所謂：「精神之於形骸，猶國之有君也。神躁於中，而形喪於外，猶君昏於上，國亂於下也。」因爲神御形而特重視養神。養神的旨義在於瞭解人自然的「性命之情」和攝生的「生生之理」〈答難養生論〉，以一種精神修養的工夫，化解傷生害性的弊端，恒保精神的安泰、健旺，所謂：「無執無爲，遺世坐忘以寶性全眞。」〈同上〉「性」、「眞」指人原始質樸的生命狀態。中國傳統醫學以「道——氣——陰陽——五行」的理論架構來解釋人的生、老、病、死。⑲人與大自然係統合於「道」而同源、同構、互感。人的生是透過「道」之精、神所氣化而來，其歷程爲：「道」生宇宙（時間與空間），亦同時在宇宙中生成了「氣」（始基），氣分爲二，清陽者爲天，重濁者爲地，陰氣陽氣交感爲金、木、水、火、土五行。⑳人的精神受之於天，形骸受之於地㉑，人與天、地在結構上是一體化的。天地透過五行生萬物，人亦就有肺、心、肝、脾、腎五臟及氣、血、皮、骨、肉，且與五行一一對應。人的生是元氣或精氣或神的化生，人的死是元氣或精氣或神的衰竭。因此，嵇康「寶性全眞」的養神說，理論根據卽源於保持這種『氣』、『精』、『神』的初生飽滿狀態，避免虛耗而致枯竭。欲臻此境，養神說旨在保持恬淡無欲，自然清淨的心靈狀態㉒。

人之所以未能「寶性全眞」，嵇康承繼了道家、道教的看法，歸結其原因有五項。他說：「養生有五難，名利不滅，此一難也；喜怒不除，此二難也；聲色不去，此三難也；滋味不絕，此四難也；神慮轉發，此五難也。……五者無於胸中，則信順日濟，玄德日全，不祈喜而有福，不求壽而自延，此養生大理之所效也。」㉓觀五大傷生害性的因素：聲色、滋味屬生理感能的欲望；名利爲心理的慾望；神慮爲追逐上述慾望所耗損的精力；喜怒爲追逐結果所招致的心理反應。嵇康深究其中根本原因有二：其一爲識別官能經驗的智用和隨起的利慾之心。他說：「夫不慮而欲，性之動也；識而後感，智之用也。性動者，遇物而當，足則無餘；智用者，從感而求，勌而不已。故世之所患，禍之所由，常在於智用，不在於性用。」㉔「智用」係對經驗事物予以分辨和分化後所產生的經驗之知，且執迷於相對之知而生貪得之念。世人一旦偏執於此，則盲目癡求。雖得不償失，不自知或知而不能自拔，以致損人利己或損己損人。換言之，「智用」是造成私心自用的眞正原因。蓋食色之欲乃出於性動之欲，爲人天生的自然欲望，正常的需求，這種原始慾望的滿足未必傷及健康。眞正危害健康者是基於人爲的講究及計算之心所生發的智用之欲。這種由後天經驗的累積及世俗知識的增進所衍生的智用之欲，以機巧詭詐之心貪求無厭，是養生所應超克的。

另一不利養生的原因是世人基於淺功近利之心昧於交賒之理。嵇康說：「常人之情：遠，雖大莫不忽之；近，雖小莫不存之。夫何故哉？誠以交賒相奪，識見異情也。三年喪，不內御，禮之禁也，莫有犯者。酒色乃身之讎也，莫能棄之。由此言之，禮禁交，雖小不犯，身讎賒，雖大不棄。然使左手據天下之圖，右手旋害其身，雖愚夫不爲。明天下之輕於其身，酒色之輕於天下，又可知矣。而世人以身殉之，斃而不悔，此以所重而要所輕，豈非背賒而趣交邪？」㉔所謂「交」指在現實經驗中能現作現報，有立竿見影的現實利害者，亦卽時間短，空間矩離近而效驗明確之事物。「賒」則指事物的效驗在短時間未能顯現，需經歷長時間才能積漸成變而顯功效。「見交則非賒」㉕係世人現實而短視的價值判斷方式。世俗之人能立卽感受到官能刺激的快感，嗜欲在前，難禁抑貪求的慾火。至於平淡且持久方能生效的養生延年之理事，不易相信，縱使相信，也因缺乏耐心和恒心而作罷，因而「背賒而趣交」。嵇康剖析世人這一心理弱點說：「抑情忍欲，剖棄榮願，而嗜好常在耳目之前，所希在數十年之後，又恐兩失，內懷猶豫。心戰於內，物誘於外，交賒相傾，如此復敗。」㉖因此，欲動神馳，神慮轉發，耗損精力而不能「寶性全眞」。

嵇康針對傷生害性的智用之欲及昧於交賒之理，提出了相應的養神方法之理念。他以澈悟生命自然之理，亦卽養生的至高無上之至理，來超克傷生害性的智用之欲。他說：「君子識智以無恒傷生，欲以逐物害性。故智用則收之以恬，性動則糾之以和，使智止於恬，性足以和，然後神以默醇，體以和成，去累除害，與彼更生，所謂不見可欲，使心不亂者也。」㉗然而，嵇康又如何以「恬」來收智用，以「和」來糾性動，使二者藏之於內而不災身呢？那就是在實踐上「修性以保神，安心以全身」㉘的精神修養法，亦卽安心修性之內在方法。嵇康進一步指陳安心修性的旨要，他說：「清虛靜泰，少思寡欲。知名位之傷德，故忽而不營，非欲而彊禁也；識厚味之害性，故棄而弗顧，非貪而後抑也。外物以累心不存，神氣以醇白獨著，曠然無憂患，寂然無思慮。又守之以一，養之以和，和理日濟，同乎大順。」㉙嵇康結合老子守一之說及莊子「和與恬交相養，而和理出其性。」㉚歸宗於道家的玄理玄智，以至高無上的至理將養神提至心靈精神境界。他在〈答難養生論〉一文中教人深悟「夫嗜欲雖出於人而非道之正」而崇尚意足的心境，強調「世之難得者，非財也，非榮也。患意之不足耳。」人在世俗生活中所衍生的智用之欲，永不知足，其追逐亦永無止境。不知足者，縱令富甲天下亦不以爲富。若能修得意足的心境，則「以大和爲至樂，則榮華不足顧也。以恬澹爲至味，則酒色不足欽也。苟得意有地，俗之所樂皆糞土耳，何足戀哉！」由「順天和以自然」、「任自然以託身」所達到的至樂、至味之最高心靈境界，純然爲道家人生哲學的旨趣。人處在此一高明境界中「以無罪自尊，以不仕爲逸，遊心乎道義，偃息乎卑室，恬愉無遻而神氣條達，豈須榮華，然後乃貴哉？」同時，在此種心境中，視「名位爲贅瘤，資財爲塵垢」，則「愛憎不棲於情，憂患不留於意，泊然無感，而體氣和平。」㉛因此，嵇康對治智用之欲的養神方法係澈悟至理後所內修成的意足心境。

至於對治眛於交賒之理的方法，嵇康仍以至理爲出發點而落實在辨析、考量交賒的長遠利弊得失，以防微杜漸而抉擇可久可遠可大的養生之道。他在〈答難養生論〉文中謂：「夫至理誠微，善溺於世，然或可求諸身而後悟，校外物以知之。」開顯幽微的至理途徑有二，一爲訴諸切身的直接經驗之反省，一爲透過推校而得間接之知。這兩種方法皆採評估較量的方式，所謂：「審輕重然後動，量得失以居耳。支賒之理同，故備遠如近，愼微如著。獨行衆妙之門，故終始無虞（慮）。」吾人在契悟至理後，用之於養生之道，則「適至守相，便言千萬皆一，校以至理，負情之對，於是乎見。」㉜「至理」於是成爲嵇康日用常行的養生依據而不可須離，事事皆可驗於它，「縱令滋味嘗染於口，聲色已開於心，則可以至理遣之，多算勝之。……苟云理足於內，乘一以御外，何物之能默哉！惟氣自和，則無所困於防閑；情志自平，則無鬱而不通，世之多累，由見之不明也。」嵇康的養神說立基於明理和自發性的靈修上，因此以神導形，面對官能欲望的引誘不訴諸人爲外在的節制，而在於自悟自修，在透悟至理及修養有成後，一切皆出於依順天理之自然。

三、由〈養生論〉所反映的人生價值觀

延年益壽對苦短的人生而言，是人心共同的期望。養生的風氣雖爲魏晉人的一種風尚，然而〈養

生論〉除反映這一風尚外，亦反映嵇康個人的生命價值理想。若欲探究該理想，吾人似宜就嵇康所處的時代際遇，及其個人生命資質、性向來充分瞭解他透過〈養生論〉所嚮往的人生理想。

先就嵇康的歷史際遇言，《養生論》約作於公元二五三年，亦即嵇康三十歲左右的時候㉝。嵇康二十二歲時取魏武帝孫穆王林女爲妻㉞，且因與魏室的這一姻親關係而任中散大夫。曹爽與司馬懿集團的長期權力鬪爭在二四九年高平陵政變中，達到爆炸性的高潮。曹爽這方被捕，司馬懿令何晏搜捕八家族，判八族叛國，殘夷三族，即每族的父、母妻之家族成員俱斬。從此，曹魏勢力瓦解，司馬懿集團當權。他們對有才學有是非的知識份子頗不放心，遂採取拉攏分化與恫嚇迫害兼行的手段。嵇康之兄嵇喜年約三十，本爲秀才，於此時際應司馬集團之徵召，出任軍職。嵇康與其兄平日情誼篤厚，感傷兄弟被拆離，贈其兄入軍詩十八首。詩中藉「雙鸞」表述兄弟倆原出雙入對，快樂優游於山野。並不料世事多艱，虞人布羅網捕捉其中一隻，使得形單影孤的另一隻「徘徊戀儔侶」，慷慨高山陂。並憂心其兄被捉去後完成利用價值的可能下場，告示其兄，吉凶雖有個人意志的抉擇因素，然迫於形勢亦有無奈之處「吉凶雖在己，世路多嶮巇」。哀傷、落寞之餘猶企盼其兄能再度飛回故居，重敍舊日的幸福「逍遙遊太清，攜手長相隨。」

公元二五一年，王淩謀立曹操之子曹彪，卻被司馬懿所敗，兩人皆以自殺收場。從此，司馬懿對曹氏宗族更疑心，而集中於曹魏故都之一的鄴予以監視。嵇康此時所居住的河內山陽在鄴的西南，整個河內是一政治敏感的地區。嵇康既爲曹室的姻親，何晏的內侄女婿，所承受的猜疑與政治壓力乃可想而知。忠於曹氏皇室的嵇康視司馬氏之野心篡奪爲亂臣賊子，對高平陵之變後所見到司馬氏之凶殘陰險眞面目，以正義心感到厭惡和憤怒。嵇康雖「早有青雲之志」㉟，然而「屬魏晉之際，天下多故，名士少有全者。」㊱難怪「戎（王戎）自言與康居山陽二十年，未嘗見其喜慍之色。」㊲

復由嵇康的生命資質、才情、性向而言，《魏志》卷二十一王粲傳注引嵇喜爲康傳曰：「家世儒學，少有儁才，曠邁不羣，高亮任性，不修名譽，寬簡有大量，學不師授，博洽多聞。」儁才不羣，高亮任性是嵇康脫俗自在的稟性和風姿，表示其才華散發，崇尚心靈生命的自由與自得。該文又云：「長而好老莊之業，恬靜無欲，性好服食，常採御上藥。善屬文論，彈琴詠詩，自足於懷抱之中。」早年的嵇康雖有青雲之志，及長卻轉好老莊之業，一則崇尚自由不拘的個性所使然，另方面則有鑒於現實政治的殘酷無情，有奸險難爲之無奈感。另據《晉書嵇康傳》曰：「土木形骸，不自藻飾，恬靜寡欲，含垢匿瑕，寬簡有大量，自足於懷。」可見嵇康性好樸素，不事虛僞的矯飾，以恬靜自足爲常樂。

不囿於成見，心不存矜尚，性好舒坦自然的嵇康，生不逢時的處於曹魏與司馬集團劇烈鬭爭的夾縫中，既不齒司馬氏僞君子的惡劣作爲，亦不堪其對自身所造成的重重精神威脅。其內心的痛苦與煩悶可想而知，嵇康於其〈答二郭詩〉中吐露了其對時局的憂苦：「但願養性命，終已靡有他。良辰不我期，當年値紛華，坎壈趣世務，常恐嬰網羅。」安養性命，恬淡自得地渡過自然平靜的生命，成爲他所願追求的人生理想價值。

因此，我們可以說嵇康〈養生論〉之作，係一位才情放達崇尚自然與自由的哲人，在飽經現實的曲折和憂患後，意識到人生的短暫和虛無，深識在世人的多變和無情中，貴賤榮辱只是一枕黃粱，於是在無可奈何下覺悟到個人精神上的自由與自足之可貴。因此，其〈養生論〉是在個體生命的自覺與自珍下，企求在有限的生命歷程中自我生命得以自由的舒展而得到自足自樂之機趣，他的〈遊仙詩〉表達了其複雜的心境：

遙望山上松，隆谷鬱青葱，自遇一何高，獨立迴無雙，願想遊其下，蹊路絶不通，王喬棄我去，乘雲駕六龍，飄飄戲玄圃，黃老路相逢，授我自然道，曠若發童蒙，採藥鍾山隅，服食改姿容，蟬脱棄穢累，結友家板桐，臨觴奉九韶，雅歌何邕邕，長與俗人別，誰能覩其蹤。

求仙夢難圓，然而人間黃老的自然哲學是個人求精神解脱與性靈自由的啓蒙者。對嵇康而言，自然生命是永恒且新新相續的生命，皈依自然才是人生所追求的至道。每一位由自然中稟受性命而來的人，理應享有純全的自我和追求心靈自主自得的天賦權利。人在現世的生命實不應受任何外在人爲的侵擾和束縛。人的存在原屬於自然，人的生命應回歸自然，使自己的性靈與宇宙圓融的契合爲一體。換言之，人的生命與自然化爲永恒的一體時，人才眞正是在自然中安適了性靈而在精神上獲致永恒的境界。因此，將生命與自然溶化爲一的快樂，才是人生的雅樂和眞趣，所謂：「目送歸鴻，手揮五弦，俯仰自得，游心泰玄，嘉彼釣叟，得魚忘筌，郢人逝矣，誰與盡言」㊳。如何從有我的物欲中自求超拔昇華，使心靈與自然融和而臻於渾然無我的美趣是養生論的最後歸趣。

我們從養文中看到嵇康吸足了道家的生命智慧，以致虛守靜的工夫來清心寡欲，從而培養性靈，啓廸玄思，在寧謐和諧的養生世界中品味生活的幽趣，生命中的美趣。在心怡而後形安的理念下，嵇康的養生論是由心靈世界下自覺自悟的工夫，從而在形體上做事上磨練的踐履，最後則回歸於「無爲自得，體妙心玄，忘歡而後樂足，遺生而後身存，」㊴那種生命本然純眞純美的狀態中所洋溢的逍遙自得之至樂。

【附　註】

① 參見周紹賢先生著《兩漢哲學》第二章〈黃老之學〉臺北，文景出版社，一九七二年初版，頁九～十二。

② 據《漢書藝文志》所載道家類，有黃帝四經四篇、黃帝銘六篇、黃帝君臣十篇、雜黃帝五十八篇，今雖多不存，然其言論猶散見於戰國而後諸家著述中。例如：《呂氏春秋・去私》載曰：「聲禁重、色禁重、衣禁重、香禁重、味禁重。」以寡欲言修身養生術。

③ 唐代帝王多賜老子以尊號，例如：唐高宗尊老子爲「太上玄元皇帝」，稱其書爲「道德眞經」，又賜莊周爲「南華眞人」。道教視老子爲教主，莊子宏揚老學，亦被視爲甚有道行之眞人。

④ 《老子》第六章：「谷神不死，是謂玄牝。玄牝之門，是謂天地根。緜緜若存，用之不勤。」

⑤ 同前，二十八章：「常德不離，復歸於嬰兒。」

⑥ 諸如：「北海若、河伯」〈秋水〉、「雲將、鴻蒙」〈在宥〉、「櫟杜樹神」〈人間世〉、「南海之帝儵，北海之帝忽，中央之帝混沌。」

⑦ 如〈大宗師〉提及之狶韋氏、伏戲、堪坯、馮夷、肩吾、黃帝、顓頊、禺強、西王母、彭祖、傅說等等。

⑧ 馬端臨《文獻通考・經籍考》卷五十二。

⑨ 《呂氏春秋》的貴生說側重形體之修鍊。《淮南子》以養心重於養形，側重內在之修養，較近於老莊的修養觀，例如：〈精神訓〉篇：「若吹呴呼吸，吐故納新，……是養形之人也，不以滑心。」

⑩ 《嵇中散集》臺灣中華書局。一九七〇年臺二版。卷一，遊仙詩一首：「王喬棄我去……黃老路相逢，授我自然道，曠若發童蒙。」又〈養生論〉謂：「夫神仙雖不目見，與記籍所載，前史所傳，較而論之，其有必矣。」

⑪ 漢志著錄方術圖籍，舉凡醫藥、導引、行氣……等，雜厠並列，養形之法遍見於漢子書。

⑫ 參見李豐楙先生〈嵇康養生思想之研究〉一文，靜宜文理學院學報，第二期，一九七九年六月。

⑬ 〈荅向子期難養生論〉

⑭ 《道藏》洞眞部玉訣類。

⑮ 同上，洞神部方法類。

⑯ 《太平經》卷四十二云：「夫人，天且使其和調氣，必先食氣。故上士將入道，先不食有形而食氣，是且與元氣和。」《云笈七簽》卷三十二《雜修攝》引《導引經》詳述其術。

⑰ 參見葛兆光《道教與中國文化》，上海人民出版社，一九八七年初版，頁一一七。

⑱ 同上，頁一二四～一三二。

⑲ 同上，上編，〈自然、社會、人的同源同構互感〉及下編，〈性、命兼修〉。

⑳ 戰國時期，北方的陰陽說與五行說先後與南方道家的道論合流所形成的一套宇宙萬物構成論。

㉑ 見《淮南子》卷七〈精神〉篇。

㉒ 《太平經》卷六十八〈戒六子訣〉要人戒心神煩燥，宜「閉其九戶，休其四肢，使其渾沌。」猶胎胞中無所事事的圓環狀之嬰兒。

㉓ 〈答向子期難養生論〉。

㉔ 同上。

㉕ 嵇康答張遼叔〈釋難宅無吉凶攝生論〉。

㉖ 〈養生論〉

㉗ 同註㉓。

㉘ 同註㉖。

㉙ 同上。

㉚ 《莊子・繕性》。

㉛ 同註㉖。

㉜ 〈答張遼叔釋難宅無吉凶攝生論〉。

㉝ 參見莊萬壽《嵇康年譜》頁一三三～一五〇，三民書局，一九八一年初版。夏明釗《嵇康集釋注》，黑龍江人民出版社，一九八七年版。

㉞ 嵇康妻據云爲曹林之女或孫女。曹林與曹丕、曹植是異母兄弟。

㉟ 《丹鉛雜錄》卷四十七引〈讀逸民傳〉，《廣陽雜記》並引，「嵇康早有青雲之志」。

㊱《晉書・阮籍傳》。

㊲同上，嵇康傳。

㊳《嵇中散集》〈贈秀才入軍詩之十四〉。

㊴〈養生論〉

魏晉神女傳說與道教神女降眞傳說

李豐楙

在中國民間故事類型中有神婚一類，六朝筆記所紀錄的是較早出現，且深具創發力的階段。魏晉時期社會文化的劇烈變遷中，當時的民間社會流傳著諸般怪異奇譚，在滿紙荒唐言中，隱喻地表現其集體心靈深處的理想與願望，人神戀就是此類現象之一。它發生、流傳於魏晉社會，並經由當時文士的筆錄，一部分保存於筆記、雜錄中，另一部分則收錄在宗教性質的道教經典內。由於人神接遇的傳說事跡，具有離奇曲折的故事情節，也易於造成奇幻荒誕的審美效果，因而千餘年一直傳播下來，也對民間文學造成深遠的影響。在志怪風尚鼎盛的時代，人神戀固然也被視爲人間荒唐事，但促成它滋長的時代情境，應具有其特殊的社會文化因素。本文將重點地討論：首先從民間故事類型學分析其情節單元，在民間傳說與道教傳說之間有何共通之處。其次從社會文化史說明，宗教、民俗與這類傳說的關係，在傳說形成的底層常具有錯綜複雜的動因，推動同一類現象在不同的時空中變易、轉化，發揮它的新力量。最後則就它的奇特表現，說明文字敍述的特色，包括一些敍述模式、仙歌等，造成散文的敍述功能與韻文的隱喩功能交織的效果；並進而解析其中的理念，如何構成當時的觀念世界。人神戀是六朝筆記小說的類型之一，同時也是道教文學的重要成就。

一

有關人神戀的傳說目前遺存的至少有六種，其中三種保存於筆記小說：干寶《搜神記》收成公知瓊、杜蘭香兩篇，另《搜神後記》又收何參軍女一篇。由於干寶的優異才華，並搜尋材料的豐贍可觀，前兩篇成爲此類神婚的典型，宋劉義慶及其文學集團編成的《幽明錄》中，特假狸精之口唱出的曲子，就歌云：「成公從儀（義）起，蘭香降張碩。苟云冥分結，纏綿在今夕。」由此可知它盛傳於世的流行情況。另三種則錄存於陶弘景編《眞誥》，爲一部流傳於上淸經派內部的降眞實錄，其首篇運題象，在「論冥數感對，自相儔會」中（敍錄），凡舉羊權、楊羲及許謐的冥會經驗，爲道教版本的神婚，這是道教內部所熟知的事例。因此六件神婚傳說共同出現於一、兩百年間，應是同一社會、文化氛圍中的產物。

對於這些具有原創性的傳說，由於它特具的奇幻之美，因而如何根據傳說學予以分類，才能顯示它在六朝筆記小說中的特性，就成爲一重要的課題。日本學界從民俗學的立場，對於中國文獻及口傳的民間文學中，歸納出「神婚傳說」一類，凡有神婚、冥婚、異類交婚三種，神婚又可分神神、男神娶婦、女神迎夫三亞類。①成公等傳說近於第三類而稍有異趣。比較更科學的民間故事類型學，則可依據丁乃通在阿爾奈（Antti Aarne 1867-1925）、湯普遜（Stith Thompson 1885-）的分類法上，採錄中國豐富的民間故事資料，作出《中國民間故事類型索引》②。根據這一修正後的索引，其中400A爲「男人命定和一位仙女或小妖精結婚」，③較接近神婚中女神與凡間男子婚配的類型，但並不能完全契合，因爲丁教授有意摒除宗教性的傳說或神話的緣故。④

六朝筆記小說在中國古典小說的形成史上，其實仍具有濃厚的民間傳說色彩，其資料來源如干寶《搜神記》序所說有「承於前載」的書承，或「採訪近世」的口承，但都近於口語文學的採集。金榮華教授在理解AT分類法後，試採中國傳統類書的習慣，對六朝志怪小說的情節單元(motif)加以分類：其中鬼神類第三神人通婚項目下，一類「女神爲人妻」列有弦超；二類「悅凡男」則列有杜蘭香，⑤這是從藝術形式作分類後獲得的成果，確可顯示其特殊的類型。

對於成公知瓊、杜蘭香傳說流傳的時代，當時人是以何種眼光認識這些女神！千餘年後對附麗於女神的奇特傳聞，不管是奇幻或荒誕的感覺恐怕都有失眞實。干寶所筆錄的弦超接遇成公知瓊的時間，一在嘉平中（249—253），一在太康中（280—289），當時有張敏者曾在咸寧、太康時作官，既已採錄所聞，寫作「神女賦」⑥；干寶則在西晉末東晉初採錄之，也直稱爲「神女」。杜蘭香接遇張碩的時間在「建興四年」(316)爲晉愍帝司馬鄴時事，當時也有曹毗聽聞「桂陽張碩爲神女杜蘭香所降，毗因以二篇詩嘲之，并續杜蘭香歌詩十篇，甚有文彩。」（晉書本傳）可見當時人特別拈舉「神女」的名稱作賦作詩，就不能不讓人溯源於宋玉的「高唐賦」，歌誦巫山神女的事跡。此類題名不只是傳統文人的古典素養，而是在共同的宗教文化背景裏，對這類神女具有深刻的認識。⑦所以在民間故事的類型學上，確可成立神女悅凡間男子並與之成婚一類。

現存的文獻資料顯示：神女傳說出現的時間、地域相當廣泛，也因筆錄者不同而出現不同的版本，早在宋玉作賦時既已採用南楚巫山地區的傳說，後來《襄陽耆舊傳》承襲其說法，成爲襄陽（湖北）一帶的地域性傳說。弦超則爲濟北郡從事時初夢，二度重逢在濟北魚山下，然後偕往洛陽。濟北在濟水西（山東茌平縣西南），魚山在東阿縣（在山東），則屬於山東地區，並流傳於洛陽，張敏當在這一區域內採集的。至於杜蘭香傳說的流傳區域，桂陽（今湖南郴縣）爲曹毗所記之處，後來又有其他的地名附會爲張碩遇杜蘭香處：一是洞庭包山，一是金陵西浦（亦云項口）⑧，俱爲後起的地方風物傳說，出現新的版本，大概湖南一帶流傳甚廣。另外錄存於《搜神後記》的是豫章人劉（一作王）廣，也在長江流域（今江西南昌）。由此可證東至山東半島的濱海地域，南至長江流域的沿岸地區，均爲形成神女傳說的主要區域；而其時間除遠自戰國既已見諸文士的筆錄，近世採訪所得更表明六朝初期爲一新的流行期。

在魏晉文人的筆錄中，他們的任務扮演一微妙的角色，就是對於整個事件到底抱持何種態度？因爲這將決定所採取的文體。干寶本身具有史官的身分，卻又因親驗家婢死而復生的經驗，而雅好搜神，願意「發明神道之不誣」（序）。他採用神女傳說，並提及張華（或敏）作神女賦，也是據以發明的態度。在賦文中，張敏以徵實的方法驗證，經過多方求證後，雖覺得義起行事諸多奇異，但又「

近信而有徵」（廣記六一），凡此均代表儒家知識階層的徵驗立場，經由徵實之後，他也就將相關的傳聞事跡加以整理，然後傳述其事；曹毗則以詩嘲之，卻又撰述別傳，作詩歌詠，類此依違兩可之間的態度，顯示當時的學術文化處於轉變之際：儒家固然仍爲知識分子的主導思想之一，但卻已較開放地接納道家、神仙家等不同系統的思想意識？也就是逐漸具有個人意識的覺醒。

杜光庭《集仙錄》原本錄有成公智瓊傳——道藏本已佚，傳文末錄存張茂先（應是敏）的神女賦序，詳盡交待其撰賦因由：由於諸般消息來源均傳聞其事，包括甘露中(256—259)河濟間往來京師者既說其事，遊東土時又發覺論者同辭；最後從濟北劉長史處證實：既見其物，又睹其人，且旁徵諸同人，表現知識分子的理性態度。不過由於事件發生的時空距離較近，因此具有眞實感，也有傳述眞事的自覺，這也充分反映六朝人的史學意識，所以《隋志》的分類觀念中，《搜神記》列於史部雜傳；至於別傳體的《杜蘭香列傳》更是魏晉人表達史筆的方式，是作爲傳述眞實人物或視同眞實人物的歷史筆法。⑨但在干寶等人的志怪小說的敍述習慣，基於民間文學的特質，採取的又是近於史家的雜傳筆法，因而形成似眞還幻的奇幻感。

對於神女傳說的敍述，既是有史家考求事跡的態度，又有傳述異聞的筆記小說家的趣味，因而如何論定干寶等人所使用的文體，就關繫著千餘年後的讀者接受它的方式。首先遇到的困難就是今人無法對這些事件親自進行實地瞭解（field study），所以只能根據現在殘存的零散資料加以組合，在一些傳文的肌理脈絡間重作詮釋；因此干寶等人所運用的語言、語意及結構，就成爲復原原始經驗的語碼，因而除了聯結以重繪其圖象外，也需要運用創造的想像，借以彌補其間的空白。此類想像的材料並非憑空而來，而是依據這類傳說的類型，找出傳統筆記及現存民俗中尙有同一情況，基本上目前所知的田野、實地的採錄（field work），可作爲一種文化遺存（cultur survival），所以冥婚、神婚的習俗是古俗的活化石，在民間社會以無比的韌性持續存在。所以從方法學上講，是一種民俗學、民間宗教現象學的理解。

不過保存於干寶等人的筆錄中，口語文學已經過修飾、美化，在原有的民間文學型態上，再加以精緻地處理，構成更奇絕動人的藝術效果。由於三篇作品的意象、肌理脈絡，在高明的敍述手法中，常讓讀者在閱讀後處於可信與不可信的模稜、猶豫的情境裏，構成一種奇幻、詭譎感。類此眞實與虛幻交織而成的敍述文體，其實是民間文學共通的文類，世界各地研究民間文學的學者經由比較，發現這些創作、流傳於民間的作品，形成一些共通的特色。結構主義大師托鐸洛夫（Tzvetan Todorov）卽提出「奇幻敍述體」（the fantastic），用以指出其文體特色。對於這種文體，他也曾消極指明是種邊界不甚明晰的文類，一邊倚向超自然的解釋就成爲「神妙體」（the mavelous）一邊倚向自然的解釋就會以爲篇中的奇幻、詭譎，不過因不細察而產生而實可以自然現實加以解釋的，成爲「不察見怪體」（the uncanny）。[10]據此可建立今人閱讀三篇神女傳說的基本認識，在眞實與奇幻之間求得一較明晰的立場，得以認識三篇作品具有奇幻敍述體的條件：就是讀者需以篇中的世界爲日常的現實世界，而對其中產生的奇幻、詭譎事件，猶豫於超自然與自然之間，不能全然視爲超自然或自然，始能形成奇幻感。其次讀者需與篇中的主角（弦超、張碩及劉廣）相認同，才能發覺自己突然陷於詭譎世界，因而產生奇幻感。同時對於這一文類，它既非一比喻性的表達，也非詩意的表達，而是史筆交揉詩筆合併使用，才能讓讀者猶豫於可信與不可信間，產生一種奇幻感：是耶非耶？疑眞似幻。

對於三篇作品的構成，從其情節單元（motif 一譯母題）可以分析出最小的構成單位，這有助於理解同一類型的共同結構。當然如能有更佳的民間傳說形態學的條件，採取類似結構主義者，如俄國普拉普（V. Propp）或法國葛黑瑪（A. J. Greimas）所提出的結構點加以觀察，就更能彰顯民間傳說在結構形式上的殊勝之處。⑪不過中國（或六朝）民間傳說學的研究尚無法累積至此成果，所以此處只嘗試解析出一個方便討論的圖表：

情節單元對照表

資料／項目	搜神記 神女賦	搜神記 杜蘭香別傳	搜神後記	眞誥 卷一	眞誥 卷一 (二)	眞誥二、三、四
時間	嘉平中	建興四年		升平三年	興寧三年	興寧三年 太和二年
地點	濟北（山東）	桂陽（湖南郴縣）	豫章（江西南昌）		勾容（江蘇）	勾容、雷平山

凡男	神女	初降	服食	降誥	贈詩
弦超（義起）從事掾 年少未婚 性疏辭拙	成公知瓊 早失父母 天地（帝）遣令下嫁 年七十，如十五、六	夢中初見 八婢駕輜軿車	壺、榼、青白瑠璃五 飲啖奇異	我，天上玉女 見遣從君 宿時感運爲夫婦 不能生育不妬忌	遊仙之樂 服食之美 神仙可期應運 相從可納不可逆
張傳（碩）（ 捕魚者 十七，未婚	杜蘭香（三歲溺死）所養王母接養 於崑崙 遣授配君（千歲）而如十六、七	二婢女通問 二婢（萱支、松支） 錙車青牛	（瓦榼）飲食 酒氣芳馨 三薯蕷子（橡實）		遊仙之樂 服侍之榮 不恥塵穢 可從不可嫌
劉（王）廣 田舍少年 年少未婚	何參軍女 年十四而夭 西王母所養 使與下土人交	田舍相見			
羊權 士族 弱冠未婚 美秀超群	愕綠華 九疑山得道女 毒殺乳婦有罪 謫降臭濁 九百歲而如二十	降見 一月六過		自云南山人 謫降償過	遊仙之樂 讚美羊生 同源異枝 鼓勵隱遯 歲暮期待
楊羲 士族 三十六（未婚） 美姿容工書畫	安鬱嬪 元君少女、李夫人愛子 宿命相從 年可十三、四	六月二十五月初降 紫微夫人媒介	服炁之法 仙棗三枚	龜山學道 受書九華眞妃 有夫婦之名不行夫婦之迹 二景之道	遊仙之樂 仙境之美 早離塵俗 願爲夫婦 納則享福
許謐 士族 六十（已婚） 儒雅清素 博學有才章	王媚蘭 阿母第十三女 有夫婦緣	七月三、四日初降 衆眞降，紫微夫人，南眞夫人相勸	服炁之法 以交梨火棗相期	治滄浪山 受書爲雲林夫人 有感恆之義 修上眞之道 不可有淫念	七月到十二月 喻示之詩甚多 太和年較少

贈物	裙衫兩副		火浣布手巾雞舌香	火澣布手巾金條脫		
暫別	鄴下相從，與物洩密求去贈詩贈物	年命未合將來再遇		泄密卽去		主動表示後暫停降示
再遇	濟北魚山下陌上再遇在洛同住	復邂逅			預示昇天神仙眷侶	再降終悟
其他	超娶婦分日相處	碩娶婦及妾爲婦療妬病				禁勿納妾

從圖表上顯示的，確能符合奇幻敍述體的構成條件，在干寶的藝術手法中，所有的情節單元都在超自然與自然之間，產生可信與不可信的模稜、猶豫情境，因而產生一種奇幻感。托鐸洛夫也指出奇幻感實與幻覺或視覺有關，這是語言文字所構成的假象，但也是現實世界中對於宗敎、民俗的神秘體驗。從巫山神女到何參軍女，都在有意、無意間隱約顯示這是一種神婚，也是另一種冥婚習俗，原爲遠古旣已存在的巫俗信仰。要判定其爲神婚或冥婚，只能從現存材料去分析，其中包括對於當時社會文化的理解、與人類集體意識的共通願望：前者涉及魏晉社會的士族門第與寒門百姓的階層關係，常會採用宗敎、民俗以及通俗文化的方式表現出來，其中隱有不滿、不平的輕微抗議。因而內化成爲潛意識、成爲集體的願望。

大概說來，三篇神女傳說應是當時同一類型傳說之殘存者，尤以前兩篇出現較早也最膾炙人口。其實當有更多傳說流傳。其次就是性質相近的冥婚、異類婚，都是同一志怪風尙鼎盛時期的產物，將這類非正常性的戀愛、婚姻關係，作出較完整的分析，找出其中的結構點，一定有助於建立六朝民間傳說形態學，這是將來可期的大課題。此處僅以六篇作爲個案式的研究，是不得已的取樣；而干寶等人也只居於中介者、加工者的腳色，並非完全的創作者，基本上前三篇都是民間共同創作的口語文學，也相當程度接近於民間傳說的型態，這一認識就是作進一步分析的基本論點。

二

從前三篇作品在圖表上所顯示的情節單元，及其結構，可以發現它迥異於一般正常性的男女婚姻的關係，而具有神婚、冥婚的民俗特色。中國的祠廟信仰在魏晉時期，其發展情況頗爲昌盛，其原因錯綜複雜，不過從大趨勢言，政治社會的劇烈變遷，學術文化也面臨變化，儒家學術在士族門第中雖仍傳承，但民間社會卻更自由接納神仙道教、及民間信仰的宗教意識。因此類此深層的意識折射地反映在神話傳說時，構成傳說的任一單位都有如一首詩的意象、隱喻，要深入體會其中的題旨時，均需解讀每一意象及其涵意，然後聯結此一意象羣逼顯出隱藏於其深處的旨趣。神女傳說的動作主體是女（神女）與男（凡男），兩性之間由初識、結合、分離、再結合，整個情節發展卻在超自然與自然的交織情況下進行，造成不同於人情小說的趣味。

神婚事件的動作，開始的情境是以眞實的史家筆法，將時空定位在現實世界中，是完全以眞實始的敍事觀點，而並非採用神話架構，讓讀者一開始就以超自然事件視之，這是造成奇幻感的良好條件。但等到男主角引出女主角後，就形成男女易位，整個事件完全由女主角帶動，她積極而主動地掌握、操縱婚姻的起結，而男主角是弱勢的小生——年少未婚卻也性疏辭拙，具現一尋常人家的好兒郎。這一強弱對比的腳色，折射魏晉期的寒門細族的身分；弦超所任的從事掾爲小吏；至於張碩、劉(王)廣更爲卑微，《郡國志》說碩「捕魚遇杜蘭香」，是一介漁夫；而劉廣則是田舍男。類此身家淸白、貧賤的好人家，在魏晉講究身分門第的階層社會，是無緣攀附貴遊女子的，對於現實世界的不平、不滿，既然寒門子弟無從反抗與改變，就只有將此隱微的願望曲折投射出來。這些卑微腳色之所以易被民間社會取得認同，就因爲年少未婚的生理、心理欲望容易從主角的艷遇中獲得滿足，所以在性心理、社會心理的遂願 (wish-fulfillment) 情況下，這些凡間男子絕非自命風流的帝王、文士，因此也未出現排拒非尋常女性的行爲。

　　神女的身分、性格也是民間集體意識的折射反映，人間世對於一些卑微、寃曲的女子充滿同情、憐惜與愛慕，因此借用信仰儀式或神話傳說的象徵行爲，來肯定或合理化其心理。在古神話中銜石投海的精衞，就是炎帝少女女娃溺死東海所變的；而天帝(夏帝或炎帝)少女未字而卒，被封於巫山之陽，其精魂化爲蓋草，類比《山海經》所載的動物、植物神話，應是與祠廟信仰相互依存的。⑫巫山神女在夢中自述的一段話最具代表性：「我帝之季女，名曰瑤姬，未行而亡，封於巫山之陽。」此下云「顧王來願薦枕席」，即爲宋玉採用民間傳說的改筆；作「精魂爲草，實爲靈芝」，則爲民間素樸的蓄草神話。⑬巫山神女所具有的性質：凡有早夭、未婚，自薦枕席，且有爲之立館的事，此類靈界訊息，是由神女在夢中自述的。類此情況同樣出現在魏晉時，而敍述手法也完全一致，這種神人晤談爲一種降眞方式，且特別與女巫較易於運用語言能力有關。

神女以一主動，飄忽的方式出場，不管爲獨宿夢見、或恍惚中詣見，或只著一「見」字，都已表明不尋常、不眞實的神靈性質，下即錄出三種自述之語詳加比較：

自稱天上玉女——早失父母，天地（帝）哀其孤苦，遣令下嫁從夫。（弦超下文云見遣下嫁，故來從君）

阿母所生，遣授配君，可不敬從。（杜蘭香）

自云家昔在青草湖，風溺，大小盡沒。香時年三歲，西王母接而養之於崑崙山，於今千歲矣。（神女杜蘭香傳）

我是何參軍女，年十四而夭，為西王母所養，使與下土人交。

干寶《搜神記》今本顯然並非爲原貌；「在數詣張傳」前必有初降的自述之語，所以曹毗所撰的恰可彌補其闕。這些「自稱」、「自云」及見一女子云固可說是承襲高唐賦，卻也表現自薦的語氣。由於表白的身分中，清楚點明「早夭」，就具有如同精衞之爲「寃禽」的寃意，類此未婚寃死的寃魂，在民間的宗教意識裏，要不認爲無依無靠，而以冥婚習俗擇一夫家作歸宿，就是因具生產能力易有靈驗之跡而立廟奉祀，諸如吳望子廟之類；或是紫姑等可請降之神，凡姑子廟、姑娘廟都屬其憑依之所。不過這三位神女的神格較高，在天上爲玉女，或隸於墉城西王母的治下。在六朝西王母的神格頗爲尊重，漢世固已與東王公並稱，至此一階段在民間與道教界更具重要地位，杜光庭《墉城集仙錄》總結其職司是「母養羣品，天上天下，三界十方女子之登仙得道者咸所隸焉。」⑭可見三神女具有女仙的資格，也因此是神婚，較一般冥婚的層級爲高。

作夢或遇見是日常的現實經驗，卻因神女的出現而轉入超自然世界，早夭女子可被收養於天上、墉城，又可被遣下人間與凡男交接。尤其她們的年齡與外形更是傳奇，成公知瓊「年七十，視之如十五六」、杜蘭香千歲，所說事邈然久遠，視之卻可十六七。凡此都是根據「天上一日，人間百年」的時間觀，引入超自然的敍述情境。神女傳說的奇特之處還有一服食母題，爲神仙道教傳說中極爲常見的。對於食物的本能欲望，在尋常粗茶淡飯的人家不僅滿足口腹的生存需求，更期望進一步豪奢豐盛的享受，而傳說中神仙服食的不死之物尤爲成仙的轉換關鍵。一些宗教修行者在辟穀苦修的生理、心理狀態下，常導致嗅覺上的幻覺而會看到、嗅到仙廚，這就是仙學中坐致行廚的法術。⑮從潛意識的心理分析，行廚與美女剛好是人類在幻覺狀態下折射浮現的食、色本能，神女傳說不約而同地出現兩組相同的母題，與其說是民間文學的傳承性，不如說是一種集體意識的反映，所以說奇幻感與幻覺有關。

成公知瓊一旦來遊，排場盛壯：「駕輜軿車，從八婢」，接下就出現服食意象「車上有壺、榼、青白瑠璃五具。飲啖奇異，饌具醴酒，與超共飲食。」而在神女的勸誘條件中，也突顯超爲其夫以後，

「飲食常可得遠味異膳」；直到初次離別，也出現「呼侍御下酒飲啖」的場景，一連三度出現飲食意象，確能表明飲食本能的隱喩性。杜蘭香也有同一情況，在二婢女（萱支、松支）隨從下登場，「錙車青牛，上飲食皆備。」《杜蘭香別傳》另有一段降見時的飲食排場：「蘭香降張碩家，輒齎瓦榼，酒氣芳馨。」（北堂書鈔一四八）另一種較詳盡的描述更能表現：

香降張碩，賫瓦榼酒、七子樏，樏多菜而無他味，亦有世間常菜，輒有三種菜，或丹或紫，一切與海蛤相象；並有非時菜。碩云：食之亦不甘，然一食七八日不飢。（藝文類聚卷八二、草部下）

可證今本《搜神記》僅存的浮泛敍述，應有佚失，干寶不致放棄這些降見時的飲食排場的。此類世間常菜、非時菜能夠立致，表面是呈現神女的法術神通，實則具現一種可信與不可信之間的猶豫情境，似眞還幻，詭譎異常。尤以杜蘭香所出的神仙異物，「薯蕷子三枚，大如雞子」（御覽九八九作三薯橡實），其特殊功能是「不畏風波，辟寒溫」（一作降霧露），碩食二枚，要留一枚以歸，蘭香則要他食盡，不可持去。這是神仙道教傳說常見的母題，就是仙界食物不入人間，當與禁忌有關，《漢武內傳》也有漢武欲將仙桃核携歸不獲准的情形，都是有關食物的超自然描寫。先舖述仙筵行厨，形成日常世界猶可希冀的可能情境，再出現仙界的非常異膳，導致在自然與超自然間產生奇幻感。

在神女降眞的宗教體驗裏，神人接遇時，通常兩人晤對的情景，多由神女主動告知，此時弦超等常是在恍惚狀態，聆聽神的囑語，具有眞誥的性質；被降者頂多只是提出疑問而已，這一情況頗爲符合降眞的宗教經驗。成公知瓊先有一段事先說明，是有關作夫婦的因緣、好處之類話語；另一是離別前的告白，干寶採用散文體敍述，其文體功能是敍明事件，預示及推動情節的發展。杜蘭香的自白，或遣婢通言，以及解說仙物、仙藥等，均屬敍述功能的散體，爲史家、筆記小說作者用以推進情節的語言形式。與之相較，則爲另一些詩歌體的運用，就擔負了微妙的抒情功能。在宗教的降眞體驗裏，詩歌體、韻文體所具有的韻律感，易於開口、誦詠，也便於記憶，這是扶乩修練時的基本訓練。五言詩體在漢代民間既已運用，到魏晉期更是流行的體製，在四言的使用習慣後，五言本身所具有的語言結構，與五言詩流行的風尚下，造成降眞詩的五言體製；而就詩歌本身的文學效果言，它的抒情、隱喻作用在散文敍述中，也發揮一種浪漫的情趣。

成公知瓊的「贈詩一篇」原文有二百餘言，現存的已非原貌，但接續在初次的降誥之語後，卻另有描摹呈現仙境可期的意趣，鼓勵弦超學仙，且帶有威脅意味地勉強超一定接納：

飄飄浮勃逢，敖曹雲石磁。芝英不須潤，至德與時期。
神仙豈虛感，應運來相之。納我榮五族，逆我致禍災。

前半雲石、芝英爲服食成仙的仙藥，勤求服用，神仙可期。後半強調神仙不虛感（廣記感作降），而最能顯示神靈對於「宿命」的堅持的，就是末句，具有命令式，預言性。此一情緒也表現在杜蘭香贈歌中：

阿母處靈嶽，時遊雲霄際。衆女侍羽儀，不出墉宮外。
飄輪送我來，豈復恥塵穢。從我與福俱，嫌我與禍會。

從語意上解釋，與成公詩都是首尾完具的五言詩，在發句及構思的設計，都緊扣著西王母女的身分，及遣配的宿命。在此墉宮爲淨域，對比人間的塵濁，所以從否不僅關繫張碩的禍福，也與她是否完成宿緣有關，所以這類詩歌具有點明題旨的作用。

在傳文中原先應有更多的降示之語、降眞之詩，均能當行本色地運用仙言仙語，並表現魏晉期的宗教意識，如蘭香答禱祀的作用：「消魔自可愈疾，淫祀無益。」上清經派習於使用「消魔」代藥，如《智慧消魔經》或《眞誥》陶注「仙眞並呼藥爲消摩」；⑯至於仙歌，弦超傳干寶只說「又贈詩一首」；杜蘭香傳又有八月旦詩：「逍遙雲漢間，呼吸發九疑。流汝不稽路，弱水何不之。」也有鼓勵學仙之意。至於曹毗所續歌詩十篇多不留存，只有殘句如「縱轡代摩奴，須臾就尹喜。」自註：「摩奴是香御車奴，曾忤其旨，是以自御，碩說如此。」可見原傳必有多首仙歌，並與故事有關。

神人之間最能表現似眞還幻，且能解決現實的矛盾的，就是人間世凡男的處境中可以與凡女結婚的母題，最能彰顯人間對神女的印象。成公知瓊初降時對弦超所承諾的條件之一，就是「我神人，不爲君生子，亦無妬忌之性，不害君婚姻之義。」結果作夫婦七八年，父母爲超娶婦。神女與新婦的妥協，是「分日而燕，分夕而寢，夜來晨去，倏忽若飛。唯超見之，他人但見踪跡，不睹其形。」今本《搜神記》蘭香傳已佚此類文字，但《杜蘭香別傳》則敍明「碩妻無子，娶妾，妻妬無已。」碩請香治之，結果得一創，創已而妬病除，「遂生數男。」（廣記二七二）何參軍女傳說有所闕漏，不知其原傳是否有之。類此神女先婚，因不能生育；故讓凡男娶妻納妾，而能安然相處，實與冥婚的習俗相近，其中當牽涉民間社會對於非世間女子的觀念，因而形成兼顧神女的了卻姻緣及人倫傳宗接代的大義，也反映了青少男滿足這兩方面願望的深潛意識。

世間男子與神界玉女的婚姻，在情節發展中一定會有暫別、贈物及重逢等母題，形成曲折生動的戲劇效果。暫別與原始社會中對禁忌（taboo）的觸犯有關。今本《搜神記》弦超傳不甚明確，《集仙錄》卻保存一段關係情節發展的文字：超後爲濟北王門下掾時，因文欽作亂，魏明帝東征，諸生見移於鄴宮，宮屬亦隨監國西徙。鄴下狹小，四吏共一小屋，因此知瓊與超往來，雖能隱形，不能藏聲及隱其香氣，遂爲伴吏所疑；知瓊又給超「五匣弱緋，五端絪紵，采色光澤，非鄴市所有。」又被疑，結果報告監國，超「性疏辭拙」，因而洩密。今本就在此錄下同樣的一段求去之辭，理由就是本不願人知，而今本末已漏，非離去不可。然後「發篋，取織成裙衫兩襠」相贈。此一離別與贈物，也出現於杜蘭香，理由是「年命未合，其小乖。」贈物部分已佚；何參軍女也有所佚失，只說「廣與之纏綿」，就接云「其日，於席下得手巾裹雞舌香。其母取巾燒之，乃是火浣布。」卽未留存離去的緣由，而僅存贈物。大概說來，世間人不能與非世間人永遠相處，這是現實世界的定律。所以安排一解說性的緣由，也以超自然方式解釋：諸如洩漏機密，未合天命之類，屬於觸犯禁忌。贈物則爲留情、紀念，具有再次相遇的契約意義，也可說是世間、民俗習慣的運用。

重逢母題，表現緣既未了，情亦未盡，也是命定意識的結局，讓人有餘音裊裊之感。超在奉使至洛時，在濟北魚山下陌上重逢，出現一動人的場景：「悲喜交切（至）」，然後同乘至洛，再續前緣。杜蘭香傳說，則只在離別時留下一句「太歲東方卯，當還求君」，就佚失還求的情節。別傳則尙殘存有碩成婚後，香絕去，後復邂逅。（類聚七一）關於絕去的情景，也另有較詳細的一段，寫蘭香遇諸山際話別。綜合零散的資料可知兩則都有離別再重逢的情況，與其說是相互承襲，不如說是將世間兒女的情緣觀念投射於神人之間，以此補償人間的缺憾。

從前述諸母題可以發現神女類型，雖是神婚——神女降眞與凡間男子成婚；但從民俗學立場言卻近於冥婚，神女都是未婚而早夭，爲神仙所養，這與民間傳說中的姑娘實在性質相近——只是神女的神格較高而已，所以自道姓名、來歷，渴慕成婚，饋贈物件之類，尤其應允凡男可另娶繼嗣，都與冥婚中可憐憫的女性因尙未生產具有同一性格。中國社會重視「女有所歸」，有人燒香、祭拜其神主，不致成爲寃曲的孤魂，尤其早夭女性因尙未生產據信其仍具有較強的咒術力，爲宗教現象學常有之例，被仙話化的神女也就在這一民間傳說類型學上，增多一層仙道的色彩。

三、

神女傳說在魏晉時期的另一種典型，就是東晉初、中葉上清經派的降眞經驗，三組與神女交接的事件均發生在杜蘭香傳說流傳之後，所以其間確有先後淵源的關係。不過從傳說的發生環境及流傳方式言，前三則保存素樸而自然的民間傳說型態；後三則卻是基於宗教修練，因而獲致神女降誥的體驗，屬於精緻化、有意達成的宗教生活，所以是一種道教化、上清經派化的神人交接傳說。雖然它只流傳在教團內部，被視爲眞誥、眞迹，矜秘地以寶經、秘訣的方式傳授，先經顧歡編爲《眞迹經》、《道迹經》，最後由陶弘景（四五六——五三六）綜其大成，編成《眞誥》。但在後世文士的理解裏，杜蘭香與愕綠華爲同一類神女，具有同一敍述模式，也成爲艷傳的神女類型。

由世俗的接遇神女轉變爲宗教性的神女降眞，實與江南道教的蓬勃發展有關。東晉初期的社會形勢，由於典午南遷，政經變故，學術文化也在劇烈變遷中，促使江南士族尋求自我調適，始能適應新時代、新社會，奉道卽是此類精神生活的新方式，而接遇神人卽爲一新的宗教體驗。其中一楊（羲）、二許（謐、翽）就是獲致此類經驗的奉道者，另外晉陵華僑最早通神，與《眞誥》開篇的羊權等人，他們都是士族，且爲江南舊族，原本承受門第社會的儒學教養，卻轉而信奉道教，甚至成爲開創經派的重要人物，顯示儒家學術較爲衰微，因而神仙道教所啓發的神仙、隱逸思想，成爲士族社會希企山林的理想型態。勾容在道教史上是一重要舞臺，衆多道教要角在此登場，也開創出諸多重要道派：其中葛、許二氏不僅爲江南舊族，更是奉道而又深具開創性的世家。先是葛玄傳授左慈從北方帶來的金丹道法，經鄭隱再傳至葛洪（二八三——三四三）的手中，集大成爲金丹道法。[17]鮑靚也曾隱居此地，傳授三皇經，葛洪、許邁（三〇〇——三四八）均得其傳，爲三皇經派。而最能啓發的人物則是魏華存（二五二——三三四），嘗爲女官祭酒，渡江南來後昇化。其長子劉璞在永和六年（三六〇）將道法授與楊羲，經十餘年苦修，在興寧三年（三六五）開始有「衆眞降見」的體驗，在接下二、三年間，他常與許氏父子一起從事降眞扶乩的活動：「眞降之所，無正定處：或在京都、或在家舍、或在山館。」(眞誥 20.12a)也就是建康、勾容許宅及雷平山許謐官廨(在茅嶺附近),降眞的手迹就是《眞誥》所搜的一批實錄。

陶弘景在辛勤搜尋楊、許遺迹後,經過深思熟慮後編成《眞誥》,首篇四卷,題爲「運題象」專論冥數感對,自相儔會的事情;而開篇登場的卻是愕綠華降羊權,時間在「升平三年」(三五九)十一月間,一月凡六過(下降六次)。類此編輯的先後次序,自是依降眞年代爲準,不過從註明「楊君草書」字樣,並有小註「在乙丑(興寧三年)前六年衆眞並未降事」,可知陶氏以爲愕綠華詩及其降眞事並非楊羲本人所降,而只是謄錄,用草書而不用隸書。楊羲錄此降眞事,頗能產生誘導作用。陶氏編爲第一則也具有示範作用,表明開篇的篇旨,就是神人交接、冥會;而且這一則也是最接近神女傳說模式,因此在帶出楊羲、許謐的經驗之前,具有銜接民間傳說與道教傳說的地位。

愕綠華的記事爲雜記式的,並未經干寶等文士式的改作,但從資料顯示的,大體符合弦超等一類模式。男主角羊權出身於泰山南城羊氏,爲六朝世族之一。從他字道輿,及爲「簡文黃門郞」,是位奉道者。⑱當時年少俊秀,故在升平三年夜降時結緣。女主角的外形爲神女狀,「年可二十上下,青衣,顏色絕整」,而實際情況,也出現「自云是南山人」的自述語,不過經文中提到「訪問此人」是羊權訪問,抑是楊羲,不甚明確。其眞相是「九嶷山中得道女羅郁也。宿命時曾爲師母,毒殺乳婦,玄州以先罪未滅,故令謫降於臭濁,以償其過。」並云「今在湘東山,此女已九百歲矣。」此一謫仙已有九百歲,可與杜蘭香的千歲比較,但仙界年齡與人間異,故仍現玉女形,此一母題爲神女的本色。

在一月六降中，表現神女多情，並有婚配之意的，也出現贈詩、贈物二母題，此一仙歌正有鼓勵學仙，表達情意的旨趣：

神嶽排霄起，飛峯鬱千尋。寥籠靈谷虛，瓊林蔚蕭森。
羊生標美秀，弱冠流清音。棲情症慧津，超形象魏林。
揚彩朱門中，內有邁俗心。我與夫子族，源胄同淵池。
宏宗分上業，於今各異枝。蘭金因好著，三益方覺彌。
靜尋欣斯會，雅綜彌齡祀。誰云幽鑒難，得之方寸裏。
翹想籠樊外，俱為山巖士。無令騰虛翰，中隨驚風起。
遷化雖由人，蕃羊未易擬。所期豈朝華，歲暮於吾子。

仙歌風格固由仙言仙語而形成，此類意象、辭彙需要細細解讀，始能瞭解其中的隱奧。愕綠華的降誥中，曾云「本姓楊」，所以說同源異枝；蕃羊也隱指羊權。詩中對於羊生的年少美秀、出身高第頗有讚美；但也明示他有隱逸的傾向，因此以仙境之美、幽棲之樂勸勉，有求即得，無需徬徨。但神女贈詩的微意，自是金蘭之好外，歲暮相期，共享彌齡，以同登仙界為其旨趣。這應是初降前數次所歌贈的，借詩表達情意；另外還有贈物：「火澣布手巾一枚，金玉條脫各一枚，條脫乃大，而異精好」火澣巾與何參軍女所贈者一樣，在《十洲記》等書中都有此物，從中西交通史言，這是從中亞輸入的石綿，在當時被視爲神仙的奇珍異物。條脫，盧氏新記載唐文宗謂宰臣曰：「古詩襯條脫，眞誥言安妃有金條脫，卽今之腕釧也。」安妃爲萼綠華之誤。此外她又贈「與權尸解藥」，也是服食藥物。這些贈物是在六過中何次所送，並未依序明寫。不過其中有洩密母題：「君愼勿泄我，泄我則彼此獲罪。」其後卽進行訪問，是否因此洩密而離別，而有贈藥的訣別動作。因屬雜記條列式，所以不像干寶所用的筆記體，顯豁易解；但構成的母題相近，組合不同而已，尤其首標「愕綠華詩」更是突出仙歌的編排法，後列的散文反似解說此詩。

愕綠華降羊權，仍是單純的位神女自降自薦，爲神女傳說的常見模式。但楊、許集團則爲降眞團體，常是數人舉行；而神仙降見雖有單獨下降的，卻常出現相偕降臨，甚或瑤臺大會的集體降凡，排場盛壯，具現上清經派較有規模的仙眞世界。楊羲與九華安妃、許謐與雲林右英夫人的神婚，就是在仙眞相偕的場面中，經由神仙從中媒介，然後促成神仙眷屬。在這一樁神仙美眷中，神女仍居於積極而主動的腳色，不過樂見其成的仙眞卻適時穿針引線，有時甚至一再遊說，多人關說，然後去除男主角的被動心態。這是與前三則神女自薦而凡男命定的接受有所異趣，其中所折射的奉道者的處境，及其深層意識，實在大有意味：首先是社會意識的反映，由於楊、許等人均出身於高第，所婚者也是同一階層身分者，因此講究門當戶對，及婚禮的程序，媒妁腳色就是在這種婚配中的中介者。不過反映其中較波折的說合過程，恐怕不是婚禮中繁文縟節的現象，而具現出楊、許兩人的被動、猶疑，是一種較複雜的心理現象。

從《眞誥》眞胄世譜所錄存的資料，無從獲悉楊羲是否成親？眞降時是否有妻室？不過可以肯定他具有一定的社會地位，因他有傳統的儒學涵養：「少好學，讀書該涉經史」；也在簡文帝爲會稽王進位丞相時，許謐推薦他任「公府舍人」，所以在他「淵懿沈厚」的本性中，猶具理智的色彩。其次是降眞的年齡，羲之「爲人潔白，美姿容，善言笑，工書畫」，又「幼有通靈之鑒」，本是頗符合神女所降的翩翩少年；但從奉道到衆眞來降，已是三十六歲之年，不是浪漫多遐思的青春年少，而爲較理智的成熟階段。因而九華眞妃之來需要紫微王夫人的媒介。由於《眞誥》本身就是一次次仙眞降誥的筆錄，明確記下日期，所以要獲致神人婚配的印象，就需要從零散的事件中聯綴其肌理，才能獲致一個較完整的情節發展。

在興寧三年六月二十五夜的記事下，陶注云：「此是安妃降事之端。」先是二十一日晚上茅偉降、二十二紫陽眞人(周義山)降、二十三清靈眞人(裴玄仁)、紫微夫人(王淸娥)及其師南嶽夫人(魏華存)均有降誥。二十四紫微夫人有一段頗長的誥語，解說仙眞降誥的因由、眞書出世的禁重，可作眞書的序言；又有南嶽夫人授書訓弟子。其中由南嶽夫人介紹紫微王夫人的名諱及阿母(西王母)第二十女的身分，都可看出仙眞降下時相互介紹的情況，眞妃就是由紫微夫人引介出場。因爲是楊羲在恍惚狀態中的見神經驗，所以先見之後，再由紫微夫人介紹。根據幻覺心理學的分析，在幻視中會出現鮮艶的色彩，安妃的形象就是這樣艶麗生動地被描繪出來：

神女着雲錦襡，上丹下青，文彩光鮮，腰中有綠繡帶，帶係十餘小鈴，鈴青色黃色，更相參差，左帶玉佩，佩亦如世閒佩，但幾小耳。衣服儵儵有光，照朗室內，如白中映視雲母形也，雲髮髟真鬒，整頻絕倫，作髻乃在頂中。又垂餘髮至腰許，指着金環白珠，約臂視之，年可十三、四許左右。……二侍女年可堪十七八許，整飾非常。神女及侍者顏容瑩朗，鮮徹如玉，玉香馥芬，如燒香嬰氣者也。

神女的形象在楊羲的幻覺經驗中，是否與當時祠廟中女神的塑像、或存想的秘圖有關，目前已難以證實。不過她出場時的排場確是人間貴遊女子的反映，故也有侍女的母題，與杜蘭香有二婢女相同，侍女是道教降眞文學中極爲重要的題材。⑲

神女入戶後，仍由紫微夫人略事介紹，也多由神靈中人開口，這是神女傳說中的常見情況，由此也可證成公知瓊等也是降眞狀態下出現，凡男所說的話均不多。由於自薦而只能自我介紹的模式，在楊羲事件中則有紫微夫人作「因緣之主，唱意之謀客」，眞妃身分由紫微夫人先道出：

此是太虛上真元君金臺李夫人之少女也。太虛元君昔遣詣龜山學上清，道成受太上書，署為紫清上宮九華真妃者也。於是賜姓安，名鬱嬪，字靈簫。

初通音問後，第二次見面是隔日夜晚，也是衆眞來降，凡有紫微、南嶽夫人；紫陽、淸靈眞人及中、小茅君，這次就由紫淸眞妃自我介紹：

我是元君之少女，太虛李夫人愛子也。昔初學真於龜臺。受玉章於高上，荷虎籙於紫皇，秉瓊鉞於天帝，受書於上真之妣，以遊行玉清也。

在人間的婚俗中，常由男方向女家問字；不過冥婚的習俗，則早夭的少女需較主動地自達，不管是神秘的託夢，或由家人代爲通達，此類神婚的對象雖是神靈中人，卻仍遺存部分冥婚的遺跡。

在這則降眞實錄中，仍出現服食仙物的母題，在此有初見定情的微意，是三枚棗，「色如乾棗，而形長大，內無核，亦不作棗味，有似於梨味耳。」仙棗是仙果中常見的一類，《太平廣記》卷四一○有五種，如北方棗、西王母棗、仙人棗之類，應是神仙傳說中的服食物。從三人同時俱食的情況，似並非《眞誥》書中所謂的「交梨火棗」，而是與定情有關之物。其次就是贈詩母題，均由神人口授，而由楊羲錄出，其情況應有如扶乩，在《眞誥》中楊羲的乩筆最稱能書，其前華僑先能通靈作乩，因不甚稱職，而被羲取代，許氏父子也均不符乩手的標準。類此乩筆寫錄的情形較諸杜蘭香的口授略有差異，但在表達情意的作用上則相一致：

雲闕豎空上，瓊臺聳鬱羅。紫宮乘綠景，靈觀藹嵯峩。琅軒朱房內，上德煥絳霞。俯漱雲瓶津，仰掇碧柰花。濯足玉天池，鼓枻牽牛河。遂策景雲駕，落龍轡玄阿。振衣塵滓際，褰裳步濁波。願為山澤結，剛柔順以和。相攜雙清內，上真道不邪。紫微會良謀，唱納享福多。

前大半都夸言仙鄉奇境及遊仙至樂；最後才明白吐露心願，就是願結爲夫妻，同登上道。⑳此類以詩相贈，「以宣丹心」，爲神女傳說類型的重要母題；只是這一場景中多一因緣主紫微夫人而已，她並在場多賦一首相贈，強調「冥會不待駕」、「數中自有緣」的仙緣天定。

在神女傳說中主題所在，就是命定說，這是用以解說神女爲何一定要找此一凡男的因緣，具有合理化超自然的仙凡關係的意義。宿命、命數的機械式決定論，連理性主義的儒家都偶一信之，而在民間社會更會將它簡易化、淺俗化，成爲一種解說人際關係的意識型態，成公知瓊等三則均有宿命論的色彩，但在干寶等人的筆錄中，有時隱而不彰(或佚失)，有時淡淡提及：成公知瓊告弦超的話，就有「宿時感運，宜爲夫婦。」或杜蘭香將去時，以「年命未合」爲辭。這種較平淡的情形可解爲民間傳說的素樸階段，但在道教中人的理念世界中，則是宗教觀點下解說人生的宗教意識。愕錄華所道「宿命」、「謫降」，既觸及不可改變的命數，也隱隱提出罪罰、贖罪的深層意涵。㉑而到楊許諸人，此一思想被強調出來，用以去除楊羲的疑慮，也可說奉道文士以此解除人神交接的衝突、矛盾。

命定觀的強化，可從一些辭彙的運用看出：先是眞妃表達愛意時所用的：「得敍因緣」、「歡願於冥運之會」；紫微夫人也強調的「冥會」、「數中自有緣」、「因緣」。由於眞妃感覺楊羲「冥情未攄，竟氣未忘」，故在隔日降誥時有冗長的說明，其中最突顯的說服之辭，也仍加強「宿命相與」、「定分冥簡」、「順運隨會」；至於紫微夫人既能體會眞妃「論好之緣」，而要楊羲體會「玄運冥分使之然」的道理，楊羲的老師南嶽夫人也以此相勉：「冥期數感，玄運相適，應分來聘，新構因緣，此攜眞之善事也。」可證合理化男女的遇合關係，從人間到天上，就是命、緣、數，類此理論化的思想意識，確可讓猶豫於可信與不可信的模稜情境，增多一層奇幻感。

有關神人交接的關係，民間傳說較多情好意象，諸如纏綿、縱情兼慾之類，但從隱形的情形，又似只爲一種感覺而已。楊羲因修道而有所接遇，因而對眞妃提出的「松籮之纏」，似不甚解，眞妃只得再解說是，「因盡內外，理同金石，情纏雙好，齊心梓梓」，而非「抱衾均牢，有輕中之接，塵穢七神」，最能說動的是南岳夫人，她提醒不是「苟循世中之弊穢，而行淫濁之下迹」，只是「示偶對之名，定內外之職」，幫助修行上眞之道時，深有感應：「偶靈妃以接景，聘貴眞之少女，於爾親交，亦大有進業之益，得而無傷。」可證當時上淸經派已秘傳一種神交的修行法門，旣非俗世的纏綿情慾，亦非天師道的黃書赤道，而爲靜室中感應神女的上道，這應是精神上幻覺狀態的修行秘法。

在民間素樸的神女傳說中，由於並無完整解說其結局的一套理論，就常出現重逢再續前緣後，描寫神女隔一段時日降見：如成公知瓊的「輒下往來，經宿而去」，傳說就在沒有結局中飄渺結束。道教版本的神女降眞，由於其神學理論本就以不死昇仙爲核心，並結構出一天界，列出仙眞品階及官職，這是當時上淸經派所戮力完成的《眞靈位業圖》的雛形，《眞誥》卽保存這些初期資料。所以道敎化的神女傳說就是由神女預誥奉道男子的未來，在七月一日衆眞降見時，楊羲自陳，「欲知貴賤之分，年命之會，多少定限？」引出眞妃一段極長的授書，詳盡告知所問的事情？其中最值得注意的是眞妃永爲仙眷，且爲一「賢內助」，文中解說兩人所受仙界職位後，接云：

> 又當助君總括三霍，綜御萬神，對命北帝制敕鄷山。又應相與携袂靈房，乘煙七元，嘉會希林，內攄因緣也。是故君姓於楊，我得為安，妾自發玄下造，君自受書於西官，從北策景。乘軿東轅，握髦秉鉞，專制東蕃，三官奉曶，河山啓源，天丁獻武，四甲衞輪，當此之時，實明君之至貴，真仙之崴觀也。三官中常有謗謠云：楊安大君，董真命神，正我等之謂耳。蓋聖皇

之方駕，於今有二十八年也。復二十二年明君將乘龍駕雲，白日昇天，先詣上清西宮，北朝玉皇三元，然後乃得東軫執事矣。此自是君玉朗紫微，金音虛領，為太極所旌，乃玄德上挺，不復用懃學劬勞，陟足山川矣。

眞妃預示楊羲的昇天在二十二年後，剛好是太元十一年(三八六)，這是神仙道教派的宗教體驗問題。但眞妃的柔情款款，在攜袂同行、楊安大我等的辭彙裏，流露出將爲仙家眷侶的說法，完全表現道教的神仙世界中自有此類夫妻相，如蕭史弄玉之類，這是値得研究神仙傳說者多加注意的類型。

四、

從神女傳說類型觀察雲林右英夫人與許謐的關係，雖則散見於《眞誥》卷二、三、四的三卷中，依據日期順序錄出神人之間的交往經過，從七月三、四日直到十二月中，所形成的神女與奉道男子的婚配關係，不像成公知瓊與弦超一類的明確易知。但分析其構成的情節單元，其實仍屬於同一類型。此因全部交往過程只處於素材階段，而未經類似干寶的敍述模式；縱使後來杜光庭《集仙錄》有雲林右英夫人傳，卻由於特殊的原因，未能將此一神人的因緣作爲傳文重點，也就失去了一道教版的神女傳說。不過相對於愕錄華之降羊權，九華眞妃之降楊羲已較費心意，至於許謐之接納雲林夫人實在波折多端，迭有起伏，其中緣由自與男主角的主觀因素有密切的關係。

勾容許氏雖與道教有緣，但許謐的奉受上清經派，實與楊羲的誘導有方有關，《眞誥》世譜說他們「年並懸殊，而早結神明之交」(20.11b)，謐本人出身於江南世族，承受良好的儒學教養，「少知名，儒雅清素，博學有才章」，特受簡文帝的垂顧，也與時賢多所儔結；曾歷任官職，敎內常稱「許長史」即護軍長史，也都屬中上級官吏。他的家庭生活中，娶妻陶威女（科斗），在興寧中（三六三——三六五）亡，生聯（中男）、翽（小男）；又有妾（至少一位），生甽（長男）、素薰（只此一女）。在興寧三年，謐與義熱衷於降眞的時期，剛好「婦亡後，更欲納妾」(4.3a)，此時他年已六十，從生理年齡、社會地位等情況言，他要修上眞之道就產生較多的困難，可以說初期長達半年多的眞誥資料，正眞實紀錄他的心境轉變過程——是否接受神女雲林夫人的神婚，而捨棄道敎所禁的納妾行爲。

上淸諸眞之所以特別眷顧許謐，是經過衆位眞人考核：他名在伯札，是爲伯擧，也就是具有仙緣，因此需要度化。當時他的困難在於「淫色之念」、「淫慾之心」(2.3b, 4a)，所以需誘導其「行上眞之道」。此類上眞之道在運象篇第二開始就揭示，上淸經派有意淸整舊天師道的「黃赤之道、混氣之法」，根據道敎史，天師道在蜀漢倡行鬼道，由於地域、奉道羣等諸多因素，針對人類的本能欲望提出一合理的節制法，兼顧施化爲種子與養生秘要，在當時是具有進步的意義。㉒但道治在關中發展，尤其從魏華存在江北爲祭酒時，應已轉變，魏氏本也不想結婚；後來才嫁劉氏及至江南，在士族社會中宣敎，諸多敎法要變，黃赤之道也在變，其根本區別是「色觀謂之黃赤，上道謂之隱書」，南岳夫人授與楊義的一段話可作代表：

> 夫真人之偶景者，所貴存乎匹偶，相愛在於二景，雖名之為夫婦，不行夫婦之迹也。是用虛名以示視聽耳，苟有黃赤存於胸中，真人亦不可得見，靈人亦不可得接，徒劬勞於執事，亦有勞於三官矣。

紫陽眞人，九華眞妃都有同一降誥之文，可見上清經派確有一套教法：幫助奉道者解決性生活的困擾，提昇舊天師道的黃赤道，而獲致一種精神感應、二炁交感的上眞道。甚至可說楊羲在苦修劉璞所授的上清秘法後，十餘年中累積心得，終於在興寧三年六月二十四、五、六的關鍵性三日內開悟，因此將此啓悟授與許謐這一「內明眞正，外混世業」的良才。從幻覺的宗教體驗觀點，半年多的啓悟正是楊羲採用宗教形式開導許謐的歷程，也就是在楊、許的實踐中開創了上清經法的重要教法之一。

楊羲或說上清諸眞啓悟許謐的，凡有兩大重點：一是隱遯山林，二是行上眞道，兩者之間又是相輔相成，有益道業。從神女傳說的觀點，如何讓許謐接納雲林夫人，就形成一段曲折動人的心理描寫：雲林夫人由表達情意，經歷波折，終於感悟有緣人，就像一位愛情堅貞的女主角，以積極、主動的態度去除意中人的疑慮、猶豫，在扮演神女的形象上，與先前所有的神女具有其一致性，連雲林夫人首次登場時，也特別使用「神女」二字，後來才用靈人、神人等詞交換出現。九華眞妃是由紫微夫人作因緣主，雲林夫人則由南眞（南嶽夫人）介紹，時間是七月三日，剛好是楊羲開悟後，接下即雲林夫人登場：

> 是阿母第十三女王媚蘭，字申林，治滄浪山。受書為雲林夫人。

類此王母女正是神女傳說的母題，所以它仍是同一宗教信仰風尚下的產物，神女傳說的模式對於有意淸整舊法的上淸經派，應具有啓發作用。

神女傳說的贈詩母題，神人對話（神女誥示較多）母題也是一樣；差別只在半年多的頻降中，雲林夫人一再降誥贈詩，衆眞也紛紛加入勸導行列，連許謐本人也至少有三次的自白，所以詩文內容較爲豐富、多采。按照模式，神女初降就要表白期待的心情。陶弘景精密比對眞誥後，在有待、無待的諸歌詩後，特別註明：「似初降語」、「有待之說並是指右英事，非安妃也。」到底是否初降的情景？爲何一首由右英王夫人所歌的有待之歌，激發衆眞降現時紛紛歌出十（紫元夫人有兩首）篇玄言詩。原歌如下：

駕欻敖八虛，徊宴東華房。阿母延軒觀，朗嘯躡靈風。我為有待來，故乃越滄浪。

從發句展開遊仙之樂，再點明自己爲王母女的身分：親切稱呼阿母，隱有王母送她，或命定她非下凡不可之意。所以才從所治的滄浪山來，直入塵濁之世度化有緣，「有待」兩字兼含宿命、期待之意，這是符合仙歌的旨趣：以詩示愛。衆眞就圍繞有待、無待各發浩唱，多能體會右英的心境，不過此類羣詠，與《莊子》逍遙遊篇的有所待、無所待結合，成爲玄言詩的趣味，這一現象反映出晉世玄言詩的遺風，楊、許諸人均熟悉玄言詩的體製。正因有這首「駕欻敖八虛」，才有七月中的「寓言必可用」之吟，其中有句「焉得駕欻迹，尋此空中靈。」

由於許謐並無回應，雲林夫人在七月十八日鑾景落滄溟詩，繼續表達爲友的心願：「來尋冥中友，直攜侍帝晨」；七月二十六喻詩也勉勵他「一靜安足苦，試去視滄浪。」勤修苦練就可同遊滄浪。對於許謐的文才，右英自是讚美有加，稱爲天王；但在修行上，則「穢思不豁，鄙炁內固，淫念不漸，靈池未澄。將未得相與論內外之期，汎二景之交耳。」(2.17a) 指他仍不能修上眞道，體驗陰陽、內外二景交媾的妙境。所以二十八日囑楊羲交給他一首詩，明白以結夫妻之好緣，激發修道的關竅：

> 世珍芬馥交，道宗玄霄會。振衣尋冥疇，迴軒風塵際。良德映靈暉，穎根粲華蔚。密言多儻福，沖淨尚真貴。咸恒當象順，攜手同衾帶，何為人事間，日焉生患害。

表明「芬馥」的神女之交，可期於玄靈相會。其中最爲關鍵的咸恆之喻，陶注卽云出周易：咸卦䷞，下艮上兌，少女少男相感之象；恆卦䷟巽下震上，常能久之象。咸恆卽喻常爲夫婦，與攜手同衾，都是希望結好，幫助他早日脫離「人間許長史」而爲「山中許道士」，八月中曾降下一極有名的隱喻「交梨火棗」——交生神梨，方丈火棗，這不是「體未眞正，穢念盈懷」的許謐所能獲致的。這段時間衆眞紛紛指出此類情況：八月十七夜，右英要他回答「心不定而欲書，意不往而求眞」，如何可感？小茅君也說「心苟不專，慾念塡胸」，也必敗。所以許謐的回答，在殷切的期望中，檢討自己確是「慾穢未蕩，俗累未拔，胸心滓濁，精誠膚淺。」以後應該好好修行「方諸洞房步調之道，八素九眞」，這是上清經中主要的存思法門。

許謐在朝爲官，楊羲與他降眞的場所，凡有金陵、勾容，當然最期望他能歸隱東山，專事修行。

九月的降誥中，雲林夫人一再提醒他要養形靜東岑、藏暉隱東山，否則「風塵有憂哀，隕我白鬢翁。長冥遺退歎，恨不早逸縱。」（九月三日）此期間有一首「右英吟此再三」的詩，頗能表現神女的心境：

停駕望舒移，迴輪反滄浪。未覩若人遊，偶想安得康，良因俟青春，以叙中懷忘。

詩中雲林夫人與發歸思，因若人（謐）未能偕遊，結句運用當時的情歌辭句，以抒眞情懷。不過神女即命定要度化他，仍一再降誥，期望開示；而他也誠惶誠恐，敢不自勵。十月較少，應是較少降眞活動，右英夫人仍有二詩相勉；十一月未見夫人降誥，倒是對此一現象許謐應有不安之感，連續呈上兩篇自白，對自己的罪愆有自省之意。

十二月中旬，經歷一段沈寂之後，右英又有誥示，對於玉斧（翽）多所讚美，所謂「志齧姻親於內外，寄幽會於隱觀」——指的是翽「居雷平山下，修業勤精」的修行生活。並以薛旅、長里先生爲喻，希望謐能了悟學道「若猶愆波不激，淫君愈出」，也無法成就。對於「右英前七月二十八日喻詩『世珍芬馥交』者，並酬前書論薛旅事」（陶注），謐的答書表明能體會其翰音的「繾綣」之意：「旨諭有咸恆之順，宗期則玄霄之會」，但這時適逢婦亡而有納妾的念頭，不能修道：「竊懼熠燿之近暉，不可參二景之遠麗；嗟彼之小宿，難以厠七元之靈觀」。但他也坦白承認奉道的內心感受：「自奉教以來，洗心自勵，沐浴思新，其勸奬也標明得道之妙致；其勸戒也，陳宿命之本迹。淫君所以喪君所以喪基，鄙滯所以伐德，雖盧醫之貢針艾，扁鵲之獻藥石無以喻（瘉）也。」經一再勸勉後，也有「逍遙東山，考室龍林」，實踐其清修的打算。對許謐的猶豫在運象篇第四載有仙眞的類似勸戒：茅君兄弟對他限於官私，徘徊京畿（金陵）有所規勸；㉓紫微夫人則提醒「有恥鄙之心者於道亦遼乎」，陶弘景就是於此註明長史「更欲納妾而修七元家事，最是所禁，故屢有及之。」

許謐年過六十始有機緣修習上眞之道，又因所任護軍長史常往來金陵、勾容間，無法盡去俗情；其婦新亡又想納妾，所以雲林夫人的「恩逮繾綣」，他是心領而行未能至，這段神女姻緣頗爲難諧。太和元年（三六六）雲林仍不時降詩，從陶弘景整理的註記文字，可以發現在興寧三年的半年內，詩註明諭示許長史，或口喉、授書、授答等字樣，爲較積極進行神人晤對的情況；太和元年後都只標明日期及雲林作、右英作，並未標明喻示許長史；但詩歌中卻仍有所期待，也均由「楊書」，間接勸誘許謐：

> 巒景登霄晨，遊宴滄浪宮。絳雲繞丹霞，靈藹散八空。上真吟瓊室，高仙歌琳房。九鳳唱朱籟，虛節錯羽鐘。交頸金庭內，結我冥中朋。俱挹玉醴津，儵欻已嬰童。云何當路蹲，愆痾隨日崇。

仙歌的寫作模式大多夸飾神仙的宮室、排場，造成飄渺的仙境氣氛，雲林夫人卽以此勸誘長史，所以有「結我冥中朋」的交結之想，她另有「吟此再三」的四句短詩，後半也是「願得結塵友，蕭蕭罕世營」，對於冥中朋、塵友仍有所待，所以紫微夫人詩也回應：「玄唱非無期，妙應自有待。豈謂虛空寂，至韻故常在。……借問朋人誰，所存唯玉子。」玉子卽指玉斧，許謐父子俱爲奉道者，也能漸修上道。此期間只有一題「閏月三日夜右英作示許長史」，陶注「晉曆丙寅年間四月」，卽太和元年所作，詩意是許謐能否如願行修，共致仙期：

清淨願東山，蔭景栖靈穴。愔愔閑庭虛，翳薈青林室。圓曜映南軒，朱鳳扇幽室。拱袂閑房內，相期啓妙術。寥朗遠想玄，蕭條神心逸。

關鍵一句就在閑房內，啓妙術，正是上眞的二景之道，不過仍是相期的狀態。

根據趙道一《眞仙體道通鑑》卷二十一許穆傳，錄有一條資料：穆「以第四兄遠遊嘉遯不返，遂表辭榮，太宗不奪其志，穆乃宅於茅山，與楊羲編該靈奧。」這一說法不知何據，但反較《眞誥》世譜爲清楚。許邁（字遠遊）於永和二年移入臨安西山而不返——可能在四年昇天。至此謐才辭官歸隱，所以陶注「太和二年歲在丁卯十二月十七日夜太元眞人司命君告穆，到丙子年爲十年矣，時當七十二也。到亥子年神化變錬，子年始餘十年。」這首詩具有預示性，並欣喜他已去除世累：

納納長者，蔚蔚內明。撥于昔累，非復故形。變扇渠錬，得道之情。和挹神心，仰秀雲靈。僅覩晨景，德音蘭馨。方及十載，季偉擧名。每事勗焉，勿復不精。

此外仍由司命君茅偉說明他「所得限分」：

淵奇體道，解幽達精。虛中受物，柔德順貞。慈寬愽採，聞道必行。逍遙飛步，啓誠坦平。策龍上造，浮煙三清。實眞仙之領帥，友長里之先生。必當封牧種邑，守伯仙京。傅佐上德，列書絳名。

較諸安妃與楊羲的「楊安大君」，在這對神女因緣中，既未特別突顯因緣，而只提及宿命，實與許謐的實際身分有關：其關係介於夫婦與友朋之間：夫婦是二景修法的隱喩，陶弘景明白指出陶科斗也入易遷宮，爲女子得仙處，也是仙界中人。所以雲林夫人在整個事件中，居於導師的身分，以母性、情人的形象幫助修道的男性，體悟二景交會的體驗，這一獨特的陰神下陽巫的方法，正是上清經派精緻化的新房中觀。

五、

神女傳說之所以形成一種奇幻感，不管筆記小說所使用的奇幻敍述體，或是道敎眞誥更原始的降眞實錄，都能經由語言、語意及結構，產生藝術效果。這是因爲其事件本身的似眞還幻的性質，無論是較素樸的民間宗敎，抑是較精緻的神仙道敎，均基於中國傳統的巫——一種薩滿敎(shamanism)，作爲人神之間的媒介，在出神的恍惚狀態下，與神交接，爲原始宗敎祭儀中陰神下陽巫、陽巫接陰鬼的習俗。神婚中所有的男性命定成爲神的配偶時，都可說具有同一性格，被動地被選中，讓神女在塵世中完成其人間姻緣。不過從冥婚的民俗，也可以解說早夭而未字的女子，由於一點寃魂常被民間社會視爲具有呪術性，因而經由與男子成婚，讓魂有所歸依，這是讓非正常歸於正常的宇宙觀的表現。

魏晉社會，門第森嚴，所以寒門子弟在適婚年齡，偶而爲神女選中，就可高攀此一侍女，華車及美食的美眷，讓他們在迷幻中享受一奇幻的婚姻生活。因此在神女婚配中，一個語拙性疏的年少，既可與凡女結婚，傳宗接代；亦可與神女往來，喜獲仙眷，類此傳說流傳於民間，必可獲得尋常百姓的認同，其作用有如六朝仙境小說中誤入仙境的凡男一樣，爲中下層社會未能高攀貴門的一種補償，具有深刻的社會意識。所以不管是神婚、冥婚或異類婚，在男性中心社會中，那些飄忽而來的女性，其形象、身分總多少帶有一閃爍的光采。所以在口頭敍述或文字修飾時，總是出入於自然與超自然之間，猶豫於可信與不可信之際，在奇幻、詭譎中獲得虛構地滿足感。

在宗教體驗中，凡男之爲神女所選，或作爲一種修行方法，在恍惚之中如見其影、如聞其聲，這一奇幻的見神體驗，對於當時人確是一種奇特的事，縱使以儒家的理性主義立場，也無法完全理解其中的荒誕、奇異，更何況民間社會喜聞樂見這些民間傳奇。魏晉時期的社會文化，面臨一特殊的政經鉅變，宗教氣氛極爲濃厚，爲民俗、宗教、傳說流行的溫床。此類荒唐言中，固然深刻反映亂世子民的內心願望；卻也在廣泛流傳中，爲豐富的民間文學增多一種類型，造成奇幻而詭譎的趣味。所以劉宋初劉義慶既已發現它在傳說學上的價值，當作冥會的典型。

神婚的性質在六朝固然具有雜傳的眞實性，流傳至唐就逐漸突顯出小說的趣味，因此在詩人的筆下，它們成爲浪漫而香艷的愛情隱喩，借以喩託人間的奇情事件。李商隱就是擅用這一題材與表現手法的行家，他年少時在華陽觀的道教經驗，讓他運用得當行本色：諸如「蕚綠華來無定所，杜蘭香去未移時」（重過聖女祠），就巧用民間與道教神女喩寫此一飄渺的聖女，他對她曾有情愫，今已無從接遇；《眞誥》在玉陽觀時應是熟讀的道書，成爲驅遣的用典材料：「聞道閶門蕚綠華，昔年相望抵天涯」（無題二百之二）馮浩解作王茂元家閨女；而另一使用「羊權雖得金條脫，溫嶠終虛玉鏡臺」（中元作），馮浩解作爲入道公主作，羊權句喻暗有所歡，恐怕不易解明。至於其他使用高唐神女（有感）或神女生涯（無題），典故可解，所喻卻常可有多種箋注。但可見他對神女傳說的印象至深，故特別嗜用。㉔晚唐曹唐是另一位嗜用神女隱喻，「大遊仙詩」中專門採用爲題材，凡有萼綠華、杜蘭香等，特爲神女與凡間情郎作詩寄酬，也充分發抒神女的浪漫多情。㉕

對於神女與凡間男子的親密關係，詩人文士固然是當作浪漫的愛情典故；而教門中人卻另有一種因應的態度，顯示他們對於修道、奉道者已有新的修練方法，因而有意改寫、淡化其中的神婚色彩。類此轉變可以杜光庭輯錄的《墉城集仙錄》爲代表，這部傳記集以西王母統御女子之得道者爲構想，所搜集的女仙中自不能遺漏神女：其中成公知瓊（廣記六一、道藏本缺）、杜蘭香；及雲林夫人現存；其餘萼綠華、九華眞妃應有收錄，今已佚失。現存三篇中，成公知瓊未作改寫，且保存洩密一段及神女賦，可補今本《搜神記》有闕之處。杜蘭香如非所據資料已道教化，就是改寫之作：張碩成爲修道者，而杜蘭香成爲謫仙，下降授法，度脫張碩。（5.21-6.22a）因爲杜蘭香到南北朝初已被仙道化，《洞淵神咒經》卷二既已提及杜蘭香修道的事，所以在六朝社會道教中人已在重新創作杜蘭香傳說，至此而集其大成。至於雲林夫人傳，在傳文結構上不能如實運用《眞誥》的資料，仙歌次序也不符日期，而最重要是淡化處理表現情纏的文字與事跡，這可從引詩後的補充說明看出：其中強調賦詩「尤皆勉勵於修道，慮中道而敗則禍更重矣。丁寧戒諭者，以許君及玉斧皆籍名仙簡，務其日進玄德，更懋眞階耳。因述青童君勸學道之士拔憂欲之根，如掇懸珠，一一掇之，目當盡矣。」諸如此類的看法直到傳末，可證杜光庭等唐代高道有意改塑雲林夫人的形象，充分反映道教內部對於上眞道的修法已有所修正，自需改變仙眞及修道者的傳統形象。

總之，神女傳說在民間文學中，由於其奇幻生動的情節，美貌多情的神女，在命定情緣的思想架構中，滿足其情慾的虛幻感，解說男女關係的命運觀，具有其吸引力；因而影響深遠，成爲民間文學類型學的一類。而文人則對男女之間的浪漫情愫，特多好感，取作典故，拈爲詩題，借以隱喻其現實生活中不便明說的兩性關係，纏綿悱惻，淒艷動人。而道教中人秘傳房中秘訣者固仍有之，但在純淨化的道教修法中，顯然逐漸超越此種修法，不願保存神女所表現的曖昧情熱，而將她們一一改塑爲謫降或具有導引者的仙眞，其中反映出道教中人重新創作新神話傳說的作業，這是神女傳說史上較特殊的一種轉變，也印證傳說在流傳中不斷變易、創新的特質。

【附　註】

① 澤田瑞穗所作的「神婚傳說」，有較全面的分類，原刊早稻田大、文學研究第一號（一九七五、十二）頁一一十八；其後收於「中國の民間信仰」（東京、工作舍、一九八二）頁二五〇－二七七。

② 丁乃通的研究，原有芬蘭科學院一九七八年赫爾辛基版，中國大陸曾有不同的譯本，較完整的是鄭建成、李倧、商孟可、白丁譯的《中國民間故事類型索引》（北京、新華、一九八六）

③ 丁乃通上引書，頁一〇三。

④ 丁乃通上引書、頁八，如導言中的提例說明。

⑤ 金榮華《六朝志怪小說情節單元分類索引》（甲編）（臺北、中國文化大學中研所、一九八四）頁八四、八五。

⑥ 汪紹楹校注《搜神記》，指出《法苑珠林》作張茂先有誤，應如《藝文類聚》七九作晉張敏，玆從之。

⑦ 聞一多早期研究類似的神女問題，曾撰「高唐神女傳說之分析」，後收於《神話與詩》中，（臺中、藍燈文化、一九七五）

⑧ 《太平御覽》六七六引《集仙錄》，七五引《郡國志》。

⑨ 有關六朝筆記與史部雜傳的關係，較完整的研究有逯耀東的博士學位論文《魏晉史學的轉變及其特色》。

⑩ 托鐸洛夫的理論，本文只借用其觀念，見其「論奇幻敍述體」（The Fantastic, trans by Richard Howard. New Yovk Cornell Univ. Press, 1973）此文使用，蒙友人古添洪兄的幫助，特此致謝。

⑪ 同右，古添洪「集異記考證與母題分析」，刋於《教學與研究》第六期（師大、一九八四、六）頁二四九。

⑫ 詳參拙撰《神話的故鄉——山海經》（臺北、時報文化、一九八一）頁二七三—五、頁二八九。

⑬ 聞一多前引文，論點重在郊禖，但注引比《文選》江文通雜體詩注引《宋玉集》及《水經注》江水注，並予以比較分析，頁八七、一〇八，此點龔鵬程提醒注明，特此致謝。

⑭ 詳參拙撰「西王母五女傳說的形成及其演變」，刋於《東方宗教研究》第一期（臺北、文殊、一九八七、九）

⑮ 詳參拙撰《不死的探求——葛洪抱朴子》（臺北、時報文化、一九八七）

⑯ 詳參拙撰「漢武內傳研究」，收於《六朝隋唐仙道類小說研究》（臺北、學生、一九八六）

⑰ 詳參拙撰《不死的探求——抱朴子》（臺北、時報、一九八七）

⑱ 詳參拙撰博士學位論文《魏晉南北朝文士與道教之關係》中，有關士族奉道的研究（政大、一九七八）、論文稿本頁三〇七。

⑲ 詳參拙撰「漢武內傳研究」有關其侍女的部分，收於《六朝隋唐仙道類小說研究》頁一〇三——一〇八。

⑳ 關於詩中「山澤結」、「上眞道」，南京社科院鍾來因先生曾引《淮南子》地形訓：「邱陵爲牡，溪谷爲牝」、「山氣多男、澤氣多女」，隱指夫妻交合。見其即將出版的《長生的探求——眞誥》

㉑ 詳參拙撰「道教謫仙傳說與唐人小說」，刊於第二屆國際漢學會議論文集（臺北、中研院、一九八九、六）

㉒ 詳參酒井忠夫，「道教史上より観たる三張の性格」，刊於《支那佛教學》一—四、一九三七。

㉓ 有關許氏隱遁的問題，將另篇處理。

㉔ 鍾來因有「李商隱玉陽山戀詩解」，刊於《唐代文學研究》第一輯（山西人民出版社）

㉕ 曹唐詩有 EDWARDH SCHAFER, The Sea of Time, Poetry of Ts'ao T'ang, The Univ. of California. 1985。

試論易學史上王弼大演論與朱熹象數學的關係問題

王葆玹

按照學術界多年來一貫的說法，魏晉玄學家在《易》學方面是專講義理，很少講象數的。而對於集象數、義理之大成的南宋朱熹《易》學，人們一般只承認其義理的部份與玄學有關，不承認其象數的部份與玄學有何關聯。這裏恐怕是有些誤會的，究其誤會的原因，當是由於兩宋程、朱等人往往忽視魏晉玄學家關於象數問題的論述。例如北宋程頤曾說學《易》只須讀玄學創始者王弼及宋代胡瑗、王安石三家的著作，程氏《易傳》不包括《繫辭》、《說卦》、《序卦》和《雜卦》，據說就是仿照王弼《周易注》的體例。其實王弼未注《繫辭》等四傳並非有意，乃是由於早夭而未及完成，他的《周易大演論》一卷，就曾論及《繫辭》中的筮數及天地之數等等。《大演論》久佚，僅韓康伯注及唐宋典籍引有它的部份文字，程頤未見於此，故專門發揮義理而對象數則略而不談；朱熹未見於此，故在論說象數時只以爲是上承漢代及北宋周、邵諸儒，未承認與魏晉玄學有何淵源；今人未見於此，遂有玄學不講象數及朱熹象數學與玄學無關的誤解。下面試就王弼《周易大演論》的部份佚文作一研究，並與朱熹關於《周易》的論述相比較，以說明玄學中的象數問題及其與朱熹《易》學的聯係。

一、王弼的《周易大演論》

關於王弼解說《繫辭》「大衍之數」的著作，僅唐代以後成書的《舊唐書・經籍志》和《新唐書・藝文志》有著錄，《舊唐志》著錄王弼《周易大演論》一卷，《新唐志》作《大衍論》三卷。宋明史志書目或著錄王弼《周易窮微論》一卷，或著錄王弼《易辯》一卷，可能都是《周易大演論》一卷之異名。其著錄書名、卷數不一，而且不見於五代以前的史志目錄，於是人們便有理由提出疑問：一、這部著作究竟是成於王弼之手，還是後人根據王弼的其它著作纂集而成的？二、假如它是後人編成的，那麼所用的材料究竟是出自王弼的哪些作品？

試將何劭《王弼傳》和陸澄《與王儉書》關於王弼的議論比較一下，這些問題便可迎刃而解了。《三國志・魏志・鍾會傳注》引何劭《王弼傳》說：「弼注《易》，潁川人荀融難弼大衍義。」這話顯示出王弼關於《繫辭》「大衍」一節的論述原是見於他的《周易注》書中。他的《周易注》是否包括《繫辭》呢？《南齊書・陸澄傳》引陸澄《與王儉書》說：「且（王）弼於注經中已舉《繫辭》，故不復別注。今若專取弼《易》，則《繫》、《說》無注。」這話可證明王弼確實沒有注釋過《繫辭傳》，而他在《周易》上下經的注釋當中又確曾論及《繫辭》的思想內容。將這情況與何劭的記載相比較，可以得出明確的結論：王弼本來沒有作過題爲《周易大演論》的論文，他只是在《周易》上下經的注文當中論述過「大衍之數」的問題。他死之後，後人改編他的著作，將他論述《繫辭》「大衍」的文字從《周易注》中移出，另編成一文，這就是《唐志》著錄的《周易大演論》一卷。

附帶指出，王弼《周易注》只是後人編輯《周易大演論》的主要來源，而不是唯一的來源。何劭《王弼傳》提到王弼曾著《道略論》，「道」就是《繫辭》所說的「大極」，也就是「大衍之數」中的「不用之一」。《道略論》可能論及易道、太極等等，而爲《周易大演論》的編者所利用。何劭《王弼傳》還提到王弼曾與荀融就「大衍」問題進行辯論，《魏志・荀彧傳》引《荀氏家傳》說荀融與王弼、鍾會「俱知名」，「與弼、會論《易》、《老》義，傳於世」，由此可推測王弼與荀、鍾二人關於「大衍」問題的論辯材料，也是《周易大演論》的組成部份。這些材料加起來，大概只有一卷。《新唐志》說爲三卷，可能是將顧悅之等人的論文包括進去了。《宋書・隱逸傳》說：「晉陵顧悅之難王弼《易》義四十餘條，關康之申王難顧，遠有情理。」《隋書・經籍志》著錄顧夷等人的《周易難王輔嗣義》一卷，顧夷等人的一卷加上關康之「申王難顧」的文字，約有二卷，加上《周易大演論》一卷，恰是《新唐志》著錄的《大衍論》三卷了。

二、天地之數與大衍之數

《易》學發展到漢魏時期，「數」的種類已有很多，其中有《繫辭傳》所說的「天地之數」與「大衍之數」，有漢代孟喜、京房等人所講的天文之數、曆數及氣象之數等。從王弼《大演論》的題目來看，他的這篇論文是以「大衍之數」爲主要論題。而韓康伯《繫辭注》引王弼云：「演天地之數，所賴者五十也。其用四十有九，則其一不用也。」可見王弼爲論說「大衍之數五十」，牽涉到「天地之數」的問題。如果考察一下漢宋易學的發展情況，可以看出王弼所論說的這兩種數恰恰也是朱熹所重視的。

我們知道，朱熹有一個著名的論斷：「《易》爲卜筮之書。」但《周易》經傳論及筮法的斷落，僅有《繫辭》「大衍之數」一節，那麼朱熹關於卜筮的重視，便落實在「大衍之數」上面。例如，他說：「自『大衍之數』以下，皆是說卜筮。」（見《語類》卷六十六）就是明證。他又說：「《易》是卜筮之書，《皇極經世》是推步之書。《經世》以十二辟卦管十二會，……其書與《易》自不相干，只是加一位推去。」（見《文公易說》卷十九）在朱熹眼裏，「卜筮之書」原是與「推步之書」對待而言的。「推步」涉及天文、曆法的推算，卜筮在《周易》則只關係到「大衍」，朱熹強調《易》爲卜筮之書，用意可能在於將缺乏哲學意義的天文、曆法之數排除在《易》數之外。除去這些「推步之數」，便只剩下「大衍之數」以及與「大衍」有關的「天地之數」了。朱熹指出：「聖人說數說得疏，到康節，說得密了。……《易》只有箇奇耦之數是自然底，『大衍之數』卻是用以揲蓍底。康節盡歸之數，所以二程不肯問他學。若是聖人用數，不過如『大衍之數』便是。」（見《語類》卷六十七）這話顯示出唯有蘊涵太極的「大衍之數」才是朱熹最重視的。重視「大衍之數」，自然要牽涉到「天地之數」，他說：「聖人說數，說得簡略高遠疏闊。《易》中只有箇奇耦之數：天一、地二，是自然底數也；『大衍之數』，是揲蓍之數也，惟此二者而已。康節卻盡歸之數，竊恐聖人必不爲也。」(《語類》卷六十七)其中所說的「天一地二」等「自然底數」,就是「天地之數」。如此種種,可證朱熹所重視的《易》數與王弼相類,也只有「天地之數」與「大衍之數」兩種。有人可能會說,朱熹不是還有圖書象數之學嗎?不錯,朱熹的確是從北宋諸儒那裏繼承了圖書之學,但他眞正重視的只是河圖,而他所謂的河圖乃是由《繫辭》中的「天地之數」演化成的。

朱熹論「數」的範圍與王弼一致,他本人卻不自知。他說:「《易》本卜筮之書,後人以爲止於卜筮。至王弼用老莊解,後人便只以爲理,而不以爲卜筮,亦非。」(《語類》卷六十六)他這樣看待王弼易學,自然是由於未注意王弼《周易大演論》的緣故。

三、王弼大衍說與朱熹河圖中宮說

王弼和朱熹不但都重視「天地之數」與「大衍之數」,而且對這兩種數的關係也有相似的解釋。王弼認爲「大衍之數五十」就是「天地之數」中天五與地十的乘積,朱熹也有相同的看法,並將「天地之數」的圖式稱爲河圖,將天五與地十的乘積稱爲中宮。關於王弼、朱熹的這種共同點,近人沈祖緜早已精辟地指出過,今再補充一些材料,作一說明。

關於「天地之數」,《周易·繫辭上傳》是這樣說的:「天一,地二;天三,地四;天五,地六;天七,地八;天九,地十。」又說:「天數五,地數五,五位相得而各有合。天數二十五,地數三十,凡天地之數五十有五,此所以成變化而行鬼神也。」其中所說的「五位相得而各有合」,漢以來的學者都認爲是五個天數與五個地數相乘，並且都將五對天數與地數同五行圖式配合起來，例如西漢揚雄說：「三、八爲木，爲東方，爲春，……四、九爲金，爲西方，爲秋，……二、七爲火，爲南方，爲夏，……一、六爲水，爲北方，爲冬，……五、五爲土，爲中央」（《太玄數》），又說：「一與六共宗，二與七共朋，三與八成友，四與九同道，五與五相守」（《太玄圖》）。東漢班固又對此說稍加改進：「天以一生水，地以二生火，天以三生木，地以四金生，天以五生土。五位皆以五而合，而陰陽易位，故曰妃以五成，然則水之大數六，火七，木八，金九，土十。」（《漢書·五行志》）班固此說以天五、地十相合爲土，較之揚雄所說的「五五爲土」更爲精緻。漢末鄭玄又重申班說，並提出五行「生數」與「成數」的概念，生數卽一、二、三、四、五，成數卽二、四、六、八、十。過去有的學者說，王弼沒有這種五行生成之數的理論，恐是誤解。這種天地五行生成之數的理論起源很早，《尙書·洪範》說：「一曰水，二曰火，三曰木，四曰金，五曰土」，正是漢代學者所說的五行生數。《墨子·迎敵祠》說東方壇高八尺，南方壇高七尺，西方壇高九尺，北方壇高六尺；《呂氏春秋》十二紀首章和《禮記·月令》也都說，春東數八，夏南數七，秋西數九，冬北數六，這些是漢代學者所說的五行成數。這種天地五行生成數的圖式爲中國歷代通行的傳統思維模式之一，包括王弼等玄學家在內的歷代學者恐怕都不能避免這一模式的影響。我們絕不能將這一模式與漢代《周易》象數學相提並論，漢代象數學廣泛涉及天文曆法，實際上遠遠超過這一模式的範圍。

隋蕭吉《五行大義·明數章》有一段話，可以證明王弼採納了上述的五行生成圖式，其中說：

《易》上《繫》曰：天數五，

王曰：「謂一、三、五、七、九也。」

韓曰：「五奇也。」

地數五，

王曰：「謂二、四、六、八、十也。」

韓曰：「五偶也。」

五位相得，

王曰：「五位，謂金木水火土也。」

而各有合。

王曰：「謂水在天為一，在地為六，六一合於北；火在天為七，在地為二，二七合於南；金在天為九，在地為四，四九合於西；木在天為三，在地為八，三八合於東；土在天為五，在地為十，五十合於中。故曰：『五位相得而各有合。』」

謝曰：「陰陽相應，奇偶相配，各有合也。」

韓曰：「天地之數各有五，五數相配，以合成金木水火土也。」①

文中「王」、「韓」相承，合乎《易》學史上王弼、韓康伯並稱的通例，其中「謝」是謝萬，「王曰」以下的文字，當是王弼《周易大演論》的佚文。由這佚文可以確知，天地五行生成數的圖式乃是王弼關於「數」的理論的出發點。

然而王弼是怎樣看待這天地五行之數與「大衍之數」的相互關係呢？明人王廷相在《雅述》上篇引王弼云：

> 不先言天地之數五十有五，而先言大衍之數五十者，明大衍包天地之數，而非天地之數生大衍也。

這段文字不見於今存《周易》王、韓注本，過去學術界亦未注意，但文中「不先言……而先言……」的解經方式，正是王弼所慣用的，例如《周易・乾卦・文言傳》王弼注云：「《文言》首不論乾，而先說元，下乃曰乾，何也？」就是採用這樣的方式。另外我們還應考慮到，宋代朱熹等人已將《繫辭上傳》「大衍」一節移至「天地之數五十有五」一節之後，《雅述》引文說《繫辭》「不先言天地之數五十有五，而先言大衍之數五十」，肯定是就宋代以前的《周易》傳本而論。從這些情況來看，我們可以相信《雅述》所引的是王弼《周易大演論》的佚文。由這佚文可以知道王弼認爲「大衍之數」是「天地之數」的根本，兩者之間是本末的關係。至於「大衍之數」何以會成爲「天地之數」的根本，這問題可由《繫辭》韓康伯注而得到解釋，韓注引王弼說：「演天地之數，所賴者五十也」，「演」通「衍」，王弼這話實際上是省略語，其原義實際上是說：「演（衍）天地之數，所賴者大演（衍）之數五十也。」考慮到其中的「演」、「衍」兩字可解作「合」，那麼王弼所謂的「演天地之數」便只能是他所說的「六一合於北」、「二七合於南」、「三八合於東」、「四九合於西」、「五十合於中」，他說的「所賴者五十」便只能是「五十合於中」，亦卽五行生成數中天五與地十的乘積。漢魏學者公認土是「五行之中」和「五行之主」，「土王四季」，可以總攝五行、五季、五方等等。王弼斷言土數五十可以總括或包容天地五行生成之數，顯然是在「土王四季」說的基礎上作出的思想發展。

講到這裏，便涉及到朱熹的河圖中宮說。北宋劉牧、南宋朱震曾根據《繫辭》等書關於天地五行生成之數的說法，畫出一圖，稱其爲洛書；又根據《大戴禮記・明堂篇》和《易緯乾鑿度》關於明堂九宮之數的說法，畫成圖形，稱其爲河圖。南宋朱熹、蔡元定等人繼承了劉牧和朱震的圖書之學，只是顚倒了一下，稱五行生成圖爲河圖，明堂九宮圖爲洛書，並將河圖當作圖書之學的重點。分錄朱熹所說的河圖如下：

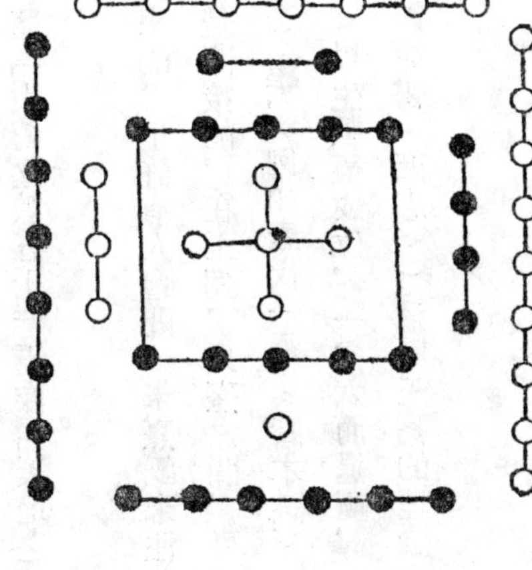

圖中央的五個白圈和十個黑圈，代表「天五」和「地十」，朱熹稱其爲「中宮」。他說：「河圖中宮，天五乘地十而得」。（見《語類》卷六十五）又說：「河圖五十五，是天地自然之數。大衍五十，是聖人去這河圖裏面，取那天五、地十衍出這箇數。」（出處同上）可見朱熹也像王弼一樣，認爲「大衍之數五十」卽是天五、地十的乘積。在朱熹與蔡元定合著的《易學啓蒙》書中，甚至有這樣的論斷：「河圖之虛五與十者，太極也。」其稱天五、地十的乘積爲「太極」，顯然也同王弼相類，將「大衍之數五十」看作「天地之數五十有五」的根本。

朱熹的河圖中宮說，無疑是從王弼《周易大演論》的理論發展來的。也許有人會問，朱熹旣未注意《周易大演論》，如何能受其影響呢？其實，朱熹受王弼影響只是間接的，在王弼、朱熹之間，可能有不少人繼承和發揮了王弼的「大衍」理論，並影響了朱熹《易》學，例如唐代一行《曆本議》說：「自五以降，爲五行生數；自六以往，爲五材成數。錯而乘之，以生數衍成位，一、六而退極，五、十而增極，一、六爲爻位之統，五、十爲大衍之母。」（見《新唐書・曆志》）這與王弼的理論頗相似，卽是王弼「大衍」理論與朱熹河圖中宮說的中間環節。

四、太極問題

王弼、朱熹關於「太極」的理論，本屬義理學的範圍。但由於兩人之論「太極」與筮數有關，在這裏有必要探討一下。

韓康伯《繫辭注》引王弼《周易大演論》云：「演天地之數，所賴者五十也。其用四十有九，則其一不用也。不用而用以之通，非數而數以之成，斯《易》之太極也。四十有九，數之極也。夫無不可以無明，必因於有，故常於有物之極，而必明其所由之宗也。」這話明確指出「一」卽「太極」，不是數，又暗示「一」或「太極」是「無」，對這表面看來似是矛盾的說法，只能這樣理解：王弼所謂的「一」乃是統一不分的意思，他所謂的「太極」乃是大到極點的意思。他在《老子》三十八章注中說：「夫大之極也，其唯道乎！」這裏所謂「大之極」的東西顯然就是「易之太極」。唯其大到極點，才可達成一統；唯其統一不分，才可大到極點，這就是王弼所謂「一」即「太極」的道理。就數而論，「一」或「太極」便是大到極點的數，是統一不分的數，這數自然就是「大衍之數五十」的總和。上文提到《雅述》上篇引王弼云：「大衍包天地之數」，這種數的關係猶如「一」與「五十」的關係，「大衍之數五十」既可包容「天地之數五十有五」，「一」或「太極」自然也應包容「大衍之數五十」。從這一意義上說，「一」即「五十」，「五十」即「一」，兩者同爲「太極」，同爲「非數」。

朱熹湊巧也是這樣講的，他在《易學啓蒙》中說：「河圖之虛五與十者，太極也。」意即「大衍之數五十」即是「太極」。他又說：「揲蓍之法，取五十莖爲一握，置其一不用，以象太極，而其當用之策凡四十有九，蓋兩儀體具而未分之象也。」又以五十當中「不用之一」爲「太極」。「太極」是「一」，又是五十，因而只能是統一或「合同未分」（朱熹《著卜考誤》語）的意思。

從數的角度上說，王弼與朱熹關於「太極」的理論是大致相似的。從義理的角度上說，也是如此。例如王弼在《論語釋疑》中提到「理之極」（見《論語・里仁》皇疏），在《老子》六十章注中提到「道之極」，晉人紀瞻評論王弼「太極」之義：「意者直謂太極極盡之稱，言其理極，無復外形。外形既極，而生兩儀。王氏指向可謂近之。」（見《晉書・紀瞻傳》）這些都證明王弼所謂「太極」原指至高無上的義理，他認爲一般的義理都與特殊的形象對待，例如六十四卦各有卦義和卦象，而太極至理卻不與任何特殊的形象相對，它的對待物乃是一切形象的總和，因而可以說是無對或絕對的。朱熹與此類似，他多次論證「太極」是「理之極至」，又明白指出：「有太極，是有此理。無極，是無形器方體可求。兩儀有象，太極則無象。」意即自兩儀以下的義理都有形器方體作爲對待物，唯太極至理沒有這種對待物。看來王弼與朱熹的「太極」理論，是極其相似的。

五、王弼伏羲重卦說與宋代先天圖

《周易・說卦傳》提到八卦的方位問題，以乾位西北，坤位西南，艮位東北，巽位東南，震東，兌西，離南，坎北。到了北宋，邵雍聲稱這是周文王提出的後天八卦方位，他說伏羲還曾規定一種先天八卦方位，其中乾南，坤北，離東，坎西，震東北，兌東南，艮西北，巽西南。他將這種八卦方位與六十四卦結合起來，畫成圓圖，即是著名的「先天圖」。朱熹繼承了邵雍的圖說，並將這圖式的起源上溯到邵雍之前，例如說：「先天圖直是精微，不起於康節。希夷以前元有，只是秘而不傳。次第是方士輩所相傳授底。《參同契》中亦有些意思相似，與曆不相應。」（見《語類》卷六十五）假如沒有朱熹的肯定與發揚，先天圖恐不會在明清時期發展到極度興盛的程度。本節所要解決的問題是：這一圖式與王弼有什麼關係呢？

過去學術界很少有人談論先天圖與王弼《易》學的聯係，今按《朱子語類》有一段話，爲我們提供了解決這問題的線索：

問：「見朋友記先生說：『伏羲只畫八卦，未有六十四卦。』今看先天圖，則是那時都有了。不知如何？」（朱熹）曰：「不曾恁地說。那時六十四卦都畫了。」

原來邵雍的先天圖是包括六十四卦的，朱熹既然承認這圖是伏羲所作，便不能否認伏羲已將八卦相重爲六十四卦，從而違背了漢以來流傳最廣的「伏羲畫八卦，文王重爲六十四卦」的說法。這一情況使我們很容易想起孔穎達《周易正義卷首》的記載：「然重卦之人，諸儒不同，凡有四說：王輔嗣等以爲伏羲重卦，鄭玄之徒以爲神農重卦，孫盛以爲夏禹重卦，史遷等以爲文王重卦。……故今依王輔嗣，以伏羲既畫八卦，卽自重爲六十四卦，爲得其實。」今檢《史記·周本紀》說周文王「益易之八卦，爲六十四卦」，《淮南子·要略》說「伏羲爲之六十四變，周室增以六爻」，《論衡·正說篇》說「伏羲得八卦，非作之；文王得成六十四，非演之」，《漢書·藝文志》說周文王「重《易》六爻，作上下篇」，諸說都在鄭玄之前，與孔穎達說相合。又按阮籍《通易論》說「庖犧氏布演六十四卦之變」，《北堂書鈔》卷九十九引袁準說「伏羲畫八卦，觸類而長六十四卦」，都在王弼之後，亦與孔穎達說相合。由此可以肯定，王弼以前人們只承認伏羲畫八卦，認爲六十四卦是在伏羲之後出現的，關於伏羲畫卦並自重爲六十四卦的見解，乃是王弼首先提出來的。由於畫卦、重卦問題都是源出《繫辭傳》，並且與「大衍」問題和「太極」問題有關，可知「伏羲自重爲六十四卦」一說定是王弼《周易大演論》的內容之一。辨明了這一點，便可將朱熹所重視的先天圖的淵源上溯到王弼的時代。

湊巧的是，與王弼同時代的管輅曾指出：

輅不解古之聖人何以處乾位於西北，坤位於西南？夫乾坤者天地之象，然天地至大，爲神明君父，覆載萬物，生長撫育，何以安處二位與六卦同列？乾之《彖》曰：「大哉乾元，萬物資始，乃統天。」夫「統」者，屬也，尊莫大焉，何由有別位也？（見《三國志・魏志・管輅傳注》所引《管輅別傳》）

這話極其尖銳地抨擊了《說卦傳》的八卦方位說，爲先天八卦方位說的誕生準備了條件。過去人們常說管輅是位卜者，其實管輅曾這樣自述他的《易》學宗旨：「當步天元，推陰陽，探玄虛，極幽明，然後覽道無窮。」（出處同上）這與玄學的宗旨頗有相契之處。管輅論象往往超出經傳的限制，有人問他：「爲見於爻象，出君意乎？」他說：「苟非性與天道，何由背爻象而任胸心者乎？」（出處同上）這與王弼「隨其事義而取象」（《乾卦注》）的原則也有些接近。管輅說：「夫風以時動，爻以象應。時者神之驅使，象者神之形表。」這與王弼關於「時」的思想亦不無相通之處。管輅曾與何晏論《易》，致使何晏極度佩服，與王弼的經歷亦頗相似。這樣看來，管輅《易》學至少是部份地屬於玄學的範圍，他對《說卦傳》的八卦方位說的懷疑，與王弼關於伏羲重卦的創見相呼應，這顯示出王弼所代表的魏晉玄學已有突破舊卦位說的窠臼的內在衝動。

在這裏，有一點是必須向讀者講清楚的，卽筆者只是將先天圖的起源上溯到王弼的時代，並不是說先天圖或圖中的先天卦位說在這時代已經出現了。實際上，王弼在《周易注》中數次提到舊的後天卦位，他和管輅》沒有提出新的先天卦位說，而只是爲這新說的產生準備了一些必要的條件。

總之，朱熹易學分義理和象數兩個部份，其中義理的部份直接繼承北宋的程頤，間接繼承王弼；象數中「數」的部份也主要是起源於王弼易學，與漢代孟喜、京房及北宋周敦頤、邵雍等人自然也有關聯。王弼和朱熹都是以義理爲本，以象數爲末，兩人的易學著作分別代表着魏晉玄學與宋代理學，由這兩人的承繼關係，可以知道魏晉玄學得到了宋明理學家的充份的繼承，玄學理論的精華部份，幾乎都被包容在理學當中了。我們知道，魏晉玄學是在反對漢代哲學思想的基礎上建立起來的，它與漢代哲學思想有着極大的區別。現在證明理學與玄學一脈相承，從而顯示出漢魏之際乃是中國哲學思想史上很大的轉折點。我們現在所討論和繼承的傳統哲學與傳統文化，實際上往往只是就魏晉至宋明的情況而論。

一九九〇年八月四日

（作者工作單位：中國社會科學院哲學研究所）

【附　註】

① 這種箋注格式是蕭吉書中原有的。

六朝隱士導論

張仁青

一、引言

隱逸思想之萌生，蓋始於上古時代，自巢父許由以降，所謂隱逸之士者，代有其人，而至魏晉六朝之世爲最盛。歷代帝王，莫不崇尚其道，尊仰其人，此種特殊現象乃吾華所獨有，非彼歐西國家所能夢見者，所謂「祇此一家，別無分店」，此非余一人之私言，乃天下之公論也。梁書處士傳序云：易曰：「君子遯世無悶，獨立不懼。」孔子稱長沮、桀溺隱者也。古之隱者，或恥聞禪代，高讓帝王，以萬乘為垢辱，之死亡而無悔。此則輕生重道，希世間出，隱之上者也。或託仕監門，寄臣柱下，居易而以求其志，處汙而不愧其色。此所謂大隱隱於市朝，又其次也。或躶體佯狂，盲瘖絕世，棄禮樂以反道，忍孝慈而不恤。此全身遠害，得大雅之道，又其次也。然同不失語默之致，有幽人貞吉矣。與夫沒身亂世，爭利干時者，豈同年而語哉。孟子曰：「今人之於爵祿，得之若其生，失之若其死。」淮南子曰：「人皆鑒於止水，不鑒於流潦。」夫可以揚清激濁，抑貪止競，其惟隱者乎。自古帝王，莫不崇尚其道。雖唐堯不屈巢、許，周武不降夷、齊，以漢高肆慢，而長揖黃、綺，光武按法，而折意嚴、周，自茲以來，世有人矣。有梁之盛，繼紹風猷，斯乃道德可宗，學藝可範，故以備處士篇云。

將歷代隱士分爲三個等級，雖未盡當，然謂彼等遠引孤騫，亭亭物表，備受帝王之禮遇，則爲不爭之事實。

夫隱士之名稱多矣，更僕亦難悉數焉。惟一般所習稱者，不過二十餘種而已，茲一一列舉於後：

1. **隱　士**　謂隱居之人也。史記信陵君傳：「魏有隱士曰侯嬴，年七十，家貧，爲大梁夷門監者。」按此種稱呼最爲廣泛，以下稱呼皆準此，以求畫一，亦從人所習知也。

2. **處　士**　有學行而隱居不仕者。荀子非十二子篇：「古之所謂處士者，德盛者也，能靜者也，修正者也，知命者也，箸是者也。」又史記信陵君傳：「公子聞趙有處士毛公，藏於博徒，薛公藏於賣漿家，公子欲見兩人。」按從未出仕而現猶隱居者，始可稱爲處士，一如稱未出嫁之女子曰處女然。至若曾經出仕而後隱居者，祇能謂之隱士，不得謂之處士，一如嫠婦不得謂之處女也。此則兩者之最大區別所在，不可淆亂。

3. **處　子**　與處士同。後漢書逸民傳序：「自後帝德稍衰，邪孽當朝，處子耿介，羞與卿相等列，至乃抗憤而不顧，多失其中行焉。」又文選束皙補亡詩：「堂堂處子，無營無欲。」李善注：「處子，處士也。」

4. **高　士**　謂品行高尚之人。史記魯仲連傳：「新垣衍曰：吾聞魯仲連先生，齊國之高士也。」又後漢書徐穉傳：「郭林宗有母憂，穉往弔之，置生芻一束於廬前而去，衆怪不知其故，林宗曰：此必南州高士徐孺子也。」按穉字孺子。又按晉皇甫謐著高士傳，載晉以前隱士九十六人。清高兆著續高士傳，載晉至明隱士二百四十三人。

5. **高尚士**　與高士同。陶潛桃花源記：「南陽劉子驥，高尚士也，聞之，欣然規往，未果，尋病終。」按劉子驥名驎之，東晉隱士。

6. **高　人**　與高士同。駱賓王寓居洛濱對雪憶謝二詩：「高人倘有訪，興盡詎須還。」

7. **高　隱**　與高士同。梁阮孝緒著有高隱傳。

8. **高　逸**　與高士同。梁蕭子顯著南齊書，列褚伯玉等十二人爲高逸傳。

9. **處　人**　與處士同。國語魯語：「踦跂畢行，無有處人。」又淮南子主術訓：「是故處人以譽尊。」高誘注：「處人，隱居也。」

10. **幽　人**　幽居之人，謂隱士。周易履卦：「九二，履道坦坦，幽人貞吉。」又後漢書逸民傳序：「光武側席幽人，求之若不及，旌帛蒲車之所徵賁，相望於巖中。」

11. **逸　民**　遁世隱居之人也。論語微子篇：「逸民，伯夷、叔齊、虞仲、夷逸、朱張、柳下惠、少連。」何晏集解：「逸民者，節行超逸也。」朱子集注：「逸，遺逸。民，無位稱。」按兩注義實相成。又按范曄撰後漢書，列向長等十八人爲逸民傳。

12. **逸士**　與逸民同。後漢書逸民高鳳傳論：「先大夫宣侯嘗以講道餘隙，寓乎逸士之篇。至高文通傳，輟而有感，以爲隱者也，因著其行事而論之。」又文選潘岳西征賦：「悟山潛之逸士。」按近人溥儒自號西山逸士。

13. **遺民**　不仕異代之人。陸游除夜作詩：「中原干戈古亦聞，豈有逆胡傳子孫。遺民忍死望恢復，幾處今宵垂淚痕。」南宋謝翺撰宋遺民錄，專記不仕元朝者之行誼。

14. **遺士**　謂隱居之士也。元史董士選傳：「其尊敬賢士尤至，諸老儒及西蜀遺士，皆以書院之祿起之，使以所學教授。」

15. **隱者**　與隱士同。論語微子篇：「子路從而後，遇丈人以杖荷蓧。明日，子路行以告。子曰：隱者也。」賈島尋隱者不遇詩：「松下問童子，言師採藥去。祇在此山中，雲深不知處。」

16. **隱君子**　隱士之最尊稱。史記老子傳：「老子，隱君子也。」又蘇軾超然臺記：「南望馬耳常山，出沒隱見，若近若遠，庶幾有隱君子乎。」又鮑當題林和靖隱居詩：「如何隱君子，長嘯掩杜門。」

17. **徵士**　爲朝廷所徵聘之隱士。晉陶潛諡曰靖節徵士，見文選顏延之陶徵士誄。李善注：「陶潛隱居，有詔禮徵爲著作郎，不就，故謂徵士。」

18. **徵君**　徵士之美稱。東漢黃憲，天下號爲徵君，詳後漢書本傳。

19. **棲逸**　與隱士同。宋劉義慶撰世說新語，有棲逸篇，專記隱士之行誼。

20. **隱　逸**　與隱士同。晉書、南史、北史、隋書均有隱逸傳。

21. **名　士**　與隱士同。李詳名士說義：「小戴記月令：季春之月，聘名士。鄭君注：名士，不仕者。孔沖遠疏引蔡氏云：名士者，德行貞絕，道術通明，王者不得臣，而隱居不在位者也。」按此爲名士之原始意義，與魏晉以後世人觀念中之名士有別。

22. **巖穴之士**　隱居山窟之人。史記伯夷傳：「巖穴之士，趨舍有時，若此類，名堙滅而不稱，悲夫。」

23. **傲世賓**　與隱士同。釋道恆釋駮論：「國家方上與唐虞競巍巍之美，下與殷周齊郁郁之化，不使箕潁專有傲世之賓，商洛獨標嘉遁之客，甫欲大扇逸民之風，崇肅方外之士。」（弘明集）

24. **嘉遁客**　與隱士同。見前條。

25. **肥遯之士**　與隱士同。晉書桓玄傳：「玄以歷代咸有肥遯之士，而已世獨無，乃徵皇甫謐六世孫希之爲著作，並給其資用，皆令讓而不受，號曰高士。時人名爲充隱。」按周易遯卦：「上九，肥遯無不利。」孔穎達疏：「肥，饒裕也，上九最在外極，無應於內，心無疑顧，是遯之最優，故曰肥遯。」遯有隱退逃避之名，後因稱高隱曰肥遯。

二、六朝隱逸思想形成之時代背景

任何學術思想之發生，必含前因與當時之因，亦卽所謂時代背景。西哲馬文（Marvin）氏謂：

「任何時代之哲學，皆爲全部之文明，與其時流動之文明之結果。」（歐洲哲學史自序）其言雖小，可以喻大，卽隱逸思想一道，亦當作如是觀。良以六朝隱逸思想之發生，匪從天降，時代及環境之陰驅潛率，則爲最重要之催生劑也。今本此說以探求六朝隱逸思想形成之原因，或有勝於扣槃捫燭之見乎。

自漢末政綱解紐，羣雄競起，逞志干戈，吾國卽進入長期大動亂之時代。典午旣興，內則八王權臣交鬨，四海困窮，生靈塗炭，外則五胡雲擾，盤據中原，先後建立兩趙、三秦、四燕、五涼，及漢夏等十六國，烽火漫天，兵燹匝地，亘百餘年而未已。莽莽華夏，除江南外，幾無一寸乾淨土可資養息，故中朝名士，莫不渡江避難，江左一隅遂爲文人薈萃之所。其初，武人尚有擊楫悲歌，誓殲兇頑，文人尚作新亭之泣，陸沉之歎。及其末也，劉裕以功高而受晉禪，蕭道成以國亂而移宋鼎，蕭衍更受齊禪而爲梁，陳霸先又代蕭氏而立國。在此一百六十餘年間，簒奪相尋，內亂迭作，民生多艱，封疆日蹙，蓋視魏晉爲尤甚焉。加以道家玄風，彌漫全國，印度佛學，自西徂東，遂使維繫世道人心之儒家思想，日益幽淪，而傳統之彝倫禮教，亦隨之蕩焉殆盡。知識分子處此危疑震撼之時代中，身世感其飄零，宇宙傷其搖落，百端交集，欲紓無從，寧復有經邦軌物，霖雨蒼生之壯志乎。故或則相率苟安，進入文苑藝圃，從事美術文學之創作。或則高翔遠引，隱遁山林，藉以獲得精神上之忻慰。於是在思想上有個人、浪漫、頹廢、唯美主義之勃興，在文學上有山水、田園、神怪、遊仙、隱逸作品之出現。沿河討源，振葉尋根，則自建安以來三百八十餘年玉石俱焚之茫茫浩刧實有以促成之。

茲就其犖犖大者，綴之於後，以明其時代背景之梗概。

㈠政局動蕩．人命危淺

大漢帝國至桓靈之世而解體，從此禹跡波蕩，海宇塵飛，陷入長期動亂之中，內而同室操戈，篡奪相繼，外而夷狄交侵，兵燹匝地，生靈塗炭，亦云至極。此長時期之混亂分裂，蓋始於漢獻帝建安元年（西元一九六年），以迄隋文帝開皇九年（西元五八九年），歷時達三百九十三年（若自魏文帝黃初元年〈西元二二〇年〉開國起算則為三六九年），與兩漢之統一，歷年相若。在此三百九十三年中，中央政府之眞正統一，嚴格言之，只有十一年（自晉武帝太康元年〈西元二八〇年〉滅吳起至晉惠帝元康元年〈西元二九一年〉賈后及八王之亂止），放寬言之，亦不過三十六年（自太康元年起至晉愍帝建興四年〈西元三一六年〉劉曜陷長安止），尚不及全時期十分之一也。故此一時期實吾國歷史上最動亂，戰爭最頻繁之時期。錢穆國史大綱云：「將本期（按卽指六朝）歷史與前期（按指秦漢）相較，前期以中央統一爲常態，以分崩割據爲變態。本期則以中央統一爲變態，而以分崩割據爲常態。」（第十二章）誠的論也。

由於長期動亂，政局多變，直接受害者，厥爲人民。加以當時帝王宿將，草莽英雄，以至戎狄酋豪，率多暴戾恣睢，嗜殺成性，大小規模之屠殺，年有數起。據馬端臨文獻通考及鄭樵通志所載，漢桓帝永壽二年（西元一五六年）全國人口爲五千餘萬，至隋文帝統一南北（西元五八九年），僅餘一千一百餘萬，歷時四百餘年，人口減耗達四千萬之多。人命之微賤，曾雞犬草芥之不若，人類之尊嚴，可謂掃地以盡，誠不知人間爲何世矣。

在此期間，尤令人怵目驚心，而不能已於言者，則爲知識分子慘遭政治之迫害。其事起於漢之季世，請得縷而述之：

自漢和帝以後，主荒政謬，國脈民命或委於外戚，或委於閹寺，知識分子羞與爲伍，遂結合同類，與戚宦鬪爭，然均歸失敗。死事之慘，以靈帝建寧二年（西元一六九年）名士陳蕃聯合大將軍竇武與宦官曹節王甫鬪爭爲最，史稱第二次黨錮之禍。此次株連最廣，殺戮最多，陳蕃李膺杜密等百餘人俱遭戕害，諸門生故吏死徙廢禁者又六七百人，自是一再窮治，禁錮之令，爰及五屬，其心狠手辣，令人寒心。

自來儒者出處之道，合則留，不合則去。孔子云：「天下有道則見，無道則隱。」孟子云：「可以仕則仕，可以止則止，可以久則久，可以速則速。」揚雄亦云：「君子得時則大行，不得時則龍蛇。」是皆有感於天下滔滔，無人得而易之，灰心之餘，欲留此有用之身，另闢蹊徑，爲社會國家作更多更大之貢獻，而不作無謂之犧牲，觀孔孟二聖之行誼，非儒家行爲哲學之典範耶。乃東漢李杜諸賢昧於斯義，熱中國是，盲進不已，竟以千金之身，徒膏虎狼之吻，道德命脈，自此而斬，危言清議，自此而息，芸芸衆生遂茫然無所瞻依矣。

黨錮之禍以後，漢室凋零，閹豎弄權，益無忌憚，國勢陵夷，不可復振，曾不旋踵，而大好河山已非復劉氏所有矣。蓋自李杜諸賢逝後，朝中善類，驟然一空，彼握瑜懷瑾之徒，志潔行芳之士，或匿跡樹窟，或潛身土室，或高翔遠引，韜光養晦，或放曠煙霞，絕意仕進。政權更易，無復縈心，蒼生哀樂，無復關懷。夫善人者，民族精神之所託，而國家元氣之所在也，精神萎靡則族危，元氣斲傷則國削，精神喪則族亡，元氣盡則國滅。漢祚傾覆，實黨人之獄有以促成之。梁啓超氏嘗有極痛切之評論，其言曰：

漢世外戚宦官之禍，連踵繼軌，兩漢后妃之家，著聞者四十餘氏，大者夷滅，小者放竄，其身家俱全者不得四五，宦官弄權，殺人如草，一朝為董袁所襲，亦無子遺。人人漸覺骨肉之間，皆有刀俎。若乃黨錮之禍，俊顧厨及，一網以盡，其學節冠一世，位望至三公者，亦皆駢首闕下，若屠豬羊。天下之人，見權勢之不可恃也如彼，道德學問之更不可恃也如此，人心旁皇，罔知所適，故一遁而入於虛無荒誕之域，芻狗萬物，良非偶然。（中國學術思想變遷之大勢）

謂殺戮過甚，導致人心惶惑，誠屬灼見。

漢轍將覆，曹操崛起，欲重振乾綱，剷平動亂，既再三提倡不忠不孝主義（詳見下目），又倒持太阿，嚴刑御下，嘗下詔曰：「夫刑。百姓之命也。」（三國志魏書武帝紀）又謂「撥亂之政，以刑爲先。」（三國志魏書高柔傳）於是排除異己，殺戮名士，良醫華佗、聖裔孔融以及董承路粹崔琰許攸婁圭等均遭迫害，身首異處。其後司馬氏父子襲其故智，變本加厲，誅夷尤衆。爲司馬懿所殺者有曹爽何晏鄧颺丁謐畢軌李勝桓範張當，爲司馬師所殺者有李豐夏侯玄張緝李翼李韜樂敦劉賢許允毌丘儉，爲司馬昭所殺者有諸葛誕王經嵇康呂安鄧艾鍾會。要之，當時知識分子稍有思想者，幾無一能得善終。中國之政治傳統既爲曹馬破壞無遺，中國知識分子之尊嚴復爲曹馬掃地以盡，戾氣所結，禍流後世，其子孫或爲權臣所荼毒，或爲外族所屠殺，是皆天道好還之明驗也。

統治階層既以刀鋸鼎鑊待天下之士，知識分子爲逃過此一刼難，而求自保，於是分成兩大類。第一類則競尚虛浮，守己中立。如山濤爲吏部尚書，啓擬數人，隨帝所欲，屢表遜讓，不安於位，而見鄙於孫綽。

綽嘗鄙山濤，而謂人曰：「山濤吾所不解，吏非吏，隱非隱，若以元禮為龍津，則當點額暴鱗矣。」（晉書孫綽傳）

譏其依違取容，隨俗浮沈，既不能進，又不能退也。王戎爲司徒，亦無蹇諤之節，狷介之操，但知明哲保身已耳。

戎轉司徒，以王政將圮，苟媚取容，屬愍懷太子之廢，竟無一言匡諫。……戎以晉室將亂，慕蘧伯玉之為人，與時舒卷，無蹇諤之節。自經典選，未嘗進寒素，退虛名，但與時浮沈，戶調門選而已。（晉書王戎傳）

位列鼎司，而昏憒若此，固無怪司隸傅咸奏之曰：「書稱三載考績，三考黜陟幽明。今內外羣官，居職未朞，而戎奏還，既未定其優劣，且送故迎新，相望道路，巧詐由生，傷農害政。戎不仰依堯舜典謨，而驅動浮華，虧敗風俗，非徒無益，乃有大損。宜免戎官，以敦風俗。」（晉書王戎傳）而樂廣庾敳則競相倣效，恥不相及。晉書樂廣傳云：

廣與王衍俱宅心事外，名重於時，故天下言風流者，謂王樂為稱首焉。……值世道多虞，朝章紊亂，清己中立，任誠保素而已，時人莫有見其際焉。

世說新語賞譽篇注引名士傳云：

庾敳雖居職任，未嘗以事自嬰，從容博暢，寄通而已。是時天下多故，機事屢起，有為者拔奇

上舉諸人，皆中朝大臣，亦皆一代清談宗師，而韜精斂芒，委蛇自晦如此。風氣所播，莫不脫略世務，自命清高，置身名場祿位之中，而侈談出世玄遠之學，因而形成一批旣據要津，又無宦情，旣求聞達，又思隱遁之特殊人物，王衍則其著焉者也。

泰始八年，詔舉奇才可以安邊者，衍初好論縱橫之術，故尚書盧欽擧為遼東太守，不就，於是口不論世事，唯雅詠玄虛而已。(晉書王衍傳)

可見王衍本好蘇張之術，非全無意於用世者，及見宦海波譎，仕途雲詭，方務韜晦之計，不以蒼生爲念耳。

衍累居顯職，後進之士，莫不景慕放效。選擧登朝，皆以為稱首。矜高浮誕，遂成風俗焉。……衍雖居宰輔之重，不以經國為念，而思自全之計。(同上)

蓋政局多變，諸王爭權，士大夫往往朝膺軒冕之榮，夕遭族滅之禍，態度消極，固其宜也。

榮與楊彥明書曰：「吾為齊王主簿，恆慮禍及，見刀與繩，每欲自殺。」(晉書顧榮傳)

此爲當時仕宦中朝者之共同心理，居官任職者自易養成畏葸苟安，不負責任之習慣，而相率祖尚浮虛，遺落世事。

至於第二類名士則脫略形骸，寄情酒色。蓋欲藉酒以痲痺中樞神經，暫時忘卻精神上之痛苦，欲藉色以障蔽他人耳目，期能躲避政治上之迫害。其心境愈苦，斯酒色愈不能離身，終則遁入文苑藝圃，從事美術文學之創作，藉以獲得精神上之忻慰而已。試舉阮籍爲例。據晉書籍本傳云：

> 籍本有濟世志，屬魏晉之際，天下多故，名士少有全者，籍由是不與世事，遂酣飲為常。

顏延之阮嗣宗詠懷詩注亦云：

> 阮籍在晉文代，常慮禍患，故發此詠耳。（文選）

李善文選注則云：

> 嗣宗身仕亂朝，常恐罹謗遇禍，因茲發詠，故每有憂生之嗟。雖志在刺譏，而文多隱避，百代以下，難以情測。

藉酒護身，以詩抒憤，亦無可奈何之事也。在中朝名士中，如籍比者尚多，若阮咸王澄謝鯤阮修光逸畢卓胡毋輔之之倫，皆屬此類人物，玆姑從略。要而言之，魏晉名士由於政局動盪，屠戮大行，只得韜光斂芒，苟且求生，是以放蕩中有莊嚴，酣飲中有血淚，遠非後世頹廢派 (Decadents) 作家純係沈湎酒色者可比也。

(二)儒學衰微・道德淪喪

儒家素重士品，其教人亦以道德爲先。論語學而篇：

子曰：「弟子入則孝，出則弟，謹而信，汎愛衆，而親仁。行有餘力，則以學文。」

又：

子夏曰：「事父母能竭其力，事君能致其身，與朋友交言而有信，雖曰未學，吾必謂之學矣。」

是皆道德重於學問之明證。此種觀念經過時間之推移，逐漸深入民心。尤其自漢武帝採董仲舒之議，罷黜百家，獨尊儒術以後，儒家學說思想遂如日月經天，江河行地，無所容其疵議。此外，孝武又破格任用儒生公孫弘爲相，影響所及，公府則禮敬賢良，州郡則察舉孝廉，所拔擢者，率經術湛深，志潔行芳之士，曾不旋踵，天下景附。故陳湯無節，州里羞於齒及，李陵降虜，隴西深以爲愧。社會制裁，自此而嚴，道德藩籬，自此而固。光武中興，復增察舉「敦朴有道，能直言篤行，高節質直，清白敦厚之屬」，共參政事。而又表章氣節，敦厲名實，尊顯巖穴之士，如嚴光卓茂等，皆加禮遇。名教既興，人知自勵，風俗之淳，曠古未有。(說詳顧炎武日知錄兩漢風俗條) 追源溯始，孝武之尊經崇儒實有以致之。

惟天下之事，利之所在，弊亦隨之，物極必反，自然之理也，復極必剝，情勢之常也。儒家學說長期獨尊之結果，遂失去與其他各家學說相互觀摩競爭之機會，於是日漸泥滯，弊竇叢生。有舉半生歲月而委於一經者，有皓首經營而未能貫通者，更有穿鑿其義，支離其詞，說一堯典篇目，累十萬言不能休者。引繩自縛，莫此爲甚。至於叔季之世，其本身既停滯於章句訓詁及家法宗派諸瑣屑問題，且又雜以陰陽五行之說，雖云標新，實則魔道，卒引起王充之抨擊。其言曰：

夫儒生之業五經也，南面為師，旦夕講授章句，滑習義理，究備於五經可也。五經之後，秦漢之事，無不能知者，短也。夫知古不知今，謂之陸沈，然則儒生所謂陸沈者也。五經之前，至於天地始開，帝王初立者，主名為誰，儒生又不知也。夫知今不知古，謂之盲瞽。五經比於上古，猶為今也。徒能說今，不曉上古，然則儒生所謂盲瞽者也。（論衡謝短篇）

王充憤世疾俗，比論人物，無稍寬假，見儒生馳逐末學，習小遺大，非獨不能通識今古，亦將蔽錮人心，故予痛加針砭，不留餘地。又曰：

著作者為文儒，說經者為世儒。……世儒當時雖尊，不遭文儒之書，其跡不傳。（論衡書解篇）

明白指出著作之儒家愈於解經之儒家，儒家欲傳播思想，發揚學術，須先重視詞章。王充除痛斥漢儒詁經之繁瑣，浪擲精力，誤以手段當目的，於實學曾無裨益外，更大膽向儒家所標榜之倫理道德挑戰。論衡物勢篇：

天地合氣，人偶自生，猶夫婦合氣，子則自生也。夫婦合氣，非當時欲得生子，情欲動而合，合而子生矣。

又自然篇：

萬物自生，天不須復與也，由子在母懷中，父不能知也。物自生，子自成，天地父母，何與知哉。

錢穆氏謂「此種議論，新奇可喜，宜其聳動一時之觀聽，而儒家五六百年來以孝治天下之倫理，根本遭其打擊矣。」（國學概論）誠屬灼見。

其後曹操繼之，蔑棄倫常，視充爲甚。蓋漢末乾綱解紐，海宇塵飛，舊日對政治作原則指導之儒學，既不足以消弭禍亂，尤不足以饜足人心。曹氏秉政之後，洞悉其弊，以爲非用申韓之術無以撥亂返治，於是尚法輕儒，仇視高門，裁抑世族，禁絕清議。其在政治上所標榜者，乃切切實實的人才主義，而鄙棄舊日之道德政治，由皇皇建安四令中可以識其大凡。建安八年庚申令曰：

議者或以軍吏雖有功能，德行不足堪任郡國之選，所謂「可與適道，未可與權。」管仲曰：「使賢者食於能則上尊，鬭士食於功則卒輕於死，二者設於國則天下治。」未聞無能之人，不鬭之士，並受祿賞，而可以立功興國者也。故明君不官無功之臣，不賞不戰之士，治平尚德行，有事賞功能。論者之言，一似管窺虎歟。（三國志魏書武帝紀注引魏書）

此卽曹氏用人之大原則，明示舊道德之落伍，不合時代需要。又建安十五年令：

自古受命及中興之君，曷嘗不得賢人君子與之共治天下者乎。及其得賢也，曾不出閭巷，豈幸相遇哉，上之人不求之耳。今天下尚未定，此特求賢之急時也。「孟公綽為趙魏老則優，不可以為滕薛大夫。」若必廉士而後可用，則齊桓其何以霸世。今天下得無有被褐懷玉而釣於渭濱者

乎，又得無盜嫂受金而未遇無知者乎。二三子其佐我明揚仄陋，惟才是擧，吾得而用之。（三國志魏書武帝紀）

夫有行之士未必能進取，進取之士未必能有行也。陳平豈篤行，蘇秦豈守信邪，而陳平定漢業，蘇秦濟弱燕。由此言之，士有偏短，庸可廢乎。有司明思此義，則士無遺滯，官無廢業矣。（同上）

此更明言才能與德行若不能得兼，寧捨德行而用才能。又建安十九年令：

時當黃巾暴亂之後，禹跡波蕩，百廢待擧，需才孔殷，在飢不擇食之情況下，自然祇重進取之士，而罔有德之士。又建安二十二年令：

昔伊摯傅說出於賤人，管仲，桓公賊也，皆用之以興。蕭何曹參，縣吏也，韓信陳平負汚辱之名，有見笑之恥，卒能成就王業，聲著千載。吳起貪將，殺妻自信，散金求官，母死不歸，然在魏，秦人不敢東向，在楚，則三晉不敢南謀。今天下得無有至德之人放在民間，及果勇不顧，臨敵力戰，若文俗之吏，高才異質，或堪為將守，負汚辱之名，見笑之行，或不仁不孝，而有治國用兵之術。其各擧所知，勿有所遺。（三國志魏書武帝紀注引魏書）

堂堂政府詔令，竟一再強調朝廷用人不拘流品，雖不仁不孝之徒，盜嫂受金之輩，亦得以躋秩公輔，翔廊廟。此雖曹氏經營霸業，權宜一時之計，然其影響所及，則消極方面破壞世人對於舊禮教之不知新道德觀念之建立難，而舊禮教信仰之破壞易。此風一開，直若黃河決堤，沛然無復能禦。漢鼎既革，曹丕基命，崇奉黃老，敝屣名教，又改前代舉孝廉爲九品中正，推波揚瀾，變本加厲，而兩漢三百餘年所苦心培植之倫理觀念與道德哲學，至此蕩焉以盡。故終六朝之世，王綱不振，風俗澆漓，曹氏父子之摧殘節義，鄙棄人倫，實不能辭其咎也。傅玄嘗深致慨歎曰：

近者魏武好法術，而天下貴刑名，魏文慕通達，而天下賤守節。其後綱維不攝，而虛無放誕之論盈於朝野，使天下無復清議，而亡秦之病復發於今。（晉書本傳）

顧炎武言之尤爲剴切：

孟德既有冀州，崇獎跅弛之士，觀其下令再三，至於求負污辱之名，見笑之行，不仁不孝，而有治國用兵之術者，於是權詐迭進，姦逆萌生。故董昭太和之疏，已謂當今年少不復以學問為本，專更以交游為業。國士不以孝悌清修為首，乃以趨勢求利為先。至正始之際，而一二浮誕之徒，騁其知識，蔑周孔之書，習老莊之教，風俗又為之一變。夫以經術之治，節義之防，光武明章數世為之而不足，毀方敗常之俗，孟德一人變之而有餘。後之人君，將樹之風聲，納之軌物，以善俗而作人，不可不察乎此矣。（日知錄兩漢風俗條）

痛惜之情，溢乎楮墨，殆亦春秋責備賢者之意乎。

(三)道家學說復興

1. 道家學說要旨

道家學說蓋包括黃帝、老子、莊子、列子、楊朱五家之學說，先秦時代，分鑣競爽，不相統屬，以時際喪亂，故信者甚衆，與儒墨二派分庭抗禮，並稱顯學。

道家學說本是一種亂世之產物，在意識上積極的反對現實，否定現實，在行爲上則消極的逃避現實，脫離現實。其基本主張有五：

⑴**清靜無爲**　老子謂「道常無爲而無不爲」（老子第三十七章），其意卽謂先須「無爲」，然後可以「無不爲」。易言之，卽以「無爲」爲法則，以達到「無不爲」之目的，故曰「我無爲而民自化」（第五十七章），是卽「無爲」而「無不爲」之效也。

⑵**順應自然**　吾師林景伊先生中國學術思想大綱云：「老子感物欲之誘惑，故主絕聖棄智，而復其淡泊。憤世俗之澆薄，故主反樸歸眞，順乎自然。」老子之最高理想爲順應自然，故曰：「人法地，地法天，天法道，道法自然。」其「無名」「無爲」之說，無一非順應自然之論。其意以爲能順應自然，則社會自然安定，可以進一步達到「小國寡民，甘其食，美其服，安其居，樂其俗，鄰國相望，鷄犬之聲相聞，民至老死不相往來」（第八十章）之理想社會。

⑶**絕對自由**　景伊師云：「『莊子生當衰亂之世，習老氏之言。悲天下之沈濁，故有出世之想而作逍遙遊。』又云：「莊子悲天下之沈濁不可處也，故求徜徉自得，高遠無所拘束，與天地同運，與造物者遊，以極其逍遙之致。夫能極其逍遙之致，而無所拘束者，蓋卽隨心所欲，亦今所謂自由也。然

老子謂：『吾之所以有大患者，以吾有身，若其無身，吾有何患。』人生有耳目之知，肢體之形，既已爲人矣，又安能隨心所欲，無所拘束。故莊子無可奈何而求之於无何有之鄉，廣漠之野。此莊子出世之想所以偏於玄虛也。」（以上均見中國學術思想大綱）

(4)**絕對平等** 景伊師云：「莊子齊萬物之說曰：『天下莫大於秋豪之末，而泰山爲小，莫壽於殤子，而彭祖爲夭。天地與我並生，萬物與我爲一。』蓋以物之稟分，各自不同，大小雖殊，而咸得稱適。各安其分，則性足矣。夫能性足，則天地與我並生，萬物與我爲一，又何必貴我而賤物，大天地而小豪末，壽彭祖而夭殤子哉。」（同上）

(5)**個人主義** 列子楊朱篇載楊朱爲我之說云：「伯成子高不以一毫利物，舍國而隱耕。大禹不以一身自利，一體偏枯。古之人損一毫利天下不與也，悉天下奉一身不取也。人人不損一毫，人人不利天下，天下治矣。」楊朱之意，以今語言之，卽絕對的個人主義也。

綜上以觀，可見道家諸子皆智慧高深，體物細密，解救個人之精神固所優爲，以言經綸邦國，霖雨蒼生，則殊缺乏具體主張也。

2.道家學說復興原因

秦一宇內，車軌混同，法術盛行，遂成霸業。炎漢初興，百廢待舉，內外交迫，學術未遑。逮文景纘統，雅慕淸虛，黃老之說乃大行於世。近人夏曾佑氏於黃老之起源，言之甚詳。

黃老之名，始見史記申不害傳、韓非傳、曹相國世家、陳丞相世家，並言治黃老術。史記以

> 前，未聞此名。今曹陳無書，申不害書僅存，韓非書則完然俱在，中有解老喻老，其學誠深于老者，然絕無所謂黃。然則黃老之名，何從而起，吾意此名必起於文景之際，其時必有以黃帝老子之書合而成一學說者，學旣盛行，謂之黃老，日久習慣，成爲名辭，乃於古人之單治老子術者，亦舉謂之黃老。史記孝武紀竇太后治黃老言。不好儒術，封禪書同。儒林傳序竇太后好黃老之術，申公傳竇太后好老子言，不說儒術。轅固生傳竇太后好老子書。漢書郊祀志竇太后不好儒術。轅固傳竇太后好老子書。外戚傳竇太后好黃帝老子言。景帝及諸竇，不得不讀老子書，尊其術。竇太后者，其黃老學之開祖耶。（中國歷史教科書第二册）

惟至武帝之世，竟遭罷黜，儒術獨尊，歷時近四百年。漢祚旣屋，六代踵起，周孔告退，而莊老方滋，推轂玄虛，至蔓延於陳隋而未息，是道家學說全盛之時代也。推原其故，蓋有三端。

⑴緣於時代者　儒家在吾國學術思想界一向居於領導地位，凡儒學昌明之時，必爲統一治平之世。漢之衰季，禹跡波蕩，海宇塵飛，內而外戚擅權，閹豎爲禍，外而戎狄交侵，盜賊蜂起，加以災疫流行，民生凋敝。舊日對政治作原則指導之儒學，旣不足以消弭禍亂，尤不足以饜足人心。而老子之清靜無爲，莊子之逍遙齊物，楊朱之個人主義，列子之厭世思想，最能迎合當時之需要，一般聰明穎達之士，遂相率遁入道家玄虛之領域，騁懷於窈渺之理想世界矣。今儒錢穆氏有云：

> 莊子，衰世之書也，故治莊而著者，亦莫不在衰世。魏晉之阮籍向郭，晚明之焦弱侯方藥地，乃及船山父子皆是。（莊子纂箋序目）

又云：

處衰世而具深識，必將有會於蒙叟之言，寧不然耶。（同上）

蓋深造有得之言也。

(2)**緣於政治者** 自漢末以迄晉初，干戈擾攘，荼毒生靈，固無論矣。而秉國之君，率皆嗜殺成性，迫害名士，若屠豬羊，名士運數之窮，未有甚於此者也。於是人人自危，罔知所適。其上焉者，則韜光遁世，寄情煙霞，以求避禍全身之道。其中焉者，則揮舞麈尾，談玄說理，化觚爲圓，和光同塵之觀念，遽奉爲立身之楷模。其下焉者，則蔑棄禮法，菲薄儒術，破落周孔之綱，放浪形骸之外。甚至醉狂赤裸，不以爲非，吏部偷酒，不以爲奇，王弼何晏，貽譏於管寧，劉伶王澄，騰笑於搢紳。緣是老莊思想盛行，玄談風氣彌漫，開闢以來，未曾有也。

(3)**緣於學術者** 西漢以來，處於獨尊狀態之儒學，久成利祿之途，其本身既停滯於章句訓詁及家法宗派諸瑣屑問題，逐漸引繩自縛。其尤怪誕者，且雜以陰陽五行之說，雖云標新，實則魔道，卒引起王充荀粲諸子之抨擊。近儒梁啓超氏云：

兩漢帝王儒者，崇尚讖緯，迷信休咎，所謂陰陽五行之謬說，久入人心。而權勢道德，既兩無可憑，民志皇皇，以為殆有司命之者存，吾祈焉禳焉，煉養焉，服食焉，或庶可免，於是相率而歸之。（中國學術思想變遷之大勢）

吳承仕氏亦云：

漢師拘虛迂闊之義，已為世人所厭。勢激而遷，則去滯著而上襄玄遠。（經典釋文序錄疏證）

坐是聖道幽淪，經典廢棄，而爲老莊所取代，固事有必至，理有固然也。

3.道家學說與盛概況

東漢桓靈之世，主荒政謬，國命委於閹寺，君子羞與爲伍，故匹夫抗憤，處士橫議，遂釀成黨錮之禍，清流領袖，一網俱盡，於是聰明魁傑之士，率皆由積極變爲消極，由儒家轉入道家，著其先鞭者，厥推經學大師馬融。融被服儒者，名重關西，而達生任性，不護細行，絳帳傳經，弟子集帳前，歌妓居帳後。嘗歎息謂友人曰：

古人有言：「左手據天下之圖，右手刎其喉，愚夫不為。」所以然者，生貴於天下也。今以曲俗咫尺之羞，滅無貲之軀，殆非老莊所謂也。（後漢書本傳）

則融顯然爲一道家化之經學家，而老莊並舉，亦始於此。是六代玄風，嚴格言之，非肇端於王何，馬氏實有以先之也。風氣既開，不可遏止，雖貴爲帝王，亦競趨時尚。

延禧八年春正月，遣中常侍左悺之苦縣，祠老子。（後漢書桓帝紀）

延禧八年十一月，使中常侍管霸之苦縣，祠老子。（同上）

其後仲長統更以老莊之出世思想，雜糅淮南子之理想仙界，而作樂志論，節錄其詞如下：

安神閨房，思老氏之玄虛，呼吸精和，求至人之彷彿。與達者數子，論道講書，俯仰二儀，錯綜人物。彈南風之雅操，發清商之妙曲。消搖一世之上，睥睨天地之間，不受當時之責，永保

性命之期。如是則可以陵霄漢，出宇宙之外矣。豈羨夫入帝王之門哉。（後漢書本傳）

其意蓋謂凡遊帝王之門者，欲以立身揚名耳。而名不常存，人生易滅，優游偃仰，可以自娛，欲卜清曠，以樂其志。此種富有濃厚道家出世思想色彩的消極言論之產生，實種因於滄海塵揚，劫難薦臻，欲求苟全性命於亂世之一種自然反應也。

下逮魏世，三方鼎峙，干戈未息，民生日蹙，道家玄風，愈益扇揚。永嘉亂後，半壁江山，沒於胡塵，劫後災黎，挽瀾無計，遂務苟安，奉手聃周，聊以自解。語其要者，約得四端，分述之如下：

(1)**著於功令** 當塗既興，曹丕基命，雅慕前代文景之治，蓋民心厭戰已久，非黃老治術不足以適應時代也。故即位之後，即頒息兵之詔。

帝常嘉漢文帝之為君，寬仁玄默，務欲以德化民，有賢聖之風。時文學諸儒，或以為孝文雖賢，其於聰明，通達國體，不如賈誼。帝由是著太宗論曰：「昔有苗不賓，重華舞以干戚，尉佗稱帝，孝文撫以恩德，吳王不朝，錫之几杖，以撫其意，而天下賴安。乃弘三章之教，愷悌之化，欲使曩時累息之民，得闊步高談，無危懼之心。若賈誼之才敏，籌畫國政，特賢臣之器，管晏之姿，豈若孝文大人之量哉。」三年之中，以孫權不服，復頒太宗論於天下，明示不願征伐也。

他日又從容言曰：「顧我亦有所不取於漢文帝者三：殺薄昭，幸鄧通，慎夫人衣不曳地，集上書囊為帳帷。以為漢文儉而無法，舅后之家，但當養育以恩，而不當假借以權，既觸罪法，又

不得不害矣。」其欲秉持中道，以為帝王儀表者如此。(三國志魏文帝紀裴注引魏書)

黃初二年又頒薄稅之詔，四年又頒禁復仇之詔，五年又頒輕刑之詔。

近之不綏，何遠之懷。今事多而民少，上下相弊以文法，百姓無所措其手足。昔太山之哭者，以為苛政甚於猛虎，吾備儒者之風，服聖人之遺教，豈可以目翫其辭，行違其誡者哉。廣議輕刑，以惠百姓。(同上)

五年之間，詔令屢頒，揆其用心，無非在改變乃父嚴刑峻法之作風，急功好利之政策，而將道家之清靜無爲貫徹於政治上。故終六朝之世，聘周當路，玄風彌漫，魏文之提倡，實與有力焉。

⑵**厭世傾向** 魏文雖貴爲天子，卻帶有濃厚的文人氣息，世難迍邅，人生無常，時時流露於楮墨中，如與吳季重書、與吳質書、與王朗書，以至樂府短歌行、折楊柳行、燕歌行等，皆有厭世傾向。

帝初在東宮，疫癘大起，時人彫傷，帝深感歎，與素所敬者大理王朗書曰：『生有七尺之形，死唯一棺之土，唯立德揚名，可以不朽。其次莫如著篇籍。疫癘數起，士人彫落，余獨何人，能全其壽。」(三國志魏文帝紀裴注引魏書)

由此觀之，魏文在本質上實一道家化之文士也。其弟曹植厭世傾向尤爲顯著，文選載其七啓云：

有形必朽，有跡必窮，芒芒元氣，誰知其終。名穢我身，位累我躬，竊慕古人之所志，仰老莊之遺風。假靈龜以託喩，寧掉尾於塗中。

餘若樂府箜篌引、升天行、仙人篇、遊仙、遠遊篇，以及七哀、送應氏、贈王粲諸詩，皆感欷世難，追慕逍遙之作。下逮梁之昭明太子，所撰錦帶書十二月啓，詳其每篇自敍之詞，皆山林語，非帝冑所宜言。如蕤賓五月啓云：

某沈疴漳浦，臥病泉山，頓懷劉幹之勞，鎮抱相如之酷。是知榮枯莫測，生死難量，驗風燭之不停，如水泡之易滅。

又林鍾六月啓云：

某白社狂人，青緗末學，不從州縣之職，聊立松篁之間。時假德以為鄰，或借書而取友。三千年之獨鶴，暫逐雞羣，九萬里之孤鵬，權潛燕侶。既非得意，正可忘言。

蓋風氣已成，天下披靡，其能翹然獨立者，良難多覯矣。

(3) **以道用世** 老子權謀之術，進可以用世，退可以保身，得其精髓而能靈活運用者，前有戰國之韓非，後有晉初之王戎。晉書王戎傳云：

戎以晉室方亂，與時舒卷，無蹇諤之節。自經典選，未嘗進寒素，退虛名，但與時浮沈，戶調門選而已。尋拜司徒，雖位總鼎司，而委事僚寀。

此王戎之以道保身也。又云：

鍾會伐蜀，過與戎別，問計將安出。戎曰：「道家有言：『為而不恃』。非成功難，保之難也。」及會敗，議者以為知言。

此王戎之以道用世也。按老子云：

我有三寶，持而保之，一曰慈，一曰儉，三曰不敢為天下先。（老子第六十七章）

其用意在挽救時弊，示人以陰柔自處之道。亦卽知雄守雌，知白守黑，知榮守辱，而從去甚、去奢、去泰爲入手方法。魏源老子本義序云：

老子主柔賓剛，而取牝、取雌、取母、取水之善下，其體用皆出於陰。陰之道雖柔，而其機則殺。故學之而善者，則清淨慈祥，不善者，則深刻堅忍，而兵謀權術宗之，雖非其本真，而亦勢所必至也。

林景伊先生亦云：

以剛强之易摧，爭競之自害，故（老子）主謙虛柔弱，以長保其身，以善處此世。（中國學術思想大綱）

王戎所以能位極人臣，長保福祿，非深得於老學之三昧者耶。

(4)著　作　何晏王弼鑒於司馬懿弄權作威，又以國家嚴刑過甚，故酷嗜老莊，濟以談玄之風。然二子被服儒者，從容中道，固未嘗鄙薄儒學。刻意提倡道家學說，垂範後世，正面攻擊儒家學說，形諸文字者，實自竹林七賢始。晉書向秀傳云：

秀雅好老莊之學。莊周著內外數十篇，歷世才士雖有觀者，莫適論其旨統也。秀乃為之隱解，發明奇趣，振起玄風，讀之者超然心悟，莫不自足一時也。惠帝之世，郭象又述而廣之，儒墨之迹見鄙，道家之言遂盛焉。

可見莊學之盛，由向秀作始。其友阮籍遂作達莊論以張之，闡釋莊子「天地與我並生，萬物與我爲一」之義，語至精審，節錄一段如左：

天地生於自然，萬物生於天地。自然者無外，故天地名焉，天地者有內，故萬物生焉。當其無外，誰謂異乎，當其有內，誰謂殊乎。

是以重陰雷電，非異出也，天地日月，非殊物也。故曰：「自其異者視之，則肝膽楚越也，自其同者視之，則萬物一體也。」人生天地之中，體自然之形。身者，陰陽之精氣也，性者，五行之正性也，情者，遊魂之變欲也，神者，天地之所以馭者也。以生言之，則物無不壽，推之以死，則物無不夭。自小視之，則萬物莫不小，由大觀之，則萬物莫不大。殤子為壽，彭祖為夭，秋毫為大，泰山為小。故以死生為一貫，是非為一條也。別而言之，則鬚眉異名，合而說之，則體之一毛也。

凡耳目之官，名分之施，處官不易司，擧奉其身，非以絶手足，裂肢體也。然後世之好異者，不顧其本，各言我而已矣，何待於彼。殘生害性，還為讎敵，斷割肢體，不以為痛。目視色而不顧耳之所聞，耳所聽而不待心之所思，心奔欲而不適性之所安，故疾病萌則生意盡，禍亂作則萬物殘矣。夫至人者，恬於生而靜於死。生恬則情不惑，死靜則神不離，故能與陰陽化而不易，從天地變而不移。生究其壽，死循其宜，心氣平治，消息不虧。（漢魏六朝百三名家集）

又作通老論以輔之。

道者法自然而為化，侯王能守之，萬物將自化，易謂之太極，春秋謂之元，老子謂之道。（同上）

又作老子贊以歌之。

陰陽不測，變化無倫，飄搖太素，歸虛返真。（同上）

又作大人先生傳，譏禮法之士而自託於曠達，在學術思想上爲一大轉變。

或遺大人先生書曰，天下之貴莫貴於君子，服有常色，貌有常則，言有常度，行有常式。……於是大人先生乃逌然而嘆，假雲霓而應之曰，若之云尚何通哉。夫大人者，乃與造物同體，萬物並生，逍遙浮世，與道俱成，變化散聚，不常其形。……且汝獨不見夫虱之處於褌中乎，逃乎深縫，匿乎壞絮，自以為吉宅也。行不敢離縫際，動不敢出褌襠，自以為得繩墨也。飢則嚙人，自以為無窮食也。然炎丘火流，焦邑滅都，羣虱死於褌中而不能出。汝君子之處區內，亦何異夫虱之處褌中乎。昔者天地開闢，萬物並生，大者恬其性，細者靜其形。……夫無貴則賤者不怨，無富則貧者不爭，各足於身而無所求也。恩澤無所歸，則死敗無所仇。奇聲不作，則耳不易聽，淫色不顯，則目不改視。耳目不相易改，則無以亂其神矣。此先世之所至止也。今汝尊賢以相高，爭勢以相君，寵貴以相加，驅天下以趣之，此所以上下相殘也。竭天地萬物之至，以奉聲色無窮之欲，此非所以養百姓也。於是懼民之知其然，故重賞以喜之，嚴刑以威之，財匱而賞不供，刑盡而罰不行，乃始有亡國戮君潰敗之禍。此非汝君子之為乎。汝君子之禮法，誠天下殘賊亂危死亡之術耳，而乃目以為美行不易之道，不亦過乎。今吾乃飄搖於天地之外，與造化為友，朝餐湯谷，夕飲西海，將變化遷易，與道周始，此之於萬物，不亦厚哉。故不通於自然者，不足以言道，闇於昭昭者，不足與達明，子之謂也。（同上）

同時又有劉伶作酒德頌以和之。

有大人先生，以天地為一朝，萬期為須臾，日月為扃牖，八荒為庭衢。行無轍迹，居無室廬，幕天席地，縱意所如。止則操巵執觚，動則挈榼提壺，惟酒是務，焉知其餘。有貴介公子、搢紳處士，聞吾風聲，議其所以，乃奮袂攘襟，怒目切齒，陳說禮法，是非蜂起。先生於是方捧甖承槽，銜杯漱醪，奮髯箕踞，枕麴藉糟，無思無慮，其樂陶陶。兀然而醉，恍爾而醒。靜聽不聞雷霆之聲，熟視不睹泰山之形。不覺寒暑之切肌，利欲之感情。俯觀萬物，擾擾焉若江海之載浮萍。二豪侍側焉，如蜾蠃之與螟蛉。（晉書本傳）

嵇康作釋私論以爲行爲之準則。

夫稱君子者，心無措乎是非，而行不違乎道者也。何以言之，夫氣靜神虛者，心不存於矜尚，體亮心達者，情不繫於所欲，矜尚不存乎心，故能越名教而任自然，情不繫於所欲，故能審貴賤而通物情。物情順通，故大道無違，越名任心，故是非無措也。是故言君子則以無措為主，以通物為美，言小人則以匿情為非，以違道為闕。……君子之行賢也，不察於有度而後行也，仁心無邪，不議於善而後正也，顯情無措，不論於是而後為也。是故傲然忘賢，而賢與度會，忽然任心，而心與善遇，儻然無措，而事與是俱也。故論公私者，雖云志道存善，口無凶邪，無所懷而不匿者，不可謂無私，雖欲之伐善，情之違道，無所抱而不顯者，不可謂不公。今執必公之理，以繩不公之情，使夫雖為善者，不離於有私，雖欲之伐善，不陷於不公，重其名而貴其心，則是非之情不得不顯矣。是非必顯，有善者，無匿情之不是，有非者，不加不公之大非，無不是，則善莫不得，無大非，則莫過其非，乃所以救其非也。非徒盡善，亦所以厲不善也。夫善以盡善，非以救非，而況乎以是非之至者，故善之與不善，物之至者也。若處二物之間，所往者必以公成而私敗，同用一器，而有成有敗。夫公私者，成敗之途，而吉凶之門乎。（全三國文）

影響所及，天下風靡，「戶詠恬曠之辭，家畫老莊之象。」（嵇康語〇見晉書忠義傳）此蓋時勢所趨，思潮所至，非一二人所能遏阻也。

要而言之，東晉南北朝之世，由於神皋沈陸，久亂不靖，一般知識分子蒿目時艱，欲救乏力，乃思高翔遠引，全身保眞。同時復以不能忘情家國，絕意存亡，悟大刼之莫逃，知世累之難脫，故又陷入極端之苦悶與惶惑之中。而老子則雅慕至德之世，安居樂俗，鷄犬之聲相聞。莊子則謂：「山林與，臯壤與，使我欣欣然而樂與。」（知北遊篇）又謂：「予方將與造物者爲人，厭則又乘夫莽眇之鳥，以出六極之外，而遊無何有之鄉，以處壙埌之野。」（應帝王篇）此正六朝知識分子返於自然之先聲，抑亦六朝隱逸思想之源於道家者也。

三、六朝隱士

六朝距今已逾一千四百年，由於年世綿遠，文字殘缺，欲獲取此一時代所有隱士之完整資料，誠非易易。今僅能就晉書、南史、北史等正史之隱逸傳，以及在稗官野史如皇甫謐高士傳、高兆續高士傳、阮孝緒高隱傳，以至無名氏所撰之蓮社十八高賢傳中得知其姓名及其生平事蹟而已。

又六朝隱士之人生觀重在「得意」，亦卽心神之超然無累，故有隱於朝廷者，有隱於城市者，非必欲棲遁於山澤林藪也。陶潛歸園田居詩云：

結廬在人境，而無車馬喧。

王康琚反招隱詩云：

小隱隱陵藪，大隱隱朝市。伯夷竄首陽，老聃伏柱史。

晉書鄧粲傳亦載鄧粲之論云：

夫隱之為道，朝亦可隱，市亦可隱，初在我不在於物。

此種理論實爲當時知識分子共同之看法，故隱於朝市者，亦得謂之隱士。今試製一表，將六朝隱士作簡略之紹介，以便觀覽。

六朝隱士一覽表

朝代名	姓名	字	號	籍貫	歲數	生年	卒年	隱居地點	著作	備註
魏	管寧	幼安		北海朱虛	84	158	241	遼東		三國志魏書本傳
	龐德公			南郡襄陽				鹿門山		後漢書逸民傳
	邴原	根矩		北海朱虛				遼東		三國志魏書本傳
	王烈	彥方			78	140	218	遼東		同右
	諸葛亮	孔明		瑯琊陽都	54	181	234	隆中	諸葛忠武集	三國志蜀書本傳
晉 西晉	孫登	公和		汲郡共縣				北山宜陽山		晉書隱逸傳
	蘇門生		蘇門先生					蘇門山		三國志魏書王粲傳裴注引魏氏春秋
	董京	威輦						白社		晉書隱逸傳

夏統	仲御		會稽永興				會稽		同	右
朱沖	巨容		南安				南安		同	右
范粲	承明		陳留外黃	84	201	185	外黃		同	右
范喬	伯孫		陳留外黃	78	220	298	外黃		同	右
魯勝	叔時		代郡					墨辯注	同	右
董養	仲道		陳留浚儀				蜀中	無化論	同	右
霍原	休明		燕國廣陽				廣陽		同	右
郭琦	公偉		太原晉陽				晉陽	五行傳	同	右
伍朝	世明		武陵漢壽				漢壽		同	右
魯褒	元道		南陽				南陽	錢神論	同	右

東晉

汜騰	無忌		敦煌				敦煌		同右
任旭	次龍		臨海章安			327	章安		同右
郭文	文學		河內軹縣				大辟山臨安		同右
龔壯	子瑋		巴西				巴西	邁德論	同右
孟陋	少孤		武昌				武昌	論語注	同右
韓績	興齊		廣陵				嘉興		同右
譙秀	元彥		巴西				巴西		同右
翟湯	道深		尋陽	73			南山		同右
翟莊	祖休		尋陽	56			尋陽		同右
劉驎之	子驥		南陽				南陽		同右

謝安	安石		陽夏	66	320	385	東山		晉書本傳
戴逵	安道		譙國			395	剡縣		晉書隱逸傳
陶潛	元亮		尋陽	63	365	427	尋陽	陶淵明集	同右
南朝									
宋									
戴顒	仲容		銍縣	64	378	441	桐廬		宋書隱逸傳
宗炳	少文		南陽	69	375	443	衡山		同右
周續之	道祖		廣武	47	377	423	廬山		同右
劉遺民							廬山		同右
孔淳之	彥深		魯縣	59	372	430	剡縣	穀梁春秋注	同右
王弘之	方平		臨沂	63	365	427	上虞		同右
劉凝之	志安		枝江	59	390	448	衡山		同右

宗彧之	叔粲		南陽	50	382	431	南陽		同右
雷次宗	仲倫		南昌	63	386	448	廬山		同右
齊 褚伯玉	元璩		武康	86	409	494	瀑布山		南齊書高逸傳
臧榮緒			莒縣	74	415	488	京口	晉書	同右
關康之	伯愉		河東				京口		同右
沈驎士	雲禎		武康	85	419	503	吳差山		同右
顧歡	景怡		鹽官	64	420	483	天台山		同右
何求	子有		廬江	56	431	486	虎丘山		同右
何點	子晳		廬江	68	437	504	廬江	齊書	同右
何胤	子季		廬江	86	446	531	會稽山		同右

朝	代	姓名	字	號	籍貫	年齡	生年	卒年	隱居地		出典
		劉虬	靈預		南陽	58	438	495	江陵		同右
		周顒	彥倫		安城			485	鍾山		南齊書本傳
	梁	陶宏景	通明		秣陵	85	452	536	句曲山		梁書處士傳
		阮孝緒	士宗		陳留	58	479	536	建康		同右
		諸葛璩	幼玟		陽都				京口		同右
		沈顗	處默		武康				武康		同右
		劉慧斐	文宣	離垢先生	彭城	59	478	536	東林寺		同右
		張孝秀	文逸			42	483	522	匡山		同右
北朝	魏	眭夸			高邑				高邑		北史隱逸傳
		馮亮	靈通		南陽				嵩山		同右

鄭修		北海		凡谷	同右
徐則		郯縣		天台山	同右
李謐	永和	趙郡	32	趙郡	同右

四、結語

六朝以前，入世出世，判為兩途，志存匡濟者，回翔廊廟，獨善其身者，棲遁山野，所謂「山林之士，往而不能反，朝廷之士，入而不能出。」（漢書王貢兩龔鮑傳贊）自魏晉清談融合儒道，將此不同之兩途綰合為一，亦即將鐘鼎與山林之界限逐漸消除於無形。試舉東晉賢相謝安為例：安少時寓居會稽，有高世之志，遊放山水三十餘年，及出而執政，既善玄言，兼能濟世，遂贏得「風流宰相」（王儉語。見南齊書本傳）之美譽，為後世政治家樹立新範型。自茲厥後，一般讀書人心目中之理想政治家，在能以出世之懷，建濟世之業，雖身居廟堂之上，而其心無異於山林之中，吾國知識分子遂奉此為進退出處之最佳楷模，最高境界。李商隱安定城樓詩自述懷抱云：「永憶江湖歸白髮，欲迴天地入扁舟。」即言欲建立整頓乾坤之事業，然後歸隱江湖，以匡濟之壯懷，而兼山林之高趣。王安石最喜李商隱此兩句詩，則以王安石亦同此懷抱，喜商隱之詩先獲我心也。其實不但李商隱王安石如此，唐宋以降知識分子大都以此爲理想之事。此則吾人硏究六朝隱逸思想所探得之奧祕，卽謂得之於筌蹄之外亦無不可也。

陶淵明與魏晉風流

袁行霈

一

研究這個題目，首先遇到的問題是什麼叫「魏晉風流」？而要回答這個問題，必須先弄淸什麼叫「風流」。

仔細考察起來，「風流」這個詞的涵義有一個演變的過程。這個詞在《漢書》裏就出現了，《敍傳》第七十下：「上天下澤，春雷奮作。先王觀象，爰制禮樂。厥後崩壞，鄭衞荒淫。風流民化，湎湎紛紛。」師古注：「言上風旣流，下人則化也。」①這樣看來，「風流」原是一個主謂結構的詞組，指風氣流動或敎化傳播。在《漢書・刑法志》裏又有這樣一段話：「及孝文卽位，……風流篤厚，禁罔疏闊。」②這裏的「風流」則是一個名詞，指由上而下形成的一種風尙，但還不是專指某一種風尙，只是泛指而已。後來，「風流」有了專指的意義，專指某種才能俊秀、寄意高遠的士人的氣質的外現。如《三國志・蜀書・劉琰傳》：「先主在豫州，辟爲從事，以其宗姓，有風流，善談論，厚親待之，……」③又如《文選》卷四十七袁彥伯（宏）《三國名臣序贊》：「堂堂孔明，基宇宏邈。器同生民，獨秉先覺。標榜風流，遠明管樂。」④在《世說新語》裏「風流」的用例共六處，如《賞譽》：「范豫章謂王荊州：『卿風流雋望，眞後來之秀。』」⑤《傷逝》：「咸和中，丞相王敦敎曰：『衞洗馬當改葬。此君風流名士，海內所瞻，可修薄祭，以敦舊好。』」⑥《晉書・樂廣傳》：「廣與王衍，俱宅心事外，名重於時，故天下言風流者，謂王、樂爲稱首焉。」⑦這些「風流」的涵義都是專指的。

我們已經注意到：「風流」是一種內在氣質的外現，又是具有傳播力的，這樣就可以進一步對「魏晉風流」加以說明。所謂「魏晉風流」，是在魏晉這個特定的時期形成的人物審美的範疇，它伴隨着魏晉玄學而興起，與玄學所倡導的玄遠精神相表裏，是精神上臻於玄遠之境的士人的氣質的外現。簡言之，就是魏晉時期士人追求的一種具有魅力和影響力的人格美。⑧也可以說是「玄」的心靈世界的外現。魏晉以後，儒學獨尊的地位動搖了，天人感應的神學目的論也崩潰了，士人們在探討宇宙本體的同時也注重探討「人」這個主體，探討人生的意義和價值。活着爲什麼？怎樣活着才最好？在反復的品題中樹立起新的風尙，影響了幾代人的生活。這種新的風尙，就是風流。

魏晉風流是對漢儒爲人準則的一種否定。在崇尚風流的魏晉士人看來，漢儒提倡的名教是人生的執和障。而魏晉風流的開始，就是破執除障，打開人生的新的窗戶，還自我以本來的面目。

魏晉風流和魏晉玄學有密切的關係，已如上述，但魏晉風流並不等於魏晉玄學。玄學指的是一種哲學思想、時代思潮，風流指的是在這種思想和思潮影響下士人精神世界的外現，更多地表現爲言談、舉止、趣味、習尚，是體現在日常生活中的人生準則。有的玄學家思想很深刻，但外現於日常生活中的「風流」並不一定突出，如歐陽建和荀粲。有的士人並沒有很多玄學的論述，但外現於日常生活中的「風流」很突出，如謝安。本文不是專論思想史，遂亦不完全局限於思想方面，只是聯繫魏晉玄學來論魏晉風流。魏晉風流與魏晉風度有什麼關係呢？從語義上探討，風度指言談、舉止、儀表的總合。魏晉風流可以包括魏晉風度，但比它的涵義更廣，強調了這種風度的魅力和影響力，所以我寧可用魏晉風流這個概念。關於魏晉風度，魯迅在一九二七年有《魏晉風度及文章與藥及酒之關係》一文⑨，論魏晉文學與思想者多有徵引，讀者可以參考。

二

魏晉風流雖然是伴隨着魏晉玄學的興起而興起的，但其發展與魏晉玄學的發展並不一定同步，而有其自己的發展過程和規律。袁宏在《名士傳》（已佚）裏把魏晉時期的名士分爲正始名士，竹林名士，中朝名士。⑩這也可以視爲魏晉風流的分期，但還不夠完備。竹林與正始，時代相銜接，人物有交叉，可以合而爲一。他所謂「中朝」指西晉中期，魏晉風流並非到此爲止，此後還有發展，特別是在東晉。參考袁宏的說法，我姑且把魏晉風流的發展，分爲以下四個階段：竹林風流，中朝風流，東渡風流，晉末風流。

第一階段，竹林風流。這個階段以何晏、王弼爲先導，以嵇康、阮籍爲代表。

何、王不屬於竹林七賢。他們是魏晋玄學的先導，運用「辨名析理」的方法來探討宇宙與人生，就有無、本末、體用、母子、一多、常變、動靜、言意等諸多哲學範疇提出自己的看法。⑪而這一切的落腳點卽在人生問題上，照王弼的說法就是「何以盡德？以無爲用。」⑫一個人只要能忘記自我與外物的區別，進入渾沌的狀態，達到無我的境界，這就是「盡德」了。何、王以自然爲本，認爲名教本於自然，但何、王捲入政治的漩渦很深，憂患頗多，在實際行動上並沒有歸於自然，沒有享受到自然的樂趣。

以嵇康、阮籍爲代表的竹林七賢的言行成爲第一階段魏晋風流的標志。他們的特點是「放」，也就是從儒家的「名教」中解放出來，過一種新的符合自己本性的生活。用嵇康的話說就是「越名教而任自然」⑬。而阮籍則創造了一個符合風流理想的「大人先生」的典範，他「超世而絕羣，遺俗而獨往，登乎太始之前，覽乎忽莫之初，慮周流於無外，志浩蕩而自舒，飄颻於四運，翻翱翔乎八隅。」⑭這等於給嵇康的話作了形象的注解。但由於當時名教的禁錮力還很強大，所以魏晋風流的第一階段不得不表現爲有意的反抗，其表現形式則成爲「佯狂」。狂，是對名教的蔑視；佯，是說狂得有點過分，因而顯得不自然。嵇康的《與山巨源絕交書》，講自己不能出仕的理由竟有「必不堪者七，甚不可者二」，一共九條。他說：「又每非湯、武而薄周、孔，在人間不止，此事會顯，世教所不容，此甚不可一也；剛腸嫉惡，輕肆直言，遇事便發，此甚不可二也。」⑮眞夠狂的了！嵇康好鍛，嘗與向秀共鍛於大樹之下，貴公子鍾會故往造焉。「康不爲之禮，而鍛不輟。良久會去，康謂曰：『何所聞而來？何所見而去？』會曰：『聞所聞而來，見所見而去。』會以此憾之。」嵇康的這種態度終於給他帶來殺身之禍。⑯阮籍的表現比較圓通，他一方面說：「禮豈爲我輩設也！」並有許多逾禮的舉動，如：其嫂還家，籍見與別。遭母喪，仍進食酒肉。鄰家婦有美色，當壚沽酒，籍常從婦飲酒，醉便眠其側。另一方面則又口不臧否人物，遇到棘手的事情就用連醉多日的方法拖延過去。⑰再看阮籍的《咏懷》詩，其孤獨、激憤之情每每溢於言表，可見他原是一個極認眞、極執着的人。最能說明阮籍複雜心態的是他不准許兒子學他的放達，「阮渾長成，風氣韵度似父，亦欲作達，步兵曰：『仲容已預之，卿不得復爾。』」⑱所以魯迅說：「至於他們的本心，恐怕倒是相信禮教，當作寶貝，比曹操司馬懿們要迂執得多。」⑲這就是說他們的狂帶有「佯」的成分。嵇康、阮籍之外，竹林七賢裏的另一著名人物劉伶，其狂放到了在屋中脫衣裸形，以天地爲棟宇，以屋室爲幝衣的地步。⑳他「肆意放蕩，以宇宙爲狹。常乘鹿車，攜一壺酒，使人荷鍤隨之，云：『死便掘地以埋。』土木形骸，遨遊一世。」㉑眞可謂放誕之極了。但讀其《酒德頌》，總覺得在放誕之後隱藏着對世事的憂憤。所謂「不覺寒暑之切肌，利欲之感情。俯觀萬物之擾擾，如江漢之載浮萍。」㉒這幾句話透露出他在不飲酒的時候還會有寒暑之苦、利欲之情。他的嗜酒，大概是用酒來痲醉自己的過於敏感的神經吧。他們想要實現自我，還自己以本來的面目，但是難以完全做到。於是只能以佯狂顯示與世俗的不同，把自己和世俗區分開來。

第二階段，中朝風流。這個階段玄學的代表是郭象，而風流名士當首推袁宏提到的裴楷、王衍㉓

郭象的玄學主旨在於調和名教與自然，這和西晉中期士族的風氣有關。西晉中期，一些士族以任自然相標榜，過着淫逸放蕩的生活，於是有人出來加以批評，樂廣說：「名教內自有樂地，何必乃爾！」㉔裴頠又倡導「崇有論」，推崇名教，排斥自然。郭象就是在這種情況下提出一整套理論，把名教和自然調和了起來。他認爲名教的產生是自然的；名教卽自然。莊子認爲穿牛鼻、落（絡）馬首違反了牛馬的本性，郭象則認爲只有這樣才符合牛馬的本性。㉕他說「聖人雖在廟堂之上，然其心無異於山林之中」；又說「聖人常遊外以弘內，無心以順有。」㉖這些話都是爲了調和名教與自然。關於人生觀，郭象認爲：既然萬物自生（獨化），就應任其自然發展而無爲。對萬物的態度是無爲，對自己的態度當然就是「任我」。能允許萬物自生，人人「任我」，就是承認了萬物等同，這就是「齊物」。能「齊物」，則泯滅了物我的差別，也就可以達到絕對的自由了，這種絕對自由的境界叫「玄冥」之境。

《列子》一書把西晉中期名士們的人生態度做了極生動的描繪，特別是其中的《楊朱篇》。它提倡肉體的滿足與感官的快樂，對於耳、目、鼻、口、體、意的各種欲望，應該「肆之而已，勿壅勿閼。」㉗這雖然也是委順自然，但偏重在肉體的欲望上，而不在精神境界上。石崇要客燕集，令美人行酒；石崇厠有十餘婢侍列；以及石崇與王愷爭豪鬪富的那些行爲，便是這種思想的表現。這不過是風流之末流，嚴格地說不能算眞正的風流。

裴楷和王衍不同於石崇之流。裴楷以「清通」著稱，「風神高邁，容儀俊爽，博涉羣書，特精義理，時人謂之『玉人』。」㉘王衍「妙善玄言，唯談《老》《莊》爲事。每捉玉柄麈尾，與手同色。……累居顯職，後進之士，莫不景慕放效。……矜高浮誕，遂成風俗焉。」㉙裴、王都是朝中的高官，一邊身居高位一邊玄談浮誕，可以說是把名教與自然統一起來了。

第三階段，東渡風流。謝安、王羲之，堪爲代表。

這時的政治環境已不同於嵇、阮那時，面對北方強大的敵人，東遷的政權需要睿智之士來維持局面，社會的輿論也呼喚着他們出來。風流主要已不再表現爲鄙棄世俗佯狂任誕，而表現爲政治上應付自如的才智，政治生活中進退出處的豁達，以及身在魏闕心戀江湖的超然態度。也可以說是以隨時準備退隱的態度去參政，以隨時可以出仕的態度去退隱。他們並不有意避俗，卻能達到超俗的境地。

謝安早年高臥東山，放情丘壑，每遊賞，必以妓女從。朝廷屢辟不就，諸人每相與言：「安石不肯出，將如蒼生何！」㉚桓溫去世後，謝安爲尚書僕射，領吏部，加后將軍。「嘗與王羲之登冶城，悠然遐想，有高世之志。羲之謂曰：『夏禹勤王，手足胼胝；文王旰食，日不暇給。今四郊多壘，宜思自效，而虛談廢務，浮文妨要，恐非當今所宜。』安曰：『秦任商鞅，二世而亡，豈清言致患邪？』」㉛一方面當着宰相，進入政治的最高層，另一方面又不廢淸談，有高世之志。處江湖之遠，使人覺得他有非凡的政治才能；居廟堂之高，又使人覺得他並不戀棧於名位。這正是謝安遠遠高出於一般士人之處，也就是他的風流之處。王羲之的去就之跡，頗有近似謝安的地方。「羲之既少有美譽，朝廷公卿皆愛其才器，頻召爲侍中、吏部尚書，皆不就。復授護軍將軍，又推遷不拜。」揚州刺史殷浩寫信勸他應命，信裏說：「悠悠者以足下出處足觀政之隆替，如吾等亦謂爲然。……豈可以一世之存亡，必從足下從容之適？幸徐求衆心。卿不時起，復可以求美政不？……」這段話很像時人勸說謝安出山的話。羲之既拜右軍將軍、會稽內史，頗有政績。後來終於稱病去官，「與東土人士盡山水之遊，弋釣爲娛。」㉜謝安和王羲之都以雅量聞名：謝安泛海，風起浪湧，仍貌閑意悅；謝安與人圍棋，聞謝玄破賊，意色舉止不異於常；王羲之坦腹東床。㉝這都是著名的故事。他們的雅量從哪裏來？除了天生的心理素質以外，進退出處兩方面的準備都做得很充分，一切也都看得開，這是很重要的一個原因。有雅量才能超俗，也才能豁達，他們的風流正表現在進退出處的豁達上。

第四階段，晋末風流。代表人物可推顧愷之和陶淵明。

他們雖然都曾從政，但不是政治家，他們的風流另有特點，這就是忘情，忘記了俗與不俗的界限，也遺忘了世情。顧愷之有「三絕」（才絕、畫絕、痴絕）之稱，桓溫說他「體中痴黠各半，合而論之，正得平耳。」㉞「痴」與「黠」的融合，正是他的風流之處。痴而又黠，則不迂；黠而又痴，則不奸。他寫了《箏賦》，向人說：他的賦與嵇康的《琴賦》相比，「不賞者作後出相遺，深識者亦以高奇見貴。」㉟「愷之尤好丹青，妙絕於時。曾以一橱畫寄桓玄，皆其絕者，深所珍惜，悉題糊其前。桓乃發橱後取之，好加理。後愷之見封題如初，而畫並不存，直云：『妙畫通靈，變化而去，如人之登仙矣。』」㊱「義熙初，爲散騎常侍，與謝瞻連省，夜於月下長咏，瞻每遙贊之，愷之彌自力忘倦。瞻將眠，令人代己，愷之不覺有異，遂申旦而止。」㊲顧愷之的忘情於此可見一斑。「顧長康畫裴叔則，頰上益三毛。人問其故，顧曰：『裴楷儁朗有識具，正此是其識具。』看畫者尋之，定覺益三毛如有神明，殊勝未安時。」㊳顧愷之的穎悟於此可見一斑。陶淵明的風流既有同於顧愷之的地方，也有不同於顧愷之的地方。顧的「痴」在陶那裏表現爲「拙」。顧的「痴」仍多少帶有一些「佯」的成份，也許是「痴」得過了，不免讓人覺得有點世故，像《紅樓夢》裏的劉姥姥。他果眞相信存在桓玄那裏的一橱畫是通靈仙去嗎？未必。可能是怕得罪桓玄，也許當初把畫存在桓玄那裏就準備他取走。顧愷之的那番「妙畫通靈」的話不過是一種凑趣和幽默而已。所以他是「痴」中有「黠」，桓溫已經看出來了。陶淵明的「拙」則帶有許多「剛」的成份，他說自己「性剛才拙」，確實如此。顧愷之「痴」得人人喜歡他，陶淵明「拙」得處處得罪人，這兩人的不同境遇反映了他們的風流之不同。如果仿照桓溫給顧愷之的評語，我們不妨說陶淵明是：「拙剛各半，益忤於物。」㊴且看陶淵明一生大致的經歷：二十九歲「起爲州祭酒，不堪吏職，少日，自解歸。」㊵用他自己的話說這次歸隱的原因是「志意多所恥」㊶。自三十四歲至四十一歲，先後仕桓玄、劉裕、劉敬宣，最後任彭澤縣令八十餘日，因不肯折腰向鄉里小人，慨然辭職守拙歸田。檀道濟勸他出仕劉宋王朝並饋以粱肉，他麾而去之。㊷以致貧病交加，潦倒身亡。陶淵明才是眞的拙，或者說是拙得眞，比顧愷之又高出一籌。

以上簡單地考察了魏晉風流的演變，從魏晉風流的演變這個角度看來，陶淵明雖然處於魏晉風流的最後階段，但他決不遜於那些赫赫大名的風流名士，甚至可以說他達到了風流的最自然的地步，因而是最風流的風流。

三

從某種意義上說，《世說新語》是一部魏晉風流的故事集。其中記錄了各種各樣的風流，但歸並起來主要是三類，卽穎悟、曠達、率眞。《言語》、《文學》、《識鑒》、《賞譽》、《品藻》、《捷悟》、《夙慧》、《術解》、《巧藝》、《排調》、《假譎》中的許多故事都屬於穎悟之類。《雅量》、《豪爽》、《任誕》、《簡傲》中的許多故事都屬於曠達之類。而全書三十六門中的很多故事，包括編在下卷裏帶有貶意的故事如《忿狷》、《惑溺》之類，都可以說是率眞的表現。《世說新語》的分類並沒有十分嚴格的界限，例如《德行》的第一條，陳仲舉爲豫章太守，先訪徐孺子。固然可以列入《德行》門，也並非不可列入《政事》門或《言語》門。又如《言語》門第二條徐孺子答人問，固然可以列入《言語》門，也並非不可列入《捷悟》門。我們如果不局限於原來的分類，加以更高的概括，大致就是穎悟、曠達和率眞三類。在本文的第二部分，我對魏晉風流作了縱向的考察，意在說明陶淵明所達到的風流的高度。現在再作橫向的考察，仍欲說明陶淵明達到的高度，因爲在陶淵明身上，穎悟、曠達、率眞三者兼而有之，而且十分協調地融合在一起。

前面講過陶淵明的「拙」，其實他的「拙」處也正是他的「巧」處，也卽穎悟之處。如果不是對世事有極高的穎悟，怎能以「守拙」自命，而且堅守到底？在晉宋之際那種政治環境中，最聰明的辦法就是他所採取的守拙歸隱了。陶的曠達，前人多有論及，無須贅言。我想強調的是，他的曠達既是其穎悟的表現，又是其眞性情的流露。穎悟是其內在的美，曠達是其外在的美，率眞則是其爲人的準則。而這三者又統一在「自然」上，崇尚自然是他的最高的人生哲學。㊸

再換一個角度，人們所追求的任何人格美都不過是要祛除一些什麼增進一些什麼。魏晉風流也是如此，不過它主要的功夫是在「祛」上，這和儒家的進德修業有所不同，儒家是要通過一系列的修養來增進人的道德。那麼，魏晉風流要祛的是什麼呢？就是「惑」與「蔽」。追求名利屬於惑，追求長生屬於蔽。名利之心可以迷惑人的心智，長生之欲可以遮蔽人的眼睛，都使人失去生的歡樂。「惑」與「蔽」都是「執」，祛惑、祛蔽也就是「破執」。能「破執」則能風流。用這樣的觀點來看陶淵明的《形影神》詩，它蘊涵的意義固然很豐富，但其主旨用兩個字便可概括，那就是「破執」——由「神」來破「形」和「影」的「執」。「形」執於對長生的企求，長生不可得於是很苦惱：「天地長不沒，山川無改時。草木得常理，霜露榮悴之。謂人最靈智，獨復不如茲。適見在世中，奄去靡歸期。」「形」自己無法解決這個問題，只好靠飲酒忘憂：「願君取吾言，得酒莫苟辭。」這當然無濟於事。

「影」的苦惱不僅是生命短促，還有名聲不能久傳：「身沒名亦盡，念之五情熱。」「影」解決這個問題的辦法是立善以求遺愛之久傳：「立善有遺愛，胡可不自竭！」但在「神」看來，飲酒也罷，立善也罷，都不是解除苦惱的眞正的辦法：人總是要死的，無法抗拒。醉酒或能忘憂，反而會促齡；立善雖好，但在那個連善惡也不分的社會上又有誰爲你揚善呢？「神」的主張是：

甚念傷吾生，正宜委運去。縱浪大化中，不喜亦不懼。

「委運」就是聽任自然化遷，不以早終爲苦，也不以長壽爲樂；不以名盡爲苦，也不以留有遺愛爲樂，一切聽其自然，也就達到風流的極致了。當然，陶淵明並不是不想有所作爲，只是在那個黑暗的封建社會，既要保持自身的高潔又要有所作爲，實在太難了。陶淵明以崇尚自然爲風流，似乎是有點消極，但從不肯同流合汚這一點看來，是很難得的。雖不能有所爲，也要有所不爲。能有所不爲談何容易！

就穎悟、曠達、率眞三者的融合而言，陶淵明的《擬挽歌辭》三首可謂風流之至：

有生必有死，早終非命促。昨暮同為人，今旦在鬼錄。魂氣散何之，枯形寄空木。驕兒索父啼，良友撫我哭。得失不復知，是非安能覺。千秋萬歲後，誰知榮與辱。但恨在世時，飲酒不得足。

在昔無酒飲，今但湛空觴。春醪生浮蟻，何時更能嘗。肴案盈我前，親舊哭我傍。欲語口無音，欲視眼無光。昔在高堂寢，今宿荒草鄉。荒草無人眠，極視正茫茫。一朝出門去，歸來良未央。

荒草何茫茫，白楊亦蕭蕭。嚴霜九月中，送我出遠郊。四面無人居，高墳正嶕嶢。馬為仰天鳴，風為自蕭條。幽室一已閉，千年不復朝，賢達無奈何。向來相送人，各自還其家。親戚或餘悲，他人亦已歌。死去何所道，托體同山阿。

這三首詩全是設想之辭，詩人超越了自我，冷眼看着死後的自己以及周圍發生的一切，而自身一主體反而客觀化了。這樣的構思巧妙之極，前無古人。其一，寫剛死之際，乍離人世的恍惚之感。驕兒、良友都深感痛苦，但死去的「我」卻已沒有人世的悲歡，也沒有人世的是非榮辱之感，世間的一切都沒有意義了，「但恨在世時，飲酒不得足。」這樣的態度可謂曠達之極。其二，寫祭奠之後出殯；其三，寫送殯和埋葬，特別是埋葬之後獨宿荒郊的感覺。他對自己死後的一切看得很清楚：「親戚或餘悲，他人亦已歌。」誰能爲自己長久地悲哀呢？這樣的話別人也許不肯說出來，但他看透了也說透了，又可謂率眞之極。

不知道《世說新語》爲什麼沒有收錄陶淵明的言行，也許因爲他的時代太靠近了，但死在他之後的謝靈運卻錄入了；也許還是因爲他地位不顯，身居田園，鮮爲人知的緣故吧。其實他不爲五斗米折腰的故事，撫無弦琴的故事，取頭上葛巾漉灑的故事，檀道濟饋以粱肉麾而去之的故事，以及撰《自祭文》、《擬挽歌辭》等等，都是《世說新語》的絕妙資料，可惜劉義慶沒有注意。

四

其實，陶淵明只是祛除了一些世俗的東西，而無所追求，並不全面。他也在追求着，或者說是在有意無意地增進着自身的修養。馮友蘭先生在其《論風流》一文中談到構成眞風流的四個條件，即「玄心」、「洞見」、「妙賞」、「深情」。這四點都可以看作陶淵明修養的目標。下面就以陶淵明的言行詩文爲例，逐一加以論述。

若論玄心，陶淵明決不亞於《世說新語》中的那些名士們。他眞能把個人的禍福成敗和生死都置之度外，也眞能超越自我而達到無我的境地。《飲酒》其十四：

不覺知有我，安知物為貴！

這雖然是酒後之言，表現了他酒後的感覺，但也可以說是他平時一貫的人生態度。陶淵明平時思考的並不是形而下的日常生活的問題，而是關於宇宙、人生的根本問題。所謂玄心，不就是玄運之心嗎？心放得遠，想得開，也就免去了那些世俗的苦惱，而得以超脫，風流。具體地說，他思考的是生與死的問題，形與神的問題，出與處的問題。他的《五月旦和戴主簿》、《連雨獨飲》、《擬挽歌辭》、《形影神》、《歸園田居》等都是圍繞着這些大的問題來寫的，都表現了他的玄心。

陶淵明具有洞見，所以多有名言雋語，而且旨深言約。其《飲酒》其五說：

結廬在人境，而無車馬喧。問君何能爾，心遠地自偏。採菊東籬下，悠然見南山。山氣日夕佳，飛鳥相與還。此中有真意，欲辨已忘言。

從這首詩可以看出他的洞見與約言。「心遠地自偏」這五個字有格言一般的理趣：重要的不是外部的環境，而是內心的狀態，後者是可以改變前者的。陶淵明從偶然看到的、由山氣歸鳥構成的那片風景中，悟出人生的眞諦。他覺得自己和那片風景已經融爲一體，化爲「飛鳥」歸於山中，返回自然的狀態。惟有這種自然的狀態才是「眞」。他想把其中的「眞意」說出來，又覺得說不出也不必說了。此外，他的詩裏名言雋語可謂俯拾卽是，如：「人生似幻化，終當歸空無。」（《歸園田居》其四）「衣食當須紀，力耕不吾欺。」（《移居》其二）「雖未量歲功，卽事多所欣。」（《癸卯歲始春懷古田舍》其二）「人生歸有道，衣食固其端。」（《庚戌歲九月中於西田獲早稻》）「落地爲兄弟，何必骨肉親。」（《雜詩》其一）卽以「雖未量歲功，卽事多所欣」而論，這兩句詩告訴我們：樂趣在於行爲的過程之中，而不在於行爲帶來的功利。這也就是所謂只管耕耘不問收穫吧。例如讀書，這種行爲本身就有許多樂趣，而不必期待書中的「黃金屋」和「顏如玉」。如果總是想着讀書可以帶給自己什麼，抱着功利的目的去讀書，或者不能從讀書本身得到樂趣，那讀書還有什麼意思呢？又有什麼風流可言呢！「卽事多所欣」這五個字，足以作爲我們的座右銘。

所謂妙賞就是對於美的感悟。陶淵明善於從日常生活中發現美的事物和美的感情，那種沖和平淡之美借着他的沖和平淡的語言表現出來，特別耐人尋味。「採菊東籬下，悠然見南山。」這樣的名句，其中的美感固不待言。卽如「漉我新熟酒，隻鷄招近局。日入室中暗，荊薪代明燭。」（《歸園田居》其五）不過是鄉間極普通的生活場景，可是經陶淵明一寫卻有了深切的美感。漉好新釀的酒，只有一隻鷄作肴，邀來近鄰共同度過一個夜晚。屋裏沒有華燈也沒有明燭，只有燃燒着的一把荆薪，照亮了並不豐盛的宴席，也照亮了朋友們的心。陶淵明又善於從山水田園中發現美，如「平疇交遠風，良苗亦懷新。」（《癸卯歲始春懷古田舍》其二）「山滌餘靄，宇曖微霄。有風自南，翼彼新苗。」（《時運》）都有陶淵明自己獨特的美的發現。又如對於雪的感覺，他也別有一番親切和趣味：「傾耳無希聲，在目皓已潔。」（《癸卯歲十二月中作與從弟敬遠》）雪之下降，無聲無息，就是傾耳細聽也聽不到一點聲音。她默默地降落到大地上，似乎不願意人們知道。但是偶然一看，就會驚喜地發現她已爲大地裹上了一身銀裝，那麼亮，那麼白。這樣的詩句，在後人中恐怕只有杜甫的「隨風潛入夜，潤物細無聲。」可以與之比美。對山水之美的體驗本是與魏晉風流同步深化的，私家園林也是在這時興起的。㊹陶淵明不像那些闊綽的士族，他不可能建造廣大的園林，但他是眞正能體會山水之美的。這是其妙賞的一個重要方面。妙賞，還表現在對藝術的鑒賞能力上。王、謝二家出了那麼多的風流名士，也出了那麼多的藝術家，就是一個證明。陶淵明對藝術也有妙賞。《宋書．陶潛傳》曰：「潛不解音聲，而畜素琴一張，無弦，每有酒適，輒撫弄以寄其意。」㊺這件事很能反映陶淵明的妙賞。《老子》說：「大音希聲」，於無聲之中才能聽見不可窮盡的聲音。有聲反而把聲固定於一種聲音，限制了人的想像，唯無聲方有無限之可能，遂亦得無限之自由。陶淵明可以「忘言」，在無言中領略無盡的眞意；當然也可以撫無弦琴，在無聲中聆聽無盡的聲音。

關於深情，馮友蘭先生說：「眞正風流底人，有情而無我。他的情與萬物的情有一種共鳴。」陶淵明的情與萬物的情就有一種共鳴，他說：「孟夏草木長，繞屋樹扶疏。衆鳥欣有托，吾亦愛吾廬。」（《讀山海經》其一）「平疇交遠風，良苗亦懷新。」（《癸卯歲始春懷古田舍》其二）「翩翩新來燕，雙雙入我廬。先巢故尙在，相將還舊居。自從分別來，門庭日荒蕪。我心固非石，君情定何如。」（《擬古》其三）他和那些自然之物建立了這樣親密的關係，如沒有深情怎能達到！陶淵明對朋友也有一股深情，試看《答龐參軍》：

三復來貺，欲罷不能。自爾鄰曲，冬春再交。款然良對，忽成舊游。俗諺云：「數面成親舊」。況情過此者乎？人世好乖，便當語離。楊公所嘆，豈惟常悲。吾抱疾多年，不復為文。本既不豐，復老病繼之。輒依周禮往復之義，且為別後相思之資。相知何必舊，傾蓋定前言。有客賞我趣，每每顧林園。談諧無俗調，所說聖人篇。或有數斗酒，閑飲自歡然。我實幽居士，無復東西緣。物新人惟舊，弱毫多所宣。情通萬里外，形迹滯江山。君其愛體素，來會在何年。

從這篇短短的序文和這首不長的五言詩中，可以看到陶淵明對他的朋友懷着多麼深摯的感情！龐參軍和陶淵明志趣相投，這成爲他們友情的基礎，其中沒有一點功利的成分，純是一片眞情。這樣的友情實在太難得了！陶淵明的《悲從弟仲德》也表現了他的深情。他對自己的死很曠達，但對堂弟的死卻懷着長久而深沉的悲哀。仲德並非剛剛去世，詩曰「宿草旅前庭」，可見他去世至少已經一年了。《禮記・檀弓上》曰：「朋友之墓，有宿草而不哭焉。」㊻但陶淵明還是忍不住他的悲哀，流出了淚水。詩的後半雖然用了「乘化」這樣帶有寬慰意思的詞，但末尾還是再一次說自己「惻惻悲襟盈」。那眞是一往情深！陶淵明並非沒有哀，他的哀是對人生和萬物的更深切的哀，是超越自我的哀，因而也可以說是無哀，進而可以說有一種超乎哀樂的樂。蕭統《陶淵明集序》說：「情不在於衆事，寄衆事以忘情者也。」就是這個意思。

總之，按照馮友蘭先生關於風流的論述衡量陶淵明，他的確是眞風流、大風流。馮先生說他的《飲酒》其五「結廬在人境」，「表示最高底玄心，亦表現最大底風流。」又說：「在東晉名士中淵明的境界最高」。馮先生可謂陶淵明的知音。

五

馮友蘭先生所說的「玄心」、「洞見」、「妙賞」、「深情」，這四點可以總括爲一條就是「虛靈」。「虛靈」的目標是歸於自然，即保持人的自然本性。「玄心」等四方面的追求還可以歸結爲一種追求，即追求藝術化的人生，所以「風流」也可以說是一種藝術化的人生，或者說是用自己的言行、詩文、藝術使自己的人生藝術化。這種藝術必須是自然的，是人的本性的自然流露。本文開頭說過。魏晉風流是魏晉士人所追求的一種人格美。說來說去，這種人格美的實質卽在人生的藝術化。魏晉是一個藝術自覺的時代，一切都講藝術，人生也不例外。這並不是說人人都去做藝術家，而是說講究活着的藝術。怎樣才算藝術？當然會有不同的看法，但是在追求人生之完美這一點上是一致的。《世說新語・德行》載：「阮光祿在剡，曾有好車，借者無不皆給。有人喪母，意欲借而不敢言。阮後聞之，嘆曰：『吾有車而使人不敢借，何以車爲？』遂焚之。」據劉孝標注引《阮光祿別傳》：「淹通有理識，累遷侍中。以疾築室會稽剡山。征金紫光祿大夫，不就。年六十一卒。」㊼《世說新語・栖逸》曰：「阮光祿在東山，蕭然無事，常內足於懷。有人以問王右軍，右軍曰：『此君近不驚寵辱，雖古之沉冥，何以過此？』」㊽可見他雖是仕途中人，但並不貪戀名位，而求「內足」，即內心的自我滿足。焚車之舉，是一種風流的行爲，也是對人生完美的追求。又如《世說新語・雅量》載：「裴叔則被收，神氣無變，舉止自若。求紙筆作書。書成，救者多，乃得免。後位儀同三司。」㊾裴楷臨危不懼，是一種風流行爲，也是在譜寫其人生樂曲的完美的末章。《世說新語・任誕》：「王子猷居山陰，夜大雪，眠覺，開室，命酌酒。四望皎然，因起彷徨，咏左思《招隱詩》。忽憶戴安道，時戴在剡，即便夜乘小船就之。經宿方至，造門不前而返。人問其故。王曰：『吾本乘興而行，興盡而返，何必見戴？』」㊿自己的行爲全憑一時的興致，這種風流是以自由爲人生的完美境界。阮光祿、裴叔則、王子猷三人的表現雖然不同，但在追求人生完美這一點上是共同的。

以世俗的眼光看來，陶淵明的一生可以說夠「枯槁」的了，但換另一種眼光看，他的一生卻是很藝術的。且看《宋書・陶潛傳》的記載：

復為鎮軍、建威參軍。謂親朋曰：「聊欲弦歌，以為三徑之資，可乎？」執事者聞之，以為彭澤令。公田悉令吏種秫稻，妻子固請種秔。乃使二頃五十畝種秫，五十畝種秔郡遣督郵至縣，吏白應束帶見之。潛嘆曰：「我不能為五斗米折腰向鄉里小人！」卽日解印綬去職。51

求官時，則明言是爲了以後隱居的資用；得到田地，又用來種秫釀酒；督郵至縣，不肯折腰卽日就去職。陶淵明簡直是在用自己的言行塑造一個藝術的形象。再看《宋書》的另一段記載：

江州刺史王弘欲識之，不能致也。潛嘗往廬山，弘令潛故人龐通之齎酒具，於半道栗里邀之。潛有脚疾，使一門生二兒舉籃輿；旣至，欣然便共飲酌。俄頃弘至，亦無忤也。……嘗九月九日無酒，出宅邊菊叢中坐久，值弘送酒至，卽便就酌，醉而後歸。潛不解音聲，而畜素琴一張，無弦，每有酒適，輒撫弄以寄其意。貴賤造之者，有酒輒設。潛若先醉，便語客：「我醉欲眠，卿可去！」其真率如此。郡將候潛，值其酒熟，取頭上葛巾漉酒，畢，還復著之。52

這段話集中地介紹了陶淵明的飲酒，他和酒的關係很有藝術的趣味。他不願意見當權者，當權者就用酒來打通接近他的道路。他的無弦琴也要在酒後才撫弄以寄其意。當他醉酒之後，向客人說的那句話，更是充分顯示了他的眞情。酒，已成爲其人生藝術化的媒介了。

我們還可以舉他的詩文爲證。人所周知的《歸園田居》不必說了，就說那四言詩《時運》吧，此詩共四章，一寫出游，二寫所見，三寫所思，四寫歸廬。序裏說「欣慨交心」，一二章偏重於欣，三四章偏重於慨。且看詩的一、四兩章：

邁邁時運，穆穆良朝。襲我春服，薄言東郊。山滌餘靄，宇曖微霄。有風自南，翼彼新苗。

斯晨斯夕，言息其廬。花藥分列，林竹翳如。清琴橫床，濁酒半壺。黃唐莫逮，慨獨在余。

詩裏說：四時不斷地運行着，又是一個和穆的春天的早晨。陶淵明穿上春服，來到東郊。他的感受十分新鮮：山上的嵐氣漸漸滌除了，那山也像被洗過一般。而天宇則罩上了一層薄薄的雲氣。一陣風從南方吹來，使新苗都張開了翅膀。如果說這是一幅絕妙的春朝圖，那麼這幅圖裏就不僅有山有風有新苗，還有一位換上春服的詩人。他本人已成爲大自然的點綴，更確切地說，他已和大自然融爲一體了。第四章寫田廬生活，其中的詩人形象也體現了一種完美的人生理想。廬外是整齊的花藥、茂盛的林竹，廬內唯有清琴（也就是那張無弦琴）和濁酒。這首詩表現了陶淵明藝術化的人生！

再看他那篇《五柳先生傳》：

先生不知何許人也，亦不詳其姓字。宅邊有五柳樹，因以為號焉。閑靜少言，不慕榮利。好讀書，不求甚解；每有會意，便欣然忘食。性嗜酒，家貧不能常得。親舊知其如此，或置酒而招之。造飲輒盡，期在必醉，既醉而退，曾不吝情去留。環堵蕭然，不蔽風日。短褐穿結，簞瓢屢空，晏如也。常著文章自娛，頗示己志。忘懷得失，以此自終。

贊曰：黔婁之妻有言：「不戚戚於貧賤，不汲汲於富貴。」極其言茲若人之儔乎？酣觴賦詩，以樂其志，無懷氏之民歟？葛天氏之民歟？

這篇短文勾勒了自己的人生情趣，從中可以看出陶淵明如何把自己的人生當成一件藝術品在進行創造。就以其讀書著文來說吧，好讀書，不求甚解，這態度就不同於漢儒，漢儒爲章句之學，每得聖人之字句而遺其精神。陶淵明讀書重在「會意」，著文重在「自娛」，別無功利目的。這樣的讀書著文的生活，就是藝術化了的生活。再看其飲酒時的態度，自己家貧不能常得，每逢親舊招飲，就期在必醉，醉了就走，要去要留任憑自己的興致。這樣的飲酒，這樣的應酬，沒有世俗的習氣，也是藝術化了的。

陶淵明的藝術化的人生，並不一定要遠離人世，《飲酒》其五所謂「心遠地自偏」這句話最能代表他的人生哲學。所謂脫俗，並不在於身之所處，而在心之所安。只要自己的遠離塵世，雖然身處人境，也不會沾染人世的庸俗。陶淵明畢竟不是那種岩居穴處的隱士，他並沒有完全脫離人間，他有朋友、鄰居、鄉親，他也曾幾次出仕，但他的人格還是清高的。

陶淵明的風流還可以概括爲簡約玄淡、不滯於物八個字。唯簡約方無累，唯玄淡方超遠，唯不滯於物心靈方能得到最大的自由。相比之下，當代人所追求的生活太借重於物了，沒有電視機、錄音機、跳舞廳、游樂場，似乎就沒有藝術的享受。藝術好像是外來的刺激，而不是內心的存在。這就跟風流有距離。陶淵明之風流在於他的內心，他的藝術化的生活是內在素質的無意的外現，這才是眞正的風流。

簡約玄談，不滯於物。這八個字不僅可以概括陶淵明的風流，卽人生的藝術，也可以概括陶淵明詩歌的藝術。其人生藝術與詩歌藝術是統一的。所謂「簡約」，是指其語言精粹的程度，他使詩的語言獲得了極高的啓示性，以少少許勝多多許。所謂「玄談」，是指其詩歌的那種玄靜沖淡的氣象，不給人什麼強烈的刺激，卻恰恰給人留下難忘的印象。所謂「不滯於物」，是指不停留於物象的描寫，而是透過人人可見之物寫出別人難以悟出之理，表達高於世人之情。總之，無論就人而言還是就詩而言，陶淵明都不愧是眞風流、大風流，說他達到了風流的極致也不會過份的。

【附　註】

① 中華書局點校本頁四二四一。

② 同上頁一〇九七。

③ 中華書局點校本頁一〇〇一。

④ 據宋淳熙本。此文又曰：孔明「遐想管樂，遠明風流」。

⑤ 余嘉錫《世說新語箋疏》頁四九四，中華書局一九八三年出版。

⑥ 同上頁六二九。

⑦ 中華書局點校本頁一二四四。

⑧ 馮友蘭先生在一九四四年寫的《論風流》一文中說：「風流是一種所謂人格美。」（《三松堂學術論文集》頁六〇九，北京大學出版社一九八四年出版）他在一九四七所寫的《中國哲學簡史》中又說：「它是最難捉摸的名詞之一，要說明它就必須說出大量的含義，卻又極難確切地翻譯出來。就字面講，組成它的兩個字的意思是『wind（風）和 stream（流）』，這對我們似乎沒有多大幫助。雖然如此，這兩個字也許還是提示出了一些自由自在的意味，這正是『風流』品格的一些特徵。」他還說英文的 romanticism（浪漫主

義）或 romantic（羅曼諦克）這兩個詞與「風流」大致相當。」（《中國哲學簡史》頁二六九，北京大學出版社一九八五年出版）吳世昌先生在一九三四年寫的《魏晉風流與私家園林》一文中也曾說過：「『浪漫』是近代人的說法，用古時的話來說，是『曠達』、『風流』。」（《羅音室學術論著》第一卷「文史雜著」頁三二二，中國文藝聯合出版公司一九八四年出版）以我的愚見，風流是一種人格美的說法最爲恰切。中國古代的歷史背景與文化發展過程與西歐畢竟不同，恐難與浪漫主義比附。

⑨ 見《而已集》。

⑩ 《世說新語・文學》：「袁彥伯作《名士傳》成」，注曰：「宏以夏侯太初、何平叔、王輔嗣爲正始名士，阮嗣宗、嵇叔夜、山巨源、向子期、劉伯倫、阮仲容、王濬仲爲竹林名士，裴叔則、樂彥輔、王夷甫、庾子嵩、王安期、阮千里、衞叔寶、謝幼輿爲中朝名士。」余嘉錫《世說新語箋疏》頁二七二。

⑪ 《辯名析理》這四個字是稍後於何、王的郭象提出來的，見《莊子・天下篇注》。但這種方法何、王已經用了。參看馮友蘭《中國哲學史新編》。

⑫ 《老子》三十八章注，樓宇烈《王弼集校釋》頁九三，中華書局一九八〇年出版。

⑬ 《釋私論》，戴明揚《嵇康集校注》頁二三四，人民文學出版社一九六二年出版。

⑭ 《大人先生傳》，陳伯君《阮籍集校注》頁一八五，中華書局一九八七年出版。

⑮ 戴明揚《嵇康集校注》頁一二三。

⑯ 《晉書》卷四九《嵇康傳》，中華書局點校本頁一三七三。

⑰ 《晉書・阮籍傳》：「文帝初欲爲武帝求婚於籍，籍醉六十日，不得言而止。」中華書局點校本頁一三六〇。

⑱《世說新語・任誕》，余嘉錫箋疏本頁七三五。

⑲《魏晉風度及文章與藥及酒之關係》。

⑳《世說新語・任誕》，余嘉錫箋疏本頁七三一。

㉑《世說新語・文學》注引《名士傳》，余嘉錫箋疏本頁二五〇。

㉒同上引《酒德頌》，余嘉錫箋疏本頁二五〇。

㉓參看注⑩。

㉔《晉書》卷四三《樂廣傳》：「是時王澄、胡毋輔之等，皆以任放爲達，或至裸體者。廣聞而笑曰：『名教內自有樂地，何必乃爾！』」中華書局點校本頁一二四五。

㉕《莊子・秋水》郭象注曰：「人之生也，可不服牛乘馬乎？服牛乘馬不可穿落之乎？牛馬不辭穿落者，天命之固當也。苟當乎天命，則雖寄之人事，而本在乎天也。」《四部叢刊》影印明世德堂刊本《南華眞經》。

㉖分別見《莊子》之《逍遙遊》、《大宗師》郭象注，《四部叢刊》本。

㉗楊伯峻《列子集釋》頁二二二，中華書局一九七九年出版。

㉘《晉書》卷三五《裴楷傳》，中華書局點校本頁一〇四七、一〇四八。

㉙《晉書》卷四三《王衍傳》，中華書局點校本頁一二三六。

㉚《晉書》卷七九《謝安傳》，中華書局點校本頁二〇七三。

㉛同上頁二〇七四。

㉜《晉書》卷八十《王羲之傳》，中華書局點校本頁二〇九四、二一〇一。

㉝《世說新語・雅量》，余嘉錫箋疏本頁三六九、三七四、三六二。
㉞《晉書》卷九三《顧愷之傳》，中華書局點校本頁二四〇六。
㉟《世說新語・文學》，余嘉錫箋疏本頁二七五。
㊱《世說新語・巧藝》注引《續晉陽秋》，余嘉錫箋疏本頁七一九。
㊲《晉書》卷九二《顧愷之傳》，中華書局點校本頁二四〇五。
㊳《世說新語・巧藝》，余嘉錫箋疏本頁七二〇。
㊴《與子儼等疏》：「性剛才拙，與物多忤。」逯欽立校注《陶淵明集》頁一八七，中華書局一九七九年出版。拙文所引陶淵明詩文均據此書，不再一一注出。
㊵《宋書》卷九三《陶潛傳》，中華書局點校本頁二二八六。
㊶《飲酒》其十九：「是時向立年，志意多所恥。」
㊷蕭統《陶淵明傳》，見曾集本《陶淵明集》。
㊸關於陶淵明詩文中「自然」的涵義，詳拙文《陶淵明的自然之義》，《國文天地》雜誌第五卷第八期。
㊹參看吳世昌《魏晉風流與私家園林》。
㊺中華書局點校本頁二二八八。
㊻鄭注「宿草，謂陳根也。」孔疏：「草經一年則根陳也。」
㊼余嘉錫箋疏本頁三三。
㊽同上頁六五四。

㊾ 同上頁三五一。

㊿ 同上頁七六〇。

51 中華書局點校本頁二三一八七。

52 同上頁二二八八。

由劉伶「酒德頌」談到魏晉名士之酒德

江建俊

如果我們將攝影機的鏡頭投射到魏晉時代，魏晉人物的典型是「名士」，而名士的風姿情調之特色，號稱「風流」，風流的焦點又凝聚在「酒」上。也就是曠觀魏晉，視野由大趨小，小到那麼一點，這一點就是「酒」。這種由魏晉時代特殊環境所釀造而成的名酒，其「純度」是很夠的，而今品嚐起來，亦是回味無窮。從來也沒有一個時代像魏晉那樣的將注意力投注在酒上，究竟是什麼緣故，將日常生活中微不足道的點綴，賦予它如此豐富的內涵，使它蒸發膨脹成漫天的酒味呢？這是我們要加以探討的。

讀魏晉史傳，常被鮮明的「酒」字，吸引我們的視線，何以魏晉忞多酒徒呢？又何以有那麼多的形容酒的名詞呢？有關於酒的著作，如飲酒詩、酒誨、酒誡、酒箴、酒誥、酒贊、酒賦、酒頌、酒歌、酒訓等不勝枚舉；飲酒的背景又有快飲、樂飲、痛飲、愁飲、悶飲、頹飲、荒飲、雅飲、牛飲、酣飲、禮飲、縱飲、默飲、狂飲、宴飲、獨飲、對飲、聚飲、群飲、會飲、帳飲、豪飲、避暑之飲、與豬共飲，名目之多，令人咋舌；他如酒的影稱，盛酒器的種類，也是五花八門：酒對於某些人來講，等於是他的生命，是他生活的全部，於是有人說陶淵的詩篇篇有酒，沒有酒字也有酒味，光世說新語這本記載名士言行的著作裏，我約略統計，有五十四個地方談到酒，而其中大半集中在「任誕」篇，可見「酒」是任誕的表徵。夷考魏晉士人的喝酒，與前代不同者，其特色就在於「自覺」的喝，其喝酒與其生命哲學息息相關，也與亂爭頻仍，生命危淺而縱情於生之樂的時代因素，有密切的關係。

一、「酒德頌」的創作背景及其意義

在談到「酒德頌」的創作之前，須先了解魏晉之「際」，改朝換代的險惡政治環境，出處易生嫌疑，有「名」之「士」，行動每被嚴密的監視著，這些生命暴露在刀口上的知識份子，爲全身避禍，不惜扭曲形像，頹廢自己，多飲酒而少講話，自從「竹林七賢」拿「酒」當道具，放縱酗酒，一時名士乃起而效尤，喝酒的時機與層面，也就無所不在了。

劉伶之拿酒作「商標」，乃由身處政治動蕩，社會黑暗之時，有遠大志量，卻無施展的機會，失志之悲，唯有借酒抒解了，此其一。禮法之士不放過他，經常「議其所以」，「怒目切齒」，「是非鋒起」，但他是不信這一套的，而時與「相忤」。魯迅在「魏晉風度及文章與藥及酒之關係」一文中說到：

> 舊傳下來的禮教，竹林名士是不承認的。卽如劉伶，他曾經做過一篇「酒德頌」，誰都知道，他是不承認世界上從前規定的道理的。

他的酣飲後不穿衣服，即是對禮法之士的示威，及對當時社會的不滿，此其二。據世說「容止」篇這篇專門形容人物風姿的文字中，記載劉伶「身長六尺，貌甚醜顇，而悠悠忽忽，土木形骸」，如以今尺換算，劉伶身高才一百四十五點一公分，不但個子矮，形貌也極醜陋，這種先天的缺憾，不免形成內在壓力，在魏晉尚美的時代，外表的美每被稱美，十分討好，像何晏、夏侯玄、嵇康、潘岳、王濛、衞玠等，到處受歡迎，劉伶以傖陋與家世的寒微，故或多被冷落，因而由自悲轉爲頹廢，經常以一付自我放逐的形像出現。蓋世旣與我相遺，乃轉而對酒一往情深，眞可稱得上是個「酒癡」。他之以酒爲務，正是四顧茫茫，無所恃賴的下場，此其三。劉伶有個兒子，大約不太爭氣，此從世說新語「賞譽」篇所載：「林下諸賢，各有儁才子……唯伶子無聞」，可見比起其他諸賢，他的子嗣算是不入流的，誠如陶潛諸兒碌碌，令他十分失望，自言：「天運苟如此，且進杯中物」一樣，伶之頹墮於醉鄉酒國，或與子嗣不佳有關，此其四。

塵世旣與劉伶格格不入，仙鄉又遼渺不可期，唯有及時行樂，藉著酒力，傍若無人，政壇上之勢同水火，名利場中之角逐鑽營，殆與褌中蟣虱無異，劉伶以鄙夷的眼光視之，他表面像個不中用的酒鬼，其實十分機敏，本傳說他「機應不差」，只是聰明不外露，玩味其戒酒的「咒辭」，其中「婦人之言，愼不可聽」句，似有怪罪自己妻子，竟然不了解先生爲何拚著老命（非攝生之道）喝酒的苦衷，則其耽酒，「苟全性命」於亂世也。此無意中透露的消息，正呼應了劉伶本傳中極傳神的一個字——「竟」以壽終。

無疑的，劉伶是以喝酒這個行動，來代替說話，顏延之「五君咏」說劉伶「善閉關，懷情滅聞見」，本傳說他「澹默少言」，他掩蓋自己的聰明，脫卻榮華名利心，唯酒是務，「酒」成了唯一可以傾訴情懷的知己，可見劉伶乃「寄酒爲迹」的典型，此其五。

就在以上所述的氛圍中，劉伶創作了這篇一百八十七字的奇文，旣有其深刻的社會根源，又有其個人的遭際與個性嗜好，由他完成此文，是再自然不過了。而此文據世說「文學」篇言爲「意氣所寄」，文選集注引臧榮緒「晉書」則言：「留連於酒中之德，乃著酒德頌」。前者重其借酒抒其曠放之志氣，而後者較平板，認爲劉伶旣留連於酒，乃序其酒後飄飄欲仙的境界。按劉伶傳言其「放情肆志，常以細宇宙、齊萬物爲心」；與「酒德頌」中的「大人先生，以天地爲一朝，萬期爲須臾，日月爲扃牖，八荒爲庭衢」相對照正合，故知此文乃「意氣所寄」之說爲是。

猶有進者，「酒德頌」與阮籍「大人先生傳」，基本上是同一時代背景下的產物，據晉書「阮籍傳」及「竹林七賢論」，皆言「大人先生傳」爲阮籍之「胸懷本趣」，大意謂「大人先生」與己不異，由此可知，不論劉伶或阮籍，都以「大人」之形相襯托自己，從而抒其崇高偉大的心志。如「大人先生傳」中言大人者，乃與造物同體，「以萬里爲一步，以千歲爲一朝，行不赴而居不處，求乎大道而無所寓」，豈不與「酒德頌」所頌的大人一個模樣，皆撮莊生至人、眞人、神人之旨以序一己乘物遊心，酒然自得之趣者。

而從「酒德頌」中，假設「大人」與「貴介公子、搢紳處士」的對峙，仍然是一種「自然」與「

名教」之爭的態勢，如阮籍之不守世俗禮法，爲禮法之士恨之入骨；嵇康之以出仕須受教制束縛，不合自然本性，又自言不喜「俗人」，會顯「世教」所不容；阮咸以縱情越禮，爲「世議」（禮法之士）所非，而沉淪閭巷。當時「自然」與「名教」之爭，實牽涉到政治黨派的問題，旗幟鮮明，主張「自然」一派，代表反抗司馬氏集團陣營，所以「酒德頌」、「大人先生傳」、「與山巨源絕交書」，實可視爲消極的反司馬氏集團之宣言。因爲此三文直接矛頭是指向禮法之士，又透過禮法之士，直戮儒學起家的司馬氏動機一致。而「大人先生傳」與「酒德頌」兩文寫作的時間接近，大約在七賢交往密切，而禮法之士挾「名教」來脅迫他們，糾綽他們的時期，以處境感受相同，不約而同的有類似之作，難能可貴的是此三文皆表現了作者高度諷刺藝術，透過生動的文字，將自己的傲氣，發揮得淋漓盡致。而劉伶的聰明處是在以「酒中仙」作幌子，來掩蓋眞迹，這樣較不易出紕漏，即使出了錯，也可以「方外」醉客獲得寬恕。

二、劉伶之酒品與酒德

魏晉名士之沉迷於酒，實承自「竹林七賢」，七賢之酣飲，影響了整個時代的風尙。故有學者稱七賢爲「飲酒派」的祖師，所以在談到劉伶的酒德之前，先敍七賢之酒中生涯。

據藝文類聚三十七引沈約「七賢論」言七子「志存保己」而託迹慢形，慢形之具，又以「酒」爲上，而喝酒若能與志同道合者共飮，才喝得痛快。先是嵇、阮以上智之才，自忖非衰世所容，故「引滿終日，陶兀盡年」，而劉伶酒性既深，子期（向秀）又是飲客，山（濤）、王（戎）二公，悅風而至，相與莫逆，把臂高林，徒得其遊，故於野澤銜杯，舉樽之致，寰中妙趣，固冥然不睹矣。於是，「酒」成了七賢雅聚之媒介，據世說「任誕」言：「七子常集於竹林之下，肆意酣暢」，從各種史料記載，七賢中的某幾個人在一起共飲的有：

㈠琱玉集引「晉抄」：「（嵇康）爲性好酒，傲然自縱，與山濤、阮籍無日不興。」

㈡世說「排調」：「嵇、阮、山、劉在竹林酣飲，王戎後往，步兵曰：俗物已復來敗人意！王笑曰：卿輩意亦復可敗耶？」

㈢晉書「王戎傳」：「戎嘗與阮籍飲，時兗州刺史劉昶字公榮在坐，籍以酒少，酌不及昶，昶無恨色，戎異之。」

㈣世說「傷逝」：「王濬沖爲尚書令，……經黃公酒壚下過，顧謂後車客：吾昔與嵇叔夜、阮嗣宗共酣飲於此壚，竹林之遊，亦預其末……今日視此雖近，邈若山河！」

㈤世說「任誕」：「諸阮皆能飲酒，仲容至宗人間共集，不復用常杯斟酌，以大甕盛酒，圍坐相向大酌，時有羣豬來飲，直接去上，便共飲之。」

㈥世說任誕注引「文士傳」：「（籍）後聞步兵厨中有酒三百石，忻然求爲校尉，於是入府舍，與劉伶酣飲。」

㈦世說任誕注引戴逵「竹林七賢論」：「籍與伶共飲兵厨中，並醉而死。」（當爲醉倒意）

㈧世說「任誕」：「阮公鄰家婦有美色，當壚酤酒，阮與王安豐常從婦飲酒，阮醉，便眠其婦側。」

當然也有獨自喝悶酒的時候，但儘多「聚飲」，因七賢意契，目擊道存，惺惺相惜，「酒」成了歡會時之催化劑！而七賢以山濤酒德較佳：據北堂書鈔百四十八言山濤酒量爲八斗，至「本量便止」，其次向秀，將灌園所得之餘利，用以供酒食之費，卻無濫醉之記錄；而嵇康則以「濁酒一杯，彈琴一曲」的養生之飲爲主，但與相契者飲亦有醉時。至於王戎儉吝，多往友處喝酒，但不至於「頹飲」；七子中，以阮籍、阮咸、劉伶喝得最兇，如阮籍、阮咸家道本富，以「好酒而貧」，籍有大醉六十日之記錄，居常「鹿車載酒」，止息處，輒飲至醉，連居喪亦飲酒食肉，至如前引醉則眠於酒家婦側……等，可見阮籍是不拘場合，也不拘時間，無時無處不痛飲、酣飲。至於阮咸不以常杯斟酌，而用大甕盛酒，終以耽酒虛浮不被重用。在此要指出的是七賢同志友善，故歡聚時之飲乃「樂飲」之類，至於七賢飲酒背景殆爲「愁飲」之屬，此須分辨者。

而劉伶之形像如何呢？其見於本傳者，殆一標準酒囊耳，其好酒的程度，可稱得上是七賢之冠，如：

㈠裴啓「語林」：「（伶）飲酒一石，至醒復飲五斗。」

㈡文選「五君咏」注引臧榮緒「晉書」：伶常乘車，攜一壺酒，使人荷鍤而隨之，謂曰：「死便埋我。」

㈢晉書本傳：（伶）嘗渴甚，求酒於其妻，妻捐酒毀器，涕泣諫曰：「君酒太過，非攝生之道，必宜斷之。」伶曰：「善！吾不能自禁，惟當祝鬼神自誓耳。便可具酒肉。」妻從之。伶跪祝曰：「天生劉伶，以酒爲名。一飲一斛，五斗解酲，婦兒之言，愼不可聽。」仍引酒御肉，隗然復醉。

㈣世說「任誕」：劉伶恆縱酒放達，或脫衣裸形在屋中，人見譏之。伶曰：「我以天地爲棟宇，屋室爲褌衣，諸君何爲入我褌中？」

此勾勒劉伶嗜酒如命的形像，每當酒癮發作，他可以低聲下氣的向妻子討酒，求之不得，則連哄帶騙，等到黃湯下肚，就意氣昂揚，口出狂言，儼若神仙！還配合一些怪態，目中無人。

從有關資料所載，劉伶因縱酒頹放，不堪重務。如本傳說他「陶兀昏放」、「遺形骸」、「以無用罷」；名士傳說他「肆意放蕩」、「土木形骸，遨遊一世」、「伶處天地之間，悠悠蕩蕩，無所用心」；世說「容止」言其「悠悠忽忽，土木形骸」，此自是生命的奇特，四不著邊，牟宗三先生稱之爲「天生之棄才」者，然恐亦是「有激使然」，因從本傳載其個性言：

放情肆志，常以細宇宙，齊萬物為心。澹默少言，不妄交遊。……初不以家產有無介意。嘗醉與俗人相忤，其人攘袂奮拳而往，伶徐曰：「鷄肋不足以安尊拳。」

雖陶兀昏放，而機應不差。

由上所述可發現他㈠志大其量㈡深得莊生之旨㈢不偶俗㈣遺世累㈤反應靈敏㈥愼默退讓㈦嚮往自由㈧無視榮辱毀譽。此在阮籍、嵇康身上都可以找到這些影子，可見他「明能見機」，憑此處亂世而遊刃有餘。

在政治觀點上，本傳言其「泰始初對策，盛言無爲之化」，則新朝矯刻之政可以息矣。劉伶深受莊子之影響，所以志氣放曠，不役於物，出入六合，以任放爲適。對人間的紛擾，他不是睜眼不視，祇因他親自目睹許多怵目驚心的誅夷事件，使他悚然於仕途之險惡與世態之炎凉，所以亟於跳出是非圈，遠離致禍的環境，而甘心與草木爲伍，與麴蘖爲友，表現了「虛無」的人生態度，固然有「落荒」感，以其無所把握，也無所立，卻因不必「忌諱」，可以放下心，「自得一時」，而得以「壽終」，其「自晦」的成份很濃。

「酒德頌」之作，既呈現劉伶的人生態度，又對逐漸變質的禮法，有深切的批判。因劉伶日耽於酒，深會酒中三昧，故述酒德以肆行譏諷。文簡而義深，殆如其人，於粗服亂頭之中藏有「細響」，於嶔崎歷落之外發其「奇趣」，以其代表魏晉時代精神特色，故斷不能以遊戲文章視之。相反的，它是一篇藝術張力極夠，思想深度十足的佳構。

三、魏晉名士之酒德

魏晉門閥社會蔚成的貴遊名士集團，以其出身皆屬上等階級，一方面具有相當的門風教養，而另一方面亦養尊處優，慕尚風流。在注重門第的時代，他們占盡便宜的可以平流進取，坐致卿相；然也容易被捲入政治鬭爭的漩渦中，身家俱隕。在險惡的局勢中，他們培養出自覺意識，驚覺於大環境所加給的壓力，幾乎無法逃避，爲了苟存，不得不委曲自己，迂迴的避開了殺戮的鋒頭，使一場可能的血腥迫害，得以泯於無形，這其中，必得有相當的智慧，除了「愼默」之端，如口不臧否人物、袖手無爲、退讓不爭、與世沉浮等外，他如毀行穢德，隱迹寄通等自覺地痲醉自己的工夫，每爲魏晉士人所援引，而寄通之具，莫過於「酒」；當時亦流行服散，然服散之費不貲，且多後遺症，所以一般人不敢輕易嘗試，而酒之得易，或自釀，或逕往酒店沽取，飲後酣適，無服散後之痲煩，①所以名士幾乎人人飲酒，飲酒成了名士的一種特性。再也沒有一個時代像魏晉那樣把喝酒當一回事了，從魏晉士人的「酒品」與「酒德」，可以略窺時代風貌，亦可揣摩當時士人的心情。胡仔「苕溪漁隱叢話」引「石林詩話」云。

晉人多言飲酒，有至沉醉者，此未必意真在於酒，蓋時方艱難，人各懼禍，惟託於醉，可以粗遠世故。蓋陳平、曹參雖與此異，然方欲解秦之煩苛，付之清淨，以酒杜人，是亦一術。不然，如劇通輩無事而獻說者，且將日走其門矣。流傳至嵇、阮、劉伶之徒，遂全欲用此為保身之計，此意惟顏延年知之。故「五君咏」云：「劉伶善閉關，懷情滅聞見，韜精日沉飲，誰知非荒宴。」如是飲者未必劇飲，醉者未必真醉也。後世不知此，凡溺於酒者，往往以嵇、阮為例，濡首腐脇，亦何恨於死耶？

「飲酒」在魏晉顯得格外不單純，「酒」成了一種工具，在士人間發揮無比的妙用。本來，喝酒是衣食之外的點綴，爲生活中之快事，故純爲喝酒而喝酒，這是正統之「酒德」；但若是有所爲而飲，以酒爲道具，用以表現憤世嫉俗、消極反抗、或逃避迫害、澆愁遣悶；或避事自晦、高蹈出塵；或借酒諷諫、託醉說出眞心話來……那麼，酒就成了保護色，而此飲乃具有「玄意」了。

所以，綜合魏晉酒的內涵，除了貴遊優閒享樂，以音聲歌伎、琴棊書畫、服食飲酒、淸談、嘯咏爲雅操外，亦由「滄海橫流，處處不安」，士人在嚐盡各種苦澀之餘，倍感生命的無常，心靈空虛無助，徬徨無依，於是以酒來安慰自己，並用以逃避現實，他們沉酣以示無用，思有以擺脫迫害，借土木形骸，以從容逃過他人的猜疑。這種裝醉佯狂，皆是有所爲而爲，在不經意間，實可透露其被壓抑的心靈，他們爲什麼要那麼辛苦的扭曲自己的社會形像呢？時所然也！像劉伶的攜酒乘鹿車，使人荷鍤以隨，曰：「死便埋我！」實不能當率眞看，而是面對茫茫前程，無所把捉也。故每當政治情勢緊張，就出現一批識時務者，終日昏酣，不與人事，其實這種「長醉」，不過爲「身謀」而已！

而魏晉士族，假老莊自然之說，嘯傲縱逸，謂之體道，酒成了「復眞」、「還淳」的媒介，他們奔放情感，不爲禮法所拘，沉酒荒迷，裸裎箕踞，託云率任，這種藉酒以助成其狂蕩縱恣者，實爲「頹飲」，頹飲的特色是過量，甚至於連續幾個月「略無醒日」；或者狐蹲牛飲，又配以種種怪態，像王忱本傳言忱一飲連月不醒，或裸體而遊；「婦父嘗有慘，忱乘醉弔之，婦父慟哭，忱與賓客十許人，連臂被髮，裸身而入，繞之三匝而出」，此玩世不恭，而近乎荒誕畸型的怪現象，除了說明蒼白虛無的時代心靈外，實亦內部整體不安的信號！

是以和樂而不及於亂爲酒之正德，愁悶之「苦飲」及不得已之「強飲」，皆非「眞飲」，前者乃

「無所爲」，沒有心理負擔下而飲，故可稱爲「適飲」；而後者乃「有所爲」，出乎勉強之飲，此可稱爲「僞飲」，至於貪夫饕餮之流，只能稱爲「俗飲」，不在此文論述之列。茲從有關資料，梳理魏晉「酒德」所具有的含義，以平列的方式表達，至於先後，則以「密度」濃者在前，而大意則用來解說「竹林高飲」的影響，並由之闡述劉伶「酒德頌」一文所代表的時代意義。

(一) 避禍遠害

魏晉士人之縱酒，每非樂飲，而是爲了保身。如阮籍傳言：「籍本有濟世志，屬魏晉之際，天下多故，名士少有全著，籍由是不與世事，遂酣飲爲常。」又顧榮見司馬冏擅權驕恣，「懼及禍，終日昏酣，不綜府事」，且透過友人馮熊向司馬冏長史葛旟言顧榮是個「酒客」，不堪重職，請別調閒缺，榮從此不復飲酒，但被人發覺，問他何「前醉」而「後醒」時，他「懼罪乃復更飲」（晉書顧榮傳）；又如山簡，見王威不振，四方寇亂時，「優遊卒歲，唯酒是耽」；楊淮「見王綱不振，遂縱酒不以官事規意，逍遙卒歲而已！」羊曼知王敦不臣，「終日酣醉」；阮裕亦見王敦有不臣之心，而「因酒廢職」，王澄爲荆州刺史，亦日夜縱酒，不親庶事。（以上具見晉書本傳）此種以酒穢迹者，皆由時勢艱難，懼禍之及而託醉，這樣可以遠離世故，而得保身。此與統治者耍把戲，僞裝以掩人耳目的喝酒，實近乎自虐，所以喝起來是很勉強的，是不得已的，所謂「苦酒滿杯」者，一點也不爲過。然而這種頹廢自己以示無用的隱身「自晦」法，卻流行於魏晉，與執鄙吝、佯狂、食散以滅跡，足以相互輝映。今深究其用心，其中憤世嫉俗，消極反抗的意味，實十分濃厚。因爲這些人皆有好的才質教養，也飽讀聖賢書，皆有澄清天下志，何苦要沉默，要裝成醉鬼呢？此「自汚」難道不是在跟自己開玩笑，跟對手開玩笑，跟整個時代開玩笑嗎？其「疏離」於仕途，是由於他們珍視自己的生命，他們知道在「保身」與「護志」中間找到平衡點。他們以耽酒對抗俗世，也嘲弄世道，此與潛遯具有異曲同工之妙，可稱得上是「皮裏陽秋」，足使權勢失色！

飮酒除避禍外，還可以避事，如阮籍大醉六十天，躲過了司馬氏的求親，司馬昭極力拉攏尉氏名族阮籍，想爲其子司馬炎求阮籍女，這在他人乃求之不可得者，但阮籍另有看法，不與司馬氏結親，故藉長醉，使司馬氏不得啓齒。後來，司馬昭讓九錫，鄭沖要寫一篇勸進表，請阮籍代筆，阮籍又想故技重施的「忘」寫，直到最後期限，他還濫醉如泥，被人叫醒，逼著他寫，他只好一揮而就，敷衍過去，這次「醉」功終於不售。時鍾會又啗銜司馬昭之命，數以時事問籍，欲因其「可否」而致之罪，籍皆以酣醉避過。又如庾敳也藉醉，不吝輸財而巧妙的遁開司馬越的圈套②。酒於是成了規避人事的最好方法。以後凡自己不願做，不好當面拒絕，或難以對付之事，每託以沉醉，這樣二者的緊張性無形中減輕，因爲「酒」的關係，較有迴旋的空間，彼此都找到下臺階，所以我們可以稱此爲「酒計」，它是軟性的抵制行爲。然而此需「常」飮，不擇時、地的飮，造成烟幕，乃能掩人耳目。

（二）消憂解愁

酒精的痲醉性，可以暫且消融人的苦悶愁憂，如魏武「短歌行」言：「對酒當歌，人生幾何？譬如朝露，去日苦多，慨當以慷，憂思難忘，何以解憂，唯有杜康！」此雄豪以酒抒憤，同時亦感歎生命之無常也。孔融亦言：「座上客常滿，樽中酒不空，吾無憂矣！」③在奸邪的監視、迫害中，唯有以酒遣憂矣！世說「任誕篇」載：王孝伯問王大：「阮籍何如司馬相如？」王大曰：「阮籍胸中壘塊，故須酒澆之。」籍之途窮而哭，緣鬱積的怨恨無以發洩，故唯有借「杯中物」暫且化之。顧榮謂友人張翰曰：「惟酒可以忘憂，但無如作病何耳！」醉鄉路穩，世路崎嶇，明知耽酒可能作病，而仍不得不沉湎其中。蓋現實環境愈艱難，愈須求助於「酒」，酗酒也愈烈，藉酒以遠世情，以超越現實之風波與煩惱。如「任愷傳」言，愷本有經國之幹，性忠正，以社稷爲已任，後被賈充譏言而免官，自其失職，乃縱酒耽樂，極滋味以自奉養，失志之悲，一蹶不振，雖拔山之力，也無法提起他。④此時唯以酒爲友，來痲痺自己，酒成了他的精神支柱。

晉書「廢帝紀」亦載：「帝知天命不可再，深慮橫禍，乃杜塞聰明，無思無慮，終日酣暢，耽於內寵，有子不育，庶保天年，時人憐之。」此除了避禍外，亦由悲愁太過，乃以安於屈辱來頹廢自己，類似這種自我遺棄的行徑，實出於坐受廢辱，飽經風霜，心灰意懶，百般無奈的無言愴痛。而亙古牢愁，都「忘」於舉杯之際。

東晉過江之初，舉目有山河之異，如衞玠形神慘顇，語左右曰：「見此茫茫，不覺百感交集，苟未免有情，亦復誰能遣此？」憂國、思鄉、愁旅，如何撫慰耶？恐非「羽酌歡」不可了！名士之新亭會飲，作楚囚之相對，爲排遣煩憂也。陶淵明「飲酒詩」有言：「汎此忘憂物，遠我遺世情。」他認爲「酒能祛百憂」、「試酌百情遠」，故面對塵世的不稱意、不得志，每自酌獨飲，如其「戒子詩」中對五個不太爭氣的孩子頗爲失望，最終卽以「天運苟如此，且進杯中物」來舒解。甚至面對死生的疑惑，也以一醉忘之。王蘊言：「酒正使人人自遠」，言酒使我們與現實的利害、煩憂拉遠。廖蔚卿先生在「論名士的狂與癡」一文中言：

（酒）可以消滅名士們對於現實無可如何的悲憤，可以維持在險惡情勢下被屈辱的自尊，可以從人世的失落中覓回自我之真性……（飲酒）是在於精神充養或心理的平衡。

乘虛蹈空，超越眼前之苦痛，撫平心靈挫傷，酒精實具「藥效」！「酒」是解除濃縮的憂患意識之「靈丹」，世說「雅量」載：

太元末，長星見，孝武心甚惡之。夜，華林園中飲酒，擧杯屬星云：「長星！勸爾一杯酒，自古何時有萬歲天子？」

此以酒寬懷也！本甚「惡」之，及飲酒，悟自古皆有死，一時倍覺天地寬，內在的「隱憂」無形中消褪。「酒」使出處失據，「終日履薄氷」者開滌精神，超越了現實的困境，且昇華了感情，鎭定了心緒，此處「酒」是愁人的「逋逃藪」。陶潛詩言「中觴縱遙情，忘彼千載憂」，當其麻醉效果充量發揮時，可以達到虛幻之境，此時腦中一片混沌，現實的貴賤、貧富、壽夭、窮達、寵辱皆成子虛烏有，心中之憤懣，得以暫時呑嚥。然宿酒乍醒，每與失路之悲，甚且作病了。此多發生於才多命蹇之這也祇能如駝鳥般，其「實情」卻是欲蓋彌彰的。他祇是在「肢解」自己而已！輩，其孤寂落寞、曠古悲愁，在無處可訴之下，「酒」成了唯一知己，所以盡往「酒」堆裏鑽，然而

(三) 達生豁情

莊子「達生」篇言醉者「神全」，「死生驚懼不入乎胸中」，魏晉士人深受莊生影響，故亦曠任不拘，以適志為尚，而美酒當前，及時行樂，忽忘形骸，達到生命密度的最高點。「拾遺記」載張華造九醞酒，時閭里歌曰：「寧得醇酒消腸，不與日月齊光」；張季鷹也曾說：「使我有身後名，不如眼前一杯酒」，此大約和曹植「與吳質書」所言「傾東海以為酒……飲若灌漏巵……豈非大丈夫之樂哉！」及阮籍「大人先生傳」所言的「彷徉足以舒其意，浮騰足以逞其情」同等豪情，都有視富貴如浮雲的曠懷，其中洋溢著浪漫的激情。畢卓之狂語，更足代表魏晉任達心態，其言曰：

得酒滿數百斛船，四時甘味置兩頭，右手執酒杯，左手執蟹螯，拍浮酒池中，便足了一生。（世說任誕）

酒已成了名士的第二生命矣！酒可使名士不朽，精神挺立，什麼立功、立德、立言尚在其次！所以王佛大要歎道：「三日不飲酒，覺形神不復相親了！」廖蔚卿先生云：「酒能激發人以進取之狂的情操，以超越世之汶汶，而得完成一己之眞、之尊」，旨哉斯言！所以世說「任誕篇」載王孝伯之言曰：「名士不須奇才，但使常得無事，痛飲酒，熟讀離騷，便可稱名士」，此固有貶刺之意，然名士之不以外物攖心，而一任揮灑聲光的形像卻十分鮮明。他如郭璞傳言璞不修威儀，嗜酒好色，時或過

度，人誠之曰：「此非適性之道也」，璞曰：「吾所受有本限，用之恆恐不得盡，卿乃憂酒色之爲患乎？」此回歸自我，拋棄虛榮，以及時行樂爲歸趨也。世說「任誕篇」載蘇峻亂時，護送庾冰之郡卒，因佯醉而逃過敵人耳目，保全庾冰，及事平，庾冰欲報其救命之恩，郡卒卻曰：「出自厮下，不願名品，少苦執鞭，恆患不得快飲酒，使其酒足餘年畢矣，無所復須」，冰爲起大舍，市奴婢，使門內有百斛酒，終其身，時謂此卒非唯有智，且亦「達生」！此以酒爲達生之具，世之「有酒不肯飲，但顧世間名」(陶潛「飲酒詩」)者，實枉過一生矣。像阮宣子常步行，以百錢掛杖頭，至酒店，便獨酣飲，雖當世貴戚，也不看在眼裏，其骨氣實有勝人處。又如衞永爲溫嶠的長史，然長官與部屬間，了無隔閡，常互提酒肉，到對方家，二人箕踞飲宴，盡一日之歡(任誕)。酒拆除了尊卑之藩籬，而還我眞本色，作布衣交。類此者尚有謝奕，每因醉逼其長官桓溫喝酒，害得桓溫避入南康主門內（謝奕傳），此皆飲酒任率而無復朝廷禮也，卻不失赤子之天眞！

他如王子猷於山陰雪夜，眠覺、開室、望月、命酌酒、思友人、千里命駕、乘興而去，盡興而返(世說任誕)，其風姿韻度，令千載之下猶不能已已，而其中「酒」的角色，實爲關鍵，它使一切情景發酵交融，而達至情濃意酣的程度，並散發浪漫氣息而極可欣賞。

名士的醉酒，亦是一種美。像嵇康醉時「如玉山之將頹」；山簡之醉狀，人們還編了歌來形容，說他「日暮倒載歸，酩酊無所知」，「倒著白接籬，舉手向葛彊」等，則酒後風華，皆成欣賞「風度」的焦點，所以「醉酒巾幘落」，也可以入詩。(應璩百一詩)，而高情遠致就在「目送歸鴻」那不可形容的眉宇之間。至於「堂上置玄酒」（阮籍詠懷詩），矯揉作態唯恐失禮，則令人大攢眉頭的！

另外士人耽酒是對生命強烈的留戀，和對於死亡會突然來臨而形神俱殞之恐懼的移轉⑤。夫「達生」與「貪生」（怕死）常是同義詞，海德格言對死的恐懼，就是對生的清醒認識。「存在」意識的覺醒，以「當生」爲可樂，即是達生。所以陶淵明在清楚「我無騰化術」之餘，乃採「得酒莫苟辭」的態度，在「委運任化」的智慧點化下，他「任眞」的過著「美酒斗十千」的生活。

劉伶「酒德頌」，描繪「酒中仙」的形像，其自言「止則操巵執觚，動則挈榼提壺」，揆之眞實，乃「任實」之情的外露。從世說「任誕」載伶縱酒放達，或脫衣裸形於屋中，人見譏之，他卻答曰：「我以天地爲棟宇，屋室爲褌衣」，這是萬物一體，渾然未分之境。每當酒精擴散開來，足以點化人生，飄飄然遺世而獨立，現實之委曲，已不足以掛懷，名教世界之禮法，已全然脫略矣！此「酒德頌」所言：「以天地爲一朝，萬期爲須臾，日月爲扃牖，八荒爲庭衢」之超越時空，「行無轍迹，居無室廬，幕天席地，縱意所如」之無拘無束，「無思無慮，其樂陶陶」之自由解放，「靜聽不聞雷霆之聲，孰視不覩泰山之形」之無視於人世是非爭攘，「不覺寒暑之切肌，利欲之感情」之掏空社會價値內容，「俯視萬物，擾擾焉如江漢之載浮萍」之睥睨萬物，鶴立鷄羣。這時在他的內心世界裏，已開拓出廣大無垠的天地，外在的功名利祿皆看淡了，是非善惡的分別也泯除了，生命的長短已無所謂，而傲世之情，直凌霄漢矣。此爲生命的大解放，當泯然忘我之際，與神仙何異！而此「大人」之超越境界，與玄學之出「有」入「無」，遺「形」取「神」，以契「道體」是合拍的。此時面對「貴介公子、搢紳處士」之「奮袂攘襟，怒目切齒，陳說禮法，是非鋒起」之斷斷於利害得失，已覺得可悲復可笑。劉伶以超人之姿，俯視萬物，睥睨凡塵，融化道境於醉醒之間，醉時任放，醒時超脫，視息之間，已再撫宇宙人生千遍！就如阮籍居母喪期間，在司馬昭座上仍進酒肉，爲禮法之士何曾所斥，然阮籍飲噉不輟，並以「白眼」對待這班表面道貌岸然，而實欺世盜名的假道學，名士之才華與「簡傲」，每於酒後充分的顯現出來。劉伶「北芒客舍詩」云：「陳醴發悴顏，巴渝暢眞心」，藉著酒力的引渡，放棄愛憎，再無匿情，也「無措」於是非，身心如釋重擔，載欣載奔！達人之飲，實帶有幾許玄趣，幾分哲學色彩。

(四) 隱諷暗規

陶淵明飲酒詩言：「但恨多謬誤，君當恕醉人」，有心人欲有建言，怕得罪人，而招來禍難，每藉酒爲「護身符」，那麼，所言中聽，可以收到預期的效果，不中聽，也因其醉，所言不算數，而一笑置之，不加追究，其實，這是一種策略的應用。例如世說「規箴」載：

晉武帝既不悟太子之愚，必有傳後意，諸名臣亦多獻直言，帝嘗在陵雲臺臺上坐，衞瓘在側，欲申其懷，因如醉，跪帝前，以手撫床曰：「此坐可惜！」帝雖悟，因笑曰：「公醉邪？」

衞瓘心裏有些話不能直說，故僞醉陳言，表面曖昧，推敲則大有文章，雖終不能挽帝心，而老臣謀國，用心可謂良苦！世說「規箴」又載：

陸玩拜司空，有人詣之，索美酒；得便自起瀉著梁柱間地，祝曰：「當今乏才，以爾為柱石之用，莫傾人棟樑。」玩笑曰：「戢卿良箴。」

此亦以酒爲道具，以行箴規之事，而格外凸出，令人三思者。他如世說「排調」載：

晉武帝問孫皓：「聞南人好作爾汝歌，頗能為不？」皓正飲酒，因舉觴勸帝而言曰：「昔與汝為鄰，今與汝為臣，上汝一杯酒，令汝壽萬春」，帝悔之。

晉武帝本以輕賤之心對孫皓，孰知不巧，命其作「爾汝歌」恰給孫皓逮到機會，得以「你我並稱」，平起平坐，呼應「昔與汝爲鄰」句，使武帝不得居上風，而自討沒趣。孫皓藉酒扳回尊嚴，且隱諷其不得輕賤人，達到反擊的效果。

在晉初朝局上，「（賈充）既爲帝所遇，欲專名勢，而庾純、張華、溫顒、向秀、和嶠之徒皆與愷善，楊珧、王恂、華廙等充所親敬，於是朋黨紛然」（晉書任愷傳），結怨甚深，有一次在賈充之宴會上，純行酒，充不對飲，又譏純：「父老不歸供養！」純因發怒曰：「賈充！天下兇兇，由爾一人！」充曰：「充輔佐二世，蕩平巴蜀，有何罪而天下爲之兇兇？」純曰：「高貴鄉公何在？」⑥此話出口，非同小可，純懼，上表自劾：「臣不自量，飲酒過多，醉亂行酒，……醉酒迷荒，昏亂儀度……易戒濡首，論誨酒困……」詔乃免純官，倘非以「醉酒失常」爲藉口，恐不免遭顯誅矣。因醉鬼酒徒，做錯事，或說錯了話，可以不負責任，此「明不責醉，恐失度」之意。但此處要說明的是庾純借「醉」，道出壓抑已久的話來，他對高貴鄉公被賈充唆使部下成濟刺殺之事耿耿於懷，對賈充的陰險極端不滿，平時苦無機會發洩，今則以「顯斥」，達到「隱諷」的目的！

晉書「周顗傳」載東晉元帝於西堂讌羣公，酒酣，從容曰：「今日名臣共集，何如堯舜時邪？」顗因醉厲聲曰：「今雖同人主，何得復比聖世！」帝大怒而起，手詔付廷尉，將加戮，累日方赦之。此處明帝「酒酣」，周顗因「醉」，「酒」有緩解作用。蓋顗心中本有山河變異之痛，故藉酒厲聲叱元帝不配堯舜，則「酒」足以壯義士之膽！亦足以醒人主之心。

語云「酒後吐眞言」，因當酒精的痲醉與興奮作用下，自覺意識無法壓抑住潛意識，這時對禮防、規範、法令防衞力不夠，潛意識中的話，這時和盤托出，毫無隱瞞，所以醉話每每才是眞話，在乎他人之善聽而已。諸葛亮每醉人酒以觀其性，即由醉後理智失去控制，本性便易流露出也。

(五) 寬樂雅適

不論獨飲、對飲或羣飲、聚飲，苟能獲得陶情通性忘形自得之溫馨感，乃人間一大快事。夫與知交共飲，把酒敍濶，眞心相見，無猜防，固足樂也。尤其在春光明媚之時，「景物斯和，欣慨交心」，摘些園中蔬，拿出剛釀好的春酒，輕弄琴絃，低聲詠歌，斯時斯景，已是未飮先醉矣！故王薈言：「酒正自引人著勝地」，這是說醇酒使人精神昂揚，薰然如入仙境也。世說「任誕」篇載：

> 劉昶與人飲酒，雜穢非類，人或譏之，答曰：「勝公榮者，不可不與飲，不如公榮者，亦不可不與飲，是公榮輩者，又不可不與飲，故終日共飲而醉。」

由劉伶「酒德頌」談到魏晉名士之酒德

又載：

> 鴻臚卿孔羣好飲酒，王丞相語云：「卿何為恆飲酒，不見酒家覆瓿布，日月靡爛」，羣曰：「不爾，不見糟肉，乃更堪久」，羣嘗書與親舊：「今年田得七百斛秫米，不了麴糵事。」

此皆得酒中樂者之言，故巧爲自己的酣醉辯護，實可稱得上是「酒癡」或「酒癖」之類，他們「以酒爲漿」卻堂而皇之的說是「還酒債」。晉書孟嘉傳言嘉「好酣飲，愈多不亂，溫問嘉：酒有何好，而君嗜之？嘉曰：公未得酒中趣耳。」得酒中趣者，視酒如命。三國志吳志載鄭泉嗜酒，臨卒，謂同類曰：「必葬我陶家之側，庶百歲之後化而成土，幸見取爲酒壺，實獲我心矣！」此在生時喝得不過癮，還爲死後作計也！而戴仲若春日攜雙柑斗酒，人叵何之？答曰：「往聽黃鸝聲！」（世說補），此公不愧爲懂得享受人生的哲學家了！像陶淵明可以說就是一個以酒爲知己的名士，他自認爲平生大樂事，即是足於酒，他高喊「酒中適何多」（蜡日詩）。甚至做官，也是爲了解決麴糵事，據史傳載陶潛欲將所屬三頃公田悉令種秫，曰：「吾常得醉於酒足矣！」妻子固請種粳，乃使二頃五十種秫，五十畝種粳⑦。每當釀好酒，來不及過濾澄清，卽便取頭上葛巾漉酒，漉酒畢，還復著之，並大言不慚的說：「若復不快飲，空負頭上巾。」他還看在「酒」的份上，才願與王弘認識，據晉書陶潛傳載潛本來不與王弘打交道，直到有一次經「酒」之媒介，才交好：

> （王）弘每令人候之，密知當往廬山，乃遣其故人龐通之等賫酒，先於半途要之，潛既遇酒，便引酌野亭，欣然忘返，弘乃出與相見，遂歡宴窮日。

又有一次，在九月九日重陽節日，陶潛賞完菊花，因無酒，渾身覺得不對勁，這時王弘適時的送酒來，卽便就酌，直至酣醉乃歸。其若天氣佳，則「綠酒開芳顏」，連雨緜緜，則「重觴忽忘天」，要是有一天不喝酒，他總是坐立不安，其「止酒詩」言：「平生不止酒，止酒情無喜，暮止不安寢，晨止不能起」；陶淵明於飲酒時的情緒，每是靜穆的，時時流露對風雨、泉流、禽鳥、新苗、田舍、親鄰的一種沖和貼切之愛意；偶而配合清琴，在酒趣琴操密切配合下，其樂眞如「羲皇上人」。在其「和郭主簿」一詩中，他說到：「春秫作美酒，酒熟吾自斟，弱子戲我側，學語未成音，此事眞復樂，聊用忘華簪」，淡淡之中，一幅生動的天倫樂圖，呈現在人們的眼前。可見他喝酒，極講究情境，情境適合，「揮玆一觴，陶然自樂」，其量並不在乎多少。他不像八達們之「散髮裸裎，閉室酣飲」⑧，那樣的「狂飲」、「頹飲」，也不像阮咸與族人之「縱飲」、「與豬共飲」，據世說「任誕」載：

> 諸阮皆能飲酒，仲容至宗人間共集，不復用常杯斟酌，以大甕盛酒，圍坐，相向大酌，時有羣豬來飲，直接去上，便共飲之。

類似這種濡首狂飲，其實根本飲不出味道來，其情趣更談不上了，反觀陶淵明，在與知己邂逅，可以放歡一暢；而在送別時，又是「銜觴無欣」，貴賤造之，「有酒輒設」，若已先醉，便語客：「我醉欲眠，卿可去！」極其眞率，了無矜持貌。有時又撫弄無弦琴，自詡「但識琴中趣，何勞弦上音」，而醉後「輒題數句自娛」，直是肺腑中流出。因爲他心境平和，心無極端矛盾衝突，所以閑居時遇到好酒，則「無夕不飲」，惟恐有生之年喝得不過癮，誠如其挽歌詩所言「但恨在世時，飲酒不得足」，當其友顏延之送給他二萬錢時，他悉數送到酒家，然後，「稍就取酒」，足以讓他有一段足於酒的快適生活，淵明是眞「全」於酒者，其飲酒本身卽是詩境，是道境，也是高亮之節操與樂乎天命之修養所呈現的欣愉，圓融的和境，所以不曾有亂酒之事。顏延之稱他「性樂酒德」一點也不假。反之，如周伯仁，雖風德雅重，然屢荒醉失儀，爲有司所糾，世說「任誕」載周伯仁在東晉過江後，恆大飲酒，嘗經三日不醒，時人謂之「三日僕射」。此段劉孝標注引「語林」曰：「伯仁正有姊喪三日醉，姑喪二日醉，大損資望，每醉諸公常共屯守」，此皆無平和之心而惹「酒過」，實不能以大行不顧細節自圓。又如畢卓爲吏部郎，常飲酒廢職，「比舍郎釀熟，卓因醉，夜至甕間盜飲之，爲掌酒者所縛」，身爲吏部郎，竟夜盜酒，此自是荒迷者。而胡毋輔之子謙之，每酣醉，常呼其父之字，父不但不以介意，還呼入共飲，雖然史傳許其爲「任達」，而實亦頹靡者。他如阮孚終日酣縱，爲有司所按，也不在意，曾有以金貂換酒的記錄，皆是玩弄光景，其好酒是一回事，及於亂則實有虧「酒德」也。時又有「荒飲」，而最能代表「荒飲」者，莫過於列子「楊朱篇」中的公孫朝，「楊朱篇」歷來都認爲是晉人按自己的需要塑造出來的，在文中說到公孫朝當「荒」於酒也，「不知世道之安危，人理之悔吝，室內之有無，九族之親疏，存亡之哀樂也，雖水火兵刃交於前，弗知也。」此寫「荒飲」者茫然無知的狀態。至於豪門當權「築窟室，縱酒作樂其中」（曹爽傳），以美人行酒，客飲不盡則交斬美人（世說汰侈）等「奢飲」，終未得酒趣，反招咎尤。又如謝奕爲縣令，有老翁犯法，竟以酒罰他，要他喝得酩酊大醉還不叫停，連七、八歲的謝安看了都生憐憫傷痛之心。（世說德行）此以「酒」作

「罰具」，被罰的人，是喝得死去活來，痛苦到極點。

尤有下者，在頹風的流靡下，常借著酒精壯膽，做一些寡廉鮮恥的行爲，卻自命通達。如葛洪抱朴子「疾謬」所斥：「交杯觴於咫尺，絃歌淫冶之音曲，以誂文君之動心」，或白醉耳熱之後，結黨連羣，前往調戲婦女，或無賴狐蹲牛飲，肆無忌憚，或蓬髮亂鬢，裸體而遊，皆穢雜非類，不值得一記。

因喜好飲酒者衆，鑒別酒之優劣乃格外爲人所注重，如魏志「徐邈傳」中言：「平日醉客謂酒清者爲『聖人』，濁者爲『賢人』」。藝文類聚卷七十二引「魏略」云：太祖禁酒，而人竊飲之，故難言酒，以白酒爲「賢者」，清酒爲「聖人」，此與上條差近。除別清、濁之外，又別好、壞，如世說「術解」載：

> 桓公有主簿，善別酒，有酒輒令先嘗，好者謂「青州從事」，惡者謂「平原督郵」，青州有齊郡，平原有鬲縣，「從事」言「到臍」，「督郵」言在「鬲上住」。

另外「賞譽」載：「劉尹云：見何次道飲酒，使人欲傾家釀」，此有兩解，一云：「欲傾竭家貲，以釀酒飲也」；一云：「欲傾倒其家釀」也。「何充傳」言何充「能溫克」，知何充善飲，且必飲絕佳好酒，而酒性溫柔不過分也。當時出名的酒如九醞（春）酒、白墮春醪、山陰甜酒（「金樓子」）等。爲釀美酒，花招百出，如羊琇在冬月釀酒，令人抱著酒甕暖酒，使酒保持常溫，不一會兒即換人，這樣酒味特別嘉美。（裴啓「語林」）偶有好酒，除自己且夕品嚐外，還亟欲與知己共享，如世說「簡傲」篇載：「王戎弱冠詣阮籍，時劉公榮在坐，阮謂王曰：偶有二斗美酒，當與君共飲；彼公榮者無預焉。」二人交觴酬酢，公榮遂不得一杯。」平時喝酒，也找同伴來喝，如「周顗傳」言「顗在中朝時能飲一石，及過江，雖日醉，使視客，每稱無對，偶有舊對從北來，顗對之欣然，乃出酒二石共飲，各大醉」，知有佳對乃酣。甚至呼不認識的路人，一齊喝，像「世說補」載：「袁尹疏放好酒，嘗步屧白楊郊野，道遇一士人，便呼與酣飲」，此皆以飲酒須有偶，乃得其快者。就如陶淵明，除偶而獨自細品外，有時則招呼比鄰、近親共飲，「貴賤造之者，有酒輒設」十分爽快。

至於世說「任誕」注引「文章志」曰：（王）忱嗜酒，醉輒經日，自號「上頓」，世喭以大飲為「上頓」。又曹丕「酒誨」載劉松嘗以盛夏三伏之際，晝夜酣飲極醉，至於無知，云避一時之暑，故河朔有「避暑之飲」，此序飲之專稱的由來。

時人又有考究酒杯之例，如魏文帝典論「酒誨」中載劉表子弟好酒，為三爵，大曰「伯雅」、次曰「中雅」、對曰「季雅」。伯雅受七升，中雅受六升，季雅受五升，此依酒杯大小分伯仲季，而以酒業為「雅」。又設有大鍼於杖端，刺人以驗醉醒。其餘比酒量、視酒後儀態等，皆為人所津津樂道。

時又有酒後唱挽歌者，如張麟「酒後挽歌甚悽苦」，此以苦為樂，揮霍激烈的感情；蓋酒後神形相親，泯滅差別，死亡陰影隨之消除，此種以激越來獲得心靈的徹底澄清，亦是抒解內心壓力之良方。而如王敦酒後輒詠曹操「老驥伏櫪，志在千里，烈士暮年，壯心未已」，以如意打唾壺以和之（世說豪爽），則豪上汰侈之氣，表露無遺！謝尚酒後於盤案間作「鴝鵒舞」（任誕注引語林），學鴝鴿展翼舒行狀，以博一坐之樂，可視爲助興。

當時又有一種「雅飲」，爲名士於佳日雅集，高朋滿座，飛羽觴，高談轉清，飲酒賦詩，這種「酒會」、「文會」、「談會」最出名者，如南皮之遊，曹丕與七子等行則接輿，止則接席，「既涉思六經，逍遙百氏，彈棊間設，終以博奕，高談娛心，哀箏順耳，馳騖北場，旅食南館，浮甘瓜於清泉，沈朱李於寒水，白日既匿，繼以朗月，同乘並載，以游後園」（曹丕與吳質書），至於觴酌流行，絲竹並奏，在酒酣耳熱樂也融融之際，仰而賦詩，並以較勝，或奉命動筆，互相觀摩。類似這種「傲雅觴豆之前，雍容衽席之上，灑筆以成酣歌，和墨以藉談笑」（文心時序）之雅集，在晉注重門第的社會更是頻繁，如石崇構築「金谷園」，乃一時名園，園中有清泉茂林，衆果竹柏藥草之屬，及各種珍禽異獸，凡娛目歡心之物皆備，崇宴客於此，衆賢「帳飲」其中，酒闌賦詩，有詩不成，罰酒三斗。他如阮脩記「上巳會」之景曰：「坐此脩筵，臨波素流，嘉肴既設，舉爵獻酬，彈箏弄琴，新聲上浮。」又華林園之雅聚，皆以飲酒賦詩、遊覽景物爲主要節目。

至東晉過江，衣冠仕族南渡，眼見江南山川形勢之美，令人應接不暇，於是「每至美日，相邀新亭，藉卉飲宴」（世說言語），而史上艷稱之「蘭亭雅集」，卽在穆帝永和九年，三年三日舉行，是日王羲之等羣賢，雅集於會稽「蘭亭」，以修禊事，他們引流水環曲成一小渠，賓客列依水渠而坐，將酒杯放在水的上游，杯隨波而下，當其停於某處，坐於該處者卽取而飲之，此卽「流觴」，飲畢卽席作詩。而在這一觴一詠之間，固足以暢敍幽情，冥心高寄，更有天際眞人想！酒成了名士雅集最重要的東西，是與感的媒介，靈思妙想的泉源！魏晉文人才思橫溢，連篇累牘，與酒每脫離不了關係。當時世族門第瓜分了政治、經濟的資源，既有錢，又有閒，注重生活格調，以文學藝術點綴人生，這種「貴族文化」不可缺的一部分是詩與酒，而詩文與酒常常是密不可分的。另外當時又盛行清談，大型談座有時聚集了上百人，這時「酒」又成了助興的重要角色，就是「取諸懷抱，晤言一室之內」的促膝談心，也少不了「酒」，酒後逸興，開出「智悟」境界，魏晉玄理玄思，無形中也蘊發了。

(六) 養生延年

微酒溫克，適體頤性，足以延年益壽。飲酒與道教養生有關，如嵇康「與山巨源絕交書」言：「時與親戚敍濶，陳說平生，濁酒一杯，彈琴一曲，志願畢矣」，形神因而得到護養，此「養生要論」所云：「淡酒小杯，久坐細談，非惟娛客，亦可養生」之理。而本用來治病的「寒食散」，後來竟流行於名士間，成爲追求聲色時使體力轉強及達到神明開朗，飄飄欲仙的藥物，此種藥物須配以溫過的酒，乃能發揮通氣的作用，故當時服食者，必兼好酒。魏晉士人因驚覺生命之危淺、無常，由「憂生」轉爲「惜生」，由「惜生」而重視「養生」，養生之酒，應爲「藥酒」，如鍾繇郎貯「藥酒」(世說言語)。其釀造材料，恐與常品有別，以服後有舒筋、活血、止痛、潤膚、祛風行氣、開發宣通、疏徹開明、還質易性者爲尚。養生用的藥酒，當時名目很多，如「荆楚歲時記」中言九月九日「佩茱萸、食餌、飲菊花酒，云令人長壽。」菊花酒的釀造據葛洪「西京雜記」所載言「菊華舒時，並採莖葉，雜黍米釀之，至來年九月九日始熟，就飲焉，故名菊花酒。」菊花酒有「輕身益氣，令人堅強」（太平御覽引風俗通），故陶潛有「菊解制頹齡」之句。藝文類聚卷四引魏文帝「九日與鍾繇書」云：「至於芳菊紛然獨榮，輔體延年，莫斯之貴，謹奉一束，以助彭祖之術」，世以菊花酒有延年益壽之效，故有云陶淵明採菊乃爲造菊花酒。嵇含「菊花銘」云：「煌煌丹菊，暮秋彌榮，親奪是御，永祚億齡」，亦指菊花酒而言。「抱朴子」中還有多處記載用「醇苦酒」和金以提鍊仙藥，又有以酒解丹藥之毒者。其他如桂花酒、柏酒及屠蘇酒（以桔梗、防風、白朮、大黃、蜀椒桂心、虎杖、烏頭等八味所釀成——據「四時纂要」）等藥酒，飲之可以無病；而由麴米及七、八種藥合之所釀的「千歲酒」則能延年。當時於私釀藥酒者有罰（晉書），然士人仍樂此不疲，此僅述其較著者耳。當然也有像嵇康「秋胡行」中所言「酒色令人枯」的醒覺。古來以酒視爲百藥之長，適可而止，實可通氣暢神，對身體有益焉。

結語

綜上所述，酒在魏晉士人生活間，實扮演很重要的角色，除清閑取樂，拜祭成禮，「和睚眥之宿憾，雖怨仇其必親」（曹植「酒賦」）外，還作爲避禍遠害、抒憤遣憂的工具，同時又有寄託高傲情志，及藉着酒之麻醉作用，達到物我兩忘的神妙感受，以暢其「玄」。

在玄風的氛圍中，醉與醒之間，實耐人尋味，其昏酣，正由其清明也，蓋慮禍之深也。顏延之「

詠阮籍」言：「阮公雖淪跡，識密鑒亦洞」，卽揭露此隱意。我們絕不可從表面的酣縱，而認爲他頹廢，無可救藥，其實他這種「自晦」的策略，正足以「全身」，又可以「護志」，類此避人耳目的「障眼法」，是魏晉士人歷經各種鬪爭所研磨出來的，是一種軟性的托刀計，當我們揭去此層保護色，還其本來面目，卻是人人志向宏遠，神姿秀徹。此涉及莊子「材」與「不材」、「有用」與「無用」、「迹」與「冥」的問題，魏晉講求「言意之辨」，他們重視的是只可意會不可言傳的境界，「酒」除了應付危機外，還可「任眞」，「暢玄」，完成其內在超越。

今探討魏晉之「酒」，其實是在追索時代心靈，爲什麼那麼多的知識份子沈耽於「酒」？很明顯的，這批「醉客」，實比一般人「清醒」，只因他們自覺意識較別人強烈，所以內心所受的衝擊也較嚴重。這些人之視「酒」，與凡夫俗子之取爲滿足口腹之欲迥然不同，可以這麼說，其爲「藥」的成分實較重些。⑨

雖則如此，酒之正德本可洗滌鬱悶，活暢血氣，固有益於生，但若耽湎於此，則酒成了穿腸毒藥，足以作病，則反害於生矣。而主政者，若竟日昏酣，不綜職事，與時舒卷，以此爲明哲，而實爲亡國亂家之術耳，其爲有識之士所糾，良有以也。而一般士民，若耽酒而虧於生產，不計家資有無，妻兒啼饑號寒，無以爲生，亦可以不顧，終困頓潦倒，是亦天生之棄才，如阮咸一家，史傳卽言其「好酒而貧」，劉伶也差不多，寧可不聽妻子之規勸戒酒，而竟日「兀然而醉，豁爾而醒」，有子不教⑨，終一無所立。⑩其「酒德頌」中之「大人形像」，其實是劉伶「自況」，志量雖彌天蓋地，超凡出塵，以無所立，無處掛搭，使其「大人」之境，淪爲酒後狂語而已！然而劉伶之縱酒，也成了「達」的表徵，爲世所諷詠。「酒德頌」更以入「昭明文選」，而垂世不朽矣！

〔附　註〕

①　服食後，稍失調攝，卽有生命危險。當藥性發作，乍寒乍熱，冷時脫衣，冷水澆身，吃冷東西，飲熱酒，皮膚易擦傷，而性情也多乖張，皇甫謐於服食後之痛苦，多所描述外，還列出服諸石有「十忌」，一忌瞋怒，二忌愁憂，三忌哭泣，四忌忍大小便，五忌忍饑，六忌忍渴，七忌忍熱，八忌忍寒，九忌忍過用力，十忌安坐不動。

②　晉書「庾敳傳」言，敳有重名，然聚斂積實而性儉，時劉輿見任於司馬越，人士多所構，敳以縱心事外，無迹可間，輿乃說越令就換錢千萬，冀其有吝，因此可乘，越乃於衆坐中問於敳，敳頹然已醉，幘墮机上，以頭就穿取，徐答曰：「下官家有二千萬，隨公所取矣」，越甚悅，因曰：「不可以小人之慮度君子之心。」

③　先是曹操見年饑兵興，表制酒禁，融難以酒可以和神定人，故不宜禁，爲操所恨。

④　世說「任誕」：任愷既失權勢，不復自檢括，或謂和嶠曰：「卿何以坐視元裒（任愷字）敗而不救？」和曰：「元裒如北夏門，拉攞自欲壞，非一木所能支。」

⑤　參閱王瑤先生著中古文學史論「文人與酒」一章。

⑥　魏志高貴鄉公紀引「漢晉春秋」言帝見威權日去，不勝其忿，曰：「司馬昭之心，路人皆知」，他不願坐受廢

辱，乃率僮僕數百，鼓譟攻相府，賈充迎戰帝，事急，成濟問如何處置，賈充曰：司馬昭畜養你們，正待今日有以報効！成濟乃前刺帝，刃出於背。又據魏末傳知成濟之犯蹕，乃賈充支使。故庾純面質賈充「高貴鄉公何在？」庾純既質問賈充，實亦對司馬氏鼎革事業不擇手段之不滿。

⑦ 此宋馬永卿「嬾眞子」中已有懷疑，言淵明之爲縣令，蓋爲貧耳，非爲酒也。……後人以其好酒，遂有公田種秫之說，且仲秋至今，在官八十餘日，此非種秫時也」，馬永卿之疑，十分有理，讀者或可參證，本文但引晉書所載耳。

⑧ 當時貴遊名士都祖述阮籍等之昏酣放達，但以無「玄心」，無莊嚴的生命內涵，故爲人所唾棄，如晉書「光逸傳」：「（逸）尋以世難避亂渡江，復依輔之，初至，屬輔之與謝鯤、阮放、畢卓、羊曼、桓彝、阮孚『散髮裸袒』、『閉室酣飲已累日』，逸將排戶入，守者不聽，逸便於戶外脫衣露頭於狗竇中窺之而大叫，輔之驚曰：『他人決不能爾，必我孟祖也。』遽與飲，不捨晝夜，時人謂之八達。」時又有「停客獨食，行酒而止所親」（抱朴子）「貴遊子弟相與爲散髮裸身之飲，對弄婢妾」（晉書五行志）之頹風。

⑨ 名士以酒晦迹解悶，除顯眞之「達飲」外，大多屬「愁飲」之類。愁飲大多一人獨飲，或有同病相憐者共飲歎聲連連，竟日無語，此皆有「卻願長醉不願醒」的苦痛。有關於酒之著作，除各家飲酒詩外，有嵇康酒會詩，劉伶酒德頌，曹丕酒誨，王粲、曹植、嵇康、嵇含、袁崧酒賦，葛洪酒誡，崔實、劉惔酒箴，江統酒誥，戴逵酒贊，傅玄敍酒賦、高允酒訓、庾闡斷酒戒、江總勞酒賦、前秦趙整酒德歌。其中又以陶淵明二十首「飲酒」組詩最出名。

⑩ 劉伶生卒年亦不詳。然有文集三卷，已佚。其一篇「酒德頌」已使其千古不朽，使「劉伯倫」簡直成了「

酒」之代名詞。元馬致遠有「劉伯倫德頌」一劇。散曲中則如「醉煞劉伯倫」（張可久）、「學劉伶般酒裏酡」（曾瑞）、「笑殺劉伶，荷鍤埋尸，猶未忘形」（薛昂夫）……不勝枚舉。而酒德頌法帖，以張旭草書最著。

石經辨疑

黃競新

一　前言

漢魏石經爲中國經學瑰寶，惜歷遭戰亂摧殘，遷移亡失，或改而作基礎，或用以建浮圖，幾已蕩然無存，至其原來之壯觀，則僅能於四部古籍中之零星記載求之，惟四古籍迄今散佚缺奪者多，故歷來研究者多卻步。至唐魏徵始作收集，然已十不存一，宋歐陽修雖以「集古」見稱，惟其《集古錄》跋尾不及漢魏石經，非無因也。迄明清之世，始稍爲學者注意。清末民初，太學故址殘石漸次出土，王國維、孫海波、馬衡、章太炎等乃撰文研究，諸家論斷，恍成定憲。雖大陸近年出土殘石漸多，惟亦多作爲專題報導而已，至若干懸而未決之問題，則仍乏專論。筆者非專研石經，歷年因收集資料之便，亦漸成篋，値系中主辦魏晉南北朝文學與思想學術研討會，同人等力促撰文附驥，以晉亦曾擬立石經，尚可勉強配合大會主題，乃整理所得而草率成篇，惟一者古籍遺留有限，且文多缺奪，其次亦爲時空學養所限，錯漏當屬難免，濫竽之作，尚祈方家多予正焉。

清顧藹吉《隸辨・石經論語殘碑》條云：

石經之傳疑有二，五經六經七經之不同也，漢魏一字三字之不分也，靈帝紀云詔諸儒正五經文字，刻石立於太學門外……而蔡邕傳云奏求正定六經文字。①

是〈靈帝紀〉云五經而〈邕傳〉謂六經也。同上書〈石經尚書殘碑〉條又云：

後漢書靈帝紀云立於太學門外；水經注云立於太學講堂前；洛陽記云太學在洛陽城南開陽門外②。

依上說則知文獻載石經刻立之地亦有不同，又顧炎武於《金石文字記》已言之云：

……合而考之，其不同有四焉：一曰漢五、六、七經之不同，二曰魏石經三體一體之不同，三曰堂西所立石為魏為漢之不同，四曰後魏所存石諸經之不同③。

炎武謂考其不同者有四，藹吉云「傳疑有二」，實則疑者尚不止此，僅就可疑諸點分別析論，冀能有所補苴焉。

二　熹平石經倡刻者探討

《後漢書・靈帝紀》曰：

（熹平）四年，春三月，詔諸儒正五經文字，刻石立於太學門外④。

又同書〈儒林傳・序〉亦云：

（熹平）四年，靈帝迺詔諸儒，正定五經，刊於石碑，為古文、篆、隸三體書法，呂相參檢，樹之學門，使天下咸取則焉⑤。

是帝紀與傳序皆謂立石刻經之事乃靈帝所主導，而同書〈蔡邕傳〉則有不同之說：

邕以經籍去聖久遠，文學多謬，俗儒穿鑿，疑誤後學，熹平四年，乃與五官中郎將堂谿典，光祿大夫楊賜，諫議大夫馬日磾，議郎張馴、韓說、太史令單颺等。奏求正定六經文字，靈帝許之，邕乃自書册於碑，使工鐫刻立於太學門外，於是後儒晚學，咸取正焉，及碑始立，其觀視及摹寫者，車乘日千餘兩，填塞街陌⑥。

又《後漢書・儒林傳・張馴傳》曰：

張馴字子儁，濟陰定陶人也，少遊太學，能誦春秋左氏傳，以大夏侯尚書教授辟公府，舉高第，拜議郎，與蔡邕共奏定六經文字⑦。

〈靈帝紀〉及〈儒林傳・序〉云主詔正五經文字者爲靈帝。而〈蔡邕傳〉及〈張馴傳〉則云由邕等奏求正定六經，且由邕自書丹於碑，兩者所載已有別，而同書宦者〈呂強傳〉又云：

呂強，字漢盛，河南成皋人也，少以宦者為小黃門，再遷中常侍，為人清忠奉公，靈帝時例封宦者……時宦者濟陰丁肅，下邳徐衍，南陽郭耽，汝陽李巡，北海趙祐等五人，稱為清忠，皆在里巷不爭威權，巡以為諸博士試甲乙科，爭第高下，更相告言，至有行賂。定蘭臺漆書經字，以合其私文者，迺白帝與諸儒共刻五經文於石，於是詔蔡邕等正其文字，自後五經一定，爭者用息⑧。

文中明謂帝詔邕等正其文字，此與邕等「奏求」顯有大別，而最重要者乃在於李巡附於呂強傳中，且言因李巡「白帝」與諸儒共刻五經文字於石，然後帝始詔邕等正定之。由是言之，則始奏刻經立石者乃李巡也，是同出一書而所紀之事大別如此。故顧藹吉疑〈儒林傳・序〉曾爲劉昭所改具，顧氏云：

相傳梁劉昭補後漢書十志，而昭之自序云：序或未周，志遂全闕，天才富博猶俟改具，則昭不特補志序，亦有改具者。儒林傳序豈昭之所改具耶⑨。

實則「詔定」與「奏求」乃先後次第之事，至孰先孰後，翁方綱曾折中其說云：

靈帝紀所云詔諸儒正五經者，乃渾舉之詞，蔡邕傳所云奏求正定六經者，則核實之文也⑩。

如方氏之說，是詔正五經文字於前，而邕等奏求六經，乃於靈帝核實之後，此與酈道元《水經注・穀水篇》云：「蔡邕以熹平四年……奏求正定六經文字，靈帝許之」⑪意同，故以〈靈帝紀〉及〈邕傳〉論之，邕等奏求在後也，惟以宦者呂強傳析之，始倡刻經者實爲李巡也，此劉承榦論之甚詳，劉氏云：

數年前曾在洛陽漢太學故趾，掘得一石，有隸書九行……今年太學趾又出一石，存字凡八行，其中殘文云，傳記論語卽詔所校定，案韶疑卽邊韶，後漢書文苑傳云，韶自云腹便便，五經笥、徵拜太中大夫，著作東觀云云。碑又云，巡欲鑿石正書經字，立于太學。案官者呂强傳云，時宦者濟陰丁肅，下邳徐衍，南陽郭耽，汝陽李巡，北海趙裕等五人，稱為清忠，皆在里巷不爭威權，巡以為諸博士試甲乙科，爭第高下，更相告言，至有行賂，定蘭臺桼書經字以合其私文者，乃白帝與諸儒共刻五經文字於石，於是詔蔡邕等正其文字，自後五經一定，此殘文之巡定為李巡，所言欲鑿石正書經字，與宦者傳所云正合，後人以熹平石經皆歸功於伯喈，而不知建議者實為李巡，幸賴殘石尚存，得以證明史傳，殊可寶矣⑫。

其於《漢石經集存》中亦云：

石經後記殘碑中又有「巡欲鑿石正書經字立於太學」之語，此碑之巡，當即宦者呂强傳之李巡，刻石太學為巡所主張，亦可以史傳相參證⑬。

二氏之論至確，今得出土殘石及史傳相斠，更不可易，則倡刻經文者實爲李巡，應可定論。

三　一體三體辨疑

漢刻石經，立於太學，《後漢書・儒林傳・序》云：「爲古文、篆、隸三體書法。」此語引起後世爭論至烈。究熹平石經爲三體抑一體？見解固非一致，是否全爲蔡邕所書，亦多爭議。今特臚列相關史料及諸家異說，以爲析論。

以熹平石經爲三體者，首見於《後漢書・儒林傳・序》。後魏楊衒之《洛陽伽藍記》復云：

漢國子堂前有三種字石經，二十五碑、表裏刻之，作篆、科斗、隸三種，蔡邕筆之遺跡也⑭。

《北史・劉芳傳》亦云：

昔漢世造三字石經於太學，學者文字不正，多往質焉⑮。

此皆隋唐之前以漢石經爲三體之說。惟石經歷受摧毀，或破用淨盡，洎乎唐貞觀年間，魏徵始作收集，然已亡失難求，十不存一矣⑯。直至宋代，此埋沈土中千餘年之石經殘石始稍現，遺字凡八百二十九，歐陽棐《集古錄目・石經遺字》中云：

石經遺字在古文、篆、隸三體，凡八百二十九字，後漢熹平中校定五經，使蔡邕以三體書，今其石亡失皆盡，皇祐中有蘇望者，得模本左傳於故相王文康家，取其完者而刻之，莫辨其眞僞也⑰。

是三書皆謂漢石經有三體，楊衒之、歐陽棐更以三體皆爲蔡邕所書，此事殊有可商，一如馬衡所云：

卽令邕是善書名家，以一人之力而寫四十六碑兩面之字，事實上恐不可能⑱。

此固從人力爲論，而自張演《石經跋》所云，則其可疑之處更多，張氏云：

今六經字體不一，當時書丹者，亦不獨邕也⑲。

又王昶《金石萃編・石經殘字》末云：

以昶得見宋拓殘字驗之，尚書論語二經，字體已有不同處⑳。

是張演王昶二氏所見石經之字體皆不一，其非出自一人之手，不辨自明。惟王氏仍以洪适《隸釋》及顧藹吉《隸辨》之論無確據，而宗〈儒林傳・序〉，謂漢石經確有三體，王氏云：

又按一字三字之異，衆說紛然，今攷後漢書紀傳，詔立五經無一字三字之說，惟儒林傳序稱石經為古文、篆、隸三體書法。魏書劉芳傳云：漢世造三字石經於太學，是一體為一字，所謂三字者，古文為一，篆為二，隸為三。疑三體石經皆熹平中同時所刻，故儒林傳有古文篆隸之語……洪氏适顧氏藹吉謂漢石經止有一體，並無三體，皆無確切實據，未敢據以為信也㉑。

而董逌亦從三體之說云：

予謂魏一字，漢為三字，此其得相亂邪㉒。

凡此皆沿《後漢書·儒林傳·敍》，以漢石經爲古文、篆、隸三體而不疑。

漢熹平石經，因《後漢書》紀、傳但云詔立五經，並無一字三字之說，故亦有主漢魏石經同屬三字者，如顧炎武云「按三體石經，漢魏皆嘗立之」。㉓萬斯同《石經考》更肯定其說而謂：「兩朝石刻，皆用古文、篆、隸三體，無可疑矣。」又云：「愚謂《儒林傳》所言必不誣……，後人疑漢疑魏，豈若前人目覩之可據哉！」㉔由上觀之，諸儒有言石經作古文、篆、隸三體者，亦有言漢魏俱作三體者，然率多從《後漢書·儒林傳·序》爲說，且以《集古錄目》蘇望得摹本《左傳》爲邕三體書，更以爲確不可移，惟《集古錄目》，洪适曾加以辨正，《隸釋》云：

凡集古所藏，歐陽公未嘗無說，獨三體石經置而弗論，豈有所疑而未決乎，叔弼遂定作漢刻，蓋為儒林傳所誤㉕。

又云：

按後漢書儒林傳敍云，為古文、篆、隸三體者，非也，蓋邕所書乃八分，而三體石經乃魏時所建也㉖。

又洪适《隸續》云：

近世方勻作泊宅編，載其弟匋所跋石經，亦為范史隋志所惑，指三體為漢字㉗。

趙明誠於《金石錄》中辨之更詳，其於〈漢石經遺字〉條中云：

右漢石經遺字者，藏洛陽及長安人家，蓋靈帝熹平四年所立，其字則蔡邕小字八分書也，其後屢經遷徙，故散落不存，今所有者才數千字，皆土壤埋沒之餘，摩滅而僅存者爾。按後漢書儒林傳敘云，為古文、篆、隸三體者，非也。蓋邕所書乃八分，而三體石經，乃魏時所建也㉘。

朱彝尊更綜合諸家之說，以爲析論，證漢石經只一字，而三字者屬魏刻，其於《經義考》云：

按漢立石經，蔡邕所書本一字，惟因范史儒林傳云為古文、篆、隸三體書法，以相參檢，樹之學門。而陽衒之雒陽伽藍記，北史劉芳傳因之，唐竇家、宋郭忠恕、蘇望、方匋、歐陽棐、董逌、姚寬等均仍其誤。獨張繽謂邕以三體參檢其文，而書丹於碑，則定為隸，其義為允。載考衞恒及江式傳，酈道元水經注，皆以一字為漢石經，趙明誠金石錄，洪适隸釋、隸續，辨之甚詳，足以徵信……又史家體例，以時代為前後，隋經籍志列一字石經於前，次魏文帝典論，然後敘三字石經於後，是一字為漢，而三字屬魏，不待辭說始明㉙。

朱文中云張演所言之義爲允，而張演《石經跋》云：

蔡邕本傳稱邕自書丹於碑，不言為何體書，今世所傳皆為隸體，至儒林傳序則云為古文、篆、隸三體書法，以相參檢，注言古文，謂孔氏壁中書，以續考之，孔壁所藏皆科斗文字，孔安國當武帝之世，已稱科斗書無能知者，其承詔為尚書五十九篇，作篆為隸古定，不復從科斗古文，邕安能獨具三體書法於安國之後三百年哉……或者邕以三體參校其文，而書丹於碑則定為隸㉚。

朱氏以史家體例推論《隋書·經籍志》所載，定漢石經爲一字，實至精確。而張演謂「邕或以三體參校其文而書丹於碑」，亦合常理。實則歷來主漢石經有三字者，皆緣范史〈儒林傳〉之誤導也，故雖續有殘石出土，亦多未敢作斷。至云漢三體，魏乃一字，又正始立三字石經，其刊始及工竣年月雖不可考，惟經前賢考據及以日後出土殘石一體與三體比刊，魏正始所立經乃三體，正始中立一體，當無疑問（詳見下文）。故《隸辨》云：

若以魏立者為一字，而公羊碑上，乃有馬日磾等名，諸史譌錯，衆說舛謬。惟趙明誠，洪适皆以一字者為漢，三字者魏，不易之論也㉛。

至《隋書·經籍志》云：「魏正始中又立一字石經，相承以爲七經正字。」朱彝尊《經義考》辨曰：「蓋雕本相沿，偶譌三而爲一爾。」則朱氏仍未詳考也。至魏正始石經爲古篆隸三體，近人如孫海波㉜、王國維㉝、章炳麟㉞、馬叔平㉟皆辨之甚詳，實則漢魏石經一體與三體之問題，顧藹吉一語亦已判定，《隸辨》云：

以愚考之，若曰漢魏所立皆為三字，而一字者立於何時？若曰一字三字皆為漢刻，而正始中所立者何在？若曰魏立者一字而公羊碑上乃有馬日磾等名，諸史譌錯，衆說舛謬㊱。

是漢石經爲一字也，魏及正始乃立三字，而後《隋書經籍志》又言：「正始中又再立一字石經。」當可依信。

四　五經六經七經辨正

顧炎武《金石文字記》云：

合而考之，其不同有四焉，一曰漢五六七經之不同㊲。

《隸辨》亦云：

石經之傳疑有二，五經六經七經之不同也……㊳。

上二書皆以漢五六七經不同列爲考覈存疑之首，於斯可見刻石之經數各識不一。案《後漢書》〈靈帝紀〉、〈盧植傳〉及〈儒林傳・序〉等皆云「正定五經文字」，而靈帝爲何詔諸儒正五經文字，宦者〈呂強傳〉已載其事首尾。此外，《水經注》、《洛陽伽藍記》，亦皆同言漢立五經。至云六經者，則見《後漢書》蔡邕及張馴二傳。〈蔡邕傳〉云：

邕以經籍去聖久遠，文學多謬，俗儒穿鑿，疑誤後學，熹平四年，乃與五官中郎將堂谿典，光祿大夫楊賜、諫議大夫馬日磾、議郎張馴、韓説、太史令單颺等，奏求正定六經文字。靈帝許之，邕乃自書册於碑，使工鐫刻立於太學門外㊴。

〈張馴傳〉亦云：「與邕奏求六經文字」，是蔡張二傳與〈靈帝紀〉、〈盧植傳〉、〈呂強傳〉、〈儒林傳・序〉等不合也。惟既云五經，又云六經，雖有差殊，然其俱指熹平石經，當無疑問。至云七經，始見於《隋書・經籍志》，志云：

> 又後漢鐫刻七經，著於石碑，皆蔡邕所書。魏正始中，又立一字石經，相承以為七經正字㊵。

《隋書經籍志》不僅云後漢鐫刻七經於石，且附經目，其目計有一字石經《周易》一卷、《尚書》六卷、《魯詩》六卷、《儀禮》九卷、《春秋》一卷、《公羊傳》一卷、《論語》一卷，復謂「魏正始中又立一字石經，相承以爲七經正字㊶。」既以魏連於漢，且云「又立」，則又不止七經矣，疑惑混淆，實難辨析。是以顧藹吉特列爲傳疑之首，《隸辨》云：

> 靈帝紀云，詔諸儒正五經文字，刻石立於太學門外。儒林傳云，正定五經，刊於石碑。宦者傳云，與諸儒共刻五經文字於石。盧植傳云，時始立太學石經，以正五經文字。而蔡邕傳云，奏求正定六經文字。張馴傳云，與蔡邕共奏定六經文字。後漢書所載五經六經已自不同，隋書經籍志云，後漢鐫刻七經，著於石碑，則又以為七經，其目有一字石經周易一卷、尚書六卷、魯詩六卷、儀禮九卷、春秋一卷、公羊傳九卷、論語一卷。而蔡邕傳注所引洛陽記，則有尚書、周易、公羊、禮記、論語，而無魯詩、儀禮、春秋。乃多一禮記，則又不止七經矣。㊷。

案范書紀、傳所云五經六經，僅言刻石用以正文字，並未列所刻經目，〈蔡邕傳〉注引《洛陽記》，則有《尚書》、《周易》、《公羊傳》、《禮記》及《論語》五經、《洛陽記》所舉經目，既無《魯詩》，亦無《儀禮》與《春秋》，而《隋書・經籍志》之經目，則明載有《魯詩》九卷、《儀禮》九卷與《春秋》一卷，《洛陽記》不獨缺此，反而多出《禮記》，此正如《隸辨》云「又不止七經」矣。惟《儀禮》、《禮記》，王國維又另有新說，其於《魏石經考》一云：

> 魏晉以前，亦以今之儀禮為禮記，非指小戴記之四十九篇，以經字證之，禮記九萬八千九百九十九字，（據唐石經）非漢石十五碑所能容，（以漢石經每碑字數計須十有九碑）惟儀禮五萬七千一百一十一字，則需十一碑，其餘當為校記題名。此南行十五碑之禮記，實為儀禮之證也。（又案儀禮經文僅需十一碑，加以校記亦不過十二碑，而有十五碑者，疑他三碑乃表奏之屬，後漢書注引陸機洛陽記云，禮記碑上有馬日磾、蔡邕名，今洛陽所出殘石有一石有劉寬、堂谿典諸人名，其裏面又有諸經博士郎中姓名，其文甚長，或非一碑所能容，當在十五碑中也。）㊸

案王氏語，「魏晉以前，亦即以今之《儀禮》爲《禮記》」，仍欠詳析，趙鐵寒〈讀熹平石經殘碑記〉謂其：「不知所據」㊹。

今案《隸釋》與《隸辨》二書所刊之石經殘碑，均爲《儀禮》、《公羊》、《論語》、《魯詩》及尚書》，二者皆有《儀禮》與《魯詩》，而無《周易》其經目與《洛陽伽藍記》差別甚大，此或仍藏埋土中，洪顧二氏未及目覩之故㊺。

漢立五經與六經，數既不同，經目又有出入，其糾纏不決久矣。〈蔡邕傳〉「奏求正定六經文字」，王先謙〈集解〉曰：「意熹平四年，邕等所奏求者六經，暨光和六年書丹立石，只五經耳。」此王氏所疑者，惟亦非全無理由，蓋書丹鐫刻，實非一蹴可幾。至《隸辨》云：「蔡邕張馴傳所云六經者，「益以論語而爲六也。」㊻顧氏斯言，無異認定六經已刻竣，蓋洪氏《隸釋》及顧氏《隸辨》云俱有論語殘石，《洛陽記》五經目亦含《論語》，夫如是則益以《論語》而爲之六，其餘五經謂何經？豈顧氏以《論語》乃傳，不入經數而云乎？抑漢人引《論語》多稱傳，以其不在六藝之中？惟趙岐《孟子題辭》云乃「五經之錧鎋，六藝之喉衿也」復「爲專經者以習」，且「置博士」㊼，而爲六經目之，時已立於學官乎？則有可商榷者也。至《洛陽記》經目中之《禮記》及《公羊》，翁方綱亦曾辨之，《兩漢金石記》云：

> 春秋用公羊傳，宜也，禮記不立學官，何以得與諸經並刻，及考洪氏石經殘碑，有儀禮而無禮記，乃知洛陽記之誤，且記不言詩經，而洪氏隸釋及隋經籍志有魯詩六卷，則是此記所遺也㊽。

方氏云五經春秋用《公羊》宜也者，實緣東漢春秋但用公羊，蓋《公羊傳》屬今文學，有嚴顏二家，以當時博士所教習而刻之固宜。而洛陽五經有《禮記》無《儀禮》，復缺《魯詩》，翁氏已言其遺誤，今據近世出土殘碑考之，《洛陽記》實遺《魯詩》與《儀禮》也。

自一九七三年開始至一九八〇年四月，大陸中國社會科學院考古研究所，洛陽工作隊在魏洛陽城太學遺址發掘、收穫甚豐，出土石經殘石計六百餘件，殘石字數保存量最多者爲編號八〇〇三號石，陽陰兩面共二十六字，據簡表所列，有字殘石自八〇〇一號開始至八〇九四號，除十餘石僅一單字不能作據外，餘皆爲《儀禮》及《魯詩》殘石㊾，此一發現，可證者有二：其一，《洛陽記》確實遺漏《魯詩》。其二，《洛陽記》五經目中之《禮記》，應屬《儀禮》，而觀堂所云魏晉以前亦以今之《儀禮》爲《禮記》之說，又有可商。

又上海市博物館亦有兩塊未經著錄之《熹平石經・詩》殘石，據范邦瑾云可能先藏於民間，未及著錄，近三四十年間始購自修民堂書店，該二殘石較大，正背皆鐫刻，甲石共有一百三十四字，乙石共有百零五字，據作者云：「經廣泛查證，知二石均未曾見於著錄，流傳情形不明。……現據已發現的《熹平石經・詩・校記》殘石來看，其中屢有《齊》言、《韓》言等字，可知石經《詩》正是《魯詩》無疑㊿。」

又民國二十三年洛陽城出土之《公羊》經殘石，碑陽起僖公十三年，訖三十三年。碑陰起昭公三年，終二十一年，正背兩面共六百餘字，趙鐵寒云：「唐宋以來，石經之出土者，無此鉅觀也。」該碑現存臺灣，亦可證《洛陽記》經目之《公羊》不誤51。

綜而言之，漢刻石經，其數究爲五經六經或七經，論者固多，惟今據先儒所記與近世出土殘石證之，其目當爲《易》、《魯詩》、《書》、《儀禮》、《公羊傳》，《論語》及《春秋》無疑。王國維則析之云：

其目則洛陽記舉尚書、周易、公羊傳、禮記、論語五種；洛陽伽藍記舉周易、尚書、公羊、禮記四種；隋志則有周易、尚書、魯詩、儀禮、春秋、公羊傳、論語七種；宋時存詩、書、儀禮、公羊傳、論語五種，此先儒所謂五六七經之不同，不可得而詳者也㊾。

馬衡亦於《漢石經集存概述》中云：

舉經目者；如西征記、洛陽伽藍記舉周易、尚書、公羊傳、禮記四部；洛陽記舉尚書、周易、公羊傳、禮記、論語五經；隋書經籍志舉周易一卷，尚書六卷、魯詩六卷、儀禮九卷、春秋一卷、公羊傳九卷、論語一卷。以上所記，大抵皆根據原碑為說，惟隋志記卷數，乃據「相承傳拓」之本，故較詳。宋時出土者有詩、書、禮、公羊、論語五經，近時所出者於五經之外，又有易及春秋，其數與目悉與隋志相合。故知數五經者不數公羊、論語二傳，數六經者以公羊傳合於春秋，數七經者數其全數，要之皆是也㊿。

又《隸辨》引《邵氏聞見記後錄》云：

洛陽張氏發地所得，亦有禮記，而隋書失之者，按洛陽記云，禮記十五碑悉崩壞，豈當時無傳拓之本，故不得列於其目耶？以愚論之，靈帝紀儒林傳宦者傳盧植傳所云五經者，蓋以儀禮、禮記為一經，春秋、公羊為一經，與周易、尚書、魯詩而為五經，實則七經也。唐開成時立石壁九經，新唐書儒學傳序止云，文宗定五經鑱之石；張參是正訛文三卷，亦曰五經文字，蓋禮兼三禮、春秋兼三傳，故曰五經。漢之七經為五經，猶唐之九經為五經也㉛。

顧氏雖以《禮》兼三《禮》，《春秋》兼三《傳》而云漢之七經爲五經，猶唐之九經爲五經。惟不無可疑者，其一，二記俱不記《儀禮》，惟今出土殘石則確有《儀禮》，其二，四古籍唯《洛陽記》與《伽藍記》具經目，然《伽藍記》記四經，言五經，以出之實物言之，則所缺之一經當爲《魯詩》，應可定論，惟《洛陽記》亦無《魯詩》之目，豈陸楊二氏確未見《魯詩》碑文乎？然近代出土殘石則有大量《魯詩》殘石也，此疑則難決矣。

五、碑數與立石方位決疑

有關漢魏石經刻立之位置及其碑數問題，近人孫海波氏於《魏三字石經集錄》云：

三字石經之石數，西征記云：國子堂前有刻碑，南北行，三十五版，古篆、隸、科斗三種字。水經穀水注：魏正始中，又立古、篆、隸三字石經，碑石四十八枚。洛陽伽藍記，開陽門外有漢國子學堂，堂前有三種字石經，二十五碑，作篆、科文、隸三種字。據上所述，則石經碑數，凡有三說，究以何者為是，諸家聚訟紛紜，莫可一是㊺。

案孫氏但舉三說，而先儒述漢魏石經之碑數及方位者實不止此也。後魏酈道元《水經注》云：

東漢靈帝光和六年，刻石鏤碑，載五經，立於太學講堂前，悉在東側。蔡邕以熹平四年，與五官中郎將堂谿典、光祿大夫楊賜、諫議大夫馬日磾、議郎張馴、韓說、太史令單颺等，奏求正定六經文字，靈帝許之，邕乃自書丹於碑，使工鐫刻，立於太學門外，於是後儒晚學，咸取正焉。及碑始立，其觀視及筆寫者，車乘日千餘輛，填塞街陌矣。今碑上悉銘刻蔡邕等名。魏正始中，又立古、篆、隸三字石經。古文出於黃帝之世，倉頡本鳥跡為字，取其孳乳相生，故文字有六義焉。自秦用篆書，焚燒先典，古文絕矣。魯恭王得孔子宅書，不知有古文，謂之科斗書，蓋因科斗之名，遂效其形耳。言大篆出於周宣之時，史籀創著，平王東遷，文字乖錯，秦之李斯及胡母敬，又改籀書，謂之小篆，故有大篆、小篆焉。然許氏字說，專釋於篆而不本古文，言古隸之書，起於秦代，而篆字文繁，無會劇務，故用隸人之省，謂之隸書，或云卽程邈於雲陽增損者，是言隸者，篆捷也。孫暢之嘗見青州刺史傅弘仁說，臨淄人發古冢，得桐棺，前和外隱為隸字，言齊太公六世孫胡公之棺也。惟三字是古，餘同今書，證知隸自出古，非始於秦。魏初傳古文出邯鄲淳石經，古文轉失淳法，樹之於堂西，石長八尺，廣四尺，列石於其下，碑石四十八枚㊻。

楊衒之《洛陽伽藍記》云：

開陽門，有漢國子學堂，堂前有三種字石經，二十五碑，表裏刻之，寫春秋、尚書二部，作篆、科斗、隸三種字，漢右中郎將蔡邕筆之遺迹也㊼。

又接上句續云：

猶有十八碑，餘皆殘毀。復有石碑四十八枚，亦表裏隸書寫周易、尚書、公羊、禮記四部。㊽

戴延之《西征記》云：

國子堂前有刻碑，南北行，三十五版，古篆、隸、科斗三種字㊾。

《蔡邕傳》「使工鐫刻立於太學門外」下，章懷太子引《洛陽記》注云：

洛陽記曰，太學在洛城南開陽門外，講堂長十丈，廣三丈，堂上石經四部本，碑凡四十六枚，元魏時西行，尚書、周易、公羊傳，十六碑存，十二碑毀；南行，禮記十五碑，悉毀壞；東行；論語三碑；二碑毀；禮記碑上有諫議大夫馬日磾、議郎蔡邕名⑥⓪。

又《北史・齊本紀》中第七文宣皇帝紀云：

（天保元年）八月，詔郡國修立黌序，廣延髦俊，敦述儒風。其國子學生亦依舊銓補，往者文襄皇帝所運蔡邕石經五十二枚，移置學館，依次修立⑥①。

從上五說，已略知石經梗概，惟石經之方位則各說皆異，碑數差別亦大。《洛陽伽藍記》與《水經注》但云立於堂前，《西征記》云南北行、三十五枚，《洛陽記》載向東西南行而無北行，若以二記之方向及碑數合而考之，既《洛陽記》云南行爲十五，是知《西征記》北行之碑數爲二十，再加《洛陽記》之碑數，則四行之碑數應爲六十六，惟先儒無一言碑數爲六十六者。

至石經立於何處，《洛陽伽藍記》言「堂前」有二十五碑。《洛陽記》則云「堂有石經」，是謂石經立於堂內之意，惟下文明言講堂長十丈、廣一丈，故若納之於堂內，恐亦難容，且講堂亦非立碑之所，若連下文之猶有十八碑及四十八枚一併言之，則更無法包容，故應從《水經注》、《洛陽伽藍記》及《西征記》所言之「堂前」爲是，而將具有校經正字功能之碑刻立於國子學堂前，亦合常理，此固無可置疑之事也。惟其分布於四向則疑點甚多，依《洛陽記》云，石經共四部，分東南西走，既有四部，理宜分向四方而行，且《西征記》中亦有朝北行者，惟《洛陽記》四十六碑僅朝東南西三向，而又詳列五經之目，夫如是，則北行之經目究爲何經？其或卽《魯詩》乎？

復以上文諸家論之，陸機生於吳永安三年，太康末（西元二八九年）與弟雲入洛，機之《洛陽記》，或可能成於其時。戴延之、酈道元、楊衒之皆後魏人，若以時代言，陸機見碑早於戴、酈、楊三人，陸入洛與東漢光和六年（西元一八三年）立一體石經，相距已百年，然陸所見爲四十六枚，而楊衒之所見竟達七十三枚㉒，以時間延後已二百五十年，所見反多，則其中必有後刻者。《水經注》云碑石四十八枚，王觀堂謂皆漢石㉓，然魏正始所立之石何去？則未論及，果眞四十八碑如王氏云皆爲漢一字石經，則與陸機所見之碑數亦同（詳見下文），與楊記表裏隸書之四十八碑亦合也。惟楊衒之別有三字石經二十五碑之記，其爲中郎手筆與否姑不論，惟酈當亦見之，爲何酈僅見漢一字之四十八枚而不見魏三字石經？而戴氏又爲何僅見魏三字而不見漢一字石經？同時代之人能如是乎㉔？此足以使人置疑者也。章太炎云：

> 水經注謂酈四十八枚，戴延之在酈氏前，乃云三十五枚，以時代古今相校，不應若是，則知戴酈皆有少誤，有不可執以相稽者矣。㉕

章氏以戴延之在酈道元之前，見碑三十五，酈見四十八，已云「不應若是」，此乃章氏誤以酈見之四十八碑爲魏三字石經之疎。而《伽藍記》所見之和竟又幾多出一倍，此實使人費解。惟以上疑問，先儒俱少論及，則更使人費解矣。

石經雖或屢遭破壞，然正如王觀堂云：「陸機時，漢石經當未崩毀㊿。」萬斯同云：「獻帝西遷之後，陸機作記之前，洛陽無大兵革㊿。」且魏初黃初元年（西元二二〇年）因董卓之亂而殘損之碑石經修補後，當已復原㊿。酈爲河南尹，匪獨能見太學之碑石，且亦常見之，漢石經既無大崩壞，魏又立三字石經，若言四十八枚爲漢石經，則魏石經又何去？戴延之僅見三體石經三十五碑，則漢之石經又何去？至云馮熙、常伯夫相繼爲州而廢毀分用，則事在酈楊之後也㊿。要之，若以四十八枚爲漢一體經，正始所立魏之一體與三體石經，四人俱當見之，陸酈又爲何僅記四十八枚漢碑而忽視其它也？

凡此種種，歷古以來，久懸未決，欲求碑數，則捨上舉之四本古籍無他途。今細味酈氏《水經注》記石碑之全文，實毫無論次，時間亦先後倒置，故其中必有錯簡或缺奪。注中之熹平四年至立於太學門外，與東漢靈帝光和六年至悉在東側，時間與層次不合，二段應前後倒置爲是，蓋詔許於熹平，而碑成則在光和也。且，在「東側」是明言結果與原定「立於太學門外」原意不符之句，故云應移下也。「三字石經」至「魏初」一段，中隔二百五十餘字，該段幾全部與正文脫節，故「魏初……淳法」句，亦應移於「魏正始中」之上，始合敍事層次。且僅記碑四十八枚，而與楊所記碑之總數不合。故疑酈文該段有脫簡或經刪削。

此外，《洛陽伽藍記》：「猶有十八碑」句之上，疑有奪文，否則「亦表裏隸書」之「亦」爲衍字矣。一，漢魏石經凡三，卽漢一體之熹平石經，曹魏邯鄲淳正始三字石經與正始中所立之一字石經。而楊文所記，自「開陽門外」至「遺跡也」爲一段落，乃記三體石經。其下文「復有石碑四十八」至「禮記四部」，乃記漢熹平所立之一體石經也，則缺記正始一體石經。其二，楊文本記漢魏三類石經之事，今但見其二而遺其一，豈其時曹魏之一字石經全毀乎？卽全毀亦必識之。而《伽藍記》中亦無涉及其事者，因疑文中「猶有十八碑」之前必有奪文。而該奪文應置於「猶有」之上，或卽記曹魏正始一體石經之句，蓋上文「遺跡也」已爲完成之句法，當告一段落，則「猶有」一辭已非連上文而言，且其上文已明言「堂前有」，於文義上已確定其存在矣。下記熹平四十八碑「亦表裏隸書」之作用頗大，其「亦」字蓋因上文之正始中一體石經爲隸書故，否則無必用「亦」字之理？以此論之，足見其文爲記三類碑文並敍三事者，惟後儒未加詳審，顧藹吉《隸辨》引《伽藍記》文，竟棄中段不顧，未究原文「猶有……殘毀」二句⑩，顧亭林《石經考·石經歷史存毀之跡》中，雖引《洛陽伽藍記》，惟未注意及之，致使後之鑽研石經者，以爲先儒已論定，實則誤矣。

至云「猶有十八碑上必有奪文」之理由，除上文所云外，碑數之問題亦大，因「四行之碑數應爲六十六，此六十六碑之數乃「十八碑」與其下四十八碑之和也。故其奪文應以魏正始中所立之一字石經而言，蓋《伽藍記》爲記三類碑而敍三事也，今見其二而缺一，其非魏一字石經莫屬，亦爲必然之事。於此可知，一、魏正始中所立之一字經，其時猶有十八碑存。二、亦可知凡隸書之碑，皆集中於一處，且《洛陽記》無北行之碑，其置諸堂前而北行，亦較合理，惟亦非全無可疑⑪，上文云六十六碑，其數乃以《西征記》之北行碑數加《洛陽記》碑數而成，惟《西征記》三十五碑乃三體者，若以之加進而云其北行乃魏一字石經，顯有不是。一、此或《西征記》之「三十五版」下有奪文，蓋《伽藍記》明載三體石經之數爲二十五，二、三記相差十碑，恐《西征記》之三十五版，非指三體而言也。魏三體石經，仍以《伽藍記》二十五碑爲確[71]。三、下文考《洛陽記》四十六枚乃四十八枚之誤，如四十八加《西征記》北行之二十碑，則碑數又變爲六十八矣，此亦唯有在「殘」碑中求之，雖殘之程度已無可知，惟《伽藍記》云「猶有十八碑，餘皆殘毀。」則顯有其餘而不止於十八碑之數，或其時完整與毀壞之碑石雜廁，數碑者或以石之殘、整而定其取捨，故難有確數，惟捨此恐無他法釋之矣。今以《伽藍記》所敍較《西征記》爲詳，乃依《伽藍記》「猶有十八碑」說而云漢魏一體碑數爲六十六，然究爲六十六抑六十八，亦姑存之以待考。

復以《洛陽記》言之，《邕傳》注引《洛陽記》云：「碑凡四十六枚」，若審視之，其「六」字或經後人竄改，蓋陸文「存」、「毀」俱自爲一數，觀之「十六碑存，十二碑毀」，上無「二十八碑」之文可知，而「論語三碑」下或缺一存毀字，是以凡碑數不論存毀，陸文俱一應計算，而「二碑」亦應算在數中，故其碑數實爲四十八枚，且與楊酈所記亦合，故其記四十六，實古本失落不可覩，即見之亦未必仍舊觀，今三記之數皆同，楊文又云四十八枚表裏隸書，有此發現，則四十八枚爲漢一體石經，可無疑矣。

惟《水經注》與《洛陽記》皆記漢一字經，則魏石經何在？此爲問題之焦點。《魏書》卷十二《孝靜紀》云武定四年「八月，移洛陽漢魏石經於鄴」。《隋書經籍志》云：

又後漢鐫刻七經著於石碑，皆蔡邕所書，魏正始中又立一字石經，相承以為七經正字。後魏之末，齊神武執政，自洛陽徙于鄴都，行至河陽，值岸崩，遂沒于水，其得至鄴者不盈太半[73]。

今以魏隋二書之文及〈馮熙傳〉中「舊三字石經，宛然猶在」句合而論之。魏武定五年爲公元五四七年，其時楊衒之已行役洛陽（永熙之亂爲西元五三四年），雖戰亂或有摧殘，石經尚未遷鄴，惟楊氏重覽洛陽之前亦必得睹。酈則卒於西元五二七年，當更能見之，惟僅記四十八枚，故云其有錯簡或脫奪也。且其後運鄴之石經，有漢有魏，魏書已明言漢魏石經矣[74]，故雖沒於水，天保元年亦有五十二枚移置學館。而於武定四年移鄴之石經，因「魏正始中又立一字石經，相承以爲七經正字」，故其全屬隸書一體，此可以〈馮熙傳〉「舊三字石經，宛然猶在。」作爲輔證，是移鄴不採三體魏石經亦實明。故自民國後，太學遺址出土之殘字，皆爲三體，漢一體則少見，因疑馮熙、常伯夫廢毀分用者實乃三體石經也。

綜而言之，《西征記》所云之三十五枚乃魏三字石經，或仍有脫奪，蓋未及漢一字石經故，惟書已佚，不可得知，或戴延之在酈後，故所見僅三體石經。實則戴延之生卒年不詳，是否在馮熙後亦未可知。是故楊衒之所記之碑數當最準確。蓋漢光和立石四十八，其後魏正始又立三字石經，且又繼立一字石經，而「猶有」之前應有脫文，故應將十八碑加之於七十三枚一體三體石碑中，則其碑數應爲九十一枚，此復可證《隋書・經籍志》「其得至鄴者，不盈大半」不誤。而天保元年運返洛陽學館者仍有五十二枚之事當亦可信，蓋以〈馮熙傳〉既云「舊三體石經，宛然猶在」，而運鄴四十八枚又毀其半，而移返時竟有五十二枚，於理不合，故以《洛陽伽藍記》爲最準確也。至陸機所見止於四十八枚，乃據〈蔡邕傳〉「使之鐫刻，立於太學門外」之唐章懷太子注而已，若以之作斷，則不免以偏概全之嫌矣！

六、晉奏鏤石經臆測

漢立石經於熹平，其後六十年，曹魏又立石經於正始⑮，不旋踵而晉又奏刻石經，惟以史籍記載不多，則晉曾否鏤刻，仍待商榷，且迄今仍無實物以證之。晉擬刻經之事亦僅見《晉書・裴頠傳》云：

時天下暫寧，頠奏脩國學，刻石寫經。

又注云：

書鈔六十七，類聚三十八，晉諸公贊曰，裴頠惠帝時，拜為國子祭酒，奏立國子太學，起講堂、築門闕，刻石以寫五經⑯。

案《藝文類聚・學校》條中云：

晉諸公贊曰，惠帝時，裴頠為國子祭酒，奏立國子太學，起講堂、築門闕，刻石寫經⑰。

《類聚》及〈裴傳〉皆云「刻石寫經」而非如注文之「刻石以寫五經」。此當辨別。又《晉書・趙至傳》曰：

趙至，字景真，代郡人也，寓居洛陽，……年十四，詣洛陽，游太學，遇嵇康於學寫石經，徘徊視之不能去⑱。

此明言嵇康寫石經於學，又《世說新語・言語》第二注，〈嵇紹、趙至・敍〉曰：「（趙至）年十四，入太學觀，時先君在學寫石經古文⑲。」晉擬刻石經之事，相關史料亦僅上四見而已。至裴頠奏刻石寫經，惠帝詔許與否，《裴傳》無說，其他史藉亦未提及，案晉惠帝在位十六年，當西元二九一——三〇六年，而陸機曾與弟雲入洛，時爲公元二八九年，其時若有刻石經事，陸機當必知之，且漢石經早於《洛陽記》已見經目凡五。而曹魏又於正始中立一字石經，相承以爲七經正字（見隋書經籍志），又刻三體字石經《春秋》、《尙書》，則立石刻經之事至此已達大成。而裴頠所奏刻石寫經，究欲刻何經？或擬刻古篆隸三體《春秋》、《尙書》以外之石經？此實爲千古疑案也。案〈嵇紹、趙至・敍〉言嵇康在太學寫古文石經，〈趙至傳〉云趙遊太學時，曾目睹嵇康於學寫石經古文。惟趙至卒於太康中，太康乃武帝司馬炎年號，則趙至卒時，裴頠仍未奏刻石寫經可知。再而言之，「寫經」之「寫」字應有二義：一爲摹寫，一爲書丹，雖兩者皆用墨，惟摹寫乃學習之方法，書丹則用之以爲刻石。孫海波云：「嵇康於學寫石經，正是摹寫耳⑳。」且裴頠在嵇康、趙至後，當不能混爲一談，況其時七經正字已備，三體復有《春秋》、《尙書》，故裴頠之奏，恐難如願。惟其奏請刻石寫經，亦必有因，一爲補刻三體石經，蓋三體僅刻《春秋》《尙書》二經而已㉑；一爲刻楷書石經，蓋晉世已流行楷體故。

經本無今古文之分，若孔壁書不出，亦無今古文之名，故所謂今文與古文也者，實際言之，乃指學派而言，應與文字無關，更不能以文字形體而區分之，蓋孔子爲一人，經亦當無今古之別，因門戶家法與詮釋不同，始有今文家與古文家而已。漢通行隸書，故以隸書爲今文。且「今」「古」之義，恆隨時代改變，設若秦世立小篆石經，則秦人視之爲今文，漢人視之爲古文耳，故漢刻石經用隸書，其意爲正定當時文字而使學子有所遵循，後有今古文之爭，始有以古文刻石經，惟仍附以篆隸而成三體，以便於研習故也。中國文字形體多變，由秦漢之隸演進至晉之楷後，晉人當擬以其時流通之楷書讀經，此一如吾人今日不以篆籀書寫經文，其理一也。且西晉書法，上承鍾太傅，下啓王右軍，別有其輝煌璀璨之成就，時勢所趨，則裴頠奏請刻石經之原因，或擬以楷書刻經也。惟迄今並未發現楷體石經，則裴頠曾否刻經仍屬存疑。

七、結　語

漢魏石經之一體與三體，聚訟紛紜，今集諸家異說，知魏立三字復立一字無誤。而漢刻石經，前賢已論實源自李巡之奏，今以出土殘石證之，《呂強傳》言不誤也。至古籍中所記有缺《魯詩》《儀禮》者，亦一一賴新出土殘石，得證石經並存《魯詩》及《儀禮》，乃前賢而已。惟凡此皆整理之作，實不敢掠前人之美。至熹平石經數量多寡，歷來難決，今以《洛陽記》云：「論語碑三、二碑毀」之「二碑」，皆應計算在內，則「四十六」應爲「四十八」之誤。復由《伽藍記》「表裏隸書」之四十八枚知爲漢一體石經，今三記漢碑數皆合，則漢熹平所立之一體石經爲四十八枚，可成定論矣。而王觀堂《石經考》一云：「其石數則《西征記》云四十枚㉜，《洛陽記》云四十六枚，《洛陽伽藍記》云四十八碑，《水經注·穀水篇》復以四十八碑爲魏三字石經，《北齊書·文宣帝紀》云五十二枚，此亦先儒所謂不可得而詳者也。實則王觀堂集中於刻存數量之計算，以每行納若干字，每碑能容若干字，進而探討石經碑數，此亦難免疏漏。今據碑之行向，以《洛陽記》《西征記》二書所得之四向數，可知碑數存毀可覩者爲六十六枚，而此數則爲《伽藍記》「猶有十八碑」「復有石碑四十八枚」之和，亦於此可知曹魏一字石經，當時猶有十八碑，故其後齊神武自洛遷鄴雖有沒于水者，惟所謂「其得至鄴者，不盈大半」，亦不無誇張失實之嫌。且《伽藍記》云「餘皆殘毀」；而其殘者或有修補，因之，文宣帝時仍有五十二枚之移置，此久懸而不能決之碑數，亦可一一決之矣。

至晉擬立石經，雖今仍未見殘石出土，而文獻記者亦少，惟與書體有關，當無疑問。總而言之，漢魏立今古文石經，純因今古文學派之爭而起，此於熹平立經盧植被摒棄可知，其後古文學家擡頭而立三體字，《春秋》《尚書》二經，以古文居首而下附篆隸，惟士子所學習者爲經，三體文字異形，一一辨之不易。此三體其僅見《春秋》《尚書》亦未必無因。晉或爲便士子學習故，擬以當代流行之楷書而刻經，亦爲意料中事也。

以上拙見，其事實是否如此，亦唯有賴鑽研者之共同訂正，是厚望焉。

【附　註】

①　清顧藹吉《隸辨》卷七頁四七，石經論語殘碑條。
②　同上書卷頁四四。
③　明顧炎武《金石文字記》卷一石經條（引見《石刻史料新編》十二册總頁九二〇三）。
④　劉宋范曄《後漢書》・靈帝紀卷八頁五。
⑤　同上書七九上頁二。
⑥　同上書六〇下頁七。
⑦　同上書七九上頁九。
⑧　同上書七八頁一四～一七。
⑨　同註①書卷頁四九。
⑩　清翁方綱《兩漢金石記》卷三頁一三。
⑪　後魏酈道元《水經注・穀水》卷一六頁二八（世界書局版）
⑫　劉承榦《希古樓金石萃編》七，石二，頁二一四，漢石經敍殘石條。
⑬　馬衡《漢石經集存・概述》（《考古學報第十册》）
⑭　後魏楊衒之《洛陽伽藍記》卷三頁三。
⑮　唐李延壽：《北史・劉芳傳》卷四二頁五。

⑯ 長孫無忌等撰《隋書・經籍志》卷三二頁三、六。

⑰ 宋歐陽棐：《集古錄目》卷二頁一石經遺字（收《石刻史料新編》二一冊）。

⑱ 同註⑬

⑲ 宋張演：《石經跋》（引見王昶《金石萃編》卷一六頁二六。

⑳ 清王昶：《金石萃編・石經殘字》卷一六頁。

㉑ 同註⑳卷一六漢一二石經殘字下按云。

㉒ 宋董逌〈廣川書跋〉卷五石經尙書條云。收文淵閣《四庫全書》八一三冊，臺灣商務印書館。

㉓ 明顧炎武：《金石文字記》卷一，石經條。案顧氏石經條曾云：「合而考之……二曰魏石經三體一體之不同……」未考漢石經究爲三體抑一體，或認定漢爲一體矣。說並收王昶《金石萃編》卷一六漢一二，頁二七，文中三誤作二，云「按二體石經，漢魏皆嘗立之。」今從嘉慶張鵬校本改正爲三字。

㉔ 清萬斯同《石經考》卷上頁四二至四三。

㉕ 宋洪适《隸釋》卷二三頁二二。

㉖ 同上書卷二五頁八。

㉗ 宋洪适《隸續》卷四頁四，〈魏三體石經左傳遺字〉條。

㉘ 宋趙明誠《金石錄》卷一六頁一〇漢石經遺字條。

㉙ 清朱彝尊《經義考》（引見王昶《金石萃編》卷一六漢一二頁三〇。

㉚ 宋張演《石經跋》（引見王昶《金石萃編》卷一六漢一二頁二六。）

㉛ 同註①卷七頁五〇。

㉜ 孫海波《魏三字石經集錄》，其自序首句卽云：「三字石經者，魏正始中所建立。」至辨魏一字石經，集二源流云：

「余意漢魏之世，經傳傳鈔不一，書體或異，同爲一字，此經作此體，彼經作彼體者，在在而有，觀許書汗簡所引，同爲一經，文不相符可證，正始所刻，或爲當時古文學家公定之本，而同時流傳之本，文字有異者，則又賡續刻之，省時減工，改爲二體，後又改爲一體，其經傳古文之有殘缺者，則僅寫隸書，空其古文，如隸書一體者是，又或經傳之有散佚者，則僅就其所有者刻之，如左氏傳之未刻成而罷，其操切不卒，可以知矣。」

案孫氏之辨甚新，亦有其參考之價值。蓋正始石經，迄今所發，獨見《尚書》《春秋》，皇祐蘇望所摹者，春秋桓公亦有傳文，左氏全傳十七萬餘言，《春秋經》《尚書》，幾二十一萬字，三體重複，則四十八碑猶不贍蓋，一百六十餘碑而後足容古文篆隸六十三萬字也。（見章炳麟《新出三體石經考》云）則其工作艱鉅可見。

㉝ 王國維《魏石經考》，皆以魏爲三字，漢一字，（見《觀堂集林》）。

㉞ 詳見章炳麟《新出三體石經考》（華國月刊第一卷第一、二期），與于右任《論三體石經書》（華國月刊第一卷第四期），與弟子吳承仕《論三體石經書》（華國月刊第二期第四册。案章氏主「一字石經立於漢，三字石經立於魏。」又云「范曄去正始幾二百年，以三體歸之於邕，傳聞之與目覩，虛實易辨，不須博徵也」。

㉟ 同注⑬書。案馬著〈概述〉云：「范曄《後漢書》對此事敍之雖詳，而有一極大錯誤，即《儒林傳序》認石經『爲古文、篆、隸三體書法。』致啓後世之紛爭。」又馬著《漢石經集存》，臺灣亦有著者曰馬無咎，惟其概述卽馬衡之全文，故今以馬衡所著爲定。

㊱ 同註①。

㊲ 明顧炎武《金石文字記》卷一石經條。

㊳ 清顧藹吉《隸辨》卷七頁四七石經論語殘碑條。同註①

㊴ 見劉宋范曄《後漢書》六十下頁七〈蔡邕傳〉案〈集解〉引何焯曰：「册當依水經注作丹。」此從原文。同註④六十下頁七。

㊵ 唐長孫無忌撰《隋書・經籍志》卷三二頁三六。同註⑯卷三二頁三六。

㊶ 同上注。

㊷ 同注②。

㊸ 王國維：《魏石經考一》（觀堂集林卷二十）總頁九五六（王國維先生全集初編三）。

㊹ 趙鐵寒：《讀熹平石經殘碑記》（大陸雜誌卷一〇第五期）

㊺ 案屈師翼鵬曰：「宋代雖有漢石經殘石之發現，然未見周易隻字，民國十一年後，漢石經周易殘石，始陸續出土，迄抗戰軍興之前，各家所著錄者，已達千字以上。」（見屈萬里《漢石經周易殘字集證自序》。

㊻ 同注②，卷七頁四八。

㊼ 案後漢趙岐《孟子題辭》云：「孝文皇帝欲廣遊學之路，論語、孝經、孟子、爾雅皆置博士，後罷傳記、博

士，獨立五經而已。」又馬宗霍《中國經學史》云：「論語、孝經、孟子、爾雅皆置博士，此則史記、漢書並未之及，其爲實錄以否，不可知矣」。

又皮錫瑞《經學歷史．經學昌明時代》亦曰：

「如趙氏言，則漢初四經已立學矣。後世以此四經並列爲十三經，或卽趙氏之言啓之。但其言有可疑者。史記、漢書、儒林傳皆云：「文帝好刑名，博士具官，未有進者。」卽云具官，豈復增置；五經未備，何及傳記。漢人皆無此說，惟劉歆移博士書有孝文時諸子傳說立於學官之語。趙氏此說當本於劉歆，恐非實錄。」是趙氏之語，恐不足信。若其時《論語》不及學官，其能與諸經並刻乎？案漢禮之大小戴二博士，所傳皆《儀禮》，亦止有《儀禮》。（詳見皮錫瑞《經學歷史》）萬季野《石經考》亦言東漢時「三禮但用儀禮，有大小戴二家。」故益以《論語》而爲之六，與缺《儀禮》均有可商之處。

㊽ 清翁方綱《兩漢金石記》卷三頁一三。同註⑩。

㊾ 詳見中國社會科學院考古研究所洛陽工作隊〈漢魏洛陽故城太學遺址新出土的漢石經殘石〉一文。（考古一九八二年第四期）

㊿ 參見范邦瑾〈兩塊未見著錄的「熹平石經、詩」殘石的校釋和綴接〉一文。文物一九八六年第五期）

(51) 參見趙鐵寒〈讀熹平石經殘碑記〉（大陸雜誌第十卷第五期）。同註㊹

(52) 王國維〈魏石經考一〉觀堂集林卷二十（王國維先生全集初編三）總頁九五三同註㊸頁九五三。

(53) 馬衡《漢石經概述》考古學報第十冊，案馬衡云「學經目者爲西征記」馬氏或據御覽碑引云，惟學者多不取。

㊹ 清顧藹吉《隸辨》卷七頁四八。同註①卷七頁四八。

㊺ 孫海波《魏三字石經集錄・源流》頁三。

㊻ 後魏酈道元《水經注。穀水篇》卷一六（總頁二一八）云：「又東過河南縣北東南入於洛條。」

㊼㊽ 四部備要史部魏楊衒之《洛陽伽藍記》卷三頁三御道東。案上引文兩段本連綴爲文，今分割之爲二，詳見下文述說。

㊾ 戴延之《西征記》引見孫海波《魏三字石經集錄》源流，頁三。

㊿ 劉宋范曄後漢書六十下〈蔡邕傳〉頁八注。案萬斯同石經考舉洛陽記文云「廣二丈」，邕注作「廣一丈」。「堂有石經四部本」，萬考作「堂前石經四部」，又「悉崩壞」，萬本作「悉毀」。未知孰是，今從邕注。

61 唐李延壽《北史・齊本紀》卷七頁五。

62 案楊記七十三碑，或仍不止此數，此七十三乃二十五碑，與四十八碑之和，云「不止此數」者見下文。

63 見王國維魏石經考二云：「水經注之四十八碑，實爲漢石經石數，故魏石經石數，當以西征記爲最確也。」王氏此論，純以《洛陽伽藍記》所云：「二十五碑，則尚不足容尚書春秋二經字數。」而立論，然《伽藍記》之「猶有十八碑……」之文，則恍若未覩而弗計算，此亦王氏之疎矣。

64 案酈戴楊三人，唯酈有傳，戴、楊生卒不詳。

65 章炳麟〈與于右任論三體石經書〉華國月刊第一卷第四期，民國十三年一月上海華國月刊社出版。

66 王國維〈魏石經考〉一。（觀堂集林卷二十（王國維先生全集初編三）總頁九五四，同註㊸頁九五四

67 見萬斯同《石經考》卷上頁十。

⑱ 案《三國志集解》《魏書・王肅傳》注，魏略曰「至黃初元年之後，新主乃復始掃除太學之灰炭，補舊石碑之缺壞。」據今新出土之殘字驗之，《魯詩》《春秋》皆有補刻之字可證。

⑲ 考《魏書・馮熙傳》：「熙爲文明太后兄，幼爲姚氏魏母所養，因戰亂後母攜至氐羌中撫育，及文明太后使人外訪，知熙所在而徵赴京師，歷任官，其後乞轉外任爲洛州刺史。其時洛陽雖經破亂，而『舊三字石經宛然猶在』至熙與常伯夫相繼爲州，廢毀分用，大致頹廢。案《魏書・后妃傳》：文成文明皇后馮氏，爲高宗文成帝后，高宗崩（西元四九九年），爲皇太后後始訪馮熙，熙又歷任高官甚久，酈卒於西元五二七年，《伽藍記》寫於武定五年間，可知酈、楊記之時，熙仍未乞轉外任，且廢毀分用之前，舊三字石經宛然猶在也。

⑳ 案《隸辨》七頁四九〈石經論語殘碑〉條內云：「洛陽伽藍記云：國子堂前有三種字石經二十五碑，表裏刻之，作篆、科斗、隸三種，蔡邕筆之遺跡也。復有石碑四十八枚，亦表裏隸書。」其捨原文中段可知。

㉑ 案此亦不無牴牾之處，既水經注云「樹之於堂西」，碑凡四十八枚，其爲漢爲魏已爭論不下，今以二記而定爲四十八，且皆爲漢一體，三數既相合，王觀堂亦考定爲漢碑，若云漢與曹魏之一體悉在東側，則曹魏三體應在西而成對稱之狀，豈《水經注》之「石長八尺，廣四尺，列石其下，碑石四十八枚。」之文倒置，應在「悉在東側」之下乎？姑存之待考。

㉒ 王國維魏石經考二云：「而水經注之四十八碑，實爲漢石經石數，故魏石經石數，當以西征記爲最確也。」案王氏認爲「洛陽伽藍記所云二十五碑，則尚不足容尚書春秋二經字數。」案章炳麟〈新出三體石經考續〉云：「皇佑蘇望所摹者，春秋桓公亦有傳文，左氏全傳十七萬餘言，合之春秋尚書，幾二十一萬字，三體重複則四十八碑猶不能瞻蓋，一百六十餘碑而後足容古文篆隸六十三萬字。」（華國月刊第一卷第二期）。孫

海波云：「今依西征記三十五碑字數計之……魏石經字數，當以西征記爲最確也。」又云：「欲測知魏石經之石數，當以三字直下之一經文爲考正之資。」因而孫氏表列考之，而謂「故知三字直下之碑，當爲二十八枚無疑。」又云：「又或經傳之有散佚者，則僅就其所有者刻之，如左氏傳之未刻成而罷，其操切不卒，可以知矣。」故王氏以字數而算謂《西征記》爲最確，殊不可靠，今以孫氏之表列，亦僅止於二十八碑，蓋離散則不刻，故謂魏三體仍以《伽藍記》二十五碑爲是。

(73) 長孫無忌等撰《隋書・經籍志卷三二頁三六云。同註⑯頁三六

(74) 北齊魏收《魏書》卷一二頁一一，〈孝靜紀〉武定四年云：「八月，移洛陽漢魏石經於鄴。」可知移鄴之石經有漢有魏。

(75) 案曹魏刻石經事，陳壽《三國志》無說，《晉書・衞恆傳》則記之甚詳

(76) 《晉書斠注》卷三五頁一二

(77) 唐歐陽詢《藝文類聚》卷三八頁

(78) 同注(76)書卷九二頁一一。

(79) 《世說新語・語言》。

(80) 孫海波《魏三字石經集錄源流》頁六。

(81) 案魏三體石經，除《尚書》、《春秋》二經外，尚有左氏傳文，宋蘇望得殘本摹之，始知爲左氏傳桓公傳文也。故六朝及唐初均未及記載。又據王國維《魏石經考》二云：有桓七年傳九字，桓十七年傳二十六字。然孫海波《魏三字石經集錄・源流》云：「桓十七年傳文二十六字，乃係一行直下，石之崩裂作一長行者，似

無此理，此石之眞贋以否，尙屬疑問，」故本文但採魏刻三字經爲《春秋》《尙書》二經說，且宋蘇望所得之摹本《左傳》，歐陽棐亦云「莫辨其眞僞也」。

82 案此乃王氏據太平御覽卷五八九引。《西征記》既云三十五，又云四十，此四十之數先儒亦不採，故仍從三十五之說。

引用書目

後漢趙岐注　宋孫奭疏　《孟子題解》　江西南昌府學版　藝文印書館

清朱彝尊　《經義考》（收《金石萃編》卷一六。

清皮錫瑞　《經學歷史》　中華書局

清馬宗霍　《中國經學史》　商務印書館

劉宋范曄撰　清王先謙集解　《後漢書集解》　武英殿本二十五史　藝文印書館

晉陳壽撰　民國盧弼集解　《三國志集解》　藝文印書館

齊魏收撰　《魏書》　藝文印書館

清吳士鑑
清劉承幹注　《晉書斠注》　藝文印書館
唐李延壽　《北史》　藝文印書館
唐長孫無忌　《隋書》　藝文印書館
後魏酈道元注　《水經注》　世界書局
後魏楊衒之撰　《洛陽伽藍記》　（收《四部備要・史部》二九四）　臺灣商務印書館
宋歐陽棐　《集古錄目》　（收《石刻史料新編》第二册）　新文豐出版社
宋張演　《石經跋》　（收王昶《金石萃編》卷一六）　國風出版社
宋趙明誠　《金石錄》　（收《石刻史料新編》第十二册）　新文豐出版社
明顧炎武　《金石文字記》　（收《石刻史料新編》第十二册）　新文豐出版社
明顧炎武　《石經考》　（收《四庫全書・史部》四四一册）　臺灣商務印書館
清萬斯同　《石經考》　（收《四庫全書・史部》四四一册）　臺灣商務印書館
清朱彝尊　《曝書亭金石文字跋尾》　（收《石刻史料新編》第二十五册）　新文豐出版社
清王昶　《金石萃編》　國風出版社
清翁方綱　《兩漢金石記》　（收《石刻史料新編》第十册）　新文豐出版社
王國維　〈魏石經考〉　（收《觀堂集林》　卷二十《王國維先生全集》　初編第三册

馬無咎《漢石經集存》（藝文印書館
馬衡〈漢石經概述〉《考古學報》第十册
孫海波《魏三字石經集錄》藝文印書館
屈萬里《漢石經周易殘字集證》中央研究院歷史語言研究所
呂振端《魏三體石經殘字集證》學海出版社
屈萬里《漢石經尙書殘字集證》中央研究院歷史語言研究所
清顧藹吉《隸辨》世界書局
宋洪适《隸續》（收《石刻史料新編》第九册）新文豐出版社
宋洪适《隸釋》（收《石刻史料新編》第十册）新文豐出版社
宋董逌《廣川書跋》（收《四庫全書・子部》一一九册）臺灣商務印書館
徐無聞《秦漢魏晉篆隸字形表、前言》西南師範學院學報一九八五年第二期
章炳麟〈新出三體石經考〉華國月刊第一卷第一、二期
章炳麟〈與于右任論三體石經書〉華國月刊第一卷第四期
章炳麟《與弟子吳承仕論三體石經書》華國月刊第二期第四册
趙鐵寒〈讀熹平石經殘碑記〉大陸雜誌第十卷第五期
中國社會科學院考古研究所洛陽工作隊〈漢魏洛陽故城太學遺址新出土的漢石經殘石〉《考

古》一九八二年第四期。

范邦瑾〈兩塊未見著錄的《熹平石經·詩》殘石的校釋及綴接〉《文物》一九八六年第五期。

本文既題以「辨疑」，當亦以「疑」爲出發，然石經可疑者多，絕非此一短文可及，惟以本篇僅擬就倡刻者、字體、經數、碑數及刻石方位等作一概括性之探討，故亦不避寬泛之譏。

圖版壹

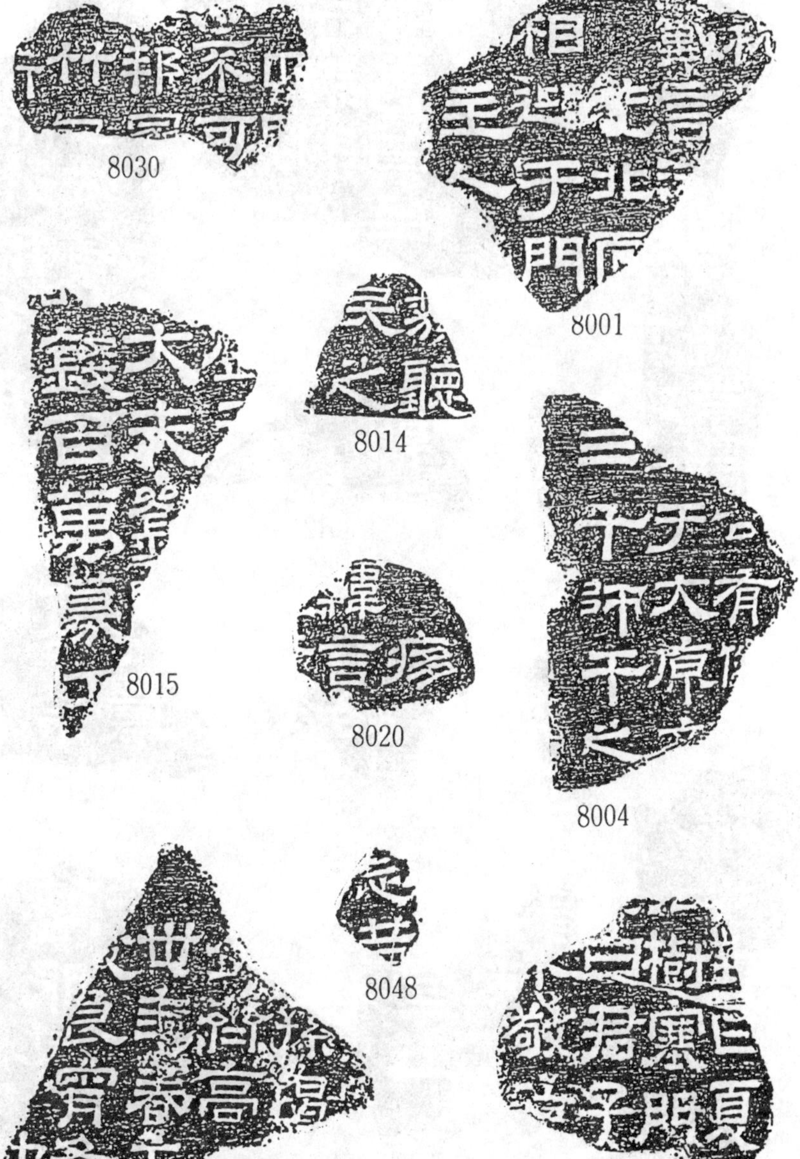

8030

8001

8014

8015

8020

8004

8048

8039

8025

輯自《漢魏洛陽故城太學遺址新出土漢石經殘石》

圖版貳

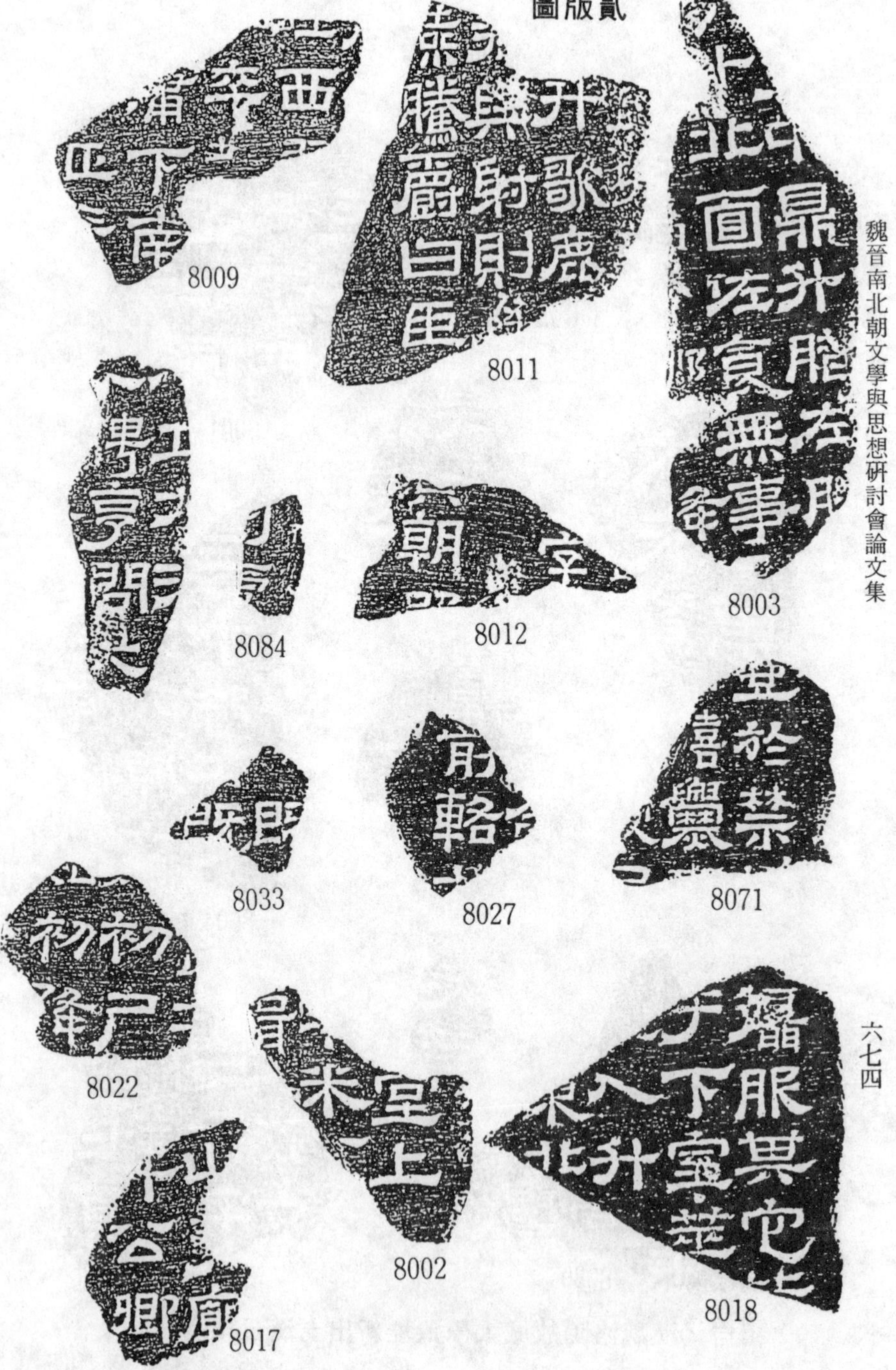

8009 8011 8003 8084 8012 8033 8027 8071 8022 8002 8018 8017

圖版三

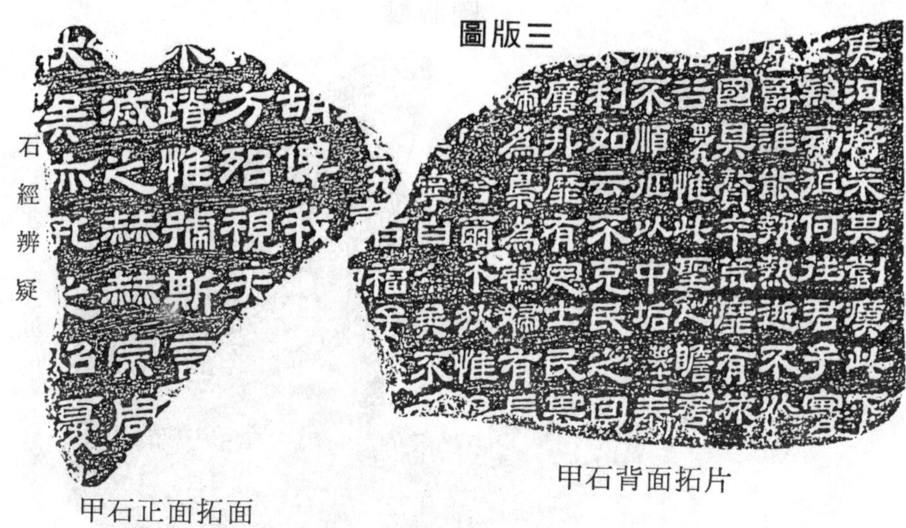

甲石正面拓面

甲石背面拓片

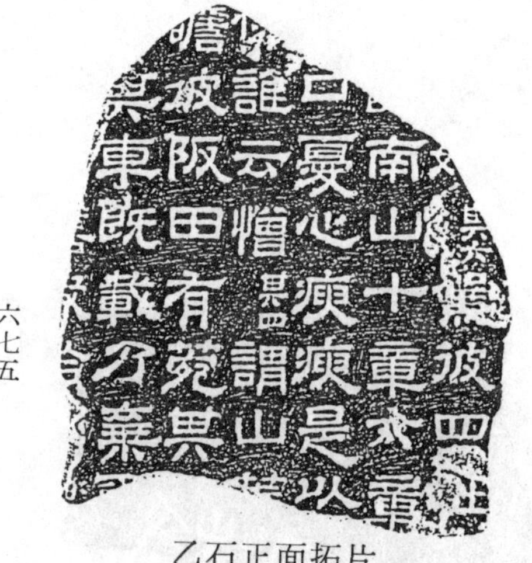

乙石正面拓片

乙石背面拓片

輯自《兩塊未見著錄》的《熹平石經・詩》

圖版肆

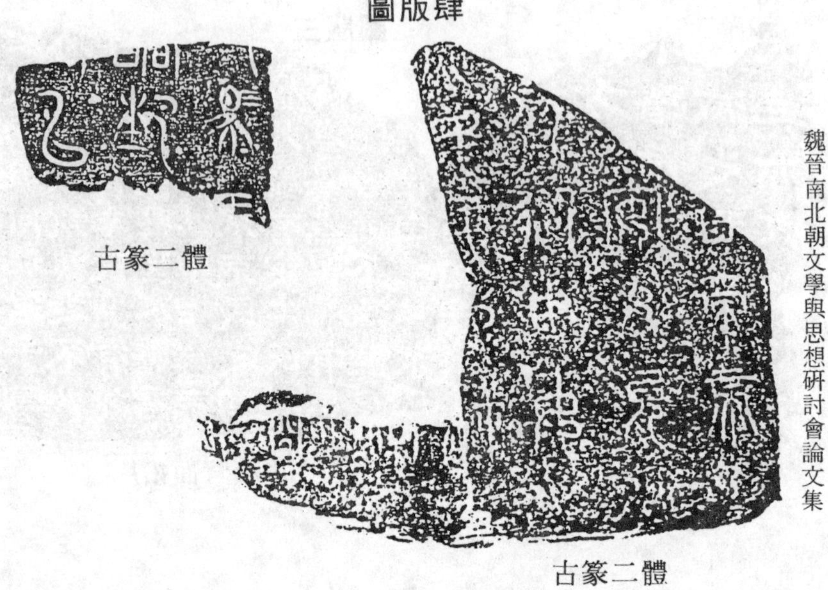

古篆二體

古篆二體

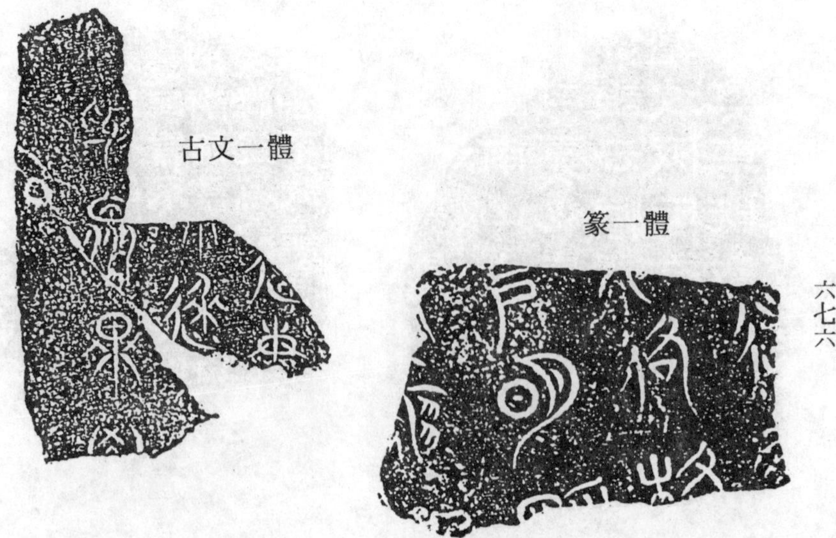

古文一體

篆一體

輯自孫海波《魏三體石經集錄》

圖版伍

三體魏石經作品
字形排列者

《尚書・皐陶謨》

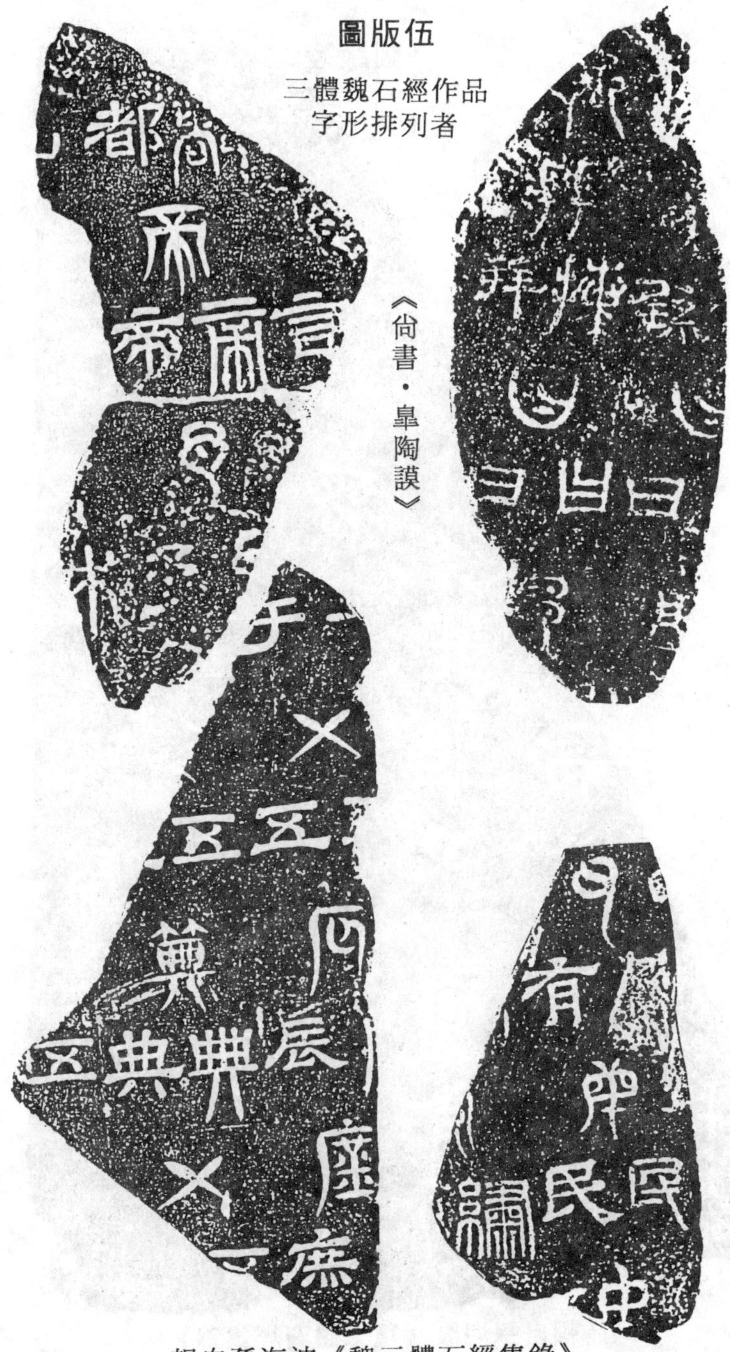

輯自孫海波《魏三體石經集錄》

圖版陸

魏三體石經〈多士〉經文

三體石經作縱行排列者

輯自孫海波《魏三體石經集錄》

圖版柒

魏三體石經〈僖公〉經文

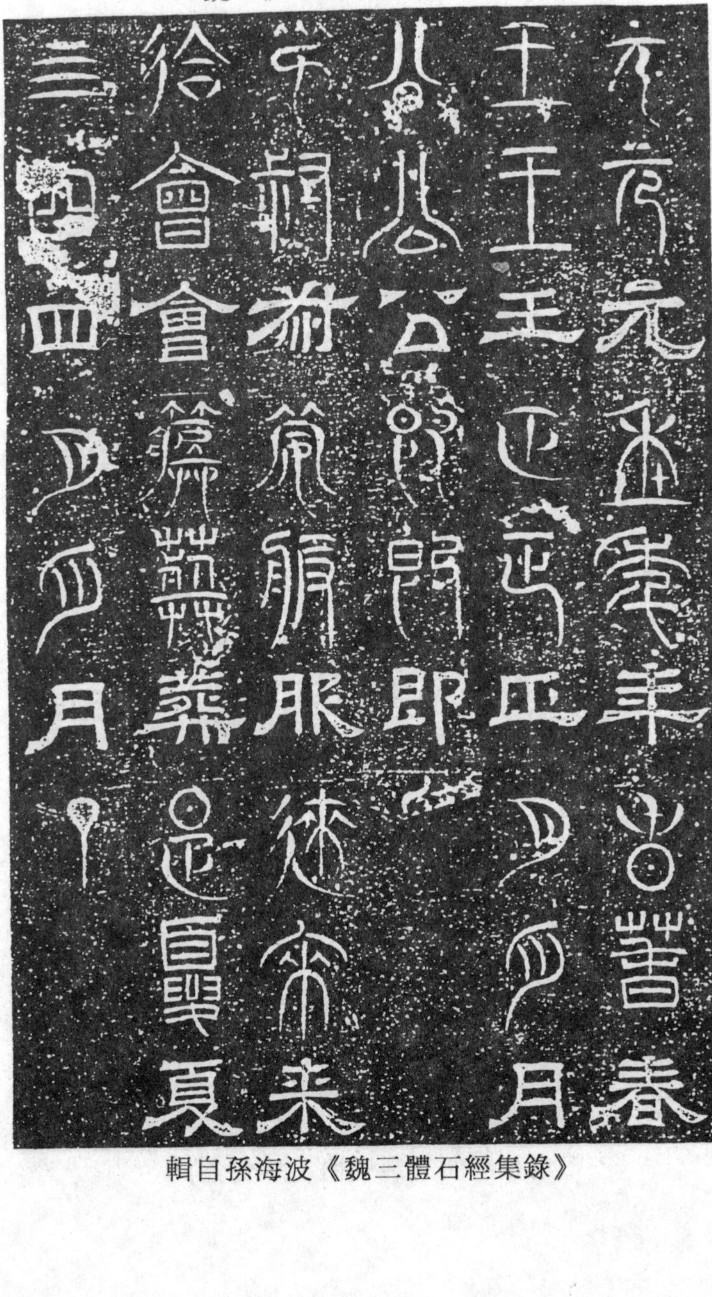

輯自孫海波《魏三體石經集錄》

圖版捌

魏三體石經〈僖公〉經文

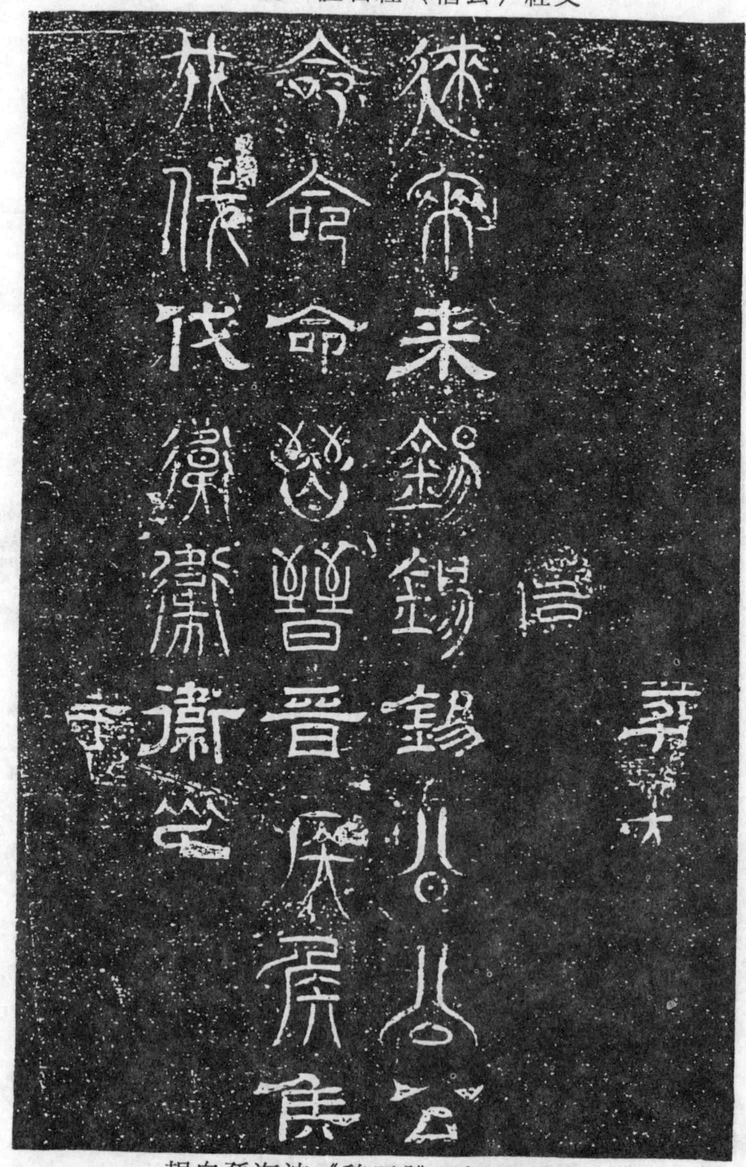

輯自孫海波《魏三體石經集錄》

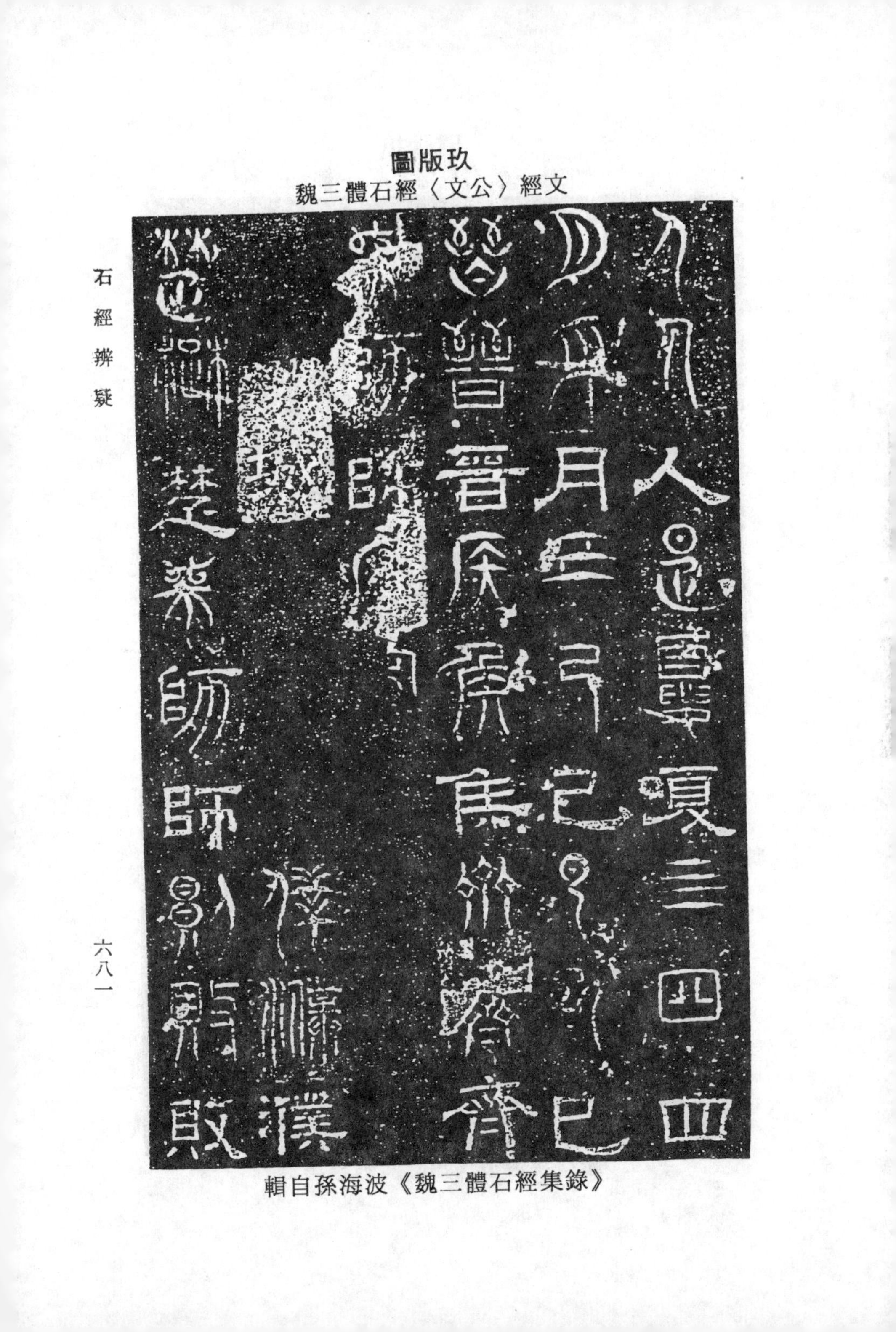

圖版玖

魏三體石經〈文公〉經文

輯自孫海波《魏三體石經集錄》

圖版拾

魏三體石經〈文公〉經文

輯自孫海波《魏三體石經集錄》

作者簡介

洪順隆 字暢懋，臺灣省嘉義縣人，民國二十三年生，國立臺灣師範大學國文系畢業、私立文化大學中文研究所文學碩士，日本國立東京大學文學院人文科學專門課程中國文學博士課程結業，現任中國文化大學中文系中文研究所專任教授，撰有「謝宣城集校注」、「六朝詩論」、「由隱逸到宮體」、「曹丕年譜暨作品繫年」「左傳論評選析新編」等二十餘種學術論著，專攻六朝文學，兼涉秦漢唐宋。

王文進 臺灣臺中縣人，民國四十年生。淡江大學中文系畢業、師大國父研究所碩士、臺大中文研究所博士。現任淡江大學中文系副教授兼系主任，中文研究所所長。著有〔論六朝詩中巧構形似之言〕，〔淨土上的烽煙——洛陽伽藍記研究〕，〔荆雍地帶與南朝詩歌關係之研究〕等。

邱燮友 福建龍巖人，一九三一年生。國立臺灣師範大學碩士，現任國立臺灣師範大學教授。著有《童山詩集》、《白居易》、《中國歷代故事詩》、《散文結構》、《品詩吟詩》、《中國文學史初稿》、《唐詩朗誦》、《唐宋詞吟唱》等。

林麗眞　福建永春人，一九四七年生。國立臺灣大學文學博士。著有《荀子》、《魏晉淸談主題之硏究》、《王弼老、易、論語三注分析》等書，並曾發表學術論文三十餘篇。現職爲臺大中文系教授，主授「魏晉玄學」、「中國思想史」等課程。

王國良　臺灣省臺南縣人，民國卅七年出生。東吳大學中文系、政治大學中文所碩士班、東吳大學中文所博士班畢業。現任東吳大學中文系、中硏所教授。專攻六朝及唐代小說，兼治中國圖書文獻學。目前已出版唐代小說敍錄、魏晉南北朝志怪小說硏究、六朝志怪小說考論……等專書八種，相關論文四十餘篇。

王金淩　廣東省豐順縣人，民國三十八年生。輔仁大學中國文學硏究所碩士畢業，東吳大學中國文學硏究所博士畢業。曾任輔仁大學教授，今執教於中山大學中國文學系。著有「劉勰年譜」，「文心雕龍文論術語析論」，「中國文學理論史」（上古篇）（六朝篇）等書，與「呂氏春秋的天人思想」「公羊傳的居正與行權」，「皎然詩式硏究」等論文。

陳怡良　臺灣省嘉義縣人，民國二十九年生。國立成功大學中文系畢業，現任國立成功大學中文系教授，主講中國文學史、中國文學欣賞、楚辭等課程。著有陶淵明硏究、天問硏究、屈原文學論集等書，及有關詩經、楚辭、中國文學批評、魏晉六朝文學等單篇論文。

陳昌明　臺灣省基隆市人　成大中文系六十八級畢業、臺大中文硏究所碩士畢業、臺大中文硏究所博士班肄業，現任敎成大中文系，著有「六朝緣情觀念硏究」、「六朝詠物詩硏究」、「從形體思想論莊子美學等著作。

廖美玉 民國四十四年生。臺灣省雲林縣人。國立臺灣大學中國文學博士。現任國立成功大學中國文學系副教授。著有：「杜甫連章詩研究」、「錢牧齋及其文學」等。

黎活仁 一九五〇年生於香港，廣東番禺人。香港中文大學中文系學士，日本京都大學修士，香港大學博士。自一九七八年開始在香港大學中文系任敎，講授科目包括現代及當代中國文學思潮、中國文學史和《文心雕龍》等。

李　栖 高雄市人，民國三十年生，東吳大學、國立臺灣師範大學國文研究所畢業現任國立高雄師範大學國文系副教授、東吳大學中文研究所博士班研究生，著有漱玉詞研究、歐陽脩詞研究等書，博士論文訂爲宋題畫詩研究。

宋鼎宗 臺灣省南投縣人，民國三十一年生，省立成功大學中國文學系畢業、國立臺灣師範大學國文研究所碩士，曾任國立成功大學講師、副教授，現任國立成功大學中國文學系教授。著有「春秋左氏傳賓禮嘉禮考」、「春秋胡氏學」、「春秋宋學發微」，及其他學術論文若干篇。

呂　凱 河南省輝縣人，民國二十五年生。國立政治大學中國文學系畢業、政治大學中國文學研究所碩士、國家文學博士。曾任國立政治大學中國文學系講師、副敎授、韓國成均館大學校客座敎授，國立政治大學中國文學研究所副敎授、敎授、敎授兼所長。現任國立政治大學中國文學研究所敎授。著作有「湯顯祖南柯記考述」、「鄭玄之讖緯學」、「魏晉玄學析評」、「神仙道家——

淮南子」、「明代傳奇尚律二派之比較研究」、「管子研究」，以及其他學術論著多篇。

曾春海　民國六十六年畢業於輔仁大學哲學研究所博士班，美國哥倫比亞大學研究，著作有王船山周易闡微（博士論文）、朱熹易學析論（輔大出版社）、陸象山（三民書局）、儒家哲學論集（文津出版社）。魏晉方面的論文有①王弼聖人有情無情論、②魏晉自然與名教探義、③嵇康人性觀、④從儒道樂論析論嵇康聲無哀樂論。曾任教輔大及東吳大學哲學系，現任教於政大哲學系、所。

李豐楙　臺灣省雲林縣人，政大中研所博士，現任政大中文系教授。擔任現代文學、楚辭、古典小說研究諸課程。研究道教文學，撰有《魏晉南北朝文士與道教之關係》、《不死的探求——葛洪及其抱朴子》、《翁方綱及其詩論》，及其他相關論文。

張仁青　字同塵，民國二十八年生，臺灣省花蓮縣人。國立臺灣師範大學國文研究所博士班畢業，國家文學博士。曾任國立臺灣師篇大學、國立臺灣大學、國立中央大學、國立成功大學、中央警官學校、私立中國文化大學、私立銘傳管理學院等校講師、副教授、教授。考試院高等考試、特種考試典試委員。中華民國各廣播電臺聯播節目主講人。現任國立中山大學中國文學系及中國文學研究所教授。著有《歷代駢文選詳注》、《中國駢文發展史》、《中國文學思想史》（譯著）、《六十年來之駢文》、《魏晉南北朝文學思想史》、《三唐詩絜》、《唐宋詩髓》、《駢文學》、《六朝唯美文學》、《中國駢文析論》、《文心雕龍通詮》、《駢文導讀》、《唐詩擷華》、《

應用文》、《國文寶典》等書。又歷年來發表在各學報及報刊雜誌之單篇學術論文百餘篇，方編次蕆事，待梓。

江建俊 臺灣彰化人，民國三十八年生。成功大學中文系畢業，政治大學碩士、文化大學博士，現任成功大學中文系副教授。主授魏晉玄學、中國思想史專題研究等課程。著有：建安七子學述、漢末人倫鑒識之總理則、魏晉玄理與玄風之研究、魏晉學術思想研索、郭象莊子學、竹林七賢論等書。

劉漢初 國立臺灣大學中國文學博士，現任臺灣省立臺北師範學院副教授，著有「蕭兄弟的文學集團」、「六朝詩發展述論」等。

黃競新 一九四九年出生，原籍廣東高要，先世從政徙居北平，大陸易守後，舉家遷往香港，接受香港教育，大學時主修數學及語文教育，獲教育學士及文學士學位。碩士時代專研現代文藝思潮及戲劇，一九七六年進入臺灣大學中國文學研究所博士班，師事屈翼鵬及金祥恆二教授，轉攻經史甲骨文字之學。一九八二年獲文學博士學位，旋返香港大學再修哲學博士，並任教於中文大學。一九八五年應成功大學之聘返國任教，開設「甲骨學研究」課程並主持甲骨學研究室，六年來皆致力拓展甲骨學之研究領域。現正利用電腦影像處理技術進行甲骨學資料之彙整。研究專題主要爲利用甲骨文與古文獻之資料配合自然生態、地形學、氣象學與近世數據實錄資料以研究殷代之氣象實況。主要著作有：從卜辭經史考殷商氏族源流；殷商天文氣象彙考；殷商季風氣候彙考；

從黃河流域之氣象特徵看殷代之風雷等現象；甲骨文所見時序用語及時間限制辭研究；中國戲劇起源諸說辨析；五四時代中國之文藝思潮及其發展，及論中學中國語文之語法修辭教學等數十種。

湯一介　一九二七年生於天津。一九五一年畢業於北京大學哲學系，現任北京大學哲學系教授、中國哲學教研室主任。兼任深圳大學國學研究所所長、中國文化書院院長。一九八三年至一九八六年間，到美國、加拿大等國訪問講學，及參加國際會議，對中國哲學、中國佛學、道教、魏晉玄學均有深入研究。發表論著多種，主要著作有《郭象與魏晉玄學》、《中國傳統哲學中的眞善美》、《魏晉南北朝時期的道教》。

袁行霈　字春澍，江蘇武進人，一九三六年生。一九五九年畢業於北京大學中文系，留校任教，現任北京大學中文系教授，北京大學校務委員會委員。並曾任教於日本東京大學、愛知大學。著中國詩歌藝術研究、中國文學概論、魏晉南北朝隋唐五代文學史綱要等書，及山海經初探、漢書藝文志小說家考辨等論文。

蒙培元　甘肅莊浪人，一九三八年生。一九六三年畢業於北京大學哲學系。一九六六年北京大學哲學系研究生畢業。現爲中國社會科學院哲學研究所教授。著有理學之演變、理學範疇系統、中國心性論等書。一九八九年獲退溪學國際學術獎。

王葆玹　生於一九四六年，一九八一年畢業於中國社會科學院研究生院，獲碩士學位。現任中國社會科學院哲學史研究室助理研究員。撰「正始玄學」等書，爲學主義理與考據之結合。

魏晉南北朝文學與思想學術研討會

地點：成功大學光復校區國際會議廳

七十九年十一月三日（星期六）

第一場

時間	主持人	主講人	論文題目	特約討論
12:10 ~ 10:00	周何	呂凱	從周易略例與老子指略看王弼的思想	林麗眞
		曾春海	探嵇康的「養生論」及其人生價值觀	李豐楙
		劉漢初	向秀「思舊賦」曲說	劉顯叔
		陳怡良	陶淵明文學成就所以獨超衆類之探討—試從陶淵明哲學理念之轉化探索	方祖燊
休息（午餐）				

第二場

時間	主持人	發表人	論文題目	講評人
13:40〜15:20	應裕康	王文進	邊塞詩形成於南朝的原因	陳慶浩
		洪順隆	六朝建國史詩試論	王文進
		宋鼎宗	魏晉經學質變說	林慶彰

休息（茶點）

第三場

時間	主持人	發表人	論文題目	講評人
15:40〜17:20	羅宗濤	李豐楙	魏晉神女傳說與道教神女降真傳說	丁煌
		林麗眞	從魏晉志怪小說看「形神生滅離合」問題	呂凱
		張仁青	六朝隱士導論	劉漢初

會餐

七十九年十一月四日（星期日）

第四場

08:30 ～ 10:10	鮑國順	江建俊	由劉伶「酒德頌」談到魏晉名士之酒德	齊益壽
		黎活仁	干將莫邪故事與魯迅的鑄劍	王國良
		廖美玉	文心曹植說	王金凌
休息（茶點）				

第五場

10:30 ～ 12:10	簡宗梧	邱燮友	六朝吳歌西曲分佈區域的探述	呂興昌
		李栖	魏晉名士的浪漫生活	馬森
		陳昌明	從「身—心—世界」之關係論文心雕龍神思篇	邱燮友
休息（午餐）				

第六場

13:40 ～ 15:20	黃永武	王國良	六朝志怪小說中的幽冥姻緣	吳達芸
		王金凌	論曹丕至皎然文體觀的演變	王更生
		黃競新	石經辨疑	邱德修

時間	主持人	發表人	論文題目	講評人
	休息（茶點）			
	第七場			
15:40 ～ 16:20	謝一民	湯一介	論魏晉玄學中的內在性與超越性問題	唐亦男
		袁行霈	陶淵明與魏晉風流	龔鵬程
		蒙培元	玄學主體思維散論	戴景賢
		王葆玹	試論易學史上王弼大演論與朱熹象數學的關係問題	
	閉幕式			
16:40	散會賦歸			

附錄二

魏晉南北朝文學與思想學術研討會籌備委員名單

校長：馬哲儒

文學院長：閻振瀛

中文系系主任：謝一民

籌備委員名單

總幹事：謝一民

副總幹事：張高評　江建俊

秘書組：陳金雄　陳怡良

議事組：卓秀巖　宋鼎宗　羅士凱

文書組：廖國棟　施炳華

接待組：胡紅波　楊文雄

總務組：梁冰枏　廖美玉

會計組：葉政欣　林金泉

承辦助教：賴麗娟　林耀潾